Rom

„Hat man sich erst einmal zum Reisen entschlossen, ist das Wichtigste auch schon geschafft.

Also, los geht's!"

TONY WHEELER, GRÜNDER VON LONELY PLANET

Abigail Blasi, Duncan Garwood

Inhalt

(Links) **Via del Boschetto S. 172** Einkaufsstraße in Monti

(Oben) **Basilica di Santa Maria Maggiore S. 159** Buntglasfenster

(Rechts) **Theke einer Eisdiele S. 36**

Villa Borghese & der Norden von Rom S. 205

Vatikanstadt, Borgo & Prati S. 134

Tridente, Trevi & Quirinal S. 110

Centro Storico S. 78

Monti, Esquilin & San Lorenzo S. 156

Antikes Rom S. 58

Trastevere & Gianicolo S. 178

San Giovanni & Testaccio S. 193

Der Süden von Rom S. 218

Willkommen in Rom

Eine aufregende Ansammlung unvergesslicher Monumente, großartige Kunst und ein buntes Treiben auf den Straßen: Italiens „Ewige Stadt" ist eine der schönsten Kapitalen der Welt.

Historisches Erbe

Das heutige Rom ist das Ergebnis einer 3000-jährigen Stadtentwicklung. Die Zeugnisse der Antike erinnern an die Tage des Römischen Reiches, als Rom *caput mundi* war, Hauptstadt der Welt. Katakomben und geheime Kirchen reichen zurück in die Frühzeit des Christentums. Über dem Vatikan thront der Petersdom, die größte Basilika der Stadt und ein Meisterwerk der Renaissance. Andernorts zeigen Piazze und verzierte Kirchen die Pracht des Barock.

Große Kunst

Nur wenige Städte können sich in puncto Kunst mit Rom messen. Rom hatte im Laufe seiner Geschichte Anteil an allen Umwälzungen der europäischen Kultur. Hier wirkten die größten Künstler ihrer jeweiligen Zeit daran, den Ausdrucksmöglichkeiten neue Welten zu erschließen. Kein Wunder, dass Rom angefüllt ist mit einzigartigen Kunstwerken. In den Museen findet man antike Statuen, die Kirchen schmücken byzantinische Mosaiken und Renaissance-Fresken, und barocke Fassaden säumen mittelalterliche Plätze. Wer durch die Innenstadt schlendert, stößt überall auf die Werke der bedeutendsten Meister: Skulpturen von Michelangelo, Bilder von Caravaggio, Fresken von Raffael und Brunnen von Bernini.

Ein Lebensgefühl

Wer nach Rom reist, bewundert natürlich nicht nur die Kultur, sondern genießt auch das berühmte *dolce vita*. Man entspannt sich im Rhythmus der Stadt und spaziert durch reizende Straßen und Gassen. Und man verbringt Stunden am Tisch eines Straßencafés auf einer Piazza und beobachtet das Treiben ringsum. Schneller schlägt der Puls der Stadt, wenn die Hitze des Tages der Abendkühle weicht und elegant gekleidete Römer ihren *aperitivo* in den Bars und Cafés einnehmen. Anschließend strömen die Menschen in die Restaurants und Trattorien, bevor sie spät abends noch in den Cocktailbars und Clubs vorbeischauen.

Essen gehen

Essen zu gehen zählt in Rom zu den größten Vergnügungen, denn die Kombination aus romantischen Plätzen unter freiem Himmel und exzellenten Speisen garantiert echten Genuss. Wer erlesene Küche und hochkarätige Weine sucht, findet hier genügend gehobene Restaurants. Wer aber ein typisch römisches Essen vorzieht, besucht eher die Pizzerias und die gemütlichen Trattorien. Hier lassen die Einheimischen sich knusprige Pizzas, einfache, aber köstliche Pasta und gut gekühlten Weißwein aus den nahe gelegenen Castelli Romani schmecken.

Warum ich Rom liebe

Von Duncan Garwood, Autor

Ich bin ein leidenschaftlicher Spaziergänger und erkunde Rom gern zu Fuß; ich lasse mich einfach durch das historische Zentrum und die Nachbarviertel wie Trastevere und Monti treiben. Ich liebe den Geruch frisch gebrühten Kaffees, der aus den Lokalen herüberweht, und beim Mittagessen in einer Trattoria gönne ich mir ein Glas Wein aus der Region. Ich liebe auch den etwas schroffen Humor der Römer, die zu allem und jedem ihre Meinung sagen. Und mich fasziniert Geschichte – selbst nach 15 Jahren bin ich immer noch ergriffen, wenn ich das Kolosseum vor mir sehe oder die Kuppel des Petersdoms.

Mehr Information über unsere Autoren gibt es auf S. 371.

Tische eines Restaurants mitten auf einer römischen Straße

Roms
Top 10

Kolosseum *(S. 60)*

1 Ein Foto des Kolosseums ist nichts gegen den wirklichen Anblick der imposanten Arena. Seit 2000 Jahren gilt sie als Sinnbild römischer Macht, als eindrucksvolle Verkörperung des Machtanspruchs, den Rom einst erhob. Nach kürzlich erfolgten Restaurierungsarbeiten sieht das Kolosseum prachtvoller aus denn je. Wer die Sitzreihen hinaufsteigt, sollte sich einmal ausmalen, wie die Arena damals ausgesehen hat – randvoll mit Zuschauern, die Blut sehen wollten. Eine wahrhaft schauderhafte Vorstellung!

◉ *Antikes Rom*

Museo e Galleria Borghese
(S. 207)

2 Jeder kennt Michelangelo und die Sixtinische Kapelle, doch die Kunst des Barock ist in Rom mindestens ebenso gut vertreten wie die der Renaissance – und im Museo e Galleria Borghese ist einiges davon zu bewundern. Gezeigt werden einzigartige Kostbarkeiten wie die Skulpturen von Bernini und die Arbeiten von Canova, Caravaggio, Raffael und Tizian. Am Ende lockt der Park der Villa Borghese.

◉ *Villa Borghese & der Norden von Rom*

Pantheon *(S. 80)*

3 Das besterhaltene antike Monument Roms ist ein bemerkenswerter Bau. Der Portikus mit den mächtigen Säulen und den gedrungenen Mauern ist schon recht beeindruckend, doch ein wirkliches Bild vom Pantheon bekommt man erst, wenn man das Innere betreten hat. Der umbaute Raum ist gewaltig, und beim Blick in die Kuppel fühlt man sich winzig und unbedeutend. Verstärkt wird der Eindruck durch die Sonnenstrahlen, die durch den Oculus, die zentrale Öffnung im Scheitelpunkt, hereinströmen und die Königsgräber an den marmorverkleideten Wänden beleuchten.

◉ *Centro Storico*

Vatikanische Museen *(S. 140)*

4 Rom ist randvoll mit großer Kunst, doch nur wenige Werke sind so atemberaubend wie die Fresken Michelangelos in der Sixtinischen Kapelle. Diese Fresken, ein wahres Kaleidoskop aus Farben und Motiven, bilden das Finale der Vatikanischen Museen – des größten und beliebtesten Kunstmuseums der Stadt. In diesem riesigen Komplex säumen klassische Skulpturen, Gemälde und Gobelins kilometerlange Korridore; all diese Flure führen zu den Stanzen des Raffael, vier von Raffael brillant ausgestalteten Räumen, und zur Sixtinischen Kapelle. Rechts: Kartensammlung

◉ *Vatikanstadt, Borgo & Prati*

4

5

Petersdom *(S. 136)*

5 Nicht nur Christen erliegen dem großen Zauber von St. Peter, der größten und spektakulärsten unter den römischen Kirchen. Alles ist hier erstaunlich, vom Auftakt, dem weitläufig geschwungenen Petersplatz, über die grandiose Fassade bis hin zum reich geschmückten Inneren. Höhepunkt ist zweifellos Michelangelos außergewöhnliche Kuppel, ein wahres Meisterwerk der Renaissancearchitektur und eines der Wahrzeichen der Ewigen Stadt. Dieser gewaltige Bau sollte Ehrfurcht einflößen – und selbst in einer Stadt der Kirchen stellt er alles andere in den Schatten.

◉ *Vatikanstadt, Borgo & Prati*

Via Appia Antica
(S. 220)

6 Die berühmteste unter den antiken Straßen von Rom und eine der begehrtesten Adressen der Stadt ist die Via Appia Antica; an einem klaren, sonnigen Morgen ist sie ein geradezu himmlischer Ort. Die von grauen Ruinen gesäumte Appische Straße führt durch grüne Felder und wirkt wie ein Idealbild des schönen ländlichen Italien. So heiter und bukolisch war die Szenerie jedoch nicht immer: Hier wurden einst Spartakus und seine 6000 aufrührerischen Sklaven gekreuzigt, und die Christen der Frühzeit begruben ihre Toten in den nahe gelegenen Katakomben.

◉ *Der Süden von Rom*

Kapitolinische Museen *(S. 69)*

7 In der Antike standen auf dem Kapitol (Campidoglio) die beiden wichtigsten Tempel von Rom. Heute nimmt man den kurzen, steilen Aufstieg eher auf sich, um die fantastische Aussicht zu genießen und um die Kapitolinischen Museen an der Piazza del Campidoglio zu besuchen. Die ältesten öffentlichen Museen der Welt besitzen einige bemerkenswerte klassische Statuen, darunter die *Lupa Capitolina* (Kapitolinische Wölfin), Beispiele für frühe etruskische Kunst und herrliche Gemälde. Und die Kamera nicht vergessen – für die Steinmetzarbeiten im Hof beim Eingang.

◉ *Antikes Rom*

Ein Abend in Trastevere *(S. 184)*

8 Gutes Essen und köstliche Getränke zu genießen, ist eines der größten Vergnügen in Rom, vor allem im Sommer, wenn man im Freien tafeln kann und die Menschen bis weit nach Mitternacht die Straßen bevölkern. Und nirgends kann man schöner ausgehen als im schmucken Viertel Trastevere. Vom historischen Zentrum durch den Tiber getrennt, locken mittelalterliche Gassen, verborgene Plätze und pastellfarbene *palazzi* mit Hunderten von einladenden Bars, Cafés, Trattorien und Restaurants, die ihre begeisterten Gäste am Abend beköstigen.

✘ *Trastevere & Gianicolo*

Trevibrunnen (S. 114)

9 Ein Besuch am größten und berühmtesten Brunnen der Stadt ist fast schon zum Ritual geworden. Tag für Tag versammeln sich hier Menschen, und alle werfen Münzen ins Wasser, um sicherzugehen, dass sie eines Tages zurückkehren. Der Brunnen wurde im 18. Jh. von Nicola Salvi entworfen und ist eine prachtvolle Rokoko-Anlage mit wilden Pferden, mythologischen Figuren und steinernen Kaskaden. Nach einer langjährigen Restaurierung wurde er 2015 wieder enthüllt und sieht seither besonders hübsch aus. Nach wie vor wirkt er aber abends am schönsten, wenn die Beleuchtung reizvolle Effekte hervorruft.

◉ *Tridente, Trevi & Quirinal*

Forum Romanum & Palatin (S. 65)

10 Wer zwischen den baufälligen Ruinen auf dem Forum Romanum umherschlendert, folgt unweigerlich den Fußstapfen großer Gestalten der römischen Geschichte wie etwa Julius Cäsar und Pompeius. Wie verfallen die Überreste auch sein mögen, es ist ein aufwühlendes Erlebnis, im Zentrum des Römischen Imperiums zu stehen. Ganz in der Nähe befindet sich der Palatin (Palatino), ein grüner Hügel mit geschichtsträchtigen Ruinen. Dies ist der Ort, an dem alles begann: Hier soll Romulus seinen Bruder Remus getötet haben, hier gründete er 753 v. Chr. die Stadt, und hier schwelgten die römischen Kaiser in unvorstellbarem Luxus.

◉ *Antikes Rom*

Was gibt's Neues?

Straßenkultur

Wer interessiert sich denn noch für hohe Kunst und 5-Sterne-Küche? In Rom ist heute Straßenkultur angesagt. In den letzten Jahren findet sich Urban Art überall an den Wänden Roms, während Streetfood der neueste kulinarische Hit ist. Um die Urban Art zu sehen, eignen sich die farbenfrohen Wandbilder an der Via del Porto Fluviale (S. 227) im trendigen Viertel Ostiense. Wer Streetfood kosten möchte, ist im Supplizio (S. 98) im historischen Zentrum oder im Pianostrada Laboratorio di Cucina in Trastevere (S. 188) genau richtig.

Domus Aurea

Einer der verborgenen Schätze Roms, Neros Komplex der Domus Aurea ist an Wochenenden für Führungen geöffnet. (S. 160)

Co.So

Hipster, Barkeeper und Aficionados treffen sich im Co.So, einer modernen Cocktailbar im Szeneviertel Pigneto. (S. 167)

Venchi

Die Eröffnung von Venchi hat Rom für Süßschnäbel attraktiver gemacht. Es gibt zwei *gelaterie*, eine im historischen Zentrum und eine in der Nähe der Piazza di Spagna. (S. 127)

Enoteca La Torre

Nach Jahren in Viterbo hat Küchenchef Danilo Ciavattino sein Gourmetrestaurant Enoteca La Torre in der Umgebung der Villa Laetitia am Flussufer eröffnet. (S. 152)

Casa Fabbrini

Mit schicker Ausstattung, die in einem Lifestylemagazin gezeigt werden könn-te, und der guten Lage an Roms edler Einkaufsmeile macht sich das B&B Casa Fabbrini einen Namen. (S. 250)

Cinecittà-Filmstudios

Bei einer Führung durch Roms Filmstudios Cinecittà können Besucher sehen, wo Klassiker wie *Ben Hur*, *Cleopatra* und *La Dolce Vita* gedreht wurden. (S. 230)

Pasticceria De Bellis

Hier wird die Nudelherstellung zur Kunst: Die Pasticceria De Bellis, verkauft im historischen Zentrum wahre Meisterwerke. (S. 98)

Temakinho

Das lebhafte Monti-Viertel bildet die Kulisse für Sushi, Sake und Cocktails im brasilianisch-japanischen Temakinho. (S. 165)

Margutta Glamour Studios

Eine perfekte Unterkunft in einer der faszinierendsten Straßen: die kunstvoll ausgestatteten Margutta Glamour Studios. (S. 249)

La Ciambella

Ein legeres Esslokal, das von Frühstück bis zu Pizza und Pasta alles serviert, ist das La Ciambella, das über einem Komplex antiker Bäder in der Nähe des Pantheons liegt. (S. 95)

Spot

Edle Möbel, Glas- und Kunstobjekte aus der Mitte des Jahrhunderts stehen im Mittelpunkt von Spot, einem faszinierenden Laden in Monti. (S. 173)

Weitere Empfehlungen und Tipps unter **www.lonelyplanet.com/rome**

Gut zu wissen

Weitere Hinweise unter „Praktische Informationen" (S. 305)

Währung
Euro (€)

Sprache
Italienisch

Visa
Nicht notwendig für EU-Bürger

Geld
Geldautomaten gibt es praktisch überall in der Stadt. Die wichtigsten Kreditkarten werden in der Regel akzeptiert, kleine Läden, Trattorien und *pensioni* sind jedoch eher nicht auf Karten eingestellt.

Mobiltelefone
Die italienischen SIM-Karten können im eigenen Handy verwendet werden.

Zeit
Mitteleuropäische Zeit wie in Deutschland, Österreich und der Schweiz.

Touristeninformation
Von 9.30 bis 19 Uhr sind in den Büros Karten, Broschüren und der Rom-Pass erhältlich. Unter der Telefonnummer ☏06 06 08 erhält man nützliche Informationen zu Eintrittskarten für Museen, zu Hotels und Verkehrsmitteln.

Tagesbudget
Preiswert: unter 100 €
➡ Bett in einem Schlafsaal: 15–30 €
➡ Doppelzimmer in einem Budget-Hotel: 50–110 €
➡ Pizza oder Pasta: 6–12 €

Mittelteuer: 100–250 €
➡ Doppelzimmer in einem Hotel: 110–200 €
➡ Mittag- und Abendessen in einem Restaurant für Einheimische: 25–50 €
➡ Museumseintritt: 4–15 €
➡ Der Roma Pass, eine Drei-Tages-Karte, die sowohl Museumseintritte als auch Fahrten in öffentlichen Verkehrsmitteln umfasst: 36 €

Teuer: über 250 €
➡ Doppelzimmer in einem 4- oder 5-Sterne-Hotel: 200–450 €
➡ Abendessen in einem Top-Restaurant: 50–150 €
➡ Opernkarte: 40–200 €
➡ Taxifahrt im Stadtzentrum: 10–15 €
➡ Konzertkarte: 25–90 €

Reiseplanung
Zwei Monate im Voraus Buchung einer Unterkunft in der Hochsaison.

Drei bis vier Wochen im Voraus Buchung von Eintrittskarten für die Domus Aurea (www.coopculture.it). Konzerte unter www.auditorium.com und www.operaroma.it auswählen.

Ein bis zwei Wochen im Voraus Tischreservierung in Top-Restaurants. Organisation von Karten für die Audienz beim Papst in St. Peter. Buchung eines Besuchs im Palazzo Valentini (www.palazzovalentini.it).

Einige Tage im Voraus Buchung für Museo e Galleria Borghese (obligatorisch) und für die Vatikanischen Museen.

Websites
Lonely Planet (www.lonelyplanet.com/rome) Informationen, Hotelbuchung und Reiseforum.

060608 (www.060608.it) Roms offizielle Touristen-Website .

Coopculture (www.coopculture.it) Informationen über und Kartenbuchung für Roms Sehenswürdigkeiten.

Vatikanische Museen (www.vatican.va) Buchung von Eintrittskarten, um die Warteschlangen zu entgehen.

Auditorium (www.auditorium.com) Informationen über Konzerte.

REISEZEIT

Im Frühling und Frühsommer ist das Wetter gut und es finden viele Festivals sowie Outdoor-Events statt. Allerdings ist viel los und die Preise sind sehr hoch.

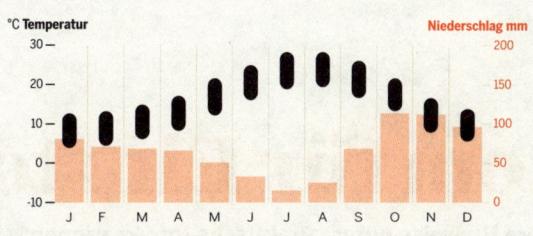

°C Temperatur · Niederschlag mm

Ankunft in Rom

Flughafen Leonardo da Vinci (Fiumicino) Zur Stazione Termini verkehren von 6.23 bis 23.23 Uhr, 14 €, direkte Züge; langsamere Züge gibt es zu den Stationen Trastevere, Ostiense und Tiburtina von 5.57 bis 11.27 Uhr, 8 €, Busse zur Stazione Termini von 5.35 bis 24 Uhr, 4 bis 9 €. Privater Transfer kostet ab 10,50 € pro Person, Taxis 48 € (Festpreis für Fahrten bis innerhalb der Aurelianischen Mauer).

Flughafen Ciampino Busse zur Stazione Termini von 7.45 bis 11.59 Uhr, 4 €; privater Transfer ab 9,49 € pro Person; Taxis 30 € (Festpreis für Fahrten bis innerhalb der Aurelianischen Mauer).

Stazione Termini Flughafenbusse und -züge sowie internationale Züge kommen an der Stazione Termini an. Von hier geht es mit Bus, U-Bahn oder Taxi weiter.

Mehr zur **Ankunft** auf S. 306

GEFÜHRTE TOUREN

Führungen sind gut, um in kurzer Zeit sehr viel zu sehen oder eine Sehenswürdigkeit genauer zu erkunden. Mehrere Anbieter haben Bustouren mit diversen Ein- und Ausstiegsstellen im Programm, die normalerweise 20 € pro Person kosten. Sowohl im Kolosseum als auch in den Vatikanischen Museen gibt es offizielle Führungen; private Führer bieten in der Regel einen persönlicheren Service.

Unterwegs vor Ort

Roms öffentlicher Verkehr umfasst Busse, Straßenbahnen, ein U-Bahn-Netz und Züge in die Vorstädte. Knotenpunkt ist die Stazione Termini. Die U-Bahn (Metro) ist schneller als der oberirdische Verkehr, aber das Streckennetz ist begrenzt. Kinder unter zehn Jahren fahren gratis. Die Hauptlinien der Metro kreuzen sich nur in Stazione Termini.

➡ **U-Bahn** Die Hauptlinien sind: A (orange; Do–So 5.30–21.30 Uhr, Ersatzbusse MA1-MA2 bis 23.30, Sa bis 1.30 Uhr) und B (blau; Mo–Do 5.30–23.30, Fr & Sa bis 1.30 Uhr). Die Linie C verkehrt zwischen Monte Compatri und Parco di Centocelle.

➡ **Busse** Viele Linien halten an der Stazione Termini. Busse fahren von 5.30 bis 24 Uhr; vereinzelte Nachtbusse.

Mehr über **Öffentliche Verkehrsmittel** auf S. 309

Schlafen

Rom ist teuer und die Unterkünfte sind fast immer ausgebucht. Man sollte frühzeitig reservieren. Das Spektrum reicht von 5-Sterne-Hotels bis zu Jugendherbergen, daneben gibt es B&Bs, *conventi* (Konvente) und *pensioni*, außerdem eine gute Auswahl an Airbnb-Angeboten. Am billigsten sind die Jugendherbergen. Die B&Bs reichen von schlichten Zimmern in Privathäusern bis zu schicken Apartments zu bezahlbaren Preisen. Kirchliche Institutionen bieten ein faires Preis-Leistungs-Verhältnis, schließen abends früh die Pforten. Es gibt viele Hotels und familienbetriebene *pensioni* um den Hauptbahnhof Termini.

Websites

➡ **060608** (www.060608. it) Liste aller offiziellen Unterkünfte.

➡ **Santa Susanna** (www. santasusanna.org/ comingToRome/convents. html) Unterkünfte in Klöstern.

➡ **Bed & Breakfast Association of Rome** (www.b-b.rm.it) B&Bs und Apartments.

Mehr zum Thema **Schlafen** auf S. 244

Rom für Einsteiger

Weitere Hinweise unter „Praktische Informationen" (S. 305)

Checkliste

➡ Gültigkeit Reisepass/ Personalausweis

➡ Reiseversicherung

➡ Kreditkartenanbieter über die Reisepläne informieren

➡ Überprüfen, ob das Handy vor Ort funktioniert

➡ Karten für Sehenswürdigkeiten wie beispielsweise Vatikanische Museen, Museo e Galleria Borghese buchen, für wichtige Restaurants, Konzerte und Unterkunft reservieren

➡ Für Feiertage wie Weihnachten oder Ostern prüfen, wann Gottesdienste im Petersdom und in anderen großen Kirchen stattfinden

Unbedingt einpacken

➡ Sneakers oder bequeme Laufschuhe – es gibt viele Straßen mit Kopfsteinpflaster

➡ Lässig-elegante Abendgarderobe – Römer (und Römerinnen) machen sich zum Ausgehen schick

➡ Sonnencreme

➡ Handtasche mit einem langen Henkel – Taschendiebstahl kann ein Problem sein

➡ Wasserflasche – zum Nachfüllen gibt es in Rom Trinkwasserbrunnen

Top-Tipps für die Reise

➡ Man versucht besser gar nicht erst, alles zu sehen, sondern konzentriert sich auf einige Sehenswürdigkeiten/Gegenden.

➡ Das historische Zentrum Roms ist für Spaziergänge geradezu geschaffen, daher sollte man sich die Zeit nehmen, einfach umherzuwandern. Es gibt immer irgendetwas zu entdecken.

➡ Restaurants sollten niemals nach dem äußeren Erscheinungsbild beurteilt werden. Die besten Gerichte gibt es in einfachen Trattorien.

➡ Im Sommer, wenn es sehr heiß ist, geht man am besten am Vormittag auf Erkundungstour. Nach dem Mittagessen sollte eine Ruhepause eingelegt werden. Am späten Nachmittag oder frühen Abend kann man sich dann wieder auf den Weg machen.

Die richtige Kleidung

In Rom wird viel Wert auf das Äußere gelegt. Man sollte bequeme Sachen tragen, weil man viel zu Fuß unterwegs ist. Als angemessene Kleidung für Männer gelten lange Hosen und Hemden bzw. Polohemden und für Frauen Röcke, Hosen oder Kleider. Shorts, T-Shirts und Sandalen sind im Sommer in Ordnung, im Petersdom und in den Vatikanischen Museen herrscht jedoch eine strenge Kleiderordnung. Abends sollte man sportlich-elegante Kleidung tragen. Im Frühjahr und Herbst empfiehlt es sich, einen leichten Pullover oder eine wasserdichte Jacke mitzunehmen.

Warnung

➡ Rom ist recht sicher, aber Bagatelldiebstähle sind an der Tagesordnung. Taschendiebe treiben in Touristengegenden und in überfüllten öffentlichen Verkehrsmitteln ihr Unwesen. Deshalb sollte man gut auf seine Wertsachen aufpassen.

➡ Straßen, die man unbedingt meiden sollte, gibt es nicht; in der Gegend um Stazione Termini ist jedoch Vorsicht angebracht.

➡ Der August ist in Italien der Hauptferienmonat. Die Einheimischen verlassen die Stadt in Scharen, und zahlreiche Geschäfte und Restaurants schließen um den 15. August für ein oder zwei Wochen. Viele Museen sind montags geschlossen.

➡ Beim Kolosseum, Petersdom und den Vatikanischen Museen sollte man sich auf langes Anstehen einstellen. Buchungen im Voraus sind kostenpflichtig, ersparen aber eine Menge Wartezeit.

Geld

Bancomat: Geldautomaten sind häufig, doch Achtung: Oft kosten sie hohe Gebühren. Wenn ein Geldautomat eine Karte nicht akzeptiert, erst einen weiteren ausprobieren. Wer seinen Kaffee an der Theke stehend trinkt, spart Geld. Die Wasserflasche kann an Roms Trinkwasserbrunnen (wegen ihrer Form *nasoni* „große Nasen" genannt) wieder gefüllt werden. Viele Museen bieten am ersten Sonntag des Monats freien Eintritt, die Vatikanischen Museen am letzten Sonntag. **Weitere Informationen auf S. 315.**

Steuern & Erstattungen

Im Preis für die meisten Waren und Dienstleistungen ist die 20 %ige Mehrwertsteuer, die IVA (*Imposta sul Valore Aggiunta*) enthalten. In einigen Geschäften kann man zollfrei einkaufen (S. 318). Alle Hotels verlangen eine Unterkunftssteuer – der Betrag richtet sich nach der Aufenthaltsdauer und der Art der Unterbringung.

Trinkgeld

Römer sind nicht großzügig mit Trinkgeld. Faustregel:
➡ **Taxis** Nach eigenem Ermessen; die meisten runden auf den nächsten Euro auf.
➡ **Restaurants** Der Service (*servizio*) ist im Allgemeinen im Preis inbegriffen. Falls nicht, sollte man in Pizzerien ein oder zwei Euro als Trinkgeld geben, in Restaurants 10 %.
➡ **Bars** Trinkgeld nicht notwendig, obwohl viele Gäste ein paar Münzen hinterlassen, wenn sie etwas trinken.

Sprache

Man kann mit Englisch durchkommen, erlebt aber viel mehr, wenn man einige grundlegende Wörter und Ausdrücke beherrscht. Das gilt vor allem für Restaurants, in denen die Speisekarte keineswegs immer auf Englisch vorliegt oder in denen nur die Kellner aufzählen, was es gibt. Mehr zur Sprache siehe S. 322.

① **Was ist die Spezialität der Region?**
Qual'è la specialità di questa regione?
kwa le la spe tscha li ta de kwes ta re dscho ne

Bis heute konkurrieren die Regionen in puncto Spezialitäten und Weinsorten miteinander.

② **Welche Kombi-Tickets haben Sie?**
Quali biglietti cumulativi avete?
kwa li bi lie ti ku mu la ti vi a ve te

Kombi-Tickets gibt es in allen größeren Städten Italiens.

③ **Wo bekomme ich hier preiswerte Designer-Kleidung?**
C'è un outlet in zona? *tsche un aut let in zo na*

Outlets gibt es in allen größeren Städten; auch günstige Secondhand-Klamotten sind leicht zu bekommen.

④ **Treffen wir uns um 18 Uhr zum Aperitiv.**
Ci vediamo alle sei per un aperitivo.
tschi ve dya mo a le sei per un a pe ri ti vo

Wenn es dunkel wird, treffen sich die Menschen auf der Piazza zu Cocktails und Snacks. Ein authentisches Ritual!

Etikette

Anders als es scheint, ist die Gesellschaft in Italien ziemlich formell und man achtet auf Umgangsformen.
➡ **Begrüßung** Man grüßt Menschen in Bars, Läden, Trattorias usw. mit *buongiorno* (guten Tag) oder *buonasera* (guten Abend).
➡ **Kleidung** Nicht zu freizügig beim Besuch von Kirchen und schick beim Essen in Restaurants.
➡ **Essen** Pasta wird mit der Gabel gegessen; Pizza aus der Hand zu essen, ist in Ordnung.

Roma Pass

Dieser nützliche Pass ist online, bei Touristeninformationen oder bei teilnehmenden Museen erhältlich.
➡ **Klassischer Dreitagespass (36 €)** Bietet freien Eintritt in zwei Museen oder Sehenswürdigkeiten, unbegrenzte Nutzung der öffentlichen Verkehrsmittel und reduzierte Preise für andere Sehenswürdigkeiten, Ausstellungen und Veranstaltungen.
➡ **48-Stunden-Pass (€28)** Freier Eintritt zu einem Museum oder einer Sehenswürdigkeit, ansonsten wie beim Klassischen Pass.

Stadtspaziergänge

1. Tag

Antikes Rom (S. 58)

 Der Tag beginnt am **Kolosseum**, der riesigen Arena für Gladiatorenkämpfe. Es empfiehlt sich frühzeitig da zu sein, um ein Schlangestehen zu vermeiden. Von hier aus geht es anschließend zum **Palatin**; dort bummelt man zwischen zerfallenden Ruinen und genießt herrliche Ausblicke auf die Stadt. Vom Palatin führt der Weg hinunter zum **Forum Romanum** mit seinen verfallenen Tempeln und den Resten antiker Säulen und Basiliken.

> **Mittagessen** Regionale Spezialitäten bietet Terre e Domus (S. 77).

Antikes Rom (S. 58)

 Nach dem Mittagessen geht es die Cordonata zur ruhmreichen, harmonischen **Piazza del Campidoglio** und den **Kapitolinischen Museen** hinauf, in denen es sensationelle antike Skulpturen und herrliche Werke von Caravaggio gibt. Um den Kopf wieder freizubekommen, führt ein kurzer Spaziergang zu **Il Vittoriano**; hier führt ein Lift zum besten Rundumblick über Rom.

> **Abendessen** Fisch und Meeresfrüchte von bester Qualität gibt es im Vecchia Roma (S. 100).

Centro Storico (S. 78)

Am Abend erkundet man das **jüdische Ghetto** Für das Abendessen bietet sich **Vecchia Roma** an, ein schickes Restaurant an einer hübschen Piazza. Weiter geht es durch Kopfsteinpflasterstraßen, vorbei am Pantheon und hinüber zum **Salotto 42** für einen Cocktail mit Blick auf die angeschlagenen Säulen des Hadrianstempels.

2. Tag

Vatikanstadt, Borgo & Prati (S. 134)

 Der zweite Tag ist dem Vatikan gewidmet. Nach einem *cornetto* (Croissant) im **Dolce Maniera** stehen die **Vatikanischen Museen** auf dem Programm. Den Abschluss – nach der Sixtinischen Kapelle – bildet die **Basilika St. Peter**. Wer noch Energie besitzt, klettert in die von Michelangelo entworfene Kuppel für fantastische Ausblicke auf die Piazza.

> **Mittagessen** Die perfekteste Pizza wird im Pizzarium (S. 152) gebacken.

Centro Storico (S. 78)

Am Nachmittag bummelt man durch das historische Zentrum, in dem einige der größten Sehenswürdigkeiten Roms liegen, darunter die riesige **Piazza Navona** und das **Pantheon**. In der **Chiesa di San Luigi dei Francesi** hängen Gemälde von Caravaggio, in der **Via del Governo Vecchio** wimmelt es von Boutiquen.

> **Abendessen** Gute römische Küche serviert das Armando al Pantheon (S. 95).

Centro Storico (S. 78)

Nach dem Abendessen lohnt sich ein Stopp im Zentrum, um die Barszene à la *dolce vita* zu genießen. Je nach Vorlieben kann man einen entspannten Abend im schicken, aber legeren **Etablì** bei der Piazza Navona verbringen, sich den Studenten am quicklebendigen **Campo de' Fiori** anschließen oder bei einem Kaffee im **Caffè Sant'Eustacchio** plaudern, wo der beste Kaffee Roms (und vielleicht sogar der ganzen Welt) serviert wird.

Der Petersplatz (S. 148)

3. Tag

Villa Borghese & der Norden von Rom (S. 205)

 Der dritte Tag beginnt mit einem Besuch des **Museo e Galleria Borghese**, um herrliche Barockskulpturen zu bewundern. Hinterher bietet sich ein Spaziergang durch die schattigen Alleen der **Villa Borghese** an.

> **Mittagessen** Frische römische Küche in der mit Antiquitäten ausgestatteten Casa Conti (S. 127).

Tridente, Trevi & Quirinal (S. 110)

Am Nachmittag steht die **Piazza di Spagna** auf dem Plan. Nach dem obligatorischen Zwischenhalt an der **Spanischen Treppe** (und vielleicht einem Abstecher zum **Keats-Shelley-Haus**) kann man einen Blick in die Designer-Shops der **Via dei Condotti** werfen. Von der Via del Corso ist es nicht mehr weit zur **Fontana di Trevi**. Wer eine Münze in den Brunnen wirft, kommt sicher einmal nach Rom zurück!

> **Abendessen** Innovativ in der Glass Hostaria (S. 189) oder traditionell im Da Olindo (S. 188).

Trastevere & Gianicolo (S. 178)

 Auf der anderen Seite des Flusses herrscht im Viertel Trastevere am Abend quirliges Leben, wenn Einheimische und Touristen in die Restaurants und Bars strömen. Um in Stimmung zu kommen, trinkt man einen Aperitif bei **Freni e Frizioni**, darauf folgt typisch römisches Essen in einer malerischen Trattoria oder eine innovative Mahlzeit in einem vornehmeren Restaurant.

4. Tag

Der Süden von Rom (S. 218)

Heute ist es Zeit für einen Bummel entlang der **Via Appia Antica**. Die Hauptattraktion sind hier die Katakomben. Wieder zurück im Tageslicht, stößt man auf die Überreste einer antiken Rennbahn bei der nahe gelegenen **Villa di Massenzio**.

> **Mittagessen** Ein Essen an der Appia, im Qui Non se More Mai. (S. 228).

Monti, Esquilin & San Lorenzo (S. 156)

Der Nachmittag bietet sich für den Besuch des interessanten **Museo Nazionale Romano – Palazzo Massimo alle Terme** mit einer Fülle klassischer Skulpturen und Mosaiken an. Auch die monumental wirkende **Basilica di Santa Maria Maggiore** (sie ist berühmt für ihre Mosaiken) und die **Basilica di San Pietro in Vincoli** mit Michelangelos Moses-Skulptur lohnen einen Blick. Ein Bummel durch die hübschen Gassen des Stadtteils **Monti** ist ein schöner Abschluss des Tages.

> **Abendessen** Kreative Speisen im umbrischen Restaurant L'Asino d'Oro (S. 165).

Monti, Esquilin & San Lorenzo (S. 156)

Entweder beibt man noch etwas länger in Monti und besucht vielleicht eine Live-Gig im **Blackmarket** oder man zieht weiter ins trendige **Pigneto**, wo es reichlich Bars und oft auch gute Livemusik gibt.

Wie wär's mit ...

Museen & Galerien

Vatikanische Museen Eines der weltweit großartigsten Museen mit einer riesigen Sammlung klassischer Kunst und Skulpturen. Die größte Attraktion ist die Sixtinische Kapelle. (S. 140)

Museo e Galleria Borghese Die Sammlung umfasst die besten barocken Bildhauerarbeiten der Stadt und einige hervorragende Alte Meister. (S. 207).

Museo Nazionale Romano: Palazzo Massimo alle Terme Grandiose römische Fresken und Wandmosaiken sind das Highlight dieses oftmals übersehenen Juwels (S. 158).

Kapitolinische Museen Wer an antiker Bildhauerkunst interessiert ist, sollte sich die ältesten Museen der Welt nicht entgehen lassen. (S. 69)

Galleria Doria Pamphilj Hinter der eher etwas schmuddeligen Gebäudefassade versteckt sich eine üppig bestückte Privatgalerie voller bekannter Werke berühmter italienischer Künstler. (S. 90)

Galleria Nazionale d'Arte Antica: Palazzo Barberini Prächtiger Barockpalast mit Gemälden berühmter Künstler wie Caravaggio, Raffael und Hans Holbein. (S. 122)

Museo Nazionale Etrusco di Villa Giulia Hübsches Museum mit einer umfangreichen etruskischen Kunstsammlung. (S. 210)

Römisches Erbe

Kolosseum Eines der berühmtesten Gebäude der Welt. Die atemberaubende Arena zeugt von

Blick auf Rom vom Gianicolo (S. 182)

den dramatischen Ereignissen im alten Rom.(S. 60)

Pantheon Mit seiner revolutionären Konstruktion diente dieser ehrwürdige römische Tempel jahrtausendelang als architektonisches Vorbild.(S. 80)

Palatin Auf dem Palatin, dem ältesten und exklusivsten Teil des imperialen Roms, schwelgten die Herrscher einst in Luxus. (S. 62)

Terme di Caracalla Die mächtigen Überreste der riesigen Bäder lassen die Ausmaße des antiken Roms erahnen. (S. 198)

Forum Romanum Einst war dies das geschäftige Zentrum des alten Roms mit zahlreichen Tempeln, Basiliken, Geschäften und Straßen. (S. 65)

Domus Aurea Neros Goldenes Haus liegt unter der Erde; ein kleiner, aber bestaunenswerter Teil ist manchmal für Besucher zugänglich. (S. 160)

Via Appia Antica Auf Roms ältester Straße aus dem 4. Jh. v. Chr. gelangt man zu den Katakomben. (S. 220)

Kirchenkunst

Sixtinische Kapelle Michelangelos Fresken gehören zu den bekanntesten Kunstwerken der Welt. (S. 144)

Petersdom Zu bewundern sind u. a. Michelangelos *Pietà* und zahlreiche andere berühmte Meisterwerke. (S. 136)

Chiesa di San Luigi dei Francesi Eine schmucke Barockkirche, die drei Gemälde von Caravaggio ihr Eigen nennt. (S. 85)

Chiesa di Santa Maria del Popolo Werke von Caravaggio, Raffael und Bernini schmücken diese prachtvolle Renaissancekirche. (S. 113)

Basilica di San Pietro in-Vincoli Hier können Betrachter

Michelangelos muskulöses Standbild von *Moses* ins Gesicht sehen. (S. 160)

Basilica di Santa Maria in Trastevere Eine alte Basilika, die für ihre mit Goldmosaiken besetzte Apsis bekannt ist. (S. 180)

Unterirdisch

Basilica di San Clemente Tief im Inneren dieser mehrschichtigen Basilika entdeckt man einen heidnischen Tempel und ein Gebäude aus dem 1. Jh. (S. 196)

Vatikanische Grotten In der Krypta unter dem Petersdom befinden sich die Grabstätten mehrerer Päpste. (S. 139)

Katakomben Die Via Appia Antica ist mit Katakomben durchsetzt. Hier begruben die frühen Christen ihre Toten. (S. 224)

Terme di Caracalla Zu dieser riesigen Badeanlage gehören ein alter Tempel sowie unterirdische Tunnel, in denen Sklaven einst die Öfen befeuerten. (S. 198)

Palazzo Valentini Unter dem Amtssitz der römischen Provinzverwaltung erweckt eine moderne Multimedia-Show die ausgegrabenen Ruinen zum Leben. (S. 118)

Case Romane Hier lebten Johannes und Paulus, bevor sie hingerichtet wurden. (S. 197)

Atemberaubende Ausblicke

Il Vittoriano Der massige Marmorbau beherrscht die Piazza Venezia. Wer den grandiosen Blick von oben genießen will, sollte allerdings schwindelfrei sein. (S. 74)

Gianicolo Der Gianicolo-Hügel, der sich hinter Trastevere erhebt, bietet einen atemberau-

Weitere Highlights in folgenden Kapiteln:
➡ Essen (S. 30)
➡ Ausgehen & Nachtleben (S. 40)
➡ Unterhaltung (S. 46)
➡ Shoppen (S. 50)

benden Panoramablick über die Dächer der Stadt. (S. 182)

Orti Farnesiani Von der in den mittelalterlichen Gärten des Monte Palatino gelegenen Terrasse bieten sich grandiose Ausblicke auf das Forum Romanum. (S. 63)

Petersdom Von der Kuppel kann man über ganz Rom schauen. (S. 136)

Straßenszenen

Trastevere In den stets geschäftigen Straßen von Trastevere begegnen sich Studenten, Touristen, Einheimische, Restaurantbesucher, Trinker, Junkies und Straßenhändler – ein lebhafter Treffpunkt für viele. (S. 181)

Spanische Treppe Von der Treppe hat man einen ausgezeichneten Blick auf das ständig wechselnde Geschehen unten auf dem Platz. (S. 112)

Piazza Navona Der schöne barocke Platz dient einer bunten Mischung an Straßenkünstlern, Darstellern, Kellnern und Touristen und auch Einheimischen als Kulisse. (S. 82)

Pigneto Das angesagte Viertel mit dem lauten Markt und der lebhaften Barszene kommt fast nie zur Ruhe. (S. 167)

Campo de' Fiori Tagsüber brüllen sich hier die Inhaber von Marktständen an, abends zeigen betrunkene Studenten, was sie drauf haben. (S. 97)

Monat für Monat

Januar

Nach Neujahr setzt in Rom die winterliche Kälte ein. Es beginnt eine ruhige Zeit, in der der Winterschlussverkauf für eine willkommene Abwechslung sorgt.

Winterschlussverkauf

Beim Winterschlussverkauf von Anfang Januar bis Mitte Februar kann man echte Schnäppchen machen und zwischen 20 und 50 % sparen.

Februar

Die verbreitete Winterruhe wird durch das muntere und bunte Karnevalstreiben, den ersten Frühlingsboten, kurzzeitig unterbrochen.

Carnevale Romano

In der Karnevalswoche gibt es eine Menge zu sehen: Pferdeshows auf der Piazza del Popolo, farbenfrohe Umzüge entlang der Via del Corso, Straßenkünstler auf der Piazza Navona sowie haufenweise Kinder in Faschingskostümen.

März

Der Frühlingsanfang beschert den Römern ein Blütenmeer, steigende Temperaturen und unkalkulierbare Niederschläge. Sofern Ostern nicht auf Ende März fällt, geht es in der Stadt ziemlich ruhig zu. Noch gelten Nebensaisonpreise.

Maratona di Roma

Der jährlich stattfindende Marathonlauf (www.maratonadiroma.it) ist spektakulär: Die 42 km lange Strecke beginnt und endet in der Nähe des Kolosseums und führt an zahlreichen Sehenswürdigkeiten der Stadt vorbei.

April

April ist ein toller Monat. Es ist sonnig und die Osterfeierlichkeiten stehen vor der Tür. Allerdings sind die Preise in der Stadt dann so hoch wie zur Hauptsaison.

Ostern

In der Hauptstadt der Katholiken wird Ostern ganz groß gefeiert. An Karfreitag findet eine vom Papst angeführte Lichterprozession um das Kolosseum herum statt. In anderen Teilen der Stadt gibt es weitere, kleinere Prozessionen. Am Ostersonntag erteilt der Papst um die Mittagszeit auf dem Petersplatz den weltweit beachteten Segen „Urbi et Orbi", der Stadt und dem Erdkreis.

Natale di Roma

Am 21. April feiert Rom seinen Geburtstag mit viel Musik, historischen Spielen und Feuerwerk. Die Events sind über die gesamte Stadt verstreut, Schwerpunkt sind jedoch der Campidoglio und der Circo Massimo.

Mostra delle Azalee

Von Mitte April bis Anfang Mai ist die Spanische Treppe mit 600 Vasen voller farbenfroher blühender Azaleen geschmückt.

Mai

Im Mai herrscht Hochsaison, und es ist überall sehr voll. Das Wetter ist dann allerdings perfekt. Mit dem stahlblauen Himmel und den prächtigen Frühlingsblumen sieht die Stadt einfach fantastisch aus.

 ### Primo Maggio

Am 1. Mai strömen Tausende von Fans zur Piazza di San Giovanni in Laterano, um am dortigen Gratis-Rockkonzert teilzunehmen. Es treten hauptsächlich italienische Rockstars auf, aber hin und wieder gibt es auch mal ausländische Gigs.

Juni

Der Sommer ist nun endlich da, das Thermometer klettert nach oben, und die Kinder in Italien haben Ferien.

 ### Lungo il Tevere

Das Fest erfreut sich großer Beliebtheit und findet den ganzen Sommer über statt. Am Tiber geht die Post ab: Stände, Clubs, Bars, Restaurants und Tanzflächen säumen das Flussufer und die Menschen kommen zusammen, um die Nacht unter freiem Himmel zum Tag zu machen.

 ### Isola del Cinema

Die Isola Tiberina (www.isoladelcinema.com) bildet die malerische Kulisse für das Open-Air-Filmfestival, bei dem italienische und internationale Filme gezeigt werden. Der Schwerpunkt der Filmvorführungen liegt auf unabhängigen Produktionen.

Roma Incontro Il Mondo

Für dieses beliebte Event wird die Villa Ada (www.villaada.org) in ein buntes multiethnisches Dorf umgewandelt. Es herrscht eine lockere Party-Atmosphäre und das Konzertprogramm reicht von römischem Rap über Jazz bis hin zu Weltmusik.

Festa dei Santi Pietro e Paolo

Alljährlich am 29. Juni feiert Rom die Schutzheiligen Peter und Paul mit einer Messe im Petersdom und einem Volksfest auf der Via Ostiense in der Nähe der Basilica di San Paolo Fuori le Mura.

Juli

Die heißen Temperaturen lassen das Besichtigungsprogramm zu einer echten körperlichen Herausforderung werden. Abends wird es kühler, und die Römer strömen in die Straßen, um sich auf den vielen Sommerfesten zu amüsieren.

Festa di Noantri

In den letzten beiden Wochen des Monats feiert Trastevere seine Anfänge mit einer lauten Straßenparty auf der Piazza Santa Maria. Das Ganze beginnt mit einer religiösen Prozession, danach wird gegessen, getrunken, getanzt und gebetet.

August

Rom kocht in der Hitze, und die Einheimischen flüchten aus der Stadt in die Ferien. Viele Geschäfte schließen um den 15. August, viele Hotels bieten jetzt Ermäßigungen an. Außerdem finden zahlreiche Events statt, die man sich nicht entgehen lassen sollte.

Festa della Madonna della Neve

Am 5. August regnet es auf die Gläubigen in der Basilica di Santa Maria Maggiore Rosenblüten zum Gedächtnis an einen wundersamen Schneefall im 4. Jh.

Oktober

Der Herbst ist eine gute Jahreszeit für einen Besuch in Rom. Es ist immer noch warm, und Romaeuropa bietet jede Menge Kultur. Die Schulferien sind zu Ende, und auch die Besucherzahlen lassen nach.

Romaeuropa

Auf Roms erstklassigem Tanz- und Schauspielfestival (www.romaeuropa.net) treten von Ende September bis in den November hinein international berühmte und weniger bekannte Künstler auf. Zum Programm zählen u. a. Tanzaufführungen, Installationen, Multimedia-Shows, Solokonzerte und Lesungen.

November

Auch wenn der November der regenreichste Monat ist, macht er dieses Manko durch niedrige Preise und Jazzkonzerte wett. An den bedeutenden Sehenswürdigkeiten braucht man nicht lange anzustehen. Zudem ist der Herbst die ideale Jahreszeit für Feinschmecker.

☆ **Festival Internazionale del Film di Roma**

Auf dem Filmfestival (www.romacinemafest.org) im Auditorium Parco della Musica wird sowohl für Hollywoodstars als auch die Größen des italienischen Films der rote Teppich ausgerollt.

☆ **Festival Internazionale di Musica e Arte Sacra**

An einigen Tagen Anfang November geben die Wiener Philharmoniker und andere bedeutende Orchester in den vier Papstbasiliken und weiteren Kirchen eine Reihe klassischer Konzerte (www.festivalmusicaeartesacra.net).

Dezember

Die Vorweihnachtszeit ist mit der glitzernden Weihnachtsbeleuchtung in der Stadt sehr festlich. In jeder Kirche findet sich eine Krippe, angefangen von fein ausgearbeiteten Bildern bis hin zu lebensgroßen figürlichen Darstellungen.

✷ **Weihnachtsmarkt auf der Piazza Navona**

Roms schönster Barockplatz verwandelt sich in einen Markt mit hell erleuchteten Ständen, an denen so ziemlich alles, von Krippen bis hin zu Plüschtieren und knackigem *torrone* (Nougat), verkauft wird.

Reisen mit Kindern

Obwohl Rom eine äußerst anspruchsvolle Kulturszene hat, bietet es doch auch einiges für Kinder. Spezielle Kinderattraktionen sind zwar dünn gesät, aber wenn man weiß, wo sie zu finden sind, entdeckt man doch genug davon, um die Eltern ein wenig zu entlasten.

ck aufs Kolosseum (S. 60)

PHILIP AND KAREN SMITH / GETTY IMAGES ©

Geschichte für Kinder

Kolosseum
Das Kolosseum (S. 60) ist mit seinen Geschichten von todesmutigen Gladiatoren und hungrigen Löwen auch ein gutes Ziel. Kinder können mit Filmen, die in Rom spielen, auf die Stadt eingestimmt werden.

Katakomben
Ein Ausflug in die Katakomben an der Via Appia Antica (S. 220) ist für Teenager ein gruseliges Erlebnis. Die finsteren Gänge voller Grabnischen und antiker Grüfte sind faszinierend, für Kinder unter sieben Jahren jedoch eher ungeeignet.

Palazzo Valentini
Für Eltern und ältere Kinder sind die Multimedia-Ausstellung und die archäologischen Ausgrabungsstätten unter dem Palazzo Valentini (S. 118) ein Gewinn.

Museen für Kinder

Explora
Nahe der Piazza del Popolo befindet sich das Explora – Museo dei Bambini di Roma (S. 212), ein Museum für Kinder unter zwölf Jahren mit interaktiven Ausstellungen und einem Spielpark, der kostenlos zugänglich ist.

Museo delle Cere
In Roms kitschigem Wachsfigurenkabinett, dem Museo delle Cere (S. 123), stehen die Besucher Päpsten, Rockstars und Fußballspielern Auge in Auge gegenüber.

Sehenswürdigkeiten zum Anfassen

Trevibrunnen
Kinder sind Meister im Werfen. Daher werden sie es toll finden, eine Münze in den Trevibrunnen (S. 114) zu werfen. Man kann auch erzählen, dass an normalen Tagen rund 3000 € im Brunnen landen.

Bocca della Verità
Jeder sollte einmal die Hand in die Bocca della Verità (Mund der Wahrheit; S. 75) stecken. Dem, der die Unwahrheit sagt, wird die Hand abgebissen.

Essen für Kinder

Pizza

Pizza *al taglio* (am Stück) ist ein Glücksfall für Eltern müder Kinder. Sie kostet nicht viel (ca. 1 € für zwei Stücke einer *Pizza bianca* – mit Salz und Olivenöl), ist überall erhältlich und wirkt wahre Wunder.

Eis

Eis hat den gleichen Effekt. Eis gibt es in *coppette* (Bechern) oder *coni* (Waffeln), die Geschmacksrichtungen *fragola* (Erdbeere), *cioccolato* (Schokolade) und *bacio* (mit Haselnüssen) mögen fast alle Kinder.

In den Parkanlagen

Wenn die Kinder unruhig werden, sollte man sich auf den Weg zur Villa Borghese (S. 210) machen, dem zentral gelegensten Park. Hier kann man Herumtoben, und man kann sich Familienfahrräder leihen. Weitere gut gelegene Parks sind Villa Celimontana (S. 198) und Villa Torlonia (S. 213).

Tierbeobachtungen

Tierskulpturen

In Rom gibt es Hunderte von Tierfiguren, darunter ein Elefant (vor der Chiesa di Santa Maria Sopra Minerva), Löwen (am Fuß der Cordonata-Treppe), Bienen (am Bernini-Brunnen), Pferde, Adler und natürlich die Wölfin, das Wahrzeichen Roms.

Katzen

Katzen sind seit Jahrhunderten die Hauptbewohner in den Straßen. Sie lungern gerne an den antiken Tempelruinen am Largo di Torre Argentina (S. 83) herum.

Zoo

In der Villa Borghese liegt der **Bioparco** (☎ 06 360 82 11; www.bioparco.it; Viale del Giardino Zoologico 1; Erw./Erm. 15/12 €; ☺ Sommer 9.30–18, Winter bis 17 Uhr; 🚌 Bioparco); er ist zwar nicht der beste Zoo der Welt, aber nach den Kirchen- und Museumsbesuchen für Kinder eine gute Abwechslung.

Tagesausflüge für die Familie

Ostia Antica

Roms antike Stätten sind für Kinder eher uninteressant; eine Ausnahme bildet Ostia Antica (S. 234): Hier können Kinder durch die Straßen der Altstadt und zwischen den antiken Läden herumrennen und zum Amphitheater hinaufsteigen.

Tivoli

In den Gärten der Villa d'Este (S. 236) mit ihren sprudelnden Springbrunnen und grotesken Wasserspeiern können Kinder auf Entdeckungsreise gehen. In den nahe gelegenen, ausgedehnten Ruinen der Villa Adriana (S. 236) bieten sich reichliche Gelegenheiten zum Versteckspielen.

Strände

Der nächstgelegene Strand ist Ostia Lido, aber schöner sind die Strände bei Anzio, Fregene und Santa Marinella.

GUT ZU WISSEN

Unterwegs vor Ort Auf den kopfsteingepflasterten Straßen ist das Schieben von Kinderwagen und Buggys nicht immer einfach.

Essen gehen In den Restaurants nach *mezza porzione* (Kinderportion) und *seggiolone* (Hochstuhl) fragen.

Versorgung Babynahrung und Sterilisierflüssigkeiten gibt es in Apotheken, Wegwerfwindeln (*pannolini*) in Supermärkten und Apotheken.

Verkehrsmittel In allen öffentlichen Verkehrsmitteln reisen Kinder unter zehn Jahren kostenlos.

Leben wie die Einheimischen

Die Einwohner von Rom sind außergewöhnlich gesellig und lieben ihre Stadt. Sie halten sich gerne auf den Plätzen auf und rasen in ihren kleinen Autos durch die Straßen. Sie ziehen sich mit Vorliebe schick an und lieben es, auszugehen. Der Schönheit ihrer Stadt sind sie sich wohl bewusst, verschließen diese jedoch nicht, sondern heißen jeden herzlich willkommen.

Trinken wie die Einheimischen

Kaffee

Prendere un caffè (einen Kaffee trinken) ist eins der großen Rituale im Alltag eines jeden Römers. In der Regel gehen die Einheimischen zweimal am Tag Kaffee trinken: morgens schnell auf dem Weg zur Arbeit und dann ein weiteres Mal nach dem Mittagessen. Wer nicht auffallen will, bestellt einfach *un caffè* (der verbreitete Ausdruck *espresso* wird in Rom und Italien eher selten verwendet) und trinkt ihn stehend an der Bar. Niemals sollte nach dem Mittagessen ein Cappuccino bestellt werden.

Verschiedene Kostproben der feinsten Kaffeespezialitäten Roms gibt es im Caffè Sant'Eustachio (S. 101) im historischen Zentrum oder auch im Sciascia Caffè (S. 153) in Prati.

Aperitivo

Am frühen Abend ist in zahlreichen modischen Bars der Stadt Zeit für einen *aperitivo* (einen Drink mit Essen vom Büfett). Zu den angesagten Bars gehören das Doppiozeroo (S. 229) in Ostiense und das Momart (S. 216), eine beliebte Bar unweit der Via Nomentana.

Coole Stadtviertel

Trastevere

Ein malerischer Stadtteil mit vielen Bars, Cafés und Trattorias – Trastevere war schon immer das Lieblingsziel ausländischer Gäste. Auch die Römer selbst lieben dieses Viertel, wo mitten im touristischen Gewühl charakteristisch römische Treffpunkte zu entdecken sind.

Ostiense

Mit seinen leerstehenden Industriebauten, authentischen Trattorien und dem Campus der Universität ist das Viertel Ostiense die Adresse der angesagtesten Clubs und trendigsten Bars, aber auch mehrerer kultureller Schätze.

Pigneto

Pigneto, ein einstiges Arbeiterviertel südöstlich der Stazione Termini gelegen, gehört zu den coolsten Vierteln der Hauptstadt – eine Nische, in der zahlreiche Bars heimisch sind; hierher kommen Künstler, Nachtschwärmer und avantgardistische Großstädter.

Testaccio

Testaccio liegt unten am Tiber und war einst ein Arbeiterstadtteil, der sich mit seinem täglichen Markt, traditionellen römischen Trattorien und beliebten Clubs die Atmosphäre eines Viertels kleiner Leute bewahrt hat.

Die abendliche Passeggiata

Die abendliche *passeggiata* (traditioneller Abendspaziergang) ist ein typisch römisches Erlebnis. Dieser Abendbummel gestaltet sich besonders am Wochenende sehr farbenfroh, wenn Familien, Freunde und Liebespaare in den Straßen auf und ab schlendern, um zu sehen und gesehen zu werden.

Wer bei diesem Spektakel einmal mitmachen möchte, sollte gegen 18 Uhr an der Via del Corso sein.

Eine nette Alternative ist es, sich auf der Spanischen Treppe einen Sitzplatz zu suchen und die Szenen zu beobachten, die sich zu Füßen der Treppe auf der Piazza di Spagna (S. 112) abspielen.

Fußball im Stadio Olimpico

Fußball ist eine große Leidenschaft der Römer; dabei stehen sich die Anhänger zweier einheimischer Mannschaften gegenüber: Roma und Lazio. Beide tragen ihre Heimspiele im Stadio Olimpico (S. 216) aus, in Roms eindrucksvollem Olympiastadion.

Wer sich ein Fußballspiel der beiden rivalisierenden Mannschaften anschauen möchte, kann sich an den Farben der Trikots orientieren – Roma spielt in Rot und Gelb, und die Fans stehen in der Curva Sud (Südkurve); Lazio spielt in Himmelblau, und die Fans füllen die Tribüne in der Curva Nord (Nordkurve).

Rom gratis

Obwohl Rom sehr teuer ist, muss man nicht unbedingt das Konto leer räumen, um die Stadt zu genießen: Der Eintritt zu den wichtigen Sehenswürdigkeiten ist oft umsonst. Auch kostet es nichts, durch die historischen Straßen, Plätze und Parks zu schlendern.

Gut zu wissen

Verkehrsmittel
Der Roma Pass berechtigt zur kostenlosen Nutzung öffentlicher Verkehrsmittel.

WLAN
Kostenloses WLAN ist in vielen Hostels, Hotels, Bars und Cafés verfügbar.

Führungen
Näheres zu kostenlosen Führungen ist unter www.newromefreetour.com zu lesen.

Kostenlose Kunst

Kirchen
Festsäle der schönen Kunst sind die Kirchen der Stadt. Der Eintritt ist frei, und viele von ihnen bergen unschätzbare Kunstwerke berühmter Meister. Zu den wichtigsten künstlerisch wertvollen Kirchen gehört der Petersdom (S. 136), die Basilica di San Pietro in Vincoli (S. 160), die Chiesa di San Luigi dei Francesi (S. 85) und die Chiesa di Santa Maria del Popolo (S. 113).

Vatikanische Museen
Die Vatikanischen Museen (S. 140) mit der Sixtinischen Kapelle und Ausstellungsflächen von mehreren Kilometern Länge dienen der Ausstellung überwältigender Kunstwerke; am letzten Sonntag im Monat ist der Eintritt frei.

Nationalmuseen
Acht römische Stadtmuseen sind gratis zu besichtigen, darunter das Museo Carlo Bilotti (S. 210) und das Museo Barracco di Scultura Antica (S. 88). Alle Nationalmuseen sind am ersten Sonntag im Monat gratis.

Kostenlose Sehenswürdigkeiten

Pantheon
Ein heidnischer Tempel, aus dem eine Kirche wurde: Das Pantheon (S. 80) ist ein architektonisches Meisterwerk mit einer die Grenzen der Baukunst sprengenden Kuppel und einem tollen Innenraum.

Trevibrunnen
Man braucht kein Geld auszugeben, um den Trevibrunnen (S. 114) bewundern zu können, aber viele Leute werfen eine Münze hinein, denn es heißt, dass man dann wieder nach Rom zurückkehren wird.

Bocca della Verità
Der Legende nach beißt die Bocca della Verità (S. 75) jedem, der seine Hand in den „Mund der Wahrheit" legt und die Unwahrheit sagt, die Hand ab.

Piazze & Parks

Piazze
Erstklassige Plätze sind z. B. die Piazza Navona (S. 82), der Campo de' Fiori (S. 87), die Piazza di Spagna (S. 112) und die Piazza del Popolo (S. 115).

Parks
Es kostet rein gar nichts, die Parks der Stadt zu genießen. Am berühmtesten ist die Villa Borghese (S. 210), aber auch in der Villa Torlonia (S. 213), Villa Celimontana (S. 198) und auf dem Gianicolo-Hügel (S. 181) sind grüne Oasen zu entdecken.

TANIA VOLOBUEVA / GETTY IMAGES ©

Pizzavariationen in einem römischen Laden

Essen

In dieser Stadt gehört das Essen zur Lebensart. Es ist Balsam für die römische Seele und wesentlicher Bestandteil aller gesellschaftlichen Ereignisse. In der römischen Küche galt die Verwendung von frischen Zutaten der Saison schon immer als selbstverständlich und ist es bis auf den heutigen Tag. In den vergangenen Jahrzehnten ist die Restaurantszene zunehmend raffinierter geworden, doch auch die schlichten Stadtteil-Trattorien von Rom halten noch immer gastronomische Erlebnisse bereit, an die man lange gerne zurückdenkt.

Römische Küche

Wie die meisten anderen italienischen Regionalküchen ist die römische Küche aus dem sorgsamen Umgang mit vorhandenen Zutaten entstanden, wobei auch preisgünstigere Fleischstücke wie *guanciale* (Schweinespeck) oder verschiedene Wildgemüse verwendet wurden, die man in der Natur sammeln konnte.

Es gibt bestimmte klassische Grundgerichte, die in fast jeder Trattoria und in jedem Restaurant in Rom auf der Speisekarte stehen. Diese kohlenhydratlastigen Lieblingsgerichte sind nur scheinbar einfach, tatsächlich ist es ausgesprochen schwierig, sie gut zuzubereiten. Zu den Klassikern der römischen Küche gehören Pasta *alla carbonara* (mit Speckwürfeln, Eiern und Parmesan), *alla gricia* (mit Schweinespeck und Zwiebeln), *all'amatriciana* (die Erfindung eines einfallsreichen Kochs aus Amatrice, der als Variation der Pasta *alla gricia* Tomaten hinzufügte) und *cacio e pepe* (mit Käse und schwarzem Pfeffer).

Die Zahl der Restaurants für besondere Kreationen und Anlässe nimmt stetig zu; Neueröffnungen von Spitzenköchen ziehen viel Aufmerksamkeit auf sich, z. B. das All'Oro (S. 126) von Riccardo di Giacinto oder das Metamorfosi (S. 215) von Roy Carceres. Christina Bowerman, Leiterin des Glass Hostaria (S. 189) in Trastevere, gehört zu den wenigen Profiköchinnen Italiens, die mit einem Michelin-Stern ausgezeichnet wurden. In römischen Edelrestaurants bekennt man sich zu den Gerichten, die die römische Tradition ausmachen, und spielt auf kreative Art damit, indem Variationen und Aromen sowie Zutaten hinzugefügt werden. Ein neues Gastronomiekonzept ist das all-day dining; zu den beachtenswerten Beispielen solcher Restaurants mit Angeboten für jede Tageszeit gehören u. a. Baccano (S. 128), Porto Fluviale (S. 229) und das Einkaufszentrum Eataly (S. 229) mit Restaurants und Ladengeschäften, die jeder Stimmung entgegenkommen – einem Verlangen nach *fritti* (frittiertem Fastfood) ebenso wie nach gehobener Gastronomie.

Handwerklich arbeitende *gelatarie* tragen ebenfalls dazu bei, die Genussgewohnheiten der Römer auf eine raffinierte Stufe zu heben. Hersteller himmlischer Eiscreme sind u. a. Fatamorgana (S. 125), Dei Gracchi (S. 125) und Fior di Luna (S. 188). Ebenso wie die Eisherstellung aus rein natürlichen Zutaten den Sinn der Römer für Süßes revolutioniert hat, ist das Gourmet-Fastfood eine Innovation auf würzigem Gebiet. Dies ist die neueste Entwicklung in der kulinarischen Szene, wobei – wie in der gehobenen Gastronomie – Traditionen der Inspiration dienen, aus der köstliche Überraschungen hervorgehen, z. B. in Restaurants wie Supplizio (S. 98) und Trapizzino (S. 201). *Pasticcerie* (Konditoreien) werden gleichermaßen als Stätten des edlen Kunsthandwerks neu erfunden, an der Spitze dieses Trends steht De Bellis (S. 98).

Spezialitäten der Stadtviertel

Tief verwurzelt in der kulinarischen Tradition der Stadt ist das jüdische Ghetto mit seiner deftigen römisch-jüdischen Küche. Frittierte Speisen sind typisch für die *cucina ebraico-romanesca*. Diese Art der Zubereitung stammt aus der Zeit zwischen dem 16. und 19. Jh., als die römischen Juden im Ghetto leben mussten. Ihnen standen nur

GUT ZU WISSEN

Preise

Die hier aufgeführten Preise beziehen sich auf den durchschnittlichen Preis einer Mahlzeit, zu der ein erster Gang (*primo*), ein zweiter Gang (*secondo*), ein Dessert (*dolce*) und ein Glas Wein gehören. Nicht erschrecken, wenn ein Aufschlag für *pane e coperto* (Brot und Gedeck; 1–5 € pro Pers.) auf der Rechnung erscheint!

€	unter 25 €
€€	25–45 €
€€€	über 45 €

Öffnungszeiten

➡ Die meisten Restaurants öffnen von 12 bis 15 und von 19.30 bis 23 Uhr, üblicherweise haben sie an einem Tag in der Woche (So oder Mo) geschlossen.

➡ Die meisten Restaurants schließen im August für mindestens eine Woche (die Zeiten sind von Jahr zu Jahr unterschiedlich; vorher anrufen), einige schließen während des gesamten Monats.

Etikette

➡ Zum Essengehen sollte man sich feinmachen; Italiener kleiden sich zu den meisten Mahlzeiten relativ elegant.

➡ Lange Spaghetti lieber durchbeißen als einschlürfen.

➡ Pasta wird mit einer Gabel (nicht mit Gabel und Löffel) gegessen.

➡ Pizza darf man in die Hand nehmen.

➡ Als Gast einer italienischen Familie ist *fare la scarpetta* erlaubt (wörtlich „das Schühchen machen"), man wischt mit einem Stück Brot die Sauce vom Teller.

➡ Zu einer privaten Einladung passen traditionelle Geschenke wie eine Schachtel mit *dolci* (Süßigkeiten) aus einer *pasticceria* (Konditorei), eine Flasche Wein oder Blumen.

Trinkgeld

Obwohl die Bedienung im Preis inbegriffen ist, ist ein Trinkgeld üblich: Angemessen sind 5 % in einer Pizzeria und bis zu 10 % in einem anspruchsvolleren Restaurant. Mindestens sollte die Rechnungssumme aufgerundet werden.

Essengehen in den Stadtvierteln

Villa Borghese & der Norden von Rom
Parkcafés und kleine,
elegante Restaurants (S. 214)

Vatikanstadt, Borgo & Prati
Hochkarätige Restaurants,
exzellente Imbisslokale und
himmlische Eisdielen (S. 149)

Tridente, Trevi & Quirinal
Angesehenes Viertel mit
Restaurants, guten Eisdielen und
Cafés der gehobenen Kategorie (S. 124)

Centro Storico
Romantische Ecken,
traditionelle Trattorien und
erstklassige Pizzerien (S. 94)

Monti, Esquilin & San Lorenzo
Ethnische Küche, coole Bars,
lässige Restaurants (S. 165)

Antikes Rom
Echte Highlights, versteckt
zwischen Touristenkneipen (S. 77)

Trastevere & Gianicolo
Trattorien, Eisdielen, Bars
und Pizzerien: touristisch und
dennoch gut (S. 184)

San Giovanni & Testaccio
Traditionelle römische Küche,
gut und oft preiswert (S. 200)

Der Süden von Rom
Angesagte Feinschmecker-Treffpunkte
im ehemaligen Industriegebiet Ostiense (S. 227)

0   1 km

wenige Zutaten zur Verfügung – vornehm-
lich Dinge, die den reichen Stadtbewohnern
nicht gut genug waren (z. B. Zucchiniblüten). Um den Gerichten mehr Geschmack
zu verleihen, wurde alles – vom Mozzarella
bis hin zu Stockfisch – frittiert. Besonders
köstlich sind die regional angebauten Artischocken, die zu einer Art Blumenform
ausgebreitet, dann frittiert und gesalzen
werden.

Dem Herzen (und den sonstigen Innereien) der *cucina romana* kommt man
in Testaccio auf die Spur, einem traditionellen Arbeiterviertel, das sich um das
einstige Schlachthaus der Stadt ausdehnt.
In früherer Zeit wurden Schlachter, die im
Schlachthof der Stadt arbeiteten, häufig
nicht nur mit Geld, sondern auch mit min-
derwertigem Fleisch entlohnt. Das klassische römische Gericht *coda alla vaccinara*
heißt wörtlich „Ochsenschwanzragout
nach Schlachterart". Es wird stundenlang
geschmort, damit sich eine gehaltvolle Soße
ergibt und die Fleischstücke zarter werden.

Ein berühmtes römisches Gericht, das
allerdings kaum jedermanns Geschmack
treffen dürfte, ist z. B. Pasta mit *pajata*, die
aus den Därmen von Milchkälbern hergestellt wird und als Delikatesse gilt, weil sie
die geronnene Milch der Mutterkuh enthält. Das Wort *coratella* signalisiert, dass
das entsprechende Gericht Lunge, Niere
und Herz enthält.

Saisonaler Kalender

Wie es in ganz Italien gebräuchlich ist,
richten die Römer ihren Speiseplan an der
jeweiligen Jahreszeit aus. Frische, häufig
sonnengereifte Zutaten strotzen vor aro-
matischer Kraft, die besten Erzeugnisse
nähern sich der Marke „*zero-kilometri*"
an – je kürzer die Entfernung, die sie zu
den Konsumenten zurückgelegt haben,
desto besser schmecken sie.

FRÜHLING

Der Frühling ist die beste Zeit für Lammfleisch, meist als Braten mit Kartoffeln – *agnello al forno con patate*. Es findet sich auch die Bezeichnung *abbacchio* („Lamm" im römischen Dialekt) *scottadito* („so heiß, dass man sich die Finger verbrennt").

Im März hat *carciofo alla giudia* (Artischocke nach jüdischer Art) Saison, dann erscheinen die großen runden Artischocken aus Cerveteri auf dem Tisch (die kleineren Sorten stammen aus Sardinien), dieses köstliche Gericht ist jedoch bis in den Juni hinein zu bekommen.

Mai und Juni sind günstige Monate für den Fischfang, es gibt eine reiche Ausbeute an Tintenfischen und anderen Meerestieren.

Grasgrüne *fave* (dicke Bohnen) werden (vor allem am 1. Mai) zum Abschluss einer Mahlzeit serviert, begleitet von etwas salzigem *pecorino*.

An römischen Marktständen sieht man hellgrüne, geriffelte *zucchine romanesche* – Zucchini, von denen die Blüten üblicherweise nicht entfernt werden. Die orangefarbenen Blütenblätter werden frittiert und gehören zu den herausragenden Köstlichkeiten der römischen Küche.

SOMMER

Tonno (Thunfisch) kommt frisch aus den Gewässern vor Sardinien auf den Tisch. *Linguine ai frutti di mare* und *risotto alla pescatora* sind wunderbar leichte Sommergerichte.

Der Sommer ist die Zeit der *melanzane* (Auberginen): Ein Genuss sind sie z. B. gegrillt als Antipasti oder mit einer gehaltvollen Tomatensauce als *melanzane alla parmagiana* geschichtet und gebacken. Im Sommer haben auch Blattsalate Saison. Rom besitzt eine eigene Sorte, den robusten, würzigen *lattuga romana*.

Tomaten entfalten jetzt ihr volles Aroma, und an den Marktständen beherrschen die verführerisch duftenden, zu Bergen aufgehäuften *pesche* (Pfirsiche), *albicocche* (Aprikosen), *fichi* (Feigen) und *meloni* (Melonen) das Bild.

HERBST

Das Wild für Gerichte *alla cacciatora* (nach Jägerart) stammt von den Hügeln Latiums, z. B. *cinghiale* (Wildschwein) und *lepre* (Hase).

Auch Fisch ist im Herbst besonders schmackhaft; es lohnt sich, gebratenen Fisch aus Fiumicino, wie *triglia* (Seebarbe) oder gemischte kleine Fische wie *alici* (Anchovis), zu probieren.

Der Herbst ist die Zeit der Pilze – u. a. der fleischigen *porcini*, *galletti* und *ovuli*. Auf den

---

DER KULINARISCHE KALENDER

Nach dem traditionellen kulinarischen Kalender der katholischen Kirche wird am Freitag Fisch gegessen; mittwochs gibt es *baccalà* (getrocknetes Kabeljaufilet, Stockfisch), zu dem oft *ceci* (Kichererbsen) gereicht werden. Am Donnerstag kommen Gnocchi auf den Tisch. Das traditionelle, schwere römische Rezept schreibt Grieß vor, man findet aber auch die bekannteren Gnocchi aus Kartoffeln. Viele traditionelle römische Restaurants gestalten ihre Speisekarte nach diesem Wochenplan.

Märkten gibt es *broccoletti* (auch *broccolini*), eine Kreuzung aus Brokkoli und Spargel, *uva* (Weintrauben), *pere* (Birnen) und Nüsse in großen Mengen.

WINTER

Der Winter ist die ideale Zeit für erwärmende Gerichte mit *ceci* (Kichererbsen) und viel Gemüse, wie z. B. die gehaltvolle Minestrone, ebenso für *porchetta di Ariccia* (Spanferkel aus Ariccia), die mit Kräutern im Ofen gegart wird.

Puntarelle („kleine Punkte" – katalanischer Chicorée) wird ein köstliches, leicht bitteres Wintergemüse genannt, das nur in Latium vorkommt.

An den Marktständen finden sich nun, zu Bergen aufgehäuft, *broccolo romanesco* (die römische Variante des Blumenkohls), *aranci* (Orangen) und *mandarini* (Mandarinen).

Im Februar sollte man nach *frappé* (frittierten, mit Zucker bestreuten Teigstreifen) Ausschau halten, die in Rom traditionell zur Zeit Karneval gegessen werden.

Essenszeiten

Zur *colazione* (Frühstück) gehen die meisten Römer in eine Bar, wo sie einen Cappuccino mit *cornetto* (einer Art Croissant) zu sich nehmen.

Die Hauptmahlzeit des Tages ist der *pranzo* (Mittagessen), der üblicherweise etwa um 13.30 Uhr eingenommen wird. Viele Geschäfte und Betriebe schließen jeden Nachmittag für ein bis drei Stunden, damit genug Zeit für das Essen und die darauffolgende Mittagsruhe bleibt. Am Sonntag ist das *pranzo* besonders wichtig.

Viele Restaurants bieten an Wochenenden einen „Brunch" an, der sich aber von der vielleicht erwarteten Mischung aus

Frühstücks- und Mittagsgerichten ein wenig unterscheidet. Ein Brunch in Rom ist vielmehr ein Büfett, das zwischen 12 und 15 Uhr geöffnet ist.

Der *aperitivo* ist ein Büfett mit kleinen Gerichten in Begleitung abendlicher Getränke, das zwischen 18 und 21 Uhr angeboten wird. Die Preise liegen bei 6 bis 10 € für ein Getränk und unbegrenzte Tellerfüllungen.

Zeit für die *cena* (Abendessen) ist etwa ab 20.30 Uhr. Meistens ist es eine einfache Mahlzeit, was sich aber allmählich ändert, da wenige es noch einrichten können, zu Hause ein ausführliches Mittagsmahl zu zelebrieren.

Eine vollständige italienische Mahlzeit besteht aus einer Vorspeise (*antipasto*), einem ersten Gang (*primo piatto*), einem zweiten Gang (*secondo piatto*) mit Salat (*insalata*) oder Gemüsebeilage (*contorno*), einer Süßspeise (*dolci*), Obst, Kaffee und *digestivo* (Weinbrand). Im Restaurant kann man sich, wie die meisten römischen Gäste es auch tun, über diese festgelegte Ordnung hinwegsetzen, also z. B. ein *primo* bestellen, dem dann ein *insalata* oder *contorno* folgt.

Wohin zum Essen?

Die Auswahl ist – je nach Stimmung und Geldbeutel – vielfältig: von der frenetischen Energie einer römischen Pizzeria bis hin zur familiären Herzlichkeit einer Stadtteil-Trattoria, die seit Generationen in den Händen derselben Familie liegt, vom opulenten Abendbüfett (*aperitivi*) in einer Bar bis hin zu einem edlen Restaurant, wo Präsentation und Aroma der Speisen zu Kunstformen erhoben werden.

ENOTECHE (WEINBARS)

In Rom ist es üblich, zum Wein auch etwas zu essen. Gut essen lässt es sich in den zahlreichen *enoteche* – in diesen Weinbars werden kleine Gerichte, z. B. Käse oder Aufschnitt, *bruschette* und *crostini* sowie auch warme Speisen serviert. Einige von ihnen, z. B. Palatium (S. 127) oder Casa Bleve (S. 97), bieten eine vollständige Speisekarte an.

ESSENGEHEN IN ROM

Die in Rom lebende Elizabeth Minchilli, erfolgreiche Food-Journalistin, Blog-Schreiberin (www.elizabethminchilliinrome.com) und Verfasserin von *Eating Rome,* gibt folgende Top-Tipps:

Ich empfehle immer, zuerst auf die Märkte zu gehen, um zu sehen, was frisch zu bekommen ist, denn es macht so viel aus, welche Erzeugnisse Saison haben. Außer den regulären städtischen Märkten gibt es auch Bauernmärkte an Wochenenden, einen davon am Circus Maximus.

Unbedingt probieren sollte man *pizza bianca* (weiße Pizza), ein typisch römisches Streetfood. Es gibt immer Diskussionen darüber, wo sie am besten ist. Die meisten nennen das **Forno di Campo de' Fiori** (S. 98), aber ich nehme mir eine *pizza bianca* am liebsten von **Roscioli** (S. 98) mit. Wer eine Pizza mit Tomatensauce will, sollte zum **Antico Forno Urbani** (S. 99) gehen. Dort wird man kaum ausländische Gäste antreffen; die Gäste sind alle Italiener. Die *pizza rossa* ist sehr dünn und mit ganz wenig Tomatensauce bestrichen, fast schon karamellisiert, und einfach fantastisch.

In den vergangenen Jahren ist es in Rom zu dieser Renaissance der Pizzabäcker gekommen. Der Meister der Pizza ist Gabriele Bonci; Besucher aus aller Welt kommen, um eine Pizza bei ihm zu essen; es lohnt sich also wirklich, ins **Pizzarium** (S. 152) zu gehen, wenn man gerade in der Nähe des Vatikans ist.

Noch etwas, das probiert werden sollte, ist Eis. In vielen Eisdielen wird man riesige, luftig aufgetürmte Eismassen sehen: diese am besten nicht beachten, sondern lieber nach den handwerklich arbeitenden Eisherstellern Ausschau halten. Auch hier gilt: Saisonale Produkte sind immer gut, also sind Erdbeeren nur im Sommer, Kastanien im Winter zu bekommen. Z. B. findet man, wenige Minuten zu Fuß von der Piazza Navona, die **Gelateria del Teatro** (S. 96) sowie **Fatamorgana** in **Monti** (S. 165) und Trastevere. Wer es gern besonders sahnig mag, ist bei **Come il Latte**, nahe der Via Flavia, richtig.

Was das Essengehen in Rom betrifft, so habe ich die „alte Schule" am liebsten. **Sora Margherita** ist ein winzig kleines Restaurant, wo es nicht nur Artischocken, sondern auch *cacio e pepe* mit einer Haube aus Ricotta gibt.

WOHIN: TRATTORIA, OSTERIA ODER RESTAURANT?

Traditionell wurden Trattorien von Familien betrieben; sie boten einfache, erschwingliche Speisen aus der Region an, während sich *osterie* in der Regel auf ein einziges Gericht und einen *vino della casa* (Hauswein) beschränkten. Auch heute noch gibt es in Rom viele solcher *osterie*. *Ristoranti* haben eine größere Auswahl und einen anspruchsvolleren Service, sind aber natürlich auch teurer.

PIZZA

Bemerkenswert ist, dass die Pizza erst nach dem Zweiten Weltkrieg in Rom bekannt wurde, und zwar durch Einwanderer aus dem Süden Italiens. Sie wurde begeistert aufgenommen. Die lässige (und preiswerte) Lieblingsmahlzeit der Römer ist und bleibt die wunderbar schlichte Pizza; die typisch römische Variante mit hauchdünnem Boden und brutzelnd heißen Belägen wird von routinierten Kellnern gern nachlässig auf den Tisch geworfen. Viele Pizzerias sind nur am Abend geöffnet, da ihre Holzöfen einige Zeit benötigen, um die erforderliche Hitze zu erzeugen. Die meisten Römer essen zur Pizza gern eine Vorspeise in Form von *bruschetta* oder *fritti* (frittierten Zucchiniblüten, Kartoffeln, Oliven und Ähnlichem) und spülen alles mit einem Bier hinunter. In manchen römischen Pizzarestaurants werden Pizzas nach neapolitanischer Art mit dickeren, luftigeren Teigböden serviert.

Als Snack zwischendurch ist die römische Pizza *al taglio* (Pizzastück) unübertrefflich. Wie Gaben des Himmels werden köstliche Zutaten in reichlichen Mengen auf dünne, knusprige Teigböden gehäuft; dem luftig-leichten Teig wird viel Zeit zum Gehen gelassen. Seit den vergangenen zehn Jahren ist eine zunehmende Zahl von Gourmet-Pizzerias zu beobachten; ein Meister dieses Fachs ist Gabriele Bonci mit dem Pizzarium (S. 152) nahe dem Vatikan.

FASTFOOD

Fastfood ist eine römische Tradition mit langer Geschichte; das römische Streetfood ist vielfältig und beliebt.

Eine *tavola calda* (wörtlich „heiße Tafel") bietet günstige, fertig zubereitete Pasta-, Fleisch- und Gemüsegerichte an, während in einer *rosticceria* hauptsächlich warme Fleischgerichte serviert werden. Auf eine schöne romantische Atmosphäre müssen

---

KULINARISCHE FÜHRUNGEN

Eating Italy Food Tours (www.eating italyfoodtours.com; 75 €; ⊘tgl.) ist ein Unternehmen des Amerikaners Kenny Dunn. Auf informativen vierstündigen Touren durch Testaccio oder Trastevere werden Gelegenheiten geboten, zwölf köstliche Spezialitäten zu probieren. Maximal zwölf Personen können an einer Tour teilnehmen.

Die Spezialisten des Seminarstudios **Vino Roma** (S. 169) bieten maßgeschneiderte, dreistündige kulinarische Führungen an.

Gäste in beiden verzichten, die Mahlzeiten sind allerdings geschmacklich oft sehr gut.

Hervorragend und zum Mitnehmen geeignet sind *arancini*, frittierte Reisbällchen mit verschiedenen Füllungen, z. B. Mozzarella und Schinken. Sie stammen ursprünglich aus Sizilien, sind aber auch in Rom sehr beliebt, wo sie auch *supplì* genannt werden.

Fastfood ist die letzte der römischen Traditionen, die neu erfunden wurde. Mittlerweile gibt es ein Angebot von modischen Gourmet-Snacks, die auf Familienrezepte zurückgehen; in neuen Trendrestaurants werden *supplì* oder *fritti* modern variiert. Dabei trägt nicht etwa die stilvolle Form den Sieg über die inneren Werte davon; die Avantgarde nimmt gastronomische Grundregeln so ernst wie die alte Garde.

FEINKOSTGESCHÄFTE & MÄRKTE

Feinkostgeschäfte mit reicher Auswahl und Märkte mit erntefrischen Erzeugnissen sind ein wunderbarer Bestandteil des kulinarischen Stadtbildes von Rom. In den meisten Stadtvierteln gibt es mehrere Feinkostläden und jeweils eigene tägliche Märkte. Die Märkte sind von Montag bis Samstag zwischen 7 und 13.30 Uhr geöffnet. Außerdem gibt es mehrere hervorragende Bauernmärkte, die meistens an Wochenenden abgehalten werden. Der beste findet am Samstag und Sonntag am Circo Massimo statt.

Die berühmtesten Märkte Roms:

➡ **Campo de' Fiori** (S. 87) Am malerischsten, aber auch teuersten. Die Preise werden hier nach dem ausländischen Akzent der Kunden berechnet.

➡ **Mercato di Circo Massimo** (S. 77) Der beste und beliebteste Bauernmarkt Roms ist ein farbenprächtiges Schaufenster für regional erzeugte Lebensmittel der jeweiligen Jahreszeit.

➡ **Nuovo Mercato Esquilino** (S. 174) Preisgünstig und der beste Fundort für exotische Kräuter und Gewürze.

➡ **Piazza dell' Unità** (Karte S. 354) Nahe dem Vatikan, perfekt zum Aufstocken der Picknickvorräte.

➡ **Piazza San Cosimato** (Karte S. 358) Mittelpunkt des Viertels Trastevere, nach wie vor ein erstklassiger Lebensmittelmarkt.

➡ **Nuovo Mercato di Testaccio** (S. 203) Eine zweckmäßige Markthalle, in der sich verlockende Stände und heimische Marktbesucher zusammendrängen.

GELATERIE

Eisessen ist ein so wesentlicher Bestandteil des römischen Lebens wie der Kaffee am Morgen – wer ein Eis probiert, versteht sofort, warum. Die Stadt besitzt Eisdielen, die zu den edelsten der Welt zählen und in denen nur die feinsten saisonalen Zutaten, geerntet in den besten Anbaugebieten, verwendet werden.

In diesen handwerklich arbeitenden *gelaterie* wird man z. B. Erdbeereis im Winter vergeblich suchen, die Pistazien stammen aus Bronte, die Mandeln aus Avola, um nur einige Beispiele zu nennen. Vieles ist geschehen, seit sich Nero an Schnee ergötzte, der mit Fruchtmus und Honig zu einer Eisspeise vermischt war. Als Faustregel zur Qualitätsprüfung kann die Farbe der Pistazien dienen: ockergelb-grün = gut, leuchtend grün = schlecht.

Im Hochsommer genießt man in Rom gern eine *grattachecca* (wörtlich ein „geschabtes Eis"), am Flussufer gibt es von Mai bis September an Kiosken zerstoßenes Eis mit einer Haube aus Früchten und Sirup zu kaufen – eine köstliche Art, sich abzukühlen.

Die meisten Eisdielen sind zwischen 8 Uhr morgens und 1 Uhr nachts geöffnet, im Winter gelten kürzere Öffnungszeiten. Die Preise liegen bei 2 € bis 3,50 € für eine *cona* (Waffel) oder eine *coppetta* (Becher).

Kochkurse & Weinseminare

Die Kochbuchautorin Diane Seed (*Die hundert besten Pasta-Saucen*) hält ihr Kursprogramm **Römische Küche** (Karte S. 346; ☑ 06 678 57 59; www.italiangourmet.com; pro Tag 200 €) mehrmals im Jahr in ihrer Küche im Palazzo Doria Pamphilj ab. Es gibt ein-, zwei- und dreitägige Kurse (komplett mit einem zugehörigen Marktbesuch) für 200 € pro Tag.

In Monti bietet **Vino Roma** (S. 169) Weinseminare und kulinarische Führungen an; das Seminarstudio entspricht höchsten Anforderungen.

Vegetarier, Veganer & Freunde glutenfreier Kost

Keine Sorge: Vegetarier werden in Rom ihre Freude haben, für sie gibt es Antipasti, Pastagerichte, *insalate* (Salate), *contorni* (Beilagen) und Pizzas.

Natürlich kommen zuweilen „versteckte Zutaten" vor, die auf der Speisekarte nicht genannt werden – vorsichtig sollte man z. B. bei Gerichten mit Füllungen wie etwa Zucchiniblüten sein (sie enthalten häufig Anchovis), und man muss prüfen, ob die Gerichte *senza carne o pesce* („ohne Fleisch oder Fisch") sind. Viele Italiener meinen außerdem, dass Vegetarier zwar kein rotes, aber durchaus weißes Fleisch essen.

Veganer haben es naturgemäß um einiges schwerer. Käse ist eine universale Zutat der italienischen Küche, daher sollten ausdrücklich Speisen *senza formaggio* (ohne Käse) bestellt werden. In *pasta fresca,* die auch in Suppen verwendet wird, sind Eier enthalten. Am besten ist es natürlich, sich selbst zu versorgen oder in einem vegetarischen Restaurant nach veganen Gerichten Ausschau zu halten.

Die meisten Restaurants bieten eine glutenfreie Auswahl an, da es ein gesellschaftliches Bewusstsein für Glutenunverträglichkeit gibt. Fügt man einer Bestellung *Io sono celiaco"* oder *„senza glutine"* hinzu, werden in der Regel geeignete Gerichte empfohlen.

Top-Tipps

Metamorfosi (S. 215) Von Michelin ausgezeichnet, schick und dennoch lässig.

Glass Hostaria (S. 189) Italienische Küche als kreative Kunstform in Trastevere.

Casa Coppelle (S. 95) Kreative italienische und französisch inspirierte Gerichte in romantischem Ambiente.

Flavio al Velavevodetto (S. 201) Hier findet man die echte *cucina romana*.

L'Asino d'Oro (S. 165) Fantastisches Essen, erstaunlich günstige Preise und umbrische Aromen.

Fatamorgana (S. 125) Unglaublich gutes, handwerklich hergestelltes Eis, in Tridente, nahe dem Vatikan, in Monti und Trastevere.

Die beste römische Küche

Flavio al Velavevodetto (S. 201) Klassische *cucina romana,* die Speisen werden hier in gewaltigen Portionen serviert.

Da Felice (S. 202) Im Kerngebiet der römischen Küche; die Speisekarte entspricht der traditionellen wöchentlichen Speisenfolge.

Armando al Pantheon (S. 95) Eine Trattoria in Familienhand; serviert wird deftige römische Küche im Schatten des Pantheon.

Ristorante L'Arcangelo (S. 152) Kreative, zeitgemäße Variationen römischer Gerichte.

Die beste „kreative Küche"

Metamorfosi (S. 215) Bietet eine gehobene und vom Guide Michelin ausgezeichnete Gourmetküche des Wunderkochs Roy Carceres.

All'Oro (S. 126) Essen als Kunstform im mondänen Restaurant des Sternekochs Riccardo Di Giacinto.

Glass Hostaria (S. 189) Wundervolle, innovative Gerichte in modernem Ambiente in Trastevere.

Open Colonna (S. 201) Das Restaurant unter einem Glasdach von Antonello Colonna bietet kreative Variationen römischer Klassiker.

Aroma (S. 201) In wunderschönem Ambiente verwöhnt Spitzenkoch Giuseppe Di Iorio seine Gäste mit einer visionären mediterranen Kochkunst.

Renato e Luisa (S. 99) Die Trattoria ist immer voller Gäste; klassische römische Rezepte werden hier nahezu spielerisch variiert.

Die besten Pizzerias

Pizzeria Da Remo (S. 201) Recht spartanisch, dafür aber einfach hinreißend; eine klassische römische Pizzeria mit übersprudelndem Temperament in Testaccio.

Pizza Ostiense (S. 229) Neu in der Pizzaszene; das Angebot ist klassisch-römisch.

Panattoni (S. 184) Tische an der Straße und fantastische Pizzas locken Gästescharen in dieses „Leichenschauhaus" (*l'obitorio* – wegen seiner Marmortischplatten).

Pizzeria Ivo (S. 188) Immer gedrängt voll, unnachgiebig traditionell, laut und schroff ist diese Pizzeria in Trastevere.

Die besten Adressen nach Preiskategorien

€

Supplizio (S. 98) Gourmet-Reisbällchen auf der Höhe des Fastfood-Trends.

Alfredo e Ada (S. 96) Eine vielgeliebte schlichte Trattoria in Familienhand.

Pizzarium (S. 152) *Pizza al taglio* auf meisterhafte Art.

€€

L'Asino d'Oro (S. 165) Kreative umbrische Küche zu angemessenen Preisen (vor allem zum Mittag).

Casa Conti (S. 127) Wundervolles mittägliches Restaurantmuseum mit traditionell heimischen Gerichten inmitten von bildschönen Antiquitäten.

Casa Coppelle (S. 95) Französisch-italienische Küche zu angemessenen Preisen und mit einer großen Portion Romantik.

€€€

Metamorfosi (S. 215) Die absolut fantastische Kochkunst des Sternekochs Roy Caceres genießen.

All'Oro (S. 126) Kochkunst mit Michelin-Auszeichnung, wobei Spitzenkoch Riccardo Di Giacinto Innovation und Tradition vereint.

Enoteca La Torre (S. 152) Ein wunderbar glanzvolles Ambiente mit Michelin-Auszeichnung in der Villa Laetitia der Fendi-Schwestern.

Ristorante L'Arcangelo (S. 152) Das Restaurant bringt römisches Essen mit märchenhaft kreativen Variationen hervor.

Glass Hostaria (S. 189) Wundervoll kreatives Restaurant in Trastevere.

Die beste Regionalküche

Enoteca Regionale Palatium (S. 127) Das Weinlokal ist ein Schaufenster der besten Speisen und Getränke aus Latium.

Colline Emiliane (S. 129) Fantastische Fleischgerichte und deftige Pasta aus der Emilia-Romagna.

Trattoria Monti (S. 168) Gehobene, traditionelle Küche der Marken, darunter himmlische frittierte Gerichte.

Terre e Domus (S. 77) Alle Zutaten stammen aus der umgebenden Region Latium.

Sehen & gesehen werden

Dal Bolognese (S. 126) Millionäre, Mächtige und Models treffen nahe der Piazza del Popolo zusammen.

Settembrini (S. 152) Hochbeliebt bei Medienleuten – der Stammsitz der RAI (der öffentlich-rechtlichen Rundfunkanstalt Italiens) liegt in der Nähe.

Ristorante L'Arcangelo (S. 152) Politiker und Prominente bändeln bei kreativen Gerichten an.

Il Sorpasso (S. 151) Bar mit Restaurant in edlem Retro-Stil.

Temakhino (S. 165) In dem japanisch-brasilianischen Schnellrestaurant in Monti werden auch gehaltvolle Caipirinhas gemixt.

Die besten Konditoreien

I Dolci di Nonna Vincenza (S. 98) Himmlisches sizilianisches Gebäck.

Pasticceria De Bellis (S. 98) Kunstvolle Kuchen, köstliches Gebäck und *dolci* in einer edlen Pasticceria.

Andreotti (S. 229) Kleine Kunstwerke sind die buttrigen *crostate* (Mürbeteigkuchen) wie auch die hochaufgetürmten goldbraunen *sfogliatelle romane* (Gebäck mit Ricotta-Füllung).

Innocenti (S. 184) Klassische Bäckerei der alten Schule in Trastevere mit zu Bergen aufgehäuften Plätzchen, z. B. *brutti ma buoni* („hässlich, aber gut").

Die besten Pizzas zum Mitnehmen

Pizzarium (S. 152) Pizzastücke aus Meisterhand von Gabriele Bonci.

Forno Roscioli (S. 98) Hauchdünn und knusprig – diese *pizza rossa* zählt zu den besten von Rom, wenn nicht der ganzen Welt.

Forno di Campo de' Fiori (S. 98) Geschenke des Himmels sind die *pizza rossa* (mit Tomaten und Oregano) und *bianca* (mit Olivenöl und Rosmarin).

Antico Forno Urbani (S. 99) Eine koschere Bäckerei im Jüdischen Ghetto mit einer unglaublich guten *pizza bianca*.

Das schönste Ambiente

Aroma (S. 201) Der Blick vom Sternerestaurant unter dem Dach des Hotels Palazzo Manfredi aufs Kolosseum ist zum Niederknien schön.

La Veranda (S. 150) Ein Schauplatz des Films „Die große Schönheit" (La Grande Bellezza) des Regisseurs Paolo Sorrentino; Gäste speisen unter Pinturicchio-Fresken aus dem 15. Jh.

Open Colonna (S. 169) Restaurant in einem Zwischengeschoss unter einem Schwindel erregend hohen Glasdach im Palazzo degli Esposizioni.

Casa Bleve (S. 97) Von eleganten Säulen umstandene Weinbar mit Buntglasdach.

Il Palazzetto (S. 127) Eine sonnige Terrasse mit Blick auf die Spanische Treppe.

Ristorante Roof Garden Circus (S. 77) Dachrestaurant des Hotels Forty Seven mit herrlichen Ausblicken, denen die Küche vollkommen entspricht.

Die besten Adressen der Einheimischen

Pizzeria Da Remo (S. 201) Das perfekte Erlebnis einer römischen Stadtteil-Pizzeria mit blitzschnellen Kellnern, die papierdünne Pizzas an den Tisch bringen.

Da Felice (S. 202) Traditionelle heimische Küche in Testaccio, dem Kerngebiet römischer Kochkunst.

Antico Forno Urbani (S. 99) Es lohnt sich, sich im Jüdischen Ghetto in die Schlangen der Einheimischen einzureihen und auf eine *pizza al taglio* zu warten.

Pizza Ostiense (S. 229) Märchenhafte Pizza mit dünnem Boden im schicken Ostiense, dem einstigen Arbeiterviertel von Rom.

Die besten Gelatarie

Fatamorgana (S. 125) Die feinsten handwerklich hergestellten Sorten sind jetzt in mehreren, zentral gelegenen Filialen zu bekommen.

Gelateria del Teatro (S. 96) Rund 40 Sorten köstlicher Eiscreme, alle sind hausgemacht.

Il Caruso (S. 129) Eine kleine, aber perfekte Auswahl sahniger Geschmackssorten.

Gelarmony (S. 150) Eine sizilianische Gelateria mit vielen köstlichen Sorten, darunter typisch sizilianische Pistazie oder Cassata.

Dei Gracchi (S. 125) Himmlische Aromen in mehreren Filialen in Rom.

Fior di Luna (S. 188) Köstliches handwerklich hergestelltes Eis in Trastevere.

Das beste Fastfood

Trapizzino (S. 201) Ursprung des *trapizzino*, eines zu einer Tüte geformten Brotfladens mit Füllung, z. B. *polpette al sugo* (Fleischbällchen in Tomatensauce).

Supplizio (S. 98) Gourmet-Variationen der frittierten Reisbällchen *suppli*, Lieblingsspeise der Römer.

Ciuri Ciuri (S. 165) Eine wahre Spitzenadresse für süßes und pikantes Gebäck aus Sizilien,

z. B. köstliche *arancini* (die sizilianische Version der *suppli*).

Dall'Antò (S. 166) Antonio bereitet intensiv aromatische Pfannkuchen nach historischen regionalen Rezepten zu, indem er z. B. Kastanienmehl verwendet.

Pianostrada Laboratorio di Cucina (S. 188) Eine Bäckerei mit lässigem Café unter weiblicher Führung, in der die besten Zutaten zur Herstellung von Gourmet-Sandwiches und Snacks verwendet werden.

Die besten Feinkostgeschäfte

Eataly (S. 229) Ein riesiges kulinarisches Warenhaus auf modernstem Stand von der Größe einer Einkaufspassage mit Gütern und Erzeugnissen aus ganz Italien sowie mehreren Restaurants.

Salumeria Roscioli (S. 99) Die aromatischen Düfte edler italienischer Produkte, geräucherter oder luftgetrockneter Würste und Schinken und verschiedener Käse vermischen sich in diesem Feinkostgeschäft der Superlative.

Volpetti (S. 208) Das umfassend sortierte Feinkostgeschäft ist eine Fundgrube voller Gourmet-Köstlichkeiten und besitzt hilfsbereite Mitarbeiter.

Castroni (S. 154) Noch eine Schatzhöhle voller köstlicher Gourmet-Spezialitäten.

Cafés säumen die Piazza della Rotonda vor dem Pantheon (S. 80)

Ausgehen & Nachtleben

Am besten genießt man das Nachtleben von Rom bei einem Bummel vom Restaurant zu den Bars, indem man sich ohne Ziel in den malerischen Steingassen verliert. Keine andere Stadt gibt so schöne Kulissen fürs Innehalten ab: Mit Blick auf das Forum Romanum kann man hier einen Campari genießen, oder man trinkt ein römisches Bier, während man dem Spiel des Lichts auf den barocken Brunnen zusieht.

Rom bei Nacht

Römische Nachtschwärmer pflegen spät zu Abend zu essen, danach an einer Bar etwas zu trinken und sich gegen 1 Uhr nachts auf den Weg in einen Club zu machen.

Rom ist wie andere große Städte ein Konglomerat unterschiedlicher Stadtviertel, jedes davon hat einen ganz eigenen Charakter, der sich nach Einbruch der Nacht oft völlig verändert. Im Centro Storico und in Trastevere mischen sich am Abend Touristen unter die Einheimischen. Ostiense und Testaccio sind Viertel mit einer rauen Clubszene, in großer

Dichte häufen sie sich in bestimmten Gegenden – so zieht sich in Testaccio eine Reihe von viel besuchten Clubs über den Monte Testaccio hin. Daneben gibt es subtile politische Trennlinien. San Lorenzo und Pigneto, im Süden Roms, werden von Angehörigen einer linksgerichteten, alternativen Szene bevorzugt, während manche Gegenden im Norden (z. B. Ponte Milvio und Parioli) ein eher konservatives, bürgerliches Milieu beherbergen.

Die *bella figura* (was ungefähr so viel bedeutet wie „gut aussehen") ist in Italien sehr wichtig. Die Mehrheit der Römer verbringt den Abend damit, zu sehen und sich sehen zu lassen, ein Eis zu essen und etwas – jedoch keinesfalls zu viel – zu trinken. Doch auch das ändert sich allmählich: In den bei einem jugendlichen Publikum beliebten Gegenden (z. B. am Campo de' Fiori und Teilen von Trastevere) können beschwipste Teenager – und Touristen – durchaus für Unruhe sorgen.

Enoteche (Weinbars)

In der *enoteca* kamen die alten Herren des Viertels früher zusammen und tranken den einfachen regionalen Wein, der direkt aus dem Fass kam. Diese Zeiten sind inzwischen vorbei: Heute sind die *enoteche* mondäner geworden, haben aber immer noch viel ursprüngliche Atmosphäre. Sie schenken italienische und internationale Weine aus und servieren köstliche Käse- und Aufschnittteller.

Bars & Pubs

Eine weite Palette von Bars reicht von typischen italienischen Café-Bars, die über die Jahrhunderte scheinbar unverändert erhalten blieben, und schicken, sorgfältig entworfenen Designergaststätten, die für den Genuss geheimnisvoller Cocktails wie geschaffen sind – z. B. Co.So (S. 167) und Salotto 42 (S. 103) – bis hin zu angenehm nachlässigen, gleichbleibend netten Stammkneipen – z. B. Freni e Frizioni (S. 190). Viele von ihnen weisen eine Beständigkeit auf, wie sie in anderen Großstädten kaum mehr vorkommt.

Pubs sind gleichermaßen populär, es gibt viele Pubs in irischem Stil mit langjährigem Bestehen, z. B. Finnegans (S. 171) und Druid's Den (S. 171), die ständig voller lebhaft plaudernder römischer Gäste sind. Mehr dieser kneipenähnlichen Bars entstehen neu im Zuge der Rückbesinnung auf handwerklich gebrautes Bier.

Nachtclubs

Die Nachtclubs von Rom – die meisten davon in Ostiense und Testaccio – zeigen eine musikalische Bandbreite, die von Lounge und Jazz bis Dancehall und Hip-Hop reicht. So sollte jeder für sich das Passende finden können. In den Clubs wird es nach Mitternacht (oft auch erst nach 2 Uhr) so richtig voll. Häufig ist der Eintritt frei, dafür sind die Getränke teuer. Cocktails können zwischen 10 und 20 € kosten, viel preiswerter

---

GUT ZU WISSEN

Öffnungszeiten
➡ Die meisten Cafés: 7.30–20 Uhr
➡ Traditionelle Bars: 7.30–1 oder 2 Uhr
➡ Die meisten Bars, Pubs und *enoteche* (Weinbars): Mittagszeit oder 18–2 Uhr
➡ Nachtclubs: 22–4 Uhr

Dresscode
Römer kleiden sich zum Ausgehen gern elegant; die meisten Gäste der anspruchsvolleren Clubs und Bars im Centro Storico und in Testaccio sind meist todschick angezogen. Dagegen prägt weit draußen in Pigneto und San Lorenzo oder in den *centri sociali* (Kulturtreffpunkten) ein eher alternativer Stil das Erscheinungsbild.

Informationen im Internet
➡ **Roma 2 Night** (http://2night.it)
➡ **Zero** (http://roma.zero.eu)

---

sind die Getränke in den studentischen Clubs von San Lorenzo, Pigneto und in den *centri sociali* (den alternativen Kunst- und Kulturzentren).

Centri Sociali

Die Nachtseite von Rom hat eine ausgeprägt alternative Facette, deren Mittelpunkt die politisch linksgerichteten *centri sociali* sind. In diesen Kunstzentren der Hausbesetzerszene hört man Livemusik und erlebt moderne Kunstveranstaltungen. Hier bieten sich gute Gelegenheiten, eine ungewöhnliche und sehr andersartige Seite des Nachtlebens von Rom (noch dazu preisgünstig) kennenzulernen. Zu den besten Veranstaltungsorten gehören z. B. Brancaleone (S. 216) und Esc Atelier (S. 171).

Sommer (und Winter) in Rom

Von Mitte Juni bis Mitte September sind viele Nachtclubs und Livemusikbühnen geschlossen, einige ziehen in den Stadtteil EUR oder an die Strände bei Fregene oder Ostia um. Bei Nacht pulsiert die Gegend rund um die Isola Tiberina in der Zeit des Lungo il Tevere ... Roma vor Leben, es gibt ein Sommerfestival mit Bars, Verkaufsständen und einem Freiluftkino am Ufer.

Achtung: Im Winter schließen die Bars häufig früher am Abend, insbesondere in Gegenden, wo die Gäste üblicherweise mit ihren Getränken im Freien sitzen.

Schwules & lesbisches Rom

Es gibt nur eine Handvoll Clubs und Bars für Schwule und Lesben in Rom, doch viele Nachtclubs richten regelmäßig Gay-Nights aus. Informationen sind vor Ort in der Zeitschrift *AUT* nachzulesen, sie erscheint monatlich bei Circolo Mario Mieli (www.mariomieli.org). Bei AZ Gay (www.azgay.it) gibt es weitere Informationen. Lesbische Frauen können beim Coordinamento Lesbiche Italiano (www.clrbp.it) mehr über die Szene der Stadt erfahren.

Die meisten Veranstaltungsorte für Schwule und Lesben (Bars, Clubs und Saunas) verlangen eine Mitgliedskarte von Arcigay (S. 317). Diese gibt es für 15/8 € pro Jahr/drei Monate bei allen Veranstaltungsorten, die eine solche Mitgliedschaft verlangen.

Weine aus Latium

Die Namen von Weinen aus Latium sind noch nicht in aller Munde, doch es lohnt sich, die Gelegenheit zu nutzen und Weine aus der Region zu probieren. Obwohl die Erzeugnisse der Region Latium überwiegend Weißweine sind – nämlich 95 % der DOC-Weine (Denominazione di Origine Controllata; unter den vier Gütesiegeln Italiens nimmt dieses den zweithöchsten Rang ein) – gibt es auch einige bemerkenswert gute Rotweine. Die besten Adressen zum Probieren von Weinen aus Latium sind das Palatium (S. 127) und Terre e Domus (S. 77).

WEISSWEINE

Die meisten Hausweine, die man in Rom trinkt, stammen aus der Gegend der Castelli Romani südöstlich von Rom, vor allem aus den Weinbergen rund um Frascati und Marino. Neue Produktionsmethoden bringen einen leichteren, trockeneren Wein hervor, der sich allmählich durchzusetzen beginnt. Frascati Superiore ist mittlerweile ein ausgezeichneter Tropfen, Vigna Adriana von Castel de Paolis wird hochgelobt. Selbst der Wein mit dem leidenschaftlichen Nachdruck im Namen, Est! Est!! Est!!! – ein Erzeugnis des renommierten Weingutes Falesco mit Sitz in Montefiascone an den Vulkanhängen des Lago Bolsena – hat sich mittlerweile zu einem guten Getränk entwickelt.

ROTWEINE

Aus dem Haus Falesco stammt auch der ausgezeichnete Montiano, ein Verschnitt aus Merlot-Reben. Torre Ercolana von Colacicchi aus Anagni ist ebenfalls ein opulenter Roter, ein Verschnitt aus der regionalen Sorte Cesanese di Affile mit Cabernet Sauvignon und Merlot. Samtig, komplex und fruchtig: ein Wein von Weltklasse.

Handwerklich gebrautes Bier

Seit einigen Jahren nimmt der Bierkonsum in Rom rasant zu – und damit auch die Beliebtheit von Bieren aus Kleinbrauereien, die in spezialisierten Bars und Restaurants angeboten werden. Populäre Namen der Region sind z. B. Birradamare in Fiumicino, Porto Fluviale in Ostiense und Birra Del Borgo in Rieti (an der Grenze zwischen Latium und den Abruzzen); eine große Vielfalt von Sorten haben Bir & Fud (S. 188) und Open Baladin (S. 102) im Angebot. In regional erzeugten Bieren spiegelt sich auch der Wechsel der Jahreszeiten wider, wie er in Rom kultiviert wird – ein schönes Beispiel sind Winterbiere aus Kastanien.

Weitere wichtige Stationen auf dem Weg durch die Brauereienlandschaft sind u. a. Porto Fluviale (S. 229), Ma Che Siete Venuti a Fà (S. 189) und Birra Piu (S. 167).

Cocktails & Aperitifs

Cocktailbars sind in Rom derzeit stark im Kommen, einige von ihnen bieten spezielle Eigenkreationen an, wie z. B. den Carbonara Sour von Co.So (S. 167), ein Wodka Sour mit einem Spritzer Schweinefett (*con acquette di pancetta*) – eine Huldigung an die klassische römische Pastasauce. Beliebte Aperitifs basieren auf Bittern, z. B. Campari Soda oder Aperol Spritz (ein Mix aus Aperol mit Prosecco). Der Crodino ist ein nichtalkoholischer Aperitif aus Kräutern,

KONTAKTE KNÜPFEN

Friends in Rome (www.friendsinrome.com) ist eine Organisation, die regelmäßige gesellschaftliche Events veranstaltet und es Gästen ermöglicht, in multinationaler Gesellschaft – die sich aus in Rom lebenden Ausländern, Römern und Besuchern der ewigen Stadt zusammensetzt – etwas zu unternehmen und die römische Szene unter Anleitung von Insidern kennenzulernen.

der wie eine bittere Medizin schmeckt. In Italien schließt man ein Essen gern mit einem Aperitif ab. Die besten davon sind nicht in Läden zu kaufen – wenn er also *fatta in casa* (hausgemacht) ist, ist er einen Versuch wert.

Kaffee

Ein Espresso wird als *un caffè* bestellt, wer ihn mit einem Schuss heißer/kalter Milch möchte, bestellt *un caffè macchiato* („fleckiger" Kaffee) *caldo/freddo*. Eine normale Tasse Kaffee heißt *caffè lungo* (ein Espresso mit Wasser) oder *caffè all american* (Filterkaffee). Wer Angst vor zu viel Koffein hat, kann *orzo* bestellen: Er wird aus gerösteter Gerste hergestellt.

Dann gibt es natürlich den Cappuccino (Kaffee mit aufgeschäumter Milch), der eher warm als heiß serviert wird. Wer ihn ohne Schaum möchte, fragt nach einem *cappuccino senza schiuma;* wer ihn lieber heiß trinkt, bestellt *cappuccino ben caldo*. Italiener trinken Cappuccino am Vormittag und niemals nach dem Essen.

Im Sommer sind *cappuccino freddo* (eisgekühlter Kaffee mit Milch, normalerweise bereits gezuckert), *caffè freddo* (eisgekühlter Espresso) oder *granita di caffè* (gefrorener Kaffee, meist mit Sahne) die Bestseller.

Ein *caffè latte* ist die milchigere Variante des Cappuccino mit weniger Schaum. Ein *latte macchiato* wird mit noch mehr Milch serviert und ist quasi warme Milch mit einem Schuss Kaffee. Ein *caffè corretto* ist ein Espresso mit einem Schuss Grappa, Weinbrand oder etwas ähnlichem.

Es gibt zwei Arten, in römischen Kaffeebars seinen Kaffee zu trinken: entweder stehend an der Bar – in diesem Fall zahlt man zuerst an der Kasse und bestellt dann mit der Quittung an der Theke – oder sitzend an einem Tisch. In diesem Fall bringt der Kellner das Gewünschte, das dann aber auch das Doppelte des Barpreises kostet.

Ausgehen in den Stadtvierteln

➡ **Centro Storico** Bars und ein paar Clubs, eine Mischung aus touristisch orientierter und gehobener Aufmachung (S. 101).

➡ **Trastevere** Die allseits beliebteste Gegend für die *passeggiata* (Abendspaziergang) mit Bars und Cafés in großer Zahl (S. 189).

➡ **Testaccio** Eine recht große Dichte von Mainstream-Clubs bietet für jeden Geschmack etwas Passendes (S. 202).

➡ **Ostiense** Viertel der cooleren Nachtclubs von Rom, von denen sich viele in ausgedienten Industriebauten eingerichtet haben (S. 229).

➡ **San Lorenzo** Bei Studenten besonders beliebt. Eine große Dichte von Bars und alternativen Clubs (S. 171).

➡ **Pigneto** Künstlerviertel; einstiger Arbeiterstadtteil mit vielen Bars und Restaurants (S. 167).

44

Top-Tipps

Ai Tre Scalini (S. 170) Vielbesuchte *enoteca* mit einer Atmosphäre so unbeschwert-gesellig wie ein Pub.

Ma Che Siete Venuti a Fà (S. 189) Winzig kleine Bierkneipe, das Epizentrum einer stürmischen Begeisterung der Römer für die zunehmend aufkommenden Mikrobrauereien.

Co.So (S. 167) Ein Publikumsmagnet im Szeneviertel Pigneto, esoterisch-unergründliche Cocktails werden auf raffinierten Luftpolsteruntersetzern serviert.

Sciascia Caffè (S. 153) Café mit Klasse, in dem der *caffè eccellente* serviert wird, ein samtiger, sanfter Espresso in einer Tasse mit einem köstlichen Schokoladenrand.

Barnum Cafe (S. 102) Edle altertümliche Sessel zum Hineinsinken am Tag, herrliche Cocktails locken die Gästeschar am Abend an.

Die besten Cafés

La Casa del Caffè Tazza d'Oro (S. 101) Schöne brünierte Armaturen aus den 1940er-Jahren, hervorragender Kaffee und – im Sommer – *Granita* in vielen Geschmacksrichtungen.

Chiostro del Bramante Caffè (S. 97) Unübertrefflich ist das Ambiente eines Kreuzganges nach einem Entwurf von Bramante.

Sciascia Caffè (S. 153) Köstlicher Kaffee in elegantem Interieur.

Barnum Cafe (S. 102) Entspannter Kaffeegenuss in komfortablen Sesseln.

Ideal für den entspannten Drink

Ombre Rosse (S. 190) Schöne, entspannte Bar in Trastevere mit Sitzplätzen im Freien.

Stravinskij Bar (S. 130) Die elegante Bar des Hotel de Russie mit einem Innenhofgarten, der an den Park der Villa Borghese grenzt.

Fandango Incontro (S. 103) Künstlerbar der Film- und Verlagsgesellschaft Fandango, in einem Palazzo des 18. Jhs. untergebracht.

Yeah! Pigneto (www.yeahpigneto.com; Via Giovanni de Agostini 41; ☉20–2 Uhr) Unkonventionelle Bar mit vielen Sitzplätzen, DJs und regelmäßigen Live-Gigs.

Die besten Enoteche

Il Tiaso (S. 167) Eine moderne Wohnzimmeratmosphäre, große Auswahl an Weinen und Livemusik.

Fafiuché (S. 170) Eine charmante Bar in warmem Orange mit Weinen und handwerklich gebrauten Bieren.

La Barrique (S. 170) Einladende Adresse in Monti mit großartigen Weinen und dazu passenden Speisen.

Il Goccetto (S. 103) Ein feines Geschäft der alten Schule für *vino e olio* (Wein und Öl) ist auch als Weinbar authentisch.

Perfekt für Aperitivi

La Mescita (S. 190) Köstliche Knabbereien in einer winzigen *enoteca* im Eingangsbereich des Restaurants La Ferrara.

Doppiozeroo (S. 229) Eine beliebte Adresse in Ostiense mit imposanter Büfettauswahl.

Momart (S. 216) Studenten und Berufstätige in der Mittagspause lieben das umfassende Angebot von Pizzas und anderen Snacks.

Freni e Frizioni (S. 190) Eine noch immer coole Bar mit großzügigem abendlichem Büfettangebot.

Das beste Bier

Ma Che Siete Venuti a Fà' (S. 189) Bar von der Größe eines Bierglases mit umfangreicher Auswahl von traditionell gezapften Bieren.

Open Baladin (S. 102) Rund 40 Biere vom Fass und fast 100 Flaschenbiere.

No.Au (S. 102) Der Name ist eine Anlehnung an „Know-how"; imposante Auswahl von Bieren aus Kleinbrauereien.

Birra Piu (S. 167) Zentrale Adresse in Pigneto mit einer hervorragenden Auswahl von handwerklich gebrauten Bieren.

Sehen & gesehen werden

Etablì (S. 102) Eine schicke Bar in der Nähe des Campo de'Fiori voller französischer Antiquitäten und cooler Atmosphäre.

Salotto 42 (S. 103) Eine Bar im Stil eines Wohnzimmers, Gäste nippen vor der Kulisse eines antiken Tempels (heute der Sitz der römischen Börse) an ihren Cocktails.

Co.So (S. 167) Der ehemalige Meister-Barkeeper des Hotel de Russie führt diese sehr gefragte Adresse in Pigneto.

Rec 23 (S. 202) Im Stil von New York und mit römisch inspirierten Cocktails – dies ist die ultimative Adresse zum Sich-sehen-Lassen in Testaccio.

Die besten alternativen Adressen

Lanificio 159 (S. 202) Die lässig-subversive Veranstaltungsbühne richtet Live-Gigs und Clubnächte aus.

Big Bang (S. 203) Reggae, Dancehall, Dub und Techno in einem einstigen Schlachthof voller Graffiti.

Big Star (S. 190) Bar in einer abgelegeneren Gegend von Trastevere mit DJs, die regelmäßig auflegen, und einem lässigen Publikum.

Die besten Gay-Adressen

Coming Out (S. 317) Eine aufgeschlossene Gay-Bar in der Nähe des Kolosseums, ganztägig geöffnet, mit Gigs, Drag-Shows und Karaoke zu später Stunde.

L'Alibi (S. 203) Kitsch-Shows und House, Techno und Dance bringen ein gemischtes Homo- und Heteropublikum zum Rasen.

My Bar (S. 317) Ein gemischtes Publikum am Tag und ein Gay-Publikum bei Nacht, im Schatten des Kolosseums.

REISEPLANUNG AUSGEHEN & NACHTLEBEN

Roms Opernhaus, das Teatro dell'Opera di Roma (S. 172)

 # Unterhaltung

Einfach so zuzuschauen, wie die Welt in Rom ihren Gang geht, ist in dieser Stadt oft schon Unterhaltung genug, doch sollte man die Kunst- und Sportszene darüber nicht vernachlässigen. Neben Liveauftritten und Konzerten aller Musikrichtungen gibt es auch – vor allem im Sommer – sagenhafte Kunstfestivals, Vorstellungen mit den römischen Ruinen als Kulisse und Fußballspiele, die die Stadt in zwei feindliche Lager teilen.

Musik

Die Fülle von schönen Locations macht Rom zu einer großartigen Stadt für einen Konzertbesuch. Viele internationale Stars spielen im Auditorium Parco della Musica (S. 216), einem modernen, von Renzo Piano entworfenen Komplex, der architektonische Innovation und perfekte Akustik vereint. Es werden auch andere Örtlichkeiten genutzt. In den letzten Jahren fanden in der antiken Rennbahn, dem Circo Massimo (S. 72), bedeutende Konzerte statt, und Coldplay spielte einmal in den Cinecittà-Filmstudios (S. 230).

KLASSIK

Musik erklingt nicht nur im Auditorium Parco della Musica. Konzerte werden auch von der Accademia Filarmonica Romana im Teatro Olimpico (S. 217) aufgeführt. Vor der Eröffnung des modernen Auditoriums war das Auditorium Conciliazione (S. 153) die höchstrangige Bühne für klassische Musik in Rom, und es stellt auch heute noch einen Faktor dar, der nicht zu unterschätzen ist. Die Istituzione Universitaria dei Concerti (S. 153) schließlich veranstaltet Konzerte in der Aula Magna der Universität La Sapienza.

In vielen römischen Kirchen finden häufig kostenlose klassische Konzerte statt, besonders zu Ostern und um Weihnachten und Neujahr; an den Informationskiosken der Stadt erfährt man Näheres zum Programm. In der Basilica di San Paolo Fuori le Mura (S. 223) wird am 25. Januar eine bedeutende musikalische Messe aufgeführt, das *Te Deum* wird am 31. Dezember in der Chiesa del Gesù (S. 89) gesungen.

OPER & TANZ

Roms Teatro dell'Opera di Roma (S. 172) ist ein sagenhaftes, grandioses Opernhaus, das innen in Gold und Rot ausgekleidet ist; die Produktionen sind allerdings eher Glückssache. Hier ist auch Roms offizielles Ballettensemble zu Hause, und es gibt eine Ballettsaison, die gleichzeitig mit den Opernveranstaltungen vonstattengeht. Im Sommer verlagern das Ballett und die Oper ihre Vorstellungen ins Freie – in die antiken Terme di Caracalla aus der Römerzeit, eine sogar noch spektakulärere Spielstätte.

Man kann Opern jedoch auch andernorts unter freiem Himmel sehen; am besten erkundigt man sich in der Touristeninformation nach den Einzelheiten oder wirft einen Blick in einen der Veranstaltungskalender.

Im Auditorium von Rom werden klassische und zeitgenössische Tanzvorführungen präsentiert, ebenso beim Equilibrio Festival della Nuova Danza im Februar. Das Auditorium Conciliazione ist empfehlenswert, um moderne Tanzensembles zu bestaunen. Invito alla Danza heißt ein zeitgenössisches Tanzfestival im Juli mit Tango, Jazz- und zeitgenössischem Tanz und vielem mehr.

JAZZ, ROCK & POP

Außer im Auditorium Parco della Musica finden große Konzertereignisse auch in den Sportstadien der Stadt, z. B. im Stadio Olimpico (S. 217) und in der Pferderennbahn an der Via Appia Nuova, dem Ippodromo La Capannelle, statt.

Die *centri sociali*, alternative Kunstzentren, die sich an verschiedenen Orten überall in der Stadt etabliert haben, sind ebenfalls gut für Gigs aller Art, vor allem Brancaleone (S. 216) im Norden der Stadt. Die musikalische Bandbreite umfasst Hip-Hop, Electro, Dubstep, Reggae und Dancehall.

Kino unter Sternen

Im Sommer finden malerische Filmfestivals im Freien statt; Einzelheiten verraten die

GUT ZU WISSEN

Informationen im Internet
→ **Comune di Roma** (www.060608.it)
→ **In Rome Now** (www.inromenow.com)
→ **Roma Musica** (www.romamusica.it)
→ **Turismo Roma** (www.turismoroma.it; auf Deutsch)
→ **Tutto Teatro** (www.tuttoteatro.com)

Eintrittskarten

Eintrittskarten für Konzerte, Livemusik und Theateraufführungen sind überall in der Stadt zu bekommen. Die Preisunterschiede sind je nach Rang der Spielstätten und Künstler enorm. In vielen Hotels können Gäste Karten reservieren lassen. Es ist auch möglich, sich direkt an Spielstätten oder Veranstalter zu wenden – Näheres zu Reservierungen ist in den Veranstaltungsmagazinen zu lesen. Auch einen Versuch wert sind:
→ **Hellò Ticket** (www.helloticket.it)
→ **Orbis** (☏06 4827915)

Veranstaltungskalender. Die folgenden Festivals werden alljährlich abgehalten.

Isola del Cinema (www.isoladelcinema.com) Independent-Filme in romantischem Ambiente auf der Isola Tiberina im Juli und August. Die Veranstaltung findet in Verbindung mit dem „Lungo il Tevere"-Festival am Fluss statt.

Notti di Cinema a Piazza Vittorio (www.agisanec.lazio.it; Eintrittskarten 7 €) Italienische und internationale Filme flimmern von Juni bis September über zwei Open-Air-Leinwände an der Piazza Vittorio Emanuele II.

Theater

Rom verfügt über eine blühende Theaterszene, und zwar sowohl über traditionelle Bühnen wie auch über kleinere Experimentierbühnen. Die Vorstellungen sind in der Regel auf Italienisch. Schön ist die Freiluftsaison, wenn die Theater vor antiken Kulissen spielen. Die Darbietungen finden an Schauplätzen wie der Villa Adriana in Tivoli, im römischen Theater von Ostia Antica und dem Teatro di Marcello statt. Im Sommer führen die **Miracle Players** (☏06 7039 3427; www.miracleplayers.org) klassische englische Dramen oder historische Komö-

AS ROMA GEGEN LAZIO

Das Rom-Derby gilt als eine der hochkarätigsten Begegnungen der Fußballsaison. Die Rivalität zwischen Roma und Lazio ist erbittert, und die Fans haben auch nicht gerade viel füreinander übrig. Wer das Stadio Olimpico besucht, sollte jedenfalls eines unbedingt wissen: Die Roma-Anhänger (in Dunkelrot mit orangefarbenem Clubabzeichen) strömen in die Curva Sud (Südkurve), während die Lazio-Fans (in Hellblau) in der Curva Nord (Nordkurve) stehen. Wer auf der Tribüne sitzen möchte, begibt sich zur Tribuna Tevere oder zur Tribuna Monte Mario. Weitere Einzelheiten zu den Fußballclubs siehe unter www. asroma.it und www.sslazio.it (beide auf Italienisch).

dien neben dem Forum Romanum und an einigen weiteren Open-Air-Spielstätten in englischer Sprache (kostenlos) auf.

Zuschauersport

FUSSBALL

In Rom ist man entweder Anhänger von AS Roma (*giallorossi* – die Gelbroten) oder von Lazio (*biancazzuri* – die Weißblauen). Derzeit wird an einem neuen Roma-Stadion in Tor di Valle gebaut, die Fertigstellung ist für die Fußballsaison 2017/18 geplant. Leider haben beide Vereine Anhänger, die, obwohl in der Minderzahl, für jede Menge Ärger bei den Spielen sorgen. Von September bis Mai gibt es fast jedes Wochenende ein Heimspiel von Lazio oder Roma und ein Ausflug in Roms Fußballstadion Stadio Olimpico (S. 216) ist unvergesslich. Dabei ist zu beachten, dass die Regeln für den Kartenverkauf viel strenger geworden sind. Auf dem Ticket müssen Name und Ausweisnummer des Benutzers stehen. Beim Betreten des Stadions muss man einen Ausweis mit Bild vorlegen. Für Spiele der Serie A, Coppa Italia und Champions League kann man zwei Karten auf einmal kaufen. Karten kosten zwischen ca. 16 und 250 € und sind bei www.ticketone.it, www. listicket.it, Ticketagenturen oder in den Lazio- oder Roma-Geschäften erhältlich. Zum Stadion fährt die Metro A bis Ottaviano-San Pietro, wo man in den Bus 32 umsteigt.

BASKETBALL

Basketball ist ein beliebter Sport in Rom, doch solche Begeisterung wie Fußball löst er nicht aus. Die Mannschaft von Rom, **Virtus Roma** (www.virtusroma.it), spielt während der Wintermonate im **Palalottomatica** (☎06 540901; www.palalottomatica.it/en/; Viale dell' Umanesimo; Ⓜ EUR Palasport) in EUR.

RUGBY

Italiens Rugby-Mannschaft, die Azzurri (die Blauen), nahm 2000 am Sechs-Natio-

nen-Turnier teil und gilt als Underdog. Dem Team sind in den letzten Jahren ein paar tolle Siege gelungen; 2015 schlug die Mannschaft Schottland. Die Rugby-Mannschaft trägt ihre internationalen Heimspiele in der Regel im **Stadio Flaminio** (☎06 3685 7309; www.federugby.it; Viale Maresciallo Pilsudski) von Rom aus, doch da am Stadion noch Arbeiten im Gang sind, finden die Spiele im Stadio Olimpico (S. 216) statt.

TENNIS

Italiens wichtigstes Tennisturnier, die Internationalen Italienischen Tennismeisterschaften, ist eines der bedeutendsten Ereignisse im Tennis-Zirkus. Jeden Mai treffen sich die Spitzenspieler der Welt auf den Sandplätzen im **Foro Italico** (☎800 662 622; www.foroitalicoticketing.it; Viale del Foro Italico). Karten für den jeweiligen Turniertag können in der Regel am Foro Italico gekauft werden, Karten für die Finaltage sind jedoch bereits Wochen vorher ausverkauft.

PFERDESPORT

Roms Spitzenveranstaltung des Pferdesports vor der Kulisse der Villa Borghese ist die **Piazza di Siena** (www.piazzadisiena.org), ein internationales Springturnier.

Unterhaltung in den Stadtvierteln

➡ **Centro Storico** Bestens für Kirchenkonzerte und Theater (meist auf Italienisch). (S. 103)

➡ **Trastevere & Gianicolo** Ein paar Lokale mit Live-Blues und Jazz. (S. 190)

➡ **Monti, Esquilino & San Lorenzo** Diverse intime Lokale mit Livemusik. (S. 172)

➡ **Villa Borghese & der Norden von Rom** Heimat des Auditorium Parco della Musica; auch wichtige Sportveranstaltungen finden hier statt. (S. 216)

➡ **San Giovanni & Testaccio** Regelmäßig Liveauftritte in den Clubs dieser Viertel. (S. 203)

Top-Tipps

Auditorium Parco della Musica (S. 216) Ein unglaublich tolles Kulturzentrum mit einem vielseitigen Musik- und Kunstprogramm und vielem mehr. Veranstaltungen sollte man keinesfalls verpassen!

Opera di Roma in den Terme di Caracalla (S. 198) Oper- und Ballettaufführungen mit den eindrucksvollen antiken römischen Ruinen der Caracalla-Thermen als Kulisse.

Roma Incontra il Mondo (S. 213) Cooles Weltmusikfestival in den Parkanlagen der Villa Ada.

Blackmarket (S. 172) Intime Bar im Viertel Monti, in deren Veranstaltungskalender regelmäßig instrumentale Livemusik steht.

Die besten Locations für klassische Musik

Auditorium Parco della Musica (S. 216) Eine sagenhafte Akustik, hervorragende Klassik-Musiker von internationalem Renommee und mehrere Konzertsäle.

Teatro dell'Opera di Roma (S. 172) Prächtiges Ambiente in rotem Samt und Gold für die Opern- und Ballettensembles von Rom.

Terme di Caracalla (S. 198) Wunderschöne Location unter freiem Himmel der Opern- und Ballettensembles von Rom.

Auditorium Conciliazione (S. 153) Konzerte mit klassischer und zeitgenössischer Musik, Kabarett, Tanzspektakel, Theaterproduktionen, Filmvorführungen und Ausstellungen in einer großzügigen Spielstätte.

Teatro Olimpico (S. 217) Heimat der Accademia Filarmonica Romana.

Die besten Live Gigs

Blackmarket (S. 172) Die Bar mit nostalgischen Sofas und Armsesseln empfiehlt sich für abwechslungsreiche, überwiegend instrumentale Livemusik.

Big Bang (S. 203) Im ehemaligen Schlachthof findet die Bababoomtime statt, Roms Reggaeparty am Freitagabend.

Locanda Atlantide (S. 171) Studentenkneipe im Keller eines ehemaligen Lagerhauses mit einem breiten Musikspektrum, das von Punk bis Folk reicht.

Lanificio 159 (S. 216) In dieser ehemaligen Wollfabrik finden neben Clubnächten auch Liveauftritte im Basement statt.

Der beste Jazz

Alexanderplatz (S. 153) Roms führender Jazzclub mit einer Mischung von Musikern aus dem In- und Ausland.

Charity Café (S. 172) Spirrige Tische und Stühle in einem intimen Lokal, in dem regelmäßig Livemusik gespielt wird.

Big Mama (S. 190) Ein malerisches Lokal in Trastevere für Jazz, Blues, Funk, Soul und R&B.

Gregory's (S. 131) Ein angenehmes Lokal in der Nähe der Spanischen Treppe, das bei einheimischen Musikern beliebt ist.

Fonclea (S. 153) Kneipe, in der regelmäßig Livejazz gespielt wird; im Sommer zieht sie an den Tiber um.

Die besten Theater

Ostia Antica (S. 234) Wunderschönes Sommertheater im antiken Amphitheater, das von Agrippa erbaut wurde.

Teatro Argentina (S. 103) Die Hauptspielstätte des Teatro di Roma mit einem breit gefächerten Programm.

Silvano Toti Globe Theatre (S. 217) Elisabethanisches Freilichttheater wie das Londoner Globe, jedoch mit eindeutig schönerem Wetter (Stücke auf Italienisch).

Teatro India (S. 231) Die zweite Heimatbühne des Teatro di Roma.

Die besten Festivals

Roma Incontra il Mondo (S. 213) Wunderbare Weltmusik gleich in der Nähe des Sees der Villa Ada.

Lungo il Tevere (S. 23) Open-Air-Kino und Stände am Ufer des Tiber und auf der Isola Tiberina.

Romaeuropa (S. 23) Herbstliches Theater-, Opern- und Tanzfestival.

Festa di Noantri (S. 23) Ausgeflippte Straßenfete in Trastevere im Juli.

Carnevale Romano (S. 22) Umzüge, Kostüme, Partys und jede Menge Konfetti – eine Megafete vor Frühlingsbeginn, die das Ende des Winters feiert.

Die besten Sportstätten

Foro Italico (S. 212) Sagenhafter Sportkomplex aus der Zeit des Faschismus.

Stadio Olimpico (S. 216) Roms Fußballstadion mit 70 000 Sitzplätzen gehört zum Foro Italico aus der Zeit des Faschismus.

Piazza di Siena (S. 210) Hübsche Rennbahn im Herzen des Villa-Borghese-Parks.

Palalottomatica (S. 228) Kreisrundes Stadion in der Nähe von EUR im südlichen Rom.

Shoppen

Die römischen Geschäfte und Boutiquen sind so verlockend, dass sie es sogar schaffen, vom Stadtbild abzulenken. In den Seitenstraßen blickt man oft in die Schaufenster staubiger Werkstätten, in denen Möbel restauriert, Körbe geflochten oder Bilder gerahmt werden. Schmale Sträßchen sind voller edler Boutiquen, in den Kaufhäusern herrscht eine gepflegte Atmosphäre alten Stils. Auch einige Ladenketten gibt es, aber individuelle Fachgeschäfte sind eindeutig in der Überzahl.

Topmodisches

Namhafte Designerboutiquen verbreiten ihren Glanz im Gewirr der Straßen zwischen Piazza di Spagna und Via del Corso. Sämtliche großen italienischen und internationalen Namen sind hier vertreten, daneben aber auch viele weniger bekannte Designer, die ausgefallene Kleidung, Schuhe, Accessoires und Träume verkaufen.

Die makellos gestylte Achse der Haute Couture ist die Via dei Condotti, aber auch an der Via Borgognona, Via Frattina, Via della Vite und Via del Babuino wird große Mode angeboten.

Den einen oder anderen Euro günstiger geht es in der Via Nazionale, Via del Corso, Via dei Giubbonari und Via Cola di Rienzo zu. Hier findet man in Filialen und in den verlockenden kleinen Boutiquen eher Waren der mittleren Preisklasse.

BESONDERE BOUTIQUEN & VINTAGE

Die eindeutig beste Adresse für supermoderne Designer-Boutiquen und Vintage-Kleidung ist die unkonventionelle Via del Governo Vecchio, die von einem kleinen Platz bei der Piazza Navona Richtung Tiber abzweigt. Schicke Boutiquen gibt es auch in der Via del Pellegrino und rund um den Campo de' Fiori. In der Via del Boschetto, Via Urbana und der Via dei Serpenti in Monti finden sich ebenfalls einzigartige Bekleidungsboutiquen, darunter auch welche, die Änderungen vornehmen, damit alles optimal sitzt. Zusätzlich befinden sich hier auch Schmuckhersteller.

Monti ist zudem ein Zentrum für Vintage-Kleidung: Außer der vielen Vintage-Geschäfte findet am Wochenende hier der beliebte Mercato Monti statt. (S. 172)

Antiquitäten

Die beste Auswahl an Antiquitäten gibt es in der Via dei Coronari, Via Margutta, Via Giulia und der Via dei Banchi Vecchi – Qualität und Preise sind hoch.

Kunsthandwerk

Die römische Einkaufsszene wird von einer erstaunlichen Zahl an Künstlern und Handwerkern geprägt, die ihre Arbeiten direkt in ihren meist versteckt liegenden Werkstätten herstellen. In verschiedenen Läden rund um die Piazza del Popolo (Tridente) werden z. B. Taschen, Brieftaschen oder Gürtel nach den Wünschen der Kunden gefertigt, anderswo kann man Lampen oder Stickereien in Auftrag geben.

Lebensmittel

Rom ist natürlich auch ein Paradies der Feinkostläden. Aber es lohnt sich auch, auf einen der vielen wunderbaren Lebensmittelmärkte zu gehen – in der Regel gibt es einen pro Stadtviertel –, wo Käse, Salami und andere leckere Dinge angeboten werden.

Bemerkens- und besuchenswert sind mittlerweile auch die verschiedenen Bauernmärkte, darunter der im Circo Massimo am Wochenende.

Shoppen in den Stadtvierteln

→ **Centro Storico** Zahlreiche Boutiquen, einzigartige Designer-Läden, Antiquitäten, Vintage und Schmuck, aber auch einige Delikatessen, die einen ins Schwärmen geraten lassen.

→ **Tridente, Trevi & Quirinal** Von top-modischen Designer-Geschäften rund um die Via Condotti bis zu erschwinglichen Modeketten an der geschäftigen Via del Corso.

→ **Monti, Esquilino & San Lorenzo** Unabhängige Mode, Haushaltswaren und Vintage-Boutiquen.

→ **Trastevere & Gianicolo** In einem der hübschesten Viertel Roms finden sich schöne Mitbringsel und einzigartige Geschäfte.

→ **San Giovanni & Testaccio** Hier kann man auf bunten Lebensmittelmärkten und in herrlichen Delikatessengeschäften stöbern.

→ **Der Süden von Rom** Hier liegt Eataly, der Lebensmitteltempel, der in seiner Größe schon an ein komplettes Einkaufszentrum erinnert.

Top-Tipps

Confetteria Moriondo & Gariglio (S. 107) Eine zauberhafte Chocolaterie.

Vertecchi Art (S. 132) Fachgeschäft für Kunst mit wunderschönem Papier und Notizbüchern.

Bottega di Marmoraro (S. 131) Ein entzückender Laden, in dem man ein Motto eigener Wahl in eine Marmorplatte einritzen lassen kann.

Pelletteria Nives (S. 131) Kunsthandwerker für Leder fertigen verschiedene Taschen, Portemonnaies und andere Gegenstände genau nach den Wünschen der Kunden.

Leckere Lebensmittel

Volpetti (S. 203) Voller deliziöser Delikatessen und außergewöhnlich hilfsbereitem Personal.

Eataly (S. 229) Lebensmittelladen fast so groß wie ein Einkaufszentrum voller Produkte aus ganz Italien. Dazu noch Bücher und Kochutensilien und vieles mehr.

Salumeria Roscioli (S. 99) Der Name ist Inbegriff für hervorragende Lebensmittel mit italienischen und ausländischen Leckerbissen, die einem das Wasser im Munde zusammenlaufen lassen.

Pio La Torre (S. 107) Schlicht und bescheiden. Jeder hier ausgegebene Cent unterstützt den Kampf gegen die Mafia.

Buchläden

Feltrinelli International (S. 174) Ein hervorragendes Angebot der neuesten Erscheinungen auf Englisch, Spanisch, Französisch, Deutsch und Portugiesisch.

Almost Corner Bookshop (S. 191) Ein Paradies voller toller Bücher.

Open Door Bookshop (S. 191) Hier erlebt man beim Durchstöbern englischer, italienischer, französischer und spanischer Secondhand-Bücher viele Glücksmomente.

Libreria l'Argonauta (S. 217) Reiseführer, die die Leser zu ihren nächsten Reiseabenteuern inspirieren.

Kunsthandwerk

Bottega di Marmoraro (S. 131) Hier kann man eine Inschrift in Marmor als Erinnerung an einen wunderschönen Romaufenthalt in Auftrag geben.

Le Artigiane (S. 104) Die Sammlung handgefertigter Kleidung, Modeschmuck, Porzellan, Designer-Gegenstände und Lampen hält Italiens kunsthandwerkliche Traditionen hoch.

Officina della Carta (S. 191) Wunderschöne, von Hand verzierte Notizbücher, Papier und Karten.

Pelletteria Nives (S. 131) Eine nach eigenen Wünschen maßangefertigte Ledertasche dürfte hier kein Problem sein.

Kleidung

Luna & L'Altra (S. 105) Ein Modeparadies mit aktueller Kleidung von Comme des Garçons, Issey Miyake und Yohji Yamamoto.

Tina Sondergaard (S. 172) In dieser Boutique in Monti bekommt man ein perfekt angepasstes Kleid im Retro-Look.

DADADA 52 (s. 106) Cocktail- und Sommerkleider lassen die Kunden aus der Masse hervorstechen (in einem positiven Sinne).

Haushaltsartikel

Spot (S. 173) Eine sorgfältig ausgesuchte Auswahl an wunderschönen Einrichtungsgegenständen aus der Mitte des letzten Jahrhunderts.

Mercato Monti Urban Market (S. 172) Auf diesem Wochendmarkt finden sich Unmengen an interessanten Vintage-Haushaltswaren.

Souvenirs

Vertecchi Art (S. 132) Anbieter von hochwertigem Papier in den verschiedensten Farbtönen, Notizbüchern und Souvernirs der Saison.

Arion Esposizioni (S. 173) Kunst, Architektur und Kinderbücher; dazu noch eine Auswahl an Designer-Präsenten.

Fabriano (S. 131) In Leder gebundene Tagebücher, kuriose Notizbücher mit eingeprägtem Stadtplan von Rom; dazu noch wunderschön gefertigte Schlüsselanhänger und mehr.

AS Roma Store (S. 107) Ausgefallener Parfümladen in Trastevere mit Hunderten teils sehr entlegenen Marken.

Schuhe

Borini (S. 106) Ein schnörkelloses Geschäft, randvoll mit den neuesten Schuhen aus der Welt der Damenmode.

Danielle (S. 131) Eine schnell wechselnde Kollektion von allem, was gerade für den Frauenfuß in ist, und zwar in allen Regenbogenfarben, und das auch noch zu erschwinglichen Preisen.

Barrilà Boutique (S. 132) Hunderte verschiedener Stilrichtungen für Damen: Der perfekte Ort für den perfekten Schuh.

Rom erkunden

ROM
HIGHLIGHTS

Stadtviertel im Überblick

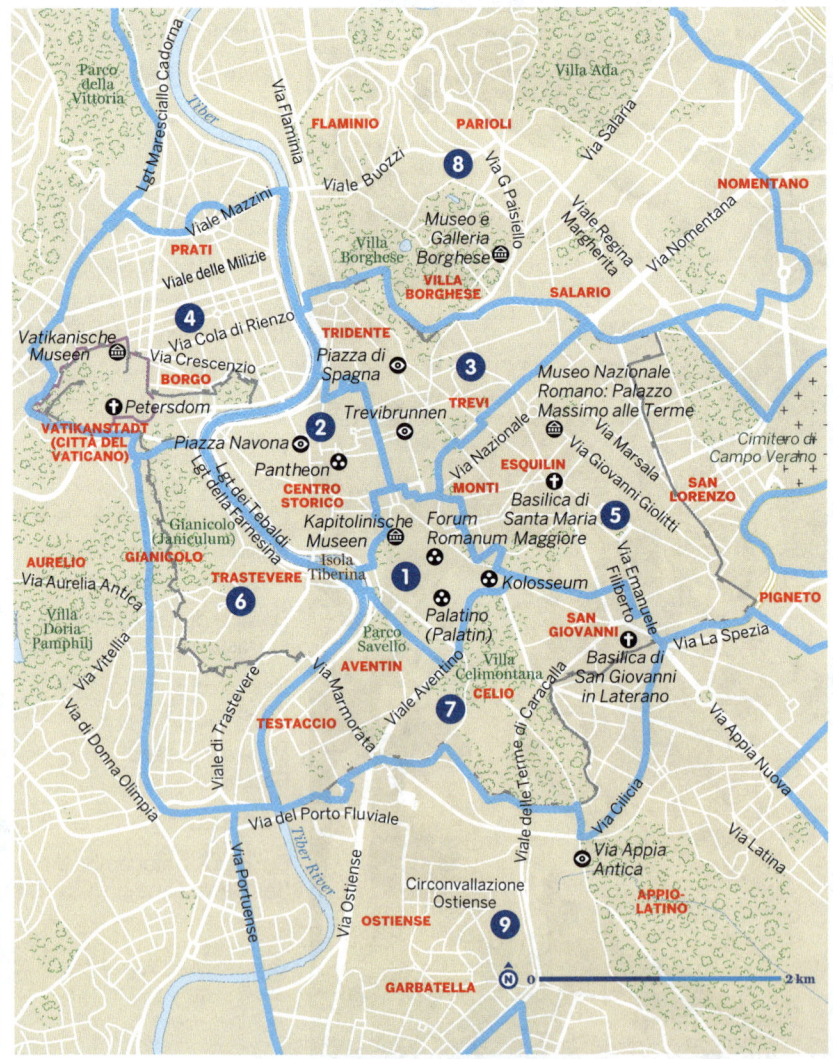

Parco della Vittoria

Via Maresciallo Cadorna

Tiber

Via Flaminia

FLAMINIO

Viale Buozzi

PARIOLI

Villa Ada

Via Salaria

Via G Paisiello

8

Viale Mazzini

Museo e Galleria Borghese

NOMENTANO

Via Nomentana

PRATI

Viale delle Milizie

Villa Borghese

Viale Regina Margherita

4

Via Cola di Rienzo

VILLA BORGHESE

SALARIO

Vatikanische Museen

Via Crescenzio

TRIDENTE

BORGO

Piazza di Spagna

3

Museo Nazionale Romano: Palazzo Massimo alle Terme

Via Marsala

Cimitero di Campo Verano

VATIKANSTADT (CITTÀ DEL VATICANO)

Petersdom

Trevibrunnen

TREVI

Via Nazionale

Via Giovanni Giolitti

SAN LORENZO

Piazza Navona

2

Pantheon

ESQUILIN

CENTRO STORICO

MONTI

Basilica di Santa Maria Maggiore

5

Lgt dei Tebaldi

Gianicolo (Janiculum)

Lgt della Farnesina

Kapitolinische Museen

Forum Romanum

Via Emanuele Filiberto

AURELIO

Isola Tiberina

1

Kolosseum

PIGNETO

Via Aurelia Antica

TRASTEVERE

GIANICOLO

6

Villa Doria Pamphilj

Via Vitellia

Parco Savello

Palatino (Palatin)

SAN GIOVANNI

Villa Celimontana

Basilica di San Giovanni in Laterano

Via La Spezia

AVENTIN

Viale di Trastevere

Viale Aventino

7

CELIO

Via Appia Nuova

Via di Donna Olimpia

TESTACCIO

Via Marmorata

Viale delle Terme di Caracalla

Via Cilicia

Via Latina

Via del Porto Fluviale

Tiber River

Via Portuense

Via Ostiense

Circonvallazione Ostiense

Via Appia Antica

APPIO-LATINO

OSTIENSE

9

GARBATELLA

N 0   2 km

❶ Antikes Rom (S. 58)

Das antike Herzstück bietet geschichtsträchtige Orte: Kolosseum, Palatin, Forum und Kapitol. Tagsüber ist das Viertel voller Touristen, aber abends, wenn die Sehenswürdigkeiten schließen, wird es hier ruhig.

❷ Centro Storico (S. 78)

Das historische Zentrum mit seinem verschlungenen Gewirr mittelalterlicher Gassen, belebten Piazze, Renaissancepalästen, Cafés, Restaurants und schicken Bars ist das Rom, das viele Besucher besonders anzieht. Pantheon und Piazza Navona sind die Hauptattraktionen, aber es gibt eine Vielzahl weiterer Gebäude, Museen und Kirchen mit unzähligen Kunstwerken.

❸ Tridente, Trevi & Quirinal (S. 110)

Dieses Viertel mit dem Trevi-Brunnen und der Spanischen Treppe ist glamourös, lässig-elegant und touristisch. In den Straßen nahe der Piazza di Spagna fließt das Geld in die Designer-Boutiquen, eleganten Bars und noblen Hotels. Rund um den Trevi-Brunnen wimmelt es von überteuerten Lokalen und Läden mit kitschiger Billigware. Dominiert wird das Ganze vom Palazzo del Quirinale, dem Dienstsitz des Präsidenten.

❹ Vatikanstadt, Borgo & Prati (S. 134)

Der Vatikan liegt vom historischen Zentrum aus gesehen jenseits des Flusses. Hier befinden sich zwei der bedeutendsten Sehenswürdigkeiten Roms, der Petersdom und die Vatikanischen Museen (mit der Sixtinischen Kapelle), außerdem überteuerte Restaurants und Souvenirläden. Im vornehmen Prati-Viertel kann man besser übernachten, essen und einkaufen.

❺ Monti, Esquilin & San Lorenzo (S. 156)

Rund um den Verkehrsknotenpunkt Stazione Termini liegt dieses von vielen Nationalitäten geprägte Areal. Versteckt hinter belebten Straßen stößt man auf einige schöne Kirchen, eines der besten römischen Museen (Palazzo Massimo alle Terme) und jede Menge cooler Bars und Restaurants, vor allem in Monti, San Lorenzo und Pigneto.

❻ Trastevere & Gianicolo (S. 178)

Trastevere ist ein lebendiges Viertel mit schönen Gassen, prächtigen Palazzi und entspannter Atmosphäre. Tagsüber ist es reizvoll, doch abends füllt es sich mit Besuchermengen, die in die Restaurants, Cafés, Bars und Pizzerias schwärmen. Auf dem dahinter liegenden Gianicolo-Hügel weht eine frische Brise bei tollen Ausblicken.

❼ San Giovanni & Testaccio (S. 193)

Dieser weitläufige, abwechslungsreiche Teil Roms hat für jeden etwas zu bieten: mittelalterliche Kirchen, monumentale Basiliken (San Giovanni in Laterano), hoch aufragende Ruinen (Terme di Caracalla) und grüne Inseln der Ruhe (Villa Celimontana). Testaccio liegt am Tiber und ist ein bodenständiges Arbeiterviertel mit authentisch römischer Küche, vielen traditionellen Trattorien und heißem Nachtleben.

❽ Villa Borghese & der Norden von Rom (S. 205)

Zu diesem noblen Viertel gehört Roms berühmtester Park (Villa Borghese) und die teuerste Wohngegend (Parioli). Konzertliebhaber zieht es in das Auditorium Parco della Musica, während Kunstliebhaber wählen können zwischen zeitgenössischen Installationen im MAXXI oder barocken Kunstwerken im Museo e Galleria Borghese.

❾ Der Süden von Rom (S. 218)

Der Distrikt, der bis an die südliche Stadtgrenze reicht, bietet ein breites Spektrum, von antiken Straßen bis zu futuristischen Ministeriumsgebäuden und modernen Nachtclubs. Touristische Anziehungspunkte sind die Via Appia Antica mit ihren Katakomben; das postindustrielle Ostiense mit Straßenkünstlern und beliebten Lokalen; und der Vorort EUR mit seinen modernistischen Gebäuden im äußersten Süden.

STADTVIERTEL IM ÜBERBLICK

Antikes Rom

KOLOSSEUM | PALATIN | FOREN | KAPITOL | PIAZZA VENEZIA | FORUM BOARIUM

Highlights

❶ Ein erster Blick auf das **Kolosseum** (S. 60). Roms berühmtes Amphitheater ist sowohl ein architektonisches Meisterwerk als auch eine Erinnerung an die Brutalität alter Zeiten, die die Besucher erschaudern lässt

❷ Ein Bummel durch die gespenstischen Ruinen des **Palatin** (S. 62), des Geburtsortes des antiken Rom und zugleich sein exklusivstes Viertel

❸ Eine Begegnung mit den höchst beeindruckenden Kunstwerken aus verschiedenen Jahrhunderten beim Besuch der historischen **Kapitolinischen Museen** (S. 69)

❹ Die Erkundung der Basiliken, Tempel und Triumphbögen des **Forum Romanum** (S. 65)

❺ Der weite Ausblick auf die sich vor einem ausbreitende Stadt von **Il Vittoriano** herunter (S. 74)

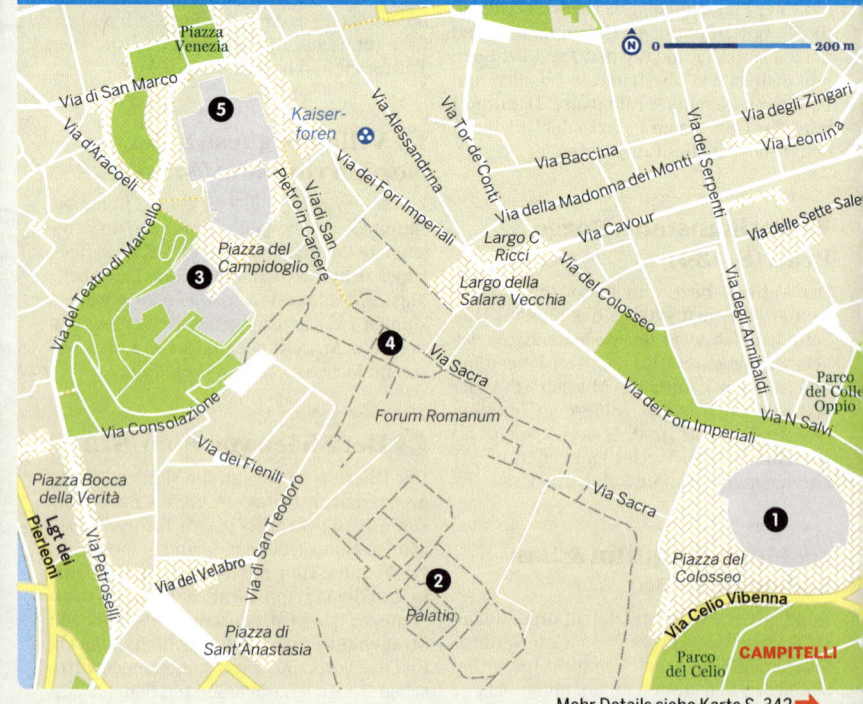

Mehr Details siehe Karte S. 342 ➡

Das antike Rom erkunden

Südlich der Innenstadt befinden sich die beeindruckenden Ruinen der Antike. Sie sind gut zu Fuß erreichbar.
Vom Vormittag bis in den Spätnachmittag herrscht dort
immer reger Betrieb, vor allem in der Hochsaison. Für
diese antiken Attraktionen sollte man ein paar Tage einplanen. Nachts ist hier allerdings nicht viel los.

Es gibt zwei Hauptpunkte: das Kolosseum im Südosten und die Piazza del Campidoglio (Kapitol) im Nordwesten. Dazwischen liegen die Foren: das Forum Romanum links der Via dei Fori Imperiali, vom Kolosseum
her kommend, die Kaiserforen rechts. Über dem Forum
Romanum erhebt sich der Palatin und dahinter erstreckt
sich die grasbewachsene Fläche des Circo Massimo.
Nordwestlich des Circo sind die Bocca della Verità und
eine Reihe früher römischer Tempel in dem Bereich, wo
in der Antike der Viehmarkt (Forum Boarium) stattfand.

Bester Ausgangspunkt für die Erkundung ist das Kolosseum; leicht erreichbar mit der Metro. Von hier kann
man zum Forum Romanum gehen, interessanter ist es
aber, sich zunächst zum Palatin zu begeben (die Eintrittskarte am Kolosseum schließt Palatin und Forum
Romanum ein), denn von dort bietet sich ein wunderbarer Überblick über die Foren. Vom Palatin empfiehlt sich
dann der Besuch des Forums und die Besichtigung der
Piazza del Campidoglio und der Kapitolinischen Muse-
en. Das riesige, weiße Vittoriano, das Nationaldenkmal
für Vittorio Emanuele II, ist kaum zu übersehen.

Lokalkolorit

➡ **Ausstellungen** Während Touristen auf dem
Vittoriano herumklettern, gehen Einheimische hinein,
um sich eine Ausstellung im Complesso del Vittoriano
(S. 74) anzuschauen.

➡ **Feste** Warum nicht einfach mit den Römern am
21. April Natale di Roma feiern? An diesem Tag
gibt es zahlreiche Veranstaltungen und historische
Aufführungen in und um die antiken Stätten.

➡ **Via Crucis** An jedem Karfreitag versammeln sich
Menschenmassen im Kolosseum (S. 60), um zu sehen,
wie der Papst den traditionellen Kreuzweg betet.

➡ **Jogging** Die Turnschuhe anziehen und rund um den
Circo Massimo laufen (S. 72).

An- & Weiterreise

➡ **Bus** Viele Busse halten an oder nahe der Piazza
Venezia, u. a. die Linien 40, 64, 87, 170, 492, 916 und H.

➡ **U-Bahn** Bei der U-Bahn-Linie B gibt es die
Haltestellen (Colosseo) und Circo Massimo. Im Termini
den Schildern zur Linie B direzione Laurentina folgen.

Top-Tipp

Die bedeutenden Sehens-
würdigkeiten in diesem
Teil Roms gehören zu den
meistbesuchten der Stadt.
Um den größten Ansturm
zu vermeiden, empfiehlt es
sich, früh am Morgen oder
am Spätnachmittag zu kom-
men; dann ist es kühler und
das Licht zum Fotografieren
ist deutlich besser.

Man sollte eine Flasche
Wasser und Snacks mit-
bringen, denn die Bars und
Imbissstände um die wich-
tigsten Monumente sind
völlig überteuert.

 Gut essen

➡ Terre e Domus (S. 77)
➡ San Teo (S. 77)
➡ Ristorante Roof Garden
Circus (S. 77)

Mehr Details siehe S. 77.

 Nett ausgehen

➡ 0,75 (S. 77)
➡ Caffè Capitolino (S. 77)
➡ Cavour 313 (S. 77)

Mehr Details siehe S. 77.

 Die schönsten Aussichtspunkte

➡ Il Vittoriano (S. 74)
➡ Orti Farnesiani, Palatino
(S. 63)
➡ Tabularium, Kapitolini-
sche Museen (S. 70)
➡ Mercati di Traiano Museo
dei Fori Imperiali (S. 73)

Mehr Details siehe S. 72.

Das Kolosseum, ein Denkmal roher, gnadenloser Gewalt, ist die aufregendste Sehenswürdigkeit des antiken Rom. Hier trafen Gladiatoren im tödlichen Kampf aufeinander, hier fochten verurteilte Gefangene vor einer lärmenden, blutrünstigen Masse gegen wilde Tiere. Zweitausend Jahre später ist es eine der Top-Touristenattraktionen Italiens, die jährlich etwa fünf Millionen Menschen besuchen.

Erbaut von Vespasian (reg. 69–79 n. Chr.) auf dem Areal von Neros riesiger Anlage der Domus Aurea, wurde das Kolosseum im Jahr 80 n. Chr. eingeweiht – nach einer Bauzeit von acht Jahren. Zur Feier des Tages veranstaltete Vespasians Sohn und Nachfolger Titus (reg. 79–81 n. Chr.) Spiele, die 100 Tage und Nächte andauerten und in deren Verlauf etwa 5000 Tiere getötet wurden. Trajan (reg. 98–117 n. Chr.) toppte das später mit einem 117 Tage langen Marathongelage, an dem etwa 9000 Gladiatoren und 10 000 Tiere beteiligt waren.

Die Arena mit 50 000 Plätzen hieß ursprünglich Flavisches Amphitheater, und obwohl sie das am meisten gefürchtete Stadion in Rom war, war sie keineswegs das größte – denn der Circo Massimo bot Platz für bis zu 250 000 Menschen. Die Bezeichnung Kolosseum kam erst im Mittelalter auf und bezog sich nicht auf die Größe, sondern auf den *Colosso di Nerone,* eine riesige Nero-Statue.

Nach dem Fall des Römischen Reiches im 5. Jh. wurde das Kolosseum verlassen und wucherte langsam zu. Im Mittelalter diente es als Burg für zwei der Kriegerfamilien der Stadt, die Frangipani und die Annibaldi. Später, in der Renaissance und im Barock, wurde es wegen der wertvollen Steine geplündert. Travertin und Marmor von hier fanden eine „Zweitverwertung" beim Bau großer Paläste.

NICHT VERSÄUMEN

➡ Tribünen
➡ Arena
➡ Hypogäum

PRAKTISCH & KONKRET

➡ Colosseo
➡ Karte S. 342
➡ ☎ 06 3996 7700
➡ www.coopculture.it
➡ Piazza del Colosseo
➡ Erw./erm. inkl. Forum Romanum & Palatin 12/7,50 €
➡ ⏰ 8.30 Uhr bis eine Stunde vor Sonnenuntergang
➡ Ⓜ Colosseo

In jüngerer Zeit forderten die Luftverschmutzung und die Erschütterungen durch den Verkehr und die U-Bahn ihren Tribut. Gegenwärtig findet eine 25 Mio. Euro teure Renovierung statt, die erste seiner Geschichte. Bis diese beendet ist – zur Zeit unserer Recherche war dafür März 2016 vorgesehen –, sind möglicherweise Teile der Außenmauern eingerüstet.

Äußeres

Die Außenmauern bestehen aus drei Bogenreihen, gesäumt von ionischen, dorischen und korinthischen Säulen. Ursprünglich waren sie mit Travertin verkleidet; in den Nischen des zweiten und dritten Stocks gab es Marmorstatuen. Im oberen Stock, verziert mit Fenstern und schlanken korinthischen Pfeilern, war über 240 Masten ein riesiges Tuchsegel gegen Sonne und Regen über die Arena gespannt. Die 80 Eingangsbögen ermöglichten den Zuschauern den raschen Zugang zu ihren Sitzen.

Arena

Die Arena besaß ursprünglich einen sandbedeckten Holzboden, damit die Kämpfer nicht auf dem Blut ausrutschten. Für Seeschlachten konnte sie geflutet werden. Falltüren führten hinab ins Hypogäum mit seinen Gängen, Tierkäfigen und Aufzügen.

Tribünen

Die *cavea*, wo die Zuschauer saßen, war in drei Bereiche gegliedert: Ratsmitglieder und Amtsträger im untersten, reiche Bürger im mittleren und das Volk im obersten Drittel. Frauen (mit Ausnahme der Vestalinnen) waren auf die billigsten Plätze ganz oben verbannt. Die Eintrittskarten waren nummeriert und jedem Zuschauer ein bestimmter Sitz zugewiesen. 2015 entdeckten Restauratoren Spuren roter Zahlen in den Bögen – so waren wohl die Bereiche nummeriert. Das Podium, eine breite Terrasse vor den Sitzen, war für den Kaiser, Senatoren und andere bedeutende Persönlichkeiten reserviert.

Hypogäum

Das Hypogäum diente als Backstage-Bereich der Arena. Hier wurden die Kulissen vorbereitet und die Mitwirkenden – Menschen und Tiere – sammelten sich vor ihrem Auftritt. Gladiatoren betraten das Hypogäum durch einen unterirdischen Gang, der direkt vom nahen Ludus Magnus (Gladiatorenschule) herführte. In Seitenkorridoren, die über einer natürlichen Quelle lagen, waren Boote untergebracht. Wenn diese in die Arena hinauf sollten, wurden die Tunnel geflutet. Später wurden diese Gänge für Seilwinden verwendet. Es gab rund 80 Hubpodien zur Arena sowie Käfige für die wilden Tiere".

Über dem Forum Romanum erhebt sich der malerische Palatin (Palatino). Der Legende nach wurden hier Romulus und Remus von einer Wölfin gerettet und Rom 753 v. Chr. von Romulus gegründet. Es gibt keine archäologischen Zeugnisse dafür, doch ist gesichert, dass bereits im 8. Jh. v. Chr. Menschen hier lebten.

Der nahe am Forum Romanum gelegene Palatin-Hügel war die vornehmste Wohngegend der antiken Hauptstadt. Kaiser Augustus lebte hier, die späteren Kaiser übertrumpften sich gegenseitig mit immer prächtigeren Palastbauten. Nach dem Untergang des Imperiums verfiel der Palatin, im Mittelalter wurden Kirchen und Burgen über den antiken Ruinen errichtet. In der Renaissance legten wohlhabende Familien auf dem Hügel Gärten an.

Der größte Teil des heutigen Palatins wird von den Ruinen des riesigen Palastkomplexes von Kaiser Domitian eingenommen. 300 Jahre lang fungierte die weitläufige Anlage als Hauptresidenz der Kaiser. Die aus der Domus Flavia (Kaiserpalast), der Domus Augustana (Privatresidenz des Kaisers) und einem *stadio* (Stadion) bestehende Palastanlage wurde im 1. Jh. n. Chr. erbaut.

Stadio

Nach dem Betreten des Palatin von der Via di San Gregorio her geht es bergauf bis zum ersten erkennbaren Bauwerk, dem **Stadio**. Dieser Bereich war einst Teil des kaiserlichen Hauptpalastes und wurde für Spiele genutzt. Südöstlich des Stadions sind die Relikte eines Komplexes, der von Septimius Severus gebaut wurde, dazu zählen Bäder (**Terme di Settimio Severo**) und ein Palast (**Domus Severiana**), wo, falls geöffnet, die **Arcate Severiane** (Arkaden des Severus; ⏱Di & Fr), eine Reihe von Bögen, die die weitere Entwicklung erleichtern sollten, zu sehen sind.

NICHT VERSÄUMEN

→ Stadio
→ Domus Augustana
→ Orti Farnesiani

PRAKTISCH & KONKRET

→ Karte S. 342
→ ☎06 3996 7700
→ www.coopculture.it
→ Via di San Gregorio 30 & Via Sacra
→ Erw./erm. inkl. Kolosseum & Forum Romanum 12/7,50 €
→ ⏱8.30 bis eine Stunde vor Sonnenuntergang
→ Ⓜ Colosseo

Domus Augustana & Domus Flavia

Neben dem Stadion befinden sich die Ruinen der **Domus Augustana**, des privaten Wohnsitzes der römischen Kaiser innerhalb des Palastes. Auf zwei Ebenen führen Räume jeweils zu einem *peristilio* (Innenhof mit Säulengang). Das untere Stockwerk ist nicht zugänglich, doch von oben sind das Becken eines Springbrunnens und Räume, ursprünglich mit farbigem Marmor gefliest, zu erkennen.

Auf der anderen Seite des Museo Palatino befindet sich die **Domus Flavia**, der für repräsentative Anlässe genutzte Teil der Palastanlage. Die Domus war um ein großzügiges Peristyl (eine Grünfläche mit dem achteckigen Sockel eines Brunnens) mit Kolonnaden errichtet worden, von dem aus die Haupträume zugänglich waren. Richtung Norden lag der Empfangssaal des Kaisers (die *aula regia*) mit dem großen Thron. Richtung Westen stand eine Basilika, die vom Kaiser genutzt wurde, um seine Berater zu empfangen, und im Süden befand sich eine große Banketthalle, das *triclinium*.

Museo Palatino

Das **Museo Palatino** zeigt eine kleine Sammlung von Fundstücken, die auf dem Palatin entdeckt wurden. Die untere Abteilung widmet sich der Geschichte des Hügels, im oberen Stock sind Gegenstände aus der Kaiserzeit ausgestellt, u. a. die *Erma di Canefora* eine Bronzestatue aus dem 1. Jh.

Casa di Livia & Casa di Augusto

Zu den besterhaltenen Gebäuden am Palatin zählen die **Casa di Livia** (inkl. Casa di Augusto 4 €; ☺ Führungen tgl. 13 Uhr, Buchung obligatorisch), nordwestlich der Domus Flavia. Das Haus von Augustus' Frau Livia wurde um ein Atrium gebaut, das zu mit Fresken geschmückten Empfangsräumen führte. Die nahe gelegene **Casa di Augusto** (inkl. Casa di Livia 4 €; ☺ Führung tgl. 13 Uhr, Buchung obligatorisch), die getrennte Residenz des Augustus, besitzt großartige Fresken.

Criptoportico

Der **Criptoportico** ist von den Orti Farnesiani aus. zu erreichen. In diesem 128 m langen Tunnel soll Caligula ermordet worden sein; Nero nützte ihn als Verbindung zwischen Domus Aurea und Palatin.

Orti Farnesiani

Sie bedecken die Domus Tiberiana (Palast des Tiberius) in der Nordwestecke des Palatin. Die **Orti Farnesiani** sind einer der ältesten botanischen Gärten in Europa. Namensgeber war Kardinal Alessandro Farnese, der sie in der Mitte des 16. Jhs. anlegte. Der Blick über das Forum Romanum ist atemberaubend.

ROMULUS & REMUS

Die Legende von Romulus und Remus ist eng verknüpft mit dem Palatin. Danach sollen die beiden mythischen Gründer Roms vom Schäfer Faustulus hierher gebracht worden sein, nachdem eine Wölfin sie vor dem Tod bewahrt hatte. Von der Casa di Augusto reicht der Blick hinunter auf die **Capanne Romulee** (Hütten des Romulus) aus dem 8. Jh. v. Chr. Dort sollen die Zwillinge mit ihrem Adoptivvater gelebt haben. 2007 wurde aufgrund der Entdeckung einer von Mosaiken bedeckten Höhle 15 m unter der Casa di Augusto das Interesse an der Legende neu erweckt. Manche Wissenschaftler glauben, die Höhle sei das Lupercale gewesen – die Höhle, die die Römer in der Antike für den Ort hielten, an dem Romulus und Remus von einer Wölfin gesäugt wurden.

Der beste Platz für ein Picknick ist die Vigna Barberini (Barberini-Weinberg) unweit der Orti Farnesiani. Der grasbewachsene Bereich mit einigen Bänken ist beim Pfad zum Forum Romanum ausgeschildert.

PALATINO (PALATIN)

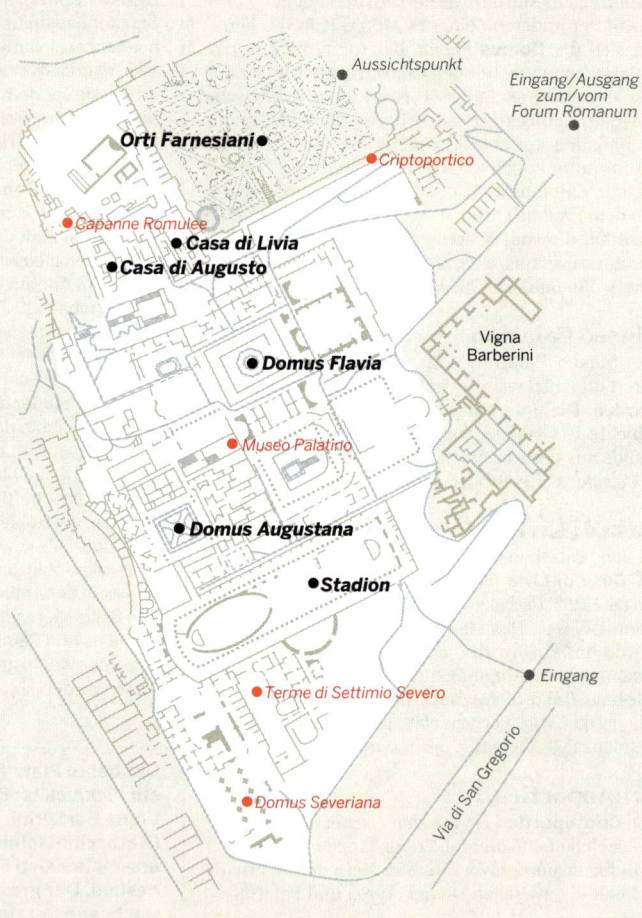

Aussichtspunkt

Eingang/Ausgang
zum/vom
Forum Romanum

Orti Farnesiani●

●Criptoportico

●Capanne Romulee

● **Casa di Livia**

●**Casa di Augusto**

● **Domus Flavia**

Vigna
Barberini

● Museo Palatino

● **Domus Augustana**

●**Stadion**

● Eingang

● Terme di Settimio Severo

Via di San Gregorio

●Domus Severiana

FORUM ROMANUM

Das Forum Romanum (Foro Romano) war das Zentrum des antiken Rom, ein herrlicher Bezirk mit Tempeln, Basiliken und lebhaften öffentlichen Plätzen. Heute ist es eine Ansammlung beeindruckender, wenn auch schlecht gekennzeichneter Ruinen, die Besucher durchaus verwirren können. Doch wer seiner Fantasie freien Lauf lässt, hat das tolle Erlebnis auf den Spuren Julius Cäsars und anderer legendärer Gestalten aus der römischen Geschichte zu wandeln.

Die Anfänge des Forums, ursprünglich eine etruskische Nekropole, liegen im 7. Jh. v. Chr. Im Lauf der Zeit entwickelte es sich zum gesellschaftlichen, politischen und wirtschaftlichen Mittelpunkt des Römischen Reiches. Im Mittelalter diente es als Weideland, sein Marmor wurde für andere Bauten verwendet. Im 18. und 19. Jh. fanden systematische Grabungen statt, die sich bis heute fortsetzen.

Via Sacra in Richtung Campidoglio

Wer das Forum vom Largo della Salara Vecchia betritt – es gibt auch Zugänge vom Palatin oder beim Arco di Tito –, sieht den **Tempio di Antonino e Faustina** zur Linken vor sich liegen. Er wurde 141 n. Chr. errichtet und später zur Kirche **San Lorenzo in Miranda** umgebaut. Rechts liegt die **Basilica Fulvia Aemilia** von 179 v. Chr., eine 100 m lange öffentliche Halle, deren zweistöckige Fassade mit einem Säulengang versehen ist.

Der Weg endet an der **Via Sacra**, der Hauptstraße des Forums, und am **Tempio di Giulio Cesare** (Tempio del Divo Giulio). 29 v. Chr. von Augustus errichtet, kennzeichnet er die Stelle, an der der Leichnam Julius Cäsars verbrannt wurde. Wer die Via Sacra hinaufgeht, kommt zur **Curia**,

NICHT VERSÄUMEN

→ Curia
→ Arco di Settimio Severo
→ Tempio di Saturno
→ Casa delle Vestali
→ Basilica di Massenzio
→ Arco di Tito

PRAKTISCH & KONKRET

→ Karte S. 342
→ 📞06 3996 7700
→ www.coopculture.it
→ Largo della Salara Vecchia & Via Sacra
→ Erw./erm. inkl. Kolosseum & Palatin 12/7,50 €
→ 🕐8.30 Uhr bis eine Stunde vor Sonnenuntergang
→ 🚇Via dei Fori Imperiali

Forum Romanum

In der Antike war ein Forum Marktplatz, bürgerschaftliches Zentrum und religiöser Bezirk zugleich, und das Forum Romanum war das Bedeutendste von allen. Es liegt zwischen dem Palatin-Hügel, der exklusivsten Wohngegend im antiken Rom, und dem Kapitol (Campidoglio) und war der Mittelpunkt der Stadt. Täglich gingen die Römer hier vielfältigen Aufgaben nach. Senatoren diskutierten in der **Curia** ❶ über Angelegenheiten des Staates, auf den verkehrsfreien Straßen drängten sich die Menschen, um Einkäufe zu machen, an der **Phokassäule** ❷ versammelte man sich, um den Reden der Politiker auf der **Rostra** ❷ zuzuhören. In den Basiliken, auch der **Basilica di Massenzio** ❸, vertraten Anwälte ihre Fälle vor Gericht, während die Jungfrauen im **Haus der Vestalinnen** ❹ unauffällig ihre Pflichten erledigten.

Besondere Feste fanden ebenfalls auf dem Forum statt, so z. B. an religiösen Feiertagen im **Tempel des Saturn** ❺ und dem **Tempel des Castor und Pollux** ❻. Nach militärischen Siegen gab es Prozessionen entlang der Via Sacra und monumentale Bögen wurden zu diesen Anlässen errichtet, z. B. der **Septimius-Severus-Bogen** ❼ und der **Titusbogen** ❽.

Auch die Ruinen sind beeindruckend, aber der Komplex ist auch verwirrend, wenn man keine Vorstellung davon hat, wie das Forum einst aussah. Die Doppelseite zeigt das Forum in seiner Glanzzeit, mit den Tempeln, den öffentlichen Gebäuden und den hoch aufragenden Monumenten zu Ehren der Helden des Römischen Reiches.

TOP-TIPPS

» Vom Palatin und dem Kapitol aus lässt sich das Forum sehr schön überblicken.

» Die beste Besichtigungszeit ist frühmorgens oder spätnachmittags. Zwischen 11 und 14 Uhr ist das Gedränge am größten.

» Im Sommer brennt die Sonne auf das Forum und es gibt kaum Schatten. Deshalb unbedingt eine Kopfbedeckung und reichlich Wasser mitbringen.

Phokassäule & Rostra

Die freistehende, 13,5 m hohe Phokassäule wurde 608 n. Chr. errichtet und ist damit das jüngste Monument auf dem Forum.
Die Rostra dahinter bot eine großartige Tribüne für öffentliche Redner.

Kapitol (Campidoglio)

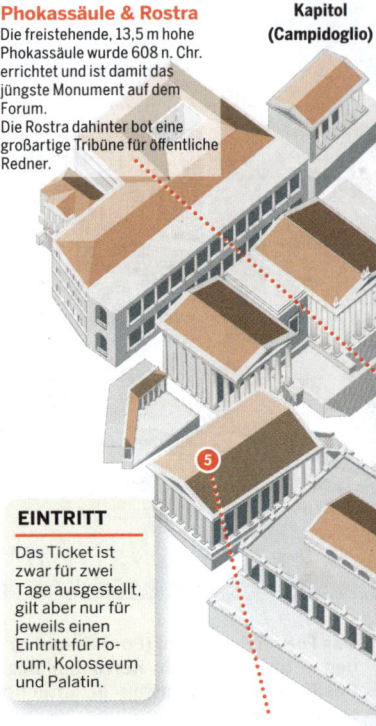

EINTRITT

Das Ticket ist zwar für zwei Tage ausgestellt, gilt aber nur für jeweils einen Eintritt für Forum, Kolosseum und Palatin.

Tempel des Saturn

Im Tempel des Saturn, dem Fort Knox der Antike, befand sich der Staatsschatz. Dort lagerten zu Caesars Zeiten 13 t Gold, 114 t Silber und Münzen von enormem Wert.

JONATHAN SMITH/GETTY IMAGES ©

LONELY PLANET/GETTY IMAGES ©

Tempel des Castor und Pollux

Nur drei Säulen des Tempels sind erhalten geblieben. Der Tempel war den göttlichen Zwillingen Castor und Pollux geweiht, die den Römern zum Sieg über die Latiner (496 v. Chr. verholfen haben sollen

Septimius-Severus-Bogen

Der imposante Triumphbogen ist eines der markantesten Monumente auf dem Forum; er erinnert an die militärischen Siege des Septimius Severus. Auf den Reliefs sind seine Feldzüge gegen die Parther dargestellt.

Curia

Das große, hallenartige Bauwerk war der Sitz des römischen Senats. Das, was heute zu sehen ist, ist überwiegend eine Rekonstruktion, aber der Marmorboden im Gebäude stammt aus dem 3. Jh. n. Chr., der Regierungszeit Diokletians.

THE/JPEN/GETTY IMAGES ©

Maxentius-Basilika

Die enorme Größe der Basilika aus dem 4. Jh. n. Chr. ist beeindruckend. Ursprünglich war die Haupthalle in riesige Längsschiffe unterteilt und nur ein Teil des nördlichen Seitenschiffs ist erhalten geblieben.

JULIUS CAESAR

Caesars Leichnam wurde an der Stelle verbrannt, an der der Tempel des vergöttlichten Caesar steht.

Via Sacra

❶ ❷ ❸ ❹ ❻ ❼ ❽

Tempel des vergöttlichten Caesar

Haus der Vestalinnen

Weiße Statuen stehen aneinandergereiht im grasbewachsenen Atrium, das einst zum Haus der Vestalinnen mit 50 luxuriös ausgestatteten Räumen gehörte. Die Damen dienten der Göttin Vesta und spielten eine wichtige Rolle in der Glaubenswelt der Römer.

Titusbogen

Der gut erhaltene Bogen soll Vorbild für den Triumphbogen in Paris gewesen sein. Kaiser Domitian ließ ihn zu Ehren seines älteren Bruders Titus errichten.

MANAKIN/GETTY IMAGES ©

DIE VESTALISCHEN JUNGFRAUEN

Die Vestalinnen hatten Privilegien und genossen hohes Ansehen, aber sie waren nicht auf Rosen gebettet. Jedes Jahr wurden sechs körperlich makellose Mädchen aus Patrizierfamilien im Alter von sechs bis zehn Jahren per Los ausgewählt, um Vesta, der Göttin des Herdfeuers und des Hauses, zu dienen. Wurden sie ausgewählt, mussten sie 30 Jahre lang keusch leben und im Tempio di Vesta Dienst tun. Ihre Hauptaufgabe bestand darin, dafür zu sorgen, dass das heilige Feuer nie ausging. Wenn dies doch einmal geschah, wurde die verantwortliche Priesterin ausgepeitscht. Die Römer glaubten daran, dass das Wohl des Staates vom Vesta-Kult und der Keuschheit der Vestalinnen abhing. Verlor eine Vestalin ihre Jungfräulichkeit, lief sie Gefahr, lebendig begraben zu werden; der dafür verantwortliche Mann wurde zu Tode geprügelt.

Wenn's pressiert: Bei der Chiesa di Santa Maria Antiqua gibt es Toiletten.

dem ursprünglichen Sitz des römischen Senats. Der scheunenartige Bau wurde mehrfach umgebaut. Der heutige Zustand basiert auf einer Rekonstruktion von 1937: So soll die Curia während der Herrschaft Diokletians (reg. 284–305) ausgesehen haben. Vor ihr, durch ein Gerüst verborgen, liegt der **Lapis Niger**, ein großer schwarzer Marmorblock, der angeblich das Grab des Romulus bedeckte.

Am Ende der Via Sacra steht der 23 m hohe **Arco di Settimio Severo** (Bogen des Septimius Severus) dem namengebenden Kaiser und seinen Söhnen – Caracalla und Geta – gewidmet. In der Nähe befinden sich die Überreste des **Rostrum**, einer kunstvollen Rednertribüne, von der aus Shakespeare seinen Marcus Antonius die berühmte Rede „Mitbürger, Freunde, Römer ..." halten lässt. Gegenüber erhebt sich die **Colonna di Foca** (Säule des Phocus) über dem einstigen Hauptplatz, der **Piazza del Foro**.

Die acht Granitsäulen hinter der Colonna sind alles, was vom **Tempio di Saturno** (Tempel des Saturn) übrig ist, der auch den Staatsschatz beherbergte. Dahinter sind (von Norden nach Süden): die Ruinen des **Tempio della Concordia** (Tempel der Eintracht), des **Tempio di Vespasiano** (Tempel des Vespasian und des Titus) und des **Portico degli Dei Consenti**.

Tempel des Castor und Pollux & Haus der Vestalinnen

Dem Weg parallel zur Via Sacra folgend, sieht man die Säulenstümpfe der **Basilica Giulia**. Julius Caesar veranlasste den Bau 55 v. Chr., er wurde aber erst unter Augustus beendet. Die drei Säulen am Ende der Basilika sind Reste des Tempio di Castore e Polluce (Tempel des Castor und Pollux) aus dem 5. Jh. v. Chr. Nicht weit entfernt befinden sich die **Chiesa di Santa Maria Antiqua**, die älteste christliche Kirche auf dem Forum (6. Jh.).

Zurück auf der Via Sacra ist die **Casa delle Vestali** (Haus der Vestalinnen; zurzeit nicht zugänglich) zu sehen, wo die Jungfrauen lebten, die sich um das Feuer im benachbarten **Tempio di Vesta** kümmerten.

Via Sacra in Richtung Kolosseum

Auf der Via Sacra am **Tempio di Romolo** (Tempel des Romulus) vorbei wird die **Basilica di Massenzio** (Basilica di Costantino) erreicht, das größte Gebäude auf dem Forum. Sie wurde von Maxentius begonnen und von Konstantin 315 fertiggestellt – auch Basilica di Costantino genannt. Ursprünglich maß sie ca. 100 mal 65 m. Zurzeit ist sie wegen Bauarbeiten an einer U-Bahn-Linie nicht zugänglich. Nach der Basilica folgt der **Arco di Tito** (Titusbogen), der 81 n. Chr. zur Erinnerung an die Siege von Vespasian und Titus über die Rebellen in Jerusalem errichtet wurde.

HIGHLIGHTS
KAPITOLINISCHE MUSEEN

Die Kapitolinischen Museen (Musei Capitolini), die ältesten öffentlichen Museen der Welt , nehmen zwei stattliche Paläste an der Piazza del Campidoglio ein. Die Anfänge gehen zurück auf das Jahr 1471, als Papst Sixtus IV. der Stadt einige Bronzestatuen schenkte, die heute den Kern einer der schönsten Kunstsammlungen Italiens bilden. Schwerpunkt sind die antiken Skulpturen, doch es gibt auch eine großartige Gemäldegalerie mit Werken bedeutender italienischer und niederländischer Künstler.

Der Eingang des Museums liegt im **Palazzo dei Conservatori**, wo sich im ersten Stock die ursprüngliche Skulpturensammlung und im zweiten Stockwerk die Pinacoteca (Gemäldegalerie) befinden.

Palazzo dei Conservatori – erster Stock

Vor dem Besuch der eigentlichen Skulpturensammlung sollte man sich die Zeit nehmen, die riesigen Teile einer Statue zu bewundern, die im **Innenhof** liegen. Kopf, Hand und Fuß waren Teil einer 12 m hohen Statue Konstantins, die einst auf dem Forum Romanum in der Maxentiusbasilika stand.

Das berühmteste Exponat der Skulpturensammlung im ersten Stockwerk ist die etruskische Lupa Capitolina (Kapitolinische Wölfin) in der **Sala della Lupa**. Die Bronzewölfin aus dem 5. Jh. v. Chr. säugt Romulus und Remus, die allerdings erst im Jahr 1471 hinzugefügt worden sind. Zu den Publikumsmagneten gehören auch der *Dornauszieher* (Spinario) aus dem 1. Jh. v. Chr. in der **Sala dei Trionfi**, eine anmutige Figur eines Jungen, der sich einen Dorn aus seinem Fuß entfernt, sowie Berninis Büste der *Medusa*, die in der **Sala delle Oche** bewundert werden kann.

NICHT VERSÄUMEN

➤ Lupa Capitolina
➤ Spinario
➤ *La Buona Ventura*
➤ Galata Morente
➤ Venere Capitolina

PRAKTISCH & KONKRET

➤ Karte S. 342
➤ ☎ 06 06 08
➤ www.museicapito lini.org
➤ Piazza del Campidoglio 1
➤ Erw./erm. 11,50/ 9,50 €
➤ ⏱ 9.30–19.30 Uhr, letzter Einlass 18.30 Uhr
➤ 🚇 Piazza Venezia

RÖMISCHE VERTRÄGE

Mit Fresken, die Episoden aus der antiken römischen Geschichte darstellen, und zwei Papststatuen – Urban VIII. von Bernini und Innozenz X. von Algardi – bot die **Sala degli Orazi e Curiazi** die großartige Kulisse für eines der Schlüsselereignisse in der Geschichte des modernen Europa.
Am 25. März 1957 versammelten sich hier die Staatschefs von Italien, Frankreich, Westdeutschland, Belgien, Holland und Luxemburg, um die Römischen Verträge zu unterzeichnen und damit die Europäische Wirtschaftsgemeinschaft (EWG), den Vorläufer der Europäischen Union (EU), zu gründen. Der Saal besitzt eine lange politische Geschichte. Im 15. Jh. gab es hier öffentliche Anhörungen des Rats der Conservatori (gewählte Stadträte), nach denen der *palazzo* benannt ist.

Das Caffè Capitolino (S. 77), das Terrassencafé des Museums, liegt im zweiten Stock des Palazzo dei Conservatori. Kaffee, Snacks und eine schöne Aussicht sind ideale Voraussetzungen für eine Pause vom Sightseeing.

Mittelpunkt des modernen Flügels, der **Esedra di Marco Aurelio**, ist eine imposante **Reiterstatue** des Kaisers Marc Aurel. Eine Kopie davon steht auf der Piazza. Hier sind auch Fundamente des Jupitertempels zu sehen, der sich einst auf dem Kapitol erhob.

Palazzo dei Conservatori – zweiter Stock

Im zweiten Stock befindet sich die **Pinacoteca**, die Gemäldegalerie des Museums. Die Sammlung wurde 1749 gegründet und zeigt in chronologischer Ordnung Werke vom Mittelalter bis zum 18. Jh. Zwei Räume sind besonders bemerkenswert: die **Sala Pietro da Cortona**, mit dem berühmten Gemälde Pietro da Cortonas' *Raub der Sabinerinnen* (Ratto delle Sabine; 1630) und die **Sala di Santa Petronilla**, so bezeichnet nach Guercinos riesigem Altarbild *Begräbnis der Heiligen Petronilla* (Seppellimento di Santa Petronilla; 1621–1623). In diesem Raum hängen eine Reihe wertvoller Gemälde, darunter zwei Caravaggios: *Die Wahrsagerin* (La Buona Ventura; 1595), die Darstellung einer Zigeunerin, die vorgibt, die Zukunft eines Mannes aus seiner Hand zu lesen, tatsächlich aber seinen Ring stiehlt, und *Johannes der Täufer* (San Giovanni Battista; 1602), eine ungewöhnliche Darstellung des biblischen Heiligen.

Tabularium

Ein Tunnel verbindet den Palazzo dei Conservatori mit dem Palazzo Nuovo auf der anderen Seite des Platzes. Man geht dabei durchs **Tabularium**, das antike Staatsarchiv unter dem heutigen **Senatorenpalast**. Überall hängen Tafeln und Inschriften von antiken Gräbern, aber viel reizvoller ist der Blick auf das Forum Romanum vom Tabularium aus.

Palazzo Nuovo

Der **Palazzo Nuovo** steckt bis zu seinen eleganten Dachsparren aus dem 17. Jh. voll mit klassischen römischen Skulpturen, darunter einige unvergessliche Meisterwerke. Von der Lobby, wo **Mars** mit seinem lockigen Bart jeden Vorübergehenden grimmig anstarrt, führt die Treppe zu den wichtigsten Sälen. Der erste Saal ist die **Sala del Gladiatore**, in der eines der bedeutendsten Werke steht – der *Galata Morente* (Sterbender Gallier). Es handelt sich um die römische Kopie eines griechischen Originals aus dem 3. Jh. v. Chr., eine eindringliche Darstellung der Qual eines sterbenden gallischen Kriegers. Der nächste Saal, die **Sala del Fauno**, trägt den Namen nach der Statue eines Fauns aus rotem Marmor.

Ein weiteres großartiges Werk ist die Skulptur der *Venere Capitolina* (Kapitolinische Venus) im **Gabinetto della Venere**. Einen Blick lohnen auch die Büsten in der **Sala dei Filosofi**.

KAPITOLINISCHE MUSEEN
ERDGESCHOSS
Palazzo Nuovo

Mars

Piazza del Campidoglio

Palazzo Senatorio

Haupteingang

Innenhof

Kopf der Statue Konstantins

Treppe

Palazzo dei Conservatori

ERSTER STOCK
Palazzo Nuovo

Treppe

Gabinetto della Venere

Venere Capitolina

Sala del Gladiatore

Salone

Fauh

Galata Morente

Sala dei Filosofi

Sala del Fauno

Palazzo dei Conservatori

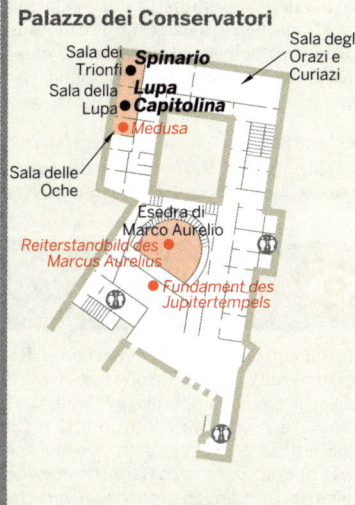

Sala dei Trionfi

Spinario

Sala della Lupa

Lupa Capitolina

Medusa

Sala delle Oche

Sala degli Orazi e Curiazi

Esedra di Marco Aurelio

Reiterstandbild des Marcus Aurelius

Fundament des Jupitertempels

ZWEITER STOCK
Palazzo dei Conservatori

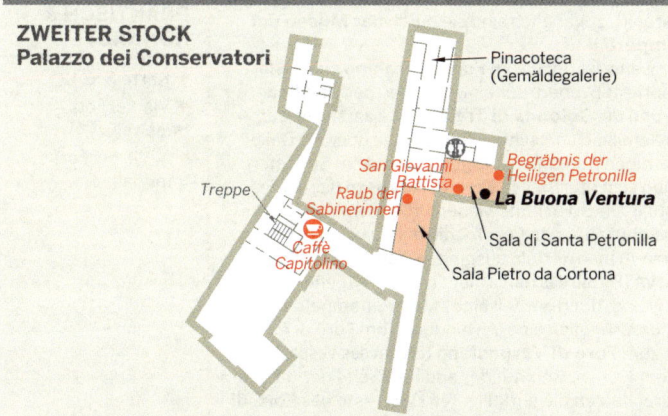

Pinacoteca (Gemäldegalerie)

San Giovanni Battista

Begräbnis der Heiligen Petronilla

Raub der Sabinerinnen

La Buona Ventura

Treppe

Caffè Capitolino

Sala di Santa Petronilla

Sala Pietro da Cortona

⊙ SEHENSWERTES

⊙ Kolosseum & Palatin

KOLOSSEUM RUINE
Siehe S. 60.

PALATIN ARCHÄOLOGISCHE STÄTTE
Siehe S. 62.

ARCO DI COSTANTINO MONUMENT
Karte S. 342 (Ⓜ Colosseo) An der Westseite
des Kolosseums ragt dieser Bogen mit drei
Durchgängen empor, der 315 n. Chr. errichtet wurde, um den Sieg Konstantins über
seinen Rivalen Maxentius in der Schlacht
an der Milvischen Brücke (315 n. Chr.) zu
würdigen. Mit seinen 25 m Höhe ist dies
der größte noch bestehende Triumphbogen
in Rom.

CIRCO MASSIMO HISTORISCHE STÄTTE
Karte S. 342 (Circus Maximus; Via del Circo
Massimo; Ⓜ Circo Massimo) Heute nur noch
eine von staubigem Gras bedeckte Mulde,
war der Circo Massimo im antiken Rom
die größte Arena für Wagenrennen, in der
250 000 Menschen, und damit ein Viertel
der Gesamtbevölkerung der Stadt, Platz
fanden. Die 600 m lange Rennstrecke führte um ein hölzernes Mittelstück herum mit
verzierten Rundenanzeigern und ägyptischen Obelisken.

Wagenrennen fanden bereits im 4. Jh. v.
Chr. statt, doch den vollen Glanz erlangte
erst der Neubau durch Trajan, nach dem
Brand von 64 n. Chr.

Bei Restaurierungsarbeiten, die am Südende vorgenommen werden, wurden Beweise für die Existenz von Tavernen und
Läden entdeckt, die sich um die Rennbahn
herum fanden.

⊙ Das Forum & Umgebung

FORUM ROMANUM ARCHÄOLOGISCHE STÄTTE
Siehe S. 65.

⊙ HIGHLIGHTS
KAISERFOREN

Die Ruinen, die gegenüber vom Forum Romanum auf
der anderen Seite der Straße liegen, werden insgesamt
Kaiserforen (Fori Imperiali) genannt. Die Bauten entstanden zwischen 42 v. Chr. und 112 n. Chr. und wurden
größtenteils 1933 „begraben", als Mussolini die Via dei
Fori Imperiali durch den Bereich bauen ließ. Seither kam
vieles bei Grabungen wieder zum Vorschein, doch der
Besuch ist auf die **Mercati di Traiano** (Märkte Trajans)
beschränkt, zugänglich sind sie durch das **Museo dei
Fori Imperiali**.

Nur wenig ist noch vom **Foro di Traiano** (Trajansforum) übrig geblieben, nur einige Säulen der **Basilica
Ulpia** und die **Colonna di Traiano** (Trajanssäule), auf
der in detaillierten Reliefs Trajans Siege über die Daker
(im heutigen Rumänien) dargestellt sind. Im Südosten
erheben sich drei Säulen **Foro di Augusto** (Forum des
Augustus). Die 30 m hohe Mauer hinter dem Forum wurde als Schutz vor den Feuern, die häufig von den nahen
Suburra-Armenvierteln ausgingen, gebaut. Das **Foro
di Nerva** (Forum des Nerva) liegt heute weitgehend im
Untergrund, doch ein Teil eines Minervatempels steht
noch, ursprünglich eine Verbindung vom Foro di Augusto zum **Foro di Vespasiano** (Forum des Vespasian)
aus dem 1. Jh. n. Chr. Auf der anderen Seite der Straße
sind drei Säulen die auffälligsten Überreste des **Foro di
Cesare** (Forum des Caesar) zu sehen.

NICHT VERSÄUMEN

➡ Mercati di Traiano
➡ Colonna di Traiano
➡ Basilica Ulpia

PRAKTISCH & KONKRET

➡ Karte S. 342
➡ Via dei Fori Imperiali
➡ 🚍 Via dei Fori Imperiali

BASILICA DI SS COSMA E DAMIANO
BASILIKA

Karte S. 342 (Via dei Fori Imperiali 1; Spende für die Krippe 1 €; ⊙9–13 & 15–19 Uhr, Krippe Sept.–Juli Fr–So 10–13 & 15–18 Uhr; 🚇Via dei Fori Imperiali) Diese Basilika aus dem 6. Jh. grenzt mit der Rückseite ans Forum Romanum; Teile des **Foro di Vespasiano** und des **Tempio di Romolo** sind in die Kirche integriert, zu erkennen sind sie am Ende des Kirchenschiffs. Hauptgrund für den Besuch der Kirche sind die wunderschönen Mosaiken aus dem 6. Jh. in der Apsis, die Petrus und Paulus zeigen, wie sie Cosmas, Damian, Theodorus und Papst Felix IV. zu Christus bringen.

Es lohnt auch, einen Blick auf den neapolitanischen **presepio** (Krippe) aus dem 18. Jh. zu werfen, die in einem Raum am Kreuzgang aus dem 17. Jh. ausgestellt ist.

MERCATI DI TRAIANO MUSEO DEI FORI IMPERIALI
MUSEUM

Karte S. 342 (📞06 06 08; www.mercatiditraiano.it; Via IV Novembre 94; Erw./erm. 11,50/9,50 €; ⊙9.30–19.30 Uhr, letzter Einlass 18.30 Uhr; 🚇Via IV Novembre) Das bemerkenswerte Museum erweckt die **Mercati di Traiano** zum Leben, den großartigen Marktkomplex Kaiser Trajans aus dem 2. Jh. Außerdem bietet es eine faszinierende Einführung zu den **Kaiserforen** mit multimedialen Präsentationen, erklärenden Schaubildern und einer bunten Mischung aus archäologischen Artefakten.

Skulpturen, Friese und die ein oder andere Büste gibt es in Sälen, die auf die einstige Große Halle hinausgehen. Doch nicht die Exponate sind das eigentliche Highlight, sondern die Möglichkeit, die Relikte des weitläufigen Komplexes zu erkunden. Der dreistöckige Halbkreis, in dem einst die Märkte untergebracht waren, ist erstaunlich gut erhalten und man muss die Fantasie nicht sehr anstrengen, um sich hier Händler vorzustellen, die alles von Öl und Gemüse bis zu Blumen, Seide und Gewürzen verkaufen.

Hoch über den Markt ragt der **Torre delle Milizie** (Turm der Miliz) auf, ein Turm aus roten Backsteinen aus dem 13. Jh.

CARCERE MAMERTINO
HISTORISCHE STÄTTE

Karte S. 342 (Mamertinischer Kerker; 📞06 69 89 61; Clivo Argentario 1; Eintritt 3 €, mit Führung 5 €; ⊙Sommer 9.30–19 Uhr, Winter bis 17 Uhr; 🚇Via dei Fori Imperiali) Der Mamertinische Kerker am Fuß des Campidoglio war sozusagen das Hochsicherheitsgefängnis im alten Rom. Auch der heilige Petrus wurde dort gefangen gehalten und soll zu der Zeit wunderbarerweise einen Wasserstrahl geschaffen haben, mit dem er Mitgefangene taufte. An den kahlen Wänden sind frühchristliche Fresken zu erkennen, die Jesus sowie Petrus und Paulus darstellen.

Wer nur einen kurzen Blick hineinwerfen will, nimmt die Karte für 3 €; die Führung dauert etwa eine halbe Stunde.

ℹ️ UNTERWEGS BEI DEN ANTIKEN STÄTTEN

So faszinierend die antiken Ruinen Roms auch sind, ihre Beschilderung ist schlecht und manchmal ist es schwierig herauszufinden, wo man hingehen und was man sich ansehen soll.

Eingänge

Das Forum Romanum und der Palatin bilden eine einzige Stätte. Für beide gilt dieselbe Eintrittskarte (zusammen mit dem Kolosseum). Nach dem Betreten des Geländes kann frei zwischen beiden Bereichen hin und her gewechselt werden. Es gibt drei Eingänge:
➡ Via di San Gregorio 30 für den Palatin
➡ Largo della Salara Vecchia für das Forum Romanum
➡ Via Sacra für beide – nach links geht's zum Palatin, geradeaus zum Forum.

Spezialführer

Electa veröffentlicht eine Reihe spezieller Führer zu Roms archäologischen Stätten, darunter *Kolosseum* (5 €); *Forum, Palatin und Kolosseum* (10 €); *Archaeological Guide to Rome* (12,90 €); *The Appian Way* (8 €); und *The Baths of Caracalla* (8 €). Alle gibt es in den Buchhandlungen im Kolosseum und im Forum Romanum.

ⓘ FOTOS MIT ZENTURIONEN

Vor dem Kolosseum, dem Forum Romanum und dem Vittoriano bieten kostümierte Zenturionen Besuchern ihre Dienste für ein gemeinsames Foto an. Sie machen das nicht aus Freundschaft, sondern erwarten eine Bezahlung. Es gibt keinen Festpreis, aber 5 € sind mehr als genug – und das heißt 5 € insgesamt, nicht pro Person.

⊙ Kapitol (Campidoglio)

Der Campidoglio (Kapitol), der sich über dem Forum Romanum erhebt, ist einer der sieben Hügel, auf denen Rom errichtet wurde. Auf der Kuppe befanden sich zwei der bedeutendsten Tempel der Stadt: Einer war Jupiter Capitolinus (Beiname Jupiters, entspricht dem griechischen Zeus) geweiht, der andere der Göttin Juno Moneta. In ihm war die römische Münzstätte untergebracht. Noch heute ist das Kapitol als Sitz der römischen Stadtregierung ein politisch bedeutsamer Ort.

KAPITOLINISCHE MUSEEN   MUSEUM
Siehe S. 69.

PIAZZA DEL CAMPIDOGLIO   PIAZZA
Karte S. 342 (🚇Piazza Venezia) Diese Piazza auf dem Hügel, die Michelangelo 1538 entwarf, zählt zu den schönsten Plätzen Roms. Man erreicht sie vom Forum Romanum aus, aber der dramatischste Zugang ist über die elegante Treppe **Cordonata** (Karte S. 342), die von der Piazza d'Ara Coeli hinaufführt.

Die Piazza flankieren der **Palazzo Nuovo** und der **Palazzo dei Conservatori**, in denen die Kapitolinischen Museen zu Hause sind, und der **Palazzo Senatorio**, Sitz des Stadtrats von Rom. Im Zentrum steht die Kopie einer **Reiterstatue** des Marc Aurel. Das Original aus dem 2. Jh. n. Chr. befindet sich in den Kapitolinischen Museen.

CHIESA DI SANTA MARIA
IN ARACOELI   KIRCHE
Karte S. 342 (Piazza Santa Maria in Aracoeli; ⊙Sommer 9–18.30 Uhr, Winter bis 17.30 Uhr); 🚇Piazza Venezia) Am oberen Ende der Aracoeli-Treppe aus dem 14. Jh. markiert diese romanische Kirche aus dem 6. Jh. den höchsten Punkt des Campidoglio. Das reich ausgestattete Innere beherbergt mehrere Schätze, darunter die vergoldete Holzdecke, ein eindrucksvoller Kosmatenfußboden (mit Marmorinkrustationen) und eine Reihe Fresken von Pinturicchio, die das Leben des hl. Bernhard von Siena zeigen. Am berühmtesten ist jedoch ein hölzernes Christuskind, dem wunderbare Heilkräfte zugeschrieben werden.

Die Jesusfigur ist jedoch nur eine Kopie. Das Original, das aus einem Olivenbaum aus dem Garten Gethsemane geschnitzt worden sein soll, wurde 1994 gestohlen und ist danach nicht wieder aufgetaucht.

Die Kirche an der Stelle, wo einst ein Tempel der Juno Moneta stand, wurde schon sehr früh mit dem Jesuskind assoziiert. Der Legende nach soll die tiburtinische Sybille hier Augustus die Geburt Christi vorhergesagt haben.

⊙ Piazza Venezia

IL VITTORIANO   MONUMENT
Karte S. 342 (Piazza Venezia; ⊙Sommer 9.30–17.30 Uhr, Winter bis 16.30 Uhr; 🚇Piazza Venezia) GRATIS Man kann es lieben oder hassen, so wie die meisten Einheimischen, aber man kann Il Vittoriano (alias Altare della Patria; Altar des Vaterlandes) nicht ignorieren. Wie ein kompakter Berg aus weißem Marmor erhebt es sich über der Piazza Venezia. Es wurde 1885 zu Ehren des ersten italienischen Königs, Vittorio Emmanuele II, begonnen. Im Inneren befindet sich das **Museo Centrale del Risorgimento** (Karte S. 342; www.risorgimento.it; Il Vittoriano , Piazza Venezia; Erw./erm. 5/2,50 €; ⊙9.30–18.30 Uhr, 1. Mo im Monat geschl.; 🚇Piazza Venezia), ein kleines Museum, das die Geschichte der italienischen Einheit dokumentiert, und das **Grab des unbekannten Soldaten**.

Wer den besten Rundumblick über Rom genießen will, fährt einfach mit dem Lift **Roma dal Cielo** (Karte S. 342; Il Vittoriano, Piazza Venezia; Erw./erm. 7/3,50 €; ⊙Mo–Do 9.30–18.30, Fr–So bis 19.30 Uhr; 🚇Piazza Venezia) bis ganz nach oben.

Im Ostflügel des Monuments liegt der **Complesso del Vittoriano** (Karte S. 342; ☎06 678 06 64; Via di San Pietro in Carcere; 🚇Via dei Fori Imperiali), eine Galerie, die regelmäßig große Kunstausstellungen zeigt.

RÖMISCHE INSULA   RUINE
Karte S. 342 (Piazza Santa Maria in Aracoeli; 🚇Piazza Venezia) Zu Füßen des Campidoglio, di-

rekt bei der Aracoeli-Treppe, sind die Ruinen eines römischen Mietshauses zu sehen *(insula)*. Nur die oberen Stockwerke sind sichtbar – die nicht ausgegrabenen Läden im Erdgeschoss liegen deutlich unter dem Straßenniveau –, doch sie bieten einen guten Eindruck von den überfüllten schmutzigen Bedingungen, unter denen viele im alten Rom lebten.

PALAZZO VENEZIA
PALAST

Karte S. 342 (Piazza Venezia; 🚇Piazza Venezia) Dieser erste der großen römischen Renaissance-Paläste wurde zwischen 1455 und 1464 gebaut. Jahrhundertelang diente er als Botschaft der Venezianischen Republik, doch meist wird er mit Mussolini in Verbindung gebracht, der 1929 hier sein Büro einrichtete und berühmte Reden vom Balkon aus hielt. Heute beherbergt er das ruhige **Museo Nazionale del Palazzo Venezia** (Karte S. 342; 📞06 678 01 31; www.museopalazzovenezia.beniculturali.it; Via del Plebiscito 118; Erw./erm. 5/2,50 €; ⏱Di–So 8.30–19.30 Uhr; 🚇Piazza Venezia) mit seiner Sammlung von byzantinischen und Frührenaissance-Gemälden, Möbeln, Keramikarbeiten, Bronzefiguren, Waffen und Rüstungen.

BASILICA DI SAN MARCO
BASILIKA

Karte S. 342 (Piazza di San Marco 48; ⏱Di–Sa 9–12.30 & 16–18, So 10–13 & 16–20 Uhr; 🚇Piazza Venezia) Die Basilica di San Marco aus dem 4. Jh. erhebt sich über dem Haus, in dem der Evangelist Markus während seines Aufenthalts in Rom gewohnt haben soll. Ihre Hauptattraktion ist die Apsis mit dem goldenen Mosaik aus dem 9. Jh., das Christus umgeben von mehreren Heiligen und Papst Gregor IV. zeigt.

☉ Forum Boarium & Umgebung

BOCCA DELLA VERITÀ
MONUMENT

Karte S. 342 (Mund der Wahrheit; Piazza Bocca della Verità 18; Spende von 0,50 € als Eintritt; ⏱Sommer 9.30–17.50 Uhr, Winter bis 16.50 Uhr; 🚇Piazza Bocca della Verità) Ein bärtiges Gesicht in eine riesige Marmorscheibe gehauen – die *Bocca della Verità* ist eine der kuriosesten Sehenswürdigkeiten Roms. Es heißt, dass die Bocca jenen, die ihre Hand hineinlegen und lügen, die Hand abbeißt.

Der Mund, ursprünglich Teil eines Brunnens oder vielleicht ein alter Kanaldeckel,

UNTERIRDISCHES KUNSTZENTRUM

Wie tief das archäologische Erbe in Rom reicht, wurde deutlich, als Archäologen 2012 5 m unter der Piazza Venezia ein *athenaeum* (Kunstzentrum) mit 900 Plätzen freilegten. Die **Auditoria di Adriano** stammt aus der Regierungszeit Hadrians im 2. Jh. und besteht aus 13 m hohen Sälen mit Bogengängen, in denen die Besucher entspannt auf terrassenförmig angeordneten Marmorsitzen Dichtern und Philosophen zuhören konnten.

Entdeckt wurde es beim Bau einer neuen U-Bahn-Linie. Das verdeutlicht auch die Schwierigkeiten, mit denen die Ingenieure zu kämpfen haben, wenn sie sich durch Roms an Schätzen reichen Untergrund vorarbeiten.

Die Neuentdeckung ist für Besucher nicht zugänglich.

befindet sich jetzt in der Säulenhalle der **Chiesa di Santa Maria in Cosmedin**, einer schönen mittelalterlichen Kirche.

Der Bau wurde im 8. Jh. errichtet und im 12. Jh. grundlegend umgebaut; dabei wurden der siebenstöckige Glockenturm und die Säulenhalle hinzugefügt und von den Cosmati der Boden mit Marmorinkrustationen gestaltet.

FORUM BOARIUM
HISTORISCHE STÄTTE

Karte S. 342 (Piazza Bocca della Verità; 🚇Piazza Bocca della Verità) Die abgasgeschwängerte Piazza Bocca della Verità befindet sich an der Stelle, an der damals im alten Rom der Viehmarkt (Forum Boarium) abgehalten wurde. Gegenüber der Chiesa di Santa Maria in Cosmedin stehen zwei winzige Tempel aus dem 2. Jh. v. Chr.: der runde **Tempio di Ercole Vincitore** (Karte S. 342; 📞06 3996 7700; www.coopculture.it; Piazza Bocca della Verità; Führung 5,50 €, Buchung erforderlich; ⏱1. & 3. So im Monat; 🚇Piazza Bocca della Verità), der älteste Marmortempel in Rom, und der **Tempio di Portunus** (Karte S. 342; 📞06 3996 7700; www.coopculture.it; Piazza Bocca della Verità; Führung 5,50 €, Buchung erforderlich; ⏱1. & 3. So im Monat; 🚇Piazza Bocca della Verità), der Portunus, dem Gott der Flüsse und der Häfen, gewidmet ist. Beide Tempel können im Rahmen von Führungen auch besichtigt werden.

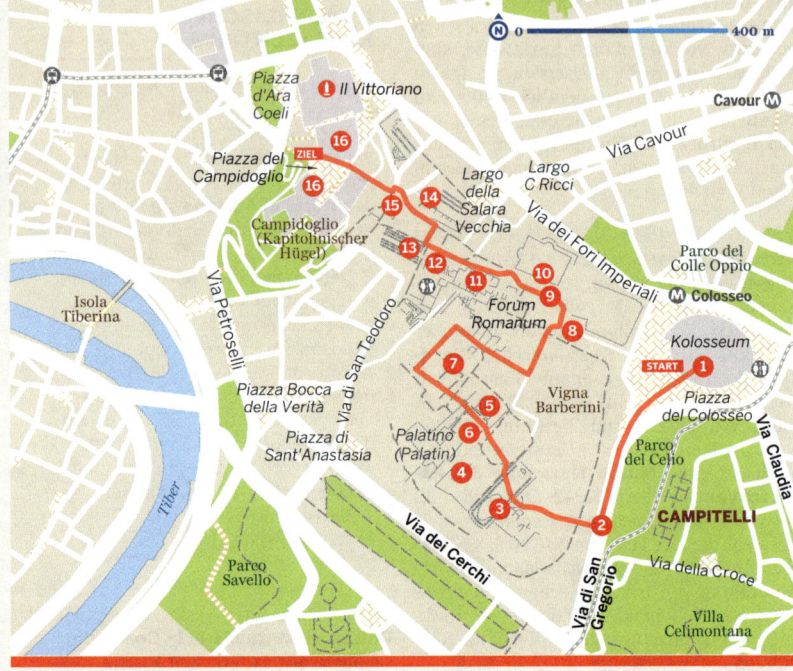

Stadtspaziergang
Die Ruinen erkunden

START KOLOSSEUM
ZIEL KAPITOLINISCHE MUSEEN
LÄNGE/DAUER 1,5 KM; 4 STD.

Ausgangspunkt ist das **1 Kolosseum** (S. 60), die grandiose Arena, die mehr als jede andere Sehenswürdigkeit die Dramatik der antiken Stadt verkörpert. Von dort geht es die Via di San Gregorio hinunter zum **2 Palatin** (S. 62), dem angesagtesten Viertel im Rom des 1. Jhs., wo der Kaiser neben den Spitzen der kaiserlichen Gesellschaft wohnte. Die Ruinen hier sind verwirrend, doch sie vermitteln einen Eindruck vom Luxus, in dem die antiken VIPs lebten.

Hinter dem **3 Stadio** (S. 62) lassen sich noch Teile der **4 Domus Augustana** (S. 63) erkennen, des privaten Palastes des Kaisers, und der **5 Domus Flavia** (S. 63), in der offizielle Audienzen abgehalten wurden. Man sollte sich die Zeit nehmen, das **6 Museo Palatino** (S. 63) zu besuchen, bevor der Weg zu den **7 Orti Farnesiani** (S. 63) führt. Diese Gärten gehörten nicht

zur antiken Stadt, doch sie bieten einen guten Blick auf das Forum Romanun. Der Bummel führt zum Forum, das beim **8 Arco di Tito**, einem der großen Triumphbögen, betreten wird. Weiter geht's auf der **9 Via Sacra**, der Hauptstraße des Forums. Vorbei an der **10 Basilica di Massenzio** (S. 68), kommt man nach ein paar Hundert Metern zur **11 Casa delle Vestali**, wo die legendären Jungfrauen keusch ihre Pflicht erfüllten. Hinter den drei Säulen des **12 Tempio di Castore e Polluce** liegt ein flacher Bereich mit Säulenbasen und Ziegelsteinen. Dabei handelt es sich um die **13 Basilica Giulia** (S. 68), wo Anwälte und Richter in überfüllten Gerichtssälen arbeiteten. Währenddessen debattierten die Senatoren in der **14 Curia** (S. 65), auf der anderen Seite des Forums. Durch den Ausgang bei der Curia geht es am **15 Arco di Settimio Severo** (S. 68) vorbei, den Campidoglio hinauf zu den großartigen **16 Kapitolinischen Museen** (S. 69), zu deren Sammlung einige der schönsten antiken Skulpturen der Stadt gehören.

Gleich bei der Piazza bot einst der **Arco di Giano** (Janusbogen; Karte S. 342; 🚇Piazza Bocca della Verità) aus dem 4. Jh., den Viehhändlern Schutz. Dahinter liegt die **Chiesa di San Giorgio in Velabro** (Karte S. 342; Via del Velabro 19; 🕐9–19 Uhr; 🚇Piazza Bocca della Verità), eine mittelalterliche Kirche, deren Säulenhalle bei einem Bombenanschlag der Mafia 1993 zerstört wurde.

 **ESSEN**

SAN TEO   CAFÉ, GEBÄCK €

Karte S. 342 (Via di San Teodoro 88; Snacks & Gebäck 1-3,50 €; 🕐7–20 Uhr; 🚇Via dei Cerchi) Die *dolci* (Süßigkeiten) und Kuchen werden in dieser *pasticceria* mit Café sehr ansprechend präsentiert. Hier kann man seinen Appetit auf Süßes mit köstlichem Gebäck stillen! Es gibt auch leckere Snacks.

TERRE E DOMUS   KÜCHE DES LATIUM €€

Karte S. 342 (📞06 6994 0273; Via Foro Traiano 82-4; Gerichte 30 €; 🕐Mo–Sa 7.30–0.30 Uhr; 🚇Via dei Fori Imperiali) Dieses moderne Restaurant in Weiß und Glas ist die beste Option im touristischen Forumsbezirk. Mit Blick auf die Colonna di Traiano werden traditionelle Gerichte serviert, alle mit Zutaten aus dem Latium; dazu eine wunderbare Auswahl an regionalen Weinen. Zur Mittagszeit ist es häufig sehr voll.

RISTORANTE ROOF GARDEN CIRCUS   RISTORANTE €€€

Karte S. 342 (📞06 678 78 16; www.fortysevenhotel.com; Hotel Forty Seven, Via Petroselli 47; Gerichte 50 €; 🕐12.30–15 & 19.30–23.30 Uhr; 🚇Via Petroselli) Die Dachterrasse des Hotels Forty Seven bildet die romantische Kulisse für die klassischen römischen Gerichte und die moderne italienische Küche des Küchenchefs Vito Grippa. Mit dem Aventino im Hintergrund kann man hier z. B. ein köstlich gebratenes Perlhuhn mit Schwarzen Trüffeln speisen.

 **AUSGEHEN & NACHTLEBEN**

0,75   BAR

Karte S. 342 (www.075roma.com; Via dei Cerchi 65; 🕐11–2 Uhr; 📞; 🚇Via dei Cerchi) Diese einladende Bar am Circo Massimo eignet sich gut für einen entspannten Drink, einen

PICKNICKPROVIANT

Die weitläufigen Ruinen des antiken Rom zu durchstreifen, kann sehr hungrig machen. Doch statt dann in eines der überteuerten Touristenrestaurants zu gehen, kann man auch bei **Alimentari Pannella Carmela** (Karte S. 342; Via dei Fienili 61; Panini 2–3,50 €; 🕐Mo–Sa 8.30–14.30, Mo–Fr 17–20 Uhr; 🚇Via Petroselli) ein frisches preiswertes *panino* erstehen. Ein kleiner alltäglicher Lebensmittelladen, versteckt hinter einem Vorhang aus Efeu, ist für viele Berufstätige aus der Gegend ein Lieblingsplatz, um sich mittags mit Pizzastücken, Salaten zum Mitnehmen und herzhaften Schinken-Käse-Sandwiches einzudecken.

aperitivo (ab 18.30 Uhr) oder eine leichte Mahlzeit (Hauptgerichte 6 bis 13,50 €, Salate 5,50 bis 7,50 €). Es ist ein freundlicher Ort mit cooler Musik.

CAFFÈ CAPITOLINO   CAFÉ

Karte S. 342 (Piazzale Caffarelli 4; 🕐Di–So 9–19.30 Uhr; 🚇Piazza Venezia) Das charmante Terrassencafé der Kapitolinischen Museen ist ein herrlicher Ort, um zu entspannen und den herrlichen Blick über die Stadt zu genießen. Das Café gehört zwar zum Museumskomplex, ist aber über einen gesonderten Eingang zugänglich.

CAVOUR 313   WEINBAR

Karte S. 342 (📞06 678 54 96; www.cavour313.it; Via Cavour 313; 🕐12.30–14.45 & 19.30–0.30 Uhr, im Sommer So geschl.; Ⓜ Cavour) Das Cavour 313 zieht mit seinen holzgetäfelten Wänden alle, von Touristen bis zu Schauspielern und Politikern, an. Es bietet ein tägliches Menü, außerdem eine Auswahl an Snacks (8 bis 12 €), Schwerpunkt ist das Weinangebot.

 SHOPPEN

MERCATO DI CIRCO MASSIMO   ESSEN & TRINKEN

Karte S. 342 (www.mercatocircomassimo.it; Via di San Teodoro 74; 🕐Sa 9–18, So bis 16 Uhr, Juli So & Aug. geschl.; 🚇Via dei Cerchi) Roms bester und beliebtester Bauernmarkt ist eine Bühne für Produkte aus der Region. .

Centro Storico

PANTHEON | PIAZZA NAVONA | CAMPO DE' FIORI | JÜDISCHES GHETTO | ISOLA TIBERINA | PIAZZA COLONNA

Highlights

❶ Das **Pantheon** (S. 80) betreten und die gleiche Ehrfurcht empfinden, die vor 2000 Jahren die Menschen hier überkam. Der Anblick der gewaltigen Kuppel, die sich über einem spannt, ist unglaublich beeindruckend

❷ Die **Piazza Navona** (S. 82) und das mittelalterliche Gassengewirr in der Umgebung erkunden

❸ Im **Palazzo e Galleria Doria Pamphilj** (S. 90) in der sagenhaften Kunstsammlung herumstöbern

❹ In der **Chiesa di San Luigi dei Francesi** (S. 85) drei Meisterwerke von Caravaggio bewundern

❺ In den schattigen Gassen des **Jüdischen Ghettos** (S. 89) den Menschenmassen entfliehen

Mehr Details siehe Karte S. 346 and S. 348 ➡

Das Centro Storico erkunden

Das historische Zentrum Roms, das *centro storico*, eignet sich hervorragend für einen Stadtbummel. Die wichtigsten Sehenswürdigkeiten lassen sich in zwei bis drei Tagen abdecken. Viele Besucher fahren mit dem Bus ins historische Zentrum und steigen am Largo di Torre Argentina aus. Von dort ist es dann ein kurzer Spaziergang zum Pantheon und weiter zum politischen Zentrum der Stadt, zur Piazza Colonna. Gleich in der Nähe, in der Via del Corso, beherbergt der Palazzo e Galleria Doria Pamphilj eine herrliche private Kunstsammlung. Viele Plätze und Kirchen in diesem Teil Roms beeindrucken mit Werken bedeutender Künstler aus Renaissance und Barock. Westlich vom Pantheon liegt die Piazza Navona. Die Gassen rund um den Platz ziehen Touristen wie auch hippe Römer geradezu magisch an, denn hier gibt es Boutiquen, coole Bars und beliebte Pizzerias.

Auf der anderen Seite des Corso Vittorio Emanuele II, der Hauptstraße, die das Centro Storico durchschneidet, führen alle Straßen zum Campo de' Fiori. Hier findet tagsüber ein bunter Markt statt, spät nachts treffen sich die Nachtschwärmer. Von „il Campo" kann man sich durch die Läden bis zum jüdischen Ghetto shoppen.

Lokalkolorit

➡️**Lokale in den Seitenstraßen** Die Restaurants an der Piazza Navona und an der Piazza Rotonda locken viele Touristen an, während die Campo de' Fiori (S. 87) Studenten auf Zechtour anzieht. Die Einheimischen besuchen gern Lokale in den ruhigeren Seitenstraßen.

➡️**Shoppen** In der Via del Governo Vecchio (S. 84) kann man in Retro-Klamotten und indischen Gewändern stöbern; die Via dei Giubbonari bietet sich für schicke Kleidung und Schuhe an.

➡️**Aperitif** Die modebewussten Römer pflegen gern die Geselligkeit bei einem abendlichen *aperitivo* in den Bars rund um die Piazza Navona (S. 82).

An- & Weiterreise

➡️**Bus** Von Termini fahren Busse zum Centro Storico, etwa die Linien 40 und 64; beide halten am Largo di Torre Argentina und fahren dann weiter den Corso Vittorio Emanuele II hinunter. Von der Via del Tritone nahe der Metrostation Barberini fährt der Bus 492 zum Corso del Rinascimento (Haltestelle für die Piazza Navona).

➡️**U-Bahn** In dieser Gegend gibt es keine U-Bahn-Stationen; günstig gelegen sind aber die Haltestellen Barberini, Spagna und Flaminio der Metrolinie A. Von ihnen aus lässt sich alles gut zu Fuß erreichen.

➡️**Tram** An der Piazza Venezia die Tram 8 nach Trastevere nehmen, die über die Via Arenula fährt.

Top-Tipp

Das *centro storico* ist ein teures Pflaster, aber ein paar Tricks, damit das Geld länger reicht, gibt es dann doch. Meisterwerke von Michelangelo, Raffael, Caravaggio und Bernini lassen sich bewundern, wenn man die Kirchen besucht – sie kosten alle keinen Eintritt. Auf der Erkundungstour kann man sich mit Kaffee, Pizza und Eis bei Kräften halten und an den Trinkbrunnen – sie heißen *nasoni* (große Nasen) – seinen Durst stillen.

Gut essen

➡️ Casa Coppelle (S. 95)
➡️ La Ciambella (S. 95)
➡️ Supplizio (S. 98)
➡️ Forno Roscioli (S. 98)
➡️ Armando al Pantheon (S. 95)

Mehr Details siehe S. 94.➡️

Nett ausgehen

➡️ Caffè Sant'Eustachio (S. 101)
➡️ Barnum Cafe (S. 102)
➡️ Open Baladin (S. 102)
➡️ Il Goccetto (S. 103)

Mehr Details siehe S. 101.➡️

 Kirchen mit Kunstwerken

➡️ Chiesa di San Luigi dei Francesi (S. 85)
➡️ Chiesa del Gesù (S. 89)
➡️ Chiesa di Sant'Ignazio di Loyola (S. 92)
➡️ Basilica di Santa Maria Sopra Minerva (S. 83)

Mehr Details siehe S. 83.➡️

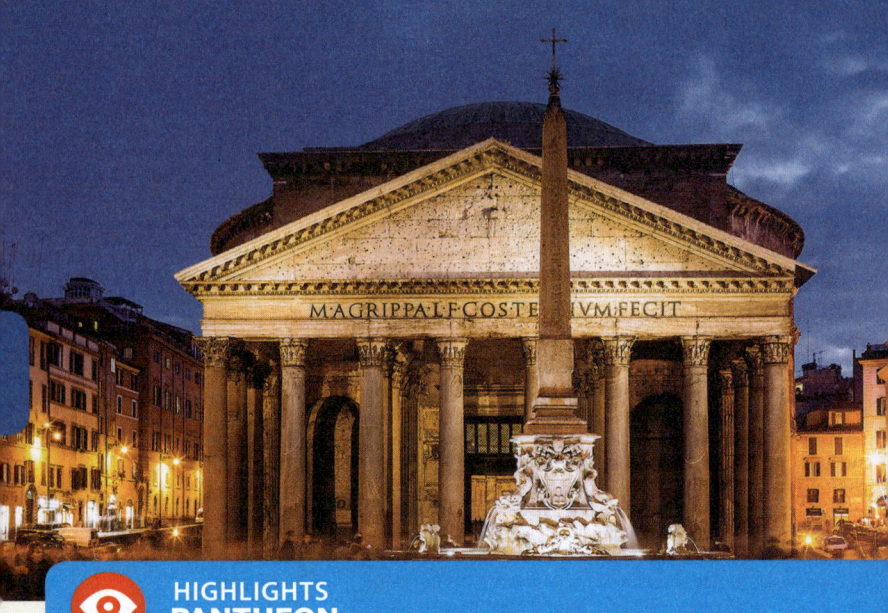

Der 2000 Jahre alte Bau – heute eine Kirche – ist das am besten erhaltene antike Monument in Rom und eines der einflussreichsten Gebäude der westlichen Welt. Äußerlich ist dem ergrauenden, pockennarbigen Bauwerk sein Alter durchaus anzusehen, doch innen schaut die Sache dann ganz anders aus. Es ist ein einzigartiges, erhebendes Erlebnis, durch die breiten Bronzeportale zu treten und in die größte unverstärkte Betonkuppel zu blicken, die je erbaut wurde.

Geschichte

In seiner derzeitigen Gestalt entstand das Pantheon etwa um 125. Der Originaltempel, den Marcus Agrippa 27 v. Chr. errichtete, brannte im Jahr 80 ab. Er wurde von Domitian wieder aufgebaut, jedoch durch einen Blitzeinschlag 110 zum zweiten Mal zerstört. Kaiser Hadrian ließ das Gebäude dann von 118 bis 125 rekonstruieren – und in dieser Form ist es heute zu bewundern.

Hadrians Tempel war den antiken Göttern geweiht – daher der Name Pantheon, der sich aus dem griechischen Worten für *pan* (alle) und *theos* (Gott) ableitet. Im Jahr 608 wurde das Bauwerk in eine christliche Kirche umfunktioniert, nachdem der byzantinische Kaiser Phocas es Papst Bonifaz IV. geschenkt hatte. Die Kirche war der hl. Jungfrau Maria und allen Märtyrern geweiht; damals bekam sie auch ihren bis heute gültigen offiziellen Namen: Basilica di Santa Maria ad Martyres.

Dank besagter Weihung blieben der Kirche im Mittelalter die schlimmsten Plünderungen erspart, die viele antike Tempel in Rom zu Ruinen reduzierten. Doch völlig unbeschadet kam auch diese Basilika nicht davon – die vergoldeten Bronzeziegel des Dachs wurden entfernt, und im 17. Jh. ließ Papst Urban VIII. die Bronzedecke des Portikus einschmelzen, um daraus 80 Kanonen für die Engelsburg zu fertigen und Bernini mit Bronze für seinen *baldachino* im Petersdom auszustatten.

NICHT VERSÄUMEN

➡ Die Eingangstüren
➡ Die Kuppel
➡ Raffaels Grab

PRAKTISCH & KONKRET

➡ Karte S. 346
➡ Piazza della Rotonda
➡ ⏱ Mo–Sa 8.30–19.30, So 9–18 Uhr
➡ 🚌 Largo di Torre Argentina

Während der Renaissance wurde das Pantheon allgemein bewundert; Brunelleschi ließ sich von ihm zu seiner Kuppel in Florenz inspirieren, und Michelangelo studierte den Bau, bevor er die Kuppel des Petersdoms entwarf.

Das Äußere

Das Pantheon wurde ursprünglich auf einem erhöhten Podest errichtet; sein Eingang ging auf eine rechteckige, mit einem Säulengang umgebene Piazza hinaus. Heute liegt die dunkelgraue, narbige Fassade an der lebhaften, von Cafés gesäumten Piazza della Rotonda. Obwohl sie einen arg mitgenommenen Eindruck macht, ist sie dennoch ein imposanter Anblick. Der monumentale **Portico** besteht aus 16 korinthischen Säulen, die den dreieckigen **Giebel** tragen; jede bringt es auf eine Höhe von 13 m und besteht aus ägyptischem Granit. Hinter den Säulen führen zwei 20 t schwere Bronzetüren zur zentralen Rotunde. Vom antiken Dekor ist nur wenig erhalten. Nieten und Löcher in den Mauern lassen jedoch darauf schließen, wo das Pantheon einst mit Marmorplatten verkleidet war.

Der Innenraum

Natürlich ist das Pantheon äußerlich beeindruckend, doch erst von innen lässt sich seine Größe erfassen. Durch den **Oculus** (ein Loch in der Mitte der Kuppel mit einem Durchmesser von 8,7 m) strömt Licht in den mit Marmor verkleideten Innenraum. Gegenüber vom Eingang befindet sich der **Hauptaltar** der Kirche, darüber hängt eine Ikone (7. Jh.), die die Mutter Gottes mit Kind zeigt. Links davon befinden sich das Grabmal von Raffael mit Lorenzettos Skulptur *Madonna del Sasso* (1520) und nebenan die Gräber von König Umberto I. und Margarethe von Savoyen. Am gegenüberliegenden Ende beeindruckt das Grab von König Vittorio Emanuele II.

Die Kuppel

Die Kuppel des Pantheons gilt als bedeutende Leistung der Römer; sie war die größte der Welt, bis sie von Brunelleschis Kuppel in Florenz übertroffen wurde. Das harmonische Erscheinungsbild beruht auf der perfekten Symmetrie – der Durchmesser entspricht mit 43,3 m exakt der Innenhöhe des Gebäudes. In der Mitte kommt dem Oculus eine besondere Bedeutung für die Statik zu; er verbindet nicht nur symbolisch den Tempel mit den Göttern, sondern verteilt auch die gewaltigen Zugkräfte der Kuppel um. Vom Oculus gehen strahlenförmig fünf Reihen mit 28 Kassetten aus. Sie wiesen ursprünglich Ornamente auf, dienten jedoch vor allem dazu, das enorme Gewicht der Kuppel zu reduzieren.

DIE INSCHRIFT

Jahrhundertelang verleitete die Inschrift über dem Eingang zum Pantheon Wissenschaftler zu der Annahme, dass es sich bei dem Tempel um das von Marcus Agrippa errichtete Heiligtum handelte. Und der Wortlaut legt das ja auch nahe: „M.AGRIPPA.L.F.COS. TERTIUM.FECIT", also: „Marcus Agrippa, Sohn des Lucius, zum dritten Mal Konsul, erbaute dies." Ausgrabungen im 19. Jh. legten jedoch Reste des früheren Tempels frei, was Gelehrte zu der Schlussfolgerung veranlasste, dass Hadrian einfach die frühere Inschrift von Agrippa für den neuen Tempel verwenden ließ.

Nach Auskunft des Aufsichtspersonals im Pantheon lautet die von Touristen am häufigsten gestellte Frage: Was passiert, wenn es regnet? Die Antwort: Das Wasser kommt durch den oben offenen Oculus ein, fließt aber durch 22 nahezu unsichtbare Löcher im leicht abschüssigen Marmorboden ab.

MESSE

Das Pantheon wird als Kirche genutzt; die Messe wird samstags um 17 Uhr und sonntags um 10.30 Uhr gefeiert.

Mit ihren prächtigen Brunnen, den prunkvollen Barockpalästen und Straßencafés ist die Piazza Navona im Herzen Roms eine Hauptsehenswürdigkeit. Hier wurde 300 Jahre lang der wichtigste Markt abgehalten, heute tummeln sich hier Straßenkünstler, fliegende Händler, Künstler, Wahrsagerinnen und Tauben.

NICHT VERSÄUMEN

➡ Fontana dei Quattro Fiumi
➡ Chiesa di Sant' Agnese in Agone
➡ Palazzo Pamphilj

PRAKTISCH & KONKRET

➡ Karte S. 346
➡ 🚇Corso del Rinascimento

Stadio di Domiziano

Wie viele andere Wahrzeichen Roms, so wurde auch diese Piazza auf einem antiken Monument errichtet, in diesem Fall auf dem **Stadio di Domiziano** (Stadion des Domitian; ☎06 4568 6100; www.stadiodomiziano.com; Via di Tor Sanguigna 3; Erw./erm. 8/6 €; ⊙So–Fr 10–19, Sa bis 20 Uhr; 🚇Corso del Rinascimento) aus dem 1. Jh., dessen unterirdische Überreste von der Via di Tor Sanguigna aus zugänglich sind. Das Stadion mit 30 000 Sitzplätzen wurde für Sportveranstaltungen genutzt – daher der Name Navona, eine Verballhornung des griechischen Wortes *agon,* das „öffentliche Spiele" bedeutet. Das Stadion verfiel; erst im 15. Jh. wurde die Arena gepflastert und der zentrale Markt der Stadt vom Campidoglio hierher verlegt.

Brunnen

Die Hauptattraktion der Piazza ist Gian Lorenzo Berninis sagenhafte **Fontana dei Quattro Fiumi** (Vierströmebrunnen) in der Mitte. Der 1651 vollendete, auffällige Brunnen lässt vier muskulöse Figuren sehen, die den Nil, den Ganges, die Donau und den Río de la Plata darstellen, die wiederum die vier zur damaligen Zeit bekannten Kontinente repräsentieren. Eine Legende behauptet, dass sich die Nil-Figur die Augen bedeckt, um die Chiesa di Sant'Agnese in Agone gleich in der Nähe nicht sehen zu müssen; sie stammt von Berninis Rivalen Francesco Borromini. In Wirklichkeit bedeutet die Geste, dass die Quelle des Nils zu der Zeit, als der Brunnen geschaffen wurde, nicht bekannt war. Über dem skulptierten Steinsockel ragt ein Obelisk aus Ägypten auf. Die **Fontana del Moro** am Südende des Platzes wurde 1576 von Giacomo della Porta entworfen. Bernini ergänzte den Mohren Mitte des 17. Jhs.; die ihn umringenden Tritonen sind Kopien aus dem 19. Jh. Am Nordende der Piazza zeigt die **Fontana del Nettuno** (19. Jh.) Neptun, wie er umgeben von Nymphen mit einem Meeresungeheuer kämpft.

Chiesa di Sant'Agnese in Agone

Mit ihrer Fassade und dem üppigen Kirchenraum ist die **Chiesa di Sant'Agnese in Agone** (www.santagneseinagone.org; Piazza Navona; Konzerte 13 €; ⊙Mo–Sa 9.30–12.30 & 15.30–19, So 10–13 & 16–20 Uhr; 🚇Corso del Rinascimento) typisch für den Barockstil Francesco Borrominis. Das Gotteshaus soll an der Stelle stehen, wo einst die hl. Agnes als Märtyrerin vor ihrer Hinrichtung ein Wunder vollbrachte. Einer Legende zufolge soll sie von ihren Häschern ausgezogen worden sein, ließ dann jedoch auf wundersame Weise ihr Haar wachsen, um ihre Blöße zu bedecken und ihre Tugend zu bewahren.

Palazzo Pamphilj

Der **Palazzo** (Piazza Navona; 🚇Corso del Rinascimento) wurde von Borromini und Girolamo Rainaldi errichtet (1644–1650), um die Wahl Giovanni Battista Pamphiljs zum Papst Innozenz X. zu würdigen. Innen beeindrucken einige Fresken von Pietro da Cortona. Im Gebäude befindet sich die Brasilianische Botschaft.

👁 SEHENSWERTES

In dem vom Fluss Tiber und der Via del Corso begrenzten Centro Storico sollte man sich einfach mal treiben lassen. Ganz automatisch kommt man dabei an bedeutenden Sehenswürdigkeiten vorbei: dem Pantheon, der Piazza Navona und dem Campo de' Fiori, aber auch an einer Fülle weiterer Monumente, Museen und Kirchen. Im Süden ist im jüdischen Ghetto seit dem 2. Jh. v. Chr. die jüdische Gemeinde von Rom zu Hause.

👁 Pantheon & Umgebung

PANTHEON   KIRCHE
Siehe S. 80.

ELEFANTINO   MONUMENT
Karte S. 346 (Piazza della Minerva; 🚇 Largo di Torre Argentina) Gleich südlich vom Pantheon ist der Elefantino eine kuriose und allseits beliebte Skulptur. Sie zeigt einen erstaunt wirkenden Elefanten, der einen ägyptischen Obelisken aus dem 6. Jh. v. Chr. trägt. Der Elefant, ein Symbol für Stärke und Weisheit, wurde 1667 zu Ehren von Papst Alexander VII. vollendet; Ercole Ferrata schuf die Skulptur nach einem Entwurf von Bernini. Der Obelisk stammte aus der Basilica di Santa Maria Sopra Minerva gleich in der Nähe.

BASILICA DI SANTA MARIA
SOPRA MINERVA   BASILIKA
Karte S. 346 (www. santamariasopraminerva. it; Piazza della Minerva 42; ⊗ Mo–Fr 6.45–19, Sa 6.45–12.30 & 15.30–19, So 8–12.30 & 15.30–19 Uhr; 🚇 Largo di Torre Argentina) Das einzige gotische Gotteshaus Roms, die Dominikanerkirche Basilica di Santa Maria Minerva, wurde an just der Stelle erbaut, wo einst drei heidnische Tempel standen, von denen einer der Göttin Minerva geweiht war. Von dem Originalgebäude aus dem 13. Jh. hat sich allerdings wenig erhalten; die Hauptattraktionen heute sind eine eher weniger bedeutende Skulptur Michelangelos und der farbenprächtige Kirchenraum mit vielen Kunstwerken.

In Innern befinden sich rechts vom Altar in der **Cappella Carafa** (auch l'A Cappella del Annunciazione genannt) zwei wunderbare Fresken aus dem 15. Jh. von Filippino Lippi sowie das majestätische Grabmal von Papst Paul IV.

Links vom Altar steht eine der weniger bekannten Skulpturen Michelangelos, *Cristo Risorto* (Der auferstandene Christus; 1520); es zeigt Jesus mit einem auffälligen Lendentuch aus Bronze, wie er das Kreuz trägt. Dieses Lendentuch gehörte ursprünglich nicht mit zum Kunstwerk, sondern wurde erst nach dem Konzil von Trient ergänzt, um die Keuschheit Christi hervorzuheben.

Ein Altarbild der Madonna mit Kind in der zweiten Kapelle im nördlichen Querschiff wird Fra Angelico zugeschrieben. Der Maler und Dominikanermönch liegt in der Kirche begraben.

Der Leichnam der heiligen Katharina von Siena (ohne Kopf, dieser befindet sich in Siena) ruht unter dem Hochaltar, und die Grabmale der beiden Medici-Päpste Leo X. und Clemens VII. liegen in der Apsis.

LARGO DI TORRE ARGENTINA   PLATZ
Karte S. 346 (🚇 Largo di Torre Argentina) Der lebhafte Verkehrsknotenpunkt Largo di Torre Argentina erstreckt sich rund um die abgesenkte **Area Sacra** (Karte S. 346; Largo di Torre Argentina; 🚇 Largo di Torre Argentina) mit den Überresten von vier Tempeln aus republikanischer Zeit; sie wurden alle von 2. Jh. bis 4. Jh. v. Chr. erbaut. Die Ruinen zählen zu den ältesten der Stadt. Für Zweibeiner sind sie gesperrt, dafür beherbergen sie aber eine stattliche Population an Vierbeinern, nämlich rund 250 streundende Katzen sowie ein **Katzenheim** (Karte S. 346; www.romancats.com; ⊗ tgl. 12–18 Uhr), das von freiwilligen Helfern betrieben wird.

Auf der Westseite der Piazza steht das Teatro Argentina, die renommierteste Bühne Roms, nicht weit von der Stelle entfernt, wo einst Julius Caesar im Jahr 44 v. Chr. ermordet wurde.

MUSEO NAZIONALE ROMANO:
CRYPTA BALBI   MUSEUM
Karte S. 346 (📞 063996 7700; www.coop culture.it; Via delle Botteghe Oscure 31; Erw./erm. 7/3,50 €; ⊗ Di–So 9–19.45 Uhr; 🚇 Via delle Botteghe Oscure) Das am wenigsten bekannte der vier zum Museo Nazionale Romano gehörigen Museen, die Crypta Balbi, steht auf den Ruinen mehrerer mittelalterlicher Gebäude, die wiederum auf dem Teatro di Balbo (13 v. Chr.) erbaut wurden. Archäologische Fundstücke illustrieren die Entwicklung der Stadt in dieser Gegend; die unterirdischen Ausgrabungen des Museums, die sich im Rahmen einer Führung

besichtigen lassen, vermitteln einen interessanten Einblick in die vielschichtige Vergangenheit Roms.

◉ Piazza Navona & Umgebung

PIAZZA NAVONA
PIAZZA

Siehe S. 82.

VIA DEI CORONARI
STRASSE

Karte S. 346 (⊡ Corso del Rinascimento) Diese elegante Renaissance-Straße bietet sich für einen schönen Spaziergang an. Sie folgt dem Verlauf der antiken Römerstraße, die die Piazza Colonna mit dem Tiber verband, verdankt ihren Namen jedoch den mittelalterlichen *coronari* (Rosenkranzverkäufern); sie boten einst Pilgern, die auf dem Weg vom Petersdom zur Basilika hier vorbeikamen, ihre Waren an.

CHIESA DI SANTA MARIA DELLA PACE & CHIOSTRO DEL BRAMANTE
KIRCHE, GALERIE

Karte S. 346 (www.chiostrodelbramante.it; Via Arco della Pace 5; Ausstellungen Erw./erm. 13/11 €; ⊙ Kirche Mo, Mi & Sa 9–3.50 Uhr, Kreuzgang 10–20 Uhr; ⊡ Corso del Rinascimento) In den Gassen hinter der Piazza Navona liegt etwas versteckt diese kleine Kirche, die sich einer halbrunden Fassade mit Säulen von Pietro da Cortona und eines berühmten Freskos von Raffael rühmt: *Sibille* (Die Sibyllen; um 1515). Nebenan ist der **Chiostro del Bramante** (Bramante-Kreuzgang) ein architektonisches Meisterwerk der Hochrenaissance; er wird für Kunstausstellungen und Kulturveranstaltungen genutzt.

Der Kreuzgang ist frei zugänglich und lässt sich besichtigen, indem man dem Laden oder Café im Obergeschoss einen Besuch abstattet. Er gehörte ursprünglich zum selben Klosterkomplex wie die benachbarte Kirche. Seine nüchternen, geometrischen Linien und perfekt ausgewogenen Proportionen stehen in einem markanten Kontrast zu der geschwungenen Fassade der Kirche – ein wunderschönes Resümee der Ästhetik der Renaissance, an deren Verbreitung Bramante so sehr gelegen war.

PASQUINO
STATUE

(Karte S. 346; Piazza Pasquino; ⊡ Corso Vittorio Emanuele II) Diese eher unscheinbare Skulptur ist die berühmteste „sprechende Statue" Roms. Während des 16. Jhs., als es kaum eine Möglichkeit gab, ungestraft öffentlich Kritik zu äußern, fing der für den Vatikan tätige Schneider Pasquino an, Zettel mit satirischen Versen an die Statue zu heften, in denen er Kirche und Adel verspottete. Andere taten es ihm gleich, und bald standen in der ganzen Stadt solche sprechenden Statuen herum.

Bis vor Kurzem schrieben die Römer noch solche *pasquinade* genannten Botschaften, die sie an die Statue hefteten. Heute ist die Skulptur jedoch nicht mehr frei zugänglich, und so sehen sich die Römer nun zähneknirschend gezwungen, ihr Missfallen eher in den modernen sozialen Medien kundzutun.

VIA DEL GOVERNO VECCHIO
STRASSE

Karte S. 346 (⊡ Corso Vittorio Emanuele II) Die westlich an der Piazza Pasquino abzweigende Via del Governo Vecchio ist eine malerische Straße mit Kopfsteinpflaster mit zahlreichen Modeboutiquen, beliebten Speiselokalen sowie Geschäften mit Vintage-Klamotten. Die Straße war einst Bestandteil der päpstlichen Prozessionsroute, die von der Basilica di San Giovanni in Laterano zum Petersdom verlief; ihren Namen (Alte Regierungsstraße) erhielt sie 1755, als die Pontifikalregierung vom Palazzo Nardini auf Hausnummer 39 in den Palazzo Madama umzog.

Angeblich hat der Renaissance-Architekt Bramante auf Hausnummer 123 gewohnt.

CHIESA NUOVA
KIRCHE

Karte S. 346 (Piazza della Chiesa Nuova; ⊙ Mo–Sa 7.30–12 & 16.30–19.15, So 8–13 & 16.30–19.15 Uhr; ⊡ Corso Vittorio Emanuele II) So *nuova* (neu) wie der Name glauben macht, ist diese imposante Kirche dann doch nicht; das Wahrzeichen ist auch als Chiesa di Santa Maria in Vallicella bekannt und tut sich mit einer markanten Fassade aus dem 17. Jh. hervor sowie mit einem überbordenden barocken Kirchenraum. Besonders sehenswert sind die wunderschönen Deckenfresken von Pietro da Cortona sowie mehrere Gemälde von Peter Paul Rubens.

Die Kirche wurde 1575 als Bestandteil eines Gebäudekomplexes errichtet, der Filippo Neris Oratorierkongregation beherbergen sollte – ursprünglich ein großes, schlichtes Bauwerk, wie es den Wünschen Neris entsprach. Doch nach dessen Tod 1595 durchkreuzten die Künstler seine Pläne – Rubens schuf ein Gemälde über dem Hochaltar, und Pietro da Cortona schmückte die Kuppel, die Empore und das Kirchenschiff aus. Neri wurde 1622 heiliggesprochen und liegt in einer Kapelle links von der Apsis begraben.

Neben der Kirche beeindrucken Borrominis **Oratorio dei Filippini** und dahinter die **Torre dell'Orologio** (Karte S. 346; Piazza dell'Orologio; ☐Corso Vittorio Emanuele II), ein Uhrturm, der das angrenzende Nonnenkloster verschönern sollte.

MUSEO DI ROMA   MUSEUM
Karte S. 346 (☎06 06 08; www.museodiroma.it; Piazza di San Pantaleo 10 & Piazza Navona 2; Erw./ erm. 9,50/7,50 €; ☉Di–So 10–19 Uhr; ☐Corso Vittorio Emanuele II) Der barocke Palazzo Braschi beherbergt die vielseitige Sammlung von Gemälden, Fotografien, Radierungen, Kleidung und Möbeln des Museo di Roma, das die Geschichte Roms vom Mittelalter bis zum Anfang des 20. Jhs. vermittelt. Ebenso beeindruckend wie die Sammlung ist der *palazzo* aus dem 17. Jh. selbst; der

Innenhof, das monumentale Barocktreppenhaus und die mit Fresken verzierten Säle sind einen Besuch wirklich wert.

Unter den zahlreichen Gemälden sollte man nach Raffaels Porträt von Kardinal Alessandro Farnese (1511) Ausschau halten, dem künftigen Papst Paul III.

Ein Hinweis: Der Eintrittspreis erhöht sich (meist auf 11/9 €), wenn gerade eine Wechselausstellung stattfindet.

CHIESA DI SANT'IVO ALLA SAPIENZA   KIRCHE
(Karte S. 346; Corso del Rinascimento 40; ☉So 9–12.30 Uhr; ☐Corso del Rinascimento) In dem von Arkaden umgebenen Hof des **Palazzo della Sapienza** versteckt sich eine kleine Kirche, die ein Meisterwerk der Barockarchitektur ist. Sie wurde von Francesco Borromini in den Jahren zwischen 1642 und 1660 erbaut und weist einen unglaublich komplexen Grundriss auf: eine Kombination aus abwechselnd konkaven und

CENTRO STORICO SEHENSWERTES

HIGHLIGHTS
CHIESA DI SAN LUIGI DEI FRANCESI

In dieser opulenten Barockkirche, in der schon seit dem Jahr 1589 die französische Gemeinde zusammenkommt, befinden sich gleich drei berühmte Gemälde von Caravaggio: *Vocazione di San Matteo* (Anrufung des hl. Matthäus), *Martirio di San Matteo* (Martyrium des hl. Matthäus) sowie *San Matteo e l'angelo* (Der hl. Matthäus und der Engel), die unter dem Begriff Matthäus-Zyklus bekannt sind.

Die drei Ölgemälde hängen in der Cappella Contarelli links vom Hauptaltar und zählen zu den frühesten sakralen Bildern Caravaggios; sie entstanden von 1599 bis 1602. Die Gemälde tragen ganz eindeutig seine Handschrift, die sich durch nüchternen Realismus und den eindrucksvollen Einsatz des *chiaroscuro* (ein kühner Kontrast zwischen Licht und Dunkel) charakterisiert. Caravaggios Weigerung, sich den künstlerischen Konventionen seiner Zeit anzupassen und seine religiösen Stoffe zu glorifizieren, brachte ihm viele Schwierigkeiten ein. So wurde beispielsweise die erste Fassung von *San Matteo e l'angelo*, die den hl. Matthäus als barfüßigen, kahlköpfigen Bauern zeigt, von seinem erbosten Auftraggeber, dem Kardinal Matteo Contarelli, abgelehnt.

Vor dem Verlassen der Kirche sollte man sich noch einen Moment Zeit nehmen, um die verblichenen Fresken von Domenichino aus dem 17. Jh. zu betrachten; sie stellen die hl. Cäcilia dar und befinden sich in der zweiten Kapelle rechts. Die Heilige ist auch im Altarbild von Guido Reni zu sehen, der Kopie eines Werks von Raffael.

NICHT VERSÄUMEN

➨ *Vocazione di San Matteo*
➨ *Martirio di San Matteo*
➨ *San Matteo e l'angelo*
➨ Fresken der hl. Cäcilia von Domenichino

PRAKTISCH & KONKRET

➨ Karte S. 346
➨ Piazza di San Luigi dei Francesi 5
➨ ☉10–12.30 & 15–19 Uhr, Do nachmittags geschl.
➨ ☐Corso del Rinascimento

konvexen Wänden mit einem runden Innenraum, über dem die Turmspitze aufragt.

Im Palazzo della Sapienza, bis 1935 Sitz der Universität Rom und heute des Italienischen Staatsarchivs, finden häufig Wechselausstellungen statt.

PALAZZO MADAMA — HISTORISCHES GEBÄUDE

(Karte S. 346; ☎06 6706 2177; www.senato. it; Piazza Madama 11; ☺Führungen Juli–Sept. jeweils am 1. Sa eines Monats 10–18 Uhr; 🚌Corso del Rinascimento) GRATIS Seit 1871 ist der herrschaftliche Palazzo Madama der Sitz des Senats. Ursprünglich fungierte das Gebäude aus dem 16. Jh. als Residenz von Giovanni de' Medici, dem späteren Papst Leo X. Das Gebäude wurde im 17. Jh. erweitert, wodurch Platz für diverse päpstliche Amtsräume entstand.

Der Name „Madama" bezieht sich auf Margarete von Parma, die uneheliche Tochter des deutschen Kaisers Karl V., die hier 1559 bis 1567 lebte.

CHIESA DI SANT'AGOSTINO — KIRCHE

(Karte S. 346; Piazza di Sant'Agostino 80; ☺7.45–12 & 16–19.30 Uhr; 🚌Corso del Rinascimento) Die schlichte weiße Fassade dieser Kirche aus der Zeit der Frührenaissance – sie wurde im 15. Jh. erbaut und im späten 15. Jh. renoviert – lässt nicht ahnen, welch beeindruckende Kunstwerke sich innen befinden. Das berühmteste Werk ist Caravaggios *Madonna dei Pellegrini* (Madonna der Pilger), doch auch ein Fresko von Raffael und eine hochverehrte Skulptur von Jacopo Sansovino sind hier zu bewundern.

Die *Madonna del Parto* (Madonna der Geburt), Sansovinos Statue der Jungfrau Maria mit dem kleinen Jesuskind (1521), ist traditionell besonders bei werdenden Müttern beliebt, die zu ihr für eine gesunde Schwangerschaft beten. Die Madonna ist auch der Star von Caravaggios *Madonna dei Pellegrini (Madonna der Pilger);* als das Gemälde 1604 enthüllt wurde, kam es zu einem Aufschrei der Empörung, da die

HIGHLIGHTS MUSEO NAZIONALE ROMANO: PALAZZO ALTEMPS

Gleich nördlich der Piazza Navona präsentiert sich der Palazzo Altemps als ein wunderschönes Bauwerk aus dem späten 15. Jh., das die beste Sammlung von antiken Skulpturen des Museo Nazionale Romano beherbergt. Zahlreiche Exponate stammen aus der berühmten Sammlung Ludovisi, die Kardinal Ludovico Ludovisi im 17. Jh. zusammentrug.

Zu den Vorzeigeobjekten zählen der herrliche *Trono Ludovisi* (Ludovisi Thron) aus dem 5. Jh. v. Chr., ein skulptierter Marmorblock, dessen Zentralrelief eine nackte Venus (griech. Aphrodite) sehen lässt, die bescheiden dem Meer entsteigt. In den Sälen nebenan beeindruckt der *Ares Ludovisi,* die Darstellung des jungen, glattrasierten Mars (griech. Ares) aus dem 2. Jh. v. Chr.; seinen rechten Fuß verdankt er der Restaurierung durch Gian Lorenzo Bernini im Jahr 1622.

Ein weiteres berührendes Werk ist die Skulpturengruppe *Galata Suicida* (Sterbender Gallier), die melodramatische Darstellung eines Galliers, der sich über einer toten Frau mit dem Messer ersticht.

Die barocken Fresken des Gebäudes geben eine erlesene, dekorative Kulisse für all die Skulpturen ab. Die Wände der **Sala delle Prospettive Dipinte** zieren Landschaften und Jagdszenen, die durch Trompel'œil-Fenster betrachtet werden. Diese Fresken wurden für Kardinal Altemps gemalt, den reichen Neffen von Papst Pius IV. (Amtszeit 1560–1565), der den Palazzo im ausgehenden 16. Jh. erwarb.

NICHT VERSÄUMEN

➤ *Trono Ludovisi*
➤ *Ares Ludovisi*
➤ *Galata Suicida*
➤ Sala delle Prospettive Dipinte

PRAKTISCH & KONKRET

➤ Karte S. 346
➤ ☎06 3996 7700
➤ www.coopculture.it
➤ Piazza Sant'Apollinare 44
➤ Erw./erm. 7/3,50 €
➤ ☺Di–So 9–19.45 Uhr
➤ 🚌Corso del Rinascimento

beiden Maria treu ergebenen Pilger als schmutzige und zerlumpte Bettler dargestellt waren.

Raffael, der fast ein Jahrhundert früher malte, verursachte mit seinem Fresko von Jesaja keinen derartigen Skandal; es ist auf der linken Seite des Kirchenschiffs auf der dritten Säule zu bewundern.

◉ Campo de' Fiori & Umgebung

CAMPO DE' FIORI   PIAZZA

Karte S. 346 (🚇Corso Vittorio Emanuele II) Der laute, farbenfrohe „Il Campo" ist ein wichtiger Dreh- und Angelpunkt im römischen Leben: Tagsüber wird hier einer der bekanntesten Märkte Roms abgehalten, abends verwandelt der Platz sich in eine lärmende Kneipe unter freiem Himmel. Jahrhunderte lang fanden auf dem Campo öffentliche Hinrichtungen statt; hier wurde 1600 der Philosoph Giordano Bruno wegen Ketzerei auf dem Scheiterhaufen verbrannt. Eine düstere Statue von einem Mönch mit Kapuze kennzeichnet die Stelle; das Werk stammt von Ettore Ferrari und wurde 1889 enthüllt.

Der poetische Name der Piazza (Blumenfeld) verrät, was sich hier einstmals befand, bevor der Platz in der Mitte des 15. Jhs. konzipiert wurde.

PALAZZO FARNESE   HISTORISCHES GEBÄUDE

(Karte S. 346; www.inventerrome.com; Piazza Farnese; Eintritt 5 €; ⊙Führungen Mo, Mi & Fr 15, 16, 17 Uhr; 🚇Corso Vittorio Emanuele II) Der wunderschöne Renaissance-Palazzo, einer der prachtvollsten der Stadt, beherbergt heute die Französische Botschaft. Im Jahr 1514 begann Antonio da Sangallo der Jüngere mit den Bauarbeiten, sie wurden dann von Michelangelo fortgeführt und von Giacomo della Porta vollendet. Innen beeindrucken die erhebenden Freskenzyklen von Annibale Carracci, die – wie manche meinen – denen von Michelangelo in der Sixtinischen Kapelle in nichts nachstehen. Das Highlight ist das monumentale Deckenfresko, das in den Jahren zwischen 1597 und 1608 gemalt wurde; es heißt *Amori degli Dei* (Die Lieben der Götter) und befindet sich in der unlängst restaurierten Galleria dei Carracci.

Der Palazzo kann ausschließlich im Rahmen einer 45-minütigen Führung besich-

ARCO DEGLI ACETARI

Wer Lust auf eines der attraktivsten Fotomotive hat, die Rom zu bieten hat, sollte in der Via del Pellegrino 19 vorbeischauen, gleich beim Campo de' Fiori. Hier wartet ein düsterer Torbogen, der **Arco degli Acetari** (Essigmacher-Bogen; Karte S. 346; Via del Pellegrino 19; 🚇Corso Vittorio Emanuele II). Der Bogen hinterlässt eigentlich keinen besonders großen Eindruck, doch wer unter ihm durchspaziert, findet sich plötzlich auf einem winzigen mittelalterlichem Platz wieder, den rotbraune Häuser mit Hängepflanzen in allen Farben säumen. Katzen streunen wild herum, Fahrräder liegen auf dem Kopfsteinplaster, und über einem hängt die Wäsche in hübschen, mit Blumen geschmücken Balkonen zum Trocknen an der Leine.

tigt werden, die mindestens eine Woche im Voraus gebucht werden muss – Einzelheiten verrät die Website. Beim Eintritt ist ein Ausweis mit Foto vorzulegen; Kinder unter zehn Jahre dürfen nicht hinein.

Die Zwillingsbrunnen auf dem Platz draußen sind riesige Granitbecken, die aus den Terme di Caracalla stammen.

PALAZZO SPADA   HISTORISCHES GEBÄUDE

(Karte S. 346; 📞06 683 24 09; http://galleriaspada.beniculturali.it; Piazza Capo di Ferro 13; Erw./erm. 5/2,50 €; ⊙Mi–Mo 8.30–19.30 Uhr; 🚇Corso Vittorio Emanuele II) Mit seiner ornamentreichen Stuckfassade und dem schönen Innenhof gibt dieser prachtvolle Palazzo ein herrliches Beispiel für die manieristische Architektur des 16. Jhs. ab. Im Obergeschoss beherbergt eine kleine Galerie die Kunstsammlung der Familie Spada mit Werken von Andrea del Sarto, Guido Reni, Guercino und Tizian, während unten Francesco Borrominis berühmte optische Täuschung bestaunt werden kann – die *Prospettiva* (Perspektive) verwirrt seit jeher die Besucher.

Was auf den ersten Blick wie ein 25 m langer, von Säulen gesäumter Wandelgang aussieht, der zu einer Hecke samt einer lebensgroßen Statue führt, ist in Wirklichkeit nur 10 m lang. Die Skulptur, die später ergänzt wurde, ist nur taillenhoch. Die

Säulen wirken nicht aufgrund der Entfernung kleiner, sondern weil ihre Höhe ganz real abnimmt. Einen genaueren Blick lohnt auch die perfekt anmutende Hecke – Borromini traute dem Gärtner wohl nicht zu, eine reale Hecke anständig stutzen zu können, und schuf deshalb zur Sicherheit eine aus Stein.

VIA GIULIA — STRASSE

Karte S. 346 (▢Via Giulia) Die von Bramante im Jahr 1508 auf Anordnung von Papst Julius II. als Bestandteil eines umfassenden Stadtentwicklungsprogramms entworfene Via Giulia ist eine der reizvollsten Straßen Roms; sie ist von farbenprächtigen Renaissance-Palazzi und Orangenbäumen in Pflanzkübeln gesäumt.

An ihrem Südende lässt die **Fontana del Mascherone** einen etwas dusseligen Hippie aus dem 17. Jh. sehen, der überrascht dreinblickt, weil ihm Wasser aus dem Mund sprudelt. Gleich dahinter spannt sich der **Arco Farnese** über die Straße, ein von Michelangelo entworfener hoher Bogen, der zu einem unvollendeten Projekt gehörte, das den Palazzo Farnese mit der Villa Farnesina auf der anderen Seite des Tiber verbinden sollte.

Weiter gen Norden steht auf der linken Seite in der Via di Sant'Eligio die reizende **Chiesa di Sant'Eligio degli Orefici** (☎06 686 82 60; ⏱nach vorheriger Reservierung nur Mo–Fr 9–13 Uhr), ein Entwurf Raffaels.

MUSEO CRIMINOLOGICO — MUSEUM

(Karte S. 346; ☎06 6889 9442; www.museocriminologico.it; Via del Gonfalone 29; Eintritt 2 €; ⏱Di–Sa 9–13, Di & Do auch 14.30–18.30 Uhr; ▢Via Giulia) Die düstere Seite Roms lernt man beim Besuch dieses makabren Museums des Verbrechens kennen, das sich kriminellen Machenschaften widmet und passend zum Thema in einem Gefängnis aus dem 19. Jh. befindet. Die grausige Sammlung zeigt verschiedenste Folterinstrumente und Mordwaffen, aber auch gefälschte Picassos, konfiszierten Schund sowie den roten Umhang von Massimo Titta. Als offizieller Scharfrichter des Papstes soll Titta zwischen 1796 und 1865 sage und schreibe 516 Hinrichtungen ausgeführt haben.

CHIESA DI SAN GIOVANNI BATTISTA DEI FIORENTINI — KIRCHE

(Karte S. 346; Piazza dell'Oro 2; ⏱7.30–12 & 17–19 Uhr; ▢Ponte Vittorio Emanuele II) In dieser reizenden und sehenswerten Kirche aus dem 16. Jh. haben Francesco Borromini und Carlo Maderno ihre letzte Ruhestätte gefunden. Das Gotteshaus wurde von Papst Leo X. in Auftrag gegeben, um das Talent florentinischer Künstler zur Schau zu stellen. Jacopo Sansovino gewann diesen Wettbewerb. Seinen Entwurf setzten dann Antonio Sangallo der Jüngere und Giacomo della Porta um. Carlo Maderno vollendete die längliche Kuppel im Jahr 1614; die Travertin-Fassade fügte Alessandro Galilei Mitte des 18. Jhs. hinzu.

PALAZZO DELLA CANCELLERIA — PALAST

Karte S. 346 (Piazza della Cancelleria; Ausstellung Erw./erm. 9/7 €; ⏱Ausstellung 9.30–19.30 Uhr; ▢Corso Vittorio Emanuele II) Der Palazzo ist ein beeindruckendes Beispiel für die Renaissance-Architektur in Rom. Er wurde in den Jahren zwischen 1483 und 1513 für Kardinal Raffaele Riario erbaut, später erwarb der Vatikan das Gebäude und machte es zum Sitz des päpstlichen Kanzleramts. Der Palast ist bis zum heutigen Tag in Besitz des Vatikans, beherbergt nun jedoch das Gericht der Römischen Rota, den zweithöchsten Gerichtshof der römisch-katholischen Kirche.

Bis zum April 2016 findet in diesem Palazzo eine Ausstellung statt, die sich den Gerätschaften widmet, die von Leonardo da Vinci entworfen wurden. Wer sie nicht sonderlich spannend findet, sollte unbedingt in den Innenhof weitergehen, um einen Blick auf Bramantes herrliche Doppelloggia zu werfen.

In den Palazzo integriert ist die Basilica di San Lorenzo in Damaso aus dem 4. Jh., eine der ältesten Kirchen Roms.

MUSEO BARRACCO DI SCULTURA ANTICA — MUSEUM

Karte S. 346 (www. museobarracco.it; Corso Vittorio Emanuele II 166; ⏱Winter Di–So 10–16 Uhr, Sommer Di–So 13–19 Uhr; ▢Corso Vittorio Emanuele II) GRATIS Dieses hübsche Museum überzeugt mit seiner faszinierenden Skulpturensammlung aus dem antiken Mittelmeerraum. Sehenswert sind die griechischen, etruskischen, römischen, assyrischen, zyprischen und ägyptischen Werke, die der Baron Giovanni Barracco 1902 dem Staat vermachte.

Der Palazzo, der das Museum beherbergt, ist auch unter dem Namen Piccolo Farnesina bekannt; er wurde im Jahr 1523 für den französischen Geistlichen Thomas Le Roy erbaut.

HIGHLIGHTS
CHIESA DEL GESÙ

Diese beeindruckende *chiesa* ist die bedeutendste Jesuitenkirche in Rom und ein herrliches Beispiel für die Architektur der Gegenreformation; das Gotteshaus wurde 1584 geweiht. Die harmonische, oft kopierte Hauptfassade stammt von Giacomo della Porta. Doch in diesem Falle steht nicht das Mauerwerk im Mittelpunkt des Interesses, die Attraktion ist vielmehr der üppig mit Marmor ausgekleidete Kirchenraum. Von den hier ausgestellten Kunstwerken ist *Trionfo del Nome di Gesù* (Triumph des Namen Jesu; 1679), ein schwindelerregendes Deckenfresko von Giovanni Battista Gaulli, am eindrucksvollsten. Der Künstler, besser bekannt als Il Baciccia, schuf auch einen Großteil der Stuckdekoration und die Fresken in der Kuppel.

Die **Cappella di Sant'Ignazio** im nördlichen Querschiff beherbergt das Grab von Ignatius von Loyola – dem spanischen Soldaten, der 1540 den Jesuitenorden gründete. Der Altar mit seinem Grab, ein Entwurf des Barockmeisters Andrea Pozzo, präsentiert sich als ein prachtvolles Gebilde aus Marmor und Bronze mit von Lapislazuli bedeckten Säulen und – ganz oben – einer Weltkugel aus Lapislazuli, die die Dreifaltigkeit symbolisiert. Auf beiden Seiten befinden sich Skulpturen, deren Namen das jesuitische Ethos umreißen: auf der linken Seite *Fede che vince l'Idolatria* (Der Glaube besiegt das Götzentum), auf der rechten Seite *Religione che flagella l'Eresia* (Der Triumph der Religion über die Häresie).

Der spanische Heilige lebte von 1544 bis zu seinem Tod im Jahr 1556 in dieser Kirche.

NICHT VERSÄUMEN
➡ Das Fresko *Trionfo del Nome di Gesù*
➡ Cappella di Sant'Ignazio

PRAKTISCH & KONKRET
➡ Karte S. 346
➡ www.chiesadelgesu.org
➡ Piazza del Gesù
➡ ⌚7–12.30 & 16–19.45, Räume des hl. Ignatius Mo–Sa 16–18, So 10–12 Uhr
➡ 🚇Largo di Torre Argentina

CHIESA DI SANT'ANDREA DELLA VALLE
KIRCHE

(Karte S. 346; Piazza Vidoni 6; ⌚Mo–Sa 7.30–12 & 16.30–19.30, So 7.30–12.45 & 16.30–19.45 Uhr; 🚇Corso Vittorio Emanuele II) Die hoch aufragende Kirche aus dem 17. Jh. ist ein Muss für Opernfans: Der Komponist Giacomo Puccini wählte sie zum Schauplatz für den ersten Akt von *Tosca*. Das auffälligste Merkmal der Kirche ist die sehr hohe Kuppel von Carlo Maderno, die höchste in Rom nach dem Petersdom. Der barocke Innenraum beherbergt einige wunderbare Fresken von Matteo Preti und Domenichino sowie, in der Kuppel, Lanfrancos Darstellung des Paradieses (*Gloria del Paradiso*; 1625–1628).

Die Konkurrenz zwischen den am Bau beteiligten Künstlern war heftig: Wie es heißt, ging Domenichino eines Tages mit einer Säge auf Lanfrancos Gerüst los und brachte den Künstler dabei fast um.

💿 Jüdisches Ghetto

Das jüdische Ghetto, das sich um die belebte Via Portico d'Ottavia erstreckt, ist ein Viertel mit besonders viel Flair, Ateliers, Geschäften mit nostalgischer Kleidung, koscheren Bäckereien und beliebten Trattorien in Hülle und Fülle.

Bereits im 2. Jh. v. Chr. existierte in Rom eine jüdische Gemeinde, die somit zu den ältesten in ganz Europa zählt. Einstmals gab es hier insgesamt 13 Synagogen, doch nachdem Titus im Jahr 70 n. Chr. die jüdischen Aufständischen in Rom besiegt hatte, veränderte sich der Status der Juden in Rom dramatisch: Aus freien Bürgern wurden Sklaven. Im Jahr 1555 verbannte dann Papst Paul IV. die Juden ins Ghetto. Es begann eine Periode offiziell angeordneter Intoleranz, die mehr oder weniger bis in das 20. Jh. andauern sollte. Wer etwas über

HIGHLIGHTS
GALLERIA DORIA PAMPHILJ

Hinter der schmutzigen Fassade des Palazzo Doria Pamphilj verbirgt sich diese herrliche Galerie mit einer der großartigsten Privatsammlungen, die Rom zu bieten hat; zu bewundern sind Werke von Raffael, Tintoretto, Brueghel, Tizian, Caravaggio, Bernini und Velázquez.

Der Palazzo Doria Pamphilj datiert aus der Mitte des 15. Jhs., sein heutiges Aussehen war jedoch größtenteils das Werk der derzeitigen Besitzer, der Familie Doria Pamphilj, die das Gebäude im 18. Jh. erwarb. Das Goldene Zeitalter der Pamphilj, in dem auch die Anfänge dieser Sammlung liegen, begann während der Amtszeit von Papst Innozenz X. (Amtszeit 1644–1655), der aus dieser Familie stammte.

In der prachtvollen Gemäldegalerie mit Deckenfresken und vergoldeten Spiegeln hängen Bilder, die vom Boden bis zur Decke reichen. Meisterwerke gibt es zuhauf, besonders sehenswert sind jedoch *Salomè con la testa del Battista* (Salome mit dem Kopf von Johannes dem Täufer) von Tizian sowie zwei Frühwerke von Caravaggio: *Riposo durante la fuga in Egitto* (Rast auf der Flucht nach Ägypten) und *Maddalena penitente* (Reuige Magdalena). Die Hauptattraktion ist aber zweifellos Velázquez' Porträt des unerbittlichen Papst Innozenz X.; er beschwerte sich, dass die Darstellung „zu lebensecht" sei. Interessant ist ein Vergleich mit Gian Lorenzo Berninis bildhauerischer Interpretation dieses Themas.

Der kostenlose Audioguide, gesprochen von Jonathan Pamphilj, erweckt den Palast mit Anekdoten und Informationen zu neuem Leben.

NICHT VERSÄUMEN

→ *Salomè con la testa del Battista*
→ *Riposo durante la fuga in Egitto*
→ *Ritratto di papa Innocenzo X.*

PRAKTISCH & KONKRET

→ Karte S. 346
→ 06 679 73 23
→ www.dopart.it
→ Via del Corso 305
→ Erw./erm. 11/7,50 €
→ 9–19 Uhr, letzter Eintritt 18 Uhr
→ Via del Corso

---

das Ghetto erfahren möchte oder Informationen benötigt, sollte im **Jüdischen Info-Punkt** (Karte S. 348; 06 9838 1030; www.jewishcommunityofrome.com; Via Santa Maria del Pianto 1; Mo–Do 8.30–18.30, Fr 8.30–14, Sa 1 Std. nach Schabbatende (Sonnenuntergang) –23, So 11–18 Uhr; Via Arenula) in der Hauptstraße vorbeischauen.

MUSEO EBRAICO
DI ROMA   SYNAGOGE, MUSEUM
Karte S. 348 (Jüdisches Museum von Rom; 06 6840 0661; www.museoebraico.roma.it; Via Catalana; Erw./erm. 11/8 €; Sommer So–Do 10–18.15, Fr 9–15.15 Uhr, Winter So–Do 10–14.15, Fr 9–13.15 Uhr; Lungotevere de'Cenci) Das historische, kulturelle und künstlerische Erbe der jüdischen Gemeinde Roms wird in diesem kleinen, aber spannenden Museum dargestellt. Es befindet sich in der Synagoge aus dem frühen 20. Jh., der drittgrößten

Europas nach Budapest und Pilsen. Ausgestellt sind Schriftrollen, wertvolle Stoffe, gemeißelter Marmor sowie eine Sammlung Silberobjekte aus dem 17. und 18. Jh. Dokumente und Fotos legen Zeugnis vom Leben im Ghetto und von dem Leid ab, das die Juden während des Zweiten Weltkriegs zu erdulden hatten.

PALAZZO CENCI   PALAST
(Karte S. 348; Vicolo dei Cenci; nicht öffentlich zugänglich; Via Arenula) Der Palast war der schaurige Schauplatz eines der grausamsten Verbrechen des 16. Jhs.: Hier wurde Francesco Cenci von seiner Tochter Beatrice, die lange gelitten hatte, und seiner Gattin Lucrezia ermordet.

Auf diesem schrecklichen Ereignis beruht auch Shelleys Tragödie *Die Cenci*. Ein berühmtes Porträt von Beatrice – es stammt von Guido Reni – hängt in der Galleria Nazionale d'Arte Antica im Palazzo Barberini (S. 122). Zu sehen ist ein süßes junges Mädchen mit sanften Augen und blondem Haar.

FONTANA
DELLE TARTARUGHE   BRUNNEN

Karte S. 348 (Piazza Mattei; 🚇Via Arenula) Dieser verspielte, allseits beliebte Brunnen stellt vier Knaben dar, die sanft Schildkröten in ein Wasserbecken hieven. Das Werk wurde von Giacomo della Porta und Taddeo Landini im ausgehenden 16. Jh. geschaffen. Eine populäre Legende besagt, dass der Brunnen in lediglich einer einzigen Nacht vollendet wurde.

Es heißt, dass der Herzog von Mattei den Brunnen erbauen ließ, um seine Verlobung zu retten und um seinem künftigen Schwiegervater zu beweisen, dass er ein „guter Fang" sei, obwohl er zuvor sein gesamtes Vermögen verspielt hatte. Und was wirklich erstaunlich ist: Der Trick funktionierte tatsächlich. Der Vater zeigte sich sehr beeindruckt und gestattete Mattei, seine Tochter zu ehelichen.

In Wirklichkeit wurde der Brunnen aber keineswegs so sensationell über Nacht geschaffen, die Bildhauer brauchten drei Jahre (1581–1584) dazu. Die Schildkröten, nach denen der Brunen benannt ist, wurden von Bernini 1658 im Rahmen von Restaurierungsarbeiten ergänzt.

AREA ARCHEOLOGICA DEL TEATRO
DI MARCELLO E DEL PORTICO
D'OTTAVIA   ARCHÄOLOGISCHE STÄTTE

(Karte S. 348; Eingänge Via del Teatro di Marcello 44 & Via Portico d'Ottavia 29; ⊘Sommer 9–19 Uhr, Winter 9–18 Uhr; 🚇Via del Teatro di Marcello) GRATIS Östlich des Jüdischen Ghettos befindet sich das **Teatro di Marcello** (Marcellus-Theater; Karte S. 348; Via del Teatro di Marcello), die Hauptattraktion dieser staubigen archäologischen Ausgrabungsstätte. Das Mini-Kolosseum mit 20 000 Plätzen wurde ursprünglich von Julius Cäsar geplant und im Jahr 11 v. Chr. von Augustus fertiggestellt, der es dann nach seinem Lieblingsneffen Marcellus benannte. Im 16. Jh. wurde über dem ursprünglichen Bauwerk ein Palazzo mit mehreren noblen Wohnungen errichtet.

Der bei Redaktionsschluss eingerüstete **Portico d'Ottavia** hinter dem Theater ist der älteste *quadriporto* (vierseitige Portikus) in Rom. Säulen und Giebel, die beide schon stark verfallen sind, bildeten einst einen Teil einer riesigen rechteckigen Vorhalle, die von 300 Säulen gestützt wurde und 132 m x 119 m maß. Errichtet wurde die Halle von einem Bauherrn namens Octavius im Jahr 146 v. Chr. und dann 23 v. Chr. durch Augustus erneuert, der den Namen zu Ehren seiner Schwester Octavia beibehielt. Vom Mittelalter bis ins späte 19. Jh. überdachte die Halle den römischen Fischmarkt.

CHIESA DI SAN NICOLA
IN CARCERE   KIRCHE

Karte S. 348 (📞347 3811874; www.sotterranei diroma.it; Via del Teatro di Marcello 46; Ausgrabungen 3 €; ⊘Mo–Fr 10–19, Sa & So bis 17 Uhr; 🚇Via del Teatro di Marcello) Diese unauffällige Kirche aus dem 11. Jh. beherbergt einige faszinierende Ausgrabungen aus der Römerzeit. Unter der Hauptkirche können Besucher, die nicht zu klaustrophobischen Anfällen neigen, zwischen den Fundamenten von drei Tempeln aus der Zeit der Republik herumstöbern und sich die Überreste eines etruskischen Gemüsemarkts anschauen. Die Marmorsäulen der Tempel sind in den Kirchenbau intergriert und somit bis heute zu bewundern.

Die Kirche kann nur im Rahmen einer Führung besichtigt werden, die einheimische Fachleute der Vereinigung Sotterranei di Roma anbieten.

⊙ Isola Tiberina

Die Isola Tiberina (Tiber-Insel) in der Form eines Bootes ist eine der kleinsten Inseln der Welt. Schon seit dem 3. Jh. v. Chr. wird sie mit der Heilkunst in Verbindung gebracht; damals bauten die Römer einen Tempel, der Asklepios (auch: Äskulap), dem Gott der Medizin geweiht war. Und bis zum heutigen Tag kommen Menschen auf die Insel, um sich heilen zu lassen, wobei sie nun allerdings das seit Langem bestehende Ospedale Fatebenefratelli aufsuchen.

Die Insel ist durch zwei Brücken mit dem Festland verbunden: den **Ponte Fabricio** aus dem Jahr 62 v. Chr., die älteste erhaltene Brücke Roms, die zum Jüdischen Ghetto hinüberführt, und den **Ponte Cestio**, über den man nach Trastevere gelangt.

In Richtung Süden sind die Relikte des **Ponte Rotto** (Zerbrochene Brücke) zu sehen, der ersten Steinbrücke im alten Rom, die jedoch 1598 bei Überschwemmungen von den Fluten davongespült wurde.

INSIDERWISSEN

ROMS BERÜHMTESTER FUSS

In Touristenbroschüren kommt er gar nicht vor, aber dennoch zählt der **Piè di Marmo** (Karte S. 346; Via di Santo Stefano del Cacco; 🚌Via del Corso) zu den Lieblingsdenkmälern der Römer. Der gigantische Marmorfuß gehörte früher einer Statue, die sich in einem Tempel aus dem 1. Jh. befand, der den ägyptischen Gottheiten Isis und Serapis geweiht war. An die 1600 Jahre später tauchte der Fuß in der Straße auf, die nun nach ihm benannt ist, in der Via del Piè di Marmo. Im Jahr 1878 wurde er dann an seinen derzeitigen Standort umquartiert.

CHIESA DI SAN BARTOLOMEO   KIRCHE

Karte S. 348 (Piazza di San Bartolomeo all'Isola 22; ⊙Mo–Sa 9.30–13.30 & 15.30–17.30, So 9.30–13 Uhr; 🚌Lungotevere dei Pierleoni) Die Kirche der Insel stammt aus dem 10. Jh. Sie wurde auf den Ruinen des römischen Äskulap-Tempels errichtet, des griechisch-römischen Gottes der Medizin. Sie lässt eine interessante Mischung von Architekturstilen sehen: Die Fassade ist barock, was auch für die überbordenden Deckenfresken gilt, der Glockenturm aus dem 12. Jh. ist romanisch, und die 28 Säulen, die den Kirchenraum teilen, stammen aus der Antike.

Innen soll sich der Brunnenkopf aus Marmor über einer Quelle befinden, die den Tempel mit Heilwasser versorgte.

⊙ Piazza Colonna & Umgebung

PIAZZA COLONNA   PIAZZA

Karte S. 346 (🚌Via del Corso) Zusammen mit der angrenzenden Piazza di Montecitorio bildet dieser elegante Platz das Zentrum des politischen Roms. An der Nordseite ist der **Palazzo Chigi** (Karte S. 346; www.governo.it; Piazza Colonna 370; ⊙Führungen Okt.–Mai 9–13 Uhr, Buchung erforderl.) GRATIS aus dem 16. Jh. seit 1961 die offizielle Residenz des italienischen Ministerpräsidenten. In der Mitte ragt die 30 m hohe **Colonna di Marco Aurelio** (Karte S. 346) auf; die Säule wurde im Jahr 193 errichtet, um den siegreichen Feldherrn Marc Aurel zu ehren.

Die lebhaften Reliefs auf den Säulen stellen Szenen aus den großen Schlachten gegen die germanischen Stämme (169–173) und die Sarmaten (174–176) dar. Im Jahr 1589 wurde Marc Aurel, der ganz oben die Säule zierte, durch eine Bronzestatue des hl. Paulus ersetzt.

PALAZZO DI MONTECITORIO   HISTORISCHES GEBÄUDE

Karte S. 346 (📞800 012955; www.camera.it; Piazza di Montecitorio; ⊙Führungen 1. So im Monat 12–14.30 Uhr; 🚌Via del Corso) GRATIS Hier hat heute das italienische Parlament seinen Sitz. Den Barockpalast errichtete Bernini 1653, im ausgehenden 17. Jh. wurde er dann von Carlo Fontana erweitert und 1918 im Art-Nouveau-Stil umgestaltet. Die Führungen durch das Gebäude beinhalten den Besuch der prachtvollen Empfangsräume und des Parlaments, in dem 630 Abgeordnete unter einem Art-Nouveau-Himmel politische Themen debattieren.

Der **Obelisk** (Karte S. 346; Piazza di Montecitorio; 🚌Via del Corso) vor dem Palazzo wurde von Augustus aus dem ägyptischen Heliopolis hergeschafft, um den Sieg über Kleopatra und Marcus Antonius im Jahr 30 v. Chr. zu feiern.

PIAZZA DI PIETRA   PIAZZA

Karte S. 346 (🚌Via del Corso) Über diese reizende, von Bars und Cafés gesäumte Piazza wachen elf riesige korinthische Säulen – das ist alles, was vom **Tempio di Adriano** (Hadrianeum; Karte S. 346; Piazza di Pietra; 🚌Via del Corso) aus dem 2. Jh. geblieben ist. Papst Innozenz ließ sie im 17. Jh. in ein Zollhaus integrieren, heute beherbergt das Gebäude die Römische Handelskammer; hier finden Konferenzen und Geschäftsevents statt.

CHIESA DI SANT'IGNAZIO DI LOYOLA   KIRCHE

Karte S. 346 (Piazza di Sant'Ignazio; ⊙Mo–Sa 7.30–19, So 9–19 Uhr; 🚌Via del Corso) Diese bedeutende Jesuitenkirche an einer reizenden Rokoko-Piazza rühmt sich mit einer Fassade von Carlo Maderno und zweier gefeierter Trompe-l'œil-Fresken von Andrea Pozzo (1642–1709). Das eine stellt gekonnt eine nicht vorhandene Kuppel dar, das andere an der Decke des Kirchenschiffs zeigt den hl. Ignatius von Loyola, wie er im Paradies von Christus und der hl. Jungfrau Maria willkommen geheißen wird.

Der beste Ausblick auf das schwindelerregende Bild bietet sich von einem klei-

🏃 Stadtspaziergang
Piazze im Centro Storico

START PIAZZA COLONNA
ZIEL PIAZZA FARNESE
LÄNGE/DAUER 1,5 KM; 3½ STD.

Der Bummel beginnt an der ❶ **Piazza Colonna** (S. 92), die von der 30 m hohen Colonna di Marco Aurelio dominiert und vom Palazzo Chigi flankiert wird, der Residenz des italienischen Ministerpräsidenten. Nebenan geht der Palazzo di Montecitorio, in dem das italienische Parlament zusammentritt, auf die ❷ **Piazza di Montecitorio** hinaus. Von der Piazza Colonna spaziert man nun über die Via dei Bergamaschi zur ❸ **Piazza di Pietra** (S. 92) hinunter, einem noblen rechteckigen Platz mit dem Tempio di Adriano aus dem 2. Jh. Weiter geht es an den Säulen vorbei die Via de' Burro hinunter zur kleinen ❹ **Piazza di Sant'Ignazio** mit einer Kirche samt sehenswerten Trompe-l'œil-Fresken. Von hier ist es ein kurzes Stück über die Via del Seminario zur ❺ **Piazza della Rotonda**, wo das Pantheon keiner Worte bedarf.

Nach seiner Besichtigung geht es die Salita dei Crescenzi hinauf und dann links über die Via Sant'Eustachio zur ❻ **Piazza Sant'Eustachio**. An diesem kleinen Platz soll es im Caffè Sant'Eustachio den besten Kaffee in der Stadt geben. Voll neuer Energien bummelt man nun über die Via degli Staderari zum Corso del Rinascimento, dann geht es scharf links und gleich darauf rechts zu Roms Vorzeigeplatz, der ❼ **Piazza Navona** (S. 82). Unter Straßenkünstlern, Touristen und Tauben kann man die beiden Barockgrößen vergleichen: Gian Lorenzo Bernini, von dem die Fontana dei Quattro Fiumi stammt, und Francesco Borromini, der die Chiesa di Sant'Agnese in Agone entwarf. Man verlässt die Piazza nun über die Via del Governo Vecchio. Am Ende geht man links die Via dei Filippini hinunter zum Corso Vittorio Emanuele II, den man überquert, um über die Via dei Cartari zur Via del Pellegrino bis zum Marktplatz zu bummeln, dem ❽ **Campo de' Fiori** (S. 87) und weiter zum ❾ **Piazza Farnese** mit dem Palazzo Farnese aus der Renaissance.

nen gelben Punkt auf dem Boden des Hauptschiffs. Die Decke ist eigentlich flach, erweckt jedoch den Eindruck, eine Kuppel auszubilden. Wer ein Stück weiter in die Kirche hineingeht, wird feststellen, dass die optische Täuschung aufgrund der veränderten Perspektive plötzlich nicht mehr funktioniert. Es handelt sich also in jedem Fall um einen gut ausgeführten und raffinierten Trick.

Die von dem Jesuitenbaumeister Orazio Grassi 1626 erbaute Kirche flankiert die **Piazza di Sant'Ignazio,** einen eleganten, 1727 entworfenen Platz, der wie eine Bühnenkulisse anmutet. Interessant sind am nördlichen Ende die Ausgänge im Stil von „Flügeln" sowie die geschwungenen Fassaden, die den Platz optisch erheblich größer erscheinen lassen.

CHIESA DI SAN LORENZO IN LUCINA
KIRCHE

(Karte S. 346; Piazza San Lorenzo in Lucina 16; ◷8–20 Uhr; Via del Corso) Von der ursprünglichen Kirche aus dem 5. Jh., die ihrerseits über einem der römischen Göttin Juno geweihten Brunnen errichtet wurde, sind nur noch wenige Reste übrig geblieben. Das sollte aber nicht von der sehr hübschen Kirche ablenken, zu der ein romanischer Glockenturm und ein säulenbestandener Portikus aus dem 12. Jh. gehören.

Im Inneren wird das üppige Barockdekor durch Guido Renis *Crocifisso* (Kreuzigung) über dem Hauptaltar und eine schöne Büste von Bernini in der Cappella dell'Annunziata aufgewertet. Der französische Maler Nicolas Poussin, der im Jahr 1655 starb, wurde in der Kirche beigesetzt. Nach der Zerstörung im Jahr 1084 durch die Normannen unter Robert Guiskard musste die Kirche neu errichtet werden.

✖ ESSEN

Rund um die Piazza Navona, den Campo de' Fiori und das Pantheon findet sich eine Fülle von Speiselokalen, darunter einige der besten Restaurants der Stadt mit moderner wie auch traditioneller Küche. In dieser Gegend sind allerdings auch Hunderte überteuerte, weniger empfehlenswerte Touristenlokale zu finden. Das malerische Ghetto ist für seine einzigartigen römisch-jüdischen Gerichte bekannt.

✖ Pantheon & Umgebung

VENCHI
GELATERIA €

Karte S. 346 (Via degli Orfani 87; Gelato ab 2,50 €; ◷So–Do 10.30–22, Fr & Sa bis 23 Uhr; 🚇Via del Corso) Am besten vergisst man einfach einmal abgedrehte Aromen und Gelato-Experimente, im Venchi geht es nämlich um den unverfälschten Genuss von Schokolade. Die Regale an den Wänden und der Tresen lassen Unmengen wunderhübsch verpackte Köstlichkeiten sehen – von Pralinen bis hin zu Schokoladentafeln mit Chili, aber auch eine Auswahl an dekadenten Eissorten auf der Basis von Schokolade ist zu haben.

VICE
GELATERIA €

Karte S. 346 (www.viceitalia.it; Corso Vittorio Emanuele II 96; Gelato ab 2,50 €; ◷11–1 Uhr; 🚇Largo di Torre Argentina) Diese moderne Gelateria liegt praktisch neben dem Largo di Torre Argentina. Geboten ist eine gute Auswahl an klassischen Eissorten wie *nocciola* (Haselnuss)*, limone* (Zitrone) und Tiramisu, aber auch kreativere Kreationen wie Käsekuchen und Blaubeerstreusel sind erhältlich.

FIOCCO DI NEVE
GELATERIA, CAFÉ €

Karte S. 346 (Via del Pantheon 51; Gelato 2,20–4 €; ◷Winter 10.30–21 Uhr, Sommer bis 1 Uhr; 🚇Largo di Torre Argentina) Fröhliches Ambiente, lautes Personal, Einheimische an der Bar, Eis in natürlichen Farben – diese Eisdiele im Handtuchformat weist alle Insignien einer erstklassigen römischen Gelateria auf. Die Fruchteissorten schmecken besonders lecker, was aber auch für die Spezialität des Hauses gilt, den *affogato di zabaglione al caffè*, einen Kaffee mit einer Kugel Zabaglione-Eis drin.

ENOTECA CORSI
OSTERIA €

Karte S. 346 (📞06 679 08 21; www.enotecacorsi. com; Via del Gesù 87; Gerichte 25 €; ◷Mo–Sa 12–15.30, Do & Fr auch 19.30–22.30 Uhr & Fri; 🚇Largo di Torre Argentina) Im Corsi, einer authentischen Traditionsosteria, kann man sich mittags unters Volk mischen. Der Familienbetrieb macht äußerlich nicht viel her – Papiertischtücher, verblichene gerahmte Drucke und Weinflaschen –, und die Atmosphäre lässt sich als geordnetes Chaos charakterisieren. Auf der Speisekarte stehen keine Überraschungen, sondern sättigende Hausmannskost wie Pasta, Kartoffeln, Würstchen und Brathühnchen.

CIAO CHECCA
FASTFOOD €

Karte S. 346 (www.ciaochecca.com; Piazza di Firenze 25–26; Gerichte 10–15 €; ☺10.30–23.30 Uhr; 🚇Corso del Rinascimento) 🍃 Wer gern einen Teller Pasta oder einen schnellen Salat ohne den Aufwand, den ein Essen im Restaurant mit sich bringt, möchte, für den ist dieser Fastfood-Schuppen genau das Richtige. Jedenfalls sollte man sich schon einmal auf jede Menge Leute und recycelbare Behälter mit jahreszeitlich inspirierten Gerichten einstellen – von Bohnensuppe bis hin zu Ravioli und süßen Desserts aus Sizilien.

ZAZÀ
PIZZA €

Karte S. 346 (☎06 6880 1357; Piazza Sant'Eustachio 49; Pizzastück ca. 3 €; ☺Mo–Sa 9–23, So bis 12 Uhr; 🚇Corso del Rinascimento) Der praktisch zwischen der Pizza Navona und dem Pantheon gelegene Imbiss ist hell und luftig und kann mit erstaunlich leckeren Stücken kalorienreduzierter Pizza aufwarten, die mit sorgfältig ausgewählten Biozutaten zubereitet werden. Man kann aber auch etwas zum Mitnehmen bestellen oder sich einen Tisch im Freien schnappen und dann beim Essen zuschauen, wie die Welt in Rom ihren Gang nimmt.

⭐CASA COPPELLE
RISTORANTE €€

Karte S. 346 (☎06 6889 1707; www.casacoppelle.it; Piazza delle Coppelle 49; Gerichte 35–40 €; ☺12–15.30 & 18.30–23.30 Uhr; 🚇Corso del Rinascimento) Unverputzte Wände, Blumen und schummrige Beleuchtung prägen das Ambiente für die kreativen, von der italienischen und französischen Küche inspirierten Gerichte in diesem freundlichen, romantischen Restaurant. Hier gibt es die ganze Palette an Vorspeisen und Pasta, die wahren Renner sind jedoch die köstlichen zarten Steaks und die üppigen Fleischgerichte. Der Service ist aufmerksam, und die Lage an einer kleiner Piazza in der Nähe des Pantheon vergisst niemand so schnell. Reservierung empfohlen.

⭐LA CIAMBELLA
ITALIENISCH €€

Karte S. 346 (www.laciambellaroma.com; Via dell'Arco della Ciambella 20; Menüs mit Festpreis 10–25 €, Gerichte 30 €; ☺7.30–24 Uhr; 🚇Largo di Torre Argentina) Vom Gebäck zum Frühstück, zur Pasta am Mittag und zum Tee am Nachmittag bis hin zu den neapolitanischen Pizzas und den Cocktails zum Aperitif – dieses ganztägig geöffnete Speiselokal ist wirklich eine tolle Sache! Las Ciambella liegt zentral, wurde jedoch von den Touristenmassen noch nicht entdeckt – ein geräumiges, lichtdurchflutetes Lokal, das auf den Ruinen der Terme di Agrippa erbaut wurde; man kann sie durch die transparenten Bodenplatten sogar bestaunen. Das überwiegend traditionelle Essen ist vom Feinsten und die Atmosphäre entspannt und ausgesprochen nett.

ARMANDO AL PANTHEON
TRATTORIA €€

Karte S. 346 (☎06 6880 3034; www.armandoalpantheon.it; Salita dei Crescenzi 31; Gerichte 40 €; ☺12.30–15 & 19–23, Sa 12.30–15 Uhr; 🚇Largo di Torre Argentina) Das Armando al Pantheon gilt als eine Institution in dieser Gegend und ist eine Rarität – nämlich eine echte Trattoria, die von einer Familie geführt wird, und das in einer touristischen Gegend des Pantheon. Jedenfalls läuft sie schon seit mehr als 50 Jahren prima und hat bereits eine stattliche Menge Berühmtheiten bedient, ohne sich ihren Ruhm jedoch zu Kopf steigen zu lassen. Sie gilt weiterhin als eine der besten Optionen, um bodenständige römische Küche zu genießen. Unbedingt reservieren.

OSTERIA DEL SOSTEGNO
TRATTORIA €€

Karte S. 346 (☎06 679 38 42; www.ilsostegno.it; Via delle Colonnelle 5; Gerichte 40 €; ☺Di–So 12.30–15 & 19.30–23.30 Uhr; 🚇Largo di Torre Argentina) Immer dem grünen Neonpfeil am Ende der schmalen Gasse nach, und schon hat man das gut gehütete Geheimnis gefunden. Das freundliche Restaurant ist besonders bei Journalisten und Politikern beliebt, die sich hierher begeben, um solch bewährte Traditionsgerichte wie Spaghetti carbonara oder *saltimbocca* (Kalbfleischscheiben mit Wein, Schinken und Salbei) zu goutieren.

LA ROSETTA
MEERESFRÜCHTE €€€

Karte S. 346 (☎06 686 10 02; www.larosetta.com; Via della Rosetta 8; Mittagsmenü 65 €, Gerichte 90–120 €; ☺12.15–14.45 & 19–22.45 Uhr, Aug. 3 Wo. geschl.; 🚇Corso del Rinascimento) Lokale eröffnen und schließen wieder, aber das La Rosetta ist und bleibt, was es bereits seit Langem ist: eines der exquisitesten Fischrestaurants in Rom. Es liegt etwas versteckt in einer Seitenstraße in der Nähe vom Pantheon und serviert klassische Gerichte mit Fisch und Meeresfrüchten sowie eine Auswahl an rohen Delikatessen neben ausgeklügelten modernen Kreationen. Unbedingt reservieren.

GREEN T
CHINESISCH €€€

Karte S. 346 (✆06 679 86 28; www.green-tea.it; Via del Piè di Marmo 28; Mittagsmenüs 9,50–17,50 €, Gerichte 50 €; ☺Mo–Sa 12–15 & 18.30–23.30 Uhr; ☐Via del Corso) Das nach Feng-Shui-Prinzipien entworfene Restaurant mit fünf Räumen hält die Fahne hoch für qualitativ hochwertiges, chinesisches Essen. Und es ist wirklich etwas Besonderes: Im Teezimmer und in der Boutique werden Suppen, pikante Szechuan-Gerichte, Dim Sum und allerlei edle Tees serviert. Wer sich mittags für eines der Tagesmenüs mit Festpreis entscheidet, spart Geld.

✗ Piazza Navona & Umgebung

ALFREDO E ADA
TRATTORIA €

Karte S. 346 (✆06 687 88 42; Via dei Banchi Nuovi 14; Gerichte 25 €; ☺Di–Sa 12–15 & 19–22 Uhr; ☐Corso Vittorio Emanuele II) Wem der Sinn nach einer authentischen Trattoria-Mahlzeit steht, sollte dieses allseits beliebte Speiselokal ausprobieren. Hier gibt es ganz eindeutig keinerlei Schnickschnack, sondern sperrige Tische mit Marmorplatten und ein anheimelndes Durcheinander, aber es herrscht eine warme und herzliche Atmosphäre, und die römischen Traditionsgerichte haben Aroma und sind sättigend.

BAGUETTERIA DEL FICO
SANDWICHES €

Karte S. 346 (Via della Fossa 12; Panini 5–7 €; ☺11–2 Uhr; ☐Corso del Risorgimento) Diese Designer-Baguettebar ist ideal, um mittags einen Happen zu essen oder sich spät in der Nacht noch einen Snack zu genehmigen. Man sucht sich zuerst das Brot aus, dann wählt man aus den vielfältigen Belägen das Passende aus – zig Sorten Wurst, Käse, eingelegtes Gemüse, Salate und selbst gemachte Soßen. An flüssiger Nahrung gibt es diverse Sorten Flaschenbier.

GELATERIA DEL TEATRO
GELATERIA €

Karte S. 346 (Via dei Coronari 65; Gelato ab 2,50 €; ☺11.30–24 Uhr; ☐Corso del Rinascimento) Sämtliches Eis, das diese hervorragende Gelateria serviert, wird vor Ort gemacht – und wer einen Blick durchs Fenster wirft, sieht, wie das geht. Im Angebot sind an die 40 verschiedene Sorten, die alle aus sorgsam ausgewählten Zutaten hergestellt werden, darunter einige sagenhafte Fruchtkombinationen, aber auch pikantes Schokoladeneis mit Chili.

DA TONINO
TRATTORIA €

Karte S. 346 (Via del Governo Vecchio 18; Gerichte 20–25 €; ☺Mo–Sa 12–15.30 & 19–23 Uhr; ☐Corso Vittorio Emanuele II) Das Tonino befindet sich schon seit ewigen Zeiten in der Via del Governo Vecchio. Es gibt sich mit seinen einfachen Holztischen und vergilbten Bildern betont bescheiden, ist jedoch fast immer gut besucht von Einheimischen und Touristen. Mit geschniegeltem Service ist hier nicht zu rechnen, und Speisekarte ist auch keine vorhanden, sondern es gibt ganz einfach bodenständige römische Gerichte und anständige einheimische Weine dazu. Keine Kreditkarten.

PIZZERIA LA MONTECARLO
PIZZA €

Karte S. 346 (✆06 686 18 77; www.lamontecarlo.it; Vicolo Savelli 13; Pizzas 5,50–9 €; ☺Di–So 11–23.45 Uhr; ☐Corso Vittorio Emanuele II) Diese historische Pizzeria ist enorm beliebt und lockt ein gemischtes Publikum an – Touristen beim Sightseeing, Einheimische und hin und wieder sogar einmal eine stadtbekannte Berühmtheit. Das Montecarlo ist nicht der geeignete Ort für ein gemütliches Abendessen; hier ist oft die Hölle los, wenn die geschickten Kellner um die vollbeladenen Tische kurven und Vorspeisen aus der Fritteuse sowie knusprige Pizza aus dem Holzofen servieren.

LO ZOZZONE
SANDWICHES €

Karte S. 346 (✆06 6880 8575; Via del Teatro Pace 32; Panini 6–8 €; ☺Mo–Fr 10–21, Sa bis 22.30 Uhr; ☐Corso del Rinascimento) Das liebevoll „Schmutzfink" genannte Lokal kann mit ein paar Tischen drinnen aufwarten sowie mit einer ellenlangen Speisekarte mit *panini*. Jedenfalls ist das Zozzone eine zuverlässige Adresse, um sich schnell abzufüllen. Die Sandwiches werden mit Pizza *bianca* (d. h. Pizza ohne Tomaten) und allerlei Wurst, Käse und Gemüsen zubereitet.

CUL DE SAC
WEINBAR, TRATTORIA €€

Karte S. 346 (✆06 6880 1094; www.enotecaculdesacroma.it; Piazza Pasquino 73; Gerichte 30 €; ☺12–0.30 Uhr; ☐Corso Vittorio Emanuele II) Diese Weinbar gleich bei der Piazza Navona mit einer stets quirligen Terrasse und einer engen Gaststube, in der sich endlos die Flaschen aneinanderreihen, ist schon seit ewigen Zeiten beliebt. Man sucht sich zuerst sein Getränk aus – die Weinkarte mit rund 1500 Sorten ist so dick wie der Brockhaus; dann wählt man aus der umfangreichen Speisekarte das passende Essen dazu aus – römische Gerichte ohne viel Schnickschnack, von der galizischen Küche inspirierter Wurstaufschnitt, Pâtés und allerlei Sorten Käse. Abends empfiehlt es sich, einen Tisch zu reservieren.

LA CAMPANA — RISTORANTE €€

Karte S. 346 (📞06 687 52 73; www.ristorantela campana.com; Vicolo della Campana 18; Gerichte 35–40 €; 🕒Di–So 12.30–15 & 19.30–23 Uhr; 🚇Via di Monte Brianzo) Caravaggio, Goethe und Federico Fellini zählen zu den Berühmtheiten, die in dieser angeblich ältesten Trattoria Roms schon gespeist haben – sie entstand ca. 1518. Heute bevölkern die Einheimischen die nüchtern gestalteten Speiseräume, um sich frischen Fisch und traditionelle römische Küche in fröhlicher, angenehm entspannter Atmosphäre munden zu lassen. Es empfiehlt sich, einen Tisch zu reservieren.

DA FRANCESCO — TRATTORIA, PIZZA €€

Karte S. 346 (📞06 686 40 09; www.dafrancesco. it; Piazza del Fico 29; Pizzas 7–14 €, Gerichte 35 €; 🕒12–15.30 & 19–12.30 Uhr; 🚇Corso Vittorio Emanuele II) Wer in dieser durch und durch römischen Pizzeria mit Trattoria isst, taucht in eine quirlige Atmosphäre mit fröhlich-lärmendem Flair ein. Die Räumlichkeiten sind klein, und die Tische stehen bis auf die hübschen Piazza draußen. Serviert wird eine knusprig-dünne Pizza nach römischer Art sowie Pastagerichte und meisterhaft zubereitetes Fleisch vom Holzkohlegrill – sie stehen jeden Tag auf der Speisekarte. Am besten kommt man noch vor 20 Uhr – oder man stellt sich auf eine gewisse Wartezeit ein.

LILLI — TRATTORIA €€

Karte S. 346 (📞06 686 19 16; www.trattorialilli.it; Via di Tor di Nona 23; Gerichte 25–30 €; 🕒12.30–15 & 19.30–23 Uhr, So mittags & Mo geschl.; 🚇Lungotevere Tor di Nona) Nur wenige Touristen schaffen es in diese alteingesessene Trattoria in einer Sackgasse mit Kopfsteinpflaster im Centro Storico, die sich nur fünf Minuten zu Fuß von der Piazza Navona entfernt befindet. Die Einheimischen strömen hingegen in Scharen hin, um sich die echte *casareccia* (Hausmannskost) schmecken zu lassen. Reservierung empfohlen.

BAR DEL FICO — ITALIENISCH €

Karte S. 346 (📞06 6889 1373; Via della Pace 34-35; Gerichte 20–30 €; 🕒8–2 Uhr; 🚇Corso Vittorio Emanuele II) Dieses trendige Bar-

CHIOSTRO DEL BRAMANTE CAFFÈ

Zu vielen der Galerien und Museen in Rom gehört meist auch ein Café, doch nur wenige weisen eine so herrliche Lage auf wie das **Chiostro del Bramante Caffè** (Karte S. 346; www. chiostrodelbramante.it; Via Arco della Pace 5; Gerichte 15–20 €; 🕒Mo–Fr 10–20, Sa & So bis 21 Uhr; 📞; 🚇Corso del Rinascimento) im ersten Stock des eleganten Renaissance-Kreuzgangs von Bramante. Dank der Tische im Freien mit Aussicht auf den zentralen Innenhof und einer ganztägigen Speisekarte bietet sich das Café für eine nette Pause an.

Restaurant ist nach dem Feigenbaum benannt, unter dem die alten Knaben draußen Schach spielen – und empfiehlt sich vom Frühstück bis zum Abendessen. Das eher schlichte, künstlerisch angehauchte Dekor – naturbelassene Holzböden, Blechtische und ramponierte Wände – sorgen für ein entspanntes Flair, um sich mittags eine Pasta und abends eine Grillspezialität schmecken zu lassen. Zahlreiche Gäste verabreden sich hier zum beliebten Sonntagsbrunch (12.30–15 Uhr).

LA FOCACCIA — PIZZA, TRATTORIA €€

(Karte S. 346; 📞06 6880 3312; Via della Pace 11; Pizzas 7–9 €, Gerichte 30 €; 🕒23–0.30 Uhr; 🚇Corso del Rinascimento) Nichts wie ran an die raren Tische im Freien dieser nicht beschilderten Pizzeria nahe am Chiostro del Bramante. Aber auch in der erstaunlich großen Gaststube kann man es sich gemütlich machen. Am besten beginnt man das Gelage mit *supplì* (frittierten Reiskroketten) oder frittierten Zucchini als Vorspeise, um sich dann auf das kulinarische Hauptereignis zu stürzen: die neapolitanische Pizza aus dem Holzofen.

CASA BLEVE — RISTORANTE, WEINBAR €€€

Karte S. 346 (📞06 686 59 70; www.casableve. it; Via del Teatro Valle 48-49; Gerichte 50–65 €; 🕒Mo–Sa 12.30–15 & 19.30–22.10 Uhr; 🚇Largo di Torre Argentina) Das prächtige Restaurant mit Weinbar ist ideal für ein Essen zu einem besonderen Anlass – es schindet mit seinem von Säulen gesäumten Speiseraum

KOSCHERES ROM

Wer in Rom koscher essen gehen möchte, sollte der Via del Portico d'Ottavia einen Besuch abstatten, der Hauptstraße, die durch das Jüdische Ghetto führt. Sie ist von Trattorien und Restaurants gesäumt, die sich auf römisch-jüdische Küche speziali-siert haben. Hier ist immer viel los, und zwar vor allem an lauen Sommerabenden, wenn die Gäste die Tische auf dem Gehsteig bevölkern. Typische Speisen aus dem Ghetto lernt kennen, wer das **Nonna Betta** (Karte S. 348; ☑06 6880 6263; www.nonna betta.it; Via del Portico d'Ottavia 16; Gerichte 30–35 €; ⊙12–16 & 18–23 Uhr, Fr abends & Sa mittags geschl.; ⊟Via Arenula) ausprobiert, ein schmaler Schlauch von einer Trattoria, in der traditionelles koscheres Essen und römische Gerichte wie *carciofi alla guidia* (knusprige frittierte Artischocken) serviert werden. Ein Stück weiter die Straße hinun-ter ist in der **Cremeria Romana** (Karte S. 348; Via del Portico d'Ottavia 1b; Gelato 2–5 €; ⊙So–Do 8–23, Fr bis 16, Sa 18–24 Uhr; ⊟Via Arenula) auf Hausnummer 1b ohne Namens-schild eine kleinere Auswahl an leckerem koscherem Eis erhältlich.

und seinem Dach aus Buntglas wirklich Eindruck. Die Weinkarte, eine der besten der Stadt, ergänzt die kleine, aber wohl-durchdachte Speisekarte mit seltenen Kä-sesorten, Aufschnitt, Pasta der Saison und exquisiten Hauptgerichten.

✘ Campo de' Fiori & Umgebung

★ SUPPLIZIO   FASTFOOD €

Karte S. 346 (Via dei Banchi Vecchi 143; Supplì 3–5 €; ⊙Mo–Sa 12–16 & Mo–Do 17.30–22, Fr bis 23 Uhr; ⊟Corso Vittorio Emanuele II) Roms beliebtester Snack, der *supplì* (eine frit-tierte Krokette, die mit Reis, Tomatenso-ße und Mozarella gefüllt ist) bekommt in diesem eleganten neuen Imbiss eine Art Gourmet-Aufpeppung verpasst. Die Gäste können es sich auf den nostalgischen Le-dersofas gemütlich machen und sich einen Klassiker genehmigen oder auch über die Stränge schlagen und einmal etwas ganz anderes probieren, beispielsweise die leicht pikanten Fisch-*supplì,* die mit Sardellen, Thunfisch, Petersilie und mit einem klei-nen bisschen Orange gefüllt sind.

I DOLCI DI NONNA
VINCENZA   PASTICCERIA, CAFÉ €

Karte S. 346 (www.dolcinonnavincenza.it; Via Arco del Monte 98a; Gebäck ab 2,50 €; ⊙So–Do 8–21, Fr & Sa bis 24 Uhr; ⊟Via Arenula) Dieser Konditorei kann kaum jemand widerste-hen – sie bringt die Genüsse Siziliens nach Rom. Die Kunden können zuerst die tradi-tionellen Kuchen und verführerischen *dolci*

in den nostalgischen Vitrinen in Augen-schein nehmen, um sich dann in der Bar gleich nebenan der himmlischen Auswahl an cremigem, lockerem Blätterteiggebäck hinzugeben.

PASTICCERIA DE BELLIS   PASTICCERIA €

Karte S. 346 (Piazza del Paradiso 56-57; Gebäck 4 €; ⊙Di–So 9–20 Uhr; ⊟Corso Vittorio Emanu-ele II) Die wunderschönen Kuchen, Gebäck-stücke und *dolci* in dieser schicken Pastic-ceria sind kleine Kunstwerke. Mit Liebe zum Detail hergestellt, sind sie ein Augen-schmaus, der auch noch herrlich schmeckt. Hier gibt es Klassiker, aber auch so einzig-artige Kreationen wie beispielsweise die Assoluta, eine dekadente Kombination aus verschiedenen Schokoladen-Mousses.

FORNO ROSCIOLI   PIZZA, BÄCKEREI €

Karte S. 346 (Via dei Chiavari 34; Pizzastücke ab 2 €, Snacks ab 1,50 €; ⊙Mo–Sa 7–19.390 Uhr; ⊟Via Arenula) Das Forno Roscioli, eine der renommiertesten Bäckereien Roms, steht bei den Einheimischen mittags überaus hoch im Kurs; sie strömen wegen der pri-ma Pizzastücke, des geschätzten Gebäcks und den sagenhaften *supplì* her, die den Hunger stillen. Es gibt hier aber auch eine Theke, an der heiße Pastagerichte und Ge-müsebeilagen serviert werden.

FORNO DI CAMPO DE' FIORI PIZZA, BÄCKEREI €

Karte S. 346 (Campo de' Fiori 22; Pizzastücke etwa 3 €; ⊙Mo–Sa 7.30–14.30 & 16.45–20 Uhr; ⊟Corso Vittorio Emanuele II) Diese geschäfti-ge Bäckerei am Campo de' Fiori macht ein Bombengeschäft mit *panini* und köstlicher *pizza al taglio* (Pizzastücke), die frisch aus dem Ofen kommt. Fans schwören auf die *pizza bianca* („weiße Pizza" mit Olivenöl, Rosmarin und Salz), doch die *panini* und die *pizza rossa* („rote Pizza" mit Olivenöl, Tomaten und Oregano) schmecken ebenfalls total lecker.

DAR FILETTARO A
SANTA BARBARA   FISCH & POMMES €

Karte S. 346 (Largo dei Librari 88; Gerichte 15–20 €; ⊙ Mo–Sa 17.30–22.45 Uhr; 🚇 Via Arenula) Dieses spartanische Lokal an einer winzigen, mit Motorrollern übersäten Piazza ist eine klassische römische *friggitoria* (Laden mit Essen aus der Fritteuse). Spezialität des Hauses ist der panierte *baccalà* (Kabeljau), allerdings kann man auch die knusprig frittierten Zucchini und Sardellen mit Butter probieren.

RENATO E LUISA   TRATTORIA €€

Karte S. 346 (📞 06 686 96 60; www.renatoe luisa.it; Via dei Barbieri 25; Gerichte 45 €; ⊙ Di–So 20–24 Uhr; 🚇 Largo di Torre Argentina) Diese von den Einheimischen überaus geschätzte Trattoria in einer kleinen Gasse ist immer brechend voll. Küchenchef Renato hat sich der klasssichen römischen Küche mit kreativem Ansatz verschrieben; das Ergebnis sind Gerichte, die sich modern und saisonal geben, jedoch ganz ohne Zweifel echt einheimisch sind, beispielsweise sein unverkennbares *cacio e pepe e fiori di zucca* (Pasta mit Pecorino-Käse, schwarzem Pfeffer und Zucchiniblüten). Reservierung empfohlen.

DITIRAMBO   ITALIENISCH €€

Karte S. 346 (📞 06 687 16 26; www.ristorante ditirambo.it; Piazza della Cancelleria 72; Gerichte 40 €; ⊙ 13–15 & 19.20–22.30 Uhr, Mo mittags geschl.; 🚇 Corso Vittorio Emanuele II) Seit das Ditirambo 1996 seine Türen öffnete, hat es eine wahre Legion von Anhängern gewonnen, was der legeren Trattoria-Atmosphäre und der saisonalen Bioküche geschuldet ist. Das Essen deckt so ziemlich die ganze Palette ab – von beliebten Traditionsgerichten bis hin zu wohldurchdachten vegetarischen Speisen und auch exotischeren Genüssen wie Pasta mit Garnelen aus Sizilien, Basilikum und Limette. Es empfiehlt sich, einen Tisch zu reservieren.

GRAPPOLO D'ORO   ITALIENISCH €€

Karte S. 346 (📞 066897080; www.hosteriagrappo lodoro.it; Piazza della Cancelleria 80; Degustationsmenü 28 €, Gerichte 35–40 €; ⊙ 12.45–15 &

19–23.30 Uhr, Mi mittags geschl.; 🚇 Corso Vittorio Emanuele II) Dieses legere Speiselokal sticht unter den vielen eher nichtssagenden Restaurants rund um den Campo de' Fiori wirklich heraus. Der Hauptakzent liegt auf traditioneller römischer Küche, allerdings durchaus mit individueller Note ab und an. Jedenfalls sollte man als Vorspeise nach den Artischocken und den Pasta-Gerichten mit Pecorino, *pancetta* und schwarzem Pfeffer Ausschau halten und für den Hauptgang nach den geschmorten und gegrillten Fleischgerichten.

SERGIO ALLE GROTTE   TRATTORIA €€

Karte S. 346 (📞 06 686 42 93; Vicolo delle Grotte 27; Gerichte 30–35 €; ⊙ Mo–Sa 12.30–15.30 & 18.30–23 Uhr; 🚇 Via Arenula) Diese römische Trattoria wirkt wie aus dem Bilderbuch: karierte Tischdecken, bunte Wandmalereien und kampferprobte Kellner, die dampfende Schalen mit herzhafter, bodenständiger Pasta und anschließend Steaks vom Holzkohlegrill auftischen.

SALUMERIA ROSCIOLI   ITALIENISCH €€€

Karte S. 348 (📞 06 687 52 87; Via dei Giubbonari 21; Gerichte 55 €; ⊙ Mo–Sa 12.30–16 & 19–24 Uhr; 🚇 Via Arenula) Der Name Roscioli gilt schon lange als Inbegriff für Essen vom Feinsten, und dieses luxuriöse Delikatessen-Restaurant ist der Ort schlechthin, um es richtig zu genießen. Unter einer Kassettendecke sind Delikatessen aus dem In- und Ausland ausgestellt, dass einem das Wasser nur so im Mund zusammenläuft; dahinter können die Gäste in einem kleinen Restaurant Platz nehmen, um die erlesenen italienischen Gerichte und die wirklich herausragenden Weine zu goutieren.

✗ Jüdisches Ghetto

ANTICO FORNO URBANI   PIZZA, BÄCKEREI €

Karte S. 348 (Piazza Costaguti 31; Pizzastücke ab 1,50 €; ⊙ Mo–Fr 7.40–14.30 & 17–20.45, Sa & So 9–13.30 Uhr; 🚇 Via Arenula) Diese beliebte koschere Bäckerei gilt als Institution im Jüdischen Ghetto. Es gibt hier so ziemlich die beste *pizza bianca* in der ganzen Stadt, aber auch frisch gebackenes Brot, Kekse und Focaccia. Hier ist immer viel los, denn wem der Duft von Hefeteig am Tresen erst einmal in die Nase gestiegen ist, der kann gar nicht anders, als eine Nummer zu ziehen und abzuwarten, bis er endlich an die Reihe kommt.

BOCCIONE
BÄCKEREI €

Karte S. 348 (☑06 687 86 37; Via del Portico d'Ottavia 1; ⊗So–Do 8–19.30, Fr 8–15.30 Uhr; 🚇Via Arenula) Dieser winzige Laden ohne Firmenschild ist die wohl berühmteste Bäckerei im Ghetto. Hierher strömen die Einheimischen, um für besondere Gelegenheiten köstliche *dolci* (Kuchen und Gebäck) zu kaufen. Die goldbraunen Kuchen, die ein paar wirklich mürrische alte Damen über den Tresen reichen, strotzen nur so vor Früchten, Sultaninen und Ricotta.

ALBERTO PICA
GELATERIA, CAFÉ €

Karte S. 348 (Via della Seggiola 12; Gelato 2–3 €; ⊗8.30–14 Uhr; 🚇Via Arenula) In den letzten Jahren sind die modernen Gourmet-Gelaterie in Rom nur so aus dem Boden geschossen, doch auch einige Traditionseisdielen haben überdauert. Dazu gehört diese altmodische Milchbar, die für ihre klassischen Eissorten und das Reis-Gelato berühmt ist – Aroma und Konsistenz entsprechen einem gefrorenen Reispudding.

BEPPE E I
SUOI FORMAGGI
DELIKATESSEN €€

Karte S. 348 (☑06 6819 2210; www.beppeeisuoi formaggi.it; Via Santa Maria del Pianto 9–11; Gerichte 30 €; ⊗Mo–Sa 9–11, 11.30–15.30 & 19.30–22.30 Uhr; 🚇Via Arenula) Der Name sagt eigentlich schon alles – Beppe und seine Käsesorten. Das kleine Restaurant, das zu einem gut sortierten Feinkostgeschäft gehört, verkauft *formaggi* aller Formen und Geschmäcker und gilt als das reinste Eldorado für Käsefans, da es ganztägig Käse serviert. Und so kann man hier zum Frühstück Ricotta, zum Mittagessen Robiola und zum Abschluss des Tages ein Abendessen mit warmem Camembert genießen.

PIPERNO
RISTORANTE €€€

Karte S. 348 (☑06 6880 6629; www.ristorante piperno.it; Via Monte de' Cenci 9; Gerichte 50–55 €; ⊗12.45–14.20 & 19.45–22.20 Uhr, Mo & So abends geschl.; 🚇Via Arenula) Dieses historische Ghetto-Restaurant mit schickem Ambiente der alten Schule gilt als die Topadresse, um traditionelle römisch-jüdische Küche zu genießen. Zu den unverkennbaren Gerichten zählen die sagenhaften frittierten *filetti di baccalà* (Kabeljaufilets) und die *animelle di agnello con carciofi* (Lammbries mit Artischocken). Zur Abrundung des Gelages sollte man das *tortino al cioccolato* (Schokoladenkuchen) probieren. Reservierung empfohlen.

VECCHIA ROMA
RISTORANTE €€€

Karte S. 348 (☑06 686 46 04; www.ristorante vecchiaroma.com; Piazza Campitelli 18; Gerichte 55 €; ⊗Do–Di 12.30–15 & 20–23 Uhr; 🚇Via del Teatro di Marcello) Dieses wunderbar altmodische Restaurant ist ein Ausbund an förmlicher Eleganz mit Lüstern, livrierten Obern in weißen Dinnerjackets und einer Terrasse im Kerzenschein, die auch noch an einer Bilderbuch-Piazza liegt. Aber diese Äußerlichkeiten sind natürlich nicht alles – das Essen ist exquisit, beispielsweise allerlei leckere Meeresfrüchte-*antipasti* und Pasta vom Feinsten.

✖ Isola Tiberina

SORA LELLA
RISTORANTE €€€

Karte S. 348 (☑06 686 16 01; www.soralella.com; Via Ponte Quattro Capi 16; Degustationsmenüs 45–58 €, Gerichte 50 €; ⊗Mi–Di 12.30–15 & 19.30–23 Uhr; 🚇Lungotevere dei Cenci) Dieses alteingesessene Restaurant – ein Familienbetrieb – erfreut sich einer unvergesslichen Lage in einem Turm auf einer winzigen Tiberinsel. Es ist nach einer überaus beliebten Schauspielerin aus Rom benannt (der Mutter der Inhaberin). Die Speisekarte mit klassischen römischen Gerichten wird durch einige köstliche Fischgerichte zusätzlich aufgepeppt. Es gibt auch hausgemachte Nachspeisen und verschiedene Degustationsmenüs – an Donnerstagen sogar eines für Vegetarier.

✖ Piazza Colonna & Umgebung

GIOLITTI
GELATERIA €

Karte S. 346 (☑06 699 12 43; www.giolitti.it; Via degli Uffici del Vicario 40; Gelato 2,50–4,50 €; ⊗7–1 Uhr; 🚇Via del Corso) Roms wohl berühmteste Gelateria, die im Jahr 1900 als Molkerei begann, macht seitdem die Massen mit köstlichen Sorbets und vielerlei Eiscreme glücklich. Gregory Peck und Audrey Hepburn schauten hier in der charmanten Filmromanze *Ein Herz und eine Krone* (1953) vorbei, und vor nicht allzu langer Zeit statteten Barack Obamas Töchter der Eisdiele einen Besuch ab, während ihr Daddy bei einem G8-Gipfel bei der Arbeit war. Unbedingt probieren sollte man das Maronen-Glacé, das Lieblingseis von Papst Johannes Paul II.

DAL CAVALIER GINO
TRATTORIA €€

Karte S. 346 (06 687 34 34; Vicolo Rosini 4; Gerichte 35 €; Mo–Sa 13–15.45 & 20–23 Uhr; Via del Corso) Diese absolut authentische italienische Trattoria liegt etwas versteckt in einer Gasse in der Nähe vom Parlament und ist dementsprechend immer brechend voll von Journalisten und konspirativen Politikern.

Am besten gesellt man sich zu den Ehrenwerten dieser Zunft, um sich dann so lecker zubereitete Vorspeisen und Hauptgerichte, beispielsweise *tonnarelli cacio e pepe (*Pasta mit Pecorino-Käse und schwarzem Pfeffer) und *pollo con peperoni* (Hühnchen mit Peperoni) schmecken zu lassen, die alle in einem wunderbaren Ambiente mit von der Decke baumelnden Knoblauchzöpfen und farbenfrohen Wandmalereien serviert werden.

OSTERIA DELL'INGEGNO
ITALIENISCH €€

Karte S. 346 (06 678 06 62; www.osteria ingegno.it; Piazza di Pietra 45; Gerichte 40 €; 12–24 Uhr; Via del Corso) Dieses Restaurant mit Weinbar im Bohemien-Schick mit farbenfrohen Räumlichkeiten und Unmengen an Kunstwerken und Antiquitäten erfreut sich einer Toplage an einer reizenden zentralen Piazza.

Die Speisekarte trifft dabei voll ins Schwarze mit ihrer wunderbaren Auswahl an jahreszeitlich geprägten Pasta-Gerichten, kreativen Hauptgerichten, Salaten und hausgemachten Süßspeisen; die Weinkarte mit ihren sagenhaften 300 verschiedenen edlen Tropfen beeindruckt mit einigen interessanten Gewächsen aus ganz Italien. Der *aperitivo* wird jeden Tag von 17 bis 20 Uhr serviert.

MATRICIANELLA
TRATTORIA €€

Karte S. 346 (06 683 21 00; www.matricianella. it; Via del Leone 2/4; Gerichte 40 €; Mo–Sa 12.30–15 & 19.30–23 Uhr; Via del Corso) Mit seinen karierten Baumwolltischdecken, den ziemlich kitschigen Wandmalereien und den ausgebleichten Drucken an den Wänden ist das Matricianella eine beinahe schon archetypische Trattoria, die in Rom wegen ihrer traditionellen römischen Küche überaus geschätzt wird. Die treuen Stammkunden geraten oftmals geradezu schier aus dem Häuschen wegen so bewährter Publikumslieblinge, wie beispielsweise Gemüse in Panade, Artischocken *alla giudia* (frittiert, nach jüdischer Art) und

saltimbocca (Kalbskotelett mit Schinken und Salbei). Ohne Reservierung geht hier jedenfalls gar nichts.

AUSGEHEN & NACHTLEBEN

Im Centro Storico konzentriert sich das Nachtleben auf zwei Gegenden: auf die Gassen rund um die Piazza Navona mit diversen eleganten Bars für das hippe Beauty-Volk sowie auf die ruppigere Umgebung des Campo de' Fiori; dort sind jüngere Nachtschwärmer unterwegs, und es wird auch tiefer ins Glas geschaut. In dieser Gegend treffen sich die Leute nach einem Fußballspiel, und ausländische Studenten gehen auf Zechtour. Im Centro Storico finden sich auch viele tolle Cafés.

Pantheon & Umgebung

CAFFÈ SANT'EUSTACHIO
CAFÉ

Karte S. 346 (www.santeustachioilcaffe.it; Piazza Sant'Eustachio 82; So–Do 8.30–1, Fr bis 1.30, Sa bis 2 Uhr; Corso del Rinascimento) In diesem kleinen unprätentiösen Café stehen die Gäste in der Regel in drei Reihen dicht gedrängt um die Bar, denn hier gibt es – wie viele behaupten – den besten *gran caffè* in der ganzen Stadt. Dazu werden zuerst ein paar Tropfen Espresso und ein paar Teelöffel Zucker zu einer schaumigen Masse verquirlt, auf die dann der restliche Kaffee geschüttet wird; die Kreation schmeckt herrlich sanft und bringt garantiert Schwung ins anstrengende Besichtigungsprogramm.

LA CASA DEL CAFFÈ TAZZA D'ORO
CAFÉ

Karte S. 346 (www.tazzadorocoffeeshop.com; Via degli Orfani 84-86; Mo–Sa 7–20, So 10.30–19.30 Uhr; Via del Corso) Dieses quirlige Stehcafé mit poliertem Dekor aus den 1940er-Jahren gilt als eines der besten Kaffeehäuser Roms. Der Espresso haut richtig rein, außerdem gibt es allerlei köstliche Kaffeekreationen wie beispielsweise einen erfrischenden *granita di caffè*, ein Kaffeegetränk mit zerstoßenem Eis, das mit Schlagsahne serviert wird. Ein kleines Geschäft und – im Freien – ein Kaffee-*bancomat* für Koffein-Notfälle außerhalb der Geschäftszeiten gehören mit dazu.

🍷 Piazza Navona & Umgebung

ETABLÌ
BAR, RISTORANTE

Karte S. 346 (📱06 9761 6694; www.etabli.it; Vicolo delle Vacche 9a; ⏱11–2 Uhr, Winter Mo geschl., Sommer So geschl.; 🕿; 🚇Corso del Rinascimento) Das Etablì in einem vornehmen Palazzo aus dem 16. Jh. ist eine Kombination aus Bar, Restaurant und Lounge mit rustikalem Schick. Hier kann man vorbeischauen, um morgens einen Kaffee zu trinken, um ein leichtes Mittagessen zu sich zu nehmen oder auch um bei einem *aperitivo* zu plaudern. Das Lokal mit seinem französisch inspirierten Landhaus-Dekor ist entspannt und hübsch anzuschauen. Und vorstellen kann man sich das dann so: Fauteuils aus Leder, Naturholztische und ein Kamin, in dem ein Feuer knistert. Am Wochenende verlocken hier auch ein Brunch, ein komplettes Abendessen im Restaurant (45 €) und gelegentlich sogar eine Jam-Session.

CIRCUS
BAR

Karte S. 346 (www.circusroma.it; Via della Vetrina 15; ⏱10.30–2 Uhr; 🕿; 🚇Corso del Rinascimento) Diese tolle kleine Bar liegt etwas versteckt gleich um die Ecke von der Piazza Navona. Das entspannte Circus steht bei Studenten aus dem Ausland hoch im Kurs, die sich hier treffen, um die neuesten Nachrichten zu erfahren – WLAN ist kostenlos, und Zeitungen aus dem In- und Ausland sind auch vorhanden – und bei einem Drink herumzuhängen. Abends, wenn Tee und Cappucino dann Cocktails und Hochprozentigem weichen, geht es hier ganz schön heiß her.

NO.AU
BAR

Karte S. 346 (Piazza Montevecchio 16; ⏱Di–Do 18–1, Fr–So 12–1 Uhr; 🚇Corso del Rinascimento) Das No.Au – gesprochen wie das englische *Know How* – an einer reizenden Piazza im Centro Storico ist eine coole Bistrobar. Wie viele Bars, die gerade im Trend sind, wird auch hier das Bier großgeschrieben; geboten ist eine gescheite Auswahl an handgebrauten Craft-Bieren, aber auch Weine der Region sind erhältlich; außerdem ist noch eine kleine, dafür aber exquisite Speisekarte vorhanden.

L'EMPORIO ALLA PACE
CAFÉ

Karte S. 346 (Via della Pace 28; ⏱6–2 Uhr; 🕿; 🚇Corso del Rinaascimento) Hier sitzen Studenten allein mit einem Buch da, während Touristen, Priester und Einheimische in Gruppen miteinander plaudern. Das Café mit Buchladen im Retro-Stil sorgt tagsüber für das Wohl eines bunt gemischten Publikums. Morgens kommen Cappuccino und Cornetti auf den Tisch, mittags *panini* und Pasta. Und abends warten Cocktails und später vielleicht noch ein Bierchen um Mitternacht auf die Gäste.

CAFFÈ DELLA PACE
CAFÉ

Karte S. 346 (www.caffedellapace.it; Via della Pace 3/7; ⏱Di–So 9–3, Mo 16–3 Uhr; 🚇Corso del Rinascimento) Jahrelang galt dieses Jugendstil-Café – ein Wahrzeichen – mit schick gekleideten Zechern, poliertem Holz und wallendem Efeu als Inbegriff des *dolce vita*. In jüngster Zeit musste das Café allerdings um sein Überleben kämpfen und sich gegen Pläne wehren, es zu einem 5-Sterne-Hotel umzufunktieren – öffentliche Unterschriftenaktionen sollen das Café nun retten.

🍷 Campo de' Fiori & Umgebung

⭐ BARNUM CAFE
CAFÉ

Karte S. 346 (www.barnumcafe.com; Via del Pellegrino 87; ⏱Mo 9–22, Di–Sa 8.30–2 Uhr; 🕿; 🚇Corso Vittorio Emanuele II) Ein entspanntes, nettes Café, in dem man bei einem Glas frisch gepresstem Orangensaft seine E-Mails checken oder auch eine angenehme Stunde mit Zeitunglesen verbringen kann. Dabei sitzt man in einem verschlissenen alten Armsessel in einem weißen Ambiente mit unverputzten Wänden. Abends verändert sich die Szenerie – dann sind Cocktails, sanfte musikalische Untermalung und mit coolem Understatement gekleidete Einheimische angesagt.

OPEN BALADIN
BAR

Karte S. 348 (www.openbaladinroma.it; Via degli Specchi 6; ⏱12–2 Uhr; 🕿; 🚇Via Arenula) Das Open Baladin, eine hippe, schäbig-schicke Loungebar in der Nähe vom Campo de' Fiori, setzt in der Craft-Bier-Szene Roms wahrlich Maßstäbe. Hier gibt es mehr als 40 verschiedene Biere vom Fass und obendrein noch an die 100 Flaschenbiere, von denen viele aus den Mikrobrauereien Italiens stammen, wo sie handwerklich gut gebraut werden. Die Speisekarte mit *panini*, Gourmet-Burgern und Tagesspezialitäten ist auch ziemlich solide.

IL GOCCETTO
WEINBAR

Karte S. 346 (Via dei Banchi Vecchi 14; ☺Di & Sa 11.30–14, Mo–Sa 18.30–24 Uhr, Aug. geschl.; 🚇Corso Vittorio Emanuele II) Dieser traditionelle *vino e olio* (Wein-und-Öl-Laden) bietet alles, was man sich von einer Weinbar im Viertel nur wünschen kann – eine bunt gemischte Truppe von Stammgästen, eine gemütliche Gaststube, in der sich die Weinflaschen aneinanderreihen, eine gute Auswahl an Käsen und Aufschnitt sowie eine Weinkarte, auf der sage und schreibe 800 Gewächse stehen.

JERRY THOMAS PROJECT
COCKTAILBAR

Karte S. 346 (☎06 9684 5937; www.thejerry thomasproject.it; Vicolo Cellini 30; ☺22–4 Uhr; 🚇Corso Vittorio Emanuele II) Diese etwas versteckt gelegene Bar ist eine in Eigenregie aufgepeppte Mondscheinkneipe im Look der 1920er-Jahre; man braucht sogar ein Passwort, um reinzukommen – einfach mal auf der Website nachgucken und telefonisch reservieren. Jedenfalls setzt die Bar Maßstäbe zum Thema Cocktailtrend, der momentan über Rom hinwegfegt. Die hippen Mixologen verstehen hier jedenfalls ihr Handwerk, und das Retro-Dekor verleiht dem Jerry Thomas ein authentisches Flair wie zu Zeiten der Prohibition.

L'ANGOLO DIVINO
WEINBAR

Karte S. 346 (www.angolodivino.it; Via dei Balestrari 12; ☺Di–Sa 10.30–15, tgl. 17–1.30 Uhr; 🚇Corso Vittorio Emanuele II) Diese herzliche, holzgetäfelte Weinbar liegt nur einen Steinwurf vom Campo de' Fiori entfernt. Sie ist eine Oase vornehmer Ruhe mit einer sorgfältig ausgesuchten Weinkarte sowie einer kleinen Tageskarte, auf der warme und kalte Gerichte stehen.

🍷 Piazza Colonna & Umgebung

SALOTTO 42
BAR

Karte S. 346 (www.salotto42.it; Piazza di Pietra 42; ☺Di–So 10.30–2 Uhr; 🚇Via del Corso) Diese glamouröse Loungebar, gelegen an einer malerischen Piazza mit Blick auf die Säulen des Hadrianstempels, präsentiert sich mit schummriger Beleuchtung, Vintage-Fauteuils aus den 1950er-Jahre, Muranoglas-Lampen und einer repräsentativen Sammlung von dicken Bücherbänden zum Thema Design. Am besten kommt man zum täglichen Mittagsbüfett her oder

hängt bei einem abendlichen Cocktail mit dem Schickivolk herum – klar, sehen und gesehen werden.

FANDANGO INCONTRO
BAR

Karte S. 346 (Via dei Prefetti 22; ☺Di–So 10–21 Uhr; 🚇Via del Corso) Diese Kultureinrichtung wird von dem italienischen Filmproduzenten und Verleger Fandango Incontro geführt. Sie nimmt das Erdgeschoss eines imposanten Palazzo aus dem 18. Jh. ein. Im Fandango Incontro finden oft Events statt, und das Buchgeschäft mit Bar ist ideal, um Comics durchzublättern und bei einem leichten Mittagessen oder einem abendlichen Aperitif über Filmkust zu diskutieren.

GRAN CAFFÈ LA CAFFETTIERA
CAFÉ

Karte S. 346 (Piazza di Pietra 65; ☺Mo–Sa 7–22, So ab 9 Uhr; 🚇Via del Corso) Das stattliche Art-déco-Café mit Tischen im Freien auf der reizenden Piazza di Pietra ist für seinen Kaffee und die neapolitanischen Kuchen bestens bekannt. Wer so richtig in Neapel hineinschmecken möchte, sollte sich für eine *sfogliatella* entscheiden, ein lockeres Gebäck, das mit Ricotta und Unmengen kandierten Früchten gefüllt ist.

CIAMPINI
CAFÉ

Karte S. 346 (Piazza di San Lorenzo in Lucina 29; ☺Mo–Sa 7.30–20.30 Uhr, Sommer bis 24 Uhr; 🚇Via del Corso) Am besten gesellt man sich zu den betuchten Einheimischen dieses Viertels, um in diesem eleganten Café an der reizenden, verkehrsfreien Piazza di San Lorenzo in Lucina im Freien einen Cappuccino oder ein köstliches Eis zu goutieren. Es gibt natürlich auch eine umfangreiche Speisekarte mit Pizza, Pasta, Salaten und Sandwiches.

☆ UNTERHALTUNG

TEATRO ARGENTINA
THEATER

Karte S. 346 (☎06 684 00 03 11; www.teatrodi roma.net; Largo di Torre Argentina 52; Eintrittskarten 16–29 €; 🚇Largo di Torre Argentina) Roms Toptheater wurde 1732 gegründet und ist eine der beiden offiziellen Spielstätten des Teatro di Roma – die andere ist das Teatro India in der südlichen Vorstadt. Hier wurde 1816 Rossinis *Barbier von Sevilla* uraufgeführt. Heute stehen Theaterstücke, hochkarätige Tanzvorführungen und klassische Konzerte auf dem Programm.

TEATRO DELL'OROLOGIO   THEATER

Karte S. 346 (☎06 68 75 5 50; www.teatroorologio. com; Via dei Filippini 17a; ☒Corso Vittorio Emanuele II) Das bekannte Experimentiertheater Orologio mit drei Bühnen bietet ein abwechslungsreiches Programm an zeitgenössischen und klassischen Werken; gelegentlich finden sogar Vorstellungen in englischer Sprache statt.

SHOPPEN

Pantheon & Umgebung

LE ARTIGIANE   KLEIDUNG, KUNSTHANDWERK

(Karte S. 346; www.leartigiane.it; Via di Torre Argentina 72; ☺10–19.30 Uhr; ☒Largo di Torre Argentina) Hier können einheimische Handwerkskünstler ihre Objekte ausstellen. Das erlesene Geschäft ist das Resultat eines Projekts mit dem Ziel, Italiens traditionelle Handwerkskunst zu pflegen und zu fördern. Für Leute, die gerne herumstöbern, ist der Laden jedenfalls das reinste Eldorado. Das illustre Angebot reicht von handgearbeiteter Kleidung über Schmuck und Keramik bis hin zu Designobjekten und Lampen.

STILO FETTI   ACCESSOIRES

Karte S. 346 (www.stilofetti.it; Via degli Orfani 82; ☺Di–Sa 9–13, Mo–Sa 15.30–19.30 Uhr; ☒Via del Corso) Die Technik hat den Füllfederhaltern eigentlich weitgehend den Garaus gemacht, doch dieses altmodische Geschäft – ein Familienbetrieb, der schon seit 1893 existiert – kann noch mit einer wunderschönen Auswahl aufwarten. Hier gibt es alle Stilrichtungen, und auch viele Topmarken sind erhältlich – von Faber-Castell bis zu Mont Blanc und Montegrappa, dem italienischen Luxusschreibgerätehersteller, dessen Produkte bevorzugt von Angehörigen der Königshäuser und anderen bedeutenden Persönlichkeiten der Welt gekauft werden.

ALBERTA GLOVES   ACCESSOIRES

Karte S. 346 (Corso Vittorio Emanuele II 18; ☺10–18.30 Uhr; ☒Largo di Torre Argentina) Von Seidenhandschuhen, die bis zum Ellbogen hinaufreichen, bis hin zu goldbraunen Autohandschuhen ist in diesem winzigen Geschäft – einem alteingesessenen Familienbetrieb – eine breite Auswahl an handgefertigten Handschuhen für jede erdenkliche Gelegenheit erhältlich. Schals und Wollhüte gibt es hier auch.

Piazza Navona & Umgebung

SBU   MODE

Karte S. 346 (www.sbu.it; Via di San Pantaleo 68-69; ☺Mo–Sa 10–19.30 Uhr; ☒Corso Vittorio Emanuele II) Das Flagschiff-Geschäft der hippen Modemarke SBU (d. h. Strategic Business Unit) mit schmiedeeisernen Säulen und Holzregalen nimmt ein Atelier aus dem 19. Jh. in der Nähe der Piazza Navona ein. Der ganze Stolz gilt den Jeans, die exquisit aus japanischer Baumwolle geschneidert sind, aber man kann hier auch Hemden, Sakkos, Hüte, Pullis und T-Shirts erstehen.

TEMPI MODERNI   SCHMUCK, KLEIDUNG

Karte S. 346 (Via del Governo Vecchio 108; ☺Mo–Sa 9–13.30 & 15–19.30 Uhr; ☒Corso Vittorio Emanuele II) In diesem abgedrehten Kuriositätenladen in der Via del Governo Vecchio finden sich Klimt-Drucke neben Pop-Art-Gemälden und mit Cartoons bedruckten Krawatten. Das Geschäft quillt schier über mit nostalgischem Modeschmuck, Bakelitstücken aus den 1920er- und 1930er-Jahren, Jugendstil- und Art-déco-Plunder, Bernsteinbroschen aus dem 19. Jh. und Arbeiten von Couturiers wie Chanel, Dior und Balenciaga.

OFFICINA PROFUMO FARMACEUTICA
DI SANTA MARIA NOVELLA   KOSMETIK

Karte S. 346 (www.smnovella.it; Corso del Rinascimento 47; ☺Mo–Sa 10–19.30 Uhr; ☒Corso del Rinascimento) Dieses Geschäft ist die römische Filiale einer der ältesten Apothekenketten Italiens. Zum Sortiment gehören natürliche Düfte und Kosmetik, aber auch Kräutertees, schwarzer Tee und Potpourris, die allesamt in den Regalen der verglasten Holzvitrinen aufbewahrt werden, über denen ein Lüster aus Muranoglas prunkt. Die ursprüngliche Apotheke wurde 1612 in Florenz von den Dominikanermönchen von Santa Maria Novella gegründet. Ein Großteil der Kosmetik basiert noch auf den alten Kräuterrezepten aus dem 17. Jh.

NARDECCHIA   KUNST

Karte S. 346 (Piazza Navona 25; ☺Di–Sa 10–13, Mo–Sa 16.30–19.30 Uhr; ☒Corso del Rinascimento) Dieses historische Geschäft an der Piazza Navona verkauft so ziemlich alles – von Radierungen aus dem 18. Jh. von Giovanni Battista Piranesi bis hin zu erschwinglicheren Panoramaansichten aus dem 19. Jh. Für ein kleines, gerahmtes Bild sollte man mit mindestens 150 € rechnen.

LUNA & L'ALTRA — MODE

Karte S. 346 (Piazza Pasquino 76; ☺Di–Sa 10–14, Mo–Sa 15.30–19.30 Uhr; 🚇Corso Vittorio Emanuele II) Das Geschäft gilt als gute Adresse für Leute, die in Sachen Mode am Puls der Zeit sind. Das Luna & L'Altra ist eine von zahlreichen unabhängigen Boutiquen, die sich in der del Governo Vecchio und Umgebung befinden. Das nüchterne Geschäft im Stil einer Galerie präsentiert Kleidung von Comme des Garçons, Issey Miyake, Yohji Yamamoto und anderen mit der gebührenden Grandezza.

ALDO FEFÈ — KUNSTHANDWERK

Karte S. 346 (Via della Stelletta 20b; ☺Mo–Sa 8–19.30 Uhr; 🚇Corso del Rinascimento) In diesem authentischen Atelier für Kunsthandwerk wird wunderschönes handbemaltes Papier hergestellt, aber auch Notizbücher mit Ledereinband (32 €), Bilderrahmen und Fotoalben (ab 15 €) sind erhältlich. Außerdem kann man hier Florentiner Geschenkpapier und Kalligrafiestifte erstehen.

ZOUZOU — MODE

Karte S. 346 (www.zouzou.it; Vicolo della Cancelleria 9a; ☺Di–Sa 11–19.30, Mo 14–19.30 Uhr; 🚇Corso Vittorio Emanuele II) Der neueste Flirt in Rom lässt sich in dieser noblen Erotikboutique gleich bei der Via del Governo Vecchio noch weiter anheizen. Das Geschäft im Stil eines viktorianischen Boudoirs mit scharlachroten Wänden und Schaufensterpuppen im Korsett bietet eine breite Auswahl an Luxusdessous, Toilettenartikeln und Sexspielzeug – alles selbstverständlich stets so geschmackvoll wie nur möglich.

VESTITI USATI CINZIA — VINTAGE

Karte S. 346 (Via del Governo Vecchio 45; ☺Mo–Sa 10–20, So 14–20 Uhr; 🚇Corso Vittorio Emanuele II) Das Geschäft, das einem ehemaligen Kostümdesigner gehört, ist die reinste Fundgrube in Sachen Vintage-Klamotten. In dem engen Laden stapeln sich die Jacken (in Leder, Denim, Kord und Leinen), dramatischen Cocktailkleider, T-Shirts mit Aufdruck, Retro-Röcke, Wildledermäntel, Designersonnenbrillen und bunten Taschen nur so.

OMERO E CECILIA — VINTAGE

Karte S. 346 (www.omerocecilia.com; Via del Governo Vecchio 110; ☺Mo–Sa 10–20, So 14–20 Uhr; 🚇Corso Vittorio Emanuele II) Das sagenhafte, schlauchförmige Geschäft ist das reinste Eldorado für Leute, die gern herumstöbern. Es ist übervoll mit gebrauchten Ledertaschen, Samtmänteln aus den 1970er-Jahren, Tweedblazern, italienischen Kleidern aus den 1960er-Jahren, alten Burberry-Trenchcoats und noblen englischen Schuhen von Church sowie sonstigem Krimskrams.

AI MONASTERI — SCHÖNHEIT

Karte S. 346 (www.aimonasteri.it; Corso del Rinascimento 72; ☺10.30–19.30 Uhr, Do nachmittags & So geschl.; 🚇Corso del Rinascimento) Balsam für den Körper und Leckereien für die Seele – so könnte man das Sortiment dieser Klosterapotheke umreißen, in der es vielerlei Kräuteressenzen, Lotionen und Kosmetik gibt, die allesamt von Mönchen aus ganz Italien hergestellt werden. Außerdem sind hier noch Weine, Liköre und Gebäck erhältlich. Sogar Elixiere, die Liebe, Glück und die ewige Jugend versprechen, kann man erstehen.

CASALI — KUNST

Karte S. 346 (Via dei Coronari 115; ☺Mo–Sa 10–13, Sa 10–13 & 15.30–19.30 Uhr; 🚇Corso del Rinascimento) Das Casali in der hübschen Via dei Coronari handelt mit Radierungen – Originalen wie auch Reproduktionen – und alten Drucken, von denen viele wunderschön handkoloriert sind. Das Geschäft ist klein, was für die Auswahl allerdings ganz sicher nicht gilt – sie reicht von Handschriften aus der Botanik, die aus dem 16. Jh. stammen, bis hin zu Drucken von Rom im Postkartenformat.

LE TELE DI CARLOTTA — KUNSTHANDWERK

Karte S. 346 (Via dei Coronari 228; ☺Mo–Fr 10.30–13 & 15.30–19 Uhr; 🚇Corso del Rinascimento) Dieser Laden ist gerade einmal so groß wie ein Nähkästchen. Erhältlich sind hier handbestickte Servietten, Kissenbezüge, Taschen und nostalgischer Schmuck. Wer sich lange genug in Rom aufhält, kann sich auch Sachen den eigenen Vostellungen entsprechend besticken lassen.

AL SOGNO — SPIELWAREN

Karte S. 346 (www.alsogno.com; Piazza Navona 53; ☺10–20 Uhr; 🚇Corso del Rinascimento) Die extravaganten Schaufenster dieses renommierten Spielwarenladens sind fast so aufwendig wie die Leibesübungen, die die Brunnenplastiken auf der Piazza Navona vollführen. Innen gleicht der Laden einem Wunderland aus Marionetten, Kobolden, Feen, Kopien alter römischer Waffen, Puppen und Plüschtieren. Aber: Finger weg! Und somit eignet sich die sterile Atmophäre am besten für ganz brave kleine Lieblinge.

🏠 Campo de' Fiori & Umgebung

⭐IBIZ – ARTIGIANATO
IN CUOIO   ACCESSOIRIES

Karte S. 346 (Via dei Chiavari 39; ⏱Mo–Sa 9.30–19.30 Uhr; 🚌Corso Vittorio Emanuele II) In ihren winzigkleinen Atelier fertigen Elisa Nepi und ihr Vater exquisite Lederwaren zu akzeptablen Preisen in schlichtem, jedoch klassischem Design und in einer Fülle von Farben. Einen Gürtel kann man hier für etwa 35 € erstehen, für eine Tasche muss man mindestens 110 € lockermachen.

⭐RACHELE   KINDERBEKLEIDUNG

(Karte S. 346; www.racheleartchildrenswear.it; Vicolo del Bollo 6; ⏱Di–Sa 10.30–14 & 15.30–19.30 Uhr; 🚌Corso Vittorio Emanuele II) Mütter, die gern die Garderobe ihrer Kids (unter zwölf) auf den neuesten Stand bringen wollen, tun gut daran, Rachele in ihrem entzückenden kleinen Atelier nahe der Via del Pellegrino einen Besuch abzustatten. Hier gibt es alles – von Hüten und Handschuhen bis hin zu Strampelanzügen und Jäckchen. Alles ist in vielen leuchtenden Farben zu haben und handgemacht. Die meisten Sachen kosten zwischen 40 und 50 €.

ARSENALE   MODE
Karte S. 346 (www.patriziapieroni.it; Via del Pellegrino 172; ⏱Di–Sa 10–19.30, Mo 15.30–19.30 Uhr; 🚌Corso Vittorio Emanuele II) Arsenale, das Atelier der römischen Designerin Patrizia Pieroni, ist der Inbegriff für originelle, hochwertige Damenmode. Das Geschäft in jungfräulichem Weiß kreiert einen sauberen, modernen Showroom für die Kleidung mit tollem Schnitt.

I COLORI DI DENTRO   KUNST
Karte S. 346 (www.mgluffarelli.com; Via dei Banchi Vecchi 29; ⏱Mo–Sa 11–19 Uhr; 🚌Corso Vittorio Emanuele II) Hier kann man sich eine Dosis mediterranen Sonnenschein mit nach Hause nehmen. Die Gemälde der Künstlerin Maria Grazia Luffarelli zelebrieren die Farben Italiens richtiggehend – mit sonnengelben Landschaften, blühenden Blumen, den Stadtlandschaften Roms und Katzen, die aussehen, als ginge es ihnen rundum prächtig. Man kann hier aber auch originale Aquarelle und Drucke erstehen, zudem Postkarten, T-Shirts, Notizbücher und Kalender.

DADADA 52   MODE
Karte S. 346 (www.dadada.eu; Via dei Giubbonari 52; ⏱Mo 12–20, Di–Sa 11–14 & 15–20, So 11.30–19.30 Uhr; 🚌Via Arenula) Mädels mit Gespür, was in der Mode gut ankommt, sollten sich schnurstracks in diese kleine Boutique begeben. Hier gibt es eine gute Auswahl an Cocktailkleidern, die die Blicke auf sich ziehen und sich weiter aufpeppen oder auch dezent abwandeln lassen, außerdem gemusterte Sommerkleider, ausgefallene Mäntel und farbenfrohe Hüte. Eine **Zweigstelle** (Karte S. 350; 📞06 6813 9162; Ⓜ Flaminio oder Spagna) ist in der Via del Corso 500.

MONDELLO OTTICA   MODE
Karte S. 346 (www.mondelloottica.it; Via del Pellegrino 98; ⏱Di–Sa 10–13.30 & 16–19.30 Uhr; 🚌Corso Vittorio Emanuele II) Bei diesem modischen Optiker in der Via del Pellegrino werden Brillen zur Kunst. Das Geschäft ist für seine avantgardistischen Schaufensterauslagen bekannt, die oft von zeitgenössischen Künstlern gestaltet werden. Bei Mondello Ottica sind Brillengestelle von führenden Designern erhältlich, beispielsweise das Berliner Label Kuboraum und die belgische Marke Theo. Brillen mit optischen Gläsern sind oft noch am selben Tag fertig.

BORINI   SCHUHE
Karte S. 348 (Via dei Pettinari 86-87; ⏱Di–Sa 9–13, Mo–Sa 15.30–19.30 Uhr; 🚌Via Arenula) Von dem Discounter-Arbeitsalltags-Ambiente sollte sich niemand täuschen lassen – Eingeweihte strömen nur so in diesen Laden, um dort topaktuelle Schuhmode zu kaufen. Die Damenschuhe sind in funktionalen Vitrinen ausgestellt, außerdem ist auch eine kleinere Auswahl an Herrenschuhen aus Leder zu haben.

LOCO   SCHUHE
Karte S. 346 (Via dei Baullari 22; ⏱Di–Sa 10.30–19.3, Mo 15.30–19.30 Uhr; 🚌Corso Vittorio Emanuele II) Schuhfetischisten sollten sich zum Loco auf die Socken machen, denn dort gibt es die hippsten Turnschuhe, die echt was

hermachen. Das Geschäft ist klein, hat den Dreh aber raus – mit einer flippigen Kollektion von originalen Sneakers (für Jungs und Mädels) sowie Stiefeln und Pumps von renommierten Designern aus dem In- und Ausland. Auch Taschen und Modeschmuck sind hier erhältlich.

🛍 Piazza Colonna & Umgebung

★ CONFETTERIA MORIONDO & GARIGLIO   ESSWAREN

Karte S. 346 (Via del Piè di Marmo 21-22; ⊙ Mo–Sa 9–19.30 Uhr; 🚇 Via del Corso) Der römische Dichter Trilussa war von diesem historischen Schokoladenladen so begeistert, dass er ihm mehrere Sonette widmete. Gegründet wurde das Geschäft von Turiner Chocolatiers, die das Königshaus Savoyen belieferten. Und es ist wirklich ein Kleinod. Viele der Pralinen und handgemachten Schokoladen, die in Glasvitrinen ausgestellt sind, werden bis heute nach den Originalrezepten aus dem 19. Jh. hergestellt.

MATERIE   SCHMUCK

Karte S. 346 (www.materieshop.com; Via del Gesù 73; ⊙ Mo–Sa 10.30–19.30 Uhr; 🚇 Via del Corso) Dieses Geschäft ist ein Paradebeispiel für einzigartigen handgemachten Schmuck aus Marterialien, die unterschiedlicher gar nicht sein könnten: Silber, Plexiglas, Plastik und Stein. Jedes Jahr reist die Inhaberin Viviana Violo durch die Welt auf der Suche nach neuen Designs, um sie dann zu Hause in ihrem ruhigen, zentral gelegenen Laden zu verkaufen. Auch eine kleinere Auswahl an Taschen, Schals und anderen Accessoires gehört zum Sortiment.

TARTARUGHE   MODE

Karte S. 346 (www.letartarughe.eu; Via del Piè di Marmo 17; ⊙ Di–Sa 10–19.30, Mo 12–19.30 Uhr; 🚇 Via del Corso) Modisch, vielseitig und elegant – die saisonalen Designs von Susanna Liso zieren diese legere Boutique mit weißen Wänden. Ihre Kleidung, darunter schlichte Wollmäntel, raffiniert geschnittene Blazer, Pullis und Hosen, verleiht dem klassischen Stil eine moderne Note. Es ist hier auch eine edle Kollektion von originellen Accessoires erhältlich.

BARTOLUCCI   SPIELWAREN

Karte S. 346 (www.bartolucci.com; Via dei Pastini 98; ⊙ 10–22 Uhr; 🚇 Via del Corso) Kaum einer

EIN BEITRAG ZUM KAMPF GEGEN DIE MAFIA

Auf den ersten Blick ist an der **Bottega Pio La Torre** (Karte S. 346; www.liberaterra.it; Via dei Prefetti 23; ⊙ Di–Sa 10.30–19.30, So 10.30–14.30, Mo 15.30–19.30 Uhr; 🚇 Via del Corso), einem kleinen, bescheidenen Lebensmittelladen in der Nähe der Piazza del Parlamento, eigentlich nichts Besonderes. Wer hier einkauft, leistet allerdings einen kleinen, wenngleich konkreten Beitrag zum Kampf gegen die Mafia. Sämtliche leckeren Esswaren, die hier zum Verkauf stehen, beispielsweise Bio-Olivenöl, Nudeln, Mehl, Honig und Wein, wurden auf Grund und Boden hergestellt, der von Leuten konfisziert wurde, die dem organisierten Verbrechen in Kalabrien und Sizilien angehörten.

kann dem Drang widerstehen, in dieses zauberhafte Spielwarengeschäft hineinzugehen, in dem alle Sachen aus Holz sind. Bewacht wird das Bartolucci von Pinocchio auf dem Fahrrad und einem Motorrad in Originalgröße. Innen warten dann tickende Uhren, Schaukelpferde, Flugzeuge und zahllose Pinocchios.

A S ROMA STORE   SPORT

(Karte S. 346; Piazza Colonna 360; ⊙ Mo–Sa 10–19.30, So 10.30–19 Uhr; 🚇 Via del Corso) Das Geschäft ist der offizielle Laden des A.S. Roma, eines der beiden Top-Fußballclubs von Rom. Hier gibt es jede Menge Fan-Artikel mit dem Logo des Fussballvereins – Trikots, Kappen, T-Shirts, Schals, Kapuzenshirts, Schlüsselringe und weiß Gott was noch alles. Natürlich bekommt man hier auch Karten für die Fußballspiele.

DE SANCTIS   KERAMIK

Karte S. 346 (www.desanctis1890.com; Piazza di Pietra 24; ⊙ Mo–Sa 10–13.30 & 15–19.30, Di vormittags geschl.; 🚇 Via del Corso) Das De Sanctis, das schon seit 1890 gut im Geschäft ist, quillt schier über von Keramik aus Sizilien und der Toskana. Geschirr, Küchenartikel und Kunstobjekte sind mit intensiven Farben verschönt. Wenn die Einkäufe zu schwer zu transportieren sind, kann man sie sich – weltweit – auch liefern lassen.

1

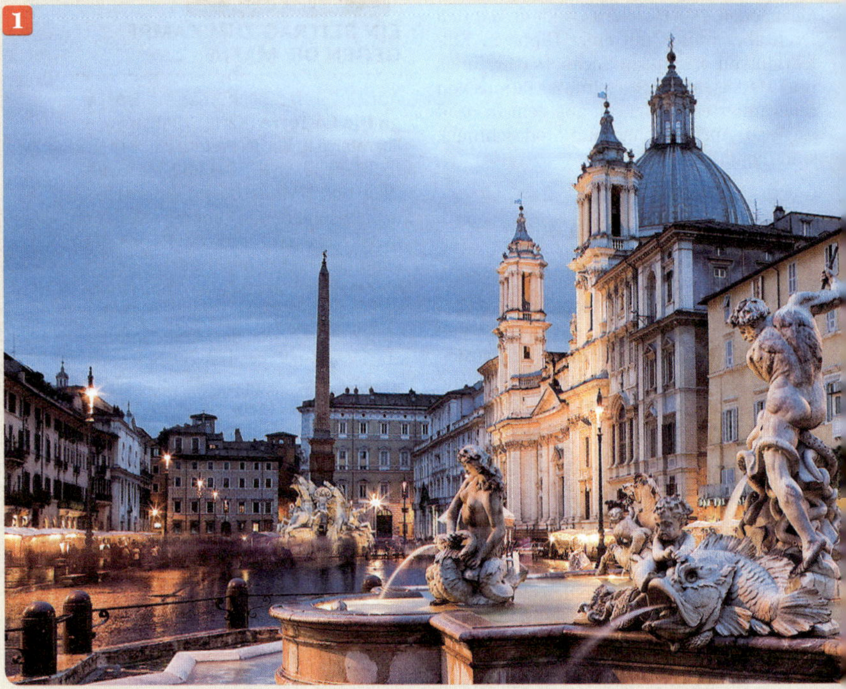

2

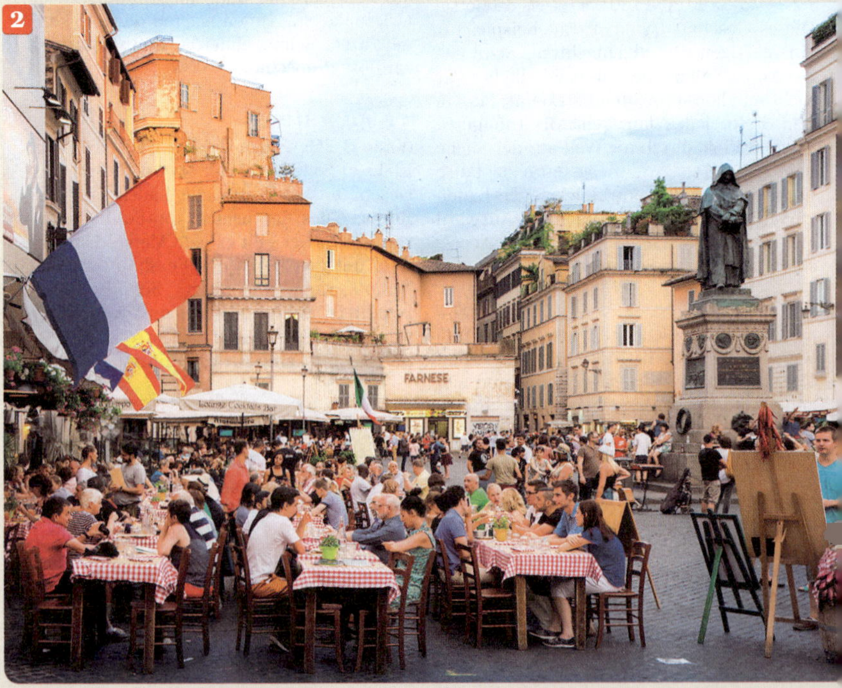

Showtime auf Roms Piazze

Von der barocken Pracht der Piazza Navona über das pulsierende Leben am Campo de' Fiori bis hin zum Petersplatz bergen die Vorzeigeplätze viel von der Schönheit und Dramatik der Geschichte.

Piazza Navona

Die Piazza Navona (S. 82) mitten im Herzen des historischen Zentrums ist ein Bilderbuchplatz: edle Barockpaläste, beeindruckende Brunnen, volle Straßencafés und verkleidete Straßenkünstler.

Petersplatz

Der von Bernini entworfene riesige Platz (S. 148) ist ein grandioser Auftakt für den Petersdom und ein städtebauliches Meisterwerk des 17. Jhs. Ein Obelisk markiert den Mittelpunkt des Platzes, der auf beiden Seiten von Säulenkolonnaden eingerahmt wird.

Piazza del Popolo

Die klassizistische Piazza del Popolo (S. 115) ist ein großzügiger, weitläufiger Platz. Einst fanden hier Hinrichtungen statt, heute kommen die Menschen hierher zu politischen Kundgebungen, Konzerten oder einfach nur zum Bummeln.

Piazza del Campidoglio

Die Piazza (S. 74) ist der Glanzpunkt des Kapitols (Campidoglio) und für viele die schönste in Rom. An dem von Michelangelo geplanten Platz stehen Palazzi auf drei Seiten, und hier befinden sich auch die Kapitolinischen Museen.

Campo de' Fiori

Auf dem Campo de' Fiori (S. 87) mit seinem traditionellen Markt und den Bars sind bei Tag und bei Nacht viele Menschen anzutreffen.

Piazza di Spagna

Die Piazza di Spagna (S. 112) in der schicken Einkaufsmeile von Rom hat schon immer Touristen angezogen, die sich auf die Stufen der Spanischen Treppe setzen und einfach schauen, was sich vor ihren Augen abspielt.

1. Fontana del Nettuno, Piazza Navona (S. 82) **2.** Mittagessen auf dem Campo de' Fiori (S. 87) **3.** Petersplatz (S. 148)

Tridente, Trevi & Quirinal

PIAZZA DEL POPOLO | VIA DEL CORSO | PIAZZA DI SPAGNA | TREVIBRUNNEN |
QUIRINAL | PIAZZA BARBERINI | VIA VENETO

Highlights

❶ Leute auf der **Spanischen Treppe** beobachten, Schnappschüsse machen und einfach vor sich hin träumen (S. 112), während weiter unten die Via dei Condotti mit ihren zahllosen Designerläden verläuft

❷ Staunend vor Caravaggios Meisterwerken im Schatzkästlein **Chiesa di**

Santa Maria del Popolo (S. 113) stehen bleiben

❸ Durch die **Villa Medici** (S. 118) und ihren Garten schlendern und die grandiose Aussicht auf Rom genießen. Danach eine Pause im Café der Villa einlegen

❹ Die architektonischen Schätze und prächtigen Meisterwerke sowie die

atemberaubende Cortona-Decke des **Palazzo Barberini** (S. 122) bewundern

❺ Das ergreifende **Keats-Shelley-Haus** (S. 117) besuchen, wo einstmals der junge Keats in den (ehedem) bescheidenen Räumen mit Blick auf die Spanische Treppe seinen letzten Atemzug tat

Details siehe Karte S. 350

Tridente, Trevi & Quirinal erkunden

Tridente gilt als Roms schickster Stadtteil – die Straßen sind gesäumt von Designerboutiquen, angesagten Bars und Nobelhotels. In diesem Viertel liegen auch die Piazza del Popolo, die Spanische Treppe, die Villa Medici, das Museo dell'Ara Pacis, die Künstlerstraße Via Margutta sowie zahlreiche Kirchen. Für den Besuch aller Sehenswürdigkeiten und einen Schaufensterbummel braucht man etwa einen halben Tag. Alles ist sehr gut zu Fuß zu erreichen – vom Centro Storico oder der Piazza Venezia ist es nur ein Katzensprung dorthin. Gleiches gilt für die beiden Metrostationen Spagna und Flaminio.

Im Anschluss an das Tridente erhebt sich einer der Hügel Roms – der Quirinal mit der Fontana di Trevi sowie dem Palazzo del Quirinale. Dazu kommen noch bedeutende Kirchen, die von den Meistern des Barocks, Gian Lorenzo Bernini und Francesco Borromini, errichtet wurden. Zu den künstlerischen Attraktionen der Gegend gehören die prächtige Galleria Colonna und die Galleria Nazionale d'Arte Antica – Palazzo Barberini, wo die Werke der berühmtesten Renaissance- und Barockkünstler um Aufmerksamkeit buhlen. Wer all diese Kunstwerke in Ruhe bewundern möchte, braucht dafür mehrere Tage. Am besten sind Trevi und Quirinal von der Metrostation Barberini aus zu erreichen.

Lokalkolorit

➡ **Bummeln** Wer zwischen efeuumrankten Häusern durch die Via Margutta schlendert, fühlt sich wie im Kinofilm *Ein Herz und eine Krone*. Denn die besondere Atmosphäre dieses Viertels ist hier deutlich zu spüren.

➡ **Shoppen** Die Kunsthandwerker des Viertels verkaufen handgefertigte Taschen, aber auch in Marmor gemeißelte Sinnsprüche.

➡ **Kaffee** Am besten ein Beispiel an den Einheimischen nehmen und in einem der Cafés, wie dem Rosati (S. 130) oder dem Caffè Greco (S. 130), lässig an der Bar lehnend die tägliche Koffeindosis zu sich nehmen.

An- & Weiterreise

➡ **Metro** Die Viertel Trevi und Quirinal befinden sich unweit der Metro-Station Barberini; für einen Bummel durch Tridente eignen sich dagegen besser die Stationen Spagna und Flaminio. Alle drei Haltestellen liegen auf der Linie A.

➡ **Bus** Busse fahren zur Piazza Barberini oder entlang der Via Veneto. Viele halten am Südende der Via del Corso und an der Via del Tritone, dem idealen Ausgangspunkt für einen Ausflug in das Viertel Tridente.

Top-Tipp

In der Mittagszeit sind viele Kirchen meist für zwei oder drei Stunden zugesperrt. Deshalb den Besuch auf den Vormittag oder den späten Nachmittag legen.

Gut essen

➡ Enoteca Regionale Palatium (S. 127)
➡ Imàgo (S. 127)
➡ Fatamorgana (S. 125)
➡ Colline Emiliane (S. 129)
➡ Babette (S. 126)

Mehr Details siehe S. 124. ➡

Nett ausgehen

➡ Stravinskij Bar – Hotel de Russie (S. 130)
➡ Il Palazzetto (S. 127)
➡ Buccone (S. 125)

Mehr Details siehe S. 130. ➡

Die schönsten Kirchen

➡ Chiesa di Santa Maria del Popolo (S. 113)
➡ Chiesa di Sant'Andrea al Quirinale (S. 120)
➡ Chiesa di San Carlo alle Quattro Fontane (S. 120)
➡ Chiesa di Santa Maria della Vittoria (S. 120)

Mehr Details siehe S. 113. ➡

TRIDENTE, TREVI & QUIRINAL

Die Spanische Treppe und das Tridente sind seit Beginn des 19. Jhs. ein Publikumsmagnet, der zahlreiche Besucher aus dem Ausland anlockt. So schrieb Charles Dickens: „Diese Treppe ist der Sammelplatz der ‚Künstlermodelle ' ... Als ich das erste Mal die Stufen hinaufging, konnte ich mir nicht erklären, warum mir die Gesichter bekannt vorkamen ... Ich hatte bald herausgefunden, dass wir uns ... an den Wänden verschiedener Gemäldeausstellungen begegnet waren."

Die Piazza di Spagna verdankt ihren Namen der Spanischen Botschaft beim Heiligen Stuhl, obwohl sie eigentlich zur französischen Kirche Chiesa della Trinità dei Monti hinaufführt. Gebaut wurde die Treppe 1725 vom Italiener Francesco de Sanctis, finanziert wurde sie von Frankreich. Gegen Ende des 18. Jhs. kamen viele Engländer auf ihrer Grand Tour in dieses Viertel Roms. Der Dichter Keats bewohnte hier kurze Zeit einige Zimmer und starb dort im Alter von 25 Jahren an Tuberkulose. In der Wohnung seiner damaligen Vermieterin ist heute ein Museum untergebracht.

Die Barcaccia (1627), der einem sinkenden Boot gleichende Brunnen am Fuße der Treppe, stammt vermutlich von Pietro Bernini, dem Vater des berühmteren Gian Lorenzo Bernini. Gespeist wird die Barcaccia ebenso wie die Brunnen an der Piazza del Popolo und der Trevibrunnen vom altrömischen Aquädukt Acqua Vergine. Da der Wasserdruck an dieser Stelle recht niedrig ist, wurde der Brunnen tiefergelegt – ein Meisterstück der Ingenieurskunst. Bienen und Sonnen, die Symbole der Auftraggeber aus der Familie Barberini, schmücken das Schiff. Im Jahr 2015 beschädigten niederländische Fußballfans den Brunnen, woraufhin die Niederlande anboten, den Schaden zu beheben. Gegenüber mündet die Via dei Condotti, Roms exklusivste Shoppingmeile.

Südöstlich davon liegt die Piazza Mignanelli. Sie wird von der Colonna dell'Immacolata dominiert, die 1857 zur Feier der Verkündung des Dogmas der Unbefleckten Empfängnis Mariens durch Papst Pius IX. errichtet wurde.

NICHT VERSÄUMEN

➡ Die Spanische Treppe von oben
➡ Barcaccia

PRAKTISCH & KONKRET

➡ Karte S. 350
➡ Ⓜ Spagna

HIGHLIGHTS
CHIESA DI SANTA MARIA DEL POPOLO

Santa Maria del Popolo, zum Teil von Bramante und Bernini entworfen, zählt zu Roms ältesten und kostbarsten Renaissancekirchen. Die von Caravaggio, Bernini, Raffael, Pinturicchio und anderen Künstlern ausgestalteten Kapellen wurden von einheimischen Adelsfamilien in Auftrag gegeben.

Die Kirche

Im Jahr 1099 wurde hier über den Gräbern der Familie Domiti die erste Kapelle errichtet. Man hoffte, damit den Geist Neros zu vertreiben, der an dieser Stelle heimlich begraben worden war und dessen bösartiger Geist die Gegend angeblich heimsuchte.

Der Bau wurde mehrfach ergänzt, doch erst Bramante restaurierte im frühen 16. Jh. im Rahmen einer Generalüberholung das Presbiterium und den Chor. Pinturicchio fügte außerdem einige Fresken hinzu. In der ebenfalls von Bramante gestalteten Apsis befinden sich Roms erste Buntglasfenster, die im frühen 16. Jh. der Franzose Guillaume de Marcillat schuf.

Am Altar ist das Gemälde *Madonna del Popolo* (13. Jh.) zu bewundern. Die berühmtesten Kunstwerke der Kirche wurden im Jahr 1601 von Caravaggio geschaffen. Bernini nahm im 17. Jh. weitere Umbauten vor.

Cappella Chigi

Nachdem Raffael die seinem steinreichen Mäzen, dem Bankier Agostino Chigi, gewidmete Cappella Chigi entworfen hatte, starb er noch vor der Fertigstellung des Bauwerks. Bernini vollendete rund 100 Jahre später dessen Werk. Der berühmte Bildhauer und Architekt ergänzte das von Sebastiano del Piombo geschaffene Altarbild mit Skulpturen von Daniel und Habakuk. Von Raffaels ursprünglichem Entwurf blieben lediglich die Bodenmosaike erhalten, darunter das eines knienden Skeletts, das den Lebenden bildhaft ihr unweigerliches Ende vor Augen führen soll.

Cappella Cerasi

Als absoluter Höhepunkt gilt jedoch die Cappella Cerasi mit ihren beiden einander gegenüberhängenden Caravaggios: *Conversione di San Paolo* (Bekehrung des Paulus) und *Crocifissione di San Pietro* (Kreuzigung des Petrus). Meisterhaft hebt der Künstler durch den Einsatz von Licht und Schatten die Szenen hervor. Die erste Version der *Conversione* lehnte der Mäzen ab, sodass Caravaggio eine zweite Fassung malen musste. Das zweite Bild ist erschreckend realistisch, denn Caravaggio betonte mittels der Perspektive das Gewicht des umgedrehten Kreuzes: Der Gesichtsausdruck des auf dem Kopf stehenden Petrus ist von herzergreifender Menschlichkeit. Das zentrale Altarbild mit dem Motiv der Himmelfahrt stammt von Annibale Carracci.

Cappella Della Rovere

Die Lünettenfresken, die das Leben des hl. Hieronymus zeigen (dem die Kapelle auch gewidmet ist), und das Weihnachtsbild mit dem hl. Hieronymus über dem Altar wurden im 15. Jh. von Pinturicchio (um 1454–1513) geschaffen. Noch heute leuchten die Farben wie Edelsteine.

NICHT VERSÄUMEN

➡ Caravaggios Gemälde in der Cappella Cerasi

➡ Berninis Werk in der von Raffael entworfenen Cappella Chigi

➡ Pinturicchios Fresken

PRAKTISCH & KONKRET

➡ Karte S. 350

➡ Piazza del Popolo

➡ ⏱ Mo–Sa 7–12 & 16–19 Uhr, So 7.30–13.30 & 16.30–19.30 Uhr

➡ Ⓜ Flaminio

Die Fontana di Trevi, ein schäumendes Meisterwerk, gleicht einer barocken Kulisse, die beinahe die gesamte Piazza einnimmt. Hier stolzierte Anita Ekberg in Fellinis Film *La Dolce Vita* (1960) im schwarzen Abendkleid durch den Brunnen. Darunter trug sie angeblich Fischerstiefel.

Im Jahr 1732 schuf Nicola Salvi dieses üppige Barockensemble mit Neptuns Wagen in der Mitte, der von Tritonen mit je einem wilden und einem zahmen Meerespferd gezogen wird. Auch heute noch sprudelt das Wasser aus der Aqua Virgo, einem über 2000 Jahre alten, unterirdischen Aquädukt: General Agrippa errichtete dieses während der Herrschaft von Kaiser Augustus, das Wasser stammt aus den 19 km entfernt liegenden Salonequellen. Der Name „Trevi" verweist auf die *tre vie* (drei Straßen), die am gleichnamigen Brunnen aufeinandertreffen.

An der Ostseite des Brunnens befindet sich eine große, runde Steinurne. Man erzählt sich, dass Salvi während der Bauzeit von einem Barbier drangsaliert wurde, dessen Laden östlich des Brunnens gelegen war und der den Bauarbeiten nichts abgewinnen konnte. Um den Störenfried auszusperren, soll der Bildhauer diese Urne hinzugefügt haben.

Berühmt ist der Brauch, eine Münze in den Brunnen zu werfen, um wieder nach Rom zurückzukehren (seit dem Film *Drei Münzen im Brunnen*, 1954). Tag für Tag werden im Durchschnitt rund 3000 € in den Trevibrunnen geworfen. Das Geld wird täglich eingesammelt und an die Caritas weitergeleitet, wobei die Summe seit einer Razzia gegen kriminelle Elemente (die das Geld in die eigene Tasche gesteckt haben) zugenommen hat.

Die von Fendi finanzierte, etwa 2,18 Millionen Euro teure Restaurierung des Brunnens wurde am 3. November 2015 abgeschlossen. Der Brunnen erstrahlt aus diesem Grund wieder so schön wie früher.

NICHT VERSÄUMEN

➡ Die zwei gegensätzlichen Meerespferde als Verkörperung der Meeresstimmungen.

➡ Eine Münze in den Brunnen werfen – es dürfen auch drei sein.

PRAKTISCH & KONKRET

➡ Fontana di Trevi
➡ Karte S. 350
➡ Piazza di Trevi
➡ Ⓜ Barberini

◉ SEHENSWERTES

Die Piazza del Popolo, die Spanische Treppe, der Trevibrunnen und der Palazzo Barberini – all dies nur einen Katzensprung von der Villa Borghese entfernt, die sich perfekt für eine Pause eignet: Diese Gegend zählt zu den reichsten Vierteln Roms, egal ob man nun von Koch- oder anderen Künsten spricht, von Kultur oder Geld.

◉ Piazza del Popolo & Umgebung

CHIESA DI SANTA MARIA DEL POPOLO   KIRCHE

Siehe S. 113.

GÄRTEN AM PINCIOHÜGEL   GÄRTEN

Karte S. 350 (M Flaminio) Über der Piazza del Popolo thronen die Gärten des Pinciohügels (19. Jh.). Diese Grünanlagen verdanken ihren Namen der Familie Pinci, die diesen Teil Roms im 4. Jh. besaß. Von der Piazza geht es ein gutes Stück bergauf, dafür wartet oben angekommen als Belohnung ein wunderbarer Blick auf den Petersdom und den Gianicolo.

Ein anderer Weg führt zunächst die berühmte Spanische Treppe hinauf. Die Gärten eignen sich ebenso als ausgezeichneter Ausgangspunkt für eine Erkundung der Villa Borghese, der Villa dei Medici oder der Chiesa della Trinità dei Monti, die sich prägnant am oberen Ende der Spanischen Treppe erhebt.

TRIDENTE, TREVI & QUIRINAL SEHENSWERTES

HIGHLIGHTS
PIAZZA DEL POPOLO

Jahrhundertelang war die Piazza del Popolo der Ort öffentlicher Hinrichtungen (die letzte fand 1826 statt). Die Piazza del Popolo war allerdings zunächst nicht so prächtig wie heute – es gab einen öffentlichen Brunnen, eine Pferdetränke und auch eine Zisterne zum Wäschewaschen. 1538 wurde sie als grandiose Eintrittspforte für Rom angelegt – damals lag hier das nördliche Haupttor. Die Via Flaminia verband die Stadt mit dem Norden. Seitdem wurde die Piazza mehrfach umgestaltet, zuletzt 1823 von Giuseppe Valadier, der umfangreiche Neuerungen bewirkte, wie z. B. die heute noch bestehenden, ellipsenförmigen Ausbuchtungen.

Das Zentrum des Platzes nimmt ein 36 m hoher, ägyptischer **Obelisk** ein. Augustus ließ ihn aus Heliopolis im Alten Ägypten nach Rom transportieren, ursprünglich stand er im Circo Massimo. Östlich des Platzes liegt der Aussichtspunkt in den **Gärten am Pinciohügel**. Dieser kleine Hügel zählt nicht zu den berühmten sieben Hügeln Roms, da er außerhalb der früheren Stadtgrenzen lag und erst im 3. Jh. eingemeindet wurde.

Das südliche Ende zieren Carlo Rainaldis Barockkirchen aus dem 17. Jh., die **Chiesa di Santa Maria dei Miracoli** und die **Chiesa di Santa Maria in Montesanto**. Die Nordseite der Piazza wird von der **Porta del Popolo** abgeschlossen, die Bernini schuf, um Königin Christina von Schwedens Übertritt zum Katholizismus und ihre Ankunft in Rom feierlich zu würdigen. Eine Inschrift hieß die Königin willkommen: „FELICI FAUSTOQUE INGRESSUI MDCLV" (Einen glücklichen und gesegneten Einzug 1655).

NICHT VERSÄUMEN

➤ Der Obelisk
➤ Die Aussicht von den Gärten am Pinciohügel

PRAKTISCH & KONKRET

➤ Karte S. 350
➤ M Flaminio

HIGHLIGHTS
GALLERIA COLONNA

Diese unfassbar prächtige Galerie ist der für die Öffentlichkeit einzig zugängliche Teil des Palazzo Colonna und beherbergt die kleine, aber feine private Kunstsammlung der Familie Colonna. Die polierten, gelben Säulen stehen für den Familiennamen „Colonna", was so viel wie „Säule" bedeutet.

Der bereits als Galerie geplante Palastteil (1654–1665 von Antonio del Grande entworfen) umfasst sechs Räume mit fantastischen Deckenfresken, die Marcantonio Colonna gewidmet sind, dem berühmten Ahnherrn der Familie, der 1571 in der Seeschlacht von Lepanto die Türken besiegte. An seine Taten erinnern auch die Arbeiten von Giovanni Coli und Filippo Gherardi im Großen Saal, von Sebastiano Ricci im Landschaftensaal und von Giuseppe Bartolomeo Chiari im Thronsaal. Die Kanonenkugel auf der Marmortreppe der Galerie, die eindrücklich an die Belagerung Roms im Jahr 1849 erinnert, ist ebenfalls einen Blick wert ist.

Die Ausstellung zeigt eine schöne Auswahl an Gemälden des 16.–18. Jhs., wobei als Höhepunkt der sehr lebendig wirkende *Mangiafagioli* (Bohnenesser) von Annibale Carracci gilt. Ein seit Kurzem öffentlich zugänglicher Flügel umfasst den Salon der Kapelle und die kostbare Artemisia-Gobelin-Sammlung aus dem 17. Jh. Das Terrassencafé hat von Mai bis Oktober geöffnet.

NICHT VERSÄUMEN

→ Fantastische Deckenfresken
→ Annibale Carraccis *Mangiafagioli*

PRAKTISCH & KONKRET

→ Karte S. 350
→ ☎ 06 678 43 50
→ www.galleria colonna.it
→ Via della Pilotta 17
→ Erw./erm. 12/10 €
→ ⏱ Sa 9–13.15 Uhr, Aug. geschl.
→ 🚇 Via IV Novembre

◉ Westlich der Via Del Corso

MUSEO DELL'ARA PACIS   MUSEUM

Karte S. 350 (☎ 06 06 08; http://en.arapacis.it; Lungotevere in Auga; Erw./erm. 10,50/8,50 €, Audioguide 4 €; ⏱ 9–19 Uhr, letzter Eintritt 18 Uhr; 🚇 Flaminio) Richard Meiers umstrittener Pavillon aus Glas und Marmor, der als erstes modernes Gebäude seit dem Zweiten Weltkrieg in Roms historischem Zentrum errichtet wurde, beherbergt die *Ara Pacis Augustae* (Friedensaltar), Augustus' großartiges, dem Frieden gewidmetes Bauwerk. Der monumentale Marmoraltar (11,6 x 10, 6 x 3,6 m) ist eine der wichtigsten Skulpturen der römischen Antike und wurde im Jahr 13 v. Chr. fertiggestellt.

Der Altar befand sich ursprünglich in der Nähe der Piazza San Lorenzo in Lucina und damit südöstlich von seinem heutigen Standort. Die Lage des Platzes war so berechnet, dass an dem Geburtstag von Augustus der Schatten einer großen Son-nenuhr auf dem Campus Martius genau auf den Friedensaltar fiel. Über die Jahrhunderte fiel der Altar Roms enthusiastischen Kunstsammlern zum Opfer, die Tafeln landeten in der Medici-Sammlung (man achte auf die bekränzten Reliefs an den Wänden der Villa Medici), im Vatikan und im Louvre. Im Jahr 1936 ließ Mussolini die verbliebenen Teile freilegen und am gegenwärtigen Standort wieder zusammensetzen.

Die bedeutendsten Reliefs zeigen Kaiser Augustus an der Spitze einer Prozession, gefolgt von Priestern und dem General Marcus Agrippa sowie allen Angehörigen der kaiserlichen Familie.

MAUSOLEO DI AUGUSTO   BAUWERK

Karte S. 350 (Piazza Augusto Imperatore; 🚇 Piazza Augusto Imperatore) Dieses 28 v. Chr. erbaute Mausoleum ist die letzte Ruhestätte von Kaiser Augustus, der hier 14 n. Chr. bestattet wurde. Neben ihm ruht sein Lieblingsneffe und Erbe Marcellus. Mussolini ließ das Mausoleum 1936 restaurieren, in der Hoffnung, nach seinem Tod hier ebenfalls ein freies Plätzchen zu finden.

DIE STRASSE DER KÜNSTLER

Die Via Margutta galt schon früher als Straße der Kunst und der Künstler. Noch heute reihen sich hier Antiquitätenläden und Kunsthandlungen aneinander.

„Der besondere Ruf der Via Margutta kam bereits im 16. Jh. auf, als die Straße zur Steueroase für Künstler erhoben wurde", erklärt Valentina Moncada, die Inhaberin der gleichnamigen **Galerie** (Karte S. 350; Via Margutta 54; ⊙nur nach Vereinbarung). „Künstler, die hier wohnten, zahlten keine Steuern, weshalb Künstler aus ganz Europa herbeieilten. Außerdem war die Villa Medici nicht weit. Alle Gewinner des Prix de Rome (ein angesehenes französisches Kunststipendium) kamen häufig hierher."

Ende des 19. Jhs. hatte sich das Atelier, das Valentinas Familie um 1850 gegründet hatte, zu einem beliebten Treffpunkt für Künstler, Schriftsteller und Musiker auf der Durchreise entwickelt. „Eine ganze Reihe wichtiger Musiker kam zu Besuch, darunter all die Großen der italienischen Oper – Puccini, Verdi, Mascagni – sowie die Komponisten Wagner, Liszt und Debussy. Auch die italienischen Futuristen hielten hier ihre ersten Zusammenkünfte ab. Im Jahr 1917 arbeitete Picasso im Atelier. Er traf seine Frau Olga im Hof von Hausnummer 54."

In jüngster Zeit zählte der berühmte Filmregisseur Federico Fellini zu den bekanntesten Bewohnern der Via Margutta: Er lebte bis zu seinem Tod im Jahr 1993 mit seiner Frau Giulietta Masina im Haus Nr. 110.

Einst war dies eines der eindrucksvollsten Bauwerke des antiken Roms. Doch heute ist hier nur noch ein schmutziger, von hässlichen Zäunen umgebener Erdhügel zu sehen. Angeblich werden bereits Restaurierungsarbeiten durchgeführt – erkennbare Verbesserungen sind bisher allerdings nicht zu vermelden.

☉ Piazza di Spagna & Umgebung

PIAZZA DI SPAGNA & SPANISCHE TREPPE   PIAZZA
Siehe S. 112.

KEATS-SHELLEY-HAUS   MUSEUM
Karte S. 350 (☏06 678 42 35; www.keats-shelley-house.org; Piazza di Spagna 26; Erw./erm. 5/4 €, mit der Eintrittskarte auch Ermäßigung in der Casa di Goethe; ⊙Mo–Fr 10–13 & 14–18 Uhr, Sa 11–14 & 15–18 Uhr; ⓂSpagna) Im Keats-Shelley-Haus starb der romantische Dichter John Keats im Februar 1821 mit lediglich 25 Jahren an Tuberkulose. Im darauffolgenden Jahr ertrank sein Dichterfreund Percy Bysshe Shelley an der toskanischen Küste. Die winzige Wohnung verdeutlicht das arme und karge Poetenleben und beherbergt nun ein kleines Museum voller Memorabilien, von verblassten Briefen bis hin zu Totenmasken. Keats war im Jahr 1820 nach Rom gekommen, um im milden,

warmen Klima Italiens zu genesen – ein Versuch, der allerdings ganz offensichtlich nicht von Erfolg gekrönt war.

VIA DEI CONDOTTI   STRASSE
Karte S. 350 (ⓂSpagna) Einkaufswütige und Schaufensterträumer zieht es in Roms wohl schönstes Einkaufsparadies. Am östlichen Ende, in der Nähe der Piazza di Spagna, befindet sich das weltberühmte Caffè Greco (S. 130). Hier trafen sich im 18. und 19. Jh. die Schriftsteller aus dem In- und Ausland auf einen Kaffee und Gespräche. Weitere empfehlenswerte Einkaufsmeilen in dieser Gegend sind die Via Frattina, die Via della Croce, die Via delle Carrozze und die Via del Babuino.

GALLERIA D'ARTE MODERNA   GALERIE
Karte S. 350 (☏06 06 08; www.galleriaartemodernaroma.it; Via F Crispi 24; Erw./erm. 7,50/6,50 €; ⊙Di–So 10–18 Uhr; ⓂBarberini) Dieses Karmeliterkloster aus dem 18. Jh. beherbergt eine spannende Kunstsammlung mit Gemälden und Skulpturen des 20. Jhs., darunter Werke von de Chirico und Giorgio Morandi.

Auf den von Francesco Trombadori und Riccardo Francalancia in den 1950er-Jahren gemalten römischen Stadtansichten gleichen die Villa Borghese und das Kolosseum Vorposten des Stadtviertels EUR (von Mussolini in Auftrag gegebene, neoklassische Vorstadt).

INSIDERWISSEN

ROMS VERSAILLES

Wenn Napoleon seinen Kopf durchgesetzt hätte, wäre der Palazzo del Quirinale nun das Versailles von Rom. Der Journalist und Autor Corrado Augias erklärt dies folgendermaßen:

„Napoleon wählte Rom nach Paris als zweite Hauptstadt. Er wollte Versailles in Paris nutzen und in Rom dafür den Palazzo del Quirinale – übrigens der größte und schönste Palast der Stadt. Deshalb beauftragte er Künstler und Architekten damit, alles für ihn vorzubereiten, und schickte sogar Möbel aus Paris. Letztendlich kam er dann doch nicht. Als er im Jahr 1815 besiegt wurde, holte sich der Papst seinen *palazzo* wieder zurück."

CHIESA DELLA TRINITÀ DEI MONTI   KIRCHE

Karte S. 350 (Piazza Trinità dei Monti; ☉Di–So 6.30–20 Uhr; Ⓜ Spagna) Diese über der Spanischen Treppe aufragende Kirche wurde von König Ludwig XII. von Frankreich in Auftrag gegeben und im Jahr 1585 geweiht. Die Aussicht von dort oben ist großartig, im Inneren dieser sehenswerten Kirche warten herrliche Fresken von Daniele da Volterra. Seine *Deposizione* (Kreuzabnahme) in der zweiten Kapelle auf der linken Seite gilt als Meisterwerk des Manierismus.

Wer nicht die steile Treppe hinaufsteigen will, kann auch den Lift von der Metrostation Spagna aus nehmen.

MUSEO MISSIONARIO DI PROPAGANDA FIDE   MUSEUM

Karte S. 350 (☎06 6988 0266; Via di Propaganda 1; Eintritt 8 €; ☉Mo, Mi & Fr 14.30–18 Uhr; Ⓜ Spagna) Roms Museum der „Glaubensverkündigung" ist in einem barocken Architekturjuwel (17. Jh.) von Gian Lorenzo Bernini und Francesco Borromini untergebracht. Die Gelegenheit, einen Blick in Berninis holzgetäfelte Bibliothek zu werfen, die stark an Harry Potters Zauberschule Hogwarts erinnert, sollte man sich nicht entgehen lassen. Die geschnitzte Decke ist mit Barberini-Bienen verziert. Sehenswert ist auch Borrominis Kapelle der Heiligen Drei Könige, in der ebenjene Könige allegorisch die zum Christentum Bekehrten darstellen.

Das nur wenig besuchte Museum zeigt eine Sammlung von Gegenständen, die Missionare aus aller Welt mitgebracht haben, darunter japanische Gemälde mit Motiven aus den 1930er-Jahren oder das von Canova geschaffene Porträt Ezzelino Romanos. Es war zur Zeit der Recherche wegen Renovierung geschlossen, sollte aber bald wieder geöffnet haben.

PALAZZO VALENTINI   ARCHÄOLOGISCHE STÄTTE

Karte S. 350 (☎06 3 28 10; www.palazzovalentini.it; Via IV Novembre 119/A; Erw./erm. 12/8 €, Vorverkaufsgebühr 1,50 €; ☉Mi–Mo 9.30–18.30 Uhr; Ⓜ Spagna) Unter diesem großartigen Herrenhaus (seit 1873 Sitz der römischen Provinzverwaltung) entdeckten Archäologen die Überreste mehrerer antiker römischer Häuser. Die Ausgrabungsstücke wurden zu einer faszinierenden, virtuellen Multimedia-Tour zusammengestellt, die alle 30 Min. startet, aber abwechselnd auf Italienisch, Englisch und Französisch durchgeführt wird. Am besten online oder telefonisch im Voraus buchen, besonders in der Urlaubszeit.

Die virtuelle Tour führt mit Klangeffekten, projizierten Fresken und interessanten Einblicken durch das antike Leben, wie es sich vermutlich rund um die Stätte abgespielt hat. Die faszinierende Zeitreise eignet sich besonders für ältere Kinder.

CASA DI GOETHE   MUSEUM

Karte S. 350 (☎06 3265 0412; www.casadigoethe.it; Via del Corso 18; Erw./erm. 5/3 €; ☉Di–So 10–18 Uhr; Ⓜ Flaminio) Die Wohnung in der Via del Corso, ein Versammlungsort deutscher Geistesgrößen, in der als Erster Johann Wolfgang von Goethe von 1786–1788 (trotz seiner Klagen über die lauten Nachbarn) eine glückliche Zeit verbrachte, beherbergt nun ein liebevoll eingerichtetes kleines Museum. Zu den Exponaten zählen einige faszinierende Rom-Radierungen von Piranesi aus dem 18. Jh. sowie Goethes Skizzen und Briefen und ein paar hübsche Skizzen seines Freundes Johann Heinrich Wilhelm Tischbein. Glühende Verehrer des Dichters sollten eine Genehmigung einholen, um die Bibliothek benutzen zu dürfen, die voller Erstausgaben steht.

★ VILLA MEDICI   PALAZZO

Karte S. 350 (☎06 6 76 11; www.villamedici.it; Viale Trinità dei Monti 1; Gärten Erw./erm. 12/6 €; ☉Di–So Führungen auf Italienisch, Französisch & Englisch; Café Di–So 11–18 Uhr; Ⓜ Spagna) Dieser prächtige Palazzo wurde 1540 für Cardinal Ricci da Montepulciano errichtet.

Doch bereits 1576 kaufte ihn Ferdinando dei Medici. Er blieb im Besitz der Medicis, bis ihn Napoleon 1801 als Sitz der Académie de France erwarb. Empfehlenswert ist eine Führung durch die wunderbaren **Landschaftsgärten.** Auch die bemalten Wohnräume des Kardinals und die fantastische Aussicht auf Rom beeindrucken die Besucher. Die Mauern der Villa wurden mit Stücken aus dem antiken Ara Pacis (Friedensaltar) verziert.

Berühmtester Bewohner des Palazzos war Galileo, der während seines Häresieprozesses von 1630–1633 im Palazzo interniert war. Aber auch Keith Richards und Anita Pallenberg wohnten hier in den 1960er-Jahren. Bis zu 19 französischsprachige Künstler und Musiker wohnen in der Académie: Sie zeigen Ende Februar und Juni in Ausstellungen und Aufführungen ihre Kunst. Es gibt ein wunderbares Café in hohen Räumen, das Panini und leichte Mittagsmahlzeiten anbietet (3–12 €), dazu Prosecco (4 €). In der Villa kann man auch übernachten (Preise siehe Website).

◉ Vom Trevibrunnen zum Quirinal

TREVIBRUNNEN   BRUNNEN
Siehe S. 114.

PALAZZO DEL QUIRINALE   PALAZZO
Siehe unten.

PIAZZA DEL QUIRINALE   PIAZZA
Karte S. 350 (Ⓜ Barberini) Die Piazza auf dem Quirinalshügel ist das ideale Plätzchen für einen wunderschönen römischen Sonnenuntergang. Im Jahr 1786 wurde der **Obelisk** in der Mitte vom Mausoleo di Augusto hierher transportiert. Zu beiden Seiten stehen die 5,5 m hohen Statuen der Dioskuren **Castor** und **Pollux** mit ihren beiden aufstrebenden Pferden.

Wer an einem Sonntag vorbeikommt, kann dem wöchentlichen Wachwechsel vor dem Quirinalspalast beiwohnen (Sommer 18 Uhr, sonst 16 Uhr).

HIGHLIGHTS
PALAZZO DEL QUIRINALE

Der beeindruckende Präsidentenpalast dominiert die hochgelegene Piazza del Quirinale. Wer ihn besichtigen will, sollte mindestens fünf Tage zuvor eine Eintrittskarte buchen. Die kürzere Führung umfasst die prachtvollen Empfangsräume, der längere Rundgang führt nicht nur durchs Haus, sondern auch durch die Gärten und zu den Kutschen.

Der ausladende Palazzo del Quirinale wurde beinahe drei Jahrhunderte lang als päpstliche Sommerresidenz genutzt. Erst im Jahr 1870 übergaben die Kirchenvertreter widerstrebend die Schlüssel an Italiens neuen König. Seit 1948 ist der Palast der Dienstsitz des Presidente della Repubblica, also des italienischen Staatsoberhaupts.

Papst Gregor XIII. (regierte 1572–1585) wählte diesen Bauplatz, an dem in den folgenden rund 150 Jahren die berühmtesten Architekten jener Epoche arbeiteten, darunter Gian Lorenzo Bernini, Domenico Fontana und Carlo Maderno.

Auf der anderen Seite der Piazza liegt der ehemalige Marstall, die **Scuderie Papali al Quirinale** (☏ 06 3996 7500; www.scuderiequirinale.it; Via XXIV Maggio 16; Eintritt ca. 12 €), in deren großartigen Räumen nun Kunstausstellungen gezeigt werden. So gab es bisher u. a. Sonderausstellungen mit Werken von Henri Matisse und Frida Kahlo.

NICHT VERSÄUMEN

➡ Sonntagskonzert in der von Carlo Maderno entworfenen Kapelle

➡ Grandiose Ausstellungen im ehemaligen Marstall

PRAKTISCH & KONKRET

➡ Karte S. 350

➡ ☏ 06 4 69 91

➡ www.quirinale.it

➡ Piazza del Quirinale

➡ Eintritt 10 €, Führung 30 min 1,50 €, 2½ Std. 10 €

➡ ⊘ Di, Mi & Fr–So 9.30–16 Uhr, Aug. geschl.

➡ Ⓜ Barberini

WUNDERTÄTIGE MADONNEN

Im Vicolo delle Bollette, einer winzigen Gasse nahe dem Trevibrunnen, hängt ein kleines, einfaches Bildnis der Jungfrau Maria. Es ist die Madonna della Pietà, eine der berühmtesten *madonnelle* (kleinen Madonnen) von Rom. Die Zahl solcher Marienbilder im historischen Zentrum von Rom wird auf etwa 730 geschätzt, die meisten befinden sich an Straßenecken oder vor historischen Palazzi. Viele stammen aus dem 16. und 17. Jh., aber ihre Ursprünge reichen bis in vorchristliche Zeit zurück. Damals wurden an den Straßenecken geweihte Wandschreine zu Ehren der Laren (Lares) aufgestellt, römischer Schutzgeister von bestimmten Orten, Wegkreuzungen und Familien. Als das Christentum sich im 4. Jh. ausbreitete, wurden die Schreine einfach den neuen christlichen Heiligen gewidmet. Ihre Präsenz sollte gläubige Christen zudem daran hindern, auf der Straße kriminelle Taten zu begehen.

Um die populären Objekte der Verehrung ranken sich viele Mythen. Die berühmteste Legende geht auf das Jahr 1796 zurück: Die Nachricht von einer französischen Invasion ließ in jenem Jahr 36 *madonnelle*, darunter auch die Madonna della Pietà, ängstlich die Augen rollen, manche weinten sogar. Eine eigens dafür eingesetzte päpstliche Untersuchungskommission erklärte die Erscheinungen bei 26 Madonnen offiziell zu einem Wunder.

Die Madonnen dienten aber nicht nur als Seelentröster, sondern sie versahen auch einen wertvollen öffentlichen Dienst. Bis im 19. Jh. die Straßenlaternen eingeführt wurden, waren die Kerzen und Lampen vor den Bildnissen der Heiligen die einzigen Beleuchtungen in den Straßen der Stadt.

★ CHIESA DI SANTA MARIA DELLA VITTORIA　　KIRCHE

Via XX Settembre 17 (◷8.30–12 & 15.30–18 Uhr; Ⓜ Repubblica) Die schlichte Kirche scheint nicht der rechte Hintergrund für ein außergewöhnliches Kunstwerk zu sein – für Berninis extravagante und sexuell aufgeladene *Santa Teresa traffita dall'amore di Dio* (Die Verzückung der hl. Theresa). Die gewagte Skulptur zeigt die von einem fließenden Gewand umhüllte Theresa in Ekstase auf einer Wolke schwebend, während ein neckischer Engel sie mit einem goldenen Pfeil pikst.

Mehrere Figuren beobachten von zwei seitlichen Balkonen aus die gesamte Szene, darunter Kardinal Federico Cornaro, für den die Kapelle ursprünglich erbaut wurde. Das berauschende Kunstwerk wird von sanftem Tageslicht erhellt, das durch ein verborgenes Fenster hereinströmt. Bei einem Besuch am Nachmittag wird dieser Effekt besonders deutlich.

CHIESA DI SANT'ANDREA AL QUIRINALE　　KIRCHE

Karte S. 350 (Via del Quirinale 29; ◷Winter 8.30–12 & 14.30–18 Uhr, Sommer 9–12 & 15–18 Uhr; 🚌Via Nazionale) Bernini soll auf seine alten Tage gerne hierher gekommen sein, um die friedliche Atmosphäre zu genießen. Viele seiner Bewunderer halten diese Kirche aus dem späten 17. Jh. für sein größtes Werk. Bei diesem Bauwerk gelang es ihm trotz Platzmangels, den Eindruck von Größe hervorzurufen, indem er rund um einen elliptischen Grundriss mehrere zur Mitte hin offene Kapellen platzierte.

Das opulente Interieur mit buntem Marmor, Stuck und Vergoldungen gefiel besonders Papst Alexander VII., der die Kirche häufig nutzte, als er im Palazzo del Quirinale residierte.

CHIESA DI SAN CARLO ALLE QUATTRO FONTANE　　KIRCHE

Karte S. 350 (Via del Quirinale 23; ◷Mo–Fr 10–13 & 15–18 Uhr, Sa 10–13 Uhr, So 12–13 Uhr; 🚌Via Nazionale) Diese winzige Kirche ist ein Meisterwerk des römischen Barocks. Borrominis erster Kirchenbau weist bereits alle Merkmale seiner genialen Baukunst auf. Die eleganten Kurven der Fassade, das Spiel von konvexen und konkaven Flächen sowie die von verborgenen Fenstern erhellte Kuppel verschmelzen zu einer Einheit und verleihen einem winzigen Raum ein helles, luftiges Innenleben. Die 1641 fertiggestellte Kirche steht an einer Kreuzung, die unter dem Namen **Quattro Fontane** bekannt ist. Sie verdankt ihren Namen den Brunnen an den vier

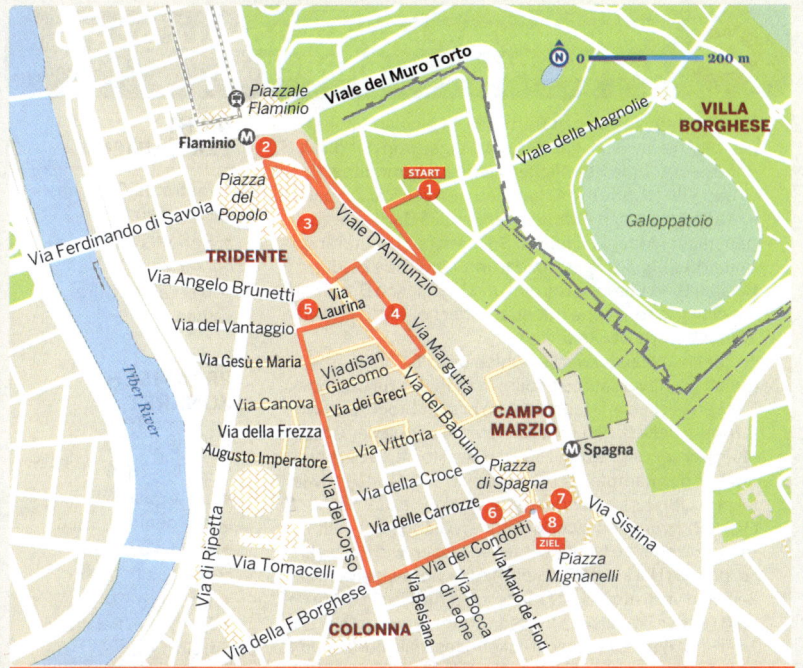

Stadtspaziergang
Auf den Spuren der Dichter

START GÄRTEN AM PINCIOHÜGEL
ZIEL KEATS-SHELLEY-HAUS
LÄNGE/DAUER 1 KM; 2 STD.

Der Spaziergang folgt den Spuren der Literatur im schönen Tridenteviertel.

Der Weg beginnt in den **❶ Gärten am Pinciohügel** (S. 115), wo Henry James' Daisy Miller mit Frederick Winterbourne lustwandelte. Danach geht es bergab zur Piazza del Popolo, und zwar zur Kirche **❷ Santa Maria del Popolo** (S. 113). Die Kirche spielt im Plot von Dan Browns *Sakrileg* eine bedeutende Rolle.

Von der Kirche aus sind es nur wenige Schritte zum **❸ Hotel de Russie** (S. 250), in dem die Avantgarde des frühen 20. Jhs. gerne verkehrte. Jean Cocteau verbrachte hier einige Zeit mit Picasso. In einem Brief nach Hause beschrieb er, dass er Orangen direkt vor seinem Fenster pflücken konnte.

Parallel zur Via Babuino verläuft die **❹ Via Margutta** (S. 117). Diese Straße wurde durch ihre Verbindungen zu Kunst und Kino berühmt. Hier wohnte Truman Capote und schrieb die Kurzgeschichte *Lola*. Fellini, Picasso, Strawinsky und Puccini lebten ebenfalls alle in dieser Straße. Und auch Gregory Pecks Figur aus *Ein Herz und eine Krone* hatte hier eine Wohnung (Die Außenaufnahmen entstanden vor der Nr. 51).

Weiter geht es zur Via del Corso, um die **❺ Casa di Goethe** (S. 118) zu besichtigen, wo der Dichterfürst von 1786–1788 weilte. Der Weg führt nun entlang der Via del Corso, dann nach links in die Via Condotti, wo 1854 William Thackeray wohnte. Hier lohnt sich auch eine kurze Pause im **❻ Caffè Greco** (S. 130), in dem sich schon Casanova, Goethe, Keats, Byron und Shelley die Zeit vertrieben. Nun ist es nicht mehr weit bis zur **❼ Spanischen Treppe** (S. 112), die Dickens in seinen *Bildern aus Italien* beschrieb. Byron wohnte 1817 an der Piazza di Spagna im Haus Nr. 25. Am unteren Ende der Treppe liegt die Wohnung, in der Keats starb. Das **❽ Keats-Shelley-Haus** (S. 117) wurde in ein kleines Museum umgewandelt.

Der prachtvolle Palazzo Barberini ist eine architektonische Augenweide, ganz zu schweigen von der darin untergebrachten Staatlichen Gemäldesammlung. Papst Urban VIII. (1568–1644) gab den riesigen Barockpalast in Auftrag, um den Aufstieg der Familie Barberini zu päpstlicher Macht zu feiern. So mancher Meisterarchitekt arbeitete am Palazzo, darunter auch die beiden Rivalen Gian Lorenzo Bernini und Francesco Borromini, die eine große Treppe mit quadratischer Mitte und eine Wendeltreppe beisteuerten.

Zahllose Meisterwerke buhlen um die Publikumsgunst: Nicht versäumen sollte man Pietro da Cortonas Deckenfresken im Hauptsaal im ersten Stock, darunter *Il Trionfo della Divina Provvidenza* (Allegorie der Göttlichen Vorsehung, 1632–1639). Hans Holbeins berühmtes Porträt des kämpferischen Heinrich VIII. (1540) sowie Filippo Lippis strahlende *Annunciazione e due devoti* (Verkündigung mit zwei knienden Gläubigen) sollte man sich ebenso wenig entgehen lassen wie Raffaels *La Fornarina* (Die kleine Bäckerin). Von Caravaggios Werken sind vertreten: *San Francesco d'Assisi in meditazione* (Heiliger Franziskus in Meditation), *Narciso* (Narziss; 1571–1610) und das erschreckend faszinierende *Giuditta e Oloferne* (Judith enthauptet Holofernes; 1597–1600).

NICHT VERSÄUMEN

- ➡ Pietro da Cortonas Deckengemälde
- ➡ Raffaels *La Fornarina*
- ➡ Werke von Caravaggio

PRAKTISCH & KONKRET

- ➡ Karte S. 350
- ➡ ☎06 3 28 10
- ➡ www.galleriabar berini.beniculturali.it
- ➡ Via delle Quattro Fontane 13
- ➡ Erw./erm. 7/ 3,50 €, inkl. Palazzo Corsini
- ➡ ⏲Di–So 8.30– 19 Uhr

Ecken (spätes 16. Jh.), die Treue und Stärke sowie die Flüsse Arno und Tiber versinnbildlichen.

Die Brunnen wurden 2015 restauriert und sehen nun schöner denn je aus – wer sie bewundern will, sollte aber auf den Straßenverkehr achten.

Francesco Borromini wollte eigentlich in der Kirche bestattet werden, doch die Mönche verweigerten wegen Borrominis Selbstmord ihre Zustimmung.

BASILICA DEI SANTI APOSTOLI   KIRCHE

Karte S. 350 (Piazza dei Santissimi Apostoli; ⏲7–12 & 16–19 Uhr; 🚇Via IV Novembre) Diese im 6. Jh. errichtete Kirche wurde mehrfach umgebaut und ist den Aposteln Jakobus und Philippus geweiht, deren Gebeine in der Krypta ruhen. Als Erstes sticht der Portikus mit seinen Renaissancebögen und der zweigeteilten Fassade, die von 13 Skulpturen gekrönt wird, ins Auge. Carlo und Francesco Fontana waren für die opulente Ausgestaltung des Kircheninneren im Barockstil (1714) verantwortlich. Zu den Höhepunkten zählen die Deckenfresken von Baciccia sowie Antonio Canovas grandioses Grabmal für Papst Clemens XIV.

In unmittelbarer Nähe der Basilika stehen zwei imposante Barockpaläste: Am Ende des Platzes ist der **Palazzo Balestra** zu bewundern, den Papst Clemens XI. im Jahr 1719 dem schottisch-englischen Thronanwärter James Stuart (Old Pretender) zur Verfügung stellte. Gegenüber beeindruckt der **Palazzo Odelscalchi** mit seiner überragenden Bernini-Fassade.

CITTÀ DELL'ACQUA   ARCHÄOLOGISCHE STÄTTE

Karte S. 350 (www.archeodomani.com; Vicolo del Puttarello 25; Erw./erm. 3/1 €; ⏲Mi–Fr 11–17.30, Sa & So 11–19 Uhr; 🚇Barberini) Die weitgehend unbekannten Ausgrabungen am Vicus Caprarius (der Name der antiken Straße) umfassen ein römisches Haus und eine Zisterne aus der Zeit Hadrians, die mit der Aqua-Virgo-Zisterne verbunden war. Die 8 m tief gelegene Stätte steht nur wenige Schritte von stets lebhaften Treiben rund um den Trevibrunnen entfernt. Das Quellwasser, das einst durch diese Wasserleitungen floss, sprudelt nun aus dem Brunnen.

Hier bietet sich die Gelegenheit, die vielen Schichten unter dem heutigen Rom zu entdecken. In dem kleinen Museum sind Mosaiken und Verzierungen ausgestellt, die während der Ausgrabungen ans Tageslicht gefördert wurden.

MUSEO DELLE CERE   MUSEUM
Karte S. 350 (☑06 679 64 82; www.museodelle cereroma.com; Piazza dei Santissimi Apostoli 67; Erw./erm. 9/7 €; ⊙9–21 Uhr; ☐Via IV Novembre) Roms Wachsfigurenkabinett soll die drittgrößte Sammlung der Welt beherbergen: Sie umfasst über 250 Figuren – von Barack Obama bis zu Schneewittchen. Dazu kommen zahlreiche Päpste, Poeten, Politiker, Musiker und Mörder. Die Werkstatt, in der die Wachsarbeiten entstehen, steht für Besucher offen.

◉ Piazza Barberini & Via Veneto

GALLERIA NAZIONALE D'ARTE ANTICA: PALAZZO BARBERINI   GALERIE
Siehe S. 122.

PIAZZA BARBERINI   PIAZZA
Karte S. 350 (Ⓜ Barberini) Der Durchgangsverkehr braust über diesen lauten Platz, auf dem keiner länger verweilen will als nötig. Benannt wurde er nach der Familie Barberini, einer von Roms großen Dynastien. Die von Bernini entworfene **Fontana del Tritone** (Tritonenbrunnen) in der Mitte zeigt den Meeresgott der griechischen Mythologie, Triton, wie er eine Fontäne aus einer Schneckenmuschel nach oben speit. Dabei sitzt er in einer großen Jakobsmuschel, die von vier Delfinen getragen wird. Bernini schuf auch die **Fontana delle Api** (Bienenbrunnen) in der nordöstlichen Ecke des Platzes. Der Brunnen entstand ebenfalls im Auftrag der Familie Barberini, deren Wappen drei fliegende Bienen schmücken.

CONVENTO DEI CAPPUCCINI   MUSEUM
Karte S. 350 (☑06 487 11 85; Via Vittorio Veneto 27; Erw./erm. 8/6 €, Audioguide 4 €; ⊙9–19 Uhr; Ⓜ Barberini) Diese Kirche mit Klosteranlage hat ihre außergewöhnliche Kapuziner-Begräbnisstätte zu Geld gemacht, indem sie ein schrilles Museum angebaut und die Eintrittspreise erhöht hat. Einen Besuch ist das Kloster dennoch wert, denn es gilt als wohl schrägste Sehenswürdigkeit Roms: In der Kapuzinergruft wurde alles, vom Bilderrahmen bis zum Kerzenhalter, aus menschlichen Knochen gefertigt. Das Multimediamuseum, in dem auch ein Caravaggio zugeschriebenes Werk (*Franziskus in Meditation*) zu bewundern ist, erzählt die Geschichte des Kapuzinerordens.

Zwischen 1528 und 1870 verwendeten die hier ansässigen Kapuzinermönche die Knochen von 4000 verstorbenen Mitbrüdern dazu, dieses makabre und zugleich faszinierende Memento mori (Erinnerung an den Tod) zu schaffen. Es gibt dort einen Bogen aus Hunderten von Schädeln sowie Lilien aus Rückenwirbeln und Kerzenhalter aus Oberschenkelknochen.

VIA VITTORIO VENETO   STRASSE
Karte S. 350 (Ⓜ Barberini) Die Via Vittorio Veneto verläuft von der Piazza Barberini im Bogen hinauf zur Villa Borghese. Hier liegt die geistige Heimat von *la dolce vita*, dem Rom der 1950er- und 60er-Jahre, wie es Fellinis gleichnamiger Film zeigte. Doch Fellinis Rom ist längst Vergangenheit – der Tourismus schwingt nun das Zepter in dieser nach wie vor beeindruckenden Straße.

ROMS OPTISCHE TÄUSCHUNGEN

Als Stadt mit theatralischem Flair versteht sich Rom natürlich auch auf visuelle Zaubertricks. An der Piazza del Popolo sind zwei scheinbar identische Kirchen zu bewundern: Sie wurden in gleicher Bauart auf zwei Bauplätzen unterschiedlicher Größe errichtet. Nicht versäumen sollte man auch Borrominis perspektivischen Gang am **Palazzo Spada** (S. 87), Andrea Pozzos verblüffendes Trompe-l'Œil in der **Chiesa di Sant'Ignazio di Loyola** (S. 92) und den geheimen Blick durchs Schlüsselloch von der **Priorato dei Cavalieri di Malta** (S. 199). Am eigenartigsten wirkt jedoch der Blick auf die Peterskirche von der **Via Piccolomini** nahe der **Villa Doria Pamphilj** (S. 183). Hier ragt der Dom direkt vor dem Betrachter auf und füllt den von Bäumen flankierten Raum am Ende der Straße. Seltsamerweise scheint die Kuppel zu schrumpfen, wenn man sich ihr nähert, während sich der Blickwinkel weitet.

In den hoch aufragenden Palazzi entlang der Straße sind Luxushotels eingezogen. Am Bordstein unter den Bäumen stehen Kellner im Frack und versuchen, Flaneure in ihre überteuerten Restaurants zu locken. Das riesige Gebäude weiter oben auf der rechten Seite beherbergt die Botschaft der USA.

GAGOSIAN GALLERY   GALERIE
Karte S. 350 (☑06 420 86 498; www.gagosian. com; Via Francesco Crispi 16; ⊙Di–Sa 10.30– 19 Uhr; Ⓜ Barberini) GRATIS Roms Ableger von Larry Gagosians Kunstimperium zeigte seit seiner Eröffnung 2007 die Werke weltberühmter zeitgenössischer Künstler wie Cy Twombly, Damien Hirst und Lawrence Weiner. Das vom römischen Architekten Fi-

rouz Galdo und seinem englischen Kollegen Caruso St John geschmackvoll umgebaute Gebäude war ursprünglich eine Bank aus den 1920er-Jahren.

Die stets sehenswerten Ausstellungen werden auf rund 750 m2 in einem etwas theatralisch und luftig wirkenden Haus mit säulengeschmückter, neoklassischer Fassade präsentiert.

 ESSEN

Obgleich Roms Designer-Shoppingviertel als Himmel der Fashionistas gilt, hat sich die Gegend trotzdem die Atmosphäre eines (wenn auch wohlhaben-

---

BERNINI CONTRA BORROMINI

Die zwei Giganten des römischen Barocks, die ein Altersunterschied von weniger als einem Jahr trennte, hassten einander zutiefst. Gian Lorenzo Bernini (1598–1680) galt als freundlich und selbstbewusst und bewegte sich sicher auf politischem Parkett. Er war das genaue Gegenteil seines großen Rivalen Francesco Borromini (1599–1677), eines merkwürdigen Einzelgängers, der häufig mit seinen Auftraggebern im Streit lag. Seine Leidenschaft für die Architektur war eine Angelegenheit, bei der es um Leben und Tod ging: Als er einmal während des Wiederaufbaus von San Giovanni in Laterano einen Mann erwischte, der Steine zerstörte, ließ er ihn so verprügeln, dass der Mann später seinen Verletzungen erlag (Borromini wurde vom Papst begnadigt).

Ihre Wege kreuzten sich erstmals im Petersdom. Borromini arbeitete dort als Assistent von Carlo Maderno, einem entfernten Verwandten und führenden Architekten der Basilika. Als nach Madernos Tod Bernini mit der Projektleitung beauftragt wurde, geriet Borromini in Zorn. Dennoch blieb er als Berninis Chefassistent und wirkte an der Gestaltung des Baldachins mit – für die Bernini den ganzen Ruhm einheimste. Noch schlimmer wurde die Lage, als Bernini später als Chefarchitekt am Palazzo Barberini verpflichtet wurde, abermals als Nachfolger von Maderno und wiederum zu Borrominis Empörung.

Im Verlauf der folgenden 45 Jahre lieferten sich die beiden genialen Baumeister einen Wettstreit um Aufträge und öffentliche Anerkennung. Berninis Ruhm erblühte unter dem Barberini-Papst Urban VIII. (Amtszeit 1623–1644), Borromini unter seinem Pamphilj-Nachfolger Innozenz X. (Amtszeit 1644–1655), aber die ganze Zeit über brodelte ihre gegenseitige Abneigung. Borromini beschuldigte Bernini, er habe von seinem (Borrominis) Talent profitiert, während Bernini erklärte, Borromini sei „ausgesandt, um die Architektur zu zerstören". Gewiss, beide hatten sehr unterschiedliche Ansichten über Architektur: Für Bernini ging es darum, ein Erlebnis darzustellen, um eine emotionale Reaktion hervorzurufen; Borromini bevorzugte einen stärker geometrischen Ansatz und verarbeitete klassische Formen, um dynamische und lebendige Räume zu erzeugen.

Bernini gilt allgemein als derjenige, der in dem Streit das bessere Ende erwischte. Sein Genie wurde selten infrage gestellt, und als er starb, betrachtete man ihn weithin als einen der größten europäischen Künstler. Borromini musste dagegen um die Gunst der Öffentlichkeit und gegen allerlei Kritik kämpfen und beging 1677 nach einem Leben voller Depressionen Selbstmord. Wegen dieses Suizids konnte bzw. durfte er nicht einmal in der Kirche beigesetzt werden, die er sich für seine letzte Ruhestätte gewünscht hatte: San Carlo alle Quattro Fontane.

den) Wohnviertels bewahrt. Zwischen den Boutiquen verstecken sich zahlreiche Edellokale. Rund um den Trevibrunnen und am Quirinal sollte man das Restaurant vorsichtig auswählen, da hier einige Touristenfallen lauern. Doch zwischen all den Steinen glitzern auch ein paar Juwelen. In der Nähe des Präsidentenpalasts und des Parlaments gibt es einige hervorragende Restaurants, denn wenn es ums Essen geht, sind die italienischen Politiker ganz schön anspruchsvoll.

✗ Piazza del Popolo & Umgebung

FATAMORGANA   GELATERIA €
Karte S. 350 (Via Laurina 10; ⊙12–23 Uhr; ⓂFlaminio) Das wunderbare Fatamorgana verwendet nur natürliche Zutaten und verkauft damit wohl Roms bestes Eis aus traditioneller Herstellung. Nun gibt es praktischerweise auch eine Filiale im Zentrum. Die innovativen und klassischen Geschmacksrichtungen, darunter Sorten wie Birne-Karamell, schmecken einfach himmlisch und werden aus den besten saisonalen Zutaten hergestellt.

DEI GRACCHI   GELATERIA €
Karte S. 350 (Via di Ripetta 261; Eis ab 2 €; ⊙11.30–22 Uhr, Juni–Sept. bis Mitternacht; ⓂFlaminio) Der neue Außenposten der ehrwürdigen Gelataria dei Gracchi in der Nähe des Vatikans serviert hervorragendes Eis aus besten Zutaten in einer exzellenten Auswahl klassischer Sorten. Die Gelateria liegt günstig, unweit der Piazza del Popolo: Wer sich ein Eis holt, kann damit auf dem Platz herumspazieren und sich zu seiner gelungenen Sortenwahl beglückwünschen.

BUCCONE   RISTORANTE, WEINBAR €
Karte S. 350 (☑06 361 21 54; Via di Ripetta 19; Gerichte 20 €; ⊙Mo–Sa 12.30–14.30 & 19.30–22.30 Uhr; ⓂFlaminio) Wer unter dem verblassten und verspiegelten Goldschild eintritt, fühlt sich wie ein Zeitreisender in die Vergangenheit. Das Gebäude war ursprünglich eine Remise, wurde dann zur Taverne umgebaut und stieg in den 1960er-Jahren schließlich zu einem mit Antiquitäten des 19. Jhs. und rund Tausend italienischen Weinflaschen ausgestatteten Weinlokal auf. Auf den Tisch kommt eher schlichtes und herzhaftes Essen, wie Schin-

ken und Käse; an Samstagen steht auch eine ordentliche warme *cena* (Abendessen) auf der Speisekarte.

PIZZA RÉ   PIZZA €
Karte S. 350 (☑06 321 14 68; Via di Ripetta 14; Pizzas 7–10 €; ⊙12–24 Uhr; ⓂFlaminio) Zwar gehört diese Pizzeria zu einer Kette, dafür aber einer guten. Das beliebte Lokal bietet neapolitanische Pizza mit dicker Teigkruste und variantenreichem Belag. Die Salate sind frisch und die Antipasti fantastisch – unbedingt die gebratenen Vorspeise probieren oder die *mozzarella fresca di bufala e prosciutto San Daniele* (Büffelmozzarella mit San-Daniele-Schinken).

AL GRAN SASSO   TRATTORIA €€
Karte S. 350 (☑06 321 48 83; www.algransasso. com; Via di Ripetta 32; Gerichte 35 €; ⊙So–Fr 12.30–14.30 & 19.30–23.30 Uhr; ⓂFlaminio) Diese durch und durch klassische Trattoria eignet sich bestens für ein Mittagessen. Serviert wird traditionelle Landhausküche. Hier geht es entspannt zu, die Gäste fühlen sich willkommen. Geschmacklose Wandbilder (seltsamerweise oft ein gutes Zeichen) und leckeres, günstiges Essen runden die Atmosphäre ab. Besonders gut schmecken die gebratenen Gerichte oder die Tagesgerichte, die mit Kreide auf die Tafel draußen geschrieben werden.

IL MARGUTTA RISTORARTE   VEGETARISCH €€
Karte S. 350 (☑06 678 60 33; www.ilmargutta.it; Via Margutta 118; Gerichte 40 €; ⊙12.30–15 & 19–23.30 Uhr; ☑; ⓂSpagna, Flaminio) In Rom sind vegetarische Restaurants noch seltener als Parkplätze. In diesem großzügigen Restaurant mit Kunstgalerie können die Gäste ihre Gemüseration jedoch auf ungewohnt edle Weise verspeisen. Die Gerichte – meist aus biologischem Anbau – schmecken hervorragend: Serviert werden beispielsweise Artischockenherzen mit Kartoffelwürfeln und geräuchertem Provolone. Preisgünstig ist das Brunchbüfett unter der Woche (15–18 €) und am Wochenende (25 €). Am Wochenende gibt es auch eine vegane Karte und Livemusik.

DA PIETRO   OSTERIA €€
Karte S. 350 (☑06 320 88 16; http:// hostariadapietro.com; Via Gesù e Maria 18; Gerichte rund 45 €; ⊙Mo–Sa Mittag- & Abendessen, Aug. geschl.; ⓂSpagna) Diese ansprechende römische Osteria verteilt sich auf mehrere kleine Räume mit gemustertem Fliesen-

TRIDENTE, TREVI & QUIRINAL ESSEN

boden, steinernen Deckengewölben und fröhlichen roten Tischdecken. Auf den Tisch kommt römische Hausmannskost, wie z. B. *saltimbocca alla romana* (Kalbfleisch mit Prosciutto und Salbei) oder *melanzane alla parmigiana* (geschichtete Auberginen mit Tomaten und Schinken). Pietros Vater führt das alteingesessene Restaurant Tullio nahe der Piazza Barberini.

ALL'ORO
ITALIENISCH €€€

Karte S. 350 (Via del Vantaggio 14; Degustationsmenü 98 €, Gerichte 90 €; Ⓜ Flaminio) Das mit einem Michelin-Stern ausgezeichnete Edelrestaurant All'Oro von Riccardo Di Giacinto hatte sich im noblen Vorort Parioli bereits etabliert. Jetzt zog es um ins First Luxury Art Hotel, das mit seiner weißen Einrichtung im Stil zeitgenössischer Kunst besticht. Hier werden nun ausgeklügelte Gerichte wie mit Mascarpone, Entenragout und Rotweinreduktion gefüllte Ravioli oder Spanferkelbraten mit Kartoffeln und Soße aus Schwarzen Trüffeln kreiert.

BABETTE
ITALIENISCH €€€

Karte S. 350 (Ⓣ 06 321 15 59; Via Margutta 1; Gerichte 45–55 €; Ⓒ Di–So 13–15 Uhr, tgl. 19–22.45 Uhr, Jan. & Aug. geschl., Ⓟ; Ⓜ Spagna, Flaminio) Zwei Schwestern, die früher ein Modemagazin herausgaben, leiten nun das Babette. Das schicke, aber unprätentiöse Restaurant ist im Brasseriestil eingerichtet; an den unverputzten Ziegelwänden hängen gemalte Vintageschilder. Bei Babette erwartet die Gäste ein Festmahl. Die raffinierten, kreativen Gerichte schmecken köstlich. Gewürzt wird mit einer Prise französischer Küche (z. B. *tortiglioni* mit Zucchini und Pistazienpesto). Die *torta Babette*, ein luftig-leichter Zitronenkäsekuchen, ist eine wahre Götterspeise.

Lohnend ist auch das Mittagsbüfett am Wochenende, das zudem Wasser, Brot, Nachtisch und Kaffee beinhaltet (Erw./Kind 28/18 €).

DAL BOLOGNESE
TRADITIONELL ITALIENISCH €€€

Karte S. 350 (Ⓣ 06 361 14 26; Piazza del Popolo 1; Gerichte 90 €; Ⓒ Di–So, Aug. geschl.; Ⓜ Flaminio) Gäste mit Geld und Glamour treffen in diesem edlen Restaurant aufeinander. Umgeben von exotischen Blumen sitzt man im holzgetäfelten Inneren. Draußen lassen sich dafür die Leute auf der Piazza del Popolo beobachten. Wie der Name schon sagt, werden Gerichte aus Bologna (Region Emilia-Romagna) aufgetischt. Alle Speisen

schmecken fantastisch. Ausgesprochen lecker sind beispielsweise die Suppe mit Tortellini, die Tagliatelle mit Ragú oder das köstliche Filetsteak.

EDY
TRATTORIA €€€

Karte S. 350 (Ⓣ 06 3600 1738; Vicolo del Babuino 4; Gerichte 60 €; Ⓒ Mo–Sa 12–15 & 18.30–23 Uhr; Ⓜ Spagna) Die hohen Wände dieses erstklassigen, individuell eingerichteten Restaurants sind dicht an dicht mit Gemälden behängt. Hier verkehren überwiegend italienische Gäste, obwohl es in einer Touristengegend liegt. Natürlich schmeckt das Essen, wie z. B. die *linguine al broccoletti*, ganz köstlich. Bei schönem Wetter kann man auch draußen an einigen Tischen auf der kopfsteingepflasterten Straße sitzen.

✗ Piazza di Spagna & Umgebung

PASTIFICIO
FASTFOOD €

Karte S. 350 (Via della Croce 8; Pasta, Wein & Wasser 4 €; Ⓒ Mo–Sa Mittagessen 13–15 Uhr; Ⓜ Spagna) Ein seltenes Exemplar in dieser teuren Gegend: Das Pastificio bietet zur Mittagszeit zwei Pastagerichte zur Auswahl. Fastfood auf Italienisch – frische Pasta (für alle, die rechtzeitig kommen) mit leckeren Soßen; Wein und Wasser gibt es zudem gratis dazu. Viel Platz hat man hier allerdings nicht, also schnell einen Stuhl schnappen und aufessen. Immer noch besser, als das Essen mitzunehmen: Denn dann gibt es keine Gratisgetränke und die Pasta wird auch noch kalt.

GINA
CAFÉ €

Karte S. 350 (Ⓣ 06 678 02 51; Via San Sebastianello 7a; Snacks 8–16 €; Ⓒ 11–20 Uhr; Ⓜ Spagna) Nach einer Einkaufstour kann man sich bei Gina, gleich bei der Spanischen Treppe, wunderbar auf bequemen, weißen Stühlen mit taubenblauen Kissen ausruhen. Das Publikum trägt Prada, plaudert und flirtet und isst nebenbei raffinierte Salate und perfekte *panini*. Wer will, kann auch für 40 € einen Picknickkorb für zwei Personen bestellen, um ihn später in der Villa Borghese auszupacken.

POMPI
NACHTISCH €

Karte S. 350 (Via della Croce 82; Tiramisu 4 €; Ⓒ 10.30–21.30 Uhr; Ⓜ Spagna) Roms berühmtester Tiramisuverkäufer (Tiramisu heißt wörtlich übrigens „Zieh mich hoch") verkauft das köstliche, eidotterreiche und zugleich wunderbar luftige Dessert auch zum Mitnehmen. Neben dem klassischen Tiramisu gibt es Varianten mit Pistazie und Erdbeere.

Man kann es gleich vor Ort verspeisen oder gefrorene Portionen kaufen, die einige Stunden haltbar sind, bis man sich daheim darüber hermacht.

VENCHI · GELATERIA €

Karte S. 350 (Via della Croce 25; Gelato ab 2,50€; Ⓜ Spagna) Der Schokoladenexperte Venchi betreibt diese praktisch gelegene und meist ziemlich volle Gelateria. Wem bei der großen Auswahl an Sorten die Entscheidung zwischen Frucht und Sahne schwerfällt, sollte daran denken, dass Venchi sich in der Schokowelt bestens auskennt.

CASA CONTI · ITALIENISCH €€

Karte S. 350 (☎ 06 6920 0735; Via della Croce; Gerichte 40€; ⊙ Mo-Sa 13–15 Uhr; Ⓜ Spagna) Faszinierende Antiquitäten schmücken dieses einzigartige Restaurant mit seinen hohen Räumen und dem ursprünglichen Fliesenboden. Das kleine, etwas versteckt gelegene Casa Conti bietet ein schlichtes römisches Mittagessen mit einem Tagesgericht wie *fettucine*, dazu eine gute Weinauswahl. Zu den leckeren Nachspeisen zählen *cannoli* (Gebäck mit Vanillecreme), *crostate* (Marmeladentörtchen), Tiramisu oder Schokotarte.

ANTICA ENOTECA · WEINBAR €€

Karte S. 350 (☎ 06 679 08 96; Via della Croce 76b; Gerichte 35€; ⊙ 12–24 Uhr; Ⓜ Spagna) Hier, nahe der Spanischen Treppe, sitzen Römer und Touristen einträchtig nebeneinander an der hölzernen Bar aus dem 19. Jh. An Tischen im Freien oder im Hinterzimmer nippen sie an ihren Weingläsern, probieren Antipasti und bestellen preisgünstiges Soul Food wie Suppen, Pasta, Polenta oder Pizza.

FIASCHETTERIA BELTRAMME · TRATTORIA €€

Karte S. 350 (Via della Croce 39; Gerichte 40€; Ⓜ Spagna) Die kleine Fiaschetteria („Weinhändler") ist ein heimeliges Lokal, in dem die Zeit stehen geblieben zu sein scheint. Bis hinauf zur hohen Decke hängen Bilder und Skizzen, die Speisekarte ist kurz und ein Telefon gibt es auch nicht. Das Publikum ist eine Mischung aus Touristen und Fashionistas mit gesundem Appetit, die sich traditionelle römische Gerichte schmecken lassen (*pasta e ceci* usw.).

OTELLO ALLA CONCORDIA · TRATTORIA €€

Karte S. 350 (☎ 06 679 11 78; Via della Croce 81; Gerichte 35€; ⊙ Mo-Sa 12.30–15 & 19.30–23 Uhr; Ⓜ Spagna) Das Otello ist bei Touristen und Einheimischen rund ums Jahr beliebt: Nahe der Spanischen Treppe lädt das Trattoria zum Verweilen ein. Draußen sitzt man im Hof eines Palazzo aus dem 18. Jh. unter Weinlaub. Der Innenraum mit zahlreichen Bildern an der Wand wirkt auch sehr einladend.

★ ENOTECA REGIONALE PALATIUM · RISTORANTE, BAR €€€

Karte S. 350 (☎ 06 692 02 132; Via Frattina 94; Gerichte 55€; ⊙ Mo-Sa 11–23 Uhr, Aug. geschl.; 🚇 Via del Corso) Diese von Lazios Lebensmittelbehörde gehütete Schatztruhe birgt so manche regionale Kostbarkeit. Das schicke Weinlokal serviert Spezialitäten wie *porchetta* (gefüllter Schweinebraten mit Kräutern) oder *gnocchi alla Romana con crema da zucca* (Gnocchi nach römischer Art mit Kürbiscreme) sowie eine beeindruckende Liste an Weinen aus der Region Lazio (ruhig mal einen unbekannteren Tropfen wie den Aleatico probieren!). Ein *aperitivo* ist ebenfalls eine feine Sache. Verlockend ist auch der auf traditionelle Art hergestellte Käse und die köstliche Salami oder aber der leckere Aufschnitt.

IMÀGO · ITALIENISCH €€€

Karte S. 350 (☎ 06 6993 4726; www.imago restaurant.com; Piazza della Trinità dei Monti 6; Vegetarische Menüs 120€, Degustationsmenüs 130–140€; ⊙ 19–22.30 Uhr; Ⓜ Spagna) Selbst in einer Stadt, die mit grandiosen Aussichten reich gesegnet ist, besticht der Blick vom romantischen Dachterrassenrestaurant (mit Michelin-Stern) des Hassler Hotels: Wer einen Ecktisch reserviert hat, kann über das Dächermeer direkt auf die große Kuppel des Petersdoms sehen. Die Aussicht ist die perfekte Ergänzung zu den mutigen, modern-italienischen Kreationen des Küchenzauberers Francesco Apreda. Unbedingt reservieren.

IL PALAZZETTO · ITALIENISCH €€€

Karte S. 350 (☎ 06 6993 41000; Via del Bottino 8; Gerichte 45€; ⊙ Di-So 12–20.30 Uhr; Ⓜ Spagna) Die Sonnenterrasse, die am oberen Ende der Spanischen Treppe etwas versteckt liegt, ist ideal für Snacks und Cocktails. An einem Sonnentag sitzt es sich hier wunderbar bei einem *prosecco* und einem Salat oder einem Pastagericht, während man nebenbei das Kommen und Gehen auf der Treppe beobachtet. Als Special bietet das Palazzetto eine Pizza Margherita plus Hauswein für 18 €.

NINO
TOSKANISCH €€€

Karte S. 350 (☎06 679 56 76; Via Borgognona 11; Gerichte 80 €; ☼Mo–Sa 12.30–15 & 19.30–23 Uhr; ⓜSpagna) Mit seiner wahrscheinlich seit der Eröffnung im Jahr 1934 unveränderten Einrichtung aus schmiedeeisernen Kronleuchtern, dunklem Holz und weißen Tischdecken zählt das Restaurant Nino bei den Reichen und Berühmten nach wie vor zu den Favoriten. Die Kellner sind vielleicht etwas ungehobelt, wenn man nicht auf der Topliste steht, aber das herzhafte Essen schmeckt wirklich gut, besonders die unvergesslichen Steaks und die schmackhafte toskanische Bohnensuppe.

GINGER
BRASSERIE €€€

Karte S. 350 (☎06 9603 6390; www.ginger. roma.it; Via Borgognona 43; Gerichte 50 €; ☼10–23.30 Uhr; ⓜSpagna) Der ideale Treffpunkt für gesetztere Society-Ladys. Schicke, lebhafte Atmosphäre, hohe Wände mit weißen Fliesen. Bietet Essen rund um die Uhr, mit einem Schwerpunkt auf Biofood und ungewöhnlichen Zutaten wie Quinoa. Es gibt Salate, teure Gourmetsandwiches, Pastagerichte, Smoothies und Shakes.

OSTERIA MARGUTTA
TRATTORIA €€€

Karte S. 350 (☎06 323 10 25; www.osteria margutta.it; Via Margutta 60; Gerichte 70 €; ☼Di–So 12.30–15 & 19.30–23 Uhr; ⓜSpagna) Die theatralische Osteria Margutta schillert in allen Farben: Im Inneren leuchten blaues Glas und knalliges Rot mit den fransenbesetzten Lampenschirmen um die Wette, im Freien schmücken Blumen und Efeu den malerischen Eingang (in den Sommermonaten nach einem Terrassentisch Ausschau halten!). Kleine Schilder an den Stühlen verraten, welche berühmten Schauspieler schon darauf saßen. Auf der Karte stehen klassische und regionale Gerichte, die Nachspeisen sind hausgemacht. Auch die Weinkarte ist erstklassig.

✖ Vom Trevibrunnen zum Quirinal

DA MICHELE
PIZZA €

Karte S. 350 (☎349 2525347; Via dell'Umiltà 31; Pizzastücke ab 3 €; ☼Mo–Fr 8–18 Uhr, im Sommer 8–22 Uhr; ⓠVia del Corso) Eine willkommene Adresse im Viertel Spagna: Hier gibt es frische, knusprige *pizza al taglio* (Pizzastücke) für ein köstliches, schnelles Mittagessen. Es ist alles koscher, Fleisch und Käse werden nicht gemischt.

ALICE PIZZA
PIZZA €

Karte S. 350 (www.alicepizza.it; Via di San Basilio 56; Pizzastücke ab 3,50 €; ☼Mo–Sa 8.30–16 Uhr; ⓜBarberini) Dieser Pizza-Straßenverkauf ist beliebt bei den Arbeitern der Gegend, die von einer verführerischen Auswahl an ungewöhnlichen Belägen angelockt werden, so z. B. Kombinationen aus Emmentaler und Zucchini oder Aubergine mit Chili. Drinnen gibt es zwar ein paar Plätze, die allerdings nur für eine kurze Ruhepause gedacht sind.

ANTICO FORNO
FASTFOOD €

Karte S. 350 (☎06 679 28 66; Via delle Muratte 8; Panini & Pizza 3,50 €; ☼7–22 Uhr; ⓠVia del Tritone) In der gut sortierten Feinkostabteilung dieses immer gut belebten Minisupermarkts gegenüber dem Trevibrunnen kann man sich die Füllung für sein frisch gebackenes *panino* oder den Belag für die *pizza bianca* selbst aussuchen. Beeindruckend ist auch die Auswahl an Focaccia und knusprig-köstlicher *pizza al taglio* von der zugehörigen Bäckerei. Das Angebot an kalten Getränken und Bier vervollständigt das köstliche Picknick.

BACCANO
BRASSERIE €€

Karte S. 350 (www.baccanoroma.com; Via delle Muratte 23; Gerichte 45 €; ☼8.30–2 Uhr; ⓠVia del Corso) Das elegant-entspannte Baccano hat den ganzen Tag geöffnet (perfekter Balthazar-Look, wie in NY: poliertes Holz, Topfpalmen, hohe Decken, kuschlige Nischen). Falls einem der Sinn nach Abendessen, Burger, Clubsandwiches, Cocktails, *aperitivi* oder anderen Köstlichkeiten steht, wird man hier sicher fündig.

IL CHIANTI
TOSKANISCH €€

Karte S. 350 (☎06 678 75 50; Via del Lavatore 81–82; Gerichte 45 €, Pizza 8–12 €; ☼12.30–15.30 & 19–23.30 Uhr; ⓠVia del Tritone)) Zahllose Flaschen säumen die Wände dieser hübschen, efeuumrankten Weinbar mit Holzbalkendecke. In den Sommermonaten sitzt man draußen vor einer pittoresken Efeukaskade an der Straße und beobachtet das geschäftige Treiben ringsumher. Die Küche ist toskanisch, weshalb das Rindfleisch besonders gut schmeckt. Doch es kommen auch fantasievolle Salate und leckere Pizzavariationen auf den Tisch.

NANÀ VINI E CUCINA   TRATTORIA €€

Karte S. 350 (☑06 6919 0750; Via della Panettaria 37; Gerichte 45 €; ☺Di–So 12.30–15 & 19–23 Uhr; 🖵Via del Tritone) Eine ansprechende und schlichte Trattoria, die sich auf neapolitanische Aromen spezialisiert hat. Drinnen in den hohen Räumen sitzt man unter riesigen Kupferrohren mit Blick in die Küche, draußen mit Blick auf die *piazzetta*. Lecker schmeckt das in Weißwein gekochte *carne tenera scaloppine Nanà*. Aber auch andere Gerichte aus dem Süden sind sehr empfehlenswert.

LE TAMERICI   FISCH & MEERESFRÜCHTE €€€

Karte S. 350 (☑06 6920 0700; Vicolo Scavolino 79; Gerichte 80 €; ☺Mo–Sa 7.30–23 Uhr, Aug. geschl.; 🖵Via del Tritone) Das etwas versteckt liegende elegante, cremefarbene Le Tamerici bietet Schutz vor dem Trubel am Trevibrunnen. Es beeindruckt sowohl durch seine Weinkarte und die Auswahl an *digestivi* als auch durch das hervorragende Essen (besonders die leichte, hausgemachte Pasta). Die zwei gemütlichen Gasträume, deren Decke mit Balken aus gebleichtem Holz geschmückt ist, eignen sich perfekt für ein epikureisches Mahl.

✖ Piazza Barberini & Via Veneto

IL CARUSO   GELATERIA €

Via Collina 15 (☺12–21 Uhr; Ⓜ Repubblica) Das Il Caruso ist kaum zu übersehen – Eisliebhaber stehen in unüberschaubarer Zahl davor. Die traditionelle Gelateria bereitet nur wenige, stets saisonale Eissorten zu, die jedoch hervorragend schmecken. Unbedingt das fantastisch cremige Pistazieneis probieren! Auch die zwei Sorten mit *panna* sind eine Offenbarung: die klassische Schlagsahne oder die *zabaglione* (Eigelbcreme mit Marsala).

FORNO CERULLI   PIZZA €

Karte S. 350 (Via di San Nicola da Tolentino 53; Pizza ab 3 €; ☺Mo–Fr 8–16 Uhr; Ⓜ Barberini) Einheimische Büroangestellte lieben diese versteckt gelegene Pizzeria, die von Uneingeweihten im Vorbeigehen glatt übersehen wird, obwohl sie erst kürzlich renoviert wurde. Nun gibt es einen großen Innen-

SPAS

Das glamouröse und edle Day Spa **Hotel de Russie Wellness Zone** (Karte S. 350; ☑06 3288 8820; www.hotelderussie.it; Via del Babuino 9; ☺6.30–22 Uhr; Ⓜ Flaminio) befindet sich in einem der besten Hotels Roms und ermöglicht zudem den Zutritt zum Fitnessbereich und zum Dampfbad. Die Besucher können sich auch mit Shiatsu oder einer Deep-Tissue-Massage verwöhnen lassen: 50 Min. kosten rund 95 €. Ein Ort zum Entspannen und Verwöhnen ist auch das **Kami Spa** (Karte S. 350; ☑06 4201 0039; www.kamispa. com; Via Degli Avignonesi 11–12; Massage 120–160 €; Ⓜ Barberini), nahe der Piazza Barberini. Neben den Behandlungsräumen gibt es auch einen Pool.

raum, wo man auf Barhockern köstliche, frische Pizzastücke oder aber auch Foccacia essen kann. Die Leckereien kann man natürlich auch mitnehmen.

SAN CRISPINO   GELATERIA €

Karte S. 350 (☑06 679 39 24; Via della Panettaria 42; Becher ab 2,70 €; ☺So–Do 11–0.30 Uhr, Fr & Sa bis 1.30 Uhr; Ⓜ Barberini) Das San Crispino in der Nähe des Trevibrunnens galt einst als Roms edelste Eisdiele. Doch inzwischen gibt es in Italiens Hauptstadt reichlich Konkurrenz. Das aus rein natürlichen und saisonalen Zutaten zubereitete Eis wird nur in Bechern serviert – Waffeln würden vom wahren Geschmack ablenken. Erfreulich ist die hohe Qualität, enttäuschend sind die etwas zu kleinen Portionen.

★ COLLINE EMILIANE   ITALIENISCH €€

Karte S. 350 (☑06 481 75 38; Via degli Avignonesi 22; Gerichte ab 50 €; ☺Di–So 12.45–14.45 Uhr & Di–Sa 19.30–22.45 Uhr, Aug. geschl.; Ⓜ Barberini) Dieses einladende, etwas versteckt gelegene Restaurant nahe der Piazza Barberini steht ganz im Zeichen der Emilia-Romagna. Dieser italienischen Region hat die Welt Parmesan, Aceto balsamico, Sauce bolognese und Parmaschinken zu verdanken. Das Essen schmeckt stets hervorragend, egal, ob man das köstliche Fleisch, die hausgemachte Pasta oder die deftigen *ragùs* bestellt. Für die Nachspeise sollte man etwas Platz reservieren.

TRIDENTE, TREVI & QUIRINAL ESSEN

AL MORO
ITALIENISCH €€€

Karte S. 350 (☎06 678 34 96; Vicolo delle Bollette 13; Gerichte um die 55 €; ☺Mo–Sa 13–15.30 & 20–23.30 Uhr; ▣Via del Corso) Das Restaurant, in dem einst Fellini speiste, ist etwas für Zeitreisende: Der Gastraum hängt voller Fotos, dazwischen ragen Liberty-Lampen aus der Wand und mürrische Kellner bedienen begüterte Stammgäste, die alles andere als neureich sind. Wer will, kann sich hier unter den falschen Hochadel mischen, um Klassiker wie *cicoria al brodo* (Chicoree in Brühe) oder butterzarte Kalbsleber mit Salbei und Butter zu probieren.

AUSGEHEN & NACHTLEBEN

Piazza del Popolo & Umgebung

LA SCENA
BAR

Karte S. 350 (Via della Penna 22; ☺7–1 Uhr; Ⓜ Flaminio) Die zu dem Art-déco-Hotel Locarno gehörende Bar verströmt einen Agatha-Christie-Charme. Auf der überrankten Terrasse stehen schmiedeeiserne Tische und Stühle. Cocktails kosten 13–15 €. Wer will, kann hier von 15–18 Uhr seinen Afternoon Tea einnehmen oder zwischen 19 und 22 Uhr einen *aperitivo* genießen.

STRAVINSKIJ BAR – HOTEL DE RUSSIE
BAR

Karte S. 350 (☎06 328 88 70; Via del Babuino 9; ☺9–1 Uhr; Ⓜ Flaminio) Nicht genügend Geld für eine Nacht im Hotel de Russie, wo sich alles versammelt, was Rang und Namen hat? Dann tut es auch ein Drink an der noblen Bar. Im Innern sitzt man bequem auf Sofas, doch noch besser ist ein Plätzchen im sonnigen Innenhof, wo der Blick über akkurat angelegte Gärten schweift, während bei einem Cocktail (ab 20 €) oder Bier (13 €) und edlen Snacks romantisches *Dolce-vita*-Feeling aufkommt.

ROSATI
CAFÉ

Karte S. 350 (☎06 322 58 59; Piazza del Popolo 5; ☺7.30–23.30 Uhr; Ⓜ Flaminio) Im Rosati, mit Blick auf das große Rund der Piazza del Popolo, hingen einst die linken Plaudertaschen aus dem Bildungsbürgertum ab. Die Autoren Italo Calvino und Alberto Moravia nahmen hier ihre Drinks zu sich, während ihre rechten Gegenspieler ins **Canova** (Karte S. 350; ☎06 361 22 31; Piazza del Popolo 16; ☺8–24 Uhr; Ⓜ Flaminio) auf der anderen Seite des Platzes gingen. Heutzutage sieht man in diesem Café vor allem Touristen. Doch die Aussicht ist so schön wie früher.

Wer seinen Kaffee an der Bar trinkt, zahlt wie üblich einen vernünftigen Preis – im Gegensatz zu denen, die ihn am Tisch genießen möchten.

Piazza di Spagna & Umgebung

CANOVA TADOLINI
CAFÉ

Karte S. 350 (☎06 3211 0702; Via del Babuino 150a/b; ☺Mo–Sa 9–22.30 Uhr; Ⓜ Spagna) Der Bildhauer Canova unterzeichnete 1818 einen Vertrag für dieses Atelier, wonach es für alle Zeit als Skulpturenwerkstatt dienen sollte. Noch heute steht der Raum voller Statuen, was den Gästen ein einzigartiges Erlebnis beschert: Während sie einen edlen Tee kosten oder ein Glas Wein mit diversen Snacks probieren, sitzen sie inmitten dieser großartigen Modelle.

CAFFÈ GRECO
CAFÉ

Karte S. 350 (☎06 679 17 00; Via dei Condotti 86; ☺9–20 Uhr; Ⓜ Spagna) Das Caffè Greco eröffnete bereits 1760 und hat am Styling seitdem wenig verändert: Kellner im Frack, roter Samt und goldene, in die Jahre gekommene Spiegel. Casanova, Goethe, Wagner, Keats, Byron, Shelley und Baudelaire waren hier einst Stammgäste. Heutzutage verkehren hier eher die Shopper und Touristen, weniger die Künstler und Liebhaber, was sich auch an den Preisen bemerkbar macht. Am besten bestellt man wie die Römer einen Drink an der Bar (*caffè* an der Bar/am Tisch 1,50/6 €).

CIAMPINI 2
CAFÉ

Karte S. 350 (☎0678 56 78; Viale Trinità dei Monti; ☺Mai–Okt. 8–21 Uhr; Ⓜ Spagna) Nur ein paar Schritte von der Spanischen Treppe Richtung Pinciogärten liegt dieses stilvolle Café-Restaurant, das wie für eine Gartenparty geschaffen ist. Die weiß gedeckten Tische, von denen aus man einen wunderbaren Blick auf die kleinen Straßen hinter der Spanischen Treppe hat, sind von einem grünen Holzgitter umgeben. Auch das Eis ist berühmt, besonders das Schokoladentrüffeleis.

Piazza Barberini & Via Veneto

MICCA CLUB
CLUB

Karte S. 350 (☑393 3236244; www.miccaclub.
com; Via degli Avignonesi; ⓂBarberini) Der Micca Club residiert nicht mehr in einem Keller mit Backsteingewölbe im Süden Roms, sondern liegt nun nahe der Piazza Barberini. Die Innenausstattung ist nicht mehr ganz so aufregend, hat sich aber den schrägen Vintage-Vibe bewahrt. Der Laden gilt als Roms Burlesque-Club, wo die Besucher an ihren Cocktails nippen, während sie die Damen beim Shimmy bewundern, der den Kitschfaktor in die Höhe treibt. Es empfiehlt sich eine telefonische Reservierung.

MOMA
CAFÉ

Karte S. 350 (☑06 4201 1798; Via di San Basilio; ⓍMo–Sa 7–24 Uhr, Aug. geschl.; ⓂBarberini) *Molto* trendy: Das Café, in dem die Angestellten der umliegenden Büros relaxen, ist eine echte Entdeckung! Unten gibt es ein kleines Stehcafé und draußen eine Sonnenterrasse, auf der man gemütlich seinen Kaffee trinken und die köstlichen *dolcetti* genießen kann. Oben befindet sich das Restaurant, in dem *cucina creativa* (kreative Küche) serviert wird (Gerichte 70 €).

☆ UNTERHALTUNG

GREGORY'S
LIVEMUSIK

Karte S. 350 (☑06 679 63 86; www.gregorys jazz.com; Via Gregoriana 54d; ⓍDi–So 19–2 Uhr; Sept.–Juni; ⓂBarberini, Spagna) Wenn man das Gregory's als Stimmtyp beschreiben sollte, könnte man es nur rauchig nennen: Erst in der Bar unten entspannen, dann oben auf den Sofas relaxen und dabei Jazz lauschen, den die Bands aus der Gegend gekonnt spielen. Auch die Musiker des Viertels treffen sich gern im Gregory's.

TEATRO QUIRINO
THEATER

Karte S. 350; ☑06 679 45 85 (www.teatroquirino. it; Via delle Vergini 7; ⓆVia del Tritone) Nur einen Wasserspritzer vom Trevi-Brunnen entfernt liegt dieses großartige Theater aus dem 19. Jh. Auf die Bühne kommen bisweilen auch neue Stücke, aber vor allem bekannte Klassiker von Arthur Miller, Tennessee Williams, Shakespeare, Seneca, Luigi Pirandello u. a. – allerdings auf Italienisch.

TEATRO SISTINA
THEATER

Karte S. 350 (☑06 420 07 11; www.ilsistina.com; Via Sistina 129; ⓂBarberini) Aufwendige Theaterspektakel, unterhaltsame Musicals, Konzerte und witzige Komikershows prägen das konservative und beliebte Repertoire des Sistina.

SHOPPEN

🔒 Piazza del Popolo & Umgebung

BOTTEGA DI MARMORARO
KUNST

Karte S. 350 (Via Margutta 53b; ⓍMo–Sa 8–19.30 Uhr; ⓂFlaminio) Ein äußerst charismatischer und winziger Laden voller Marmorschnitzereien, wo es Marmortabletts mit Wunschbeschriftung zu kaufen gibt (15 €). Mittags Ausschau halten nach dem fröhlichen *marmoraro*, der sich vielleicht gerade über dem offenen Holzfeuer seine Pasta zubereitet.

DANIELLE
SCHUHE

Karte S. 350 (☑06 679 24 67; Via Frattina 85a; Ⓧ10.30–19.30 Uhr; ⓂSpagna) Rombesucherinnen, die auf der Stelle italienische Schuhe benötigen, sollten hier einen Zwischenstopp einlegen. Die Modelle reichen von klassisch bis modisch – Foxy Heels, Stiefel und Ballerinas – aus weichem Leder, in Tausenden von Farben und zu wirklich günstigen Preisen.

PELLETTERIA NIVES
ACCESSOIRES

Karte S. 350 (☑333 3370831; Via delle Carrozze 16; ⓍMo–Sa 9–13 & 16–20 Uhr; ⓂSpagna) Wer im wackligen Aufzug zu dieser Werkstatt hinauffährt und aus den weichsten Ledermustern eines auswählt, wird bald darauf stolzer Besitzer einer handgefertigten Tasche, Geldbörse oder Mappe im Designerstil sein. Am besten eine Vorlage mitbringen. Eine Tasche kostet zwischen 200 € und 350 €. Die Anfertigung dauert ca. eine Woche.

FABRIANO
KUNST, KUNSTHANDWERK

Karte S. 350 (☑06 3260 0361; www.fabriano boutique.com; Via del Babuino 173; Ⓧ10–20 Uhr; ⓂFlaminio, Spagna) Fabriano lässt Schreibwaren sexy erscheinen: ledergebundene Tagebücher, Notizbücher und mit römischen Straßenkarten geprägte Produkte. Ideale

Geschenke sind beispielsweise die wunderschön gemachten ledernen Schlüsselanhänger (10 €) oder der witzige Papierschmuck von römischen Designern.

BARRILÀ BOUTIQUE SCHUHE

Karte S. 350 (Via del Babuino 34; ⏰10–20 Uhr; Ⓜ️Flaminio, Spagna) Wer klassische, handgefertigte italienische Damenschuhe sucht, die den Kreditrahmen nicht sprengen, sollte die Boutique Barrilà aufsuchen: Unübersehbare Mengen an unterschiedlichsten Modellen aus weichem Leder sind hier vorrätig. Durchs Schaufenster wirken sie ein wenig traditionell, aber man findet sicher ein geeignetes Paar.

DISCOUNT DELL'ALTA MODA KLEIDUNG

Karte S. 350 (☎06 361 37 96; Via Gesù e Maria 14; ⏰Di–Sa 10.30–13.30 & 14.30–19.30 Uhr, Mo 15.30–19.30 Uhr; Ⓜ️Flaminio, Spagna) Discount dell'Alta Moda verkauft die großen Namen wie Dolce & Gabbana und Gucci zu reduzierten Preisen (um die 50 % Nachlass). Ein wenig stöbern lohnt sich also.

🔒 Westlich der Via Del Corso

MERCATO DELLE STAMPE MARKT

Karte S. 350 (Largo della Fontanella di Borghese; ⏰Mo–Sa 7–13 Uhr; 🚌Piazza Augusto Imperatore) Es lohnt sich, auf dem Mercato delle Stampe (Markt für alte Drucke) vorbeizuschauen, wenn man sich für alte Bücher und Drucke interessiert. Einfach mal zwischen den Ständen herumschlendern und in den staubigen Ausgaben und Postern stöbern.

L'OLFATTORIO SCHÖNHEIT

Karte S. 350 (☎06 361 23 25; Via di Ripetta 34; ⏰Mo–Sa 10.30–19.30 Uhr, So 11–19 Uhr; Ⓜ️Flaminio) Hier fühlt man sich wie in einer Bar, in der Parfüms statt Drinks ausgeschenkt werden: Die Düfte tragen Namen wie Artisan Parfumeur, Diptyque, Les Parfums de Rosine und Coudray. Die Verkäufer leiten die Kunden durch diverse Duftkombinationen, bis das ideale Parfüm gefunden ist. Verkauft werden exklusive Parfüms. Das Schnuppern (mit Reservierung) ist gratis.

IL MARE BÜCHER

Karte S. 350 (☎06 361 20 91; Via Del Vantaggio 19; Ⓜ️Flaminio) Schiff ahoi. Diese freundliche Buchhandlung verkauft alles, was mit *mare* (Meer) zu tun hat: maritime Bücher auf Italienisch, Englisch und Französisch, Seekarten, Ferngläser, Piratenflaggen, Schiffsmodelle und Poster sowie Reiseführer von Lonely Planet.

TOD'S SCHUHE

Karte S. 350 (☎06 6821 0066; Via della Fontanella di Borghese 56; 🚌Via del Corso) Tod's Markenzeichen sind die Mokassins mit Gumminoppen (ursprünglich eine Art gehobener Autofahrerschuh), die idealen Schuhe für ein Wochenende auf dem Landsitz.

🔒 Piazza di Spagna & Umgebung

VERTECCHI ART KUNST

Karte S. 350 (Via della Croce 70; ⏰Mo 15.30–19.30, Di–Sa 10–19.30 Uhr; Ⓜ️Spagna) Perfekt für den Geschenkeinkauf in letzter Minute: In diesem Geschäft für Schreibwaren und Künstlerbedarf gibt es wunderbares bedrucktes Papier, Karten und Umschläge, die eine Rückkehr zur Kunst des Briefeschreibens wünschenswert erscheinen lassen, sowie eine riesige Auswahl an Notizbüchern und Künstler-Schnickschnack.

LUCIA ODESCALCHI SCHMUCK

Karte S. 350 (☎06 6992 5506; Palazzo Odescalchi, Piazza dei Santissimi Apostoli 81; ⏰Mo–Fr 9.30–14 Uhr; Ⓜ️Spagna) Wer ein besonderes Schmuckstück sucht, das ein Outfit auf einzigartige Weise hervorhebt, ist in den stimmungsvollen Archiven des Familienpalazzo richtig aufgehoben. Die Avantgarde-Schmuckstücke (ab 140 €) beeindrucken mit ihrer beinahe mittelalterlichen Schönheit. Manche bestehen aus poliertem Stahl und Kettenpanzer, andere aus Perlen und Fossilien. Einfach wunderschön.

C.U.C.I.N.A. HAUSHALTSWAREN

Karte S. 350 (☎06 679 12 75; Via Mario de' Fiori 65; ⏰Mo 15.30–19.30 Uhr, Di–Fr 10–19.30 Uhr, Sa 10.30–19.30; Ⓜ️Spagna) Küchenutensilien für Foodies gibt es bei C.U.C.I.N.A. Mit der Designerware aus diesem berühmten Laden sieht jede *cucina* gleich viel besser aus – ob Geleeförmchen oder Knoblauchpresse, die Auswahl ist grenzenlos.

FURLA ACCESSOIRES

Karte S. 350 (☎06 6920 0363; Piazza di Spagna 22; ⏰Mo–Sa 10–20, So 10.30–20 Uhr; Ⓜ️Spagna) Passionierte Handtaschenjäger zieht es unweigerlich immer wieder zu Furla: Kein

Wunder, denn hier gibt es einfache Handtaschen in guter Qualität und aus weichem Leder in allen Farben des Regenbogens. Dazu allerlei Accessoires, von Sonnenbrillen bis zu Schuhen. Viele weitere Filialen verteilen sich über ganz Rom.

SERMONETA ACCESSOIRES
Karte S. 350 (☑06 679 19 60; www.sermoneta gloves.com; Piazza di Spagna 61; ⊗Mo–Sa 9.30–20 Uhr, So 10–19 Uhr; Ⓜ Spagna) Der berühmteste Handschuhhändler bietet eine kunterbunte Auswahl an edlen Lederhandschuhen mit Seiden- und Kaschmirfutter. Die Auswahl ist wirklich riesig.

ANGLO-AMERICAN BOOKSHOP BÜCHER
Karte S. 350 (☑06 679 52 22; Via della Vite 102; ⊗Di–Sa 10.30–19.30 Uhr, Mo 15.30–19.30 Uhr; Ⓜ Spagna) Die Regale des für Studienfachbücher weithin bekannten Anglo-American Bookshop sind gut bestückt. Auch die Auswahl an Literatur, Reiseführern, Kinderbüchern und Landkarten ist hervorragend.

FENDI KLEIDUNG
Karte S. 350 (☑06 69 66 61; Largo Goldoni 420; ⊗Mo–Sa 10–19.30, So 11–14 & 15–19 Uhr; Ⓜ Spagna) Das in einem mehrstöckigen Art-déco-Gebäude vor Anker gegangene Fendi-Mutterschiff ist ein Reich der dezent glitzernden Accessoires. Die Marke Fendi wurde in Rom geboren und ist berühmt für ihre Pelz- und Lederprodukte.

FOCACCI ESSEN
Karte S. 350 (☑06 679 12 28; Via della Croce 43; ⊗8–20 Uhr; Ⓜ Spagna) Einer von mehreren ausgezeichneten Feinkostläden in dieser hübschen Straße: Unbedingt Käse, Aufschnitt, Räucherfisch, Kaviar, Pasta, Olivenöl und Wein einkaufen.

FRATELLI FABBI ESSEN
Karte S. 350 (☑06 679 06 12; Via della Croce 27; ⊗ Mo–Sa 8–19.30 Uhr; Ⓜ Spagna) In diesem Delikatessenladen gibt es Rohschinken, Büffelmozzarella aus Kampanien, *parmigiano reggiano,* Olivenöl, *porchetta* aus Ariccia – nur der Kaviar stammt aus dem Iran.

BULGARI SCHMUCK
Karte S. 350 (☑06 679 38 76; Via dei Condotti 10; ⊗Di–Sa 10–17, So–Mo 11–19 Uhr; Ⓜ Spagna) Wer nach dem Preis fragen muss, kann es sich sowieso nicht leisten. In der Schaufensterauslage liegen die schönsten Juwelen der Welt, das Schauen kostet keinen *centesimo.*

FAUSTO SANTINI SCHUHE
Karte S. 350 (☑06 678 41 14; Via Frattina 120; ⊗Mo 11–19.30, Di–Sa 10–19.30, So 11–14 & 15–19 Uhr; Ⓜ Spagna) Fausto Santini, Roms bekanntester Schuhdesigner, ist berühmt für herrliche Stiefel und Schuhe aus zartestem Leder, die in untadeliger Qualität produziert werden. Wem es hier zu teuer ist: einfach mal im Discountladen nach Auslaufmodellen Ausschau halten (S. 173).

🔒 Vom Trevibrunnen zum Quirinal

LIBRERIA GIUNTI AL PUNTO BÜCHER
Karte S. 350 (☑06 699 41045; www.giuntialpunto.it; Piazza dei Santissimi Apostoli 59-65; ⊗Mo–Sa 9.30–19.30 Uhr ▣Piazza Venezia) Die Kinderbuchhandlung „Auf den Punkt" ist der ideale Ort, um die Kleinen eine Zeit lang zu unterhalten. Der Laden ist groß und bietet eine Riesenauswahl: Tausende von Büchern sowie eine gute Palette an Spielsachen von Knete bis Puzzles.

LA RINASCENTE KAUFHAUS
Karte S. 350 (☑06 679 76 91; Galleria Alberto Sordi, Piazza Colonna; ⊗10–21 Uhr; ▣Via del Corso) La Rinascente, ein stattliches, gehobenes Kaufhaus mit Jugendstil-Ambiente, verfügt über eine gut besuchte Kosmetikabteilung.

GALLERIA ALBERTO SORDI EINKAUFSZENTRUM
Karte S. 350 (Piazza Colonna; ⊗10–22 Uhr; ▣Via del Corso) Diese Einkaufsarkade mit Buntglasfenstern war Schauplatz des Filmklassikers *Polvere di Stelle* mit Alberto Sordi (1973) und trägt seitdem den Namen des Schauspielers. Hier kann man in aller Ruhe durch Läden stöbern und anschließend im luftigen Café eine kurze Pause einlegen.

🔒 Piazza Barberini & Via Veneto

UNDERGROUND MARKT
Karte S. 350 (☑06 3600 5345; Via Francesco Crispi 96, Ludovisi-Tiefgarage; ⊗jeweils 2. Wochenende Sept.–Juni Sa 15–20 & So 10.30–19.30 Uhr; Ⓜ Barberini) Ein Markt, der monatlich in einer Tiefgarage nahe der Villa Borghese stattfindet. Über 150 Verkaufsstände mit Antiquitäten, Sammlerstücken, Kleidung und Spielsachen.

Vatikanstadt, Borgo & Prati

VATIKANSTADT | BORGO | PRATI | AURELIO

Highlights

❶ Andächtig zu den
Meisterwerken Michelan-
gelos in der weltberühm-
ten **Sixtinischen Kapelle**
(S. 144) aufblicken – seine
strahlenden Deckenfresken
zeigen Szenen aus dem
Alten Testaments. An der
Westwand ist seine angst-
erfüllte Vision des *Jüngsten
Gerichts* dargestellt

❷ Die opulente Pracht
des **Petersdoms** (S. 136) ist
überwältigend

❸ Der Versuch, alle Säulen
an der **Piazza San Pietro**
(S. 148) in ihrer Gesamtheit
zu sehen – es ist tatsächlich
möglich

❹ Die traumhafte Aus-
sicht vom Dach des **Castel
Sant'Angelo** (S. 149)

❺ Die lebhaften Farben
wundervoller Fresken in
den **Stanze di Raffaello**
(S. 144)

Details siehe Karte S. 354 ➡

Vatikanstadt, Borgo & Prati erkunden

Die Vatikanstadt, mit einer Fläche von nur 0,44 km2 der kleinste Staat der Welt, erstreckt sich auf der flachen Erhebung des vatikanischen Hügels westlich des Tiber. Der massive Kuppelbau des Petersdoms bildet den Mittelpunkt des Vatikans, er besitzt einige der berühmtesten Kunstwerke Italiens, viele davon werden in den Vatikanischen Museen bewahrt.

Mindestens ein Vormittag ist nötig, um den Vatikanischen Museen gerecht zu werden. Das Highlight ist die von Michelangelo gestaltete Sixtinische Kapelle, darüber hinaus sind Kunstwerke in großer Zahl zu sehen. Wer an einer Führung teilnimmt, wird von der Sixtinischen Kapelle direkt zum Petersdom geleitet. Andernfalls ist ein Umweg über den Petersplatz notwendig.

Zwischen dem Vatikan und dem Tiber verlaufen die Gassen des Viertels Borgo – einst waren alle Gassen rund um die Peterskirche von dieser Art, bis Mussolini die Via dei Conciliazione wie eine Schneise durch das Gebiet schlagen ließ. Die Hauptsehenswürdigkeit des Viertels ist das Castel Sant'Angelo, die Engelsburg.

Der Vatikan und die Viertel Borgo und Prati sind leicht mit öffentlichen Verkehrsmitteln zu erreichen.

Lokalkolorit

➡ **Fastfood** Statt einer Mittagsmahlzeit nehmen sich viele Römer oft einen Imbiss von einer Snackbar in Prati mit. Lecker sind z. B. eine *pizza al taglio* (ein Stück Pizza), *arancini* (frittierte Reisbällchen mit Käse- und Gemüsefüllung) oder ein *gelato*.

➡ **Einkaufsstraßen** Von der Piazza del Risorgimento zweigt die Via Cola di Rienzo ab; die Einkaufsmeile ist von Kaufhäusern und Modegeschäften gesäumt.

➡ **Livemusik** Einen guten Sound gibt es im Alexanderplatz (S. 153), dem ältesten Jazzclub Roms. Eine Spitzenadresse ist auch die Kellerkneipe Fonclea (S. 153).

An- & Weiterreise

➡ **Bus** Die Buslinie 40 ab der Stazione Termini ist die schnellste Verbindung zum Vatikan – die Busse halten in der Nähe des Castel Sant'Angelo. Die Buslinie 64 fährt eine ähnliche Strecke, jedoch mit mehr Haltestellen. Die Linie 492 fährt von der Stazione Tiburtina zur Piazza del Risorgimento und Metrostation Cipro mit Haltestellen an der Piazza Barberini und im *Centro Storico*.

➡ **Metro** Die Metrolinie A fährt bis zum Bahnhof Ottaviano–San Pietro. Ab dort weisen Schilder auf den Petersdom hin.

Top-Tipp

Vorsicht vor Schwarzhändlern rund um die Metrostation Ottaviano, die „Vorzugskarten" für Führungen durch die Vatikanischen Museen verkaufen. Die von diesen Kundenfängern angebotenen Führungen sind oft teurer als die auf den offiziellen Websites der Museen verkauften Karten.

Wer an der Oster- oder Weihnachtsmesse im Petersdom teilnehmen möchte, muss die (kostenlosen) Eintrittskarten über die **Prefettura della Casa Pontificia** (www.vatican.va/various/prefettura/index_en.html) buchen.

 ### Gut essen

➡ Pizzarium (S. 152)
➡ Romeo (S. 150)
➡ Velavevodetto Ai Quiriti (S. 150)
➡ Enoteca La Torre (S. 152)

Mehr Details siehe S. 149. ➡

Nett ausgehen

➡ Sciascia Caffè (S. 153)
➡ Makasar (S. 153)
➡ Art Studio Café (S. 153)
➡ Passaguai (S. 153)

Mehr Details siehe S. 152. ➡

Die Hauptattraktionen

➡ Kuppel des Petersdoms (S. 138)
➡ Terrasse der Engelsburg (Castel Sant'Angelo; S. 149)
➡ Petrusgrab (S. 139)
➡ Vatikanische Grotten (S. 139)

Mehr Details siehe S. 148. ➡

VATIKANSTADT, BORGO & PRATI

In einer Stadt voller außerordentlicher Kirchen ist keine mit dem Petersdom (Basilica di San Pietro) – der größten, reichsten und spektakulärsten Kirche Italiens – zu vergleichen. Das Zeugnis jahrhundertelanger Bemühungen großer Künstler birgt prachtvolle Kunstwerke, darunter drei der berühmtesten Meisterwerke Italiens: Michelangelos *Pietà*, seine atemberaubende Kuppel und Berninis Baldachin über dem päpstlichen Altar. Im Petersdom kann es sehr voll werden; an den meisten Tagen ist zudem mit langen Wartezeiten zu rechnen. Für sämtliche Besucher gilt eine strenge Kleiderordnung: keine Shorts, Miniröcke oder nackte Schultern.

Geschichte

Das ursprüngliche Gotteshaus – das sich unterhalb der heutigen Basilika befindet – wurde um das Jahr 349 von Kaiser Konstantin errichtet. Die Kirche stand dort, wo der Überlieferung nach Petrus zwischen 64 und 67 n. Chr. beigesetzt wurde. Aber wie viele andere mittelalterliche Kirchen verfiel auch sie. Erst im 15. Jh. gab es Bemühungen, sie zu restaurieren, zuerst von Papst Nikolaus V. und danach – um einiges erfolgreicher – von Julius II.

Im Jahr 1506 wurde der Bau einer neuen Basilika nach dem Entwurf Donato Bramantes begonnen, der sich nach langen Überlegungen für einen riesigen Zentralbau mit einem Grundriss in der Form eines griechischen Kreuzes entschied. Mit dem Tod Bramantes 1514 kamen auch die Bauarbeiten zum Erliegen. Nachfolgende Baumeister, darunter Raffael und Antonio da Sangallo, versuchten die ursprünglichen Pläne zu verändern. Aber der Bau ging nur sehr langsam voran, bis 1547 Michelangelo im Alter von 72 Jahren das

NICHT VERSÄUMEN

➡ *Pietà*
➡ Petrusstatue
➡ Kuppel
➡ Baldachin
➡ *Cattedra di San Pietro* (Cathedra Petri)

PRAKTISCH & KONKRET

➡ Basilica di San Pietro
➡ Karte S. 354
➡ www.vatican.va
➡ Petersplatz
➡ ⊙im Sommer 7–19 Uhr, im Winter 7–18.30 Uhr
➡ Ⓜ Ottaviano–San Pietro

Heft in die Hand nahm. Michelangelo vereinfachte Bramantes Pläne und entwarf sein letztendlich großartigstes architektonisches Werk, die Kuppel. Deren Fertigstellung erlebte der 1564 verstorbene Künstler jedoch nicht mehr; vollendet wurde sie erst 1590 von Giacomo della Porta und Domenico Fontana. Nach dem Bau der Kuppel übernahm 1605 Carlo Maderno das Projekt. Er entwarf die Fassade und verlängerte das Schiff Richtung Piazza.

Eingeweiht wurde die Basilika schließlich im Jahr 1626.

Die Fassade
In den Jahren zwischen 1608 und 1612 entstand die gewaltige Fassade Carlo Madernos mit einer Höhe von 48 m und einer Breite von 118,6 m. Acht 27 m hohe Säulen stützen die Attika, auf der insgesamt 13 Statuen stehen, die Christus den Erlöser, Johannes den Täufer und elf Apostel darstellen. Der Mittelbalkon ist die **Loggia della Benedizione**, von der der Papst an Weihnachten und Ostern seinen Segen *Urbi et Orbi* spendet.

Hinter den Säulen liegt das prachtvolle Atrium; die **Porta Santa** (Heilige Pforte) wird nur in Heiligen Jahren geöffnet.

Innenraum – rechtes Querschiff
Am Anfang des rechten Seitenschiffs befindet sich Michelangelos ergreifend schöne **Pietà**. Der Künstler schuf sie im Alter von 25 Jahren (1499), es ist das einzige Werk, das er jemals signierte – seine Signatur ist auf dem Brustband der Madonna eingraviert.

Nahebei markiert eine **rote Porphyrscheibe** im Boden die Stelle, an der Karl der Große und später die Kaiser des Heiligen Römischen Reiches vom Papst gekrönt wurden.

An einem Pfeiler gleich hinter der *Pietà* erinnert das **Grabmal der Königin Christina von Schweden** aus Goldbronze, ein Werk Carlo Fontanas, an die – alles andere als heilige – schwedische Monarchin, die 1655 zum Katholizismus übertrat.

Im Weitergehen sind die **Cappella di San Sebastiano** mit dem Sarg Papst Johannes Pauls II. und die **Cappella del Santissimo Sacramento**, eine Kapelle im prunkvollen Barockstil mit Werken von Borromini, Bernini und Pietro da Cortona, zu sehen.

Hinter der Kapelle befindet sich das grandiose **Grabmal von Gregor XIII.** unweit der abgesperrten **Cappella Gregoriana**, diese Kapelle ließ Papst Gregor XIII. nach Entwürfen von Michelangelo bauen.

Ein Großteil des rechten Querschiffs ist abgesperrt, von außen ist aber noch das **Grabmal von Clemens XIII.** zu sehen, eines der berühmtesten Werke Antonio Canovas.

CHRISTINA, KÖNIGIN VON SCHWEDEN

Die schwedische Königin, von Greta Garbo 1933 im Film *Königin Christine* berühmt gemacht, ist eine von nur drei Frauen, die im Petersdom bestattet sind. Die anderen beiden sind Königin Charlotte von Zypern, eine unbedeutende Monarchin aus dem 15. Jh., und Agnesina Colonna, eine italienische Adlige aus dem 16. Jh. Christina wurde diese Ehre zuteil, weil sie 1655 auf den schwedischen Thron verzichtete und zum Katholizismus übertrat. Als prominenteste Konvertitin Europas wurde sie zum Liebling des Vatikans und verbrachte ihre letzten Jahre in Rom, wo sie als herausragende Kunstmäzenin berühmt wurde. Ihr Privatleben gab zu viel schlüpfrigem Klatsch Anlass. Es gab reichlich Gerüchte über Affären mit Höflingen und Bekanntschaften beiderlei Geschlechts.

Über Führungen und Eintrittspreise informiert neben der Website des Vatikan (www.vatican.va) auch das Pilgerzentrum Rom (Centro Pastorale Pellegrini di Lingua Tedesca, Via del Banco di San Spirito 56, www.pilgerzentrum.net).

Innenraum – Mittelschiff

Der Mittelpunkt des Petersdoms wird von Berninis 29 m hohem **Baldachin** dominiert. Auf vier gedrehten Säulen überragt er den **päpstlichen Altar**, auch Altar der Confessio genannt. Davor befindet sich die **Confessione** von Carlo Maderno.

Über dem Baldachin ragt Michelangelos **Kuppel** zu einer Höhe von 119 m auf. Das Bauwerk nach dem Vorbild von Brunelleschis Domkuppel in Florenz wird von vier massiven steinernen **Pfeilern** gestützt, die die Namen von Heiligen tragen, ihre Statuen stehen in den von Bernini entworfenen Nischen. Die Heiligen stehen mit den vier bedeutendsten Reliquien der Basilika in Verbindung: dem Speer des **hl. Longinus**, mit dem er in die Seite Christi stach, dem Tuch, mit dem die **hl. Veronika** das Antlitz Jesu berührte, einem Splitter des Kreuzes, das die **hl. Helena** an sich nahm, und dem Haupt des **hl. Andreas**.

Am Sockel des **Longinuspfeilers** befindet sich die bronzene **Petrusstatue**, ein Werk von Arnolfo di Cambio (13. Jh.). Der rechte Fuß ist von unzähligen liebevollen Berührungen von Pilgerhänden über die Jahrhunderte ganz abgewetzt.

Hinter dem Altar wird die Galerie von der **Cattedra di San Pietro** von Bernini dominiert. Der gewaltige Thron aus Goldbronze wird von 5 m hohen Heiligenstatuen getragen. Im Mittelpunkt befindet sich ein Holzsitz, einer Legende nach der Lehrstuhl des hl. Petrus, tatsächlich stammt er aus dem 9. Jh. Darüber strahlt Licht durch ein gelbgetöntes Fenster, das von einer Schar vergoldeter Engel umrahmt und mit einer Taube verziert ist, die den Heiligen Geist repräsentiert.

Rechts vom Thron steht Berninis **Grabmal von Papst Urban VIII.**, der von den Allegorien der Barmherzigkeit und Gerechtigkeit flankiert ist.

Innenraum – linkes Querschiff

Im abgesperrten linken Querschiff befindet sich die **Cappella della Madonna della Colonna**, sie erhielt ihren Namen von einem Bild der Madonna, das vom Marmoraltar Giacomo della Portas herabblickt. Auf der rechten Seite, über dem **Grab von Leo dem Großen**, ist ein schönes Relief des Barockbildhauers Alessandro Algardi zu sehen. Unter dem nächsten Bogen befindet sich Berninis letztes Werk im Petersdom, das **Grabmal von Alexander VII.**

Auf halber Länge des linken Seitenschiffs liegt die **Cappella Clementina**, sie ist nach Clemens VIII. benannt, der sie im Heiligen Jahr 1600 von Giacomo della Porta ausschmücken ließ. Unter dem Altar befinden sich das **Grab von Gregor dem Großen** und zur Linken das **Grabmal von Papst Pius VII.** von Thorvaldsen.

Der nächste Bogen überwölbt Alessandro Algardis **Grabmal von Leo XI.** (16. Jh.). Die **Cappella del Coro** dahinter wurde von Giovanni Battista Ricci nach Entwürfen von Giacomo della Porta geschaffen. Das **Grabmal von Innozenz VIII.** von Antonio Pollaiuolo ist eine Nachbildung einer Statue aus der alten Basilika.

Schließlich folgt die **Cappella della Presentazione**, die zwei der modernsten Werke des Petersdoms präsentiert: das **Denkmal für Johannes XXIII.** von Emilio Greco und das **Denkmal für Benedikt XV.** von Pietro Canonica. Unter dem nächsten Bogen stehen die **Stuart-Monumente**. Rechts befindet sich das Denkmal für Clementina Sobieska, die Frau von James Stuart, ein Werk Filippo Barigionis, links Canovas Denkmal für die letzten drei Mitglieder des Stuart-Clans. Die Anwärter auf den englischen Thron starben im römischen Exil.

Die Kuppel

Der Eingang zum Aufstieg in die **Kuppel** (mit/ohne Aufzug 7/5 €; ⊙im Sommer 8–17.45 Uhr, im Winter 8–16.45 Uhr; Ⓜ Ottaviano–San Pietro) befindet sich auf der rechten Seite des Hauptportals des Petersdoms. Alle 551 Stufen bis zur Spitze können zu Fuß bewältigt werden. Ein kleiner Aufzug führt zur halben Höhe hinauf, bis zur Spitze sind es dann noch 320 Stufen. Der lange, steile Aufstieg zur Spitze wird von einem überwältigenden Ausblick belohnt.

Innere der Kuppel im Petersdom

DAS GESICHT AUF DEM BALDACHIN

Der Fries auf Berninis Baldachin enthält eine geheime Geschichte, die am Pfeiler links (mit dem Rücken zum Eingang) beginnt. Bei der Betrachtung im Uhrzeigersinn ist das Gesicht einer Frau im Fries eines jeden Pfeilers zu sehen. Auf den ersten drei Pfeilern scheint es die zunehmenden Schmerzen einer Entbindung auszudrücken, auf dem letzten ist ihr Gesicht durch das eines lächelnden Babys ersetzt. Die Frau war die Nichte von Papst Urban VIII., die während Berninis Arbeit am Baldachin ein Kind gebar.

Entgegen landläufiger Meinung ist der Petersdom nicht die größte Kirche der Welt – die Basilika Notre-Dame-de-la-Paix in Yamoussoukro an der Elfenbeinküste ist größer. Bronzeplatten im Boden des Mittelschiffs zeigen die jeweilige Größe der 14 nächstgrößten Kirchen an.

Museo Storico Artistico

Der Eingang zum **Museo Storico Artistico** (Tesoro; Erw./erm. 7/5 €; ☺im Sommer 9–18.15 Uhr, im Winter 9–17.15 Uhr; ⓜOttaviano–San Pietro) befindet sich im linken Querschiff. Zu den Highlights gehören ein Tabernakel von Donatello, die Colonna Santa, eine byzantinische Säule der früheren Kirche aus dem 4. Jh., und die Crux Vaticana (Vatikanisches Kreuz) aus dem 6. Jh.; das mit Edelsteinen dicht besetzte Kruzifix war ein Geschenk des Kaisers Justinian II.

Vatikanische Grotten

Die **Vatikanischen Grotten** (☺im Sommer 9–18 Uhr, im Winter 9–17 Uhr) GRATIS, die sich unterhalb der Peterskirche befinden, bergen die Grabmale und Sarkophage zahlreicher Päpste. Neben den Grabstätten sind mehrere Säulen der einstigen Basilika (4. Jh.). zu erblicken. Der Eingang findet sich beim Andreaspfeiler.

Petrusgrab

Bei Ausgrabungen unter dem Petersdom wurde das angebliche **Grab des Petrus** (☎06 6988 5318; Eintritt 13 €, erst ab 15 Jahren) freigelegt. Obwohl der Vatikan nie bestätigte, dass es sich um die Gebeine des hl. Petrus handelte, erklärte Papst Paul VI. 1968, dass sie auf eine Weise identifiziert seien, die der Vatikan als „überzeugend" befand. Die Ausgrabungsstätte ist nur im Rahmen einer Führung zu besichtigen. Die Teilnahme sollte per E-Mail beim Ufficio Scavi (scavi@fsp.va) so früh wie möglich gebucht werden.

Ein Besuch der Vatikanischen Museen (Musei Vaticani) ist ein unvergessliches Erlebnis. Mit Ausstellungen auf einer Länge von 7 km und mehr Meisterwerken, als manches kleine Land besitzt, birgt der riesige Museumskomplex eine der bedeutendsten Kunstsammlungen der Welt. Zu den Highlights zählen u. a. eine spektakuläre Sammlung klassischer Statuen, eine Reihe von Sälen, die von Raffael mit Fresken ausgemalt wurden, und die Sixtinische Kapelle von Michelangelo.

Die Museen, im frühen 16. Jh. von Papst Julius II. gegründet, sind in den reich verzierten Sälen und Galerien des Palazzo Apostolico Vaticano untergebracht. Das Bauwerk mit einer immensen Fläche von 5,5 ha besteht aus zwei Palästen – dem Vatikanpalast (Apostolischer Palast, näher bei der Peterskirche gelegen) und dem Belvedere-Palast –, die durch zwei lange Galerien miteinander verbunden sind. Es gibt drei Innenhöfe: den Cortile della Pigna, den Cortile della Biblioteca und, südlich gelegen, den Cortile del Belvedere. Die Ausstellungen sind nicht an einem Tag zu bewältigen. Es ist daher sinnvoll, sich auf einzelne Bereiche zu beschränken.

Pinacoteca

Die päpstliche Gemäldegalerie wird von Besuchern oft vernachlässigt, sie zeigt Bilder aus dem 11. bis 19. Jh., darunter Werke von Giotto, Fra Angelico, Filippo Lippi, Perugino, Tizian, Guido Reni, Guercino, Pietro da Cortona, Caravaggio und Leonardo da Vinci.

Sehr beeindruckend sind drei Gemälde von Raffael in Saal VIII – *Madonna di Foligno* (Madonna von Folignano),

NICHT VERSÄUMEN

➜ Sixtinische Kapelle
➜ *Stanze di Raffaello*
➜ Apollo Belvedere & Laokoon, Museo Pio-Clementino
➜ *La Trasfigurazione*, Pinacoteca

PRAKTISCH & KONKRET

➜ Karte S. 354
➜ ☎ 06 6988 4676
➜ http://mv.vatican.va
➜ Viale Vaticano
➜ Erw./erm. 16/8 €, letzter So im Monat Eintritt frei
➜ ◷ Mo–Sa 9–16 Uhr, letzter So im Monat 9–12.30 Uhr
➜ Ⓜ Ottaviano–San Pietro

Incoronazione della Vergine (Krönung Mariens) und *La Trasfigurazione* (Verklärung), das nach dessen Tod 1520 von seinen Schülern vollendet wurde. Weitere Highlights sind *L'Incoronazione della Vergine con Angeli, Santo e donatore* (Krönung der Jungfrau mit Engeln, Heiligen und Stiftern) von Filippo Lippi, das unvollendete Werk *San Gerolamo* (Hl. Hieronymus) von Leonardo da Vinci, und Caravaggios *Deposizione* (Kreuzabnahme).

Museo Chiaramonti

Das Museum ist praktisch identisch mit dem langen Korridor, der entlang der Ostseite der unteren Etage des Belvedere verläuft. An seinen Wänden stehen Tausende von Statuen und Büsten unsterblicher Götter, verspielte Cherubim und realistische Porträts römischer Patrizier. Gegen Ende der Halle zweigt rechts der **Braccio Nuovo** (Neuer Flügel; bei Redaktionsschluss wegen Renovierungsarbeiten geschl.) ab, in ihm steht u. a. eine berühmte Statue des personifizierten Nil.

Museo Pio-Clementino

Das imponierende Museum birgt einige der schönsten klassischen Statuen der Vatikanischen Museen, darunter den unvergleichlichen *Apollo Belvedere* und den *Laokoon* aus dem 1. Jh. v. Chr., beide stehen im **Cortile Ottagono** (achteckigem Hof).

Beim Betreten des Hofs befindet sich links der *Apollo Belvedere*, eine Kopie aus dem 2. Jh. einer griechischen Bronze aus dem 4. Jh. v. Chr. Die Darstellung des Sonnengottes Apoll gilt als eines der größten Meisterwerke der klassischen Bildhauerei. Nahebei steht der *Laokoon*, die marmorne Figurengruppe zeigt einen trojanischen Priester und seine Söhne, in einen tödlichen Kampf mit zwei Seeschlangen verwickelt.

Im Innern ist die **Sala degli Animali** mit einer Sammlung lebensechter Tierskulpturen und einigen prachtvollen Mosaiken aus dem 4. Jh. angefüllt. Im Weitergehen kommt man auf die **Sala delle Muse** (Musensaal) zu, deren Mittelpunkt der *Torso Belvedere* bildet. Das berühmte Fragment einer muskulösen griechischen Skulptur aus dem 1. Jh. v. Chr. wurde im Campo de' Fiori gefunden und diente Michelangelo als Modell für seine *ignudi* (männlichen Akte) in der Sixtinischen Kapelle.

Der nächste Saal, die **Sala Rotonda** (Rundsaal), birgt etliche Kolossalstatuen, darunter die Goldbronzefigur eines *Ercole* (Herkules), und ein exquisites Bodenmosaik. Das enorme Becken im Zentrum des Saals wurde in Neros Goldenem Haus (Domus Aurea) entdeckt und besteht aus einem einzigen Stück roten Porphyrs.

VORBEI AN DER WARTESCHLANGE

Ohne Wartezeit in die Vatikanischen Museen zu gelangen ist ein Glücksfall, es gibt jedoch Wege, die Wartezeit zu verkürzen, z. B. eine Buchung im Online-Kartenverkauf (http://biglietteriamusei.vatican.va/musei/tickets/do; Buchungsgebühr 4 €). Nach dem Eingang der Zahlung erhält man eine Bestätigung per E-Mail, die ausgedruckt und mit einem gültigen Ausweis am Museumseingang vorgelegt wird. Eine Alternative ist eine Führung durch einen Reiseleiter. Dienstag und Donnerstag sind die ruhigsten Tage, Mittwochvormittag ist auch günstig – an anderen Tagen ist es nachmittags günstiger als vormittags. Montags ist es wiederum ungünstig, da viele andere Museen geschlossen sind.

Es lohnt sich ein Audioguide (7 €) oder der *Führer der Vatikanischen Museen und der Vatikanstadt* (14 €). Rollstühle gibt es gratis am Schalter „Permessi speziali" in der Eingangshalle, sie können per E-Mail (accoglienza.musei@scv.va) vorbestellt werden. Kinderwagen dürfen mitgenommen werden.

Museo Gregoriano Egizio

Das Ägyptische Museum wurde 1839 von Papst Gregor XVI. gegründet und zeigt Stücke, die in römischer Zeit aus Ägypten entwendet wurden. Die Sammlung besitzt faszinierende Exponate, darunter den *Trono di Rameses II*, lebhaft bemalte Sarkophage aus der Zeit um 1000 v. Chr. und einige makabre Mumien.

Museo Gregoriano Etrusco

Am oberen Ende der Simonetti-Treppe liegt das Museum mit Kunstgegenständen, die in etruskischen Gräbern im nördlichen Latium gefunden wurden, sowie einer Sammlung von Vasen und römischen Antiquitäten. Interessant ist der *Marte di Todi* (Mars von Todi), eine schwarze Bronzestatue eines Kriegers (5. Jh. v. Chr.).

Galleria dei Candelabri & Galleria degli Arazzi

Die **Galleria dei Candelabri**, einst eine offene Loggia, ist vollgestellt mit klassischen Skulpturen und Kandelabern, die der Galerie ihren Namen verliehen. Der Flur führt in die **Galleria degli Arazzi** (Tapisseriegalerie) mit großen Tapisserien.

Galleria delle Carte Geografiche & Sala Sobieski

Die 120 m lange Kartengalerie ist eine der weniger bekannten Schatzkammern der Vatikanischen Museen. An ihren Wänden hängen 40 gigantische topografi-

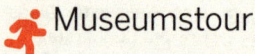 Museumstour

Vatikanische Museen

DAUER 3 STUNDEN

Nach Betreten des Eingangsbereichs führt der Weg über den modernen Spiralaufgang zum **1 Cortile delle Corazze** hinauf; es ist der Ausgangspunkt jedes Rundgangs durch die Museen. Es lohnt sich, einen Augenblick auf die Terrasse hinauszutreten: Der Blick reicht über die Kuppel des Petersdoms und die Vatikanischen Gärten. Drinnen führt der Weg weiter zum **2 Cortile della Pigna**, benannt nach dem riesigen bronzenen Kiefernzapfen aus augusteischer Zeit, der in einer monumentalen Nische steht. Hinter dem Innenhof führt ein langer Korridor, das **3 Museo Chiaramonti**, links zu einer Treppe und ins Museo Pio-Clementino hinauf; es birgt die schönsten Skulpturen des Vatikans. Im Besucherstrom geht es weiter in den **4 Cortile Ottagono**, wo zwei mythisch bedeutsame Meisterwerke zu sehen sind: der *Laokoon* und der *Apollo Belvedere*. Der Weg führt weiter durch die **5 Sala degli Animali**, die **6 Sala delle Muse** mit dem berühmten *Torso Belvedere* und die **7 Sala Rotonda**, deren Zentrum ein Becken aus rotem Porphyr ist. Von der angrenzenden **8 Sala Croce Greca** führt die Simonetti-Treppe zur **9 Galleria dei Candelabri** hinauf, der ersten von insgesamt drei Sälen an einem langen Korridor. Auf dem Weg zur **10 Galleria degli Arazzi** und zur **11 Galleria delle Carte Geografiche** kommt es leicht zu einem Gedränge. In dieser 120 m langen Halle hängen topografische Karten von gigantischer Größe. Am Ende des Korridors geht es durch die **12 Sala Sobieski** zur **13 Sala di Costantino**, der ersten der vier Stanze di Raffaello – danach folgen die **14 Stanza d'Eliodoro**, die **15 Stanza della Segnatura** mit Raffaels Meisterwerk *La Scuola di Atene* und die **16 Stanza dell'Incendio di Borgo**. Die prachtvollen Gemächer bilden hier erst den Auftakt für ein grandioses Finale: die Sixtinische Kapelle.

VATIKANISCHE MUSEEN

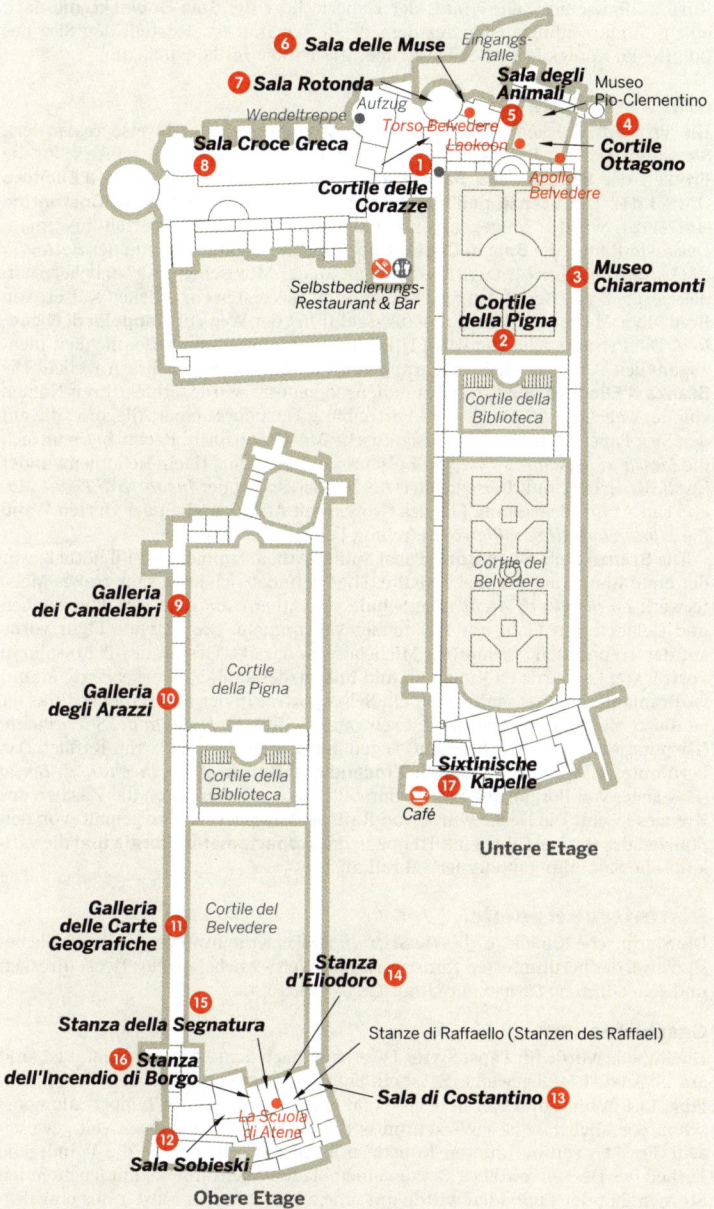

- **6** Sala delle Muse
- Eingangshalle
- **7** Sala Rotonda
- **Sala degli Animali**
- Museo Pio-Clementino
- Aufzug
- Wendeltreppe
- *Torso Belvedere*
- **5**
- **Sala Croce Greca**
- *Laokoon*
- **Cortile Ottagono**
- **8**
- **4**
- **1**
- *Apollo Belvedere*
- **Cortile delle Corazze**
- **3** **Museo Chiaramonti**
- Selbstbedienungs-Restaurant & Bar
- **Cortile della Pigna**
- **2**
- *Cortile della Biblioteca*
- *Cortile del Belvedere*
- **Galleria dei Candelabri** **9**
- *Cortile della Pigna*
- **Galleria degli Arazzi** **10**
- *Cortile della Biblioteca*
- **Sixtinische Kapelle**
- **17**
- *Café*
- **Untere Etage**
- **Galleria delle Carte Geografiche** **11**
- *Cortile del Belvedere*
- **Stanza d'Eliodoro** **14**
- **15**
- **Stanza della Segnatura**
- Stanze di Raffaello (Stanzen des Raffael)
- **16** **Stanza dell'Incendio di Borgo**
- *La Scuola di Atena*
- **Sala di Costantino** **13**
- **12**
- **Sala Sobieski**
- **Obere Etage**

sche Karten, die zwischen 1580 und 1583 für Papst Gregor XIII. angefertigt wurden. Sie entstanden nach Entwürfen von Ignazio Danti, einem der berühmtesten Kartografen seiner Zeit. Hinter der Gallerie liegt die **Sala Sobieski**, die nach einem Monumentalgemälde aus dem 19. Jh. benannt ist. Es stellt den Sieg des polnischen Königs Jan III. Sobieski über die Türken im Jahr 1683 dar.

Stanze di Raffaello

Die vier mit Fresken ausgemalten Säle werden zurzeit teilweise restauriert. Sie waren Teil der Privatgemächer von Papst Julius II. Raffael selbst schuf die Fresken der **Stanza della Segnatura** (1508–1511) und der **Stanza d'Eliodoro** (1512–1514). Die **Stanza dell'Incendio** (1514–1517) und die **Sala di Costantino** (1517–1524) wurden hingegen von Schülern nach seinen Entwürfen ausgemalt. Der erste Raum, die **Sala di Costantino** (Empfangssaal), wird von der *Battaglia di Costantino contro Maxentius* (Schlacht an der Milvischen Brücke) beherrscht; das riesige Fresko feiert den Sieg Konstantins, des ersten christlichen Kaisers von Rom, über Maxentius. Vom Empfangssaal führt der Weg zur **Cappella di Niccolo V**. Die Privatkapelle von Papst Nikolaus V. – sie ist für die Öffentlichkeit nicht zugänglich – besitzt einen hochrangigen Freskenzyklus von Fra Angelico. Die **Stanza d'Eliodoro**, die für Privataudienzen genutzt wurde, erhielt ihren Namen von der *Cacciata d'Eliodoro* (Die Vertreibung Heliodors), einer Allegorie, die auf den Sieg Papst Julius' II. über ausländische Mächte anspielt. Rechts befindet sich die *Messa di Bolsena* (Messe von Bolsena), auf der Julius II. ein Reliquienwunder im 13. Jh. in der Stadt Bolsena ehrt. Als Nächstes folgt der *Incontro di Leone Magno con Attila* (Begegnung Leo des Großen mit Attila), und an der vierten Wand die *Liberazione di San Pietro* (Befreiung Petri).

Die **Stanza della Segnatura**, Papst Julius' Arbeitszimmer und Bibliothek, war der erste Raum, den Raffael bemalte. Hier befindet sich auch sein großes Meisterwerk *La Scuola di Atene* (Die Schule von Athen), auf dem sich Philosophen und Gelehrte um Plato und Aristoteles versammeln. Die sitzende Figur vorne auf der Treppe stellt vermutlich Michelangelo dar, die Gestalt des Plato soll ein Porträt von Leonardo da Vinci sein und Euklid (der kahlköpfige, gebeugte Mann) ist Bramante. Raffael malte auch ein Selbstporträt in der unteren Ecke links (er ist die zweite Figur von rechts mit schwarzem Hut). *La Disputa del Sacramento* (Disputation über das Sakrament) gegenüber stammt ebenfalls von Raffael. Das berühmteste Werk der **Stanza dell'Incendio di Borgo** ist der *Incendio di Borgo* (Das Feuer von Borgo), das Leo IV. darstellt, der ein Feuer durch das Zeichen des Kreuzes löscht. Die Decke wurde von Raffaels Meister Perugino gemalt. Von den Stanzen des Raffael führt eine Treppe in das **Appartamento Borgia** und die vatikanische Sammlung moderner Sakralkunst.

Sixtinische Kapelle

Die Sixtinische Kapelle (*Cappella Sistina*) ist das Kronjuwel des Vatikans. Sie besitzt zwei der berühmtesten Kunstwerke der Welt – Michelangelos Deckenfresken und sein *Giudizio Universale* (Jüngstes Gericht).

Geschichte

Die Kapelle wurde für Papst Sixtus IV. erbaut, nach dem sie auch benannt ist, und am 15. August 1483 geweiht. Es ist ein lang gestrecktes, hohes Bauwerk – 40,2 m lang, 13,4 m breit und 20,7 m hoch – und ebenso groß wie der Tempel Salomons; schon vor Michelangelos Wirken muss die Kapelle sehr eindrucksvoll gewesen sein. Fresken von berühmten Künstlern jener Zeit schmückten die Wände, die Farben des Deckengewölbes stellten einen blauen Nachthimmel mit leuchtenden Sternen dar, der Fußboden wurde mit einem polychromen Muster aus eingelegtem Marmor versehen.

Nur die Wandfresken und der Fußboden sind von der ursprünglichen Gestaltung erhalten geblieben, alles Übrige wurde zugunsten der beiden Meisterwerke Michelangelos preisgegeben. Als Erstes erteilte Papst Julius II. einen Auftrag für das Deckengewölbe, das zwischen 1508 und 1512 entstand. Das zweite Werk, das bildgewaltige *Giudizio Universale*, wurde 1541, also erst 30 Jahre später, vollendet.

Beide Werke waren umstritten und von den politischen Ambitionen der Päpste beeinflusst, die sie in Auftrag gegeben hatten. Der Auftrag zur Gewölbedecke entstand aus dem Bestreben Julius' II., Rom zur repräsentativen Hauptstadt der Kirche zu machen. Papst Paul III. wollte das *Giudizio Universale* als eine Mahnung an die katholischen Gläubigen verstanden wissen – in einer Zeit, als die Reformation ganz Europa zu erfassen begann.

Restauration

In den vergangenen Jahren sorgte die millionenschwere Restaurierung der Kapelle für nicht abreißende Diskussionen. 1999 waren die Arbeiten nach fast 20 Jahren schließlich abgeschlossen. Nach dem Entfernen von Staub und Kerzenruß hatten die Restauratoren die Fresken in ihrer ursprünglichen Farbenpracht freigelegt. Nach Meinung einiger Kritiker hätten sie aber auch eine von Michelangelo aufgetragene Firnisschicht entfernt, mit der er die Fresken nachträglich verdunkeln und die Wirkung der Schatten vertiefen wollte. Die Wahrheit bleibt wohl verborgen, die Sixtinische Kapelle ist aber ohne jeden Zweifel überwältigend.

Die Decke & die Ignudi

Die Sixtinische Kapelle war die größte Herausforderung in Michelangelos Laufbahn, die Bemalung der 800 m2 großen Gewölbedecke in einer Höhe von mehr als 20 m führte ihn an seine Grenzen.

Als Papst Julius II. erstmals an Michelangelo herantrat – wie manche meinen, auf Anraten seines leitenden Baumeisters Bramante, der Michelangelo scheitern sehen wollte – war dieser zunächst zögerlich. Er verstand sich als Bildhauer und besaß praktisch keine Erfahrung in der Freskenmalerei. Julius jedoch ließ nicht nach und überzeugte Michelangelo schließlich 1508, den Auftrag für ein Honorar von 3000 Dukaten anzunehmen (nach heutigem Wert eine Summe von 1,5 bis 2 Mio. €).

Ursprünglich verlangte Papst Julius, dass Michelangelo die zwölf Apostel und eine Reihe dekorativer architektonischer Elemente malen sollte. Doch der Künstler lehnte ab und legte einen aufwendigeren Entwurf vor, der Szenen aus dem Buch Genesis über die gesamte Fläche des Gewölbes vorsah. Genau das ist heute dort zu sehen.

PÄPSTLICHES KONKLAVE

Die Sixtinische Kapelle hat als Ort, an dem das Konklave zur Wahl eines neuen Papstes zusammentritt, eine wichtige Bedeutung. Die Regeln des Wahlverfahrens gehen auf das Jahr 1274 zurück: Zwischen 15 und 20 Tage nach dem Tod eines Papstes zieht sich das Kardinalskollegium in die Sixtinische Kapelle zurück, um einen neuen Pontifex zu wählen. Vier geheime Wahlgänge werden pro Tag abgehalten, bis eine Mehrheit von zwei Dritteln erreicht ist. Der erfolgreiche Ausgang der Wahl wird durch weißen Rauch verkündet.

Hohe Temperaturen und Luftfeuchtigkeit, die von den jährlich sechs Mio. Besuchern verursacht werden, stellen eine Gefahr für die Fresken der Sistina dar. Laut dem Direktor der Vatikanischen Museen sollte die tägliche Zahl der Besucher auf 20 000 beschränkt werden.

NÄCHTLICHE ÖFFNUNGSZEITEN

Von Mitte April bis Oktober sind die Museen jeden Freitagabend von 19 bis 23 Uhr geöffnet. Dafür ist eine Online-Buchung nötig.

VATIKANSTADT, BORGO & PRATI VATIKANISCHE MUSEEN

DIE DECKE DER SIXTINISCHEN KAPELLE

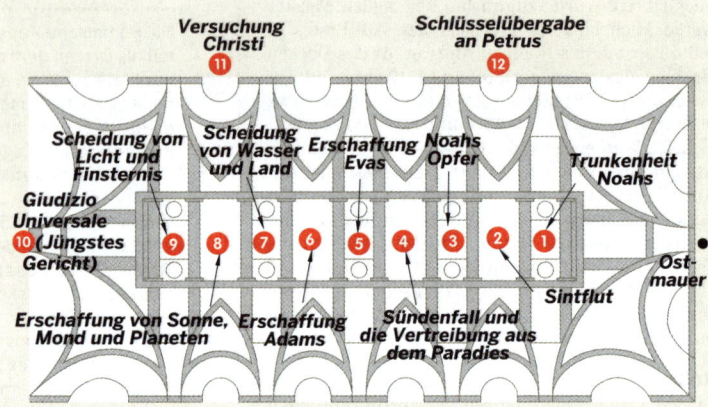

Versuchung Christi 11

Schlüsselübergabe an Petrus 12

Scheidung von Licht und Finsternis

Scheidung von Wasser und Land

Erschaffung Evas

Noahs Opfer

Trunkenheit Noahs

Giudizio Universale 10 **(Jüngstes Gericht)**

9 8 7 6 5 4 3 2 1

Ost-mauer

Erschaffung von Sonne, Mond und Planeten

Erschaffung Adams

Sündenfall und die Vertreibung aus dem Paradies

Sintflut

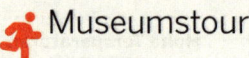

VATIKANSTADT, BORGO & PRATI VATIKANISCHE MUSEEN

🏃 Museumstour

Sixtinische Kapelle

DAUER 30 MINUTEN

Michelangelos Gestaltung der Gewölbedecke bedeckt eine Fläche von 800 m². Mit gemalten architektonischen Elementen und biblischen Gestalten stehen neun Bildfelder im Zentrum des Werkes; sie stellen die Schöpfungsgeschichte, Adam und Eva, den Sündenfall und das Opfer Noahs dar.

Von der östlichen Seite aus betrachtet, zeigt das erste Bildfeld die 1 **Trunkenheit Noahs**, darauf folgen die 2 **Sintflut** und 3 das **Opfer Noahs**. Ein weiteres berühmtes Bild ist der 4 **Sündenfall und die Vertreibung aus dem Paradies**. Es zeigt, wie Adam und Eva aus dem Garten Eden verjagt werden. Auf die 5 **Erschaffung Evas** folgt dann die 6 **Erschaffung Adams**. Das Bild, eines der berühmtesten der Welt, zeigt einen bärtigen Gottvater, der Adam mit seinem Finger berührt und ihn

dadurch zum Leben erweckt. Vollendet wird die Bildfolgt durch die 7 **Scheidung von Land und Wasser**, die 8 **Erschaffung von Sonne, Mond und Planeten** und die 9 **Scheidung von Licht und Finsternis**, es zeigt einen furchterregenden Gott, der mit gebieterischer Geste Sonne und Mond auseinanderhält.

An der westlichen Wand befindet sich Michelangelos 10 **Giudizio Universale** (Jüngstes Gericht), es stellt Christus dar, der über die Seelen der Toten zu Gericht sitzt, die in wirbelnder Bewegung aus ihren Gräbern und vor sein Angesicht gerissen werden. Die Erlösten steigen in den Himmel auf (oben rechts), die Verdammten stürzen hinab zur Hölle (unten rechts).

An den Seitenwänden der Kapelle sind auch eindrucksvolle Fresken der Renaissance zu sehen, sie zeigen Ereignisse aus dem Leben von Moses (links) und Christus (rechts). Besonders sehenswert sind Botticellis 11 **Versuchung Christi** und Peruginos 12 **Schlüsselübergabe an Petrus**.

Die Hauptwerke der Deckenfresken sind die neun Tafeln in der Mitte, an deren Rand Michelangelo 20 athletisch gebaute männlich Akte anfügte, die sogenannten *ignudi*. Als diese muskelbepackten Figuren erstmals enthüllt wurden, lösten sie einen Skandal aus. Noch heute gehen die Meinungen von Kunsthistorikern über die Bedeutung der Akte auseinander – einige deuten sie als Engel, andere sehen darin Michelangelos neuplatonische Vorstellung vom idealen Mann.

Wandfresken

Wem es gelingt, sich von Michelangelos Werken loszureißen, erkennt, dass die Sixtinische Kapelle auch exquisite Wandfresken besitzt. Die Werke, die zwischen 1481 und 1482 von bedeutenden Künstlern der Renaissance, darunter Botticelli, Ghirlandaio, Pinturicchio, Perugino und Luca Signorelli, geschaffen wurden, gehören zur ursprünglichen Ausgestaltung der Kapelle. Es sind Darstellungen aus dem Leben von Moses (links, vom *Giudizio Universale* aus betrachtet) und Christus (rechts).

Das Jüngste Gericht

Der zweite Beitrag Michelangelos zur Sixtinischen Kapelle ist das 1535–1541 entstandene *Giudizio Universale*. Es ist die ausdrucksstarke Darstellung der Wiederkunft Christi an der Westwand (200 m²).

Das Werk, das von Papst Clemens VII. in Auftrag gegeben und von seinem Nachfolger Paul III. gefördert wurde, war von Anfang an umstritten. Kritiker waren empört, als Michelangelo bei der Vorbereitung der Wand zwei Fresken von Perugino zerstörte – sie musste neu verputzt werden, damit sie sich zum Schutz vor Staub nach innen neigte. Als das Werk 1541 enthüllt wurde, löste die Masse der 391 nackten Körper Entsetzen aus. Die Empörung war so groß, dass die Kirchenoberen auf dem Konzil von Trient 1564 verfügten, die Blößen zu bedecken. Diese Aufgabe fiel Daniele da Volterra zu, einem von Michelangelos Schülern; er legte 41 Nackten Feigenblätter und Lendenschurze an und handelte sich so den Spottnamen *il braghettone* (der Hosenmaler) ein. Michelangelo selbst blieb von der Kritik unberührt. Er erhob sich sogar über einen seiner schärfsten Kritiker, den päpstlichen Zeremonienmeister Biagio de Cesena, indem er ihn als den Höllenrichter Minos – mit Eselsohren und von einer Schlange umwunden – darstellte.

Eine berühmte Figur ist auch der hl. Bartholomäus, unterhalb des Christus, der seine eigene abgezogene Haut in der Hand hält. Von dem Gesicht in der Haut wird vermutet, dass es ein Selbstbildnis Michelangelos zeigt, dessen von Zweifeln gequälter Glaube sich in den angstvollen Zügen widerspiegelt.

HIMMELSBLAU

Ein auffallendes Merkmal des *Jüngsten Gerichts* ist der hohe Anteil von Ultramarinblau im Gemälde – im Gegensatz zu den Deckenfresken, wo die Farbe nicht vorkommt. Im 16. Jh. wurde blaue Farbe aus dem teuren Lapislazuli hergestellt; Künstler benutzten sie daher ungern, es sei denn, der Auftraggeber zahlte. Beim *Jüngsten Gericht* übernahm der Papst die Kosten für Michelangelos Materialaufwand, aber nicht für die Decke. Deshalb benutzte Michelangelo dafür weniger kostbare Farben.

Oft wird behauptet, Michelangelo sei bei der Arbeit allein gewesen. Er war es nicht. Während der Dauer der Arbeiten beschäftigte er zahlreiche Gehilfen, die ihm beim Verputzen der Fresken halfen.

ENTZAUBERTE LEGENDE

Einer Legende nach soll Michelangelo im Liegen gemalt haben, wie von Charlton Heston im Film *Michelangelo – Inferno und Extase* dargestellt. In Wahrheit entwarf Michelangelo ein gebogenes Gerüst, das ihm das Arbeiten im Stehen ermöglichte.

⊙ SEHENSWERTES

Der Vatikan mit seinen so kostbaren Kunstschätzen in jedem Winkel birgt einige der populärsten Sehenswürdigkeiten Roms. Die Vatikanischen Museen und der Petersdom sind Hauptanziehungspunkte, doch auch die Engelsburg (Castel Sant'Angelo), eines der bekanntesten Wahrzeichen der Stadt, lohnt einen Besuch.

⊙ Vatikanstadt

PETERSDOM   KIRCHE
Siehe S. 136.

VATIKANISCHE MUSEEN   MUSEUM
Siehe S. 140.

PETERSPLATZ   PIAZZA
Karte S. 354 (Piazza San Pietro; Ⓜ Ottaviano-San Pietro) Dominiert vom gewaltigen Petersdom, wurde dieser zentrale Platz des Vatikans in den Jahren zwischen 1656 und 1667 nach einem Entwurf von Gian Lorenzo Bernini angelegt. Von oben betrachtet gleicht

er einem gigantischem Schlüsselloch: Die zwei halbkreisförmigen Kolonnaden, die jeweils aus vier Reihen dorischer Säulen bestehen, umgeben eine riesige Ellipse, die sich dann begradigt, um die Gläubigen zielgerichtet in den Dom zu schleusen. Selbstverständlich war diese Wirkung beabsichtigt – Gian Lorenzo Bernini beschrieb die Kolonnaden bildhaft als „die mütterlichen Arme der Kirche".

Das Ausmaß des Platzes ist überwältigend: An der größten Stelle misst er 340 m mal 240 m, es gibt 284 Säulen und oben auf den Kolonnaden stehen die Statuen von 140 Heiligen.

Der 25 m hohe **Obelisk** im Zentrum wurde von Caligula aus dem ägyptischen Heliopolis nach Rom gebracht und diente später Nero als Wendepunkt für die Wagenrennen in seinem Circus.

Auf die Piazza San Pietro führt die monumentale **Via della Conciliazione** zu, sie wurde von Mussolini in Auftrag gegeben und entstand in den Jahren zwischen 1936 und 1950.

VATIKANISCHE GÄRTEN   GARTEN
Karte S. 354 (http://biglietteriamusei.vatican.va/musei/tickets/do; Erw./erm. inkl. Vatikanische Museen 32/24 €; ⊙ nur nach Anmeldung; Ⓜ Ottaviano–San Pietro) Etwa zur Hälfte besteht der Vatikan aus den perfekt gepflegten Vatikanischen Gärten, in denen sich Festungsmauern, Grotten, Denkmäler und Brunnen befinden. Ein Besuch ist nur im Rahmen einer zweistündigen Führung möglich, die mindestens eine Woche im Voraus gebucht werden muss. Beachtenswert ist, dass Teilnehmern nach der Führung erlaubt ist, eigenständig die Vatikanischen Museen zu besuchen.

NECROPOLI VIA
TRIUMPHALIS   ARCHÄOLOGISCHE STÄTTE
Karte S. 354 (http://biglietteriamusei.vatican.va/musei/tickets/do; Erw./erm. inkl. Vatikanische Museen 26/20 €, inkl. Vatikanische Museen & Gärten 37/29 €; ⊙ nur nach Anmeldung; Ⓜ Ottaviano–San Pietro) Nicht zu verwechseln mit dem Petrusgrab – dieser antike römische Friedhof dehnt sich unterhalb des vatikanischen Hügels aus. Touren mit Führung, die vorab gebucht werden müssen, verlaufen auf modernen Fußwegen durch die noch andauernden Ausgrabungen und führen an Grabmalen und -kammern vorbei, die anlässlich des Baues an einer Tiefgarage freigelegt wurden.

👁 Borgo

CASTEL SANT'ANGELO   MUSEUM, BURG

Karte S. 354 (📞 06 681 91 11; http://castelsantangelo.beniculturali.it; Lungotevere Castello 50; Erw./erm. 7/3,50 €; ⊙ Di–So 9–19.30 Uhr; 🚇 Piazza Pia) Mit ihrem gedrungenen runden Burgfried ist die Engelsburg ein berühmtes und unverkennbares Wahrzeichen der Stadt. Ursprünglich war sie ein Mausoleum für Kaiser Hadrian, wurde aber im 6. Jh. in eine päpstliche Festungsanlage umgewandelt und nach einer Engelserscheinung, die Papst Gregor im Jahr 590 angeblich erlebte, mit dem heutigen Namen bedacht. Heute beherbergt die Engelsburg das **Museo Nazionale di Castel Sant'Angelo** mit seiner breit gefächerten Sammlung von Gemälden, Skulpturen und militärischen Ausstellungsstücken, darunter befinden sich zahlreiche mittelalterliche Feuerwaffen.

Viele dieser Waffen dienten Soldaten bei der Bewachung der Burg, die dank einem im 13. Jh. angelegten Geheimgang zu den Vatikanpalästen (dem Passetto di Borgo) sehr vielen Päpsten in Zeiten der Bedrohung die rettende Zuflucht bot. Einer der berühmtesten unter jenen schutzsuchenden Päpsten war Clemens VI., der hier während der Plünderung Roms (Sacco di Roma) im Jahr 1527 Unterschlupf fand.

Die Räume in den oberen Stockwerken beeindrucken durch eine verschwenderische Renaissanceausstattung, darunter die mit wunderschönen Fresken ausgemalte **Sala Paolina**. Zwei Stockwerke höher liegt die **Terrasse**, die als Schauplatz in Puccinis berühmter Oper *Tosca* unvergessen bleibt, sie bietet eindrucksvolle Ausblicke über die Stadt am Tiber.

Für Wechselausstellungen werden möglicherweise zusätzliche Eintrittsgebühren verlangt.

PONTE SANT'ANGELO   BRÜCKE

Karte S. 354 (🚇 Piazza Pia) Kaiser Hadrian ließ den Ponte Sant'Angelo im Jahr 136 bauen, um einen Zugang zu seinem Mausoleum zu schaffen. Aber erst Bernini hauchte der Brücke 1668 mit seinen Engelsfiguren Leben ein. Die drei mittleren Bögen der Brücke gehören zur Originalkonstruktion. Die Bögen an beiden Enden wurden zwischen 1892 und 1894 restauriert und vergrößert, als die Kaimauern entlang des Tibers angelegt wurde.

PAPSTAUDIENZEN

Jeden Mittwoch um 11 Uhr hält der Papst im Vatikan eine Ansprache an seine Gemeinde (im Juli und August in Castel Gandolfo bei Rom). Näheres zu Anträgen auf kostenlose Eintrittskarten ist auf der **Website des Vatikans** (www.vatican.va/various/prefettura/index_en.html) nachzulesen.

Wenn der Papst sich in Rom aufhält, segnet er sonntags um 12 Uhr die Menge auf dem Petersplatz. Dafür sind keine Eintrittskarten nötig.

ESSEN

Rund um den Vatikan und den Petersdom gibt es eine unheilige Menge überteuerter, mittelmäßiger Lokale. Eine bessere Wahl ist das benachbarte Viertel Prati mit vielen exzellenten Restaurants. Zu deren Gästen zählen zahlreichen Anwälte und Medienleute, die in der Gegend arbeiten, viele von ihnen im Hauptsitz der RAI, der öffentlich-rechtlichen Rundfunkanstalt Italiens.

🍴 Vatikanstadt

OLD BRIDGE   GELATERIA €

Karte S. 354 (www.gelateriaoldbridge.com; Viale dei Bastioni di Michelangelo 5; *gelato* 2–5 €; ⊙ Mo–Sa 9–2 Uhr, So 14.30–2 Uhr; 🚇 Piazza del Risorgimento, 🚇 Piazza del Risorgimento) Ideal für eine Stärkung vor oder nach dem Vatikanbesuch: In diesem winzigen Eiscafé werden schon seit über 20 Jahren riesige, köstliche Eisportionen in fröhlicher Atmosphäre serviert. Neben allen traditionellen Geschmacksrichtungen gibt es hier auch Joghurts und erfrischende Sorbets.

🍴 Borgo

LA VERANDA   RISTORANTE €€€

Karte S. 354 (📞 06 687 29 73; www.laveranda.net; Borgo Santo Spirito 73; Gerichte 60–70 €, Brunch 18–27 €; ⊙ Di–So 12.30–15 & 19.30–23 Uhr; 🚇 Piazza Pia) Das Edelrestaurant diente dem vielfach preisgekrönten Film *La Grande Bellezza* („Die große Schönheit") von Paolo Sorrentino als Schauplatz. Es gibt auch einen unvergesslichen Hintergrund für ei-

ne hochrangige italienische Kochkunst ab. Im Innenraum speisen die Gäste unter Pinturicchio-Fresken des 15. Jhs., in der wärmeren Jahreszeit können sie sich für einen Tisch im schattigen Garten entscheiden. Die Atmosphäre lässt sich zu einem Bruchteil der regulären Preise genießen, indem man zum Brunch am Sonntag vorbeikommt.

✖ Prati

FATAMORGANA   GELATERIA €

Karte S. 354 (www.gelateriafatamorgana.it; Via Bettolo 7; *gelato* ab 2 €; ⊙12–23 Uhr; MOttaviano–San Pietro) Es ist etwas abgelegen, wer jedoch den Weg zu diesem erstklassigen Eiscafé findet, wird es nicht bereuen. Neben allen klassischen Geschmacksrichtungen gibt es auch wunderbar originelle Kreationen, z. B. verlockend aromatische *agrumi* (Zitrusfrüchte) und eine eigenartige, aber köstliche Zusammenstellung von *basilico, miele e noci* (Basilikum, Honig und Haselnüssen).

FA-BÌO   SANDWICHES €

Karte S. 354 (☎06 6452 5810; www.fa-bio.com; Via Germanico 43; Sandwiches 5 €; ⊙Mo–Fr 10–17.30 Uhr, Sa 10–16 Uhr) Sandwiches, Salate und Smoothies werden mit Gewandtheit, Können und frischen Bioerzeugnissen in diesem winzig kleinen Imbiss zubereitet. Einheimische und kundige Besucher der Stadt kommen in der Mittagszeit hierher, um einen schnellen Imbiss mitzunehmen; wer es schafft, sich zu ihnen hineinzuzwängen, kann sich von der Qualität überzeugen.

INSIDERWISSEN

HIMMLISCHES GEBÄCK FÜR UNTERWEGS

Unter den Hunderten von Bars, Cafés und Imbissen im Viertel Prati ist **Dolce Maniera** (Karte S. 354; Via Barletta 27; Snacks 0,30–1 €; ⊙24 Std.; MOttaviano–San Pietro) unschlagbar, wenn es schnell und preiswert sein soll. Die unscheinbare Kellerbäckerei serviert frisch gemachte *cornetti* (0,30 €) sowie große Pizzastücke, *panini* und eine verschwenderische Vielfalt von Kuchen und Keksen.

MONDO ARANCINA   FASTFOOD €

Karte S. 354 (Via Marcantonio Colonna 38; *arancini* ab 2,50 €; ⊙10–24 Uhr; MLepanto) Mit Keramik in sonnigem Gelb, fröhlichen Gästen und verlockenden kleinen Gerichten bringt dieser quirlige Imbiss ein Stück Sizilien nach Rom. Herausragend gut sind die klassischen faustgroßen *arancini* – frittierte Reisbällchen mit verschiedenen Füllungen, vom traditionellen *ragù* bis hin zu ausgefallenen Zutaten wie Trüffeln und Wachteleiern.

GELARMONY   GELATERIA €

Karte S. 354 (Via Marcantonio Colonna 34; *gelato* 1,50–3 €; ⊙10 Uhr bis spätabends; MLepanto) Naschkatzen haben in diesem beliebten sizilianischen Eissalon die Qual der Wahl. Die Vielfalt der Eissorten ist groß; ein typisches Aroma Siziliens ist Pistazie, eine typische Süßspeise die *cassata* (ein Biskuitkuchen mit Sahne, Marzipan, Schokolade und kandierten Früchten).

CACIO E PEPE   TRATTORIA €

Karte S. 354 (☎06 321 72 68; Via Avezzana 11; Gerichte 25 €; ⊙Mo–Sa 12.30–15 Uhr, Mo–Fr 19.30–23 Uhr; Piazza Giuseppe Mazzini) Die bescheidene Trattoria könnte mit ihrer Auswahl traditioneller römischer Gerichte, ihrer spartanischen Inneneinrichtung und ihrer angenehm sachlichen Bedienung nicht authentischer sein. Wer einen Platz an einem der Tische im Freien findet, kann sich beispielsweise über wunderbar schlichte *cacio e pepe* (Pasta mit Pecorino und schwarzem Pfeffer) freuen.

ROMEO   PIZZA, RISTORANTE €€

Karte S. 354 (☎06 3211 0120; www.romeo.roma. it; Via Silla 26a; Pizzastücke 2,50 €, Gerichte 45 €; ⊙9–24 Uhr; MOttaviano–San Pietro) Diese schicke, moderne Pizzeria ist alles zugleich: Bäckerei und Feinkostgeschäft, Imbiss und Restaurant. Für zwischendurch gibt es köstliche *pizza al taglio* oder frisch an der Theke zubereitete *panini*. Vollständige Restaurantmahlzeiten sind auf einer Karte verzeichnet, die eine gelungene Mischung von traditionellen italienischen Gerichten und erfindungsreichen internationalen Kreationen aufweist.

VELAVEVODETTO AI QUIRITI   LATIUM €€

Karte S. 354 (☎06 3600 0009; www.ristorante velavevodetto.it; Piazza dei Quiriti 5; Gerichte 35 €; ⊙12.30–14.30 & 19.30–23.30 Uhr; MLepanto) Das einladende Restaurant über-

DER VATIKAN: HERMETISCH BEWAHRTE GESCHICHTE

Gegründet nach den Bestimmungen der Lateranverträge von 1929, ist der Vatikan ein Relikt des einstigen Kirchenstaates. Dessen Territorium erstreckte sich bis zur italienischen Einigung (1861–1870) über Rom und große Teile Mittelitaliens. Der Vatikanstaat ist ein souveräner Staat (und zwar der kleinste der Welt) und besitzt als solcher ein Staatsoberhaupt (den Papst), eine Regierung, einen eigenen Postdienst und eine Armee – die schmuck gewandte Schweizer Garde.

Die Verbindung des Vatikans mit dem Christentum geht auf das 1. Jh. zurück, als Petrus mit dem Kopf nach unten hängend im Circus des Nero gekreuzigt wurde (ungefähr an der Stelle des heutigen Petersplatzes). Zum Gedenken an das Ereignis beauftragte Kaiser Konstantin den Bau einer Basilika an der Stelle, an der der Heilige begraben wurde.

Jahrhundertelang stand die Petruskirche im Mittelpunkt eines dicht bevölkerten Stadtviertels, doch erst im 12. Jh. wurde der Palazzo Apostolico Vaticano erbaut. Wie viele andere vatikanische Bauwerke verfiel der Apostolische Palast in der Zeit als die Päpste ihren Sitz in der französischen Stadt Avignon (1309–1377) hatten und im darauffolgenden Abendländischen Schisma (1378–1417), als Päpste und Gegenpäpste in Rom und Avignon residierten.

Zu neuem Leben erwachte der Vatikan im 15. und 16. Jh., als mehrere ambitionierte Renaissancepäpste die Peterskirche erneuern und den Palazzo Apostolico Vaticano modernisieren ließen. Im Barockstil des 17. Jh. folgten weitere Umbauten, vor allem die Anlage des Petersplatzes.

zeugt anspruchsvolle Gäste mit bodenständigen Gerichten und ehrlichen Preisen. Die Speisekarte liest sich wie ein Verzeichnis römischer Klassiker, die alle sehr gut sind, dazu kommen herausragende Spezialitäten, z. B. *fettuccine con asparagi, guanciale e pecorino* (Pasta mit Spargel, *guanciale* und Pecorino) und *polpette di bollito* (frittierte Fleischbällchen).

IL SORPASSO ITALIENISCH €€
Karte S. 354 (www.sorpasso.info; Via Properzio 31–33; Gerichte 20–35 €; ⏱Mo–Fr 7–1 Uhr, Sa 9–1 Uhr; 🚇Piazza del Risorgimento) Ein Restaurant mit Bar, das auf edle Art altmodisch wirkt – Steingewölbe, aufgehängte Schinken, weiße, rohe Steinwände. Il Sorpasso ist eine angesagte Adresse. Es ist ganztägig geöffnet und wendet sich an modebewusste Gäste aus der Nachbarschaft. Serviert wird alles von Pasta-Spezialitäten bis hin zu *aperitivi* und *trapizzini* (gefüllte Pizzastücke, zu hohen Pyramiden aufgehäuft), außerdem gibt es eine Abendkarte.

HOSTARIA DINO E TONY TRATTORIA €€
Karte S. 354 (📞06 3973 3284; Via Leone IV 60; Gerichte 25–30 €; ⏱12.30–15 & 19–23 Uhr, geschl. So & Aug.; 🚇Ottaviano–San Pietro) Eine authentische Trattoria der alten Art: Bei Dino e Tony gibt es einfache römische Gerichte ohne unnötigen Aufwand. Eine vollständige Mahlzeit ist bereits das monumentale *antipasto*, danach folgt vielleicht die Spezialität des Hauses, *rigatoni all'amatriciana* – Pasta mit *guanciale* (Speck aus Schweinebacke), Chili und Tomatensauce. Keine Kreditkarten.

DEL FRATE RISTORANTE, WEINBAR €€
Karte S. 354 (📞06 323 64 37; www.enoteca delfrate.it; Via degli Scipioni 122; Gerichte 40 €; ⏱Mo–Sa 12–15 & 18–23.45 Uhr; 🚇Ottaviano–San Pietro) Gäste aus der Nachbarschaft lieben diese anspruchsvolle Weinbar mit ihren schlichten Holztischen, Räumen mit hohen Decken und Ziegelsteinbögen. Es gibt eine Wein- und Käsekarte mit einer umfassenden Auswahl von sizilianischem Ricotta bis hin zu piemontesischem Gorgonzola und eine kleine, aber raffinierte Speisekarte, die Tatar-Variationen, Salate, frische Pasta- und Hauptgerichte aufführt.

DAL TOSCANO TOSKANA €€
Karte S. 354 (📞06 3972 5717; www.ristorante daltoscano.it; Via Germanico 58–60; Gerichte 45 €; ⏱Di–So 12.30–15 & 20–23.15 Uhr; 🚇Ottaviano–San Pietro) In die Geschmackswelt der Toskana können Gäste dieses altmodischen *ristorante* eintauchen. Die Betonung liegt auf Fleischgerichten, als Vorspeisen kommen luftgetrocknete Schinken und Salami auf den Tisch, gegrillte Steaks folgen zum

Hauptgang. Bevor man aber eine gewaltige *bistecca alla Fiorentina* (Steak nach Florentiner Art) vom Holzkohlengrill bestellt, sollte man *ribollito*, eine gehaltvolle toskanische Suppe, probieren. Eine Reservierung ist notwendig.

OSTERIA DELL'ANGELO TRATTORIA €€

Karte S. 354 (⌨06 372 94 70; Via Bettolo 24; Menü zum Festpreis 25–35 €; Di–Fr 12.30–14.30 Uhr, Mo–Sa 20.30–23 Uhr; Ottaviano–San Pietro) Eine beliebte Stadtteil-Trattoria mit Rugby-Motiven an den Wänden, schlichten Holztischen und entspannter Atmosphäre – eine gute Adresse zum Probieren einer authentischen Regionalküche. Zu einem Menü gehören gemischte Antipasti, deftige römische Pasta und eine Auswahl von herzhaften Hauptgerichten mit Beilagen. Zum Abschluss werden gewürzte Plätzchen serviert, die in einen süßen Dessertwein getaucht werden. Eine Reservierung ist notwendig.

PIZZERIA AMALFI PIZZERIA €€

Karte S. 354 (⌨06 3973 3165; Via dei Gracchi 12; Pizzas 6,50–9,50 €, Gerichte 25–30 €; 12–15 & 19–00.30 Uhr; Ottaviano–San Pietro) In diesem lebhaften und leuchtend bunten Restaurant mit Pizzeria wird die neapolitanische Küche zelebriert. Als Vorspeise gibt es Büffelmozzarella, danach kann eine Pizza oder Calzone mit typisch dickem, weichem Teig oder etwas aus der großen Auswahl von Fleisch- und Fischgerichten, Pasta und Salaten folgen. Das Restaurant hat eine zweite Adresse auf der anderen Straßenseite, die Via dei Gracchi 5.

ENOTECA LA TORRE RISTORANTE €€€

(⌨06 4566 8304; www.enotecalatorreroma.com; Villa Laetitia, Lungotevere delle Armi 22; Mittagsmenü zum Festpreis 55 €, Gerichte 110 €; Di–Sa 12.30–14.30 Uhr, Mo–Sa 19.30–22 Uhr; Lungotevere delle Armi) Die Jugendstilvilla Laetitia gibt den romantischen Hintergrund für dieses raffinierte, von Michelin ausgezeichnete Restaurant ab. Es ist in der Edelrestaurantszene der Hauptstadt noch relativ neu; Chefkoch Danilo Ciavattino hat sich mit seinem Stil einer ursprünglichen Küche und seiner Vorliebe für authentische ländliche Aromen schnell einen Namen gemacht.

RISTORANTE L'ARCANGELO RISTORANTE €€€

Karte S. 354 (⌨06 321 09 92; www.larcangelo.com; Via Belli 59–61; Mittag-/Abend-Probiermenü 25/55 €, Gerichte 60 €; Mo–Fr 12.30–14.30 Uhr, Mo–Sa 20–23 Uhr; Piazza Cavour) Im Stil eines einfachen Bistros mit Holztäfelung, Bänken mit Lederpolstern und nachlässig gedeckten Tischen ist L'Arcangelo eingerichtet, es genießt bei seinen einheimischen Gästen den besten Ruf. Ein Highlight für viele Gäste sind die klassischen römischen Gerichte, z. B. Pasta *alla carbonara* oder *all'amatriciana,* daneben gibt es eine kleinere Auswahl eher innovativer, moderner Gerichte. Die Weinkarte ist ebenfalls erstklassig, sie führt u. a. interessante italienische Namen auf.

SETTEMBRINI RISTORANTE €€€

Karte S. 354 (⌨06 323 26 17; www.viasettembrini.it; Via Settembrini 25; Mittagsmenü 28–38 €, Abendmenü 48–65 €; Mo–Fr 12.30–15 Uhr, Mo–Sa 20–23 Uhr; Piazza Giuseppe Mazzini) Gut geschnittene Designermode und Medienklatsch treffen in diesem modischen Restaurant zusammen – es ist Teil des stetig wachsenden Settembrini-Imperiums. Nebenan befindet sich ein elegantes Café mit ganztägigem Angebot, etwas weiter weg das Libri & Cucina, ein lässiger Buchladen mit Restaurant. L'Officina ist ein anspruchsvolles Lebensmittelgeschäft. Im nachlässig-eleganten Hauptrestaurant können Gäste eine moderne, gehobene italienische Küche und dazu passende Weine erwarten.

🍴 Aurelio

⭐ PIZZARIUM PIZZA €

Karte S. 354 (Via della Meloria 43; Pizzastücke ab 3 €; 11–22 Uhr; Cipro–Musei Vaticani) Im Pizzarium (oder „Bonci pizza rustica pizzarium", wie es sich seit Neuestem nennt) werden Pizzastücke serviert, die zu den besten von Rom gehören. Sorgsam und perfekt zubereitete Teigquadrate werden mit Zutaten der Saison nach traditionellen Rezepten belegt und auf Papiertabletts zum sofortigen Genuss serviert. Außerdem gibt es eine tägliche Auswahl von *supplì* (knusprig frittieren Reiskroketten).

🍷 AUSGEHEN & NACHTLEBEN

In der stillen Gegend um den Vatikan und Prati verbergen sich einige charmante Weinbars und Cafés.

🍷 Prati

⭐ SCIASCIA CAFFÈ CAFÉ
Karte S. 354 (Via Fabio Massimo 80/A; ⏰Mo–Sa
7.30–18.30 Uhr; Ⓜ️Ottaviano–San Pietro) Die
zeitlose Eleganz dieses feinen Cafés stimmt
ideal mit dem exquisiten Kaffee überein,
der hier handwerklich perfekt zubereitet
wird. Verschiedene Variationen werden angeboten, unübertrefflich ist aber der *caffè
eccellente,* ein samtig weicher Espresso, der
in einer zierlichen Tasse mit einem Rand
aus geschmolzener Schokolade serviert
wird – eben exzellent.

MAKASAR WEINBAR, TEESTUBE
Karte S. 354 (www.makasar.it; Via Plauto 33;
⏰Di–Do 12–24 Uhr, Fr & Sa 12–24 Uhr, So 19–
23.30 Uhr; 🚇Piazza del Risorgimento) In dieser Oase weltferner Gelassenheit erholt
man sich bei Tee oder Wein sozusagen von
selbst. Die Gäste wählen aus einer neun Seiten langen Teekarte oder entscheiden sich
für einen italienischen Wein und machen
es sich in dem nachlässig-eleganten, sanft
beleuchteten Interieur bequem. Eine kleine
Speisekarte führt Salate, variantenreiche
bruschette, Baguettes und vollwertige warme Gerichte auf.

PASSAGUAI WEINBAR
Karte S. 354 (📞06 8745 1358; www.passaguai.it;
Via Leto 1; ⏰Mo–Fr 10–2 Uhr, Sa & So 18–2 Uhr;
📶; 🚇Piazza del Risorgimento) Eine behagliche
Kellerbar mit Deckengewölben und Tischen
im Innenraum sowie an einer ruhigen Seitenstraße: Das Passaguai wirkt angenehm
abgeschieden. Ein schöner Ort für ein Glas
Wein oder Bier – beides gibt es in hervorragender Auswahl – in Begleitung von Käse
oder kaltem Aufschnitt. Vollständige Mahlzeiten können hier ebenfalls aus einer kleinen Karte ausgewählt werden. Kostenloses
WLAN vorhanden.

ART STUDIO CAFÉ CAFÉ
Karte S. 354 (📞06 3260 9104; www.artstudio
cafe.it; Via dei Gracchi 187a; ⏰Mo–Sa 7.30–
21 Uhr; Ⓜ️Lepanto) Wie ein Künstleratelier
wirkt dieses lichterfüllte Café, ein charmanter Ort für ein leichtes Mittagessen, einen Tee am Nachmittag oder einen abendlichen *aperitivo* (6–8 € je nach gewünsch-
tem Getränk). Gäste mit künstlerischer
Ader können an verschiedenen Kursen in
Mosaik- oder anderem Kunsthandwerk teilnehmen (s. rechts oben).

KURSE IN KUNST & KUNSTHANDWERK

Der Anblick so zahlreicher Kunstschätze im Vatikan kann inspirierend wirken.
Wer eigene Talente erproben möchte,
kann sich an der Schule für Mosaik
und andere Handwerkskünste im **Art
Studio Café** (s. links unten) wenden.
Zum Angebot gehören verschiedene
Kurse; wer wenig Zeit hat, sollte sich
für eine zweistündige Einführung in
die Mosaikkunst entscheiden (50 €,
für Kinder 35 €). Bei einem längeren
Aufenthalt in der Stadt bieten sich ein
Keramikkurs mit acht Unterrichtsstun-
den (300 €) oder ein Kurs im Zeichnen
und Malen mit sechs Unterrichtsstun-
den (180 €) an.

Kurze Kurse können in englischer
Sprache veranstaltet werden.

UNTERHALTUNG

ALEXANDERPLATZ JAZZ
Karte S. 354 (📞06 3972 1867; www.alexander
platzjazzclub.com; Via Ostia 9; ⏰20.30–2 Uhr,
Konzerte 21.45 Uhr; Ⓜ️Ottaviano–San Pietro) Der
berühmteste Jazzclub von Rom ist klein, in-
tim und alternativ; hier kommen die besten
italienischen und internationalen Musiker
mit einem kundig lauschenden, weltoffenen
Publikum zusammen. Wer zu den Klängen
essen möchte, sollte unbedingt einen Tisch
mit gutem Blick auf die Bühne reservieren.
Auf der Website des Clubs sind bevorste-
hende Gigs nachzulesen.

FONCLEA LIVEMUSIK
Karte S. 354 (📞06 689 63 02; www.fonclea.it; Via
Crescenzio 82a; ⏰Sept.–Mai 19–2 Uhr; 🚇Piazza
del Risorgimento) Das Fonclea ist eine tolle kleine Musikkneipe, in der abends der
Sound von Jazz und Soul, Funk, Rock und
Latin zu hören ist (die Livekonzerte beginnen gegen 21.30 Uhr). Zur Einstimmung
bei Getränken gibt es eine Happy Hour (tgl.
19–20.30 Uhr). Von Juni bis August zieht
das Fonclea an das Ufer des Tiber um: Lungotevere Ripa am Ponte Palatino.

AUDITORIUM CONCILIAZIONE VERANSTALTUNGSBÜHNE
Karte S. 354 (📞06 3281 0333; www.auditorium
conciliazione.it; Via della Conciliazione 4; 🚇Piazza

Pia) An der Hauptzufahrtsstraße zum Petersdom liegt diese große Veranstaltungshalle mit einem vielfältigen Programm – Konzerte klassischer und zeitgenössischer Musik, Varieté, Tanzaufführungen, Theaterproduktionen, Filmvorführungen und Ausstellungen.

TEATRO GHIONE · THEATER
Karte S. 354 (☎ 06 637 22 94; www.teatroghione.it; Via delle Fornaci 37; 🚇 Via di Porta Cavalleggeri) Das Teatro Ghione ist ein großes Haus mit ca. 500 Sitzplätzen nahe dem Petersdom; es bietet ein vielseitiges Programm von klassischen und modernen Theaterstücken, Konzerten und Musicals.

 # SHOPPEN

ENOTECA COSTANTINI · WEIN
Karte S. 354 (www.pierocostantini.it; Piazza Cavour 16; ☺ Di–Sa 9–13 Uhr, Mo–Sa 16.30–20 Uhr; 🚇 Piazza Cavour) Wer auf der Suche nach einem schwer zu findenden Grappa oder einem besonderen Wein ist, sollte es in dieser historischen *enoteca* probieren. Im Jahr 1972 eröffnete Piero Costantini die Weinhandlung, die mit ihrer erlesenen Auswahl ein Referenzpunkt in der Stadt für Liebhaber von edlen Tropfen ist. Der Weinkeller ist 800 m² groß, es gibt einen enormen Bestand von Weinen aus Italien und aus aller Welt sowie rund 1000 Spirituosen.

ANTICA MANUFATTURA CAPPELLI · ACCESSOIRES
Karte S. 354 (☎ 06 3972 5679; www.anticacappelleria.it; Via degli Scipioni 46; ☺ Mo–Fr 9–19 Uhr; 🚇 Ottaviano–San Pietro) In elegantere Epochen fühlen sich Kunden in der Atelier-Boutique der Hutmacherin Patrizia Fabri zurückversetzt. Sie bietet eine unglaublich große Vielfalt an wunderschön gearbeiteten Hüten an. Zur Auswahl stehen eine Konfektionslinie von Panamahüten aus Stroh, Cloches (die glockenförmigen Damenhüte), Filzbaskenmützen und Deerstalkers (Jagdmützen) aus Tweed. Maßanfertigungen sind selbstverständlich ebenfalls möglich. Die Preise liegen zwischen 70 und 300 €, bestellte Hüte können noch am selben Tag geliefert werden.

RECHICLE · VINTAGE-MODE
Karte S. 354 (Piazza dell'Unità 21; ☺ Di–Sa 11–13.30 Uhr, Mo–Sa 14.30–19.30 Uhr; 🚇 Via Cola di Rienzo) In dieser unauffälligen Boutique hinter dem überdachten Markt an der Piazza dell'Unità sind Secondhand-Kleidung und Vintage-Mode zu entdecken. Designer-Marken sind in den Regalen voller Damenmode, -schuhen und -handtaschen sowie Accessoires neben einzelnen nostalgischen Stücken stark vertreten.

CASTRONI · ESSEN & TRINKEN
Karte S. 354 (www.castronicoladirienzo.com; Via Cola di Rienzo 196; ☺ Mo–Sa 7.45–20 Uhr, So 9.30–20 Uhr; 🚇 Via Cola di Rienzo) Eine Schatzkammer voller Gourmet-Köstlichkeiten. Die raumhohen Regale ächzen unter der Last von italienischen Weinen und Feinkostspezialitäten, klassischen ausländischen Delikatessen, Süßigkeiten und Schokoladen aller Art. Im Laden gibt es eine Bar, deren Kaffeeduft den Raum durchzieht und zur wohligen Atmosphäre beiträgt.

Monti, Esquilin & San Lorenzo

MONTI | ESQUILIN | PIAZZA DELLA REPUBBLICA & UMGEBUNG | SAN LORENZO & UMGEBUNG | SAN LORENZO

Highlights

1 Besichtigung des **Palazzo Massimo alle Terme** (S. 158) mit seinen spektakulären Fresken aus der Zeit des Römischen Reichs

2 Ein Bummel durch das mondäne Bohème-Viertel **Monti** und der Besuch einer Weinbar (S. 160)

3 Besonders reizvoll ist auch ein Besuch bei den Bohemiens in **Pigneto** (S. 167). Durch Pasolini gewann das Viertel der Arbeiterklasse Kult-Status

4 Sich beeindrucken lassen von der prachtvollen **Basilica di Santa Maria Maggiore** (S. 159)

5 Die unterirdischen Geheimnisse der **Domus Aurea** (S. 160), des imposanten Goldpalasts Neros, erkunden, der heute unterhalb des Colle Oppio liegt

Details siehe Karten S. 362 und S. 361

Monti, Esquilin & San Lorenzo erkunden

Zum Viertel Esquilin, das nach einem der sieben Hügel Roms benannt ist, gehören die Straßenzüge um die Stazione Termini und die Piazza Vittorio Emanuele II. In dieser Gegend liegen eine Reihe besonders schöner Sehenswürdigkeiten, darunter einige der schönsten mittelalterlichen Kirchen und der Palazzo Massimo alle Terme. Er birgt einige spektakuläre klassische Kunstwerke.

Hügelabwärts geht es nach Monti in das einst berüchtigte antike Armen- und Rotlichtviertel Subura, in dem auch Julius Caesar seine Kindheit verbrachte, das sich aber heute zu einem reizvollen Stadtteil mit einladenden Lokalen und Geschäften gemausert hat.

San Lorenzo ist ein lebhaftes Studentenviertel östlich vom Bahnhof Termini, in dem auch die schöne Basilica di San Lorenzo Fuori le Mura liegt. Ironischerweise wurde dieses Viertel im Zweiten Weltkrieg durch Bomben der Alliierten besonders stark zerstört, obgleich gerade hier eine entschieden antifaschistische Stimmung vorherrschte. Tagsüber wirkt San Lorenzo etwas marode. Nach Einbruch der Dunkelheit jedoch zeigt das Viertel sein wahres Gesicht, wenn die Studenten zu ihren nächtlichen Treffpunkten ausschwärmen.

Pigneto lässt sich als das römische Gegenstück zum Londoner Dalston bezeichnen. Die wachsende Zahl an Bars und Restaurants hat ihre Stammkundschaft.

Lokalkolorit

➜**Treffpunkte** Eine Stunde oder mehr in La Bottega del Caffè (S. 170) in Monti entspannen.

➜**Shoppen** In den trendigen Boutiquen an der Via Serpenti und Via Boschetto in Monti herumstöbern.

➜**Ausgehen** Einen Drink unter Künstlern, Hipstern und Bohemiens im Pigneto genießen.

Unterwegs vor Ort

➜**Metro** Nach Monti: Haltestelle Cavour (Linie B); die Haltestellen Termini (Linien A und B), Castro Pretorio (Linie B) und Vittorio Emanuele (Linie A) nach Esquilin. Linie C, die Pigneto einbezieht, wird nicht vor 2020 fertiggestellt sein.

➜**Bus** Termini ist das wichtigste Busdrehkreuz. Die Busse nach Monti halten an der Via Nazionale oder an der Via Cavour. Die Busse 71 und 492 fahren nach San Lorenzo; 81, 810, 105 sowie die Nachtlinie n12 Richtung Pigneto.

➜**Straßenbahn** Mit der Linie 3 kommt man nach San Lorenzo, mit den Linien 5, 14 oder 19 nach Pigneto und Centocelle.

Top-Tipp

Unbedingt lohnenswert ist die Besichtigung der häufig links liegen gelassenen Patriarchalbasilika **Basilica di San Lorenzo Fuori le Mura** (S. 164) – sie ist umwerfend schön.

 Gut essen

➜ L'Asino d'Oro (S. 165)
➜ Trattoria Monti (S. 168)
➜ Open Colonna (S. 169)
➜ Panella l'Arte del Pane (S. 166)

Mehr Details siehe S. 165.➜

🍷 **Nett ausgehen**

➜ Ai Tre Scalini (S. 170)
➜ La Bottega del Caffè (S. 170)
➜ Il Tiaso (S. 167)
➜ Co.So (S. 167)

Mehr Details siehe S. 170.➜

◉ **Kunst genießen**

➜ Fresken im Palazzo Massimo alle Terme (S. 158)
➜ Michelangelos Moses (S. 160)
➜ Die Fassadenmosaiken von Ferdinand Fuga aus dem 13. Jh. (S. 159)
➜ Richard Meiers moderne Chiesa Dio Padre Misericordioso (S. 161)

Mehr Details siehe S. 160.

Abseits der üblichen Touristenpfade liegt eines der schönsten Museen Roms. Da die lichtdurchflutete Kostbarkeit eine Fülle spektakulärer klassischer Kunstwerke besitzt, lohnt sie unbedingt einen Besuch.

Es empfiehlt sich, den Rundgang in der zweiten Etage zu beginnen, um noch voll aufnahmefähig zu sein. Die sensationell schönen Fresken vermitteln einen so tiefen Einblick in das Innere einer herrschaftlichen Villa im antiken Rom wie nirgendwo sonst auf der Welt. Zu sehen sind Naturdarstellungen, mythologische Motive und Szenen aus dem häuslichen und erotischen Leben – alle in prächtigen, lebendigen (und üppigen) Farben.

Die Wandgemälde eines kompletten Raums der Villa Livia, einer der Residenzen der Ehefrau von Augustus, Livia Drusilla, sind der Publikumsmagnet. Die Betrachter werden in ein Gartenparadies unter tiefblauem Himmel entführt mit üppig blühenden Rosen, Veilchen, Granatäpfeln, Iris und Kamille. Die Fresken schmückten einst ein sommerliches Triclinium, einen großen Wohn-Ess-Bereich, der teilweise als Schutz vor der Hitze, unterirdisch angelegt war. Die Ausleuchtung passt sich den unterschiedlichen Tageslichtsituationen an und unterstreicht so die Pracht.

Im Erdgeschoss und im ersten Stock ist die Bildhauerkunst, unter anderem mit glorifizierenden Kaiserporträts, zu sehen. Unter den Werken befinden sich einige atemberaubende Skulpturen – die im 2. Jh. v. Chr. geschaffenen griechischen Bronzen, der Faustkämpfer und der Prinz, die kauernde Aphrodite aus der Villa Adriana, der Schlafende Hermaphrodit aus dem 2. Jh. v. Chr. (s. o.) und die idealisierende Darstellung eines Diskuswerfers. Faszinierend sind die bronzenen Ausstattungsstücke aus Caligulas Nemi-Schiffen. Die Münzsammlung im Untergeschoss zeichnet die Propagandaoffensive des Römischen Reiches nach. Zu bewundern sind antike Schmuckstücke, und die Gebeine eines mumifizierten achtjährigen Mädchens.

NICHT VERSÄUMEN

➜ Der Faustkämpfer
➜ *Schlafender Hermaphrodit*
➜ Fresken der Villa Livia

PRAKTISCH & KONKRET

➜ Karte S. 362
➜ ☏ 06 3996 7700
➜ www.coopculture.it
➜ Largo di Villa Peretti 1
➜ Erw./erm. 7/3,50 €
➜ ☉ Di–So 9–19.45 Uhr
➜ Ⓜ Termini

Die monumentale Kirche ist eine der vier Patriarchalbasiliken Roms und erhebt sich auf dem höchsten Punkt des Esquilin – dort, wo der Legende nach im Sommer 358 n. Chr. Schnee gelegen haben soll. In Erinnerung an dieses Wunder lässt man alljährlich am 5. August Tausende weißer Blütenblätter von der Kassettendecke herabregnen.

Vor der Kirche erhebt sich die über 18,5 m hohe Mariensäule, die einst zur Maxentiusbasilika am Forum Romanum gehörte. Die Außenfassade schmücken Mosaiken aus dem 13. Jh., die durch ein barockes Portal geschützt werden. Der 75 m hohe und somit der höchste Glockenturm (Campanile) Roms ist im romanischen Stil erbaut; er wurde im 14. Jh. errichtet.

Die Architektur des gewaltigen Innenraums stammt noch aus dem 5. Jh., aus der gleichen Zeit sind die Mosaiken im Triumphbogen und im Hauptschiff. Das Hauptbild in der Apsis mit der Signatur von Jacopo Torriti wurde im 13. Jh. gemalt.

Kosmatenarbeiten (Marmormosaiken der Gebrüder Cosmas) aus dem 12. Jh. schmücken den Fußboden des Hauptschiffs. Der Baldachin über dem Hochaltar ist überreich mit vergoldeten Cherubinen versehen; der Porphyraltar besitzt die Form eines Sarkophags. In ihm ruhen angeblich die Gebeine des Evangelisten Matthäus und anderer Märtyrer. Rechts vom Altar wurden der Bildhauer Gian Lorenzo Bernini und dessen Vater Pietro beigesetzt; ihre Gräber sind durch schlichte Steine im Boden gekennzeichnet.

Um die im 13. Jh. von Filippo Rusuti geschaffenen Mosaiken aus größerer Nähe sehen zu können, lohnt es sich unbedingt, auf die Obergeschoss-Loggia emporzusteigen. Die außergewöhnliche Konstruktion stammt von Ferdinando Fuga. Von dort aus lässt sich auch gut Berninis barocke Wendeltreppe betrachten.

NICHT VERSÄUMEN

➡ Loggia
➡ Kosmatenboden
➡ Mosaiken von Jacopo Torriti in der Apsis

PRAKTISCH & KONKRET

➡ Karte S. 362
➡ Piazza Santa Maria Maggiore
➡ Basilika frei, Museum 3 €, Loggia 5 €, Ausgrabungsstätte 5 €
➡ ⊙7–19 Uhr, Museum & Loggia 9–17.30 Uhr
➡ 🚌Piazza Santa Maria Maggiore

⊙ **Esquilin**

Monti

BASILICA DI SANTA MARIA MAGGIORE
BASILIKA
Siehe S. 159

BASILICA DI SAN PIETRO IN VINCOLI
BASILIKA

Karte S. 362 (Piazza di San Pietro in Vincoli 4a; ⊙ April–Sept. 8–12.20 & 15–19 Uhr; Okt.–März 15–18 Uhr ; Ⓜ Cavour) Pilger und Kunstliebhaber strömen aus zwei Gründen zu dieser Basilika aus dem 5. Jh.: Sie wollen Michelangelos Kolossalstatue des Moses von 1505 bewundern und sie möchten die Ketten sehen, mit denen Petrus im Mamertinischen Kerker unweit des Forum Romanum gefesselt gewesen sein soll.

Von der Via Cavour ist die Kirche über eine Treppenflucht und durch ein niedriges Bogengewölbe zu erreichen.

Die Basilika wurde eigens zur Aufbewahrung der Fußfesseln von Petrus errichtet, die nach dessen Tod nach Konstantinopel gebracht worden waren, aber später als Reliquien wieder nach Rom zurück überführt wurden. Bei ihrem Eintreffen waren sie in zwei Teile auseinandergebrochen, sollen sich aber nach dem Zusammenfügen auf wundersame Weise wieder miteinander verschmolzen haben. Sie sind heute unter dem Altar zu sehen.

Rechts vom Altar bildet Michelangelos Moses-Skulptur das Prunkstück des unvollendet gebliebenen Grabmals für Papst Julius II. Die deutlich hervortretenden Oberarmmuskeln des Propheten unterstreichen dessen athletische Pose. Außerdem trägt er einen imposanten hüftlangen Bart und aus seinem Kopf wachsen zwei kleine Hörner. Diese lassen sich durch die falsche Übersetzung einer Bibelstelle erklären: In ihr heißt es, zwei Lichtstrahlen seien aus Moses Gesicht hervorgetreten, jedoch schrieb der Übersetzer stattdessen fälschlicherweise „Hörner". Michelangelo war sich dieses Fehlers zwar bewusst, er blieb aber dennoch bei den Hörnern.

Die Statuen von Leah und Rachel zu beiden Seiten wurden vermutlich von Michelangelos Schülern vollendet.

Das Grabmal mit seinen imposanten Ausmaßen blieb allerdings unvollendet – Michelangelo hatte ursprünglich 40 Statuen dafür geplant –, er musste die Arbeit aber dann unterbrechen, um sich der Gestaltung der Sixtinischen Kapelle zu widmen.

Papst Julius II. wurde dann schließlich im Petersdom begraben.

DOMUS AUREA
ARCHÄOLOGISCHE STÄTTE

Karte S. 362 (Goldene Haus; ☎ 06 3996 7700; www.coopculture.it; Viale della Domus Aurea; Eintritt 10 €; ⊙ Führungen Sa & So; Ⓜ Colosseo) Nero ließ seine Domus Aurea nach dem Feuer von 64 n. Chr. errichten (angeblich soll er den Brand selbst gelegt haben, um Platz dafür zu schaffen). Der riesige, sich fast über ein Drittel der Stadt erstreckende Komplex erhielt seinen Namen aufgrund des Goldes, das seine Fassade bedeckte und auch sein Inneres schmückte. Die teilweise freigelegte Stätte musste wiederholt wegen Überflutung geschlossen werden, wurde aber Ende 2014 im Rahmen geführter Touren am Wochenende wiedereröffnet. Auf der Website finden sich Informationen über die aktuellen Öffnungszeiten.

Der Palast besaß eine Fülle innovativer Architekturelemente und war prächtiger als alle je zuvor errichteten Bauten. Aber Neros Nachfolger versuchten, sämtliche Spuren seines Größenwahns zu tilgen. Vespasian ließ Neros dekorativen See trockenlegen und an seiner Stelle als symbolische Geste das Kolosseum errichten. Domitian ordnete einen Palastbau auf dem Palatin an, während Trajan den ersten Stock der Domus plünderte und dann zerstörte. Der untere Teil wurde mit Erde zugeschüttet und als Fundament für Trajans öffentlichen Bäderkomplex genutzt, der jedoch um das 6. Jh. aufgegeben wurde. Das Zuschütten hatte zur Folge, dass die Ruinen zumindest dieses Palastteils erhalten geblieben sind. Sie bilden heute die Ausgrabungsstätte unterhalb des Colle Oppio. Zur Besichtigung empfiehlt es sich, warme Kleidung zu tragen, denn in der unterirdisch gelegenen Palastruinen ist es feucht. Bemerkenswerterweise hat die Feuchtigkeit zur Erhaltung der Fresken in den Räumen beigetragen. Allerdings sind diese bisher nur in einer kleinen gesäuberten Sektion zu sehen – die Übrigen sind noch nicht restauriert. Die geführten Touren werden von Archäologen geleitet, die enorme Kenntnisse über die Ausgrabungsstätte besitzen.

Während der Renaissance ließen sich einige Künstler in die Ruinen hinab, kletterten über den von Trajan hinterlassenen Schutt, um die mit Fresken geschmückten

Grotten zu studieren; Raffael verwendete sogar einige ihrer Motive für seine Arbeiten im Vatikan.

MUSEO NAZIONALE D'ARTE ORIENTALE
MUSEUM

Karte S. 362 (☎06 4697 4823; www.museorientale.beniculturali.it; Via Merulana 248; Erw./erm. 6/3 €; ⊙Di, Mi & Fr 9–14, Do, Sa & So 9–19.30 Uhr; Ⓜ Vittorio Emanuele) Diese wenig besuchte, aber eindrucksvolle Sammlung ist im prachtvollen Palazzo Brancaccio aus dem 19. Jh. untergebracht. Zu sehen sind iranische Glaswaren aus dem 5. Jh. v. Chr., Artefakte aus einer antiken Siedlung des pakistanischen Swat-Tals, afghanische Haushaltsgegenstände aus dem 12. Jh., gravierte chinesische Ritualgefäße, datiert auf 900–800 v. Chr., und schließlich gibt es eine neue koreanische Galerie mit Bronzen, Siegeln und zeitgenössischer Kunst.

CHIESA DI SANTA CROCE IN GERUSALEMME
KIRCHE

Karte S. 361 (www.santacroceroma.it; Piazza di Santa Croce in Gerusalemme 12; ⊙7–12.45 & 15.30–19.30 Uhr; 🚌Piazza di Porta Maggiore) Die Chiesa di Santa Croce, eine der sieben Pilgerkirchen Roms, wurde 320 von Helena, der Mutter Kaiser Konstantins, auf dem Areal ihres Palastes gegründet. Die in ihr aufbewahrten christlichen Reliquien – sie befinden sich in einer Kapelle zur Linken des Altars – gaben der Kirche ihren Namen. Zu den Reliquien zählen ein kleines Stück vom Kreuz Christi und der Finger des ungläubigen Apostels Thomas. Beides soll Helena aus Jerusalem nach Rom gebracht haben.

Hervorzuheben sind die großartigen Fresken aus dem 15. Jh. in der Renaissance-Apsis, auf denen Legenden dargestellt werden, die sich um Christus ranken.

NATIONALMUSEUM FÜR MUSIKINSTRUMENTE
MUSEUM

Karte S. 361 (☎06 3 28 10; Piazza di Santa Croce in Gerusalemme; Erw./erm. 5/2,50 €; ⊙Di–So 9–19 Uhr; 🚌Piazza di Porta Maggiore) Dieses wenig bekannte Museum hinter der Kirche Santa Croce befindet sich dort, wo einst das Haus der heiligen Helena stand. Es ist zwar zu Unrecht, aber andererseits auch angenehm leer und besitzt eine Sammlung von mehr als 3000 auserlesenen Musikinstrumenten, darunter prächtig dekorierte, neapolitanische Straßenklaviere und sogar eines der ältesten bekannten Klaviere überhaupt (1722).

ABSTECHER

CHIESA DIO PADRE MISERICORDIOSO

Als erfrischende Abwechslung nach der Besichtigung so vieler Barock-und Klassizismus-Bauten lohnt sich der Besuch der **Chiesa Dio Padre Misericordioso** (www.diopadremisericordioso.it/ Via Francesco Tovaglieri 147; ⊙7.30–12.30 & 16–19.30 Uhr; 🚌Via Francesco Tovaglieri 147), einer römischen Kirche, die durch ihre einfache Formensprache besticht. Das wunderschöne Meisterwerk in Weiß des Architekten Richard Meier erzielt durch seine minimalistische Bauweise eine beeindruckende Vollkommenheit. Die aus weißem Beton, Stuck, glänzendem Travertin und beinahe 1000 m² Glas gestaltete Kirche spielt außen und innen mit wechselndem Lichteinfall.

CHIESA DI SANTA PUDENZIANA
KIRCHE

Karte S. 362 (www.stpudenziana.org; Via Urbana 160; ⊙9–12 & 15–18 Uhr; Ⓜ Cavour) Die Kirche der philippinischen Gemeinde in Rom glänzt mit einem Apsismosaik, das aus dem 4. Jh. stammt – die älteste Arbeit dieser Art in der ganzen Stadt. Christus thront in der Mitte, zu seinen Seiten stehen zwei weibliche Figuren, die Petrus und Paulus krönen; diese sind umgeben von den als römische Senatoren gekleideten Aposteln. Leider sind nur zehn der ursprünglich zwölf Apostel erhalten, da während einer barbarischen Restaurierung im 16. Jh. zwei von ihnen abgesägt und die Beine der anderen Apostel amputiert wurden.

CHIESA DI SANTA PRASSEDE
KIRCHE

Karte S. 362 (Via Santa Prassede 9a; ⊙7.30–12 & 16–18.30 Uhr; 🚌Piazza Santa Maria Maggiore) Die Kirche, errichtet im 9. Jh., ist berühmt für ihre brillanten Mosaiken. Geweiht wurde sie der hl. Praxedis, einer frühen Heldin des Christentums, die verfolgte und getötete Christen von ihren Richtstätten holte und sie in einer Zisterne vor Ort beerdigte. Die Lage der ehemaligen Zisterne ist heute durch eine Marmorplatte auf dem Boden des Kirchenschiffs gekennzeichnet.

Die Mosaiken wurden von Künstlern angefertigt, die Papst Paschalis I. eigens von Byzanz nach Rom holen ließ. Ihr Stil ist dann auch typisch byzantinisch, mit goldenen Hintergründen und einem ausgeprägten christlichen Symbolismus. Die Mosai-

KOMBITICKETS

Bitte beim Kauf und bei der Planung beachten: Die Eintrittskarte (Erw./erm. 7/3,50 €, bei Ausstellungen 10/6,50 €) für die Sehenswürdigkeiten Crypta Balbi und Palazzo Altemps (Centro Storico), Palazzo Massimo, Terme di Diocleziano und Aula Ottagona (Termini) gilt als Kombiticket für alle fünf Stätten, ist aber nur drei Tage gültig. Eine weitere nützliche Investition ist die Roma Archaeologia Card für 27,50 € mit einer Gültigkeit von sieben Tagen. Sie gewährt Zutritt zu den oben genannten Sehenswürdigkeiten und auch zu den Stätten Kolosseum, Palatino, Terme di Caracalla, Villa dei Quintili und Cecilia Metella. Erhältlich ist sie an allen genannten Orten.

ken, die die Apsis zieren, zeigen Christus, flankiert vom hl. Petrus, der hl. Pudentiana und dem hl. Zeno auf der rechten sowie Paulus, der hl. Praxedis und Papst Paschalis auf der linken Seite. Alle Figuren tragen einen goldenen Heiligenschein, mit Ausnahme von Paschalis, dessen Kopf von einem blauen Nimbus umgeben ist, um anzudeuten, dass er zum damaligen Zeitpunkt noch lebte. Weitere sakrale Schätze warten in der üppig mit Mosaiken ausgestatteten **Cappella di San Zenone**, darunter ein Stück jener Säule, an der Christus festgebunden war, während er gegeißelt wurde – sie befindet sich in einem Glaskasten auf der rechten Seite.

CHIESA DI SAN MARTINO AI MONTI
KIRCHE

Karte S. 362 (Viale del Monte Oppio 28; ⊙9–12 & 16.30–19 Uhr; MCavour) Bereits im 3. Jh. war dieser Ort eine Kultstätte der Christen. Nachdem im 4. Jh. das Christentum öffentlich anerkannt worden war, folgte der Bau einer Kirche. Im 6. und 9. Jh. kam es zu Umbaumaßnahmen. Filippo Gagliardi ließ das Bauwerk dann in den 1650er-Jahren komplett umgestalten.

Von besonderem Interesse sind dabei Gagliardis Fresken, da auf diesen die Basilica di San Giovanni in Laterano dargestellt ist sowie Ansichten des Petersdoms vor seinem Umbau im 16. Jh. zu sehen sind. Noch älter sind die antiken Säulen mit ihren korinthischen Kapitellen, die das Mittelschiff von den Seitenschiffen trennen.

CHIESA DI SANTA LUCIA IN SELCI
KIRCHE

Karte S. 362 (Via in Selci 82; ⊙8–12 & 14–18 Uhr; MCavour) Die kleine Chiesa di Santa Lucia in Selci ist eine Klosterkirche, die der im 4. Jh. lebenden Märtyrerin und Heiligen Lucia von Syrakus geweiht wurde. Der Ursprungsbau datiert aus der Zeit vor dem 8. Jh.; Carlo Maderno baute die Kirche dann im 16. Jh. so um, dass sie innerhalb des damals existierenden Klosters ohne Außenfassade auskam. Im 17. Jh. wurde das Gotteshaus dann von Francesco Borromini restauriert.

PIAZZA VITTORIO EMANUELE II
PIAZZA

Karte S. 362 (MVittorio Emanuele) Der im späten 19. Jh. angelegte Platz war einst das Herzstück eines vornehmen Wohnviertels. Heute wirkt die grasbewachsene Fläche des größten Platzes in Rom inmitten von lautem Verkehr, Säulengängen und Schnäppchenläden eher verwahrlost und schäbig. Innerhalb des umzäunten zentralen Bereichs befinden sich die Ruinen der **Trofei di Mario**, eines alten Brunnens, das Endstück eines Aquädukts.

Die **Chiesa di Sant'Eusebio** in der Nordostecke des Platzes ist bei Haustierbesitzern beliebt, die jedes Jahr am Gedenktag des hl. Antonius (17. Jan.) mit ihren Lieblingen hierher kommen, um diese segnen zu lassen.

PORTA MAGGIORE
MONUMENT

Karte S. 361 (Piazza di Porta Maggiore; ▯Porta Maggiore) Die Porta Maggiore wurde 52 n. Chr. durch Claudius errichtet. Damals wie heute befand sich hier eine größere Straßenkreuzung, unter der Porta hindurch führten die beiden Hauptstraßen – die Via Prenestina und die Via Labicana (heute Via Casilina) – nach Süden. Der Bogen stützte zwei Wasserleitungen – die Aqua Claudia und die Acqua Aniene Nuova. Später wurde dieser in die Aurelianische Mauer integriert. Seinen Namen erhielt das Tor im Mittelalter, angeblich um den Pilgern anzuzeigen, dass sie durch dieses Tor auf dem schnellsten Weg zur Kirche Santa Maria Maggiore gelangten.

MUSEO STORICO DELLA LIBERAZIONE
MUSEUM

Karte S. 361 (☎06 700 38 66; www.viatasso.eu; Via Tasso 145; ⊙Di–So 9.30–12.30 & Di, Do & Fr 9.30–12.30 & 15.30–19.30 Uhr; MManzoni) GRATIS Die Via Tasso 145 ist heute ein kleines, aufregendes Museum, doch in der Zeit, als Rom von den Deutschen besetzt war (1943/

44), befand sich hier das Hauptquartier der SS. Mitglieder des Widerstands wurden verhört, gefoltert und in den Zellen eingesperrt. Noch immer sind an den Wänden Inschriften zu sehen, die verurteilte Häftlinge dort hinterlassen haben.

Die Exponate zeichnen die Ereignisse der Besatzung nach. Dokumentiert werden natürlich auch die Verfolgung der italienischen Juden, der Widerstand im Untergrund und die schrecklichen Massaker in den Ardeatinischen Höhlen.

◉ Piazza della Repubblica & Umgebung

MUSEO NAZIONALE ROMANO: PALAZZO MASSIMO ALLE TERME MUSEUM
Siehe S. 158.

MUSEO NAZIONALE ROMANO: TERME DI DIOCLEZIANO MUSEUM
Karte S. 362 (☏06 3996 7700; www.coopculture. it; Viale Enrico de Nicola 78; Erw./erm. 7/3,50 €; ☺Di–Sa 9–19.30 Uhr; Ⓜ Termini) Die Terme di Diocleziano waren mit ihren 13 ha der größte Bäderkomplex des antiken Rom und boten Platz für 3000 Personen. Ihre Ruinen sind heute ein Teil des beeindruckenden Museo Nazionale. Diese Zweigstelle des Römischen Nationalmuseums gibt mit Gedenkinschriften und anderen Fundstücken einen faszinierenden Einblick in die antike römische Gesellschaft. Außerhalb der Terme stehen im weitläufigen, stilvollen Kreuzgang, der nach Plänen von Michelangelo errichtet wurde, klassische Sarkophage, kopflose Statuen und große Tierkopf-Skulpturen. Sie waren wahrscheinlich ursprünglich im Foro di Traiano (Trajansforum) platziert.

Sehenswert an anderer Stelle des Museumskomplexes sind auch die Exponate, die Kulte und die frühe Entwicklung des Christentums und Judentums beleuchten. Besonders interessant ist die Abteilung mit Amuletten und Zaubersprüchen, die Nachbarn und andere Bekannte verhexen sollten mit dem Ziel, diesen Unglück oder gar Schlimmeres zu bringen. Im oberen Stockwerk befinden sich Grabbeigaben vom 11. bis 9. Jh. v. Chr., unter anderem Schmuck und Amphoren.

Beim Durchwandern des Museums stößt man immer wieder auf Reste der ursprünglichen Terme, die Anfang des 4. Jhs. als hochmoderne Anlage – bestehend aus Bädern, Bibliotheken, Konzerthallen und Gärten – fertiggestellt wurde. Einst gehörten auch die Aula Ottagona und die Basilica di Santa Maria degli Angeli zu diesem weitläufigen Komplex. Er verfiel, nachdem Invasoren um 536 das Aquädukt zerstört hatten, das die Bäder mit Wasser versorgte.

AULA OTTAGONA ARCHÄOLOGISCHE STÄTTE
Karte S. 362 (Piazza della Repubblica; ☺wechselnde Öffnungszeiten; Ⓜ Repubblica) Die hoch aufragende achteckige Aula war Teil der antiken Anlage der Terme di Diocleziano. Heute finden in der stimmungsvollen, prächtigen Gewölbehalle Wechselausstellungen statt, häufig werden Skulpturen gezeigt.

BASILICA DI SANTA MARIA DEGLI ANGELI BASILIKA
Karte S. 362 (www.santamariadegliangeliroma. it; Piazza della Repubblica; Ⓜ Repubblica) Die massige Basilika wurde in die Zentralhalle (Tepidarium) der Terme di Diocleziano integriert. Die Originalbaupläne stammen von Michelangelo, erhalten blieb jedoch nur die große Gewölbedecke seines Entwurfs.

CHIESA DI SAN PAOLO ENTRO LE MURA KIRCHE
Karte S. 362; www.stpaulsrome.it; Ecke Via Nazionale & Via Napoli; ☺Mo–Fr 9.30–16.30 Uhr; 🚌Via Nazionale) In der amerikanischen Episkopalkirche Roms mit gestreifter neo-gotischer Fassade sind einige ausgefallene Mosaiken aus dem 19. Jh. zu sehen, die der in Birmingham gebürtige Künstler Edward Burne-Jones entworfen hat.

PALAZZO DELLE ESPOSIZIONI KULTURZENTRUM
Karte S. 362 (☏06 3996 7500; www.palazzoesposizioni.it; Via Nazionale 194; ☺Di–Do & So 10–20, Fr & Sa 10–22.30 Uhr; 🚌Via Nazionale) Der weitläufige neo-klassizistische Palast wurde 1882 als Ausstellungszentrum erbaut, jedoch zwischenzeitlich als Parteizentrale der italienischen Kommunisten, als Kantine alliierter Soldaten, als Wahllokal und sogar als öffentliche Bedürfnisanstalt genutzt. Heute ist der Palast ein aufregender kultureller Treffpunkt: Hier gibt es Ausstellungsflächen mit den Ausmaßen einer Kathedrale, wo Kunst zum Publikumsrenner wird, raffinierte Kunstlaboratorien, einen Buchladen und ein Café.

Das Zentrum bietet ein Forum für alles Mögliche, seien es Multimedia-Events, Konzerte, Filmvorführungen oder Konferenzen. Außerdem kann man sich im Res-

MONTI, ESQUILIN & SAN LORENZO SEHENSWERTES

INSIDERWISSEN

VILLA ALDOBRANDINI

Wer in der Nähe der Via Nazionale eine Pause benötigt oder ein ruhiges Picknick-Plätzchen sucht, der sollte von der Hauptstraße in die Via Mazzarino einbiegen und dann die Stufen hinaufsteigen. Vorbei an Ruinen aus dem 2. Jh. gelangt man schließlich etwa 10 m über dem Straßenniveau in einen zauberhaften Garten mit zahlreichen Skulpturen, mit Kieswegen und beschaulichen Rasenflächen.

Der Garten gehört zur **Villa Aldobrandini** (Karte S. 362; ☺Garten geöffnet vom Morgengrauen bis zur Abenddämmerung; 🚇Via Nazionale). Die im Zentrum stehende Villa wurde im 16. Jh. von Kardinal Pietro Aldobrandini erbaut, um in ihr seine große Kunstsammlung unterzubringen. Heute ist sie Sitz eines internationalen Rechtsinstituts und für die Öffentlichkeit nicht zugänglich.

taurant unter der Glaskuppel von Montag bis Freitag günstig am Mittagsbüfett (16 €) bedienen; am Wochenende wird Brunch angeboten zum Preis von 30 €.

PIAZZA DELLA REPUBBLICA
PIAZZA

Karte S. 362 (🚇Repubblica) Gesäumt von großartigen Kolonnaden aus dem 19. Jh., orientiert sich die Form dieses eindrucksvollen Platzes an den Umrissen der einst hier gelegenen, halbkreisförmigen Exedra (Portikus mit Bänken) aus Diokletians Bäderkomplex. Ursprünglich war der Platz unter dem Namen Piazza Esedra bekannt.

Die **Fontana delle Naiadi**, 1888 nach Entwürfen von Alessandro Guerrieri errichtet, stellte zunächst vier Löwen dar. 1901 bei der Enthüllung des Brunnens durch den Architekten Mario Rutelli jedoch rief sie Empörung unter den Tugendwächtern hervor. Die Nacktheit der vier Najaden, der Wassernymphen, die sich um die Zentralfigur Glaucus im Kampf mit einem Fisch scharen, erschien ihnen allzu provokant – wie hat sich Italien seither doch verändert! Jede dieser vier dargestellten Nymphen lehnt sich über ein Tier, das unterschiedliche Arten von Wasser symbolisiert: eine Wasserschlange steht für die Flüsse, ein Schwan für die Seen, eine Eidechse für die Bäche und ein Seepferdchen verkörpert die Ozeane.

☉ San Lorenzo & Umgebung

★BASILICA DI SAN LORENZO FUORI LE MURA
BASILIKA

Karte S. 361 (www.basilicasanlorenzo.it; Piazzale San Lorenzo; ☺8–12 & 16–18.30 Uhr; 🚇Piazzale del Verano) Die Kirche San-Lorenzo-außerhalb-der-Mauern ist eine der vier Patriarchalbasiliken Roms. Das stimmungsvolle, ruhige Bauwerk ist eindrucksvoller als viele der großen Kirchen innerhalb der Stadt – und von atemberaubender Schönheit. Als einzige der großen Kirchen Roms wurde sie während des Bombardements im Zweiten Weltkrieg beschädigt, sie ist heute ein Mischmasch aus Rekonstruktionen und Restaurierungen. Dennoch wirkt sie durchaus harmonisch.

Der hl. Laurentius wurde 258 n. Chr. verbrannt, Konstantin ließ die ursprüngliche Basilika im 4. Jh. über seiner Grabstätte errichten, schon 200 Jahre später wurde sie ein erstes Mal umgebaut. Nachträglich wurde eine nahe gelegene Kirche aus dem 5. Jh., die Maria geweiht war, in das Gebäude integriert, sodass schließlich die Kirche in ihrer heutigen Form entstand. Das Kirchenschiff, Portikus und ein Großteil der Dekoration stammen aus dem 13. Jh.

Highlights sind der Kosmatenboden und die Fresken im Portikus, auf denen Ereignisse aus dem Leben des Heiligen dargestellt sind. Die Gebeine der Heiligen Laurentius und Stephanus werden in der Krypta unter dem Hochaltar gelagert. Im sehenswerten Kreuzgang befinden sich Inschriften und Sarkophage; er führt zur Catacombe di Santa Ciriaca, wo Laurentius ursprünglich begraben lag.

CIMITERO DI CAMPO VERANO
FRIEDHOF

Karte S. 361 (📞06 4923 6349; www.cimiteridiroma.it; Piazzale del Verano; ☺Apr.–Sept. 7.30–18, Okt.–März 7.30–17 Uhr; 🚇Piazzale del Verano) Der größte Friedhof Roms wurde während der napoleonischen Besatzung der Stadt angelegt (1804–1814). Aufgrund der damaligen Verordnung mussten die Verstorbenen Roms außerhalb der Stadtmauern bestattet werden. So fanden seit den 1830er-Jahren bis noch in die 1980er-Jahre praktisch alle Toten Roms, mit Ausnahme der Päpste, Kardinäle und Mitglieder des Königshauses, hier ihre letzte Ruhe. Wer ohnehin in der Gegend ist, sollte sich die prächtigen Grabstätten unbedingt ansehen. Alljährlich am 2. November (Allerseelen) strömen Tausende Römer hierher, um die Gräber ihrer Lieben mit Blumen zu schmücken.

PASTIFICIO CERERE GALERIE

Karte S. 361 (📞06 4542 2960; www. pastificiocerere.com; Via degli Ausoni 7; ⏱Mo–Fr 15–19, Sa 16–18 Uhr; 🚇Via Tiburtina) In einer eleganten alten Pastafabrik, die nach 55 Jahren Betrieb in den 1960er-Jahren ihre Produktion einstellte, befindet sich heute ein Zentrum der römischen Gegenwartskunst. Hier finden in den Galerieräumen und in den Höfen regelmäßig Events statt.

Das Pastificio wurde in den 1980er-Jahren als Atelierzentrum der Nuova Scuola Romana (Neue Römische Schule) bekannt, der sechs Künstler angehörten. Sie arbeiten heute noch hier, gemeinsam mit einer jüngeren Künstlergeneration, zu der Maurizio Savini gestoßen ist. Er wurde für seine Skulpturen aus rosafarbenem Kaugummi berühmt.

✗ ESSEN

✗ Monti

CIURI CIURI TORTEN & GEBÄCK €

Karte S. 362 (📞06 4544 4548; Via Leonina 18; Snacks um 3 €; ⏱So–Do 8.30–12, Fr & Sa bis 2 Uhr; 🚇Cavour) Was spricht denn eigentlich gegen eine sizilianische Eisdiele mit angegliedertem Back-Shop? Reinschauen und die hausgemachten köstlichen Süßspeisen probieren, etwa frisch gefüllte *cannoli* (mit Ricotta gefüllte Teigrollen), *cassata* (Eis mit Sahne, Marzipan, Schokolade und kandierten Früchten) und *pasticini di mandorla* (Mandelgebäck), alle in mundgerechter Größe erhältlich. Und nicht alles ist süß: Die Bäckerei verkauft auch frisch zubereitete *arancine* (gebackene Reisbällchen) und weitere klassische Snacks. Gegessen werden die Leckereien drinnen oder unter freiem Himmel.

FATAMORGANA–MONTI EIS €

Karte S. 362 (Piazza Zingari; Eis ab 2,50 €; ⏱13–12.30 Uhr; 🚇Cavour) Fatamorgana ist nicht nur eine der besten Gelaterien Roms, in der es unterschiedlichste hausgemachte, glutenfreie Eissorten gibt, sondern man hat auch die Möglichkeit, das Eis seiner Wahl draußen auf dem schönen Platz zu genießen. Das große Foto hinter dem Tresen erinnert an den Film *La Banda degli Onesti* (Die Bande der Ehrlichen, 1956) mit Totò in der Hauptrolle, die dargestellte Szene ist hier gedreht worden.

GELATARIA DELL'ANGELETTO EIS

Karte S. 362 (Via dell'Angeletto 15; Eis ab 2,50 €; ⏱12–24 Uhr; 🚇Cavour) Die Filiale der Meister-Gelatieri Dei Gracchi, die ihre Haupt-Eisdiele in der Nähe des Vatikans betreiben, bietet je nach Saison viele leckere Sorten an – Birnen-, Karamell-, Apfel- oder Zimteis, besonders toll schmeckt das Pistazieneis.

FORNO DA MILVIO PIZZERIA €

Karte S. 362 (📞06 4893 0145; Via dei Serpenti 7; Pizzastücke ab etwa 3,50 €; ⏱6.30–24 Uhr; 🚇Cavour) In der kleinen Pizzeria, in der *pizza al taglio* (stückweise) verkauft wird, ist immer was los, denn hier gibt's eine große Auswahl köstlicher knusprig-leichter Pizzas. Das Forno bietet sich als schnelle und schmackhafte Option in der Gegend Kolosseum–Monti an und es ist preisgünstig. Man kann die Pizza gleich essen oder mitnehmen.

★ L'ASINO D'ORO ITALIENISCH €€

Karte S. 362 (📞06 4891 3832; Via del Boschetto 73; Gerichte 45 €; ⏱So 12.30–14.30, Di–Sa 19.30–23 Uhr; 🚇Cavour) Dieses wunderbare Restaurant wurde von Orvieto hierher verlegt, aber nach wie vor verleugnen die außergewöhnlichen Speisen Lucio Sforzas ihre umbrischen Wurzeln nicht. Die Gerichte sind einfach, trotzdem innovativ und voller geschmacklicher Kontraste. So etwa die Lammfleischbällchen mit Birnen in Blauschimmelkäse-Soße. Auch Platz für die überraschenden Nachtisch-Kreationen sollte eingeplant werden. Wenn es um hervorragendes Essen geht, ist dieses intime, zwanglose und trotzdem stilvolle Restaurant eines der besten Roms. Die Öffnungszeiten variieren, daher bitte vorher anrufen!

TEMAKINHO SUSHI €€

Karte S. 362 (www.temakinho.com; Via dei Serpenti 16; Gerichte 40 €; ⏱12.30–15.30 & 19–24 Uhr; 🚇Cavour) In einer Stadt, in der noch immer unerschütterlich die – wenn auch leckere – italienische Küche dominiert, muss das brasilianisch-japanische Restaurant mit seinen Sushi- und peruanischen Ceviche-Gerichten als erfrischende und überraschende Abwechslung gesehen werden. Außer köstlichem, aber starkem *Caipi-*

rinha, einem Cocktail aus brasilianischem *Cachaça* (Schnaps), Zucker, Limonensaft und frischen Früchten, gibt's auch noch die mit Sake angesetzten *Sakehinhas*. Das Restaurant ist sehr beliebt, daher besser einen Tisch bestellen.

DALL'ANTÒ
CREPERIE

Karte S. 362 (☎06 678 07 12; Via della Madonna dei Monti 16; ◷Di–Sa 12–23, So 12–15 Uhr; Ⓜ Cavour) Liebevoll bäckt der Besitzer Antonio seine Pfannkuchen nach alten Rezepten aus der Toskana und Ligurien mit topmodernen Küchengeräten, und man kann ihm bei der Zubereitung zuschauen. Auswahl gibt's zwischen *farinata* (Kichererbsenmehl-Pfannkuchen), *testarolo* (Weizenmehl-Pfannkuchen mit Pesto) oder *necci* (Kastanienmehl-Pfannkuchen). Antonio bäckt mit Feuereifer – eine einzigartige Crêperie.

DA VALENTINO
TRATTORIA €€

Karte S. 362 (☎06 488 06 43; Via del Boschetto; Gerichte 25–30 €; ◷Mo–Sa 13–14.45 & 19.30–23.30 Uhr; Ⓜ Cavour) Auf dem alten Schild aus den 1930er-Jahren draußen steht „Birra Peroni", drinnen vermittelt das liebenswert altmodische Ambiente das Gefühl, dass sich hier seit Jahren nicht viel geändert hat: An den Wänden hängen Schwarz-Weiß-Fotografien, auf den Tischen liegen weiße Tischdecken, der Boden ist gekachelt. Hier sollte jeder herkommen, der Lust auf gegrillten *scamorza* hat. Der dem Mozzarella ähnelnde, birnenförmige Käse taucht in fast allen Gerichten auf, es gibt ihn in zahllosen Variationen: mit Tomaten und Rucola, Tomaten und Gorgonzola, Käse und Artischocken, gegrilltem Fleisch, Hamburger usw.

URBANA 47
ITALIENISCH €€

Karte S. 362 (☎06 4788 4006; Via Urbana 47; Gerichte 45 €; Ⓜ Cavour) Das legere, aber kultivierte Restaurant, das von den Besitzern eines Vintage-Möbelgeschäfts eröffnet wurde, ist durch und durch retro. Alle Möbelstücke können gekauft werden. Chefkoch Alessandro Miotto versucht, seine Zutaten so weit als möglich in nächster Nähe einzukaufen. So stammen die meisten Produkte für seine Gerichte aus dem Latium.

LA CARBONARA
TRATTORIA €€

Karte S. 362 (☎06 482 51 76; Via Panisperna 214; Gerichte 40 €; ◷Mo–Sa; Ⓜ Cavour) Die populäre, seit 1906 existierende Trattoria war einst das Lieblingslokal der berühmt-berüchtigten Ragazzi di Panisperna – einer Gruppe junger Physiker, deren Entdeckungen zur Konstruktion der ersten Atombombe beitrugen. Trotz der unfreundlichen Bedienung knistert es im Lokal vor Energie. Nach alter Tradition sind die Gäste gehalten, sich mit einer Botschaft an der Wand zu verewigen – wovon offensichtlich viele Besucher Gebrauch machen.

✖ Esquilin

PANELLA L'ARTE DEL PANE
BÄCKEREI, CAFÉ €

Karte S. 362 (☎06 487 24 35; Via Merulana 54; Snacks um 3,50 €; ◷Mo–Do 8–23, Fr & Sa 8–24, So 8.30–16 Uhr; Ⓜ Vittorio Emanuele) Die elegante Bäckerei nebst Café lädt den ganzen Tag über zur Einkehr: Hier gibt es eine tolle Auswahl an *pizza al taglio* (Pizza-Stücke*), arancini*, (Reisbällchen) Focaccia, gebackenen Kroketten und Gebäck. Die Tische im Freien sind ideal für ein entspanntes Frühstück oder ein gekühltes Getränk am Abend. Mittags kann man auf einem der Barhocker sitzend etwas aus dem reichhaltigen Angebot vom Tresen genießen.

ROSCIOLI
PIZZERIA, BÄCKEREI €

Karte S. 362 (Via Buonarroti 48; Pizzastücke 3,50 €; ◷Mo–Sa 7–20 Uhr; Ⓜ Vittorio Emanuele) Die etwas versteckt gelegene Filiale der Pizzeria Roscioli nebst Delikatessengeschäft und Bäckerei eignet sich wegen der köstlichen Pizza-Stücke, Pastagerichte und anderer Leckerbissen für ein schnelles Mittagessen oder zur Aufstockung des Picknick-Vorrats. Die Pizzeria befindet sich in einer von der Piazza Vittorio Emanuele II abzweigenden Straße.

PASTICCERIA REGOLI
BÄCKEREI €

Karte S. 362 (Via dello Statuto 60; ◷Mi–So 6.30–20.20 Uhr; Ⓜ Vittorio Emanuele) Mit Sahne gefüllte Brötchen, luftig-leckere Windbeutel (ideal als Gastgeschenk bei einer Essenseinladung), *crostata* (Marmeladenkuchen mit Gittermuster) und köstliche Eiscremes lautet hier die Devise. Die Bäckerei Regoli ist wegen ihres eleganten blassgelben Ziegelgewölbes, ihrer Lüsterkronleuchter und des Cafés nebenan eine viel geliebte Institution in Rom.

GAINN
KOREANISCH €

Karte S. 362 (☎06 4436 0160; Via dei Mille 18; Gerichte um 25 €; ◷Mo–Sa Mittag- & Abendessen; Ⓜ Termini) In dem ruhigen Lokal unweit des römischen Hauptbahnhofs werden die Gäste herzlich und freundlich empfangen. Die

PIGNETO & CENTOCELLE

Wer Lust auf eine nächtliche Kneipentour verspürt und sich treiben lassen will, der sollte sich nach Pigneto aufmachen. Im letzten Jahrzehnt hat sich dieses einstige Arbeiterviertel rasant zur Nachtleben-Meile der alternativen Szene gemausert. Vor Jahren war es bereits durch den Filmregisseur Pier Paolo Pasolini unsterblich geworden, der in der Bar Necci verkehrte und hier 1961 den Film *Accattone* (*Wer nie sein Brot mit Tränen aß*) drehte. In Pigneto herrscht Kleinstadtflair – niedrige Häuser mit Graffiti an den Wänden beherrschen das Bild in den engen Gassen. Zentrum des Nachtlebens ist die Via del Pigneto, aber auch in den umgebenden Straßen gibt's einige Bars. Diese Gegend hat zudem einen Namen als eines der besten Streetart-Viertel Roms (siehe die in den Touristeninformationen erhältliche Streetart-Karte). Nach Pigneto nimmt man am besten die Straßenbahn von Termini bis zur Haltestelle Via Prenestina. Das nahe gelegene Viertel Centocelle entwickelt sich immer mehr zu einer guten Adresse für die sachkundigen Feinschmecker Roms. Erreichbar ist Centocelle mit der Straßenbahn Linie 5, der Metro Parco di Centocelle oder den Bussen 14, 105 oder 150.

Essen

I Porchettoni (Via del Pigneto; Gerichte um 25 €; ⏰12–1 Uhr) Ein viel besuchtes Lokal mit weißen Papiertüchern auf Tapeziertischen. Serviert werden *porchetta* (Schweinebraten), Mozzarella, gepökelte Fleischgerichte oder einfache Pasta.

Osteria Qui se Magna! (📱06 27 48 03; Via del Pigneto 307; Gerichte 25 €; ⏰Mo–Sa) Eine kleine, einfache Osteria mit karierten Papierdecken auf den Tischen, die teilweise auch im Freien stehen. Hier gibt's himmlische, herzhafte Hausmannskost.

Necci (📱06 9760 1552; www.necci1924.com; Via Fanfulla da Lodi 68; Abendessen um 45 €, Mittagshauptgerichte um 8 €; ⏰8–2 Uhr; 📶) Das Necci startete 1924 als Eisdiele und wurde später das Lieblingslokal des Filmregisseurs Pier Paolo Pasolini. Ein schönes Lokal für einen Drink oder ein Essen; serviert werden den Gästen unterschiedlichster Herkunft und jeden Alters raffinierte italienische Gerichte, wahlweise auch auf einer hübschen, von viel Grün umgebenen Gartenterrasse.

Primo (📱06 701 38 27;www.primoalpigneto.it; Via del Pigneto 46; Gerichte um 45 €; ⏰Di–Sa 19.30–2 Uhr, So Mittagstisch) Das Flaggschiff der Restaurantszene in Pigneto brummt auch nach Jahren noch. Allerdings ist der Service schleppend.

Mazzo (📱06 6496 2847; info@thefooders.it; Via delle Rose 54; Gerichte 45 €; ⏰Di–So 18–24 Uhr, So Mittagstisch) Die einfallsreichen Chefköche Francesca Barreca und Marco Baccanelli geben der römischen Küche hier eine neue Note. Per Mail müssen die Tische für entweder 20 oder 22 Uhr gebucht werden.

Ausgehen

Il Tiaso (Karte S. 361 📱06 4547 4625; www.iltiaso.com; Via Perugia 20; 📶; 🚇Circonvallazione Casilina) Tiaso – das heißt Wohnzimmerflair mit Sitzgelegenheiten im Zebrastreifen-Look, Indie-Kunst an den Wänden und Lou-Reed-Biografien zwischen den Weinregalen. Günstige Weinpreise, entspannte Atmosphäre und Livemusik.

Birra Piu (📱06 7061 3106; Via del Pigneto 105; Bier 5 €; ⏰Mo–Do 17–24, Fr–Sa 17–2, So 19–24 Uhr; 🚇Circonvallazione Casilina) Eine kleine Bar mit lockerer Atmosphäre, Craft-Bier (traditionell gebrautes Bier) und entspannten Gästen.

Co.So (Via Braccio da Montone 80; Cocktails 10 €; ⏰Mo–Sa 19– 3 Uhr) In der kleinen Bar brummt es, sie ist total in: Markenzeichen sind der Haus-Cocktail Carbonara Sour (ein Mix aus Wodka, Schweinefett, Eiweiß, Limonensaft, Pfeffer und Sirup), die Untersetzer aus Luftpolsterfolie, Popcorn und M & M Snacks an der Bar.

Yeah! Pigneto (📱06 6480 1456; www.yeahpigneto.com; Via Giovanni de Agostini 41; kleines Bier 3 €; Aperitivo 7 €; ⏰20–2 Uhr) Eine Boho-Bar, mit Collagen sowie Covern von Rock- und Popalben an den Wänden. DJs bieten Jazz-Sessions, es gibt auch regelmäßig Livekonzerte.

Speisen werden mit einer Reihe einladender kleiner Salate und Pickles, sogenannten *kimchi*, serviert. Hauptsächlich speisen hier Koreaner und Chinesen – eine Abwechslung für jeden, der sich nach einem nicht-italienischen Essen sehnt.

LA GALLINA BIANCA
PIZZERIA €

Karte S. 362 (☏06 474 37 77; Via A Rosmini 9; Pizzas 7–10 €; ☺12–15 & 18–24 Uhr; ⓂTermini) Das „Weiße Huhn" ist eine freundliche, bequem zu erreichende Pizzeria – und sie liegt mitten im Minenfeld des vielfach lausigen Touristen-Angebots um den Bahnhof Termini herum. Hier gibt es neapolitanische Pizzas mit dicker Kruste, hergestellt aus langsam aufgegangenem Teig. Blassblaue Wände und viel altes Holz zeichnen die große, kühle Pizzeria aus, im Freien gibt's schattige Plätze an einer nicht sehr stark befahrenen Straße.

PALAZZO DEL FREDDO DI GIOVANNI FASSI
EISDIELE €

Karte S. 361 (☏06 446 47 40; www.palazzodelfreddo.it; Via Principe Eugenio 65; Eis ab 1,60 €; ☺Di–Sa 12–24, So 10–24 Uhr; ⓂVittorio Emanuele) Das Fassi in einer altertümlichen Scheune mit zahlreichen altehrwürdigen Eismaschinen ist das, was man sich unter traditioneller Eisherstellung in Rom vorstellt. Ungeheuer populär bei koreanischen und chinesischen Anwohnern und Gästen, führt es als Spezialitäten *riso* (Reiseis), Pistazieneis und *nocciola* (Haselnusseis). Das mit Schlagsahne servierte Granita-Eis (eine Art sizilianisches Sorbet) ist besonders köstlich.

INDIAN FASTFOOD
INDISCH €

Karte S. 362 (☏06 446 07 92; Via Mamiani 11; Currys 6–7,50 €; ☺11–22.30 Uhr; ⓂVittorio Emanuele) Abwaschbare Resopaltische, Hindi-Hits, Neonbeleuchtung, Chapatti und Naan, schmackhafte Samosas und Bhajis sowie eine kleine Auswahl an Curry-Hauptgerichten – fast fühlt man sich nach Indien versetzt beim Speisen in diesem authentischen Lokal.

TRATTORIA MONTI
RESTAURANT €€

Karte S. 362 (☏06 446 65 73; Via di San Vito 13a; Gerichte 45 €; ☺Di–So 12.45–14.45, Di–Sa 19.45–23 Uhr, Aug. geschl.; ⓂVittorio Emanuele) Das elegante Camerucci-Familienlokal hat sich in einem Ziegelsteingewölbe etabliert und serviert exquisite traditionelle Gerichte aus der Küche der Marken. Es gibt *fritti* (gebratene Gerichte), delikate Pasta mit Zutaten wie *pecorino di fossa* (Schafskäse in Kellern gereift), außerdem Gänsebraten, Schwertfisch und Trüffel. Die auf Eigelbbasis zubereitete Pasta *tortelli* sollte man ebenfalls probieren. Auch die Desserts sind köstlich, darunter die Apfeltorte mit *zabaglione*. Da sich die Qualität der Küche herumgesprochen hat, ist eine Tischvorstellung erforderlich.

TRIMANI
RESTAURANT, WEINBAR €€

Karte S. 362 (☏06 446 96 30; Via Cernaia 37b; Gerichte 45 €; ☺Mo–Sa 11.30–15 & 17.30–0.30 Uhr; ⓂTermini) Die Bar gehört zum Wein-Imperium der Familie Trimani und ist eine einfache, jedoch höchst professionell geführte *enoteca* mit sachkundigem und mehrsprachigem Personal. Das Geschäft befindet sich direkt um die Ecke und führt über 4000 verschiedene Weine aus aller Welt. Trimani ist die größte Weinbar Roms und bietet eine riesige Auswahl an italienischen Weinen aus allen Anbaugebieten an. Außerdem wechselt die Speisekarte regelmäßig, sie bietet Köstlichkeiten wie eine Platte mit heimischer Salami und Käse oder frische Austern.

AGATA E ROMEO
ITALIENISCH €€€

Karte S. 362 (☏06 446 61 15; Via Carlo Alberto 45; Gerichte 120 €; ☺Mo–Fr 12.30–14.30 & 19.30–23.30 Uhr; ⓂVittorio Emanuele) Das elegante, edle Restaurant gehörte einst zu den gastronomischen Pionieren in Rom und zählt noch immer zu den besten Gourmet-Restaurants mit römischer Küche. Chefköchin Agatha herrscht in der Küche und bereitet die Menüs zu – kreativ, aber traditionsbewusst zelebriert sie das Erbe der römischen Kochkunst. Ihr Ehemann Roberto kümmert sich um den reichhaltigen Weinkeller, während Tochter Maria Antonietta für den Käseeinkauf zuständig ist. Eine Tischvorbestellung ist hier unbedingt notwendig.

✗ Piazza della Repubblica & Umgebung

DOOZO
JAPANISCH €€

Karte S. 362 (☏06 481 56 55; Via Palermo 51; Mittagsmenü 16–26 €, Abendmenü 15–28 €; ☺Di–Sa 12.30–15 & 19.30–23, So 19.30–22.30 Uhr; 🚇Via Nazionale) Doozo („Willkommen") ist ein geräumiges Zen-Restaurant mit Buchladen und Galerie. Hier gibt es Tofu-Gerichte, Sushi und *soba* (Buchweizennudelsuppe) sowie andere japanische

Leckereien. Auch Bier und grüner Tee werden in einem herrlich gelassenen Ambiente serviert – eine kleine Oase ist vor allem der schattige Garten im Innenhof.

★ OPEN COLONNA   ITALIENISCH €€€

Karte S. 362 (☏06 4782 2641; www.antonellocolonna.it; Via Milano 9a; Gerichte 20–80 €; ⏱Di–So 12.30–15.30, Di–Sa 20–23.30 Uhr; ❄; 🚇Via Nazionale) Das hervorragende Restaurant von Starkoch Antonello Colonna in herrlicher Lage an der Rückfront des Palazzo delle Esposizioni hat sich im Mezzanin unter einem ungewöhnlichen Glasdach etabliert. Seine moderne römische Küche zeichnet sich dadurch aus, dass hier die klassischen Gerichte mit Verstand und Spürsinn kreativ verändert serviert werden. Zu empfehlen sind das eher einfache und trotzdem leckere Mittagsmenü mit zwei Gängen zum Preis von 16 € und der Brunch am Samstag und Sonntag für 30 €. Dieser findet in einem umwerfend schönen Saal unter einem Glasdach mit angrenzender Terrasse statt, die an sonnigen Tagen geöffnet ist.

✘ San Lorenzo & Umgebung

FORMULA UNO   PIZZA €

Karte S. 361 (☏06 445 38 66; Via degli Equi 13; Pizzas ab 6,50 €; ⏱Mo–Sa 19.30–1.30 Uhr; 🚇Via Tiburtina, 🚇Via dei Reti) Diese einfache, altbewährte Pizzeria in San Lorenzo macht ihrem furiosen Namen alle Ehre: Die Kellner flitzen unter surrenden Ventilatoren umher. Mit Tomaten beladene Bruschetta, gebackene Zucchiniblüten, *supplì al telefono* (frittierte Reiskroketten) und ofenheiße Pizzas mit dünnem Boden werden eilig zu den nie ausbleibenden, hungrigen Publikum befördert, das sich vor allem aus Studenten, kostenbewussten Einheimischen und Touristen zusammensetzt.

TRAM TRAM   OSTERIA €€

Karte S. 361 (☏06 49 04 16; www.tramtram.it; Via dei Reti 44; Gerichte um 45 €; ⏱Di–So 12.30–15.30 & 19.30–23.30 Uhr; 🚇Via Tiburtina) Die vor dem Lokal vorbeiratternden Straßenbahnen gaben dieser im Trend liegenden Osteria, die trotzdem an ihren altbackenen Spitzenvorhängen festhält, ihren Namen. Sie wird als Familienbetrieb geführt und auf ihrer Speisekarte findet sich eine ungewöhnliche Mischung römischer und süditalienischer, aus den apulischen

WEINPROBE

Vino Roma (Karte S. 362 ☏328 4874497; www.vinoroma.com; Via in Selci 84/G; 2 Std. Weinprobe pro Pers. 50 €) besitzt wunderschön ausgestaltete 1000 Jahre alte Weinkeller und ein schickes Weinproben-Kabinett. Das Unternehmen veranstaltet für Neulinge und Kenner Weinverkostungen unter der sachkundigen Leitung von Theodor Leimer und seinem Team. Die Weinproben werden in Englisch durchgeführt, aber auf besonderen Wunsch auch in Deutsch, Japanisch, Italienisch und Türkisch. Außerdem gibt es ein Wein und Käse-Dinner zu 60 €, bei dem zum Wein Snacks, verschiedene Käsesorten und kalte Platten gereicht werden sowie individuelle gastronomische Touren über drei Stunden. Online-Buchung wird angeboten.

Küche stammender Speisen. Zu nennen ist das unglaublich leckere *tiella riso, patata, cozze* (gebackener Reis mit Kartoffeln und Muscheln). Eine Tischreservierung ist notwendig.

POMMIDORO   TRATTORIA €€

Karte S. 361 (☏06 445 26 92; Piazza dei Sanniti 44; Gerichte 35 €; ⏱Mo–Sa 12.30–15.30 & 19–23 Uhr, Aug geschl.; 🚇Via Tiburtina) Pommidoro hat die Metamorphose vom heruntergekommenen Arbeiterviertel zur ebenso heruntergekommenen Studentenenklave unbeschadet überstanden: Es hat sich nicht gewandelt. Noch heute ist es eine einfache Trattoria, in der hochwertige traditionelle Speisen und als Spezialität Grillfleisch auf den Tisch kommen. Einst war es eine der Lieblingsgaststätten des umstrittenen Filmregisseurs Pier Paolo Pasolini und vieler Promis seiner Zeit.

PASTIFICIO SAN LORENZO   ITALIENISCH €€€

Karte S. 361 (☏06 9727 3519; Via Tiburtina 135; Gerichte 50 €; ⏱ab 19 Uhr; 🚇Via Tiburtina, 🚇Via dei Reti) Nirgendwo in San Lorenzo brummt es so wie hier in diesem Restaurant, einer Art Brasserie. Sie befindet sich in einer Ecke der ehemaligen Pasta-Fabrik, die heute das Zentrum zeitgenössischer Kunst Roms ist und in der auch ein Künstlerkollektiv in seinen Ateliers arbeitet. Das Pastificio ist brechend voll, atmosphärisch ein

MONTI, ESQUILIN & SAN LORENZO ESSEN

echter Hotspot, und das Essen … na ja, ist gut, doch nicht gerade aufregend: Leckere, altbekannte italienische Klassiker werden stilvoll serviert, und die Preise sind dann dementsprechend.

SAID ITALIENISCH €€€

Karte S. 361 (📞06 446 92 04; Via Tiburtina 135; Gerichte 50 €; ⏱Mo–Do 10–12.30, Sa & So bis 13.30 Uhr; 🚇Via Tiburtina, 🚇Via dei Reti) Das Lokal in einer Schokoladenfabrik aus den 1920er-Jahren ist einer der schicksten und angesagtesten Treffpunkte in San Lorenzo. Zum Said gehören ein traumhafter Schokoladenladen, in dem man leckere, pinkfarbene japanische Teepralinen kaufen kann, sowie eine elegante Restaurant-Bar. Alles ist in einem gemütlichen, städtisch-schicken Stil eingerichtet mit alten Sofas und technischen Antiquitäten; die Speisekarte ist kreativ.

AUSGEHEN & NACHTLEBEN

Monti

⭐ AI TRE SCALINI WEINBAR

Karte S. 362 (Via Panisperna 251; ⏱ 12.30–1 Uhr; 🚇Cavour) Die „Drei Stufen" sind immer rappelvoll. Neben einer guten Auswahl an Weinen wird hier auch das herrliche Menabrea-Bier verkauft, das in Norditalien gebraut wird. Empfehlenswert ist auch die Auswahl an Käse, Salami und Gerichten wie z. B. *polpette al sugo* (Fleischbällchen mit Soße; 7,50 €).

FAFIUCHÉ WEINBAR

Karte S. 362 (📞06 699 09 68; www.fafiuche.it; Via della Madonna dei Monti 28; ⏱Mo–Sa 17.30–1 Uhr; 🚇Cavour) Fafiuché bedeutet „unbeschwertes Vergnügen" im piemontesischen Dialekt – die Enoteca wird ihrem Namen gerecht. Die schmale, orangefarben gehaltene Bar strahlt – eingerahmt von Flaschenregalen – viel Charme aus: Hier lassen sich Wein oder das gebraute Bier so richtig genießen, vielleicht begleitet von köstlichen Speisen aus verschiedenen Regionen Italiens wie etwa dem Piemont oder Apulien. Wer anschließend gern selbst zum Kochlöffel greifen möchte, kann sich hier leckere Lebensmittel kaufen. Das abendliche Ritual des *aperitivo* findet zwischen 18.30 und 21 Uhr statt.

LA BOTTEGA DEL CAFFÈ CAFÉ

Karte S. 362 (Piazza Madonna dei Monti 5; ⏱8–2 Uhr; 🚇Cavour) Die ansprechende Café-Bar, deren Name an eine Komödie von Carlo Goldoni erinnert, eignet sich ideal, um zu jeder Tageszeit bei lauem Lüftchen ein paar Stunden zu vertrödeln. Die von Grün umgebenen Tische stehen draußen auf der schönen Piazza Madonna dei Monti: Neben Getränken lassen sich verschiedene Snacks bestellen – von einfachen Pizzas bis zu Käse und Salami reicht das Angebot.

LA BARRIQUE WEINBAR

Karte S. 362 (Via del Boschetto 41b; ⏱Mo–Sa 12.30–15.30 & 17.30–1 Uhr; 🚇Cavour) Die einladende *enoteca*, elegant und doch zwanglos durch ihre weiß getünchten Wände und ihr Holzmobiliar, ist der richtige Ort zum Verweilen, wenn man exzellente französische, italienische und deutsche Weine kosten möchte. Eine große Auswahl perfekt zubereiteter, köstlicher Hauptgerichte passen wunderbar dazu, oder man hält sich an das Angebot hausgemachter Käsesorten und kalten Platten.

AL VINO AL VINO WEINBAR

Karte S. 362 (Via dei Serpenti 19; ⏱18–1 Uhr, Laden ganztägig geöffnet; 🚇Cavour) Die rustikale Enoteca mit Keramiktischen und moderner Malerei an den Wänden ist ein bei Einheimischen beliebter Treffpunkt. In der attraktiven Bar lässt es sich wegen ihrer exklusiven Weinauswahl, besonders der *passiti* (Süßweine), gemütlich verweilen. Die anderen Spezialitäten sind *distillati* – Grappa, Whisky und Ähnliches. Außerdem gibt es Snacks für eine ordentliche Grundlage, u. a. sizilianische Spezialitäten.

BOHEMIEN BAR

Karte S. 362 (Via degli Zingari 36; ⏱Mi–So 18–2 Uhr; 🚇Cavour) 🖉 Die kleine Bar macht ihrem Namen alle Ehre und wirkt wie ein Lokal, über das man unversehens auch am linken Ufer der Seine in Paris stolpern könnte: Sie ist klein und mit nicht zusammenpassenden Stühlen und Tischen ausgestattet. Die Gäste treffen sich hier auf ein Glas Wein oder zum Tee bzw. Kaffee.

ICE CLUB BAR

Karte S. 362 (www.iceclubroma.it; Via Madonna dei Monti 18; ⏱18–2 Uhr; 🚇Colosseo) Beim Ice Club geht es vor allem um den Reiz des Neuen. Also 15 € Eintritt bezahlen (ein Wodka-Cocktail, serviert in einem Glas aus Eis, ist im Preis inbegriffen), Mantel und

Handschuhe anziehen, und hinein in die Bar, in der alles aus Eis gemacht ist; die Temperatur liegt bei –5 °C). Die meisten Leute erwärmen sich nicht lange für diese Bar – der Rekord wird unangefochten von einem Russen gehalten (4 Std.).

Esquilin

BAR ZEST AT THE RADISSON BLU ES
BAR

Karte S. 362 (Via Filippo Turati 171; 9–1 Uhr; Via Cavour) Auf der Suche nach einem Cocktail in der Gegend von Termini? Dann bietet sich die attraktiv aufgemachte Bar im siebten Stock des Radisson Blu Es an. Die Kellner sind pfiffig, die Stühle von Jasper Morrison entworfen, durch eine Spiegelglasscheibe schaut man auf einen verlockenden Pool auf dem Dach.

CASTRONI
CAFÉ

Karte S. 362 (Via Nazionale 7; Mo–Sa 7.30–20, So 9.30–20 Uhr ; Via Cavour) In diesem Gourmetladen werden Lebensmittel aus aller Welt angeboten. Zwar hat diese Filiale keine so große Auswahl wie das Hauptgeschäft auf der Via Cola di Rienzo, aber das Café ist trotzdem fabelhaft, denn es bietet einen sehr guten Kaffee, *panini* und andere Snacks. Entweder man bleibt an der Bar stehen oder nimmt an einem der wenigen Tische in der Nische Platz.

FIDDLER'S ELBOW
PUB

Karte S. 362 (Via dell'Olmata 43; 17–2 Uhr; Via Cavour) Das älteste unter den irischen Pubs in Rom unweit der Basilica di Santa Maria Maggiore bleibt bei seinem Geschäftsmodell, das sich seit ungefähr 25 Jahren bestens bewährt hat: Ausschank von Guiness, Darts, Chips und die Übertragung großer Sportereignisse. Das Angebot zieht ein gemischtes Publikum an – Römer, im Ausland lebende Iren und Touristen. Regelmäßig gibt es auch Livemusik und Abende unter dem Motto „offenes Mikro".

FINNEGANS
PUB

Karte S. 362 (www.finneganpub.com; Via Leonina 66; Cavour) Auf den ersten Blick scheint Finnegans das Phantombild eines irischen Pubs zu sein, aber bei näherer Betrachtung trägt das gesellige Beisammensein durchaus auch italienische Züge – das Publikum setzt sich aus gepflegten Auslands-Iren und Römern zusammen. Serviert werden Guinness, aber auch Bellini-Cocktails. In dem von Iren geführten Pub kann man

alle wichtigen Fußball- und Rugby-Spiele im Fernsehen verfolgen, gelegentlich wird Livemusik gespielt.

DRUID'S DEN
PUB

Karte S. 362 (www.druidspubrome.com; Via San Martino ai Monti 28; 17–2 Uhr; Cavour) Wer in Rom ist, sollte es so halten wie die Römer und ein irisches Pub besuchen. Das Druid's Den zieht ein gut gelauntes Publikum an, junge Auslands-Iren ebenso wie anglophile Römer. Die Atmosphäre im holzgetäfelten Pub mit keltischen Utensilien an den Wänden ist gesellig. Ausgeschenkt wird Guinness vom Fass, übertragen werden alle großen Sportereignisse.

San Lorenzo & Umgebung

LOCANDA ATLANTIDE
NACHTCLUB, LIVEMUSIK

Karte S. 361 (06 4470 4540; www.locandatlantide.it; Via dei Lucani 22b; Eintritt frei, Shows 3–5 €; Okt.–Juni 21–2 Uhr; Via Tiburtina, Scalo San Lorenzo) Hereinspaziert, um sich hier im etwas zwielichtigen Nachtleben Roms zu amüsieren. Die Tür führt durch eine mit Graffiti beschmierte Wand hinunter ins Kellergewölbe, das bis zum Bersten gefüllt ist mit flippigem Jungvolk. Musikalisch wird hier vielerlei – ob Prog Folk oder Elektro-DJ-Sessions – geboten. Wie schön, dass Punk noch nicht ausgestorben ist!

GENTE DI SAN LORENZO
BAR

Karte S. 361 (06 445 44 25; Via degli Aurunci 42; 7–14 Uhr; Via dei Reti) Sich entspannen mit einem Drink, einem Snack oder einer richtigen Mahlzeit, das ist im Gente gut möglich. Es befindet sich an der Ecke Piazza dell'Immacolata in San Lorenzo, einem Platz, der an milden Abenden von Studenten überquillt. Der luftige Gastraum des Gente ist mit behaglichen Holzböden und Bögen aus gemauerten Ziegeln gemütlich ausgestattet, und auch im Freien stehen einige Tische. Regelmäßig werden DJ-Sessions geboten, manchmal gibt's auch Livemusik.

ESC ATELIER
NACHTCLUB

Karte S. 361 (www.escatelier.net; Via dei Volsci 159; Öffnungszeiten unterschiedlich; Via Tiburtina, Via dei Reti) In diesem alternativen linken Kunstzentrum finden Livekonzerte und Clubnächte statt: Das Programm bietet Elektro DJ Sets mit Live-Saxophonbegleitung, Diskussionen, Ausstellungen, Politikabende und anderes. Der geforderte Eintrittspreis und die Getränke sind sehr günstig.

VICIOUS CLUB NACHTCLUB

Karte S. 361 ([📞]06 7061 4349; www.viciousclub. com; Via Achille Grandi 3a; Eintritt unterschiedlich; [🕐]Di & Do–Sa 22–4.30, So 22–4 Uhr; [Ⓜ]Roma Laziali) Vicious ist ein homofreundlicher Club, in dem jeder zum Soundtrack von Elektro, No Wave, Deep Techno, Glam Indie oder Deep House tanzen oder sich unterhalten kann. Der Club ist so klein, dass zwangsläufig eine intime Atmosphäre herrscht. Samstags sollte man Alchemy ausprobieren.

⭐ UNTERHALTUNG

TEATRO DELL'OPERA DI ROMA OPER

Karte S. 362 ([📞]06 481 7003; www.operaroma.it; Piazza Beniamino Gigli; Ballett 12–80 €, Oper 17–150 €; [🕐]Kartenverkauf Di–Sa 9–17, So 9–13.30 Uhr; [Ⓜ]Repubblica) Die erste Oper Roms erstrahlt innen in Plüsch und Pomp, ihre Außenfassade jedoch stammt aus den 1920er-Jahren, der Zeit des Faschismus. Allerdings verfügt die Oper über eine eindrucksvolle Geschichte: Hier fand die Premiere von Puccinis *Tosca* statt und Maria Callas stand hier auf der Bühne. Opern- und Ballettaufführungen werden zwischen September und Juni geboten.

BLACKMARKET LIVEMUSIK

Karte S. 362 (www.black-market.it; Via Panisperna 101; [🕐]17.30–2 Uhr; [Ⓜ]Cavour) Die bezaubernde, kleine Bar liegt etwas abseits des Nachtleben-Zentrums in Monti. Wie in einem Wohnzimmer fühlt man sich hier inmitten des zusammengewürfelten, altmodischen Mobiliars, wo man sich wunderbar in den etwas unpassenden Sesseln zurücklehnen kann, um sich in fröhlicher Runde bei einem Drink zu entspannen. Regelmäßig veranstaltet die Bar Indie-Acoustic- und Indie-Folk-Konzerte und lässt das Gefühl aufkommen, die Band befände sich im eigenen Wohnzimmer.

CHARITY CAFÉ LIVEMUSIK

Karte S. 362 ([📞]328 8452915; www.charitycafe. it; Via Panisperna 68; [🕐]19–2 Uhr; [Ⓜ]Cavour) Wenig Platz, schmale Tische, schummrige Beleuchtung und eine entspannte Atmosphäre – das ist das Charity. Hier kann man so richtig chillen und beschwingter Jazz-Musik live lauschen. Im Café geht's zivilisiert

und locker zu, es ist untouristisch und eben typisch Monti. Konzerte finden normalerweise ab 22 Uhr statt, sonntags stehen Livemusik und *aperitivo* auf dem Programm, montags und dienstags ab 19 Uhr das „offene Mikro".

ISTITUZIONE UNIVERSITARIA DEI CONCERTI LIVEMUSIK

Karte S. 361 (IUC; [📞]06 36100 51; www.concertiiuc.it; Piazzale Aldo Moro 5; [Ⓜ]Castro Pretorio) Die IUC veranstaltet im Audimax der Universität La Sapienza eine Konzertreihe, zu der auch Künstler und Orchester aus dem Ausland eingeladen werden. Die Aufführungen decken ein breites Spektrum verschiedener Musikrichtungen ab, unter anderem Barockmusik, Klassik, zeitgenössische Musik und Jazz.

TEATRO AMBRA JOVINELLI THEATER

Karte S. 361 ([📞]06 8308 2884; www.ambrajovinelli.org; Via G Pepe 43-47; [Ⓜ]Vittorio Emanuele) Das Jovinelli ist die künstlerische Heimat vieler berühmter italienischer Komödianten – und es war schon immer eine Bühne für unterschiedliche Komiker und Satiriker. Gibt es gerade keine Politikerschelte, dann zeigt das Theater Produktionen von klassischen Theaterstücken, Musicals und Opernaufführungen.

🛍 SHOPPEN

🔒 Monti

MERCATO MONTI URBAN MARKT

Karte S. 362 (www.mercatomonti.com; Via Leonina 46; [🕐]Sa & So 10–20 Uhr; [Ⓜ]Cavour) Vintage-Bekleidung, Accessoires, Unikate von lokalen Designern – hier auf diesem Markt im Hip-Viertel Monti lohnt es sich wirklich, herumzustöbern.

TINA SONDERGAARD BEKLEIDUNG

Karte S. 362 ([📞]334 3850799; Via del Boschetto 1d; [🕐]Mo 15–19.30, Di–Sa 10.30–19.30 Uhr, Aug. geschl.; [Ⓜ]Cavour) Die handgeschneiderten Modelle, raffiniert geschnitten und eigenwillig retro, sind der Hit unter Modekennerinnen, etwa bei den italienischen Rockstar Carmen Consoli und den Damen aus der römischen Theater- und Medien-Szene. Die Kleider kosten im Schnitt um die 140 €, im Preis inbegriffen sind eventuelle Änderungen.

SPOT
HAUSHALTSWAREN

Karte S. 362 (☑338 9275739; Via del Boschetto; ⏰Mo–Sa 10.30–19.30 Uhr; ⓂCavour) Dieser kleine Laden führt ein Sortiment an Einrichtungsgegenständen aus der Mitte des letzten Jahrhunderts, das alle Wünsche erfüllt; außerdem von den Besitzern entworfene Gläser und von Freunden gestaltete Pappmaché-Vasen. Frequentiert wird Spot von Leuten wie Paolo Sorrentino, der im Film *La Grande Belleza* Regie führte.

LA BOTTEGA DEL CIOCCOLATO
ESSEN

Karte S. 362 (☑06 482 14 73; Via Leonina 82; ⏰Okt.–Aug. 9.30–19.30 Uhr; ⓂCavour) Wird von der jüngeren Generation von Moriondo & Gariglio betrieben und ist eine magische Welt aus scharlachroten Wänden und altmodischen, mit schwarzem Holz eingefassten Vitrinen. Unwiderstehliche Düfte wabern aus der Küche, und man blickt auf Reihen liebevoll hausgemachter Schokoladen.

FABIO PICCIONI
SCHMUCK

Karte S. 362 (☑06 474 16 97; Via del Boschetto 148; ⏰Di–Sa 10.30–13, Mo–Sa 14–20 Uhr; ⓂCavour) In seiner glitzernden Wunderhöhle verkauft Fabio Piccioni dekadente Modeschmuck-Unikate; der Kunsthandwerker verwendet dafür alten Schmuck und verwandelt diesen in ausgefallene, vom Art déco inspirierte Prunkstücke.

101
BEKLEIDUNG

Karte S. 362 (Via Urbana; ⏰10–13.30 & 14–20 Uhr; ⓂCavour) In der Kollektion dieser ausgefallenen Boutique kann man hauchzarte Pullis, breitkrempige Hüte, Ohrringe aus Metallgeflecht oder Seidenkleider entdecken. Es lohnt sich, einen Blick hineinzuwerfen, wenn es etwas Besonderes sein soll.

PODERE VECCIANO
ESSEN

Karte S. 362 (☑06 4891 3812; Via dei Serpenti 33; ⏰10–20 Uhr; ⓂCavour) In diesem Laden, in dem Produkte vom hauseigenen toskanischen Bauernhof verkauft werden, sind tolle Geschenke zu entdecken: verschiedene Pestosorten, Honig und Konfitüren sowie ausgewählte Weine, aus Olivenöl hergestellte Kosmetika und schöne Küchenbretter aus Olivenholz. In der Ladenmitte wächst ein Olivenbaum.

CREJE
BEKLEIDUNG

Karte S. 362 (☑06 4890 5227; Via del Boschetto 5A; ⏰10–14.30 & 15–20 Uhr; ⓂCavour) In dieser vielseitigen, nicht teuren Boutique in Monti gibt es allerlei Bekleidungsstücke aus

SCHWIMMEN IM RADISSON BLU ES

Das noble hochmoderne **Hotel** (Karte S. 362 ☑06 44 48 41; www.radissonblu.com/eshotel-rome; Via Filippo Turati 171; DZ 130–250 €; ❄ @ ☲; ⓂVittorio Emanuele II) in der Nähe des Bahnhofs Termini besitzt einen schicken Pool auf dem Dach. Für 45 € an Wochentagen und 50 € am Wochenende ist er auch für Nicht-Hotelgäste zugänglich, Kinder bezahlen nur die Hälfte, unter Dreijährige sind frei. Eine Cocktail-Bar und ein Restaurant befinden sich gleich nebenan.

exotischen Ländern, so etwa indische Kleider, aber auch wunderschönen Silber-Modeschmuck und Taschen aus geschmeidigem Leder.

ABITO
BEKLEIDUNG

Karte S. 362; ☑06 488 10 17; abito61.blogspot.co.uk; Via Panisperna 61; ⏰Mo–Sa 10.30–20, So 12–20 Uhr; ⓂCavour) Wilma Silvestre entwirft elegante, ausgefallene Kleidungsstücke. Die Kundinnen treffen ihre Auswahl unter schicken, lässigen Modellen, die an Kleiderständern hängen. Das ausgewählte Stück wird dann in nur einem Tag oder ein paar Stunden geschneidert – im gewünschten Material und in der gewünschten Farbe. Normalerweise werden auch Modelle wechselnder Gast-Designer gezeigt.

GIACOMO SANTINI
SCHUHE

Karte S. 362 (☑06 488 09 34; Via Cavour 106; ⏰Mo 15.30–19.30, Di–Sa 10–13 & 15.30–19.30 Uhr; ⓂCavour) Im Outlet von Fausto Santini gibt es Auslaufmodelle und heruntergesetzte Stiefel, Schuhe und Taschen, außerdem günstige Designer-Kreationen aus butterweichem Leder zu einem Bruchteil des Einzelhandelspreises. Die Größenauswahl ist allerdings beschränkt.

🔒 Esquilin

ARION ESPOSIZIONI
BÜCHER

Karte S. 362 (☑06 4891 3361; Via Milano 15–17; ⏰So–Do 10–20, Fr & Sa 10–22.30 Uhr; 🚌Via Nazionale) Geradezu zum Stöbern geschaffen ist dieser Buchladen am Palazzo delle Esposizioni. Die kühlen, blendend weiß gehaltenen Räume wurden von Firouz Galdo und Arion Esposizioni eingerichtet. Hier sind seltene Bücher zu Kunst, Architektur und Fotografie zu finden, aber auch DVDs, Schallplatten, Kinderbücher und Geschenke für Designliebhaber aus dem Familien- und Freundeskreis.

MAS
KAUFHAUS

Karte S. 362 (Magazzino allo Statuto; ✒06 446 80 78; Via dello Statuto 11; ⊘9–12.45 & 15.45–19.45; Ⓜ Vittorio Emanuele) Das lohnende MAS ist ein vielstöckiger Konsumtempel mit überraschenden, praktischen Dingen, die urplötzlich Wünsche wecken und noch dazu spottbillig sind: ob Thermowesten, Taschen, Uhren, Hosen oder Küchenspülen.

NUOVO MERCATO ESQUILINO
MARKT

Karte S. 361 (Via Lamarmora; ⊘Mo–Sa 5–15 Uhr; Ⓜ Vittorio Emanuele) Die beste Einkaufsmöglichkeit für exotische Kräuter und Gewürze befindet sich auf diesem preisgünstigen und farbenfrohen Markt.

🔒 Piazza della Repubblica & Umgebung

FELTRINELLI INTERNATIONAL
BÜCHER

Karte S. 362 (✒06 482 78 78; Via VE Orlando 84; ⊘Mo–Sa 9–20, So 10.30–13.30 & 16–20 Uhr; Ⓜ Repubblica) Die internationale Filiale der in Italien allgegenwärtigen Buchladenkette führt eine fantastische Auswahl an Büchern in Englisch, Deutsch, Spanisch, Französisch und Portugiesisch. Es gibt hier alles Gewünschte, seien es aktuelle Bestseller oder Lexika, Reiseführer und DVDs, dazu ein tolles Angebot an Kartenmaterial.

IBS.IT
BÜCHER

Karte S. 362 (Via Nazionale 254-255; ⊘Mo–Sa 9–20, So 10–13.30 & 16–20 Uhr; ☎ Ⓜ Repubblica) IBS.it führt auf drei Etagen eine reiche Auswahl an italienischer Literatur, Nachschlagewerken und Reiseführern, dazu CDs und herabgesetzte Bücher (Paperbacks gängiger Erzählliteratur). Außerdem gibt es eine fröhliche Kinderabteilung und einige Bücher in Englisch und Französisch.

🔒 San Lorenzo

LA GRANDE OFFICINA
SCHMUCK

Karte S. 361 (✒06 445 03 48; lagrandeofficinagioielli.blogspot.co.uk; Via dei Sabelli 165B; ⊘Di–Fr 11–19.30, Sa 11–14, Mo 13–19.30 Uhr; ▣ Via Tiburtina) Unter recht staubigen Werkstattlampen arbeitet das Ehepaar Giancarlo Genco und Daniela Ronchetti und verwandelt alles (von alten Uhrenteilen bis hin zu japanischen Fächern) in herrlichen, kunstvollen Schmuck. Für alle, die etwas wirklich Einzigartiges suchen.

1

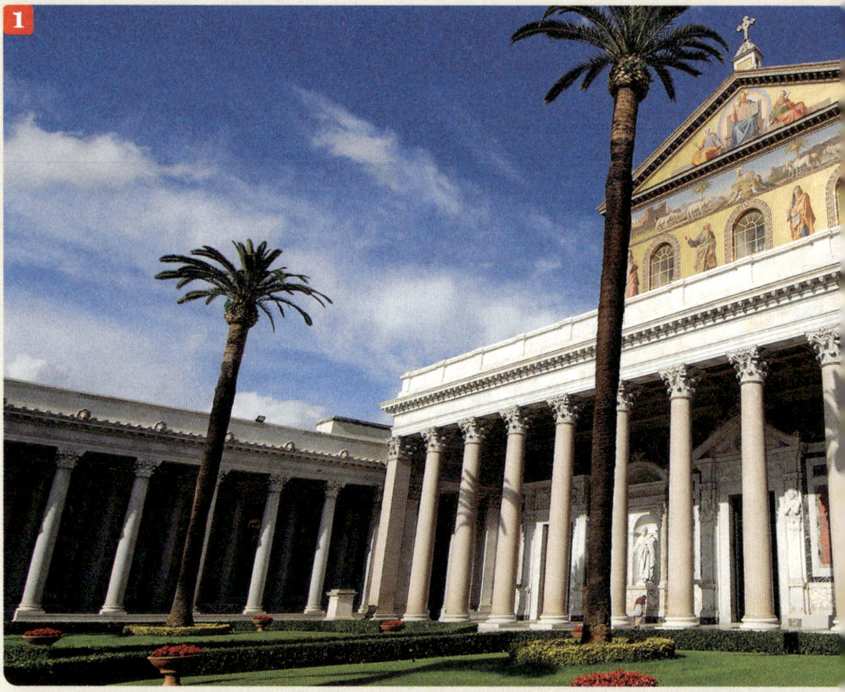

2

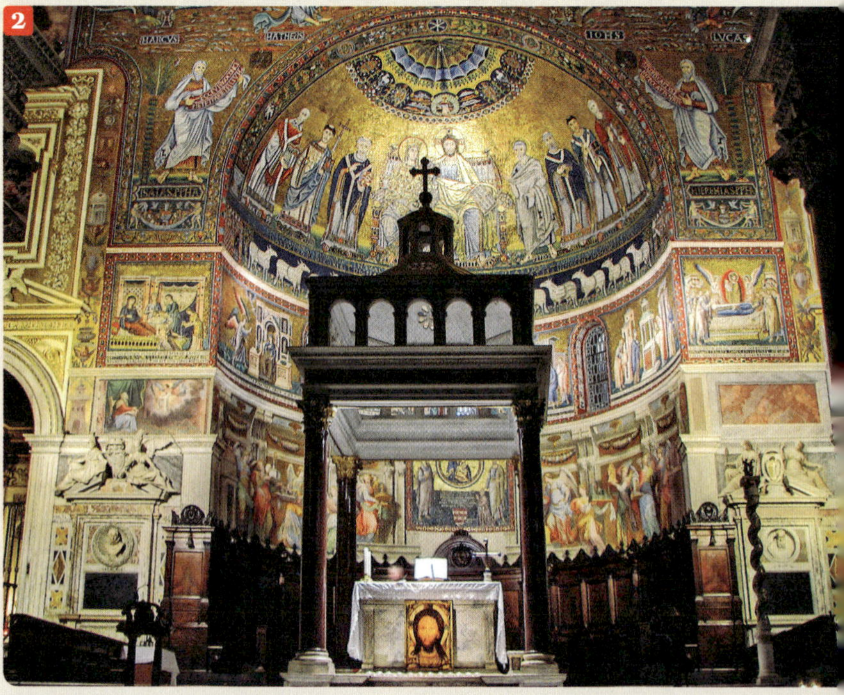

1. Innenhof der Basilica di San Paolo Fuori le Mura (S. 223)
2. Basilica di Santa Maria in Trastevere (S. 180)
3. *Verzückung der Heiligen Theresa* von Gian Lorenzo Bernini in der Chiesa di Santa Maria della Vittoria (S. 120).

Roms Kirchen

Rom ist ein Fest für die Sinne, und ob man nun religiös ist oder nicht, die Schätze sind überwältigend. Nirgendwo sonst gibt es eine so beeindruckende Vielfalt unterschiedlicher Kirchenbauten, von der kargen Einfachheit der Basilica di Santa Sabina (S. 199) oder dem perfekten Entwurf des winzigen Tempietto von Bramante (S. 182) bis zur erhabenen Pracht des Petersdoms (der größten Kirche der Welt, S. 136) und der Sixtinischen Kapelle (S. 144). Weitere gewaltige Bauten, die die Menschen inspirieren und anziehen, sind u. a. die Basiliken San Lorenzo Fuori le Mura (S. 164), Santa Maria Maggiore (S. 159), San Giovanni in Laterano (S. 195) und die Kirche Santa Croce in Gerusalemme (S. 161).

Antike Architektur

In vielen Kirchen, ganz gleich, ob sie aus dem Mittelalter, dem Barock oder der Renaissance stammen, ist eine sehr römische Form des Recycling festzustellen. Vorhandene antike Bauelemente wurden einfach integriert. Beispiele dafür sind die antiken Säulen in Santa Maria in Trastevere (S. 180) oder der berühmte Schachtdeckel *Bocca della Verità* in der schönen mittelalterlichen Kirche Santa Maria in Cosmedin (S. 75). Und genau genommen, ist das beeindruckende Pantheon (S. 80) ein kompletter Tempel, der in eine Kirche umgewandelt wurde.

Göttliche Kunst

Die Kirchen Roms sind auch kostenlose Kunstgalerien, herausgeputzt mit Gold, Einlegearbeiten, Mosaiken und Skulpturen. Großartige Künstler, Architekten und Kunsthandwerker, die sich hier niederließen, um die herrlichsten und kostbarsten Werke zu Ehren Gottes zu schaffen, haben dazu beigetragen, den Reichtum der Kirche zu vermehren. Ohne auch nur einen Cent zu bezahlen, kann hier jeder durch die Straßen spazieren und die Meisterwerke bewundern, darunter Arbeiten von Michelangelo, Caravaggio und Bernini.

Trastevere & Gianicolo

Highlights

❶ Ein Bummel über die Piazza di Santa Maria in Trastevere mit ihrer fantastischen **Kirche** (S. 180), deren Fassade und Innenraum einzigartige Mosaiken schmücken

❷ Bar-Hopping und Leute beobachten in angesagten Lokalen wie **Ma Che Siete Venuti a Fà'** (S. 189)

❸ Die aus dem 13. Jh. stammenden Fresken von Pietro Cavallini im Nonnenchor der **Basilica di Santa Cecilia in Trastevere** bewundern (S. 184)

❹ Auf dem **Gianicolo** (S. 182) den Panoramablick auf die Dächer von Rom genießen

❺ Die atemberaubend schöne renaissancezeitliche **Villa Farnesina** (S. 183) auf sich wirken lassen, die mit herrlich ausgestatteten Räumen, u. a. von Raffael, del Piombo und Sodoma, beeindruckt

Details siehe Karte S. 358

Trastevere & Gianicolo erkunden

Trastevere ist eines der lebhaftesten Viertel Roms. ockerfarbene Palazzi, efeubewachsene Fassaden und malerische Kopfsteinpflaster bilden die Bühne für eine Mischung aus Touristen, Reisenden, Studenten und Straßenverkäufern. Obwohl Künstlernaturen und alteingesessene Römer hier zunehmend auf wohlhabende Ausländer und Studenten der John Cabot University treffen und die Mietpreise durch die Decke gehen, bewahrt sich Trastevere dennoch seinen typischen Charakter. Der Name bedeutet „jenseits des Tiber" *(tras tevere)* und unterstreicht die Einzigartigkeit des Viertels.

Das Viertel eignet sich ideal für ziellose, entspannte Spaziergänge, zum Verkosten bodenständiger Gerichte und für einen abendlichen Drink. Nach Einbruch der Dunkelheit geht es vor allem im Sommer hoch her. Zudem gibt es Spannendes zu sehen: Die goldglänzende Basilica di Santa Maria zählt zu Roms bezauberndsten Kirchen. Vergleichbares wie die Fresken der Villa Farnesina, die von Raffel und anderen Künstlern stammen, wird man nirgendwo sonst bewundern dürfen. Und der ebenfalls mit feinsten Fresken geschmückte Palazzo Corsini beherbergt eine eindrucksvolle Kunstsammlung. Sein ehemaliger Park dient heute als Botanischer Garten. Wer auf den Gianicolo (Janiculum-Hügel) steigt, sieht Rom wie ein von Kuppeln akzentuiertes Mosaik zu seinen Füßen. Auf dem Weg bergauf verdient Bramantes kleiner Tempietto Beachtung. Die Basilica di Santa Cecilia im Osten ist letzte Ruhestätte der hl. Cäcilie, der Schutzpatronin der Musik. Sie birgt ein wunderbares, verborgenes Fresko von Cavallini.

Lokalkolorit

→**Ausgehen** Kaffee oder *sambuca con la mosca* („mit Fliege" – Kaffeebohne) in der Bar San Calisto (S. 189).
→**Passeggiata** Abendlicher Bummel mit einem Halt an einer Eisdiele.
→**Fußball** Trastevere ist eine Hochburg der Fans vom AS Rom – bei wichtigen Spielen steigt die Spannung.

An- & Weiterreise

→**Straßenbahn** Linie 8 fährt vom Largo di Torre Argentina entlang eines Großteils des Viale di Trastevere bis zur Villa Doria Pamphilj. Linie 3 nach Testaccio (Via Marmorata), Colosseo, San Giovanni und Villa Borghese hält am Südende des Viale Trastevere.
→**Bus** Bus H fährt von Termini zum Viale di Trastevere, Bus 780 kommt von der Piazza Venezia. Wenn man die Treppen von der Via G Mameli auf den Gianicolo meiden will, steigt man in Bus 870 ab Piazza delle Rovere.

Top-Tipp

Wer Santa Cecilia Montag bis Samstag zwischen 10 und 14.30 Uhr besucht, kann im benachbarten, stillen Nonnenkloster Cavallinis Fresko bestaunen.

 **Gut essen**

→ Glass Hostaria (S. 189)
→ La Gensola (S. 185)
→ Pianostrada Laboratorio di Cucina (S. 188)
→ Fatamorgana (S. 185)

Mehr Details siehe S. 184.

Nett ausgehen

→ Ma Che Siete Venuti a Fà (S. 189)
→ Ombre Rosse (S. 190)
→ Freni e Frizioni (S. 190)
→ Bar San Calisto (S. 189)

Mehr Details siehe S. 189.

Kunst genießen

→ Basilica di Santa Maria in Trastevere (S. 180)
→ Stefano Madernos Skulptur in Santa Cecilia in Trastevere (S. 184)
→ Fresken in der Villa Farnesina (S. 183)
→ Gemälde von Caravaggio in der Galleria Nazionale d'Arte Antica di Palazzo Corsini (S. 181)

Mehr Details siehe S. 181.

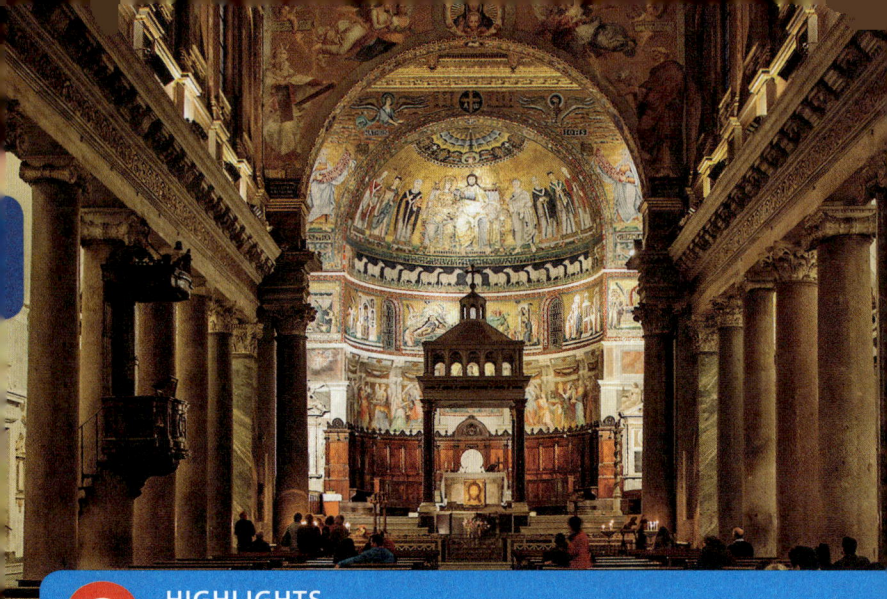

Das goldglänzende Gotteshaus soll Roms älteste der Jungfrau Maria geweihte Kirche sein. Seine Fassade schmückt ein fantastisches mittelalterliches Mosaik, auf dem die das Jesuskind stillende Maria von zehn Frauen umgeben ist, die Lampen in Händen halten. Zwei sind verschleiert und ihre Lampen erloschen – ein deutliches Zeichen dafür, dass sie Witwen sind. Die brennenden Lampen der anderen Frauen stehen für deren Jungfernschaft.

Die Kirche wurde im 3. Jh. an jener Stelle erbaut, an der Legenden zufolge im Jahr 38 v. Chr. eine Ölquelle aus dem Boden sprudelte. Das heutige Bauwerk entstand im 12. Jh. unter Papst Innozenz II. Mit dem davorliegenden Platz bildet das Gotteshaus den Mittelpunkt von Trastevere. Den Portikus, dessen Balustrade Statuen von vier Päpsten schmücken, fügte Carlo Fontana im Jahr 1702 an.

Im Inneren erstrahlen goldene Mosaiken aus dem 12. Jh. In der Apsis blendet die Darstellung Christi mit seiner Mutter; Heilige und ganz links Papst Innozenz II. rahmen sie ein. Darunter illustrieren die von Pietro Cavallini geschaffenen sechs Mosaikbilder (ca. 1291) am Triumphbogen und im unteren Abschnitt der Apsis das Leben der Jungfrau.

Beachtenswert sind außerdem die 21 römischen Säulen – einige davon stammen aus den Caracalla-Thermen –, die im Jahr 1617 von Domenichino entworfene Holzdecke und der rechts vom Altar stehende spiralförmige Kerzenständer, eine Kosmatenarbeit. Er befindet sich exakt an jener Stelle, an der die Legende nach die ölhaltige Quelle sprudelte. Auch ein Blick in die Cappella Avila mit ihrer im 17. Jh. errichteten Kuppel ist lohnenswert. Der spiralenförmige Kosmatenboden wurde in den 1870er-Jahren neu verlegt und ist eine Nachbildung des aus dem 13. Jh. stammenden Originals.

NICHT VERSÄUMEN

➡ Mosaiken an der Fassade

➡ Apsismosaiken von Cavallini aus dem 13. Jh.

➡ Antike römische Granitsäulen

PRAKTISCH & KONKRET

➡ Karte S. 358

➡ Piazza Santa Maria in Trastevere

➡ 🕙 7.30–21 Uhr

➡ 🚋 Viale di Trastevere, 🚋 Viale di Trastevere

👁 SEHENSWERTES

Trastevere ist reich an außergewöhnlichen Kirchen und Kunstwerken, doch zu seinen eindrucksvollsten Highlights zählen vor allem die malerischen Ausblicke auf schmale, ocker- und orangefarbige Gassen. Nördlich von Trastevere steigen die Hänge des Gianicolo bergan. Es ist schwer sich die heute so ruhige Grünanlage als Schauplatz heftiger und blutiger Kämpfe vorzustellen. Im Jahr 1849 verteidigte hier eine Behelfsarmee unter Giuseppe Garibaldi die Stadt Rom gegen französische Truppen, die die Herrschaft des Papstes wiederherstellen wollten.

👁 Östlich des Viale di Trastevere

CHIESA DI SAN FRANCESCO D'ASSISI A RIPA   KIRCHE

Karte S. 358 (Piazza di San Francesco d'Assisi 88; ⏰7.30–12 & 14-19.30 Uhr; 🚇Viale di Trastevere, 🚋Viale di Trastevere) Angeblich soll hier im Jahr 1219 der heilige Franziskus von Assisi gewohnt haben. Der Stein, den er als Kopfkissen benutzt haben soll, sowie sein Kruzifix befinden sich immer noch in seiner Zelle. Die Kirche wurde mehrmals umgebaut, u. a. im Jahr 1231. Ihr heutiges Aussehen erhielt sie im Jahr 1680, als Kardinal Opizio Pallavicini (1632–1700) die Kirche neu erbauen ließ. Hier lässt sich eines der aufsehenerregendsten Werke Berninis bestaunen, die *Beata Ludovica Albertoni* („Verzückung der seligen Ludovica Albertoni") - ein mit höchster sexueller Mehrdeutigkeit aufgeladenes Gemälde.

Es zeigt die Franziskanernonne Ludovica in einem Zustand intensiver Verzückung. Mit geschlossenen Augen und leicht geöffnetem Mund zurückgelehnt berührt sie mit der Hand ihre Brust. Die aus dem 17. Jh. stammende Kirche beherbergt außerdem die Skulpturen von Rospigliosi und Pallavici aus dem 18. Jh.

👁 Westlich des Viale di Trastevere

BASILICA DI SANTA MARIA IN TRASTEVERE   BASILIKA

Siehe S. 180.

GALLERIA NAZIONALE D'ARTE ANTICA DI PALAZZO CORSINI   MUSEUM

Karte S. 358 (📞0668802323; www.galleriacorsini. beniculturali.it; Via della Lungara 10; Erw./Kind 5/2,50 €, mit Palazzo Barberini 9/4,50 €; ⏰Mi–Mo 8.30–19.30 Uhr; 🚇Lgt della Farnesina, 🚋Viale di Trastevere) In dem im 16. Jh. errichteten und von Ferdinando Fuga nach dem Vorbild von Versailles umgebauten Palazzo Corsini lebte einst Königin Christina von Schweden, deren reich freskiertes Schlafzimmer von einem stetigen Strom männlicher und weiblicher Liebhaber aufgesucht wurde. Heute beherbergt das Gebäude einen Teil der nationalen Kunstsammlung Italiens. Zu den Höhepunkten zählen Caravaggios faszinierender *San Giovanni Battista* (Johannes der Täufer), Guido Renis irritierende *Salome con la Testa di San Giovanni Battista* (Salome mit dem Kopf Johannes' des Täufers) und das Corsini-Triptychon von Fra Angelico sowie Werke von Rubens, Poussin und Van Dyck.

PIAZZA SANTA MARIA IN TRASTEVERE   PIAZZA

Karte S. 358 (🚇Viale di Trastevere, 🚋Viale di Trastevere) Trasteveres Hauptplatz ist der ideale Ort, um Leute zu beobachten. Tagsüber drängen sich hier zahlreiche Mütter mit ihren Kinderwägen, plaudernde Einheimische und mit Reiseführern bewaffnete Touristen. Abends und nachts übernehmen ausländische Studenten, junge Römer und Auswärtige die Regie, und alle wollen nur eines haben: eine gute Zeit. Der Brunnen in der Mitte des Platzes stammt noch aus römischer Zeit und wurde im Jahr 1692 von dem italienischem Architekten Carlo Fontana restauriert.

MUSEO DI ROMA IN TRASTEVERE   MUSEUM

Karte S. 358 (📞06 82 05 91 27; www.museodiroma intrastevere.it; Piazza Sant'Egidio 1b; Erw./erm./Kind 8,50/7,50 €/frei; ⏰Di–So 10–20 Uhr; 🚇Viale di Trastevere, 🚋Viale di Trastevere) Dieses Museum befindet sich in einem Karmeliterkloster aus dem 17. Jh. und präsentiert wechselnde Fotoausstellungen. Oben zeigt eine Dauerausstellung eine Auswahl an Aquarellen mit Rom-Motiven aus dem 19. Jh. sowie lebensgroße Dioramen über das Leben in der Ewigen Stadt im 19. Jh. Wechselausstellungen widmen sich ebenfalls dem Thema Rom, die Installation *Stanza di Trilussa* nimmt auf den berühmten römischen Dichter Bezug.

TRASTEVERE & GIANICOLO SEHENSWERTES

PORTA SETTIMIANA   MONUMENT

Karte S. 358 (🏠Lungotevere della Farnesina, Piazza Trilussa) Die Porta Settimiana sieht aus wie ein mit Zinnen geschmückter Wachtturm und markiert den Anfang der Via della Lungara, die im 16. Jh. Trastevere mit dem Borgo verband. Papst Alexander VI. ließ das Tor 1498 über einem Durchgang in der Aurelianischen Mauer errichten, unter Papst Pius VI. wurde es 1798 umgebaut.

Von der Porta Settimiana führt die Via Santa Dorotea zur Piazza Trilussa, wo sich am Abend die Jugend der Stadt trifft, und dann zum Ponte Sisto, der zum Centro Storico überleitet.

◉ Gianicolo

GIANICOLO-HÜGEL   HÜGEL

Monumente für Garibaldi und seine Armee, die hier 1849 die Franzosen besiegte, prägen den Gianicolo (Janiculum). An den italienischen Helden erinnert ein monumentales **Denkmal** an der Piazzale Giuseppe Garibaldi. Seine in Brasilien geborene Frau Anita wurde 200 m entfernt an der Piazzale Anita Garibaldi mit einem **Reiterdenkmal** geehrt; sie starb zusammen mit ihrem ungeborenen Kind kurz nach der Belagerung an Malaria.

Der Gianicolo eignet sich hervorragend als Aussichtspunkt, von dem aus man einen herrlichen Panoramablick über die Dächer von Rom genießt. Im Sommer öffnen hier mehrere Bars ihre Pforten – und natürlich profitieren die Gaststättenbetreiber von diesem wunderbaren Ausblick. Auf dem Hügel werden traditionell auch Puppentheater-Aufführungen veranstaltet.

ORTO BOTANICO   GÄRTEN

Karte S. 358 (📞06 499 17 107; Largo Cristina di Svezia 24; Erw./erm. 8/4 €; ◷Mo–Sa, April–Okt. 9–18.30, Nov.–März bis 17.30 Uhr; 🏠Lungotevere della Farnesina, Piazza Trilussa) Früher gehörte der 12 ha große botanische Garten zum Gelände des Palazzo Corsini. Das kaum bekannte, leicht vernachlässigt wirkende Juwel lädt zum Entspannen am steilen Hang des Gianicolo ein. Leider ist der Eintritt ein wenig überteuert.

Die Gartenanlage wird schon seit dem 13. Jh. gepflegt. Seine heutige Form bekam er allerdings erst im Jahr 1833, als das zum Palazzo Corsini gehörende Areal in den Besitz der Universität Rom überging. Heute sind hier beinahe 8000 verschiedene Pflanzenarten beheimatet, darunter einige der seltensten Europas. Zudem locken verschiedene architektonische Kostbarkeiten wie die Scalinata delle Undici Fontane (Treppe der elf Brunnen), die Ferdinando Fuga, der Architekt des Palazzo Corsini und der Loggia in Santa Maria in Maggiore (S. 159), entworfen hat.

TEMPIETTO DI BRAMANTE & CHIESA
DI SAN PIETRO IN MONTORIO   KIRCHE

Karte S. 358 (www.sanpietroinmontorio.it; Piazza San Pietro in Montorio 2; ◷Kirche Mo–Fr 8.30–12 & 15–16 Uhr, Tempietto Di–Fr 9.30–12.30 & 14–16.30, Sa 9–15 Uhr; 🏠Via Garibaldi) Bramantes eleganter Tempietto (Tempelchen; 1508), der erste bedeutende Bau der Hochrenaissance, ist eine echte Überraschung: Er liegt versteckt im Innenhof der Chiesa di San Pietro in Montorio, an der Stelle, an der der heilige Petrus gekreuzigt worden sein soll. Die kleine, dabei aber perfekt geformte Kirche drückt mit ihren Anleihen an die klassische Antike und ihren idealen Proportionen den charakteristischen Zeitgeist der Renaissance aus.

Der kreisrunde Tempietto di Bramate wird von 16 Säulen eingerahmt und präsentiert einen klassischen Fries, eine elegant geformten Balustrade und eine Kuppel. Im Jahr 1628, also mehr als ein Jahrhundert später, ergänzte Bernini einen Treppenaufgang. Er entwarf auch eine Kapelle in der angrenzenden Kirche. Hier fand Beatrice Cenci ihre letzte Ruhestätte. Die italienische Adelige war im 16. Jh. am Mord an ihrem gewalttätigen Vater beteiligt und

---

DIE KANONE VOM GIANICOLO

Wer beim Schlendern durch Trastevere und angrenzende Viertel plötzlich einen lauten Knall hört, sollte nicht in Panik geraten: Es handelt sich nur um den mittäglichen Salut vom Gianicolo-Hügel. Im Jahr 1847 ordnete Papst Pius IX. an, dass täglich zur Mittagszeit ein Böllerschuss abgefeuert werden sollte, damit die Glocken von Rom alle gleichzeitig zu läuten beginnen. Seit 1904 wird der Schuss vom Gianicolo abgegeben, weil es dort weniger stört, aber dennoch hört man ihn in der ganzen Stadt. In den beiden Weltkriegen wurde diese Tradition ausgesetzt und 1959 wieder aufgenommen

HIGHLIGHTS
VILLA FARNESINA

Die Räume dieser von außen so streng und symmetrisch proportionierten Villa aus dem 16. Jh. sind mit fantastischen Fresken ausgeschmückt.

Die Villa Farnesina wurde für den unermesslich wohlhabenden Bankier des Papstes Agostino Chigi errichtet. Bei seinen Banketten forderte er die Gäste auf, die goldenen Teller einfach aus dem Fenster zu werfen, sobald sie mit dem Essen fertig waren. Allerdings standen unter den Fenstern die Diener, die die Teller mit Netzen auffingen. Im Jahr 1577 erwarb Kardinal Alessandro Farnese das Anwesen.

Architekt der Villa war Baldassare Peruzzi, ein ehemaliger Mitarbeiter von Bramante; von ihm stammen auch einige der Fresken.

Die Loggia der Galatea im Erdgeschoss zeigt die Raffael zugeschriebene Nymphe; die Szenen in den Gewölbebögen stammen wahrscheinlich von Peruzzi, während Sebastiano del Piombo die mythologischen Motive malte. Die Loggia von Cupido und Psyche nebenan freskierte Raffael mit wogenden nackten Gestalten und muskulösen Cupidos.

Peruzzis Fresken im Salone delle Prospettive im ersten Stock eröffnen ein einzigartiges illusionistisches Panorama auf das Rom des 16. Jh. Chigis Schlafzimmer schließlich wird von ausgelassenen Putten, Göttern und Göttinnen bevölkert.

NICHT VERSÄUMEN

➡ Fresken von Sebastiano del Piombo

➡ Die Raffael zugeschriebene Ausmalung der Loggia

➡ Peruzzis Panoramen im Salone delle Prospettive

PRAKTISCH & KONKRET

➡ Karte S. 358

➡ www.villa farnesina.it

➡ Via della Lungara 230

➡ Erw./Kind 6/5 €

➡ 🕑9–14 Uhr, jeden zweiten So im Monat bis 17 Uhr

➡ 🚆Lgt della Farnesina, 🚆Viale di Trastevere

---

wurde später auf der Ponte Sant'Angelo vor Gericht gestellt, schuldig gesprochen und schließlich enthauptet.

Zum Tempel geht es steil bergauf; die Mühen werden jedoch mit einer wundervollen Aussicht belohnt. Wem der Aufstieg allerdings zu anstrengend sein sollte, der kann den Bus 870 von der Via Paola direkt beim Corso Vittorio Emanuele II nahe dem Tiber nehmen.

FONTANA DELL'ACQUA PAOLA   BRUNNEN
Karte S. 358 (Via Garibaldi; 🚆Via Garibaldi) Der monumentale weiße Brunnen oberhalb der Chiesa di San Pietro in Montorio wurde im Jahr 1612 errichtet, um die Restaurierung eines Aquädukts aus dem 2. Jh. zu feiern. Mit ihm wird bis heute Wasser vom Lago di Bracciano 35 km nördlich von Rom in die Stadt geleitet.

Vier der sechs aus roséfarbenem Stein gehauenen Säulen am Brunnen stammen übrigens von der Fassade des alten Petersdoms, ein Großteil des Marmors wurde vom antiken Forum Romanum herbeigeschafft. Ursprünglich bestand der Brunnen aus fünf kleinen Wasserbecken. Diese ersetzte Carlo Fontana im Jahr 1690 durch ein großes Bassin aus Granitstein.

VILLA DORIA PAMPHILJ   PARK
(🕑Sonnenauf- bis -untergang; 🚆Via di San Pancrazio) Roms größter Park ist der ideale Fluchtpunkt vor dem großstädtischen Straßenlärm und der Hektik der Metropole. Das weitläufige, früher in Privatbesitz befindliche Landgut wurde um das Jahr 1650 für Fürst Camillo Pamphilj, einen Neffen von Papst Innozenz X., angelegt. Mittelpunkt des riesigen, von Hügeln und den typischen römischen Schirmpinien geprägten Areals ist die Sommerresidenz des Fürsten, **Casino del Belrespiro**, mit Gartenrabatten und Zitrusbäumchen. Es wird heute für offizielle Empfänge der Regierung genutzt.

 **ESSEN**

Im malerischen Trastevere finden sich zahllose Restaurants, Trattorias, Cafés und Pizzerias. Die besseren Adressen verbergen sich in den Seitengassen. Wählerisch zu sein lohnt sich, denn viele Restaurants sind gewöhnliche Touristenfallen. Doch es gibt nicht nur Touristen in Trastevere – auch die Römer kommen gerne zum Essen hierher.

Östlich des Viale di Trastevere

INNOCENTI BÄCKEREI €

Karte S. 358 (06 580 39 26; Via delle Luce 21; Mo–Sa 8–20, So 9.30–14 Uhr; Viale di Trastevere, Viale di Trastevere) An solchen Orten hat man ein gutes Gefühl und den Glauben, dass sich die Welt niemals ändern sollte, zumindest in manchen Punkten. Denn die *crostata* schmeckt hier so ungemein lecker und luftig, und die Kekse tragen solch ungewöhnliche Namen wie *brutti ma buoni* (hässlich, aber gut).

DA ENZO TRATTORIA €

Karte S. 358 (06 5812 260; www.daenzoal29.com; Via dei Vascellari 29; Gerichte 25 €; Mo–Sa; Viale di Trastevere, Viale di Trastevere) In diesem gemütlichen Restaurant serviert man jahreszeitlich geprägte, römische Spezialitäten, beispielsweise Spaghetti mit Mies- und Venusmuscheln oder gegrillte Lammkoteletts. Die winzige Terrasse führt auf eine der typischen Gassen aus Kopfsteinpflaster, die in Trastevere so häufig zu sehen sind.

PANATTONI PIZZERIA €

Karte S. 358 (06 580 09 19; Viale di Trastevere 53; Pizzas 6.50-9 €; Do–Di 18.30–1 Uhr; Viale di Trastevere, Viale di Trastevere) Das auch als „ai Marmi" bekannte Panattoni trägt wegen seiner marmornen Tischplatten den Spitznamen *l'obitorio* (Leichenhalle). Aber damit hat sich die Ähnlichkeit auch schon. In einer der lebhaftesten Pizzerias von Trastevere servieren unermüdlich herumschwirrende Kellner hauchdünne Pizzas. Man kann draußen sitzen; außerdem gibt es frittierte Vorspeisen wie *supplì* (Reisbällchen) und *baccalà* (Stockfisch).

 HIGHLIGHTS BASILICA DI SANTA CECILIA IN TRASTEVERE

Die Kirche mit bemerkenswerten Fresken von Pietro Cavallini und antiken römischen Ausgrabungen ist letzte Ruhestätte der hl.Cäcilie, der Schutzheiligen der Musik. Herausragendes Kunstwerk ist Stefano Madernos fein gearbeitete Skulptur, die wiedergibt, wie Cecilias Leichnam auf wundersame Weise perfekt erhalten aufgefunden wurde, als man die Catacombe di San Callisto im Jahr 1599 öffnete.

Die Basilika nimmt die Stelle einer Vorgängerkirche aus dem 5. Jh. ein, die wiederum über einem römischen Haus errichtet wurde. Hier soll Cecilia 230 n. Chr. den Märtyrertod gestorben sein. Die unterhalb der Kirche ausgegrabenen Häuser können besichtigt werden.

Die Cappella del Caldarium im rechten Seitenschiff ist mit zwei Werken von Guido Reni geschmückt und bezeichnet jene Stelle, an der die Heilige angeblich gefoltert wurde.

Der eigentliche, gut verborgene Schatz der Basilika ist Cavallinis spektakuläres Fresko des *Letzten Gerichts* im Nonnenchor. Ein Großteil dieses spätmittelalterlichen Meisterwerks ging beim Umbau der Kirche im 18. Jh. verloren, doch was erhalten geblieben ist, gibt eine gute Vorstellung vom einstigen Glanz.

NICHT VERSÄUMEN

➜ Cavallinis Fresko *Das letzte Gericht*
➜ Madernos Skulptur
➜ Ausgrabungen

PRAKTISCH & KONKRET

➜ Karte S. 358
➜ Piazza di Santa Cecilia
➜ Fresko 2.50 €, Krypta 2.50 €
➜ Mo–Sa, Basilika & Krypta 9.30–13 & 16–19.15 Uhr, Fresko 10–14.30 Uhr
➜ Viale di Trastevere, Viale di Trastevere

⭐ LA GENSOLA — SIZILIANISCH €€

Karte S. 358 (☎ 06 581 63 12; Piazza della Gensola 15; Gerichte 45 €; ⏱ 12.30–15 & 19.30–23.30 Uhr, Mitte Juni–Mitte Sept. So geschl.; 🚇 Viale di Trastevere, 🚇 Viale di Trastevere) Diese ruhige, erstklassige, aber unprätentiöse Trattoria verwöhnt Feinschmeckergaumen mit sizilianischen Leckereien und bietet hauptsächlich Fischgerichte und Meeresfrüchte an. Es gibt ein hervorragendes Thunfischtatar, Linguine mit frischen Anchovis und göttlich schmeckende *zuccherini* (kleine Fische) mit frischer Minze.

LE MANI IN PASTA — RISTORANTE €€

Karte S. 358 (☎ 06 581 60 17; Via dei Genovesi 37; Gericht 35 €; ⏱ Di–So 12.30–15 & 19.30–23 Uhr; 🚇 Viale di Trastevere, 🚇 Viale di Trastevere) Dieses rustikal-gemütliche, lebhafte Lokal mit Gewölbedecke und offener Küche ist sowohl bei Einheimischen als auch Auswärtigen sehr beliebt und daher gut frequentiert. Auf den Tisch kommen köstliche Pasta, beispielsweise *fettucine con ricotta e pancetta*, und ebenso gute Fleischgerichte vom Grill oder aus der Pfanne.

DA TEO — TRATTORIA €€

Karte S. 358 (☎ 06 581 8385; Piazza dei Ponziani 7; Gerichte um 30 €; ⏱ Mo–Sa 12.30–15 & 19.30–23.30 Uhr; 🚇 Viale di Trastevere) Das Da Teo liegt etwas abseits in einem ruhigeren Abschnitt von Trastevere. Vor allem Einheimische schätzen die römischen Spezialitäten wie *cacio e pepe* (Pasta mit Käse und Pfeffer) oder gebratene Lammkoteletts. Wenn das Wetter mitspielt, dann sitzt man schön an den Tischen im Freien auf der kleinen Piazza. Eine Tischreservierung ist absolut empfehlenswert!

✖ Westlich des Viale di Trastevere

⭐ FATAMORGANA – TRASTEVERE — EISDIELE €

Karte S. 358 (Via Roma Libera 11, Piazza San Cosimato; Waffel & Becher ab 2 €; ⏱ Sommer Mittag–Mitternacht, Winter bis 22.30 Uhr; 🚇 Viale di Trastevere, 🚇 Viale di Trastevere) Die Filiale der Fatamorgana-Kette gehört zu den feinsten Gourmet-Gelaterie in Rom. Kreative Geschmackskombinationen, wie beispielsweise Ananas-Ingwer oder Birne-Gorgonzola, werden aus besten natürlichen Zutaten und glutenfrei komponiert.

GRATTACHECCA

Es ist Sommer. Das Leben fühlt sich leicht an, und die Römer lieben nichts mehr, als in der schwülen Abendhitze hinunter zum Fluss zu spazieren und sich eine *grattachecca* (zerstoßenes Eis mit Obst und Sirup) zu gönnen. Es gibt keine angenehmere Form der Abkühlung! Am Ufer des Tiber reiht sich Kiosk an Kiosk, um dieses spezielle Bedürfnis der Römer zu befriedigen. So das **Sora Mirella Caffè** (Karte S. 358; grattachecca 3–6 €; ⏱ Mai–Sept. 11–15 Uhr) unweit des Ponte Cestio.

DA CORRADO — RÖMISCH €

Karte S. 358 (Via della Pelliccia 39; Gerichte 25 €; ⏱ Mo–Sa 12.30–14.30 & 19–23 Uhr; 🚇 Viale di Trastevere, 🚇 Viale di Trastevere) Eine echte römische Trattoria vom alten Schlag – hier sollte man weder besonderen Service noch ansprechende Einrichtung oder Tische im Freien erwarten. Stattdessen sorgen die zahlreichen einheimischen Gäste für eine schnörkellos-direkte Atmosphäre, in der die herzhaften römischen Spezialitäten wie *amatriciana* (Pasta Speck und Tomatensauce) bestens schmecken.

DA AUGUSTO — TRATTORIA €

Karte S. 358 (☎ 06 580 37 98; Piazza de' Renzi 15; Gerichte 25 €; ⏱ 12.30–15 & 20–23 Uhr; 🚇 Viale di Trastevere, 🚇 Viale di Trastevere) Ein wahres Trastevere-Festmahl mit einer Küche à la mamma versprechen die wackeligen Kneipentische drinnen oder im Freien auf der kleinen Piazza. Ruppige Kellner servieren herzhafte Speisen, beispielsweise *rigatoni all'amatriciana* oder *stracciatella* (klare Brühe mit Ei und Parmesan) sowie eine Vielzahl weiterer römischer Klassiker. Anstehen ist hier üblich. Keine Kreditkarten, nur Barzahlung.

CIURI CIURI — SIZILIANISCH €15

Karte S. 358 (☎ 06 9521 6082; www.ciuri-ciuri. it; Piazza San Cosimato 49b; Snacks um 3 €; ⏱ 10.30–24 Uhr; 🚇 Viale di Trastevere, 🚇 Viale di Trastevere) In diesem zauberhaften sizilianischen Café gibt es leckere Kuchen wie beispielsweise die Teigröllchen mit Ricotta, *cannoli*, die ab und an sogar direkt vor dem Kunden gefüllt werden, sowie cremiges, hausgemachtes Eis.

Auf den Straßen von Rom

Wie in vielen sonnigen Ländern findet ein großer Teil des Alltagslebens auf der Straße statt. Morgens kann man zuschauen, wie die Stadt allmählich erwacht. Rollläden werden hochgezogen, Müllmänner drehen ihre Runden und die Restaurants stellen ihre Tische nach draußen. Rom präsentiert sich von Neuem.

Alltagsrhythmus

Nach diesem Auftakt strömen immer mehr Menschen zu den Obst- und Gemüsemärkten in den diversen *rione* (Stadtvierteln). Dabei fallen vor allem italienische Damen auf, die ihre Einkaufswagen vor sich her schieben und Warteschlangen am liebsten ignorieren (so sehr, dass Besucher, nicht nur aus Großbritannien, wirklich irritiert sind).

Tagsüber herrscht auf den Plätzen ein ständiges Kommen und Gehen. Auf dem Campo de' Fiori gibt es einen quirligen Lebensmittelmarkt, aber gegen Abend ändert sich die Atmosphäre, wenn sich die Bars am Rande des Platzes füllen. In der verkehrsberuhigten Via del Pigneto ist der Ablauf ähnlich: morgens Markttreiben und abends Partyatmosphäre in den Bars und Cafés. Im historischen Zentrum begeben sich Römer und Touristen zur Spanischen Treppe (S. 112), um Leute zu beobachten. Wenn es dunkel wird, leert sich der Platz.

Die Piazza Navona (S. 82) dagegen, die so groß wie ein Stadion wirkt, ist zu jeder Tageszeit ein beliebter Ort, um bei Händlern einzukaufen oder einfach nur herumzuschlendern und Straßenkünstlern zuzuschauen.

1. Abendessen im Centro Storico (S. 78)
2. Markt auf dem Campo de' Fiori (S. 87)
3. Ein Porträtzeichner auf der Piazza Navona (S. 82)

Die Passegiata

Die *passegiata* (Spaziergang) am frühen Abend ist, wie überall in Italien, auch in Rom ein wichtiger Teil des Alltags. Die Einheimischen ziehen sich meist schick an, bevor sie losgehen. Wie bei vielen anderen Gewohnheiten, z. B. dem Kaffeetrinken, haben Italiener ein Talent darin, aus etwas Einfachem etwas ganz Besonderes zu machen.

Römer gehen meist dorthin, wo es für sie am bequemsten ist. Trastevere (S. 178) ist ein Viertel, das besonders bei Touristen und jungen Leuten beliebt ist. Die Villa Borghese (S. 207) und der Pincio-Hügel (S. 115), wo es ruhiger ist, ziehen vor allem Familien an. In die Via del Corso gehen junge Leute zum Schaufensterbummel, während die schickste Einkaufsmeile Roms, die Via dei Condotti (S. 117), unterschiedliche Altersgruppen anzieht. Im Sommer, wenn das Festival *Lungo il Tevere* (S. 23) auf der Tiberinsel stattfindet, schaffen die Stände am Flussufer eine gänzlich andere Atmosphäre für Spaziergänger.

Viele Leute kaufen unterwegs lieber ein günstiges Eis, statt in einer Bar teures Geld zu lassen. Besonders beliebt bei Spaziergängern am Tiber ist das *grattachecca* – geschabtes Eis, das mit Fruchtsirup aromatisiert wird.

Bella figura, d. h. eine gute Figur abzugeben – das ist das Geheimnis hinter diesen Dingen. Bei der *passeggiata* will man andere beobachten und gleichzeitig die Atmosphäre genießen. Am interessantesten dafür ist der Zeitraum von 17 bis 18 Uhr, wenn die Hitze des Tages allmählich nachlässt.

FIOR DI LUNA
EISDIELE €

Karte S. 358 (✆06 6456 1314; Via della Lunga-retta 96; Eis ab 1.70 €; ☉Di–So 12–24 Uhr); ☐Vi-ale di Trastevere, ☐Viale di Trastevere) In dem kleinen Laden ist eigentlich immer viel los, denn Eis und Sorbets werden in kleinen Mengen aus natürlichen, saisonalen Zuta-ten wie Haselnüssen aus Tonda oder Pista-zien aus Bronte hausgemacht. Auf Waffeln wird absichtlich verzichtet, weil sie ja doch nur vom exquisiten Geschmack ablenken würden. Einige der Sorten sind sogar aus Eselsmilch.

PIZZERIA IVO
PIZZERIA €

Karte S. 358 (✆06 581 70 82; Via di San Frances-co a Ripa 158; Pizzas ab 7 €; ☉Mi–Mo 19–24 Uhr; ☐Viale di Trastevere, ☐Viale di Trastevere) Ivo ist eine der berühmtesten Pizzerias im Viertel Trastevere, schließlich werden hier schon seit rund 40 Jahren Pizzas geschleu-dert – und etwa genauso lange schon fre-quentieren die Pizza-Enthusiasten dieses Lokal. Mit dem Fernseher in der Ecke und den voll besetzten Tischen – einige draußen in der Gasse aus Kopfsteinpflaster – ist Ivo ein lärmiges, hektisches Lokal, zu dem die ruppigen, dafür aber flinken Kellner wun-derbar dazu gehören.

OLD BRIDGE
EISDIELE

Karte S. 358 (Via Della Scala 70; Eis ab 2 €; ☉12–2 Uhr; ☐Piazza Trilussa) Die Eisdiele mit Namen Old Bridge, unweit des Vatikans ge-legen, lockt seit mehr als 25 Jahren Kunden mit ihrem hausgemachten Eis an. Nun hat sie endlich auch einen Ableger in Trastevere eröffnet, in dem es Riesenkugeln aus sah-nigster Eiscreme gibt.

FORNO LA RENELLA
BÄCKEREI €

Karte S. 358 (✆06 581 72 65; Via del Moro 15–16; Stück Pizza ab 2,50 €; ☉Di–Sa 7–2, So & Mo 7–22 Uhr; ☐Piazza Trilussa) Die Holzöfen die-ser historischen Bäckerei in Trastevere wer-den schon seit Jahrzehnten befeuert und produzieren täglich leckere Pizzas, Brote und Kekse. Der turmhohe Belag (oder die Füllung) variieren mit den Jahreszeiten. Hier kaufen alle, vom Skinhead mit dem Riesenköter bis zur alten Dame mit dem Schoßhündchen.

DA OLINDO
TRATTORIA €

Karte S. 358 (✆06 581 88 35; Vicolo della Scala 8; Gerichte 25 €; ☉Mo–Sa 7.30–23 Uhr; ☐Viale di Trastevere) Da Olindo ist eine klassische, familienbetriebene Trattoria. Auf der klei-nen Speisekarte stehen rustikale Gerichte. Riesenportionen werden in lebhafter Atmo-sphäre serviert. Am Freitag wird *baccalà con patate* (Stockfisch mit Kartoffeln) zube-reitet und am Donnerstag stehen Gnocchi ganz oben auf der Karte. Alle anderen Ge-richte, beispielsweise *coniglio all cacciatore* (Kaninchen auf Jägerart) oder *polpette al sugo* (Fleischbällchen in Sauce), kann man jeden Tag bestellen.

PIANOSTRADA LABORATORIO DI CUCINA
ITALIENISCH €

Karte S. 358 (Vicolo del Cedro; Gerichte 25 €; ☉Di–So 13–16 & 19.30–23.30 Uhr; ☐Piazza Trilus-sa) Diese winzige, etwas abseits gelegene und von Frauen geführte Feinschmecker-adresse macht mit köstlichen Gerichten auf sich aufmerksam. Serviert werden bei-spielsweise Parmigiana mit Auberginen und Kürbis, Fleischbällchen, Burger, Pasta mit Schwertfisch sowie wilder Fenchel oder Gourmet-Sandwiches – alles selbst erdacht und frisch zubereitet! Die Gäste drängen sich an die Bar oder an die Mini-Tischchen mit Barhockern.

SISINI
PIZZERIA €

Karte S. 358 (Via di San Francesco a Ripa 137; Pizza & Pasta ab 3 €, supplì 1.20 €; ☉Mo–Sa 9–22.30 Uhr, Aug. geschl.; ☐Viale di Trastevere, ☐Viale di Trastevere) Die Einheimischen lie-ben diesen Fastfood-Laden (auf dem La-denschild steht „Supplì"), in dem sie frische *pizza al taglio* und verschiedene Pasta- und Risottogerichte in Plastikboxen kaufen. Sehr lecker sind auch die *supplì* (frittierte Reisbällchen) und die Brathähnchen.

BIR & FUD
PIZZERIA €

Karte S. 358 (Via Benedetta 23; Gerichte 25 €; ☉19.30–24, Fr & Sa bis 2 Uhr; ❄; ☐Piazza Tri-lussa) Unter den in Orange- und Terrakotta-tönen gehaltenen Gewölben dieser modern eingerichteten Pizzeria wird lobenswert organisch gekocht, beispielsweise Pizzas, *crostini* und gegrilltes Gemüse wie Kartof-feln, Kürbis etc. Dazu können sich die Gäste einen guten Schluck des saisonal gebrauten Bieres aus der benachbarten Mikrobrauerei genehmigen – so etwa den ausschließlich im Winter erhältlichen Birrificio Troll Pa-lanfrina aus Maronen.

VALZANI
GEBÄCK & KUCHEN €

Karte S. 358 (✆06 580 37 92; Via del Moro 37; Kuchen 3 €; ☉Mi–So 10–20, Mo & Di 15–20 Uhr, Juli & Aug. geschl.; ☐Piazza Sonnino, ☐Piazza

Sonnino) Diese Konditorei wurde bereits im Jahr 1925 eröffnet, seitdem nicht mehr umgestaltet und sieht deshalb so aus, als wäre hier die Zeit stehen geblieben: Spezialität ist ihre legendäre *torta sacher*, die Lieblingstorte des römischen Regisseurs Nanni Moretti. In ihrem Schatten wetteifern mit Schokolade überzogene *mostaccioli* (Plätzchen), römischer *pangiallo* (ein typischer Weihnachtskuchen mit Honig, Nüssen und Trockenfrüchten) und der römische *torrone* (Nougat) um die Gunst der Kunden.

DAR POETA   PIZZERIA €

Karte S. 358 (06 588 05 16; Vicolo del Bologna 46; Gerichte 25 €; ⏲12–24 Uhr; 🚇Piazza Trilussa) Einheimische und Touristen lieben das Dar Poeta für seine im Holzofen gebackenen Pizzas und die quirlige Atmosphäre. Neben der üblichen Auswahl an Pizzas, deren Knusprigkeit irgendwo zwischen den hauchdünnen römischen und den dickeren Teigfladen aus Neapel angesiedelt ist, zählt mit Ricotta und Nutella gefüllte Calzone zu den Spezialitäten.

GLASS HOSTARIA   ITALIENISCH €€€

Karte S. 358 (📞06 5833 5903; Vicolo del Cinque 58; Gerichte 90 €; ⏲Di–So 19.30–23.30 Uhr; 🚇Piazza Trilussa) Die in Trastevere tonangebende Gourmet-Adresse präsentiert sich als modern gestyltes, elegantes Restaurant in warmen Holz- und Goldtönen und mit fantastischer Küche. Küchenchefin Cristina Bowerman kreiert einfallsreiche, delikate Gerichte, bei denen sie frische,saisonale Zutaten mit traditionellen Elementen kombiniert und damit den Gaumen überrascht und begeistert. Die Degustationsmenüs kosten 75, 80 und 100 €.

PARIS   RISTORANTE €€€

Karte S. 358 (📞06 581 53 78; www.ristorante-paris.it; Piazza San Calisto 7a; Gerichte 45–55 €; ⏲ Mo 19.30–23, Di–Sa 12.30–15 & 19.30–23 Uhr; 🚇Viale di Trastevere, 🚇Viale di Trastevere) Dieses Traditionsrestaurant ist in einem Haus aus dem 17. Jh. untergebracht; einige Tische stehen an der kleinen Piazza vor dem Lokal. Das nach seinem Gründer und nicht nach der französischen Hauptstadt benannte Paris gilt als beste Adresse für römisch-jüdische Küche außerhalb des Ghettos. Zu den Spezialitäten gehören u. a. *gran fritto vegetale con baccalà* (frittiertes Gemüse mit Stockfisch) Und *carciofi alla giudia* (gebratene Artichocke).

AUSGEHEN

Trastevere ist eines der beliebtesten Ausgehviertel in Rom. Die Leute schlendern hier herum, nehmen hier und da einen Drink und entscheiden dann, was sie danach machen wollen. Besonders in den Sommermonaten sind hier große Menschenmassen anzutreffen – dann verstopfen zahlreiche Verkaufsstände und Tische der Bars die Straßen und Plätze, und es herrscht eine Stimmung wie im Karneval.

🍷 Westlich des Viale di Trastevere

MA CHE SIETE VENUTI A FÀ   PUB

Karte S. 358 (www.football-pub.com; Via Benedetta 25; ⏲11–2 Uhr; 🚇Piazza Trilussa) Der Name ist einem Fußball-Schlachtruf entlehnt, den man wohlwollend mit „Wozu seid ihr hergekommen?" übersetzen könnte. Das winzige Lokal ist ein wahres Paradies für Bier-Fans, denn es gibt mehr als 13 Biere internationaler Kleinbrauereien vom Fass und noch mehr in Flaschen.

BAR SAN CALISTO   CAFÉ

Karte S. 358 (📞06 589 56 78; Piazza San Calisto 3–5; ⏲ Mo–Sa 6–1.45 Uhr; 🚇Viale di Trastevere, 🚇Viale di Trastevere) Kenner lieben das etwas heruntergekommene „Sanca" wegen seiner simplen, aber zeitlosen Atmosphäre und der günstigen Preise (Bier 1,50 €). Hier treffen Intellektuelle auf echte Römer und Alkoholiker auf amerikanische Studenten. Berühmt ist die Bar für ihre Schokolade, die im Winter heiß und im Sommer als Eiscreme serviert wird. Ein Muss ist der *sambuca con la mosca* („mit Fliege", einer Kaffeebohne). Gelegentlich wird spät nachts noch gejammt.

DA BIAGIO   WEINBAR

Karte S. 358 (www.dabiagio.it; Via della Scala 64; ⏲10–13.30 & 17–24 Uhr; 🚇Piazza Sonnino) Das über die Türe gekritzelte „Vini & Olio" ist Markenzeichen dieser schubladengroßen Trastevere-Institution, in der sich Wein- und Grappaflaschen für den Verkauf an den Wänden stapeln. Wein und Schnäpse kann man hier auch glasweise bestellen, ebenso „Kurze" und Bier vom Fass. Der Eigentümer ist ein lustiger Typ und schenkt schon seit 1972 aus. Abends erobern die Gäste auch die Kopfsteinpflastergasse.

FRENI E FRIZIONI
BAR

Karte S. 358 (☑06 4549 7499; www.freniefrizioni.com; Via del Politeama 4–6; ⊙18.30–2 Uhr; 🚇Piazza Trilussa) Diese ausgesprochen coole Bar befindet sich in einer ehemaligen Autowerkstatt, was ihren lautmalerischen Namen, der übersetzt „Bremsen und Kupplung" bedeutet, erklärt. Vor allem junge, *Spritz*-liebende Menschen verschlägt es hierher und an die Tische an der kleinen davorgelegenen Piazza, wo sie an den günstigen Cocktails (ab 7 €) nippen und ein wenig vom täglichen *aperitivo* (6–10 €; 19–22 Uhr) knabbern.

OMBRE ROSSE
BAR

Karte S. 358 (☑06 588 41 55; Piazza Sant'Egidio 12; ⊙Mo–Sa 8–2, So 11–2 Uhr; 🚇Piazza Trilussa) Eine der wichtigsten Ausgeh-Adressen in Trastevere: Vor den Tischen auf der Terrasse läuft die halbe Welt vorbei, vom ältlichen italienischen Lebenskünstler bis zu den staunenden Touristen, die große Augen machen. Die Musik ist lässig, und zwischen September und April gibt es jeden Donnerstag Live-Sessions mit Jazz, Blues und Weltmusik.

BIG STAR
BAR

Karte S. 358 (Via Goffredo Mameli 25; ⊙6–2 Uhr; 🚇Viale de Trastevere, 🚋Viale de Trastevere) In der coolen, etwas abseits der Hauptachsen und damit abseits des Hauptrummels in Trastevere gelegenen Bar herrscht eher alternative Atmosphäre; die Getränkepreise stehen auf einer Schiefertafel. Die kleine, luftige Kneipe offeriert verschiedensten Biere und Cocktails, während angesagte DJs die heitere Stimmung mit entspannten Vibes untermalen.

LA MESCITA
WEINBAR

Karte S. 358; ☑06 5833 3920; Piazza Trilussa 41; ⊙So–Do 17–24, Fr & Sa bis 1 Uhr; 🚇Piazza Trilussa) In dieser winzigen Bar im Eingangsbereich des hochklassigen Restaurants Enoteca Ferrara gibt es einen köstlichen *aperitivo* im Angebot und eine große Auswahl hervorragender Weine, die glasweise ausgeschenkt werden (ab 7 €). Auf der Suche nach einem Ort für ein intimes Tête-à-Tête bei einem guten Glas Wein und schmackhaften Snacks? Dann nichts wie hin ins La Mescita.

BAR LE CINQUE
BAR

Karte S. 358 (Vicolo del Cinque 5; ⊙ Mo–Sa 6.30–2 Uhr; 🚇Piazza Sonnino, 🚋Piazza Sonnino)

Kein Schild weist außen auf diese scheinbar heruntergekommene Allerweltsbar hin, die seit Jahren zu den Favoriten in Trastevere zählt. Immer drängen sich Grüppchen von Gästen draußen vor der Türe, denn die Lage ist zentral, die Stimmung entspannt und die Drinks sind billig.

🍷 Gianicolo

BAR STUZZICHINI
BAR

Karte S. 358 (Piazzale Garibaldi; ⊙7.30–1 oder 2 Uhr; 🚇Passeggiata del Gianicolo) Dieser kleine Kiosk auf dem Gipfel des Gianicolo serviert Kaffee und Getränke sowie Cocktails. Angelehnt an einen der wenigen Tische genießen die Gäste einen unvergleichlichen Ausblick auf die Ewige Stadt. An Silvester hat die Bar sogar die ganze Nacht hindurch geöffnet.

IL BARRETTO
BAR

Karte S. 358 (☑06 5836 5422; Via Garibaldi 27; ⊙Mo–Sa 6–2, So 17–2 Uhr; 🚇Piazza Sonnino) Über eine steile Treppe führt der Weg ein Stück den Gianicolo hinauf. Der Lohn der Mühe ist eine etwas verborgen gelegene Cocktailbar. Es gibt satte Basslines und flinke Kellner; die Einrichtung mischt Vintage und Pop Art.

☆ UNTERHALTUNG

BIG MAMA
BLUES

Karte S. 358 (☑06 581 25 51; www.bigmama.it; Vicolo di San Francesco a Ripa 18; ⊙21–1.30 Uhr, Vorstellung um 22.30 Uhr, Juni–Sept. geschl.; 🚇Viale di Trastevere, 🚋Viale di Trastevere) In dieser stets überfüllten Kellerkneipe schwelgt das geneigte Publikum im Blues der Ewigen Stadt. In dem seit zahlreichen Jahren angesagten Lokal wird auch Jazz, Funk, Soul und R&B gespielt; manchmal treten im Big Mama bekannte italienische Coverbands auf.

LETTERE CAFFÈ GALLERY
LIVEMUSIK

Karte S. 358 (☑06 9727 0991; www.letterecaffe.org; Vicolo di San Francesco a Ripa 100/101; ⊙19–2 Uhr, Mitte Aug.–Mitte Sept. geschl.; 🚇Viale di Trastevere, 🚋Viale di Trastevere) Wer Bücher, Lyrik, Blues und Jazz mag, wird hier endlich glücklich werden. Zwischen Barhockern und Büchern finden regelmäßig

Konzerte, Poetryslams, Kabarettabende und Schwulenpartys statt. Außerdem legen angesagte DJs Indie und New Wave auf.

TEATRO VASCELLO
THEATER

Karte S. 358 (☎06 588 10 21; www.teatrovascello.it; Via Giacinto Carini 72, Monteverde; ☐Via Giacinto Carini) Das Teatro Vascello ist etwas abseits gelegen und besitzt einen avantgardistischen Anspruch. Das unabhängige Theater bringt hochinteressante und häufig topaktuelle Aufführungen auf die Bühne, darunter Modern Dance, Multimediaspektakel und Arbeiten kommender Dramatiker – für Theaterliebhaber ein Muss.

ALCAZAR CINEMA
KINO

Karte S. 358 (☎06 588 00 99; Via Merry del Val 14; ☐Viale di Trastevere, ☐Viale di Trastevere) In diesem nostalgischen Lichtspielhaus mit roten Plüschsitzen werden ab und an Spielfilme in Originalversion mit italienischen Untertiteln ausgestrahlt.

NUOVO SACHER
KINO

Karte S. 358 (☎06 581 81 16; www.sacherfilm.eu; Largo Ascianghi 1; ☐Viale di Trastevere, ☐Viale di Trastevere) Dieses kleine Kino mit roten Samtsitzen gehört dem römischen Kultregisseur Nanni Moretti. Hier stehen die neuesten europäischen Filmkunststreifen auf dem Programm, regelmäßig auch in Originalversion.

 SHOPPEN

FLOHMARKT PORTA PORTESE
MARKT

Karte S. 358 (Piazza Porta Portese; ☉So 6–14 Uhr; ☐Viale di Trastevere, ☐Viale di Trastevere) Auf diesem riesigen Flohmarkt präsentiert sich Rom von einer ganz anderen Seite. An Tausenden von Ständen gibt es alles vom seltenen Buch über vom Lkw gefallene Fahrräder bis hin zu peruanischen Schals und MP3-Playern. Es ist immer sehr gut besucht, und es macht Riesenspaß. Wichtig: Wertsachen sicher verstauen und gnadenlos feilschen!

ROMA-STORE
PARFÜMERIE

Karte S. 358 (☎06 581 87 89; Via della Lungaretta 63; ☉10–20 Uhr; ☐Viale di Trastevere, ☐Viale di Trastevere) Die zauberhafte Parfümerie ist vollgestopft mit verführerischen Duftflakons. Darunter finden sich auch Parfüms weniger bekannter Marken, die wahre Parfüm-Liebhaber in Entzücken versetzen.

ANTICA CACIARA TRASTEVERINA
FEINKOST

Karte S. 358 (Via San Francesco a Ripa 140; ☉Mo–Sa 7–14 & 16–20 Uhr; ☐Viale di Trastevere, ☐Viale di Trastevere) Zu den kostbarsten Produkten dieses über hundert Jahre alten Feinkostgeschäfts zählt der frische Ricotta, und der ist spätestens um die Mittagszeit ausverkauft. Wer zu spät kommt, der tröstet sich am besten mit dem berühmten *pecorino romano* oder der *burrata pugliese* (einem cremigen Käse aus Apulien). Manchmal genügt es auch, sich einfach am Duft von Schinken, Brot, sizilianischen Anchovis und offenen Weinen zu berauschen.

OFFICINA DELLA CARTA
GESCHENKE

Karte S. 358 (☎06 589 55 57; Via Benedetta 26b; ☉Mo–Sa 10.30–19.30 Uhr; ☐Piazza Trilussa) In der winzigen Werkstatt entstehen hübsche, von Hand bemalte Schachteln aus Karton, Fotoalben, Rezeptbücher, Notizhefte, Bilderrahmen und Tagebücher – ein perfekter Laden für ein Mitbringsel aus der italienischen Hauptstadt.

ALMOST CORNER BOOKSHOP
BÜCHER

Karte S. 358 (☎06 583 69 42; Via del Moro 45; ☉Mo–Do 10–19.30, Fr & Sa 10–20, So 11–20 Uhr; ☐Piazza Trilussa) So sollte eine private Buchhandlung aussehen: Wie ein bis unter das Dach gefüllter Bücherhimmel voll spannender Lektüre. Dabei ist jeder Quadratzentimeter der Wände mit englischsprachigen Büchern (auch für Kinder) und Reiseführern bedeckt.

OPEN DOOR BOOKSHOP
BÜCHER

Karte S. 358 (Via della Lungaretta 23; ☉Mo–Sa 10–20 Uhr; ☐Viale di Trastevere, ☐Viale di Trastevere) In diesem sympathischen, vollgestopften Secondhand-Buchladen heißt es Stöbern nach Lust und Laune. Dabei ergattert man vielleicht einen Klassiker oder aber ein Sachbuch in Englisch, Italienisch, Französisch oder Spanisch.

LA CRAVATTA SU MISURA
KLEIDUNG

Karte S. 358 (☎06 890 69 41; Via di Santa Cecilia 12; ☉Mo–Sa 10–19 Uhr; ☐Viale di Trastevere, ☐Viale di Trastevere) Wie in der Studierstube eines zerstreuten Professors sind in diesem einladenden Geschäft zahllose Krawatten wahllos über die Einrichtung verteilt. Doch der Eindruck täuscht gewaltig, denn die Leute, die hier arbeiten, kennen sich wirklich in ihrem Metier aus. Bei der Anfertigung von Krawatten nach Kundenwunsch werden ausschließlich feinste italienische Seide und englische Wolle verwendet. Notfalls kann eine Krawatte innerhalb nur weniger Stunden fertig sein.

SCALA QUATTORODICI
CLOTHING KLEIDUNG

(Karte S. 358; Villa della Scala 13–14; ⊙Di–Sa 10–13.30 & 16–20, Mo 16–20 Uhr; 🚊Piazza Trilussa) Einmal aussehen wie Audrey Hepburn in den 1950er-Jahren? Mit diesen klassisch geschnittenen Kleidern aus feinen, wunderbaren Stoffen ist das (beinahe) kein Problem! Sie werden entweder maßgeschneidert oder sind von der Stange zu haben und natürlich nicht gerade billig – ein Kleid kommt auf mehr als 600 €! Aber das ist es allemal wert!

San Giovanni & Testaccio

SAN GIOVANNI | CELIO | AVENTIN | TESTACCIO

Highlights

1 Ein Blick nach oben auf die überwältigende Pracht der monumentalen **Basilica di San Giovanni in Laterano** (S. 195). Der Mensch fühlt sich winzig im hallenden barocken Schiff der ältesten Basilika Roms (4. Jh.), die die Bischofskirche der italienischen Hauptstadt ist

2 Ein Besuch der gewaltigen Ruinenanlage der **Terme di Caracalla** (S. 198), einer der größten antiken Thermenanlagen der Stadt, die im frühen 3. Jh. entstanden sind

3 Ein Blick durchs Schlüsselloch des **Priorato dei Cavalieri di Malta** (S. 199) auf dem Aventin

4 Ein Streifzug durch historische Schichten unterhalb der **Basilica di San Clemente** (S. 196), die über einer im 4. Jh. errichteten Kirche erbaut wurde

5 Eindrucksvolle Gräber von nichtkatholischen Ausländern im **Cimitero Acattolico per gli Stranieri** (S. 199)

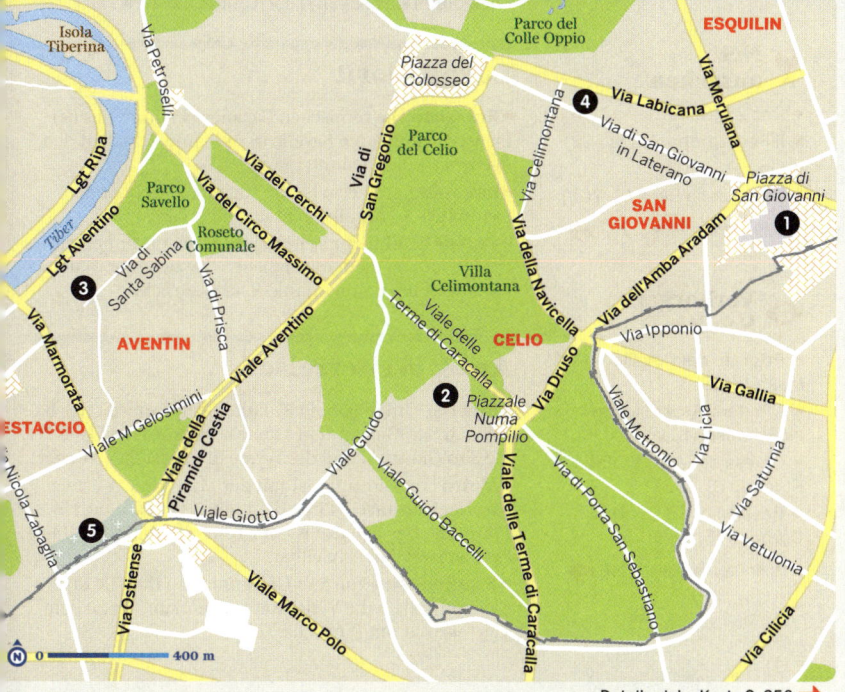

Details siehe Karte S. 356 ➡

Top-Tipp

Opern- und Ballettfreunde sollten sich auf www.opera roma.it über Sommerveranstaltungen in den Terme di Caracalla informieren. Wer sich dagegen mehr für zeitgenössische Kunst in ungewöhnlicher städtischer Umgebung interessiert, kann aktuelle Ausstellungen und Installationen im MACRO Testaccio besuchen, einem Museum in Roms ehemaligem Schlachthof.

Gut essen

➡ Flavio al Velavevodetto (S. 201)

➡ Cafè Cafè (S. 200)

➡ Da Felice (S. 202)

➡ Pizzeria Da Remo (S. 201)

➡ Aroma (S. 201)

Mehr Details siehe S. 200. ➡

Nett ausgehen

➡ Rec 23 (S. 202)

➡ Il Pentagrappolo (S. 202)

➡ Linari (S. 203)

➡ L'Oasi della Birra (S. 203)

Mehr Details siehe S. 202. ➡

◉ Verborgene Schätze

➡ Priorato dei Cavalieri di Malta (S. 199)

➡ Cimitero Acattolico per gli Stranieri (S. 199)

➡ Chiesa di Santo Stefano Rotondo (S. 198)

➡ Basilica di SS Quattro Coronati (S. 197)

Mehr Details siehe S. 196.

San Giovanni & Testaccio erkunden

Dieser Stadtteil, der zwei von Roms sieben Hügeln umfasst, bietet alles: von prächtigen Basiliken und mittelalterlichen Kirchen über antike Ruinen bis zu quirligen Märkten und angesagten Clubs. Das Gebiet kann aufgeteilt werden in San Giovanni und Celio einerseits und Aventin und Testaccio andererseits. Die Hauptsehenswürdigkeiten sind an jeweils einem Tag zu bewältigen.

Startpunkt ist die Basilica di San Giovanni in Laterano, der Mittelpunkt eines Wohnviertels. Sie ist mit der Metro zu erreichen und sowohl innen als auch außen prachtvoll. Nach dem Besuch der Basilika und der angrenzenden Piazza geht es über die Via di San Giovanni in Laterano Richtung Kolosseum. Unter der faszinierenden Basilica di San Clemente befinden sich einige Ruinen. Von dort führt der Weg weiter zum Celio, dem grünen Hügel südlich des Kolosseums. Viel zu sehen gibt es dort nicht, aber der Park der Villa Celimontana ist eine Oase der Ruhe. Eines der Highlights des Viertels sind die faszinierenden Ruinen der Terme di Caracalla.

Das einstige Arbeiterviertel Testaccio weiter westlich am Tiber ist ein beliebtes Amüsierviertel mit etlichen guten Trattorien. Dahinter erhebt sich der Aventin mit schönen mittelalterlichen Kirchen. Dort befindet sich auch eine der großen Kuriositäten Roms – der berühmte Blick durch das Schlüsselloch auf den Petersdom.

Lokalkolorit

➡**Romanze** Die römischen Casanovas fahren mit der Liebsten zum Parco Savello (S. 199) und genießen den Aventin bei Sonnenuntergang.

➡**Innereien** Testaccio ist die spirituelle Heimat der römischen Küche aus „Blut und Gekröse".

➡**Parks** Die Einheimischen ziehen sich oft mit einem Buch oder zu einem mittäglichen Spaziergang in den Park der Villa Celimontana (S. 198) zurück.

An- & Weiterreise

➡**Bus** Die Linien 85 und 87 halten beide unweit der Basilica di San Giovanni in Laterano, ebenso die Linie 714, die San Giovanni und die Terme di Caracalla ansteuert.

➡**Metro** San Giovanni ist mit der Metrolinie A erreichbar. Nach Testaccio fährt die Linie B bis zur Station Piramide. Der Aventin ist von Testaccio und Circo Massimo aus zu Fuß erreichbar.

➡**Straßenbahn** Von San Giovanni aus fährt die Straßenbahnlinie 3 die Viale Aventino entlang bis zu dem Viertel rund um Piramide.

HIGHLIGHTS
BASILICA DI SAN GIOVANNI IN LATERANO

Tausend Jahre lang galt diese monumentale Basilika als bedeutendste Kirche der Christenheit. Im 4. Jh. erbaut, war sie die erste christliche Basilika in der Stadt und diente bis ins späte 14. Jh. als Hauptkirche des Papstes. Noch immer ist sie die offizielle Kathedrale Roms und Sitz des Papstes als Bischof von Rom.

Die älteste der vier päpstliche Basiliken wurde nach Konstantins Thronbesteigung 312 in Auftrag gegeben und von Papst Silvester I. 324 geweiht. Bis 1309, als der Gegenpapst nach Avignon zog, war sie die Hauptkirche des Papstes und der angrenzende Palazzo Laterano seine offizielle Residenz. Beide Bauwerke verfielen während des avignonesischen Papsttums. Und so zog Papst Gregor XI. es vor, sich nach seiner Rückkehr nach Rom 1377 in der Festung des Vatikans niederzulassen.

Im Laufe der Zeit wurde die Basilika mehrfach wiederaufgebaut, insbesondere von Borromini im 17. Jh. und von Alessandro Galilei, der 1735 die weiße Fassade hinzufügte.

Fassade

Galileis prachtvolle Fassade mit ihren 15 Statuen, die jeweils 7 m in die Höhe ragen – Christus mit Johannes dem Täufer, der Evangelist Johannes und die zwölf Apostel – ist eine eindrucksvolle Arbeit des spätbarocken Klassizismus. Der Portikus hinter den mächtigen Säulen führt zu fünf Türen. Die **mittleren Bronzetore** stammen aus der Curia im Forum Romanum, die **Heilige Pforte** rechts davon wird nur in Heiligen Jahren geöffnet.

Der Innenraum

Der gewaltige, mit Marmor ausgestattete Innenraum in seiner heutigen Form geht in der Hauptsache auf Francesco Borromini zurück, der die Kirche 1650 anlässlich des Heiligen Jahres renovierte. Mit seiner **vergoldeten Decke**, einem **Mosaikboden** aus dem 15. Jh. und einem **Mittelschiff**, das von Apostelskulpturen aus dem 18. Jh. gesäumt ist, bietet er einen atemberaubenden Anblick. Jede der Skulpturen ist 4,60 m hoch.

Der gotische **Baldachin** über dem päpstlichen Altar am Kopf des Schiffs stammt aus dem 14. Jh. Das Gebilde soll die Schädel von Petrus und Paulus enthalten. Vor dem Altar führt eine Flügeltreppe hinab zum **Confessio** und dem Grab von Papst Martin V.

Die riesige **Apsis** hinter dem Altar ist mit kunstvollen, glitzernden Mosaiken geschmückt, die zu einem kleineren Teil noch aus dem 4. Jh. stammen, überwiegend jedoch im 19. Jh. angefügt wurden.

Am anderen Ende der Basilika, an der Rückseite der ersten Säule rechts gibt es ein unvollständiges Fresko von Giotto zu bewundern. Gleichzeitig kann man auf Geräusche von der benachbarten Säule lauschen: Der Legende nach knarzt das Denkmal von Papst Silvester II., wenn der Tod eines Papstes bevorsteht.

Der Kreuzgang

Links vom Altar befindet sich der Kreuzgang der Basilika aus dem 13. Jh., ein wunderschöner, friedlicher Ort mit anmutig gedrehten Säulen, die den zentralen Garten umgeben. An den Wandelgängen befinden sich noch Marmorfragmente der ursprünglichen Basilika, darunter auch die Reste eines Papstthrones, die aus dem 5. Jh. stammen, und Inschriften zweier päpstlicher Bullen.

NICHT VERSÄUMEN

→ Grabmal von Papst Silvester II.

→ Der Baldachin

→ Der Kreuzgang

PRAKTISCH & KONKRET

→ Karte S. 356

→ Piazza di San Giovanni in Laterano 4

→ Basilika/Kreuzgang Eintritt frei/5 €

→ ⏱7–18.30 Uhr, Kreuzgang 9–18 Uhr

→ Ⓜ San Giovanni

⊙ SEHENSWERTES

⊙ San Giovanni

BASILICA DI SAN GIOVANNI IN LATERANO
BASILIKA

Siehe S. 195.

PALAZZO LATERANO
HISTORISCHES GEBÄUDE

Karte S. 356 (Piazza di San Giovanni in Laterano; San Giovanni) Direkt neben der Basilica di San Giovanni in Laterano befindet sich der Palazzo Laterano, einstmals die offizielle Residenz der Päpste, bis diese im Jahr 1377, bei der Rückkehr aus ihrem Exil in Avignon, ihren Aufenthaltsort in den Vatikan verlegten. Der Lateranpalast besitzt den Status einer exterritorialen Besitzung der Vatikanstadt und beherbergt heute zahlreiche Büros des Bistums von Rom. Über die Jahrhunderte musste das Bauwerk häufig und stark verändert werden. Seine gegenwärtige Form verdankt es einer Umgestaltung aus dem 16. Jh. von Domenico Fontana. Dominiert wird der *palazzo* von Roms ältestem und größtem **Obelisken**, dem 32,18 m hohen, aus Ägypten stammenden Lateranischen Obelisk (15. Jh. v. Chr.).

BATTISTERO
KAPELLE

Karte S. 356 (Piazza di San Giovanni in Laterano; ⊙9–12.30 & 16–18.30 Uhr; Ⓜ San Giovanni) Die achteckige Taufkapelle wurde im 4. Jh. von Konstantin erbaut und diente als Prototyp für spätere christliche Kirchen und Glockentürme. Abgesehen von der Architektur sind die dekorativen Mosaiken, von denen einige noch aus dem 5. Jh. stammen, am interessantesten.

SANTUARIO DELLA SCALA SANTA & SANCTA SANCTORUM
KAPELLE

Karte S. 356 (www.scala-santa.it; Piazza di San Giovanni in Laterano 14; Scala Eintritt frei, Sancta mit/ohne Audioguide 5/3,50 €; ⊙Scala im Som-

---

⊙ HIGHLIGHTS
BASILICA DI SAN CLEMENTE

Die faszinierende Basilika bietet einen anschaulichen Blick in die vielschichtige Vergangenheit Roms: eine Basilika aus dem 12. Jh., die über einer Kirche aus dem 4. Jh. errichtet wurde, welche wiederum auf einem heidnischen Tempel aus dem 2. Jh. und einem römischen Haus aus dem 1. Jh. steht. Unter all dem liegen Fundamente, die noch aus der Römischen Republik stammen.

Die *basilica superiore* enthält ein paar prächtige Arbeiten aus dem Mittelalter, darunter ein goldenes Mosaik aus dem 12. Jh. in der Apsis, das den *Trionfo della Croce* (Triumph des Kreuzes) darstellt. Es zeigt die Madonna und Johannes den Täufer neben einem Kreuz, auf dem Christus mit zwölf weißen Tauben abgebildet ist (welche die Apostel symbolisieren). Eindrucksvoll sind auch Masolinos Fresken aus dem 15. Jh. in der **Cappella di Santa Caterina**, die eine Kreuzigungsszene und Episoden aus dem Leben der hl. Katharina darstellen.

Stufen führen zur *basilica inferiore* aus dem 4. Jh. hinab, die 1084 größtenteils von Normannen zerstört wurde, doch einige verblichene Fresken aus dem 11. Jh. sind noch zu sehen, die das Leben des hl. Clemente darstellen. Noch tiefer hinab führt eine antike Gasse zum römischen Haus aus dem 1. Jh. und einem dunklen Mithrastempel aus dem 2. Jh., mit einem Altar, der den Gott beim Töten des Stieres darstellt. Darunter ist das unheimliche Plätschern eines unterirdischen Gewässers zu hören, das durch einen Abfluss aus der Zeit der Römischen Republik rauscht.

NICHT VERSÄUMEN

➜ *Trionfo della Croce*
➜ Cappella di Santa Caterina
➜ *Basilica inferiore*
➜ Mithrastempel

PRAKTISCH & KONKRET

➜ Karte S. 356
➜ www.basilicasan clemente.com
➜ Via di San Giovanni in Laterano
➜ Ausgrabungen Erw./erm. 10/5 €
➜ ⊙ Mo–Sa 9–12.30 & 15–18, So 12.15– 18 Uhr
➜ Via Labicana

mer 6–13 & 15–19, im Winter bis 18.30 Uhr, Sancta Sanctorum Mo–Sa 9.30–12.40 & 15–17.10 Uhr; MSan Giovanni) Die Scala Sancta soll jene Treppe sein, auf der Jesus in den Palast von Pontius Pilatus in Jerusalem hinaufschritt. Sie wurde im 4. Jh. von der hl. Helena nach Rom gebracht. Pilgern gilt sie als so heilig, dass diese sie betend und jede der 28 Stufen nur kniend betreten. Oben befindet sich die reich mit Fresken geschmückte Sancta Sanctorum (Allerheiligste), die einstige Privatkapelle des Papstes.

Hinter dem Heiligtum ist die abgetrennte Querseite eines Gebäudes zu erblicken, die mit einem prunkvollen Goldmosaik geschmückt ist. Es handelt sich um das imposante **Triclinium Leoninum** (Karte S. 356; MSan Giovanni), das einstmals Teil des prächtigen päpstlichen Speisesaals im Palazzo Lateran war.

◉ Celio

BASILICA DI SS QUATTRO CORONATI BASILIKA

Karte S. 356 (Via dei Santissimi Quattro Coronati 20; ⊙Mo–Sa 10–11.45 & 16–17.45, So 16–17.45 Uhr; 🚌Via di San Giovanni in Laterano) In der düsteren, befestigten Kirche finden sich einige wunderbare Fresken aus dem 13. Jh. und ein reizvoller Kreuzgang. Die Fresken im **Oratorio di San Silvestro** erzählen die Geschichte der Konstantinischen Schenkung. In diesem berühmten, allerdings gefälschten Dokument überließ Konstantin dem Papst die Macht über Rom und das Weströmische Reich.

Um das Oratorio oder auch den Kreuzgang zu besichtigen, der sich hinter dem nördlichen Schiff anschließt, muss man im Eingangshof die Klingel betätigen.

Die Basilika stammt aus dem 6. Jh., ihr gegenwärtiges Aussehen erhielt sie im 12. Jh., nachdem die ursprüngliche Kirche im Jahr 1084 von den Normannen zerstört worden war. Der Name – die Basilika der Vier Gekrönten Märtyrer – bezieht sich auf vier christliche Steinmetze, die nach ihrer Weigerung, die Statue eines heidnischen Gottes zu erschaffen, von Diokletian getötet worden sein sollen.

Die mit Fresken geschmückte **Aula Gotica** (Gotische Halle) der Basilika wurde vor einiger Zeit für gelegentliche geführte Touren wiedereröffnet. Detaillierte Informationen findet man auf der Website www.aulagoticasantiquattrocoronati.it.

DER UNTERIRDISCHE MITHRASKULT

Der Mithraskult war unter römischen Soldaten außerordentlich beliebt. Mithras, ein junger, stattlicher Gott, wurde dem Mythos nach von der Sonne beauftragt, einen wilden Stier zu töten. Das sterbende Tier war lebensspendend, da sein Blut Weizen und andere Pflanzen sprießen ließ.

Die Mithrastempel, auch bekannt als Mithräen, wurden beinahe immer unterirdisch oder in Höhlen angelegt, die den Kosmos repräsentieren sollten. In diesen Mithräen unterzogen sich Anhänger komplizierten Initiationsritualen und nahmen Brot und Wasser als Symbole des Körpers und des Blutes des Stiers zu sich. Das klingt vertraut? Die ersten Christen waren wohl der gleichen Meinung und wurden zu leidenschaftlichen Gegnern des Kultes.

CASE ROMANE CHRISTLICHE STÄTTE

Karte S. 356 (☎06 7045 4544; www.caseromane.it; Erw./erm. 6/4 €; ⊙ Do–Mo 10–13 & 15–18 Uhr; 🚌Via Claudia) Der Legende nach sollen nicht die Apostel gleichen Namens, sondern die zwei frühchristlichen Märtyrer und Heiligen Johannes und Paulus im 4. Jh. in diesen Häusern gewohnt haben, die sich unter der Basilica di SS Giovanni e Paolo befinden, bevor sie von Kaiser Julian enthauptet wurden. Konkrete Beweise dafür wurden zwar bisher noch nicht gefunden, aber Forschungen ergaben, dass diese Häuser einst für christliche Gottesdienste genutzt wurden. Es existieren über 20 Zimmer, von denen viele üppig ausgestattet sind. Der Eingang befindet sich an der Seite der Basilika in der Clivo di Scauro.

CHIESA DI SAN GREGORIO MAGNO KIRCHE

Karte S. 356 (Piazza di San Gregorio 1; ⊙9–13 & 15.30–19 Uhr, Cappella di Sant'Andrea Di, Do, Sa & So 9.30–12.30 Uhr; MColosseo oder Circo Massimo) Besucher müssen klingeln, um in diese stattliche Kirche eingelassen zu werden. Das Gotteshaus wurde an jener Stelle errichtet, von der aus Papst Gregor den hl. Augustinus entsandt haben soll, um die Briten zu missionieren.

Ursprünglich war es das Elternhaus des Papstes, doch dieser ließ es im Jahr 575 in

HIGHLIGHTS
TERME DI CARACALLA

Die Reste der Thermenanlagen von Kaiser Caracalla gehören zu den beeindruckendsten Ruinen Roms. Der 216 fertiggestellte, ursprünglich 10 ha große Komplex umfasste Bäder, Sporthallen, Bibliotheken, Läden und Gärten. Zwischen 6000 und 8000 Menschen tummelten sich hier jeden Tag, während sich in den 9,5 km langen unterirdischen Tunneln Hunderte von Sklaven um die komplizierten Sanitäranlagen kümmerten.

Die Bäder wurden ununterbrochen genutzt, bis die Westgoten 537 die Wasserleitung zerstörten und damit die Stadt von der Wasserversorgung abschnitten. Ausgrabungen im 16. und 17. Jh. förderten bedeutende Skulpturen zutage, von denen viele in der Kunstsammlung der Familie Farnese endeten.

Ein Großteil der Ruinen sind die Reste des zentralen Badehauses. Es bestand aus einem großen, rechteckigen Gebäude, das von zwei **Palestrae** (Sporthallen) begrenzt wird. In das zentrale **Frigidarium** (Abkühlraum) begaben sich die Badenden nach einem Aufenthalt im wärmeren **Tepidarium** und im überkuppelten **Caldarium** (Heißluftraum).

Beim Durchqueren der Ruinen in Richtung *palestra orientale* ist rechts eine weiße Marmorplatte zu sehen: Sie gehörte zu einem antiken Geschicklichkeitsspiel namens *tropa* (das Lochspiel).

Im Sommer finden in den Ruinen spektakuläre Opern- und Ballettaufführungen statt.

NICHT VERSÄUMEN

➡ *Frigidarium*
➡ *Caldarium*
➡ *Palestrae*

PRAKTISCH & KONKRET

➡ Karte S. 356
➡ ☎ 06 3996 7700
➡ www.coopculture.it
➡ Viale delle Terme di Caracalla 52
➡ Erw./erm. 6/3 €
➡ ⏱ Di–So 9 Uhr–1Std. vor Sonnenuntergang, Mo 9–14 Uhr
➡ 🚌 Viale delle Terme di Caracalla

---

ein Kloster umwandeln. Im 17. Jh. wurde es neu errichtet und ein Jahrhundert später im barocken Stil umgebaut.

In ihrem Inneren befindet sich die **Cappella Salviati**, eine Kapelle aus dem 16. Jh. von Carlo Maderno, in der ein Fresko mit einer *Madonna mit Kind* zu sehen ist. Die **Cappella di Sant'Andrea** außerhalb der Kirche ist die interessanteste der drei kleinen Kapellen mit ihren Fresken von Domenichino, Guido Reni und Giovanni Lanfranco.

VILLA CELIMONTANA   PARK

Karte S. 356 (⏱ 7 Uhr–Sonnenuntergang; 🚌 Via della Navicella) Mit seinen Rasenflächen und den farbenfrohen Blumenbeeten ist die Parkanlage ein wunderbarer Ort, um den Menschenmassen zu entfliehen und ein sommerliches Picknick zu genießen. Mitten im Park befindet sich eine Villa aus dem 16. Jh., in der die Italienische Geografische Gesellschaft ihren Sitz hat.

CHIESA DI SANTO STEFANO ROTONDO   KIRCHE

Karte S. 356 (www.santo-stefano-rotondo.it; Via di Santo Stefano Rotondo 7; ⏱ 10–13 & 14–17 Uhr im Winter, 10–13 & 15–18 Uhr im Sommer; 🚌 Via della Navicella) Die eindrucksvolle Kirche weist eine prunkvolle Fassade mit Säulengang auf, der runde Innenraum ist mit Säulen ausgestaltet. Das wirklich Aufwühlende an dieser Kirche ist aber die Wandgestaltung – eine Reihe von Fresken aus dem 16. Jh. Sie beschreiben die vielfältigen Folterungen, die frühchristliche Märtyrer erlitten.

Im Jahr 1846 schrieb Charles Dickens über die Fresken: „Solch ein Panorama aus Schrecken und Gemetzel könnte sich kein Mensch im Schlaf ausdenken, auch wenn er ein ganzes Schwein roh zum Abendessen verspeist hätte."

Die Kirche stammt aus dem späten 5. Jh. und ist eines der ältesten Gotteshäuser von Rom. Allerdings wurde sie im 12. und 15. Jh. umgebaut.

◎ Aventin & Umgebung

BASILICA DI SANTA SABINA BASILIKA

Karte S. 356 (☎06 5 79 41; Piazza Pietro d'Illiria 1; ⏱6.30–12.45 & 15–20 Uhr; 🚌Lungotevere Aventino) Diese prächtige Basilika zählt zu Roms schönsten mittelalterlichen Kirchen und wurde etwa im Jahr 422 von Peter von Illyrien begründet. Im 9. Jh. und ein weiteres Mal 1216 wurde die Kirche erweitert, unmittelbar bevor sie dem neu gegründeten Dominikanerorden übergab – wie der Grabstein von Muñoz de Zamora im Boden des Hauptschiffs zeigt, einem der Gründerväter des Ordens. Eine Restaurierung im 20. Jh. gab der Kirche ihr ursprüngliches Aussehen zurück.

Zu den wenigen noch erhaltenen Bestandteilen, die aus dem 4. Jh. stammen, zählen die Türen aus Zypressenholz. Sie stellen auf insgesamt 18 geschnitzten Tafeln biblische Ereignisse dar, darunter eine der ältesten noch existierenden Kreuzigungsszenen. Sie befindet sich ganz oben links und ist leider nur schwer zu erkennen. Jesus und die beiden Diebe sind gemeinsam abgebildet, eigenartigerweise aber nicht deren Kreuze.

Im Innenraum stützen 24 Säulen eine Arkade, die mit einem verblassten rot-grünen Fries geschmückt ist. Das Sonnenlicht strömt durch die hohen Fenster im Mittelschiff herein, die im 9. Jh. eingefügt wurden. Ebenfalls aus dieser Zeit stammt der geschnitzte Chor und die Kanzel sowie der Bischofsthron.

Hinter der Kirche erstreckt sich eine Gartenanlage und ein meditativer Kreuzgang aus dem 13. Jh.

PARCO SAVELLO PARK

Karte S. 356 (Via di Santa Sabina; ⏱ Okt.–Feb. 7–18, März & Sept. bis 20 Uhr, April–Aug. bis 21 Uhr; 🚌Lungotevere Aventino) Dieser Park im Westentaschenformat, den die Römer *Giardino degli Aranci* (Orangengarten) nennen, ist ein romantischer Zufluchtsort. Am besten, man ergattert ein Plätzchen auf der kleinen Panoramaterrasse und beobachtet den Sonnenuntergang mit Blick auf den Tiber und die Kuppel des Petersdoms.

PRIORATO DEI
CAVALIERI DI MALTA HISTORISCHES GEBÄUDE

Karte S. 356 (Piazza dei Cavalieri di Malta; ⏱für die Öffentlichkeit geschl.; 🚌Lungotevere Aventino) Auf einer von Zypressen beschatteten Piazza befindet sich der römische Hauptsitz der *Cavalieri di Malta* (Malteserritter) mit einem der berühmtesten Ausblicke Roms. Er ist nicht unmittelbar erkennbar, doch wer durch das Schlüsselloch der grünen Tür des Priorato blickt, kann den Petersdom am Ende einer von Hecken gesäumten Allee sehen.

◎ Testaccio

CIMITERO ACATTOLICO
PER GLI STRANIERI FRIEDHOF

Karte S. 356 (www.cemeteryrome.it; Via Caio Cestio 5; freiw. Spende 3 €; ⏱ Mo–Sa 9–17, So bis 13 Uhr; Ⓜ Piramide) Trotz der belebten Straßen rundum ist Roms „nichtkatholischer" Friedhof eine grüne Oase der Ruhe. Ein Hauch von Romantik schwebt über diesem Ort, an dem bis zu 4000 Menschen begraben liegen, darunter Dichter wie Keats und Shelley und der italienische politische Denker Antonio Gramsci.

Zwischen den Grabsteinen und Zypressen findet sich auch der *Angelo del Dolore* (Engel der Trauer), eine häufig nachgebildete Skulptur, die der amerikanische Künstler William Wetmore Story 1894 für das Grab seiner Frau entwarf.

PIRAMIDE DI CAIO CESTIO WAHRZEICHEN

Karte S. 356 (☎06 3996 7700; www.coopculture.it; Eintritt 5,50 €; ⏱Führungen am 2. & 4. Sa im Monat 11 Uhr; Ⓜ Piramide) Dieses markante Wahrzeichen, das, nun ja, wie eine ägyptische Pyramide aussieht, ragt an einer großen Verkehrskreuzung nahe der Metrostation Piramide auf. Das 36 m hohe Grabmal aus Marmor und Ziegeln wurde für Gaius Cestius Epulo errichtet, einen römischen Prätor und Volkstribun aus dem 1. Jh. v. Chr. Bestattungen innerhalb der Stadt waren im antiken Rom verboten, deshalb wurden Grabmäler im Allgemeinen an den Ausfallstraßen errichtet. Die Pyramide erhebt sich an der Via Ostiensis, an jener Straße, die zu Roms Hafen in Ostia führte. Etwa 200 Jahre später wurde die Pyramide in die Aurelianische Mauer in der Nähe der Porta San Paolo integriert. Das Viertel rundum wird heute Piramide genannt.

MONTE TESTACCIO HISTORISCHE STÄTTE

Karte S. 356 (☎06 06 08; Via Nicolo Zabaglia 24, Ecke Via Galvani; Erw./erm. 4/3 €; Führungen kosten extra; ⏱Nur Gruppenführungen, Reservierung erforderlich; 🚌Via Marmorata) Monte Testaccio

🛈 WAS STEHT AUF DER KARTE?

Markenzeichen einer echten römischen Speisekarte sind Gerichte mit Innereien. Die Vorliebe der Römer, einfach alles von einem Tier zu verarbeiten, entstand in Testaccio rund um den städtischen Schlachthof, und viele Trattorien in der Gegend servieren noch immer traditionelle Gerichte mit Innereien. Egal, ob man sie nun vermeiden oder probieren will – es lohnt sich, sich die Begriffe *pajata* (Kalbsinnereien), *trippa* (Kutteln), *coda alla vaccinara* (Ochsenschwanz), *coratella* (Herz, Lunge und Leber), *animelle* (Bries), *testarella* (Kopf), *lingua* (Zunge) und *zampone* (Schweinsfüße) zu merken.

alias Monte dei Cocci liegt im Herzen dieses Viertels und ist tatsächlich ein künstlicher, mit Gras bewachsener Hügel, der aus den unzähligen Scherben zerbrochener antiker Amphoren und anderer Gefäße besteht (*testae* ist der lateinische Begriff für Scherben; daher der Name für das gesamte Stadtviertel – Testaccio).

Vom 2. Jh. v. Chr. bis zum 3. Jh. n. Chr. war Testaccio Roms Flusshafen. Die Olivenöllieferungen wurden in riesigen Amphoren aus Terrakotta herbeigeschafft; diese wurden nach dem Entleeren zerbrochen. Die Scherben wurden anschließend zu einem riesigen Haufen in der Nähe der Lagerhäuser aufgetürmt. Im Laufe der Zeit wuchs dieser Haufen zu einem beträchtlichen Hügel von 49 m Höhe heran – dem Monte Testaccio.

MACRO TESTACCIO   KUNSTGALERIE

Karte S. 356 (☎06 06 08; www.museomacro. org; Piazza Orazio Giustiniani 4; Erw./erm. 8,50/7,50 €; ☺ Di–So 16–22 Uhr; 🚇Via Marmorata) Im ehemaligen Schlachthof von Rom ist das MACRO Testaccio untergebracht (MACROs zweiter Ausstellungsraum). Er ist Teil eines kulturellen Komplexes, zu dem auch Roms Accademia di Belle Arti und die Fakultät für Architektur der Universität Roma Tre gehören. In zwei gewaltigen Industriehallen werden Ausstellungen zeitgenössischer Kunst gezeigt.

Die Kunstgalerie des MACRO Testaccio ist allerdings nur während einer laufenden

Ausstellung für die Allgemeinheit geöffnet – detailliertere Informationen über aktuelle und künftige Events findet man auf der Website.

ESSEN

🍴 San Giovanni & Celio

★ CAFÈ CAFÈ   BISTRO €

Karte S. 356 (☎06 700 87 43; www.cafecafe bistrot.it; Via dei Santissimi Quattro Coronati 44; Gerichte 15–20 €; ☺9.30–23 Uhr; 🚇Via di San Giovanni in Laterano) Ein gemütliches Café-Bistro, das Meilen von den üblichen unpersönlichen Lokalen in der Kolosseum-Gegend entfernt ist. Ein charmanter Ort mit rustikalen Holztischen, orangegelben Wänden und Weinflaschen, an dem man bei Kaffee und Tee – im Angebot sind etwa 40 verschiedene Kräutertees – sowie hausgemachtem Kuchen, einem leichten Mittag- oder entspannten Abendessen auftanken kann. Sonntags gibt es Brunch.

LI RIONI   PIZZA €

Karte S. 356 (☎06 7045 0605; Via dei Santissimi Quattro Coronati 24; Gerichte 15–20 €; ☺Do–Di 19–24 Uhr, Aug. geschl.; 🚇Via di San Giovanni in Laterano) Die Einheimischen schwören auf Li Rioni. Gegen 21 Uhr treffen sie sich hier zu einer zweiten Runde, sobald die Touristen verschwunden sind. Die klassische Pizzeria im Viertel brummt an den meisten Abenden vor Leben, wenn sich die Gäste im kitschigen Inneren drängen – es stellt eine römische Straßenszene dar – und ihre Holzofenpizzas und knusprig gebratene Vorspeisen genießen.

IL BOCCONCINO   TRATTORIA €€

Karte S. 356 (☎06 7707 9175; www.ilbocconcino. com; Via Ostilia 23; Gerichte 35 €; ☺ Do–Di 12.30–15.30 & 19.30–23.30, Aug. geschl.; 🚇Via Labicana) Die kleine, aber gemütliche Trattoria hat eine entspannte Atmosphäre und gehört in der touristischen Gegend rund um das Kolosseum noch zu den besseren Restaurantoptionen. Sie unterscheidet sich von den anderen Lokalen in der Umgebung durch ihre authentischen regionalen Gerichte und die Verwendung lokaler und saisonaler Zutaten. Die Tagesgerichte werden mit Kreide an die Tafel geschrieben; außerdem gibt es eine Speisekarte mit klassischer römischer Pasta, Hauptgerichten mit Fleisch und fantasievollen Desserts.

TAVERNA DEI QUARANTA
TRATTORIA €€

Karte S. 356 (☏06 700 05 50; www.tavernadei quaranta.com; Via Claudia 24; Gerichte 30 €; ⏱Mittag–15.30 & 19.30–24 Uhr; 🚇Via Claudia) Leckeres traditionelles Essen und erstklassige Lage – in der Nähe des Kolosseums, aber etwas abseits der ausgetretenen Pfade – sind die Markenzeichen dieser alteingesessenen, familienbetriebenen Trattoria – das Lokal existiert bereits seit 1894 –, die im Innern über drei Räume verfügt. Überraschungen gibt es keine auf der Speisekarte, aber die schmackhaften Tagesgerichte erweitern das Angebot und die Desserts sind hausgemacht – was immer ein gutes Zeichen ist.

CAFFÈ PROPAGANDA
BISTRO €€

Karte S. 356 (☏06 9453 4256; www.caffepro paganda.it; Via Claudia 15; Gerichte 30–40 €; ⏱ Di–So 12.30–2 Uhr; 🚇Via Claudia) Das von Paris inspirierte Bistro ist ein attraktives Lokal mit einer markanten Zinkbar, etwa 5 m hohen Decken, Schnickschnack an den weiß gekachelten Wänden und einer umfangreichen Speisekarte, von Cocktails und Kuchen bis zu traditioneller römischer Pasta, Omeletts, Salaten und *dolci*.

AROMA
RISTORANTE €€€

Karte S. 356 (☏06 9761 5109; www.aromarestau rant.it; Via Labicana 125; Probiermenü 130 €; ⏱12.30–15 & 19.30–23.30 Uhr; 🚇Via Labicana) Das Aroma auf der Dachterrasse des Palazzo Manfredi Hotels ist ein ausgezeichneter Ort für romantische Heiratsanträge. Der wunderschöne Ausblick auf das Kolosseum und das mit einem Michelinstern ausgezeichnete Essen machen jeden Aufenthalt bzw. Anlass zu einem unvergesslichen Erlebnis. Küchenchef Giuseppe Di Iorio, dessen Markenzeichen eine innovative mediterrane Küche ist, gewann breiten Zuspruch von Kritikern und Gästen.

✘ Aventin & Umgebung

IL GELATO
GELATERIA €

Karte S. 356 (Viale Aventino 59; Eis 2-4,50 €; ⏱Sommer 10–24 Uhr, Winter 11–21 Uhr; 🚇Viale Aventino) Der aventinische Außenposten des Gelato-Imperiums, das Roms Eiskönig Claudio Torcè errichtete. Seine cremigen

Kreationen sind saisonal und frei von Konservierungsmitteln und bieten das ganze Spektrum, von den Klassikern bis zu Außergewöhnlichem wie gesalzenen Erdnüssen und grünem Tee.

✘ Testaccio

TRAPIZZINO
FASTFOOD €

Karte S. 356 (www.trapizzino.it; Via Branca 88; *trapizzini* ab 3,50 €; ⏱Di–So 12–1 Uhr; 🚇Via Marmorata) Das Lokal im Westentaschenformat ist der Geburtsort des *trapizzino,* einer Art von gemischtem Sandwich: ein knuspriges Weißbrotdreieck wird mit *polpette al sugo* (Fleischbällchen mit Tomatensauce), *pollo alla cacc*iatore (geschmortem Hühnchen) oder anderen Köstlichkeiten gefüllt. Nicht ganz leicht zu essen, dafür aber sehr lecker.

PIZZERIA DA REMO
PIZZA €

Karte S. 356 (☏06 574 62 70; Piazza Santa Maria Liberatrice 44; Pizza ab 5,50 €; ⏱Mo–Sa 19–1 Uhr; 🚇Via Marmorata) Wer es authentisch römisch haben möchte, sollte in die beständig lärmende Menschenmenge eintauchen, die eine der beliebtesten Pizzerias der Stadt aufsucht. Die Pizzeria da Remo wirkt ziemlich spartanisch, aber die Pizzas sind auf römische Art dünn, und die Stimmung ist fröhlich – und natürlich laut. Nach 20.30 Uhr muss man leider mit langen Schlangen rechnen.

MORDI E VAI
FASTFOOD €

Karte S. 356 (www.mordievai.it; Box 15, Nuovo Mercato Testaccio; *panini* 3 €; ⏱Mo–Sa 6–15 Uhr; 🚇Via Galvani) Der von der Kritik gefeierte Marktstand – übersetzt „Reinbeißen und Weitergehen" – bietet alles rund ums Fastfood. Allerdings Fastfood nach römischer Art –und das bedeutet, es geht um Brötchen *(panini)* mit *allesso di scottona* (zartes, langsam gegartes Rindfleisch, das Markengericht des Standes), *trippa alla romana* (Kutteln nach römischer Art) oder *salsiccia e broccoli* (pikane Wurst und Brokkoli). Die schmackhaften Fleisch- und Gemüsegerichten werden jedoch auf Plastiktellern serviert.

FLAVIO AL VELAVEVODETTO
TRATTORIA €€

Karte S. 356 (☏06 574 41 94; www.ristorante velavevodetto.it; Via di Monte Testaccio 97–99; Gerichte 30–35 €; ⏱12.30–15 & 19.45–23 Uhr; 🚇Via Galvani) Das gastfreundliche Lokal ist in einer rustikalen Villa in Pompeji-Rot

SAN GIOVANNI & TESTACCIO ESSEN

SCHWULENSTRASSE

Das untere Ende der Via di San Giovanni di Laterano, jener Straße, die von der Basilica di San Giovanni in Laterano in die Nähe des Kolosseums führt, ist beliebter Schwulentreffpunkt in Rom. Nicht so sehr tagsüber, aber abends erwachen Bars wie **Coming Out** (s. rechts) und **My Bar** (Karte S. 356; Via di San Giovanni in Laterano 12; ◷9–2 Uhr; 🚇Via Labicana) zum Leben und ziehen Scharen vor allem männlicher Homosexueller an.

beherbergt und hat sich auf schlichte, bodenständige *cucina romana* (römische Küche) spezialisiert. Es gibt *antipasti* mit Käse, Schinken und Salami sowie große Portionen hausgemachter Pasta und simple Fleischgerichte.

DA FELICE
LATINISCHE KÜCHE €€

Karte S. 356 (📞06 574 68 00; www.feliceatestaccio.it; Via Mastro Giorgio 29; Gerichte 35–40 €; ◷12.30–15 & 19.30–22.30 Uhr; 🚇Via Marmorata) Feinschmecker schwören auf dieses Urgestein, das für die Aufrechterhaltung der lokalen kulinarischen Traditionen bekannt ist. Im Gegensatz zu dem modernen Dekor ist die Speisekarte noch von der alten Schule, mit dem klassischen wöchentlichen Speiseplan: *pasta e fagioli* (Pasta und Bohnen) dienstags, *bollito di manzo* (gekochtes Rindfleisch) donnerstags und Fisch und Meeresfrüchte am Freitag. Reservierung unbedingt erforderlich.

TRATTORIA DA BUCATINO
TRATTORIA €€

Karte S. 356 (📞06 574 68 86; www.bucatino.com; Via Luca della Robbia 84; Gerichte 30–35 €; ◷Di–So Mittag–15 & 19–23.55 Uhr; 🚇Via Marmorata) Die zwanglose Trattoria ist sehr beliebt. Mit ihrer altmodischen Ausstattung und dem schroffen Service ist sie zwar kein feines Lokal, aber das typisch römische Essen ist ausgezeichnet – unbedingt die *bucatini all'amatriciana* probieren – die Portionen sind wirklich großzügig.

CHECCHINO DAL 1887
LATINISCHE KÜCHE €€€

Karte S. 356 (📞06 574 63 18; www.checchino-dal-1887.com; Via di Monte Testaccio 30; Probiermenü 40–65 €; ◷Di–Sa 12.30–15 & 20–24 Uhr; 🚇Via Galvani) Nur einen kleinen Kat-

zensprung vom ehemaligen Schlachthof der Stadt entfernt liegt das Checchino. Es gehört zu den feineren Restaurants und hat sich auf *quinto quarto* („fünftes Viertel" – Innereien) spezialisiert. Zu den charakteristischen Gerichten gehören beispielsweise *coda all vaccinara* (Ochsenschwanzschmortopf) und *rigatoni alla pajata* (Pastaröllchen mit einer Sauce aus Tomaten und Kalbsinnereien).

AUSGEHEN & NACHTLEBEN

🍷 San Giovanni & Celio

IL PENTAGRAPPOLO
WEINBAR

Karte S. 356 (Via Celimontana 21b; ◷Di–Fr Mittag–15 & 18–1, Sa & So 18–1 Uhr; 🚇Colosseo) Die sanft beleuchtete Bar mit einem Sterngewölbe ist die perfekte Medizin für alle, die schon zu viel Sightseeing hinter sich haben. Einfach in der heiteren Menge eintauchen und einen gemütlichen Abend mit Wein, Jazz und Livemusik genießen. Es gibt auch Mittagessen und einen täglich wechselnden Aperitif.

COMING OUT
BAR

Karte S. 356 (www.comingout.it; Via di San Giovanni in Laterano 8; ◷7–2 Uhr; 🚇Via Labicana) An warmen Abenden, mit der lärmenden Menge auf den Straßen und dem Kolosseum als Hintergrundkulisse, gibt es kaum einen netteren Ort für einen Aperitif als diese freundliche Schwulenbar. Sie hat den ganzen Tag geöffnet, doch so richtig rund geht es erst abends, wenn sich die Stimmung aufheizt und die Gigs, Travestieshows und Karaoke beginnen.

🍷 Testaccio

REC 23
BAR

Karte S. 356 (📞06 8746 2147; www.rec23.com; Piazza dell'Emporio 2; ◷18.30–2 tgl. & Sa & So 12.30–15.30; 🚇Via Marmorata) Das beliebte, von New York inspirierte Lokal besteht ganz aus Glas und freigelegten Backsteinmauern. Serviert werden Aperitifs, Gerichte auf gutem Restaurantniveau und Brunch an den Wochenenden. Hier gibt es den Testaccio Mule, einen von vielen Cocktails, oder man probiert sich durch die Auswahl an schottischem Whisky und lateinamerikanischen Rumsorten. Regelmäßig finden hier Konzerte statt.

LINARI   CAFÉ

Karte S. 356 (Via Nicola Zabaglia 9; ⏱Mi–Mo 7–23 Uhr; 🚇Via Marmorata) Linari ist eine gute und geschäftige Bar mit exzellenten Kuchen, hervorragendem Kaffee und dem üblichen Bar-Geplänkel. Ideal für einen preiswerten Mittagsimbiss sind die Tische draußen, falls es gelingt, den älteren Anwohnerinnen zuvorzukommen.

BIG BANG   CLUB

Karte S. 356 (www.bigbangroma.org; Via di Monte Testaccio 22; ⏱ Fr & Sa 22–4.30 Uhr; 🚇Via Galvani) Zu den besten Reggaepartys der Hauptstadt gehört die Bababoomtime-Session freitagnachts im Big Bang. Der Club ist in Roms einstigem, mit Graffiti besprühtem Schlachthof untergebracht und zieht eine lockere sowie musik- und tanzbegeisterte Menge an, die in Reggae, Dancehall, Dub und Techno zu Hause ist.

L'OASI DELLA BIRRA   BAR

Karte S. 356 (📞06 574 61 22; Piazza Testaccio 41; ⏱16.30–2 Uhr; 🚇Via Marmorata) Die überfüllte Kellerbar in einem lokalen Spirituosengeschäft ist genau das, was ihr Name verspricht – eine Bieroase (sowohl deutsche Klassiker als auch Mikrobrauereien). Neben den bis zu 500 Biersorten gibt es eine Weinkarte, Käse, Salami, Schinken und andere Kleinigkeiten.

L'ALIBI   CLUB

Karte S. 356 (Via di Monte Testaccio 44; ⏱ Do–So 23.30–5 Uhr; 🚇Via Galvani) L'Alibi ist einer der historischen Schwulenclubs Roms und ziemlich obertuntig – das aber mit Stil. Der Club bietet abgedrehte Shows, gespielt werdem House, Techno und Dance für Schwule und Heteros. Der Club verteilt sich auf drei Stockwerke, und wem es auf der Tanzfläche zu heiß wird, der kann sich auf die weitflächige Sommerterrasse zurückziehen. Im Augenblick ist die Tommy Night an den Samstagen ein echter Tipp.

⭐ UNTERHALTUNG

CONTESTACCIO   LIVEMUSIK

Karte S. 356 (www.contestaccio.com; Via di Monte Testaccio 65b; ⏱Di–So 19–4 Uhr; 🚇Via Galvani)

Mit einer Terrasse unter dem römischen Sternenhimmel und coolen Innenräumen zählt das ConteStaccio zu den Topadressen Testaccios. Es hat etwas von einem Mehrzwecklokal, bestehend aus einer Cocktailbar, einer Pizzeria und einem Restaurant – aber am bekanntesten ist die Location für ihre täglich stattfindenden Konzerte. Liveauftritte neuer Gruppen geben den Ton an; es wird Indie, Rock, Acoustic, Funk und Electronic gespielt.

SHOPPEN

VOLPETTI   FEINKOST

Karte S. 356 (www.volpetti.com; Via Marmorata 47; ⏱ Mo–Sa 8–14 & 17–20.15 Uhr; 🚇Via Marmorata) Der hervorragend ausgestattete Feinkostladen, den viele für den besten der Stadt halten, ist ein wahres Schatzkästchen an Delikatessen. Hilfsbereite Angestellte führen durch das umfangreiche Angebot aus Käse, hausgemachter Pasta, Olivenöl, Essig, geräuchertem Schinken, Gemüsetörtchen, Wein und Grappa. Außerdem gibt es exzellente Pizzastücke zu kaufen.

NUOVO MERCATO DI TESTACCIO   MARKT

Karte S. 356 (Eingänge Via Galvani, Via Beniamino Franklin; ⏱Mo–Sa 6–15 Uhr; 🚇Via Marmorata) Selbst wenn man gar nicht einkaufen muss, macht ein Ausflug zu Testaccios täglichem Markt Spaß. Er befindet sich in einer modernen, zweckmäßigen Anlage und brummt nur so vor Betriebsamkeit. Die Einheimischen widmen sich dem täglichen Einkaufen, Anfassen und Beschnuppern der bunten Gemüseauswahl, während die fröhlichen und lauten Rufe der Händler über den Markt hallen.

CALZATURE BOCCANERA   SCHUHE

Karte S. 356 (Via Luca della Robbia 36; ⏱Di–Sa 9.30–13.30 & Mo–Sa 15.30–19.30,; 🚇Via Marmorata) Von hochhackigen Schuhen frisch vom Laufsteg bis zu klassischen Slippern, Luxusturnschuhen und zeitlosen Schnürhalbschuhen bietet dieses bekannte Schuhgeschäft eine richtig gute Auswahl an Fußbekleidung von internationalen Firmen, außerdem Handtaschen, Gürtel und Lederaccessoires.

SOUL FOOD   MUSIK

Karte S. 356 (www.haterecords.com; Via di San Giovanni in Laterano 192; ⏱Di–Sa 10.30–13.30 &

15.30–20 Uhr; 🖥Via di San Giovanni in Laterano) Das von Hate Records betriebene Soul Food ist ein lässig-entspannter Plattenladen mit einer vielseitigen Sammlung alter Scheiben, von '60er-Garage und Rockabilly bis zu Punk, Indie, New Wave, Folk, Funk and Soul. Außerdem gibt es coole T-Shirts im Retro-Design, Fanzeitschriften und sonstiges Sammlerzubehör.

VIA SANNIO   MARKT

Karte S. 356 (🕑 Mo–Sa 9–13.30; Ⓜ San Giovanni) Dieser Kleidermarkt, der sich im Schatten der antiken Aurelianischen Mauer befindet, hat eine große Auswahl an Klamotten im Angebot. Es gibt auch ein großes Sortiment an neuer Bekleidung und an Secondhandkleidern, Schuhe zu Schnäppchenpreisen, Jeans und Lederjacken.

Villa Borghese & der Norden von Rom

VILLA BORGHESE | FLAMINIO | SALARIO | NOMENTANO | PARIOLI

Highlights

❶ Annäherung an ein künstlerisches Genie im großzügigen **Museo e Galleria Borghese** (S. 207): Berninis Skulpturen stehlen allen anderen die Schau. Zu sehen gibt es außerdem Meisterwerke von Canova, Caravaggio, Tizian und Raffael

❷ Ein Spaziergang über die baumbestandenen Wege im berühmtesten Park von Rom, der **Villa Borghese** (S. 210)

❸ Die Raffinesse der etruskischen Kunst im **Museo Nazionale Etrusco di Villa Giulia** (S. 210) bewundern

❹ Auge in Auge den Größen der modernen Kunst in der **Galleria Nazionale d'Arte Moderna e Contemporanea** (S. 211) begegnen

❺ Ein Weltklassekonzert im **Auditorium Parco della Musica** (S. 216) erleben

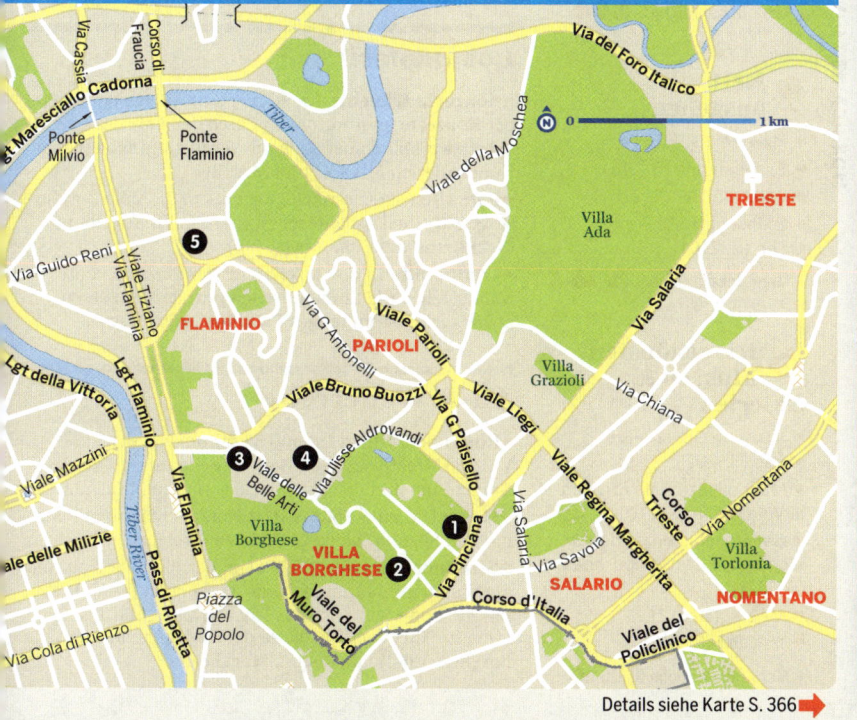

Details siehe Karte S. 366 ➡

Top-Tipp

Den Besuch im Museo e Galleria Borghese sollte man unbedingt im Voraus klarmachen. Das ist mit einem Anruf schnell erledigt; ohne Reservierung kommt man nicht hinein.

An Tagen, an denen Fußball- oder Rugby-Spiele ausgetragen werden – normalerweise Samstag oder Sonntag – kann es auf den Straßen zum Stadio Olimpico sehr voll werden; deshalb rund um die Piazza Mancini und in Stadionnähe aufpassen.

 Gut essen

➡ Metamorfosi (S. 215)
➡ Neve di Latte (S. 214)
➡ Molto (S. 215)
➡ Bar Pompi (S. 215)

Mehr Details siehe S. 214. ➡

🍷 Nett ausgehen

➡ Momart (S. 216)
➡ Brancaleone (S. 216)
➡ Lanificio 159 (S. 216)
➡ Chioschetto di Ponte Milvio (S. 216)

Mehr Details siehe S. 216. ➡

 Die schönsten Museen & Galerien

➡ Museo e Galleria Borghese (S. 207)
➡ Museo Nazionale Etrusco di Villa Giulia (S. 210)
➡ Galleria Nazionale d'Arte Moderna e Contemporanea (S. 211)
➡ MAXXI (S. 212)
➡ MACRO (S. 212)

Mehr Details siehe S. 210. ➡

Villa Borghese & den Norden von Rom entdecken

Auch wenn die Sehenswürdigkeiten hier nicht so dicht an dicht stehen, birgt dieser Streifen im Norden viel Interessantes. Als Ausgangspunkt bietet sich die Villa Borghese an, ein attraktiver Park, der den Zoo, das größte moderne Kunstmuseum der Stadt und ein faszinierendes etruskisches Museum zu seinen Anziehungspunkten zählt. Unbestrittenes Highlight ist aber das Museo e Galleria Borghese, eines der besten Kunstmuseen Roms.

Von der Piazzale Flaminio fährt eine Straßenbahn die Via Flaminia zu Renzo Pianos Kulturzentrum, dem Auditorium Parco della Musica, und zu Zaha Hadids moderner Kunstgalerie MAXXI hinauf. Wer der Straße weiter folgt, kommt zur Ponte Milvio: Die Fußgängerbrücke steht bei Jungverliebten hoch im Kurs und war Schauplatz einer Schlacht im alten Rom. Am anderen Flussufer liegt das Stadio Olimpico, Roms Fußballstadion.

Auf der Ostseite der Villa Borghese verläuft die Via Salaria, die alte römische *sale* (Salzstraße); heute führt sie durch ein schickes Wohn- und Geschäftsviertel. Im Norden der Straße erstreckt sich das Parkgelände Villa Ada, im Süden durchquert die Via Nomentana große Wohnviertel. An ihr liegen die Villa Torlonia und die Basilica di Sant'Agnese fuori le Mura, die den Anspruch erhebt, Roms ältestes christliches Mosaik zu beherbergen.

Lokalkolorit

➡**Konzerte & Events** Die Römer sind eifrige Besucher der Konzerte im Auditorium Parco della Musica (S. 216). Sehenswert sind aber auch die Veranstaltungen in den Kunstgalerien MAXXI und MACRO.

➡**Parks** Touristen besuchen vor allem die Villa Borghese (S. 210), die Einheimischen eher die Villa Torlonia (S. 213) und die Villa Ada (S. 213).

➡**Treffpunkte** In den Lokalen an der Piazzale Ponte Milvio gehen die Einheimischen mittags gern essen, abends ist hier ein junges Publikum unterwegs.

An- & Weiterreise

➡**Bus** Die Buslinien 116 und 53 fahren von der Via Vittorio Veneto zur Villa Borghese hinauf. Auf der Via Nomentana und der Via Salaria verkehren Linienbusse.

➡**Metro** Die Villa Borghese ist von den Stationen Flaminio und Spagna (beide Linie A) zu erreichen.

➡**Straßenbahn** Linie 2 fährt von der Piazzale Flaminio die Via Flaminia hinauf; Linie 3 verbindet die Villa Borghese mit San Lorenzo, San Giovanni und Testaccio; Linie 19 fährt von der Piazza del Risorgimento zur Villa Borghese und Viale Regina Margherita.

MUSEO E GALLERIA BORGHESE

Wer in Rom nur Zeit oder Muße für ein einziges Kunstmuseum hat, sollte sich für dieses entscheiden. Es birgt – wie es oft heißt – die „Königin aller privaten Kunstsammlungen" und besitzt einige der schönsten Kunstschätze der Stadt, darunter fantastische Skulpturen von Gian Lorenzo Bernini und bedeutende Gemälde u. a. von Caravaggio, Tizian, Raffael und Rubens.

Um die Massen zu begrenzen, werden Besucher in zweistündigem Abstand eingelassen. Deshalb muss die Karte im Voraus gebucht werden und man bekommt eine Eintrittszeit genannt.

Die Villa
Die Sammlung des Museums wurde von Kardinal Scipione Borghese (1579–1633) begründet, dem kenntnisreichsten und skrupellosesten Kunstsammler seiner Zeit. Ursprünglich war sie in der Residenz des Kardinals nahe des Petersdoms untergebracht, doch in den 1620er-Jahren ließ er sie in seine neue Villa vor der Porta Pinciana transferieren. Genau hier, im zentralen Gebäude der Villa, dem Casino Borghese, ist sie heute zu sehen. Über die Jahrhunderte ist die Villa mehreren Grundinstandsetzungen unterzogen worden. Tiefgreifende Veränderungen gab es im späten 18. Jh., als Fürst Marcantonio Borghese einen Großteil des klassizistischen Dekors hinzufügen ließ (darunter das Fresko von Mariano Rossi, s. o.). Doch während das Gebäude erhalten blieb, verschwand die Sammlung. Ein Großteil der Bildhauerkunst wurde im frühen 19. Jh. in den Louvre verbracht, andere Stücke wurden nach und nach verkauft. 1902 erwarb der italienische Staat das Casino, aber erst 1997 wurde die Sammlung der Öffentlichkeit zugänglich gemacht.

NICHT VERSÄUMEN

➡ *Ratto di Proserpina*
➡ *Venere Vincitrice*
➡ *Ragazzo col Canestro di Frutta*
➡ *La Deposizione di Cristo*
➡ *Amor Sacro e Amor Profano*

PRAKTISCH & KONKRET

➡ Karte S. 366, F6
➡ ☎06 3 28 10
➡ www.galleriaborghese.it
➡ Piazzale del Museo Borghese 5
➡ Erw./erm. 11/6,50 €
➡ ⊙Di–So 9–19 Uhr
➡ ▣Via Pinciana

KARDINAL SCIPIONE BORGHESE

Kardinal Scipione Caffarelli Borghese (1576–1633) war eine der einflussreichsten Persönlichkeiten in Roms barocker Kunstwelt. Gesegnet mit Reichtum, Macht und einer hohen Position – sein Onkel, Papst Paul V., machte ihn 26-jährig zum Kardinal – unterstützte er die größten Künstler seiner Zeit, darunter Caravaggio, Bernini, Domenichino, Guido Reni und Peter Paul Rubens. Auch wenn er sie förderte, hatte er durchaus Meinungsverschiedenheiten mit ihnen, und er schreckte nicht vor üblen Tricks zurück, um ihrer Werke habhaft zu werden: Den angesagten Maler Cavaliere d'Arpino warf er ins Gefängnis, um seine Gemälde beschlagnahmen zu können, Domenichino ließ er verhaften, um die Herausgabe von *La Caccia di Diana* (Jagd der Diana) zu erzwingen.

Einen Kaffee zur Stärkung bekommen Besucher im Café neben der Buchhandlung in der Eingangshalle im Untergeschoss.

Die Villa ist in zwei Abschnitte untergliedert: das Museum im Erdgeschoss mit erlesenen Skulpturen, kunstvollen Bodenmosaiken und bezaubernden Fresken und die Gemäldegalerie im Obergeschoss.

Erdgeschoss

Der Boden in der **Eingangshalle** zeigt ein Mosaik aus dem 4. Jh. mit kämpfenden Gladiatoren und einen *Satiro Combattente* (Kämpfenden Satyr) aus dem 2. Jh. Hoch oben an der Wand befindet sich ein Basrelief von Pietro Bernini (Gian Lorenzos Vater). Es zeigt Pferd und Reiter, die ins Leere fallen.

In **Sala I** steht Antonio Canovas gewagte Darstellung von Napoleons Schwester, Paolina Bonaparte Borghese, im Mittelpunkt: Sie ruht „oben ohne" als *Venere Vincitrice* (Siegreiche Venus; 1805–1808).

Das eigentliche Highlight der Ausstellung sind die Skulpturen von Gian Lorenzo Bernini mit ihren heidnischen Motiven – sei es *Apollo e Dafne* (1622–1625) in der **Sala III** oder *Ratto di Proserpina* (Raub der Proserpina; 1621–1622) in der **Sala IV**. Caravaggio, einer der Lieblingskünstler von Cardinal Scipione, beherrscht die **Sala VIII**: Hier sind ein zügelloser *Bacchino malato* (Kranker Bacchus; 1593–1594), die fremdartige Schönheit von *La Madonna dei Palafrenieri* (Madonna und Kind mit der hl. Anna; 1605–1606) und *San Giovanni Battista* (Johannes der Täufer; 1609–1610) zu sehen. Außerdem befinden sich hier das bekannte *Ragazzo col Canestro di Frutta* (Junge mit Obstkorb; 1593–1595) und der dramatische *Davide con la Testa di Golia* (David mit Goliaths Haupt; 1609–1610).

Gemäldegalerie

Die Gemäldegalerie im Obergeschoss vermittelt einen wunderbaren Eindruck von der Kunst der Renaissance. Zu sehen sind Meisterwerke aus toskanischen, venezianischen, umbrischen und nordeuropäischen Malschulen.

In der **Sala IX** sollte man sich Raffaels außergewöhnliche *Deposizione di Cristo* (Grablegung Christi; 1507) und seine bezaubernde *Dama con Licorno* (Dame mit Einhorn; 1506) ansehen. Im gleichen Saal hängen auch das großartige Gemälde *Adorazione del Bambino* (Anbetung des Kindes; 1499) von Fra Bartolomeo und Peruginos *Madonna col Bambino* (Madonna mit Kind; frühes 16. Jh.).

Nebenan teilt sich Correggios *Danaë* (1530–1531) den Platz an der Wand mit einer Venus, wie sie Cranach in seinem Gemälde *Venere e Amore che Reca Il Favo do Miele* (Venus und Amor mit Honigwabe; 1531) darstellte.

In **Sala XIV**, **Sala XVIII** und **Sala XX** hängen weitere Meisterwerke von Bernini, Rubens und Tizian.

MUSEO E GALLERIA BORGHESE

Café

Buchladen

Eintrittskarten-
verkauf

Haupteingang

**Servicebereich
(Untergeschoss)**

Susanna e I Vecchioni

Compianto su Cristo morto

Sala XVIII

Sala XIV

Bernini Selbstporträts

La Caccia di Diana

Madonna col Bambino

Sala IX

Adorazione del Bambino

Sala XIX

Dama con Liocorno

La Deposizione di Cristo

Amor Sacro e Amor Profano

Venere e Amore che Reca Il Favo do Miele

Danae

Sala XX

Sala X

Obergeschoss

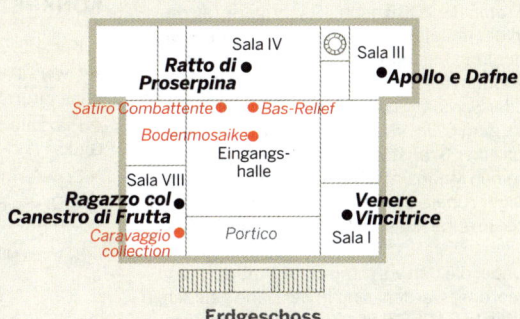

Sala IV

Ratto di Proserpina

Sala III

Apollo e Dafne

Satiro Combattente

Bas-Relief

Bodenmosaike

Eingangs-
halle

Sala VIII

Ragazzo col Canestro di Frutta

Caravaggio collection

Portico

Venere Vincitrice

Sala I

Erdgeschoss

⊙ SEHENSWERTES

⊙ Villa Borghese & Umgebung

MUSEO E GALLERIA BORGHESE   MUSEUM
Siehe S. 207.

VILLA BORGHESE   PARK

Karte S. 366 (Eingänge: Piazzale San Paolo del Brasile, Piazzale Flaminio, Via Pinciana, Via Raimondo, Largo Pablo Picasso; ⊙bei Tageslicht; 🚇Porta Pinciana) Einheimische, Verliebte, Touristen, Jogger – niemand kann dem Lockruf von Roms berühmtestem Park widerstehen. Ursprünglich umschloss das 80 ha große Gelände mit baumbestandenen Wiesen, Gärten und grasbewachsenen Böschungen den Wohnsitz des Kardinals Scipione Borghese aus dem 17. Jh. Zu seinen Attraktionen zählen neben mehreren ausgezeichneten Museen der Landschaftsgarten **Giardino del Lago** (Bootsverleih 3 € für 20 Min.; ⊙7–21 Uhr) und die **Piazza di Siena** (🚇Porta Pinciana). Das staubige Amphitheater ist im Mai Schauplatz für Roms Top-Ereignis in Sachen Reitsport.

Filmfreunde sollten den Eingang an der Piazzale San Paolo del Brasile ansteuern. In diesem Bereich veranstaltet die Casa del Cinema (S. 217) regelmäßig Film-Events, und das **Cinema dei Piccoli** (☎06 855 34 85; www.cinemadeipiccoli.it; Viale delle Pineta 15; Karten Mo–Fr 5 €, Sa & So 6 €; 🚇Porta Pinciana) ist das kleinste Kino der Welt.

An verschiedenen Stellen im Park, u. a. am Largo Pablo Picasso, kann man für etwa 5/15 €pro Std./Tag Fahrräder ausleihen. Montag ist kein guter Tag, um die Villa Borghese zu erkunden, denn dann sind alle Museen und Galerien geschlossen – sie öffnen von Dienstag bis Sonntag.

MUSEO CARLO BILOTTI   GALERIE

Karte S. 366 (☎06 06 08; www.museocarlobilotti.it; Viale Fiorello La Guardia; ⊙Winter Di–Fr 10–16, Sommer Di–Fr 13–19, ganzjährig Sa & So 10–19 Uhr; 🚇Porta Pinciana) **GRATIS** Die Oran-

---

👁 HIGHLIGHTS **MUSEO NAZIONALE ETRUSCO DI VILLA GIULIA**

Die Villa von Papst Julius III. aus dem 16. Jh. stellt die zauberhafte Kulisse für Italiens schönste Sammlung etruskischer und vorrömischer Kunstschätze dar. Viele der Exponate stammen aus Grabstätten in der Region Latium rund um Rom. Sie reichen von Bronzefiguren und schwarzen *bucchero*-Gefäßen bis zu Tempelschmuck, Terrakottavasen und schillerndem Schmuck.

Unbedingt ansehen sollte man die polychrome Terrakottastatue des Apollo aus der Etruskersiedlung Veio nördlich von Rom und die berühmte griechische Vase *Euphronios Krater*, die 2008 nach 30-jährigem Tauziehen zwischen der italienischen Regierung und dem New Yorker Metropolitan Museum of Art an Italien zurückgegeben wurde. Doch das bekannteste Stück des Museums ist wohl der *Sarcofago degli Sposi* (Sarkophag eines Ehepaars) aus dem 6. Jh. v. Chr. Diese bemerkenswerte Arbeit, die aus einer Grabstätte in Cerveteri geborgen wurde, zeigt einen Mann und eine Frau, die auf einem steinernen Lager ruhen. Bei dem Sarkophag handelt es sich eigentlich um eine kunstvolle Urne für die Asche des Paares.

Weitere Funde, die den vorrömischen Umbriern und Latinern zugeordnet werden, sind in der nahe gelegenen **Villa Poniatowski** (☎06 321 96 98, Sonntagsführungen ☎06 4423 9949; www.villagiulia.beniculturali.it; ⊙Di–Sa 9–13.30 Uhr, Vorausbuchung erforderlich) ausgestellt.

NICHT VERSÄUMEN

➡ *Sarcofago degli Sposi*
➡ *Apollo di Veio*
➡ *Euphronios-Krater*

PRAKTISCH & KONKRET

➡ Karte S. 366
➡ www.villagiulia.beniculturali.it
➡ Piazzale di Villa Giulia
➡ Erw./erm. 8/4 €
➡ ⊙Di–So 8.30–19.30 Uhr
➡ 🚇Via delle Belle Arti

gerie der Villa Borghese bildet den hübschen Rahmen für die Kunstsammlung des milliardenschweren Kosmetikmagnaten Carlo Bilotti. Schwerpunkt sind 18 Werke von Giorgio de Chirico (1888–1978), einem der bedeutendsten italienischen Künstler des 20. Jhs. Beachtenswert ist aber auch ein Warhol-Porträt von Bilottis Frau und Tochter.

GALLERIA NAZIONALE D'ARTE
MODERNA E CONTEMPORANEA   GALERIE
Karte S. 366 (☏06 3229 8221; www.gnam. beniculturali.it; Viale delle Belle Arti 131, barrierefreier Eingang Via Gramsci 73; Erw./erm. 8/4 €; ⏲Di–So 8.30–19.30 Uhr; 🚇Piazza Thorvaldsen) Die Galerie in einem riesigen Palast aus der Belle Époque wird oft übersehen; dabei ist sie definitiv einen Besuch wert. Die hervorragende Sammlung deckt die ganze Skala von klassizistischen Skulpturen bis zum abstrakten Expressionismus ab und zeigt Arbeiten von vielen der bedeutendsten Künstler des 19. und 20. Jh.

Zu sehen sind Gemälde der *macchiaioli* (italienische Impressionisten) und der Futuristen Boccioni und Balla ebenso wie Skulpturen von Canova und bedeutende Werke von Modigliani, de Chirico und Guttuso. Internationale Künstler sind hier ebenfalls vertreten, darunter so namhafte wie Van Gogh, Cézanne, Monet, Klimt und Alberto Giacometti, dessen charakteristische hagere Bronzen sich einen Raum mit einem Gemälde von Jackson Pollock, einer kurvenreichen Skulptur von Henry Moore und einem hängenden Mobile von Alexander Calder teilen.

⊙ Flaminio

AUDITORIUM PARCO DELLA
MUSICA   KULTURZENTRUM
Karte S. 366 (☏06 8024 1281; www.auditorium. com; Viale Pietro de Coubertin 10; Führungen Erw./erm. 9/7 €; ⏲Mo–Sa 11–20, So 10–18 Uhr; 🚇Viale Tiziano) Roms bedeutendstes Kulturzentrum ist ein kühnes Bauwerk, das vom Stararchitekten Renzo Piano entworfen und im Jahr 2002 eingeweiht wurde. Drei graue hülsenartige Konzertsäle sind rund um ein Amphitheater mit 3000 Plätzen angeordnet.

Während der Ausschachtungsarbeiten für den Bau wurden Überreste einer antiken römischen Villa entdeckt. Diese sind in dem kleinen Museum des Auditoriums zu besichtigen, dem **Museo Archeologico** (www.auditorium.com; Auditorium Parco della Musica, Viale Pietro de Coubertin; ⏲Sommer Mo–Sa 10–20, Winter Mo–Sa 11–18, ganzjährig So 10–18 Uhr; 🚇Viale Tiziano) GRATIS.

Führungen (Mindestteilnehmerzahl: zehn Personen) starten samstags und sonntags stündlich zwischen 11.30 und 16.30 Uhr und von Montag bis Freitag auf Anfrage.

DIE SCHLACHT AN DER MILVISCHEN BRÜCKE

Konstantins Sieg über Maxentius in der Schlacht an der Milvischen Brücke, die am 28. Oktober 312 stattfand, ist einer der berühmtesten militärischen Erfolge in der römischen Geschichte.

Die Schlacht war der Höhepunkt eines siebenjährigen Machtkampfs um die Herrschaft im Weströmischen Reich. Konstantin und seine zahlenmäßig weit überlegene Armee näherten sich Rom von Norden her auf der Via Flaminia und trafen am Nordufer des Tibers auf Maxentius' Truppen. Der Kampf war kurz und blutig, am Ende war Maxentius tot, seine Streitkräfte waren vernichtend geschlagen, und dem Weg nach Rom und zum Reich stand nichts mehr im Weg.

Das ist zwar historisch bedeutsam, aber der Mythos der Schlacht liegt in der christlichen Legende, die sie umgibt. Nach dem Bericht des römischen Historikers Lactantius erhielt Konstantin im Traum eine Botschaft, die ihm befahl, ein christliches Symbol auf die Schilde seiner Truppen malen zu lassen. Ein zweiter Historiker, Eusebius, berichtet sehr viel dramatischer, Konstantin habe am Vorabend der Schlacht ein Kreuz am Himmel gesehen und dazu die Worte vernommen „In diesem Zeichen wirst du siegen". Wie auch immer es gewesen sein mag, Konstantin errang jedenfalls einen bedeutenden Sieg und legte damit den Grundstein für die Ausbreitung des Christentums im Römischen Reich.

UNTERIRDISCHES IN DER VILLA TORLONIA

Unterhalb des Grüns der Villa Torlonia sind Andenken an ein dunkles Kapitel in der Geschichte Roms zu finden. Von 1940 bis 1943 ließ Mussolini zwei Luftschutzkeller und einen unterirdischen **Bunker** (Karte S. 366; ☎ 347 3811874; www.sotterraneidiroma.it; Führung 7 €, Reservierung obligatorisch; 🚌 Via Nomentana) unter seinem damaligen Familienanwesen bauen. Im Rahmen einer Führung können die Besucher in diese kahlen unterirdischen Räume gelangen, die mit gasdichten Türen und Luftfiltersystemen ausgestattet sind. Der Bunker mit seinen 4 m dicken Wänden, der 6 m unterhalb des **Casino Nobile** liegt, befand sich noch im Bau, als der Duce am 25. Juli 1943 verhaftet wurde.

MUSEO NAZIONALE DELLE ARTI DEL XXI SECOLO (MAXXI)
GALERIE

Karte S. 366 (☎ 06 320 19 54; www.fondazionemaxxi.it; Via Guido Reni 4a; Erw./erm. 11/8 €; ⏰ Di–So 11–19, Sa bis 22 Uhr; 🚌 Viale Tiziano) Bei Roms führendem Museum für zeitgenössische Kunst beansprucht der von Zaha Hadid entworfene Bau ebenso viel Aufmerksamkeit wie die Ausstellungen, die er beherbergt. Das Museumsgebäude, das in eine ehemalige Kaserne integriert ist, beeindruckt von außen und innen gleichermaßen. Die vielschichtige geometrische Fassade öffnet sich zu einem höhlenartigen, lichterfüllten Innenraum voller verschlungener Wege und frei schwebender Treppen.

Die Galerie besitzt eine kleine ständige Sammlung, doch interessanter sind die wechselnden Ausstellungen. Dazu zählten in jüngster Zeit Installationen des chinesischen Avantgarde-Bildhauers Hang Yong Ping und eine Schau mit aktueller iranischer Kunst.

PONTE MILVIO
BRÜCKE

Karte S. 366 (🚌 Ponte Milvio) Die kopfsteingepflasterte Fußgängerbrücke ist vor allem als Schauplatz der antiken Schlacht an der Milvischen Brücke bekannt. Erbaut wurde sie 109 v. Chr. als Fortsetzung der Via Flaminia über den Tiber. Die Konstruktion blieb intakt, bis sie 1849 von Garibaldis Truppen gesprengt wurde, um die vorrü-

ckenden französischen Soldaten aufzuhalten. Ein Jahr später ließ Papst Pius IX. die Brücke wieder aufbauen. Die **Torretta Valadier** auf der Nordseite wurde früher für Kunstausstellungen genutzt.

FORO ITALICO
ARCHITEKTUR

Karte S. 366 (Viale del Foro Italico; 🚌 Piazzale della Farnesina) Am Fuß des bewaldeten **Monte Mario** liegt das Foro Italico, eine großzügige Sportanlage aus der Zeit des Faschismus. Ihr Zentrum bildet das Stadio Olimpico (S. 216), Roms Fußballstadion mit 70 000 Sitzplätzen. Die meisten Leute kommen an der Anlage nur auf dem Weg zu einem Fußball- oder Rugbyspiel vorbei. Wer sich für faschistische Architektur interessiert, wird hier aber Sehenswertes entdecken.

Die Anlage wurde von dem Architekten Enrico Del Debbio entworfen und ist im Wesentlichen noch in ihrer ursprünglichen Form erhalten. Ein 17 m hoher Marmor-**Obelisk** steht am Anfang einer breiten Allee, die zum **Stadio dei Marmi**, einer von 60 unbekleideten Marmorstatuen umstandenen Laufbahn, und zum Stadio Olimpico hin führt.

EXPLORA – MUSEO DEI BAMBINI DI ROMA
MUSEUM

Karte S. 366 (☎ 06 361 37 76; www.mdbr.it; Via Flaminia 82; Erw./erm. 8/5 €; ⏰ Einlass Di–So um 10, 12, 15 & 17 Uhr; Ⓜ Flaminio) Explora ist das einzige Museum in Rom, das sich speziell an Kinder richtet, besonders an solche unter zwölf Jahren. Es ist nach Themen unterteilt und hat alles vom Supermarkt über einen Spiel-Pool bis zum Feuerwehrauto. Kinder lieben dieses Erlebnis zum Anfassen, Herumtollen und Ausprobieren. Draußen gibt es einen kostenlosen Spielplatz, der allen offensteht. Eine Reservierung ist zu empfehlen.

◉ Salario

MUSEO D'ARTE CONTEMPORANEA DI ROMA (MACRO)
KUNSTGALERIE

Karte S. 366 (☎ 06 06 08; www.museomacro.org; Via Nizza 138, Ecke Via Cagliari; Erw./erm. 9,50/7,50 €; ⏰ Di–So 10.30–19.30 Uhr; 🚌 Via Nizza) Neben dem MAXXI ist dies das bedeutendste Museum für moderne Kunst in Rom. Die wechselnden Ausstellungen und die Werke aus der Bestandssammlung italienischer Kunst nach 1960 sind in einer ehemaligen Peroni-Brauerei ausgestellt.

Die schwarz-rote Innengestaltung des Museums wetteifert mit den Exponaten um die Aufmerksamkeit der Betrachter. Der Entwurf der französischen Architektin Odile Decq bewahrt vieles von der ursprünglichen Struktur des Gebäudes, verpasst ihm aber zugleich ein raffiniertes Finish aus Stahl und Glas.

CATACOMBE DI PRISCILLA KATAKOMBEN
Karte S. 366 (☎06 8620 6272; www.catacombe-priscilla.com; Via Salaria 430; Führung Erw./erm. 8/5 €; ⊗Di–So 8.30–12 & 14.30–17 Uhr; 🚌Via Salaria) Dieses Netz von gruseligen Tunneln, die zwischen dem 2. und 5. Jh. gegraben wurden, galt als „Königin der Katakomben". In der bedeutenden frühchristlichen Begräbnisstätte wurden in Grabkammern entlang der 13 km langen Tunnel zahlreiche Märtyrer und Päpste beigesetzt.

Die Führungen beziehen den Besuch einer ausgeschmückten griechischen Kapelle und eines recht mitgenommenen Freskos der Jungfrau Maria ein. Es stammt aus der Zeit um 230 und ist vermutlich die älteste Madonnendarstellung überhaupt.

VILLA ADA PARK
Karte S. 366 (Eingänge Via Salaria, Via Ponte Salario, Via di Monte Antenne, Via Panama; ⊗7 Uhr bis Sonnenuntergang; 🚌Via Salaria) Der große, weitläufige Park mit seinen schattigen Wegen, Seen, Rasenflächen und Bäumen war einst im Privatbesitz von König Vittorio Emanuele III. Er ist vor allem bei den Einheimischen sehr beliebt und wird hauptsächlich im Sommer sehr gut besucht, wenn hier Freiluftkonzerte im Rahmen des Festivals Roma Incontro il Mondo veranstaltet werden.

◉ Nomentano

PORTA PIA STADTTOR
Karte S. 366 (Piazzale Porta Pia; 🚌Via XX Settembre) Dieses zinnenbewehrte Bauwerk, Michelangelos letzte architektonische Arbeit, wurde von Papst Pius IV. in Auftrag gegeben. Es ersetzte die Porta Nomentana, eins der ursprünglichen Stadttore in der Aurelianischen Mauer.

1870 tobten hier erbitterte Straßenkämpfe, als italienische Truppen die angrenzenden Mauern durchbrachen, um die Stadt der Macht des Papstes zu entreißen und sie zu einem Teil des im Entstehen begriffenen Königreichs Italien zu machen.

VILLA TORLONIA PARK
Karte S. 366 (Via Nomentana 70; ⊗Winter 7–19.30, Sommer bis 20.30. Uhr; 🚌Via Nomentana) Der herrliche Park aus dem 19. Jh. mit den hohen Pinien, stimmungsvollen Palmen und den verstreut liegenden Wohngebäuden gehörte einst dem Fürsten Giovanni Torlonia (1756–1829), einem mächtigen Bankier und Grundbesitzer. Seine große klassizistische Villa, das **Casino Nobile**, wurde später zum Wohnhaus der Familie Mussolini (1925–1943) und gegen Ende des Zweiten Weltkriegs zum Hauptquartier der Alliierten (1944–1947). Heute beherbergt es ein Kunstmuseum.

MUSEI DI VILLA TORLONIA MUSEUM
Karte S. 366 (☎06 06 08; www.museivillatorlonia.it; Via Nomentana 70; Casino Nobile Erw./erm 7,50/6,50 €, Casina delle Civitte Erw./erm 6/5 €, Kombiticket Erw./erm 9,50/7,50 €; ⊗Di–So 9–19 Uhr; 🚌Via Nomentana) Dieses Museum, das in drei Gebäuden – Casino Nobile, Casina delle Civette und Casino dei Principi – untergebracht ist, prunkt mit einer vielfältigen Sammlung von Skulpturen, Gemälden, Stilmöbeln und dekorativem Buntglas. Der Haupt-Kartenschalter befindet sich hinter dem Parkeingang an der Via Nomentana.

Mit seiner übergroßen klassizistischen Fassade, die von Giuseppe Valadier entwor-

VILLA BORGHESE & DER NORDEN VON ROM SEHENSWERTES

QUARTIERE COPPEDÈ

Das kompakte **Quartiere Coppedè** (Karte S. 366; 🚌Viale Regina Margherita) betritt man am besten an der Ecke Via Tagliamento und Via Dora. Toskanische Türmchen, Freiheitsstatuen, maurische Rundbögen, gotische Wasserspeier, mit Fresken geschmückte Fassaden und von Palmen gesäumte Gärten kennzeichnen dieses märchenhafte Viertel. Hinter all diesen Verrücktheiten steckt der kaum bekannte Florentiner Architekt Gino Coppedè, der das Viertel zwischen 1913 und 1926 entwarf und erbaute.

Im Herzen des Bezirks steht die skurrile **Fontana delle Rane** (Froschbrunnen; Karte S. 366; Piazza Mincio; 🚌Viale Regina Margherita), eine moderne Version der bekannteren Fontana delle Tartarughe im Jüdischen Ghetto.

GEHEIMTIPPS FÜR GUTES EIS

In diesem Teil von Rom sind mehrere herausragende *gelaterie* zu finden. Sie sind allerdings nicht so leicht zu entdecken, wenn man nicht weiß, wo man suchen muss. Dass man zufällig hineinstolpert ist eher unwahrscheinlich. Ein typisches Beispiel ist **Neve di Latte** (Karte S. 366; Via Poletti 6; Gelato 2,50–5 €; ⏱So–Do 12–22 Fr & Sa bis 23 Uhr), ein unscheinbarer Laden in der Nähe des MAXXI, der fantastische klassische Eissorten herstellt. Auf der anderen Seite des Flusses ist **Al Settimo Gelo** (Karte S. 366; www.alsettimogelo.it; Via Vodice 21a; Gelato 2–5 €; ⏱Winter Mo–Sa 10–20, Sommer bis 23, So 11.30–14 & 15.30–20 Uhr; 🚇Piazza Giuseppe Mazzini) eine weitere hochgelobte *gelateria*, die für ihre kreativen Geschmacksrichtungen und die Verwendung natürlicher Zutaten bekannt ist.

fen wurde, macht das **Casino Nobile** (www.museivillatorlonia.it; Villa Torlonia, Via Nomentana 70; Erw./erm 7,50/6,50 €; ⏱Di–So 9–19 Uhr; 🚇Via Nomentana) mächtig Eindruck. In den überreich ausgestatteten Innenräumen ist die schöne Sammlung der Familie Torlonia zu bestaunen: von der Klassik inspirierte Skulpturen und Gemälde aus dem frühen 20. Jh. von der Scuola Romana (Römische Schule).

Nordöstlich davon steht die viel kleinere **Casina delle Civette** (www.museivillatorlonia.it; Villa Torlonia, Via Nomentana 70; ⏱Di–So 9–19 Uhr; 🚇Via Nomentana), ein bizarrer Mix aus Schweizer Chalet, Gruselschloss und putzigem Bauernhaus. Dazu kommt eine Ausstattung im Jugendstil. Das Haus entstand zwischen 1840 und 1930; heute ist es ein Museum für Buntglas.

Das **Casino dei Principi** (Villa Torlonia, Via Nomentana 70; Erw./erm. inkl. Casino Nobile 7,50/6,50 €; ⏱Di–So 9–19 Uhr; 🚇Via Nomentana) beherbergt die Archive der Scuola Romana und zeigt wechselnde Ausstellungen.

BASILICA DI SANT'AGNESE FUORI LE MURA & MAUSOLEO DI SANTA COSTANZA
BASILIKA, KATAKOMBEN

(www.santagnese.com; Eingänge Via Nomentana 349 & Via di Sant Agnese 3; Basilika & Mausoleum frei, Katakomben Führung Erw./erm. 8/5 €; ⏱Basilika 7.30–12 & 16–19.30 Uhr, Mausoleum 9–12 & 16–18 Uhr, Katakomben Mo–Sa 9–11.30 & tgl. 15–16.30 Uhr; 🚇Via Nomentana) Bis hierher ist es zwar ein gutes Stück zu Fuß zu gehen, aber der Weg zu dieser faszinierenden Kirchenanlage aus dem Mittelalter lohnt sich auf jeden Fall. Sie umfasst die Basilica di Sant'Agnese Fuori le Mura und das Mausoleo di Santa Costanza aus dem 4. Jh., die mit einigen der frühesten Mosaiken des Christentums aufwarten können.

Die heutige Basilika, deren Ursprünge bis ins 7. vorchristliche Jh. zurückreichen, wurde über den **Katakomben** errichtet, in denen die hl. Agnes beigesetzt wurde. Über die Jahrhunderte hinweg ist die Basilika vielfach verändert worden, doch ihr goldenes **Apsismosaik**, eines der schönsten Beispiele byzantinischer Kunst in Rom, hat die Zeiten intakt überdauert. Es stellt die hl. Agnes dar, flankiert von den Päpsten Honorius und Symmachus, mit den Zeichen ihres Märtyrertums – dem Schwert und der Flamme. Der Legende nach wurde die 13-jährige Agnes zum Tod auf dem Scheiterhaufen verurteilt. Als die Flammen ihr jedoch nichts anhaben konnten, wurde sie daraufhin auf der Piazza Navona enthauptet und unter dieser Kirche begraben.

Gegenüber der Hauptkirche steht das Mausoleo di Santa Costanza. Der gedrungene Rundbau besitzt eine Kuppel, die von zwölf Säulenpaaren aus Granit getragen wird. Der gewölbte Chorumgang ist mit schönen Mosaiken aus dem 4. Jh. geschmückt.

✕ ESSEN

✕ Villa Borghese & Umgebung

SERENELLA
PIZZA €

Karte S. 366 (Via Salaria 70; Pizzastück ab 1,50 €; ⏱8–22 Uhr; 🚇Via Salaria) Der bescheidene Pizza-Imbiss liegt etwas abseits, eignet sich aber bestens für einen Boxenstopp. Die Pizzaböden werden mit natürlicher Hefe zubereitet, oben drauf kommt eine Auswahl fantasievoller Beläge. Als preiswerter Snack ohne großes Fleckenrisiko empfiehlt sich die klassische Variante *pizza bianca* (mit Salz und Olivenöl).

CINECAFFÈ
CAFÉ €

Karte S. 366 (www.cinecaffe.it; Casina delle Rose, Largo Marcello Mastroianni 1; Gerichte 15–25 €; ☺8.30–20.30 Uhr; 🚇Porta Pinciana) Das moderne Café, Teil des Komplexes Casa del Cinema (S. 217), ist einer der wenigen Orte in der Villa Borghese, an denen es vernünftiges Essen gibt. Hier kann man auf einen morgendlichen Kaffee vorbeikommen oder sich einen Tisch auf der sonnigen Terrasse schnappen und beim üppigen Mittagsbüfett zuschlagen (ein Teller 15 €, unbegrenzter Zugang 25 €).

CAFFÈ DELLE ARTI
CAFÉ, RISTORANTE €€

Karte S. 366 (☎06 3265 1236; www.caffedelleartiroma.com; Via Gramsci 73; Gerichte 45 €; ☺tgl. 12.30–15.30 & Di–So 19.30–23 Uhr; 🚇Piazza Thorvaldsen) Das Café-Restaurant der Galleria Nazionale d'Arte Moderna (S. 211) steht in klassizistischer Pracht in einer ruhigen Ecke der Villa Borghese. Das elegante Lokal eignet sich besonders für schwüle Sommerabende. Dann können die Gäste auf der Terrasse sitzen und bei Kaffee, Cocktails oder einem Abendessen im Freien mit klassischer italienischer Küche in der romantischen Atmosphäre schwelgen.

✖ Flaminio

BAR POMPI
BACKWAREN €

Karte S. 366 (Via Cassia 8; Tiramisu 3,50 €; ☺ Mi–Mo 7–24, Di 16–24 Uhr; 🚇Ponte Milvio) Die renommierte Pasticceria macht das berühmteste Tiramisu von ganz Rom. Neben der klassischen Kombination mit Kaffee, Weinbrand und Kakao werden diverse andere Versionen serviert, darunter Erdbeere, Pistazie sowie Banane und Schokolade.

IL GIANFORNAIO
BÄCKEREI €

Karte S. 366 (Largo Maresciallo Diaz 16; Pizzastück 3,50 €; ☺Mo–Sa 7.30–21, So 9–15 Uhr; 🚇Ponte Milvio) Der beliebte Mittagstreff ist eine Art Hans Dampf in allen Gassen. Das Angebot umfasst eine Auswahl süßer und salziger Snacks – z. B. *cornetti* (Croissants), hausgemachte Kekse und ausgezeichnete Pizzastücke – sowie täglich Pasta- und Fleischgerichte.

PALLOTTA
TRATTORIA, PIZZA €€

Karte S. 366 (☎06 333 42 45; www.ristorantepallotta.it; Piazzale Ponte Milvio 23; Gerichte 30 €, Pizza ab 7 €; ☺12–15 & 19–23.30 Uhr; 🚇Ponte Milvio) Die Trattoria, ein einfaches Lokal mit einem schattigen Garten, ist eine Institution. Auf den Tisch kommen traditionelle römische Pasta, unkomplizierte Grillfleischgerichte und knusprige Pizza. Weil auch viele Einheimische hier gerne herkommen, empfiehlt es sich auf jeden Fall, einen Tisch zu reservieren.

✖ Salario

PASTICCERIA GRUÈ
BACKWAREN €

Karte S. 366 (Viale Regina Margherita 95; Gebäck ab 2 €; ☺7–21 Uhr; 🚇Viale Regina Margherita) Das schicke Pasticceria-Café, eins von zahlreichen Lokalen an der Viale Regina Margherita, ist ein lokaler Hotspot – Anzugträger und gut gekleidete Büroangestellte essen hier zu Mittag; abends strömen dann die Leute aus der Nachbarschaft auf einen Aperitif herein. Doch das wirkliche Aushängeschild des Ladens sind die exquisit gestalteten Gebäckstücke und die Schokoladen, die verführerisch in der Glastheke warten.

✖ Parioli

METAMORFOSI
RISTORANTE €€€

Karte S. 366 (☎06 807 68 39; www.metamorfosiroma.it; Via Giovanni Antonelli 30–32; Degustationsmenüs 80–110 €, Mittagsmenüs 45 €; ☺12.30–14.30 & 20–22.30 Uhr, Sa Mittag & So geschl.; 🚇Via Giovanni Antonelli) Seit der Eröffnung 2011 hat sich das mit einem Michelinstern dekorierte Restaurant von Küchenchef Roy Carceres als eine der Topadressen in Rom etabliert. Offeriert werden eine innovative, moderne Küche, tadelloser Service und ein schickes, aber zwangloses Ambiente. Verschiedene Degustationsmenüs stehen zur Wahl, darunter eine dreigängige Mittagsoption.

MOLTO
RISTORANTE €€€

Karte S. 366 (☎06 808 29 00; www.moltoitaliano.it; Viale Parioli 122; Gerichte 45–50 €; ☺13–15 & 20–23 Uhr; 🚇Viale Parioli) Das modische und auf ruhige Weise glamouröse Molto ist in Parioli sehr beliebt. Der dezente Eingangsbereich führt in elegante, moderne Räumlichkeiten und auf eine Terrasse im Freien. Die Karte bietet eine breite Palette von einfachen, hausgemachten Pastagerichten bis hin zu ausgefalleneren, mit Trüffel gewürzten Kreationen und saftigem gebratenen Fleisch.

SPORT IM OLIMPICO

Ein Fußball- (oder Rugby-)Spiel im **Stadio Olimpico** (Karte S. 366; ☎06 3685 7520; Viale dei Gladiatori 2, Foro Italico) ist ein unvergessliches Erlebnis. Allerdings sollte jeder Zuschauer die Augen offen halten, denn es kommt dort gelegentlich zu Schlägereien.

Während der Fußballsaison (Sept.–Mai) wird an den meisten Sonntagen ein Spiel ausgetragen, an dem eine der beiden Stadtmannschaften beteiligt ist: **AS Roma** (www.asroma.it), bekannt als *giallorossi* (die Gelbroten) oder **Lazio** (www.sslazio.it), die *biancazzuri* (die Weißblauen). Eintrittskarten kosten je nach Spiel ab 16 € und sind bei Lottomatica-Verkaufsstellen, am Stadion, bei Vorverkaufsstellen, online (www.listicket.it) oder in einem der Roma- oder Lazio-Shops im Stadtgebiet erhältlich. Im Februar und im März werden in dem Stadion auch die italienischen Spiele des Rugby-Turniers Six Nations ausgetragen.

AUSGEHEN & NACHTLEBEN

MOMART · BAR

(www.momartcafe.it; Viale XXI Aprile 19; ◷Mo-Fr 12–2, Sa & So 18–2 Uhr; ▯Via XXI Aprile) Das Momart, eine geräumige moderne Bar im Universitätsviertel nahe der Via Nomentana, serviert einen der beliebtesten Aperitifs in Rom. Ein gemischtes Publikum aus Studenten und örtlichen Geschäftsleuten findet sich hier ein, um sich am hauptsächlich auf Pizza spezialisierten Büfett gütlich zu tun und bei Cocktails auf der Straßenterrasse zu entspannen.

BRANCALEONE · CLUB

(www.brancaleone.eu; Via Levanna 11; ◷Öffnungszeiten variieren; normalerweise ab 22.30 Uhr; ▯Via Nomentana) Aus seinen Anti-Establishment-Anfängen als *centro sociale* (Sozialzentrum) ist das Brancaleone herausgewachsen und zu einem der Topclubs in Rom geworden. Spitzen-DJs dröhnen ein junges, feierfreudiges Publikum mit Rap, Hip-Hop, Drum'n'bass und Electronica zu. Außerdem gibt es regelmäßige Veranstaltungen und Einzel-Events. Der Club liegt ziemlich weit vom Zentrum entfernt im Bezirk Montesacro.

LANIFICIO 159 · CLUB

(www.lanificio159.com; Via Pietralata 159a; ◷Öffnungszeiten variieren; normalerweise 23–4 Uhr; ▯Via Val Brembana) In einer ehemaligen Wollfabrik in den nordöstlichen Vororten von Rom veranstaltet dieser coole Underground-Club Live-Gigs und heiße Club-Action, angeführt von Roms Top-Crews und internationalen DJs. Der Club gehört zu einem größeren Komplex, in dem auch zu-

rückhaltendere Events eine Bühne finden, zum Beispiel Sonntagsmärkte, Ausstellungen und Aperitifs.

CHIOSCHETTO DI PONTE MILVIO · BAR

Karte S. 366 (Ponte Milvio 44; ◷18–2 Uhr, nur im Sommer; ▯Ponte Milvio) Der grüne Kiosk neben dem Ponte Milvio ist eine lokale Berühmtheit und erfreut sich bei den Jugendlichen aus den wohlhabenden Vierteln im Norden Roms anhaltender Beliebtheit. Er mag wie eine Bretterbude aussehen – und das ist er ja auch –, aber die Mojitos sind der Hit. Außerdem gibt es eine ausgezeichnete, durststillende *grattachecca* (Getränk mit zerstoßenem Eis und Fruchtsirup).

PIPER CLUB · CLUB

Karte S. 366 (www.piperclub.it; Via Tagliamento 9; ◷Fr & Sa 23–5 Uhr; ▯Viale Regina Margherita) Piper ist für Rom was das Studio 54 für New York war, ein fester Bestandteil des Nachtlebens – und das seit 50 Jahren. Freitags gibt es hier Themenpartys, alles von Latin Nights bis House der 90er, samstags geben Haus-DJs den Rhythmus vor.

 # UNTERHALTUNG

AUDITORIUM PARCO DELLA MUSICA · KONZERTSAAL

Karte S. 366 (☎06 8024 1281; www.auditorium.com; Viale Pietro de Coubertin 30; ▯Viale Tiziano) Das Auditorium, der Mittelpunkt von Roms blühender Kulturszene, ist der wichtigste Konzertsaal der Hauptstadt und eines der beliebtesten Kunstzentren Europas. Die drei Konzertsäle besitzen eine ausgezeichnete Akustik und bieten zusammen mit einer Open-Air-Arena, die über 3000 Sitzplätze verfügt, Raum für eine bunte Programmvielfalt von Klassikkonzerten bis hin zu Jazz-Gigs, öffentlichen Lesungen und Filmvorführungen.

Außerdem ist hier Roms Weltklasse-Orchester, das **Orchestra dell' Accademia Nazionale di Santa Cecilia** (www.santacecilia.it), zu Hause.

TEATRO OLIMPICO
THEATER

Karte S. 366 (☎ 06 326 59 91; www.teatroolimpico. it; Piazza Gentile da Fabriano 17; Piazza Mancini, Piazza Mancini) Das Teatro Olimpico ist die Heimat der **Accademia Filarmonica Romana** (www.filarmonicaromana.org), einer der bedeutenden römischen Organisationen für klassische Musik, die einst u. a. Rossini, Donizetti und Verdi zu ihren prominenten Mitgliedern zählte. Das abwechslungsreiche Programm umfasst Klassik und Kammermusik, Oper, Ballett, Ein-Mann-Shows und Unterhaltungsprogramme.

CASA DEL CINEMA
KINO

Karte S. 366 (☎ 06 06 08; www.casadelcinema. it; Largo Marcello Mastroianni 1, Villa Borghese; Porta Pinciana) Die Casa del Cinema in der Villa Borghese verfügt über drei Kinosäle, einen Ausstellungsraum und ein Freilufttheater. Gezeigt wird hier alles von Dokumentar- bis zu Kurzfilmen, Independent-Streifen und Arthouse-Klassikern (manchmal auch in der Originalsprache). Hinzu kommen regelmäßige Retrospektiven und diverse Veranstaltungen rund um das Thema Film.

SILVANO TOTI GLOBE THEATRE
THEATER

Karte S. 366 (☎ 06 06 08; www.globetheatrero-ma.com; Largo Aqua Felix, Villa Borghese; Karten 10–23 €; Piazzale Brasile) Ähnlich wie das Londoner Globe Theatre, aber bei schönerem Wetter, spielt das Elisabethanische Freilufttheater in der Villa Borghese von Juli bis September Shakespeare (hauptsächlich auf Italienisch).

🛍 SHOPPEN

LIBRERIA L'ARGONAUTA
BÜCHER

Karte S. 366 (www.librerialargonauta.com; Via Reggio Emilia 89; ⏲ Mo–Fr 10–20, Sa 10–13 & 16–20 Uhr; Via Nizza) Die Reisebuchhandlung in der Nähe des MACRO-Museums ist ein hübscher Ort zum Stöbern. Die nette Atmosphäre und Regale voller Reiseliteratur, Führer, Karten und Fotobände sorgen dafür, dass man sich im Handumdrehen an weit entfernte Orte träumt.

BULZONI
WEIN

Karte S. 366 (www.enotecabulzoni.it; Viale Parioli 36; ⏲ 8.30–14 & 16.30–20.30 Uhr; Viale Parioli) Der historische Weinladen versorgt Parioli seit 1929 mit guten Tropfen. Er hat eine fantastische Auswahl an Weinen aus den italienischen Anbaugebieten, aber auch gute Weine aus dem übrigen Europa und der Neuen Welt. Dazu kommt eine sorgsam zusammengestellte Auswahl an Champagner, Spirituosen, Olivenöl und Gourmet-Köstlichkeiten.

BAGHEERA
MODE

Karte S. 366 (www.bagheeraboutique.com; Piazza Euclide 30; ⏲ Di–Sat 9.30–13 & 15.30–19.30 Uhr; Piazza Euclide) Die modische Boutique ist bei den Römerinnen seit Langem ein Favorit für die neuesten Trends. Außer Sandalen und vampmäßigen High Heels sind hier Kleider von Dries Van Noten und eine Auswahl an Taschen und Accessoires von namhaften Designern zu haben.

ANTICAGLIE A PONTE MILVIO
MARKT

Karte S. 366 (Via Capoprati; ⏲ 1. & 2. So im Monat 9–20 Uhr, Aug. geschl.; Ponte Milvio) Der Ponte Milvio aus dem 2. Jh. v. Chr. ist die Kulisse für diesen Antiquitätenmarkt. Am ersten und zweiten Sonntag jeden Monats machen sich am Flussufer bis zu 200 Stände breit, die mit Antiquitäten, Kunstobjekten, Vintage-Kleidern, Stilmöbeln und jeder Art von Sammelobjekten überhäuft sind.

Der Süden von Rom

VIA APPIA ANTICA | OSTIENSE | SAN PAOLO | GARBATELLA

Highlights

❶ Auf der **Via Appia Antica** (S. 220) einen Spaziergang oder eine Radtour unternehmen, um auf den Spuren der alten Römer zu wandeln

❷ Die Katakomben von Rom, christliche Begräbnisstätten, erkunden wie die **Catacombe di San Sebastiano** (S. 221)

❸ Die farbenfrohe und hypermoderne Straßenkunst in **Ostiense** (S. 227) bestaunen

❹ Im genialen Ambiente der Außenstelle der Kapitolinischen Museen zu schlendern, dem **Centrale Montemartini** (S. 226), einem ehemaligen Elektrizitätswerk

❺ Sich angesichts der erhabenen **Basilica de San Paolo fuori le Mura** (S. 223), der zweitgrößten Kirche von Rom, winzig klein fühlen

Details siehe S. 368 ➡

Den Süden von Rom erkunden

Der Süden von Rom, ein weitläufiges Stadtgebiet, umfasst vier verschiedene für Besucher interessante Viertel: die Via Appia Antica, die für ihre Katakomben berühmt ist, die bei Straßenkünstlern beliebte Via Ostiense, das malerische Garbatella und EUR (Esposizione Universale di Roma), Mussolinis futuristisches Bauprojekt. Sie liegen relativ weit voneinander entfernt, lassen sich aber mit öffentlichen Verkehrsmitteln gut erreichen.

Südöstlich der Porta San Sebastiano verläuft die Via Appia Antica (Alte Appische Straße), eine der ältesten Straßen der Welt. Dieser Stadtteil ist wunderschön – in den grünen Feldern liegen verfallene Ruinen, Schirmpinien wachsen hoch in den Himmel.

In Richtung Westen präsentiert sich in der Via Ostiense ein völlig anderes Bild. Die aufgelassenen Fabriken und Lagerhäuser beherbergen Restaurants, Pubs, Clubs und Bars; hier befindet sich auch das riesige Eataly, ein Komplex mit Restaurants und italienischen Lebensmitteln. Die geplante Umgestaltung der ehemaligen Mercati Generali zu einer „Stadt der Jugend" – ein Entwurf von Rem Koolhaas mit Freizeit-, Kultur- und Büroräumlichkeiten – wurde begonnen, jedoch auf Eis gelegt.

Ostiense beherbergt auch einige hochkarätige Sehenswürdigkeiten: die Centrale Montemartini, ein stillgelegtes Kraftwerk, in dem antike Statuen zu sehen sind, und die Basilica di San Paolo fuori le Mura, die drittgrößte Kirche der Welt. In dieser Gegend findet sich die tollste Straßenkunst in Rom; komplette Gebäude sind in allen Regenbogenfarben bemalt. Gleich in der Nähe lohnt das Viertel Garbatella wegen seiner originellen Architektur eine Erkundungstour; ein Stück weiter südlich wurde EUR von Mussolini als Vorzeigeobjekt seines faschistischen Regimes errichtet, ein Viertel mit breiten Boulevards und geradlinigen Gebäuden.

Lokalkolorit

➡**Essen** Bei Andreotti (S. 229) Gebäck mitnehmen oder eine Pizza im Pizza Ostiense (S. 229) probieren.

➡**Clubbing** Einige der coolsten Clubs von Rom liegen an der Via Ostiense.

➡**Radfahren** Die ruhige Via Appia (S. 220) genießen.

An- & Weiterreise

➡**Metro** Die Metrolinie B fährt zu den Haltestellen Piramide, Garbatella, Basilica San Paolo, EUR Palasport und EUR Fermi.

➡**Bus** Es bestehen Busverbindungen zur Porta San Sebastiano (118, 218 und 714), Via Ostiense (23 und 716) und zur Via Appia Antica (118).

Top-Tipp

Sonntags ist der erste Abschnitt der Via Appia Antica angeblich verkehrsfrei, was sich in den letzten Jahren allerdings nicht durchsetzen ließ. Dieser erste Abschnitt, der sich ab der Porta San Sebastiano über 1 km erstreckt, gibt allerdings absolut keinen netten Spazierweg ab, selbst an den „verkehrsfreien" Tagen nicht. Am besten nimmt man deshalb den Bus 118 zur Basilica di San Sebastiano; sie befindet sich in der Nähe des Straßenabschnitts, der grundsätzlich für den Straßenverkehr gesperrt ist.

 Gut essen

➡ Trattoria Priscilla (S. 227)

➡ Qui Non se More Mai (S. 228)

➡ Il Giardino di Giulia e Fratelli (S. 228)

➡ Andreotti (S. 229)

➡ Pizza Ostiense (S. 229)

Mehr Details siehe S. 227. ➡

 Nett ausgehen

➡ Porto Fluviale (S. 229)

➡ Doppiozeroo (S. 229)

➡ Neo Club (S. 229)

➡ Goa (S. 229)

Mehr Details siehe S. 229. ➡

◉ Gute Unterhaltung

➡ La Casa del Jazz (S. 230)

➡ Caffè Letterario (S. 230)

➡ Goa (S. 229)

➡ Piscina delle Rose (S. 228)

Mehr Details siehe S. 230. ➡

HIGHLIGHTS
VIA APPIA ANTICA

An der Porta San Sebastiano nimmt in südöstlicher Richtung die Via Appia ihren Anfang, die bei den Römern „regina viarum" (Königin der Straßen) hieß. Benannt ist sie nach Appius Claudius Caecus, der den ersten 90 km langen Abschnitt im Jahr 312 v. Chr. anlegte; die Straße wurde dann 190 v. Chr. bis zum 540 km entfernten Brindisi an der südlichen Adriaküste verlängert.

Die Via Appia Antica galt lange als eine der exklusivsten Adressen Roms, eine wunderschöne Verkehrsader mit Kopfsteinpflaster, gesäumt von Wiesen und Feldern, Gebäuden aus der Römerzeit und hochragenden Pinien. Am prachtvollsten war die **Villa dei Quintilli** – ein so begehrenswertes Anwesen in der Antike, dass Kaiser Commodus die Besitzer ermorden ließ, um es für sich zu haben.

Heute sieht man der Via Appia Antica ihre bewegte Geschichte kaum an: Spartacus und 6000 seiner aufständischen Sklaven wurden hier 71 v. Chr. gekreuzigt. Außerdem ziehen sich Tunnel über 300 km Länge durch den Tuffstein unter der Straße. Von den frühen Christen wurden sie als Grabkammern genutzt. Heute kann man drei Katakomben (San Callisto, San Sebastiano und Santa Domitilla) mit einem Führer besichtigen.

Wer plant, alle Sehenswürdigkeiten anzuschauen, sollte den Erwerb der Appia-Antica-Card in Betracht ziehen. Man kann auch Fahrräder leihen. Wer sichergehen will, dass er auch wirklich ein Rad abbekommt, sollte frühzeitig kommen, denn sie sind schnell weg. Kinderräder gibt es nicht, dafür aber Kindersitze (bis zu 20 kg); man sollte sie reservieren, denn das Angebot ist begrenzt. Der Park veranstaltet Führungen zu Fuß/mit dem Rad (8/12 €) auf Deutsch, Englisch und Spanisch, die per E-Mail gebucht werden müssen.

NICHT VERSÄUMEN

➡ Die Katakomben
➡ Mit dem Rad über die Via Appia fahren
➡ Villa dei Quintilli

PRAKTISCH & KONKRET

➡ Karte S. 368
➡ ☏ 06 513 53 16
➡ www.parcoappia antica.it
➡ Fahrradverleih Std./Tag 3/15 €
➡ ⊙ Info-Point Mo–Fr 9.30–13 & 14–17.30, Sa & So 9.30–18.30 Uhr, im Winter bis 17 Uhr
➡ 🚇 Via Appia Antica

HIGHLIGHTS
BASILICA & CATACOMBE DI SAN SEBASTIANO

Die berühmtesten Katakomben Roms beherbergen Fresken, Stuckarbeiten, Inschriften sowie verschiedene perfekt erhaltene Mausoleen. Sie erstrecken sich über mehr als 12 km und liegen auf drei Ebenen, nämlich 3 m, 9 m und 12 m tief. Einstmals bargen sie über 65 000 Gräber.

Basilika

Die **Basilika** (Via Appia Antica 136; ⊘tgl. 8–13 & 14–17.30 Uhr; ▢Via Appia Antica) aus dem 4. Jh. wurde von Kaiser Konstantin errichtet und im 9. Jh. von den Sarazenen größtenteils zerstört. Das heutige barocke Aussehen der Kirche datiert überwiegend aus dem frühen 17. Jh.; auf Veranlassung von Kardinal Scipione Caffarelli Borghese (1577–1633) wurde der Sakralbau durch Flaminio Ponzio umgebaut.

Das Gotteshaus ist dem hl. Sebastian geweiht, der Ende des 3. Jhs. als Märtyrer starb und in den Katakomben bestattet wurde. Über seinem Grab wurde im 4. Jh. die Kirche San Sebastiano erbaut. Im Jahr 826 wurde sein Leichnam zur sicheren Verwahrung in den Petersdom überführt, im 12. Jh. wurde der Heilige dann aber doch wieder hier begraben. In der Capella delle Reliquie ist einer der Pfeile zu sehen, mit denen er erschossen wurde sowie die Säule, an der man ihn festgebunden hatte. Auf der anderen Seite der Kirche lohnt eine Marmorplatte mit den Fußabdrücken Jesu einen Blick.

Katakomben

Unter der Kirche und weit darüber hinaus befindet sich ein Gewirr aus Tunneln, die Catacombe di San Sebastiano. Sie waren die ersten Katakomben, die als solche bezeichnet wurden. Der Name leitet sich vom griechischen *kata* (nahe) und *kymbas* (Höhlung) ab, denn die Katakomben befanden sich in der Nähe einer Höhle. Während der Zeit der Christenverfolgung unter Kaiser Valerian in den Jahren 257 und 258 sollen die Katakomben als sicherer Hort der sterblichen Überreste der beiden Heiligen Petrus und Paulus genutzt worden sein. Die unterirdischen Gewölbekomplexe avancierten zu einem bedeutenden Pilgerziel. Eine verputzte Wand ist mit Hunderten von Inschriften – häufig sind es Bittgebete – versehen, die Gläubige im 3. und 4. Jh. einritzten, darunter so persönliche Anliegen wie „Petrus und Paulus, betet für Victor." Es besteht allerdings durchaus die Möglichkeit, dass die Relikte der Heiligen überhaupt nie hier aufbewahrt wurden und die Katakomben einfach nur ein Ort der Andacht in schwierigen Zeiten waren.

Mausoleen

Innerhalb der Katakomben befinden sich drei herrlich erhaltene, verzierte Mausoleen. Jedes weist eine monumentale Fassade mit einer Tür auf, über der Symbole und die Namen der Besitzer eingraviert sind. Das erste Mausoleum gehörte Marcus Clodius Ermete, das zweite heißt „von den Innocentiores" – möglicherweise der Name einer Vereinigung. Im 3. Jh. wurde das Areal aufgeschüttet, um einen Platz für die Pilger anzulegen, die hier die beiden Heiligen Petrus und Paulus verehrten. Deshalb hat sich der eigentlich fragile Stuck auch so hervorragend erhalten.

NICHT VERSÄUMEN

➡ Graffiti, die an den hl. Petrus und den hl. Paulus gerichtet sind
➡ Mausoleen
➡ Basilica di San Sebastiano

PRAKTISCH & KONKRET

➡ Karte S. 368, G5
➡ ☏06 785 03 50
➡ www.catacombe.org
➡ Via Appia Antica 136
➡ Erw./erm. 8/5 €
➡ ⊘Mo–Sa 10–17 Uhr, Dez. geschl.
➡ ▢Via Appia Antica

◉ SEHENSWERTES

Die beeindruckende Via Appia verläuft im Südosten von Rom; die Sehenswürdigkeit wird von antiken Ruinen und Denkmälern gesäumt, unterirdisch erstreckt sich ein Gewirr von Katakomben.

◉ Via Appia Antica

CATACOMBE DI
SAN SEBASTIANO   KATAKOMBEN
Siehe S. 221.

VILLA DI MASSENZIO   RUINEN
Karte S. 368 (☑ 06 780 13 24; www.villadimas senzio.it; Via Appia Antica 153; ☉ Di–Sa 9–13 Uhr; ☐ Via Appia Antica) Das herausragendste Element dieses gewaltigen Palastkomplexes aus dem 4. Jh. von Maxentius ist der **Circo di Massenzio** (Karte S. 368; Via Appia Antica 153; ☐ Via Appia Antica), die am besten erhaltene antike Rennbahn in Rom; man kann sogar noch die Startboxen erkennen, die bei den Wagenrennen verwendet wurden. Die Arena für 10 000 Zuschauer ließ Maxentius etwa um 309 erbauen. Doch er starb, bevor er hier ein Rennen sehen konnte.

Oberhalb der Arena befinden sich die Ruinen von Maxentius' kaiserlicher Residenz. In der Nähe der Rennbahn ließ Maxentius das **Mausoleo di Romolo** (Tombo di Romolo; Karte S. 368; Via Appia Antica 153; ☐ Via Appia Antica) für seinen 17 Jahre alten Sohn Romulus errichten. Das riesige Mausoleum war ursprünglich mit einer großen Kuppel versehen und von einem imposanten Säulengang umgeben, der in Teilen heute noch sichtbar ist. Die Familie Torlonia ließ das Grabmal erweitern, um es schließlich in ein Landhaus umzuwandeln.

MAUSOLEO DI
CECILIA METELLA   RUINE
Karte S. 368 (☑ 06 3996 7700; www. coopculture. it; Via Appia Antica 161; Erw./erm. inkl. Terme di Caracalla & Villa dei Quintili 7/4 €; ☉ Di–So 9 Uhr bis 1 Std. vor Sonnenuntergang; ☐ Via Appia Antica) Das Mausoleum aus dem 1. Jh. v. Chr., ein imposanter Rundbau, beherbergt eine Grabkammer, die heute kein Dach mehr aufweist. Im 14. Jh. wurde das Bauwerk von der Adelsfamilie Caetani, die mit Papst Bonifaz VIII. verwandt war, in eine wehrhafte Festung umfunktioniert. Im Schutze dieser Burg nahmen die Caetani den Reisenden einen Wegzoll ab.

Das Grabmal wurde für die Tochter des Konsuls Quintus Metellus Creticus errichtet. Caecilia Metella kam eine besondere Bedeutung zu, da sie durch ihre Eheschließung zwei wichtige Familien verband – sie war die Schwiegertochter von Marcus Licinius Crassus, einem der Triumvirn neben Gnaeus Pompeius und Julius Caesar. Die Mauern des Bauwerks bestehen aus Travertin; innen ist es mit einem Relieffries verziert, auf dem gallische Schilde, Ochsenschädel und Girlanden zu sehen sind.

CAPO DI BOVE   ARCHÄOLOGISCHE STÄTTE
(☑ 06 7839 2729; Via Appia Antica 222; ☉ Mo–Sa 9–13.30 & 14.30–17 Uhr) Die Überreste dieser römischen Villa wurden entdeckt, als auf dem Grundstück eines Privatanwesens ein Erdaushub vorgenommen wurde, um einen Pool zu bauen. Die gefundenen Relikte vermitteln nun eine Ahnung, wie angenehm sich das Leben im antiken Rom gestaltete. Zu sehen sind Mosaiken und die Überreste eines privaten Badehauses inmitten der schönen Landschaft des Regionalparks Appia Antica.

VILLA DEI QUINTILI   RUINE
(☑ 06 3996 7700; www.coopculture.it; Via Appia Nuova 1092; Erw./erm. inkl. Terme di Caracalla & Mausoleo di Cecilia Metella 7/4 €; ☉ Di–So 9 Uhr bis 1 Std. vor Sonnenuntergang; ☐ Via Appia Antica) Diese Villa aus dem 2. Jh. ragt über grünen Feldern auf und gilt als eines der heimlichen Glanzlichter Roms. Sie war einst das Luxusdomizil zweier Konsuln, genau gesagt der Brüder Quintili, denen die Pracht der Villa allerdings zum Verhängnis wurde. Kaiser Commodus ließ sie beide ermorden und beanspruchte danach die Villa für sich. Besucher können den Gebäudekomplex heute an der Via Appia betreten (früher befand sich der einzige Eingang an der Via Appia Nuova), was den Zugang etwas einfacher gestaltet.

Der Kaiser ließ diverse Bauten ergänzen, und die Ruinen sind wirklich unglaublich beeindruckend. Die Hauptattraktion ist die gut erhaltene Badeanlage mit einem Wasserbecken, einem Caldarium (Dampfraum) und einem Frigidarium (Abkühlraum). Ein interessantes kleines Museum gibt es hier auch noch.

CATACOMBE DI SAN CALLISTO   KATAKOMBEN
Karte S. 368 (☑ 06 513 01 51; www.catacombe. roma.it; Via Appia Antica 110 & 126; Erw./erm. 8/5 €; ☉ 9–12 & 14–17 Uhr, Mi & Feb. geschl.)

Diese herrliche Basilika ist die drittgrößte Kirche der Welt und die größte in Rom gleich nach dem Petersdom. Sie ragt an just jener Stelle auf, wo der hl. Paulus nach seiner Enthauptung im Jahr 67 begraben wurde. Die Basilika wurde bereits im 4. Jh. von Kaiser Konstantin erbaut, jedoch im Jahr 1823 durch ein Feuer überwiegend zerstört.

Ein Großteil von dem, was man heute sieht, ist eine Rekonstruktion aus dem 19. Jh., die sich jedoch so originalgetreu wie nur möglich am ursprünglichen Gebäude orientiert. Zum Glück wurde jedoch nicht alles ein Raub der Flammen; viele Schätze überdauerten, darunter der **Triumphbogen** aus dem 5. Jh. mit umfassend restaurierten Mosaiken sowie der gotische Marmortabernakel über dem Hochaltar. Er wurde um 1285 von Arnolfo di Cambio und einem weiteren Künstler entworfen, vermutlich Pietro Cavallini.

Verfechter der Weltuntergangstheorie sollten sich die Papstporträts unter den Fenstern des Hauptkirchenschiffs ansehen; jeder Papst seit dem hl. Petrus ist hier vertreten. Eine Legende behauptet, dass die Welt untergehen wird, wenn kein Platz für ein weiteres Bild mehr vorhanden ist.

Das beeindruckende Kosmatenmosaik aus dem 13. Jh. in den **Kreuzgängen** der Benediktinerabtei gleich nebenan überdauerte den Brand von 1823 ebenfalls und ist auch einen Besuch wirklich wert. Ungewöhnlich sind hier die spiralenförmigen, gedrehten und geraden Säulen, die mit Mosaiken verziert sind.

NICHT VERSÄUMEN

➡ Triumphbogen aus dem 5. Jh. und Mosaiken
➡ Papstporträts
➡ Kreuzgang

PRAKTISCH & KONKRET

➡ Karte S. 368
➡ www.abbazia sanpaolo.net
➡ Via Ostiense 190
➡ Kreuzgang 4 €, archäologischer Spaziergang 4 €, Audioguide 5 €
➡ ⏱7–18.30 Uhr
➡ Ⓜ San Paolo

DER SÜDEN VON ROM SEHENSWERTES

🚇Via Appia Antica) Die größten und meistbesuchten Katakomben Roms wurden Ende des 2. Jhs. angelegt und nach Papst Calixtus I. benannt. Sie waren der offizielle Friedhof der neu entstandenen römischen Kirche. In den etwa 20 km langen Tunneln und Gängen, die bis heute erforscht sind, haben Archäologen die Gräber von ungefähr 500 000 Menschen entdeckt, darunter befinden sich auch sieben Päpste, die im 3. Jh. den Märtyrertod starben.

Cäcilia, die Schutzheilige der Musik, wurde ebenfalls hier begraben, später aber in die Basilica di Santa Cecilia in Trastevere umgebettet. Als ihr Leichnam 1599, mehr als 1000 Jahre nach ihrem Tod, exhumiert wurde, soll er nach christlicher Diktion noch vollkommen erhalten gewesen sein. So stellt ihn auch Stefano Modernos sanft konturierte Skulptur dar, von der hier eine Kopie zu besichtigen ist.

MAUSOLEO DELLE FOSSE ARDEATINE
MONUMENT

Karte S. 368 (☎06 513 67 42; Via Ardeatina 174; ⏱Mo–Fr 8.15–15.30, Sa & So bis 16.30 Uhr; 🚇Via Appia Antica) GRATIS Dieses bewegende Mausoleum ist den Opfern der schrecklichsten Gräueltat in Rom während des Zweiten Weltkriegs gewidmet. Hier, außerhalb der Ardeatinischen Höhlen, liegen 335 italienische Zivilisten begraben, die am 24. März 1944 von Angehörigen der SS erschossen wurden. Nach dem Massaker, das als Vergeltung für einen Partisanenangriff von den verantwortlichen Wehrmachtsoffizieren angeordnet worden war, sprengten die Deutschen Teile der Höhlen, die die Toten unter sich begruben. Nach dem Krieg wurden die Leichname exhumiert, identifiziert und in einem Massengrab beigesetzt, das heute durch eine riesige Betontafel sowie Skulpturen markiert ist.

Römische Katakomben

Im antiken Rom war es verboten, die Toten innerhalb der Stadtmauern zu begraben. Die verfolgten Christen hatten keine eigenen Friedhöfe und so begannen sie im 2. Jh. n. Chr., ein weitläufiges Netz von unterirdischen Begräbnisstätten außerhalb der Stadt anzulegen.

Fachkundige Totengräber hoben die Gruben aus und legten Gänge an. Die Leichen wurden in einfache Tücher gewickelt und in Nischen gelegt, sogenannte *loculi*, oder in größeren Familiengräbern bestattet. Viele Gräber wurden aufwendig mit Fresken oder Reliefs verziert, die erstaunlich gut erhalten sind. Auf sehr vielen Gräbern sind bewegende Inschriften zu finden, wie z. B. diese: „Apuleia Crysopolis, die sieben Jahre und zwei Monate alt wurde; (ihre) Eltern erinnern (hiermit) an ihre geliebte Tochter."

Symbolik

Allmählich hatte sich fast so etwas wie eine Geheimsprache für wichtige Aspekte des christlichen Glaubens entwickelt. Weil viele Christen weder lesen noch schreiben konnten, waren diese Zeichen ein Geheimcode und eine Möglichkeit, unter Analphabeten zu kommunizieren. Das verbreitetste Symbol war der Fisch. Das griechische Wort dafür ist *ichthys* und steht auch für „Iesous Christos Theou Yios Soter" (Jesus Christus, Sohn Gottes, Erlöser). Der Anker, der ebenfalls immer wieder auftaucht, steht für den Glauben an Christus als sichere Zuflucht, ein tröstlicher Gedanke in Zeiten der Verfolgung. Man nimmt an, dass auch dies ein griechisches Wortspiel war: *Ankura* erinnert an *en kuriol*, d. h. „bei Gott". Eine Taube mit einem Olivenzweig im Schnabel ist ein Hinweis

1. Krypta der Päpste. Catacombe di San Callisto (S. 222) **2.** Catacombe di Priscilla (S. 213) **3.** Fresko in den Catacombe di San Callisto (S. 222)

auf die biblische Taube und steht für die Versöhnung Gottes mit dem Menschen.

Ende der Nutzung

Ab 313 wurden die Katakomben aufgegeben, als Kaiser Konstantin das Toleranzedikt von Mailand erließ und die Christen ihre Toten auf den regulären Friedhöfen beisetzen durften.

Im 8. und 9. Jh. ließen die Päpste die Reliquien der Märtyrer aus den Katakomben in die Kirchen innerhalb der Stadtmauern überführen. Die Katakomben gerieten schließlich in Vergessenheit.

Seit dem 19. Jh. sind über 30 Katakomben in der Gegend freigelegt worden. Es ist faszinierend, dieses Labyrinth zu erkunden, und drei Katakombensysteme sind mit einer Führung zugänglich. Wenn man nicht ganz versessen ist auf das Thema, dürfte die Besichtigung einer Katakombe vollkommen ausreichen.

TOP 5: LITERATUR ÜBER KATAKOMBEN

➡ *Die Römischen Katakomben*, von James Spencer Northcote (1859)

➡ *Tombs and Catacombs of the Appian Way: History of Cremation*, von Olinto L. Spadoni (1892)

➡ *Valeria, the Martyr of the Catacombs*, von W. H. Withrow (1892)

➡ *Das christliche Rom: das Rom der ersten Christen – Katakomben und Basiliken*, von Philippe Pergola (2002)

➡ *The Churches and Catacombs of Early Christian Rome: A Comprehensive Guide*, von Matilda Webb (2001)

Es gibt hier außerdem ein winziges Museum, das die italienische Widerstandsbewegung dokumentiert (das Museum schließt eine Viertelstunde eher als die restliche Anlage).

CATACOMBE DI SANTA DOMITILLA · KATAKOMBEN

Karte S. 368 (☑06 511 03 42; www.domitilla. info; Via delle Sette Chiese 283; Erw./erm. 8/5 €; ⊙Mi–Mo 9–12 & 14–17 Uhr, Jan. geschl.; 🚌Via Appia Antica) Die wunderbaren Katakomben mit einer Länge von 17 km gehören zu den ältesten und größten der Stadt. Sie entstanden unter dem privaten Friedhof der Flavia Domitilla, einer Nichte Kaiser Domitians und Mitglied der sehr bedeutenden Flavier-Familie. Die Anlage enthält christliche Wandmalereien und die geheimnisvolle unterirdische **Chiesa di SS Nereus e Achilleus** (4. Jh.) Sie ist zwei römischen Soldaten geweiht, die unter Kaiser Diokletian als Märtyrer starben.

CHIESA DEL DOMINE QUO VADIS? · KIRCHE

Karte S. 368 (Via Appia Antica 51; ⊙Mo–Fr 8–18.30 Uhr, im Winter Sa & So 8.15–18.45 Uhr, im Sommer Sa & So bis 19.30 Uhr; 🚌Via Appia Antica) Diese winzig kleine Kirche kennzeichnet den Ort, an dem Petrus auf der Flucht aus Rom eine Vision von Jesus hatte, der in die andere Richtung ging. Als Petrus fragte: *„Domine, quo vadis?"* („Herr, wohin gehst du?"), erwiderte Jesus: *„Venio Romam iterum crucifigi."* („Ich komme nach Rom, um erneut gekreuzigt zu werden."). Zögernd beschloss Petrus, ihn zu begleiten, und kehrte in die Stadt zurück. Dort wurde er festgenommen und hingerichtet.

Im Seitenschiff sind Kopien der Fußabdrücke Christi zu besichtigen; die Originale werden heute in der Basilica di San Sebastiano aufbewahrt.

MUSEO DELLE MURA · MUSEUM

Karte S. 368 (☑06 7047 5284; www.museodelle muraroma.it; Via di Porta San Sebastiano 18; ⊙Di–So 9–14 Uhr; 🚌Porta San Sebastiano) Die Porta San Sebastiano aus dem 5. Jh. markiert den Anfang der Via Appia; sie ist das größte Tor der Aurelianischen Mauer. Während des Zweiten Weltkriegs lebte hier der Sekretär der Faschistischen Partei Ettore Muti, heute ist hier das bescheidene Museo delle Mure untergebracht. Es bietet Gelegenheit, an die 50 m oben auf der Mauer entlang zu spazieren, außerdem zeigt es Exponate zur Geschichte der Stadtbefestigung.

Das Tor hieß ursprünglich Porta Appia, wurde dann aber zu Ehren der vielen zigtausend Pilger, die hier auf dem Weg zu den Catacombe di San Sebastiano vorbeikamen, umgetauft.

⊙ Ostiense, San Paolo & Garbatella

Von der Stazione Roma-Ostia verläuft in Richtung Süden die etwas ruppige Via Ostiense mit Clubs in umfunktionierten Lagerhäusern und einigen interessanten Sehenswürdigkeiten. Freunde der Straßenkunst können sich über ein paar Schmuckstücke freuen, und zwar vor allem in der Via del Porto Fluviale.

KAPITOLINISCHE MUSEEN: CENTRALE MONTEMARTINI · MUSEUM

Karte S. 368 (☑06 06 08; www.centralemonte martini.org; Via Ostiense 106; Erw./erm. 7,50/6,50 €, inkl. Kapitolinische Museen 16/14 €, 7 Tage gültig; ⊙Di–So 9–19 Uhr; 🚌Via Ostiense) Die Außenstelle der Kapitolinischen Museen in einem ehemaligen Elektrizitätswerk zeigt eine Ausstellung, in der klassische Skulpturen Dieselmotoren und Hochöfen gegenüberstehen. Zu den Hauptattraktionen der Sammlung gehört die **Sala Caldaia**. In diesem Raum gruppieren sich antike Statuen in verschiedenen Posen um den gewaltigen Brennofen. Besonders schöne Objekte sind die *Fanciulla Seduta* (Sitzendes Mädchen) und die *Musa Polimnia* (Die Muse Polyhymnia). Zu bewundern sind aber auch einige erlesene römische Mosaiken mit Jagdszenen und Nahrungsmitteln.

QUARTIERE GARBATELLA · STADTVIERTEL

Karte S. 368 (Ⓜ Garbatella) Garbatella ist ein besonders bei Filmschaffenden beliebtes Stadtviertel. Konzipiert wurde es ursprünglich als Wohnquartier für Arbeiter. In den 1920er-Jahren wurden zahlreiche Römer hierher umgesiedelt, die wegen der Bauarbeiten im Stadtzentrum weichen mussten. Viele Menschen wurden in sogenannte *alberghi suburbani* einquartiert, große Wohnblocks, die von Innocenzo Sabbatini, dem führenden Kopf der „Römischen Schule" der Architektur entworfen worden waren. Das wohl berühmteste, **Albergo Rosso** (Piazza Michele da Carbonara; Karte S. 368) ist charakteristisch für diesen Stil. Weitere charakteristische Gebäude sind die **Scuola Cesare Battisti** (Karte S. 368; Piazza Damiano

Sauli) an der Piazza Damiano Sauli und das **Teatro Palladium** an der Piazza Bartolomeo Romano.

ESSEN

Die Stadtviertel Ostiense und Garbatella kommen immer mehr in Mode und können dementsprechend auch mit hervorragenden Restaurants aufwarten, beispielsweise dem Eataly-Komplex in Ostiense. Man kann aber auch in eher ländlichem Ambiente in der Nähe der Via Appia Antica gut essen.

✘ Via Appia Antica

TRATTORIA PRISCILLA   TRATTORIA €€

Karte S. 368 (☐06 513 63 79; Via Appia Antica 68; Gerichte 30 €; ☺tgl. 13–15 Uhr, Mo–Sa 8–11 Uhr; ☐Via Appia Antica) Diese freundliche Trattoria – ein alteingesessener Familienbetrieb – befindet sich in ehemaligen Stallungen aus dem 16. Jh. und sorgt schon seit mehr als 100 Jahren für das leibliche Wohl der Reisenden entlang der Via Appia. Auf den Tisch kommt leckere, traditionelle *cucina romana,* also beispielsweise Pasta *carbonara, amatriciana* (Speck und Tomatenso-

STRASSENKUNST IN OSTIENSE

Die Straßenkunstszene in Rom ist in den letzten Jahren schier explodiert; viele der weniger malerischen Vororte erstrahlen mittlerweile in allen Regenbogenfarben, was den riesengroßen, verblüffenden Wandmalereien zu verdanken ist. In den Touristeninformationen in Rom ist mittlerweile sogar ein kostenloser Stadtplan zum Thema Straßenkunst erhältlich, der bei der Erkundung helfen soll; verschiedene, interessante Stadtspaziergänge unter diesem Gesichtspunkt sind für die Gegenden online unter www.turismoroma.it abrufbar.

Die ehemaligen Industriebauten und die Alternativkultur in Ostiense haben eine perfekte Verbindung von topaktuellen Straßenkünstlern und grauen Mauern mit Verschönerungsbedarf geschaffen. Mit mehr als 30 Werken zählt diese Gegend zu den interessantesten Vierteln Roms, um herumzubummeln und diese Galerie unter freiem Himmel zu bestaunen.

Das alljährlich in Rom abgehaltene Outdoor Festival war der Auslöser für viele Werke, manche wurden aber auch von der Galerie **999 Contemporary** (www.999gallery. com) unterstützt; sie bietet auch einen detaillierten Stadtplan an, in dem die Werke verzeichnet sind, und zwar unter www.ostiensedistrict.it.

Zu den Hauptattraktionen zählen die Wandmalereien auf einem **ehemaligen Militärlager** (Karte S. 368; Via del Porto Fluviale). Das gesamte Gebäude ist mit einem Kaleidoskop von unheimlichen Gesichtern bedeckt, wobei die 48 Erkerfernster des Gebäudes als Augen in das Kunstwerk integriert wurden. Sie stellen auf einem Gebäude, das sich lange in den Händen von Hausbesetzern befand, die Übel des Obdachlosendaseins dar. Eine absonderliche Wandmalerei an einer Seitenmauer des Gebäudes lässt ein Boot sehen, das von Kränen und Robotern überragt wird. Alle diese Arbeiten sind das Werk des italienischen Künstlers **Blu** (www.blublu.org) aus Bologna, der diese Arbeiten 2014 fertigstellte.

Eine weitere interessante Ecke, die zu erkunden sich lohnt, ist die Unterführung an der Via delle Conce (aber unbedingt auf den Verkehr aufpassen!); hier gibt es u. a. Werke der Künstler Lucamaleonte und Gaucholadri zu bestaunen. Ein Stück weiter die Via Ostiense hinauf befindet sich in der Nähe der Centrale Montemartini ein weiteres Werk von Blu; es zeigt ineinander verschachtelte gelbe Autos, die die gesamte Fassade des Sozialzentrums **Alexis** (Karte S. 368; Via Ostiense 122) bedecken. Das Zentrum ist nach Alexis Grigoropoulos benannt, einem 15-jährigen Schüler, der 2008 während der Demonstrationen in Griechenland angeblich durch die Kugel eines Polizisten getötet wurde. In die Wandmalerei integriert sind sein Porträt und das Datum seines Todestags.

Andere Gegenden, in denen es sich lohnt, nach toller Straßenkunst Ausschau zu halten, sind Pigneto, San Basilio, San Lorenzo und Testaccio.

ße) und *cacio e pepe* (Käse und Pfeffer). Das köstliche Tiramisu wird immer mit großem Beifall bedacht.

QUI NON SE MORE MAI ITALIENISCH €€

Karte S. 368 (☎06 780 3922; Via Appia Antica 198; Gerichte rund 40 €; ☺Di-Sa 12.30–15 & 18.30–23.30 Uhr; 🚇Via Appia Antica) Dieses kleine, rustikale Restaurant mit viel Flair hat einen offenen Kamin, an dem gegrillt wird, sowie eine kleine Terrasse, die bei schönem Wetter die Gäste erfreut. Auf der Speisekarte stehen klassische Gerichte aus Rom wie Pasta *amatriciana, carbonara, alla gricia* (mit Schweinebacke), *cacio e pepe* und so weiter. Genau das Richtige also, bevor man sich auf den Weg macht.

IL GIARDINO DI
GIULIA E FRATELLI ITALIENISCH €€

Karte S. 368 (☎347 5092772; Via Appia Antica 176; Gerichte 25–30 €; ☺Di-Sa 12–15 & 19–23.30 Uhr; 🚇Via Appia Antica) Dieses reizende Restaurant befindet sich fast genau gegenüber vom Mausoleum Cecilia Metella; besonders schön ist es hier, wenn die Sonne scheint, denn es stehen dann auch Tische draußen im Garten – aber auch von drinnen ist der Blick in die schön begrünte Umgebung herrlich. Jedenfalls ist das Lokal ideal für ein Mittagessen oder einen *aperitivo* und zudem wirklich sehr gut für Familien geeignet. Auf der schlichten Speisekarte stehen Hauptgerichte wie Lasagne oder *polpette* (Fleischklopse).

ABSTECHER

DIE WELTAUSSTELLUNG VON ROM (EUR)

Als eine der wenigen geplanten Städtebaumaßnahmen in der Geschichte Roms wurde die EUR 1942 für eine internationale Ausstellung konzipiert. Obwohl der Krieg dazwischenkam und die Ausstellung deshalb nie stattfand, blieb der Name erhalten – Esposizione Universale di Roma (Weltausstellung von Rom) oder kurz EUR. Es gibt hier mehrere Museen, doch das eigentlich Interessante an diesem Viertel ist die spektakuläre Architektur des Rationalismus. Sie ist wirklich einzigartig, wenngleich nicht nach besonders menschlichen Maßstäben; jedenfalls kommt dieser Stil wunderschön bei einer Reihe von Palazzi zum Ausdruck, beispielsweise dem ikonenhaften **Palazzo della Civiltà del Lavoro** (Palast der Arbeit; Quadrato della Concordia; MEUR Magliana), der auch als „rechteckiges Kolosseum" bezeichnet wird. Der Palast der Arbeit ist das architektonische Aushängeschild der EUR, ein Meisterwerk des Rationalismus, verkleidet mit leuchtend weißem Travertin. Entworfen wurde das Gebäude von Giovanni Guerrini, Ernesto Bruno La Padula und Mario Romano und schließlich in den Jahren zwischen 1938 und 1943 erbaut. Es besteht aus sechs Stockwerken mit je neun Rundbogenarkaden, die eine Höhe von 50 m erreichen. Vor einer Weile hat sich hier übrigens die Zentrale von Fendi etabliert.

Weitere Beispiele für diese Monumentalarchitektur sind die **Chiesa Santi Pietro e Paolo** (Piazzale Santi Pietro e Paolo), der **Palazzetto dello Sport (Palalottomatica)** (Piazzale dello Sport) und der wunderschöne **Palazzo dei Congressi** (Piazza JF Kennedy). Das hypermoderne Kongresszentrum Nuvola („Wolke") von Massimiliano Fuksas ist der letzte spannende, architektonische Neuzugang in dieser Gegend; die Arbeiten kamen allerdings aufgrund fehlender Finanzmittel zum Stillstand.

Das **Museo della Civiltà Romana** (☎06 06 08; Piazza G Agnelli 10; ☺wegen Renovierung geschl.; MEUR Fermi) beschäftigt sich mit der römischen Geschichte; es wurde 1937 von Mussolini ins Leben gerufen, um das römische Kaiserreich zu verherrlichen. Kinder haben hier ihren Spaß an den Modellen und Waffen. Das Museum steht direkt neben dem **Museo Astronomico & Planetario** (☎06 06 08; www.planetarioroma.it; ☺wegen Renovierung geschl.) mit Vorführungen auf Italienisch. Während der Recherchen zu diesem Reiseführer waren beide Museen wegen Renovierungsarbeiten geschlossen, sollten jedoch 2016 wieder ihre Pforten öffnen.

Im EUR befindet sich auch das größte Schwimmbad von Rom, die **Piscina delle Rose** (☎06 5422 0333; www.piscinadellerose.it; Viale America 20; vor/nach 13 Uhr 16/14 €, Mo-Fr 3 Std.10 €, unter 10 Jahre frei; ☺Mitte Mai–Sept. Mo–Fr 10–22, Sa & So 9–19 Uhr; MEUR Palasport). Wer noch einen Liegestuhl ergattern will, muss früh hierher kommen, denn es wird ziemlich schnell voll.

✕ Ostiense, San Paolo & Garbatella

PIZZA OSTIENSE
PIZZA €

Karte S. 368 (Via Ostiense 56; ⏱18.30–1 Uhr; Ⓜ Pyramide) Diese Pizzeria wird von den gleichen Leuten geführt, die früher für die hochgelobte Pizzeria Remo in Rom zuständig waren, genau gesagt in Testaccio. In der Pizza Ostiense werden ähnlich hauchdünne, knusprige Pizzas mit köstlich frischen Belägen sowie leckere *fritti* (Frittiertes) in freundlicher Atmosphäre serviert.

ANDREOTTI
KONDITOREI €

Karte S. 368 (✆06 575 07 73; Via Ostiense 54; ⏱7.30–21.30 Uhr; 🚌 Via Ostiense) Der bekannte Filmregisseur – und Einwohner von Ostiense – Ferzan Ozpetek ist so ein großer Liebhaber von Gebäck, dass es sogar in seinen Filmen vorkommt. Und „Stars" sind sie allesamt – von den buttrigen *crostate* (Mürbteigkuchen) bis hin zu den Bergen von goldenen *sfogliatelle romane* (Gebäck mit Ricotta-Füllung). Man kann hier aber auch preiswert zu Mittag und Abend im leckeren *tavola calda* (Imbiss) essen; die Pastagerichte kosten gerade einmal 5 €.

EATALY
ITALIENISCH €

Karte S. 368 (✆06 9027 9201; www.eataly.net/it; Air Terminal Ostiense, Piazzale XII Ottobre 1492; ⏱Geschäft 10–24 Uhr, Restaurants 12–23.30 Uhr; Ⓜ Piramide) Das Eataly ist ein riesiger Komplex im Stil einer Mall, ein glitzerndes, glänzendes und auch etwas verwirrendes Kaufhaus, das sich komplett dem italienischen Essen verschrieben hat. Neben Esswaren aus dem ganzen Land gibt es auch Bücher und Kochutensilien; außerdem beherbergt der Komplex 19 Cafés und Restaurants, in denen leckere Pizzas, Pastagerichte, Eis und vieles mehr serviert werden.

PORTO FLUVIALE
TRATTORIA €€

Karte S. 368 (✆06 574 31 99; www.portofluviale. com; Via del Porto Fluviale 22; Gerichte 35 €; ⏱10.30–2 Uhr; Ⓜ Piramide) Im hippen Porto Fluviale mit Industriedesign geht es immer hoch her. Jedenfalls bietet sich das Restaurant ausgezeichnet für ein Essen mit der ganzen Familie an: Es ist lebhaft, geräumig und hat viele italienische Spezialitäten im Angebot. Serviert werden Pasta, Pizza und *cicchetti* (Happen im Stil von Tapas wie Artischocken und Schinken-Bruschetta) bis zu später Stunde.

🍷 AUSGEHEN & NACHTLEBEN

In dem ehemaligen Industriegebiet Ostiense gibt es zahlreiche Clubs, die sich in den alten Lagerhäusern, Werkhallen und Fabriken angesiedelt haben und ihnen so zu neuem Leben verhelfen. Roms erfahrene Clubber lassen sich hier stundenlang von Electro, Nu House, Nu Funk und allen möglichen Stilvariationen berauschen.

DOPPIOZEROO
BAR

Karte S. 368 (✆06 5730 1961; www.doppiozeroo. com; Via Ostiense 68; ⏱Mo–Sa 7–2 Uhr; Ⓜ Piramide) Diese legere Bar war früher einmal eine Bäckerei, daher der Name („Doppelnull" ist eine Mehlsorte). Aber heute lockt die schicke und moderne Bar hungrige, hippe Römer an, die es wie die Bienen zum Honigtopf zieht. Vor allem die preiswerten Mittagsgerichte (*primo/secondo* 4,50/6,50 €) und der üppige *aperitivo* (18–21 Uhr), der portionsmäßig beinahe schon als Abendessen durchgehen könnte, stehen hoch im Kurs der Gäste.

PORTO FLUVIALE
BAR

Karte S. 368 (✆06 574 31 99; www.portofluviale. com; Via del Porto Fluviale 22; ⏱10.30–2 Uhr; Ⓜ Piramide) Diese große Bar befindet sich in einer umgebauten, ehemaligen Fabrik und präsentiert sich im Ex-Industrie-Look, sprich dunkelgrünen Wänden und Klinkerboden. Jedenfalls bietet sich das entspannte nette Lokal an, um morgens einen starken *caffè* zu trinken oder am abends bei klirrendem Jazz einen schmackhaften *aperitivo* zu nehmen. Das Porto Fluviale liegt übrigens auch ganz im Trend in Sachen Mikrobrauereien: Hier wird das hauseigene Porto-Fluviale-Bier (mittelgroßes Glas 5,50 €) gebraut.

GOA
CLUB

Karte S. 368 (✆06 574 82 77; www.goaclub. com; Via Libetta 13; ⏱Do–Sa 23.30–4.30 Uhr; Ⓜ Garbatella) Das Goa ist der wahre Superclub Roms – mit internationalen Namen, Ethno-Ambiente, einem topgestylten Publikum, Go-Go-Girls auf der Bühne und furchteinflößenden, finster dreinblickenden „Gorillas" als Türstehern.

NEO CLUB
CLUB

Karte S. 368 (Via degli Argonauti 18; ⏱Fr & Sa 23–4 Uhr; Ⓜ Garbatella) Dieser kleine dunkle

CINECITTÀ – DIE FILMSTUDIOS

Cinecittà (☎06 88816182; cinecittastudios.it; Via Tuscolana 1055; Erw./Kind 20/10 €, Führung (Italienisch/Englisch) & Ausstellungen; ☉Mi–Mo 9.30–19 Uhr; Ⓜ Cinecittà), die bedeutendsten Filmstudios Italiens, wurden im Jahr 1937 von Mussolini gegründet; viele der bekanntesten italienischen Filme, aber auch internationale Streifen wurden hier gedreht. Es besteht mittlerweile die Möglichkeit, an einer Führung durch die Studios teilzunehmen. Dabei bekommen die Teilnehmer allerlei interessante Filmkulissen zu sehen wie beispielsweise Florenz um 1500 und das antike Rom. Außerdem werden auch sehenswerte Ausstellungen gezeigt: Eine widmet sich dem Werk des Regisseurs Federico Fellini (1920–1993), eine andere spürt anhand von interaktiven Exponaten der Geschichte der Filmstudios nach. Aber am spannendsten ist wohl die Kulisse mit einem amerikanischen U-Boot.

Die Filmstudios wurden von Mussolini ursprünglich geschaffen, um dort Propagandastreifen zu drehen; während des Zweiten Weltkriegs wurden sie dann verschiedentlich als Flüchtlingslager und auch als Krankenhaus genutzt. Doch seit der Nachkriegszeit geht es mit den Erfolgen Schlag auf Schlag. In den 1950er- und 1960er-Jahren wurden hier bedeutende Hollywood-Filme gedreht, darunter *Quo Vadis*, *Ben Hur* und *Cleopatra* – was Rom dann den Spitznamen „Hollywood am Tiber" einbrachte. Auch Fellinis Kreativrevier befand sich hier – er hatte sogar ein Zimmer in den Studios, damit er dort übernachten konnte. *La Dolce Vita* wurde im Studio 5 gedreht, wo der Regisseur die Via Veneto nachempfand. Später prägten dann Spaghetti-Western das Programm, beispielsweise Filme von Sergio Leone wie *Für eine Handvoll Dollar* und *Zwei glorreiche Halunken*. Zu den jüngsten Publikumsrennern, die hier gedreht wurden, zählen das Remake von *Ben Hur* und die Komödie *Zoolander 2*.

Club auf zwei Etagen mit Underground-Flair ist so ziemlich das flippigste, was diese Gegend zu bieten hat. Hier dröhnt ein tanzbarer Mischmasch aus Breakbeat, Techno und altbewährtem House.

LA SAPONERIA
CLUB

Karte S. 368 (☎06 574 69 99; Via degli Argonauti 20; ☉Okt.–Mai Di–So 23–4.30 Uhr; Ⓜ Garbatella) Früher befand sich hier eine Seifenfabrik, heute präsentiert sich das La Saponeria als cooler Club mit unverputzten Ziegelwänden und weißen Mauern sowie einer Lightshow, dass es einem das Hirn verhagelt. Die Feierfreudigen werden von Gast-DJs bei Laune gehalten, die so ziemlich alles auflegen – von Nu-House bis Nu-Funk, von Minimal-Techno, Dance und Hip-Hop bis hin zu Oldies aus den 1950er-Jahren.

RASHOMON
CLUB

Karte S. 368 (www.rashomonclub.com; Via degli Argonauti 16; ☉Okt.–Mai Fr & Sa 23–4 Uhr; Ⓜ Garbatella) Das Rashomon gibt sich eher verschwitzt als aufgetakelt, hier geht man hin, um bis zum Umfallen abzutanzen. Die Gäste toben sich aus zu einer musikalischen Orgie aus überwiegend House, Techno und Electronica.

 UNTERHALTUNG

LA CASA DEL JAZZ
JAZZ

Karte S. 368 (☎06 70 47 31; www.casajazz.it; Viale di Porta Ardeatina 55; Eintrittspreis unterschiedlich; ☉Auftritte etwa um 20–21 Uhr; Ⓜ Piramide) Die Casa del Jazz, mitten in einem riesigen, etwa 2500 km² großen Park in den südlichen Vororten, befindet sich in einer dreistöckigen Villa aus den 1920er-Jahren, die früher einem berüchtigten Mafiaboss gehörte. Nach seiner Festnahme gestaltete die Comune di Roma (Stadtverwaltung) das Gebäude in einen renommierten Jazztempel um. Zu den Räumlichkeiten gehören ein schöner Saal mit 150 Plätzen, Proberäume für die Musiker sowie ein Café und ein Restaurant. Manche Veranstaltungen sind sogar kostenlos.

CAFFÈ LETTERARIO
LIVEMUSIK

Karte S. 368 (☎06 5730 2842, 340 3067460; www.caffeletterarioroma.it; Via Ostiense 83, 95; ☉Di–Fr 10–2, Sa & So 16–2 Uhr; 🚇Via Ostiense) Das ebenso bunte wie minimalistische Caffè Letterario ist ein Intellektuellentreff in einer umfunktionierten, postindustriell wirkenden Autowerkstatt. Es präsentiert sich als interessante Kombination aus Designerlook, Buchgeschäft, Galerie, Bühne und Lounge-Bar. Von 22 Uhr bis Mitternacht stehen regelmäßig Liveauftritte auf dem Programm; die Palette reicht von Soul und Jazz bis hin zu indischem Tanz.

XS LIVE — LIVEMUSIK

Karte S. 368 (📱06 5730 5102; www.xsliveroma. com; Via Libetta 13; ☺Sept.–Mai Do–So 23.30–4 Uhr; Ⓜ Garbatella) In diesem Lokal mit Livemusik plus einem Club, in dem regelmäßig Konzerte stattfinden, geht wirklich die Post ab. In den vergangenen Jahren haben sich hier schon einige bekannte Musiker und Bands sehen lassen, beispielsweise Peter Doherty oder Jefferson Starship. Und die Club-Nächte reichen von Ausflügen à la Cool Britannia bis hin zu wahren Odysseen in die 1980er-Jahre.

TEATRO INDIA — THEATER

Karte S. 368 (📱06 8400 0311; www.teatrodi roma.net; Lungotevere dei Papareschi; Eintrittskarten 10–30 €; 🚊Via Enrico Fermi) Das 1999 in der post-industriellen Stadtlandschaft im südlichen Rom gegründete Theater ist die jüngere Schwester des Teatro Argentina. Die Bühne in einem umfunktionierten Industriegebäude gibt sich betont modern und ist somit der passende Rahmen für das innovative Programm; auf dem Spielplan stehen Werke aus dem In- und Ausland.

Tagesausflüge

Ostia Antica S. 234

Hier macht es Spaß, durch die vollständig erhaltenen Straßen zu bummeln, antike Toiletten zu bestaunen und im alten Hafen Ostia Antica, dem Pompeji von Rom, im Amphitheater herumzuklettern.

Tivoli S. 235

Diese Stadt oben auf einem Hügel beherbergt gleich zwei Stätten, die zum Unesco-Weltkulturerbe zählen: die Villa Adriana, den riesigen Landsitz von Kaiser Hadrian, und die Villa d'Este, die für ihre Landschaftsgärten und kunstvollen Brunnen bekannt ist.

Castelli Romani S. 236

Südlich von Rom dienen die hübschen Colli Albani (Albaner Berge) samt ihren 13 Städtchen den von der Hitze geplagten Einwohnern Roms schon seit Langem als Erholungsgebiet im Grünen.

Cerveteri S. 239

Die stimmungsvollen Grabmäler und archäologischen Schätze dieser einst bedeutenden Etruskerstadt ermöglichen einen Einblick in die geheimnisvolle Welt der Antike.

Orvieto S. 241

Das umbrische Städtchen oben auf einem Berg gelegen beherbergt einen der imposantesten gotischen Dome Italiens und gibt einen lohnenden Tagesausflug ab.

Ostia Antica

Ostia Antica erkunden

Ein halber Tag oder mehr wäre ideal, um die beeindruckenden Relikte von Ostia Antica zu besichtigen.

Die antike Römerstadt war früher ein lebhafter Hafen, dessen recht weitläufige Ruinen gut erhalten und bedeutsam sind. Die meisten der wichtigsten Sehenswürdigkeiten befinden sich direkt an oder in der Nähe der Hauptstraße von Ostia Antica, des Decumanus Maximus; sie verläuft vom Haupteingang (Porta Romana) über gut einen Kilometer zur Porta Marina, dem Stadttor, das ursprünglich zum Meer führte. Am Wochenende ist in der Ausgrabungsstätte immer viel los.

Die besten ...

➜**Attraktionen** Terme di Nettuno
➜**Restaurants** Ristorante Monumento (S. 235)

Top-Tipp

Am besten bringt man sich ein Picknick von zu Hause mit oder plant die Besichtigung so, dass man in einem der Restaurants essen kann. In der zur Ausgrabungsstätte gehörenden Cafeteria ist es nämlich oft extrem voll.

An- & Weiterreise

➜**Auto** Man nimmt die Via del Mare und folgt der Ausschilderung zu den *scavi* (Ruinen).

➜**Zug** An der Stazione Porta San Paolo (neben der Metrohaltestelle Piramide) nimmt man von Rom aus den Zug nach Ostia Lido und steigt in Ostia Antica aus. Die Züge verkehren regelmäßig etwa im 15-Minutentakt; die Fahrt ist mit einem Standardfahrschein für die öffentlichen Verkehrsmittel in Rom möglich und dauert 25 Minuten. Bei der Ankunft spaziert man gemütlich über die Fußgängerbrücke und geht dann in dieser Richtung weiter, bis man rechts eine Burg und direkt vor sich die Ruinen sieht.

Gut zu wissen

➜**Lage** 25 km südwestlich von Rom

◉ SEHENSWERTES

Ostia – der Name bedeutet Mündung bzw. *ostium* des Tiber – wurde im 4. Jh. v. Chr. erstmals besiedelt und entwickelte sich rasch zu einem wichtigen Hafen und einem bedeutenden Handelszentrum mit einer großen Bevölkerungszahl von rund 50 000 Einwohnern.

Der Niedergang setzte nach dem Fall des Römischen Reiches ein, und im 9. Jh. war die Stadt dann bereits größtenteils verlassen; die Anwohner wurden von Überfällen der Barbaren und durch den Ausbruch der Malaria vertrieben. In den folgenden Jahrhunderten wurden in Ostia Marmor und Baumaterialien geplündert, die Ruinen versanken nach und nach im Schlamm des Flusses – weshalb sie überdauert haben.

★ SCAVI ARCHEOLOGICI DI OSTIA ANTICA   ARCHÄOLOGISCHE STÄTTE

(☏06 56350215; www. ostiaantica.benicultura li.it; Viale dei Romagnoli 717; Erw./erm. 10/6 €; ◷Sommer Di–So 8.30–18.15 Uhr, Winter weniger lang) Ostia Antica, das sich problemlos mit dem Zug von Rom aus erreichen lässt, ist eine der am wenigsten gewürdigten Ausgrabungsstätten Italiens. Die Ruinen des antiken Meereshafens von Rom verteilen sich über ein so weitläufiges Areal, dass man schon ein paar Stunden braucht, um ihnen wirklich gerecht zu werden. Zu den Highlights zählen die **Terme di Nettuno** (Neptunbäder), ein steil angelegtes Amphitheater sowie ein antikes Café mit Tresen und ein paar Überresten der originalen Speisekarte in Form von Fresken an der Wand.

Zu beachten ist, dass am Wochenende in dieser Ausgrabungsstätte immer sehr viel los ist, wochentags geht es dagegen erheblich ruhiger zu.

Unweit vom Eingang beginnt an der **Porta Romana** der **Decumanus Maximus**, die zentrale Straße der Stätte; sie verläuft etwas mehr als einen Kilometer zur **Porta Marina**, dem originalen Stadttor am Meer.

Am Decumanus darf man die Terme di Nettuno keinesfalls versäumen. Diese Badeanlagen, eine von insgesamt 20, die ursprünglich in dieser Stadt vorhanden waren, datiert aus dem 2. Jh. und beeindruckt mit einigen herrlichen Mosaiken; eines davon zeigt beispielsweise Neptun, wie er seine von Seepferden gezogene Kutsche steuert. In der Mitte des Badekomplexes befinden sich die Reste einer von Arkaden umgebenen **Palestra** (Turnhalle).

Neben den Terme steht das **Teatro**, ein Amphitheater, das von Agrippa erbaut und später vergrößert wurde, um 4000 Menschen Platz zu bieten.

Die Grasfläche hinter dem Amphitheater ist die **Piazzale delle Corporazioni** (Forum der Handelsniederlassungen); hier waren einst die Kontore der Kaufmannsgilden Ostias zu Hause. Die Mosaiken, die sich an der Randumfassung aneinanderreihen, sollen die verschiedenen Branchen, die auf dem Platz angesiedelt waren, repräsentieren: Schiffe oder Delfine verweisen auf Schiffsspeditionen, während der Elefant sich vermutlich auf ein Unternehmen bezieht, das mit dem Elfenbeinhandel zu tun hatte.

Über dem **Forum**, dem Hauptplatz von Ostia, ragen die Überreste des **Capitolium** auf, eines Tempels, der von Hadrian erbaut wurde und Jupiter, Juno und Minerva geweiht ist.

Gleich in der Nähe beeindruckt ein weiteres Highlight: das **Thermopolium**, ein antikes Café. Ansehen sollte man sich hier den Tresen, die Fresken, die eine Speisekarte sehen lassen, die Küche und den kleinen Hof, in dem die Kunden gern neben dem Brunnen dem Nichtstun frönten.

Auf der anderen Straßenseite befinden sich die Relikte der **Terme del Foro** aus dem 2. Jh., des ursprünglich größten Badekomplexes der Stadt. Hier in der *forica* (öffentliche Toilette) kann man 20 gut erhaltene Klosetts bestaunen, die der Geselligkeit halber in eine lange Steinbank eingearbeitet wurden.

An moderneren Einrichtungen gibt es einen Cafeteria-Bar-Komplex mit Toiletten und einem Andenkenladen; er befindet sich nördlich des Decumanus (die Via dei Mulini hinaufgehen).

 **ESSEN**

RISTORANTE MONUMENTO   RISTORANTE €€
(☎ 06 565 00 21; www.ristorantemonumento.it; Piazza Umberto I 8; Mittagsmenü mit Festpreis 14 €, Gerichte 30 €; ⊙ 12.30–15.30 & 20–23 Uhr). Dieses historische Restaurant wurde im 19. Jh. ins Leben gerufen, damit es sich um das Wohl der Arbeiter kümmerte, die dort das Sumpfgebiet urbar machten. Heute füttert das Restaurant die Touristen direkt bei den Ruinen ab, und zwar mit hausgemachter Pasta und hervorragenden Meeresfrüchten. Von Montag bis Freitag ist ein Mittagsmenü zum Festpreis erhältlich.

Tivoli

Tivoli erkunden

Seit ewigen Zeiten dient Tivoli den reichen Römern als Sommerfrische, was die beiden historischen Tummelplätze – beide gehören zum Unesco-Weltkulturerbe – auch bezeugen: die Villa Adriana, der weitläufige Landsitz von Kaiser Hadrian gleich vor den Toren der Stadt, sowie die Villa d'Este aus dem 16. Jh., ein aristokratisches Renaissance-Refugium im Zentrum, das oben auf dem Berg liegt.

Beide Sehenswürdigkeiten lassen sich an einem Tag besichtigen, man muss allerdings früh anfangen. Am besten stattet man zuerst der Villa d'Este einen Besuch ab, geht dann in der Innenstadt zum Mittagessen und bummelt anschließend zur Villa Adriana hinunter.

Die besten ...

➜**Attraktionen** Der *canopo* in der Villa Adriana

➜**Restaurants** Sibilla (S. 236)

Top-Tipp

Die Villa Adriana präsentiert sich von ihrer schönsten Seite, wenn im Frühling die Blumen sprießen; wer an Heuschnupfen leidet, sollte unbedingt rechtzeitig Antihistamine einnehmen.

An- & Weiterreise

➜**Bus** Tivoli lässt sich mit dem Cotral-Bus (2,20 €, 50 Min., alle 15–20 Min.) erreichen, der an der Metrohaltestelle Ponte Mammolo abfährt. Um vom historischen Zentrum Tivolis zur Villa Adriana zu gelangen, nimmt man den CAT-Stadtbus 4 oder 4X (1 €, 10 Min., 30-Minutentakt) ab Largo Garibaldi.

➜**Auto** Man nimmt entweder die Via Tiburtina (SS5) oder aber die Autostrada Rome-L'Aquila (A24), auf der es schneller geht.

➜**Zug** Ab der Stazione Tiburtina (2,60 €, 1 Std., mindestens stündl.).

Gut zu wissen

➜**Lage** 30 km östlich von Rom
➜**Touristeninformation** (☎ 0774 31 35 36; Piazzale delle Nazione Unite; ⊙ Di–So 9.30–

17.30 Uhr) Im Stadtzentrum oben auf dem Berg, nicht weit von der Haltestelle, wo der Bus ankommt.

 SEHENSWERTES

VILLA ADRIANA ARCHÄOLOGISCHE STÄTTE

(☏0774 38 27 33; www.villaadriana.beniculturali.it; Erw./erm. 8/4 €; ☺9 Uhr bis 1 Std. vor Sonnenuntergang) Die Ruinen des großzügigen Landsitzes von Hadrian, 5 km außerhalb von Tivoli, sind durchaus großartig und können locker mit allem mithalten, was man in Rom zu sehen bekommt. Die von 118 bis 138 erbaute Villa war eine der größten der Antike; sie nahm mehr als 120 ha ein, von denen 40 ha heute öffentlich zugänglich sind. Für die Besichtigung sollte man mehrere Stunden einplanen.

Zu den Attraktionen, die man unbedingt gesehen haben muss, zählen der **Canopo**, ein Wasserkanal in einem Landschaftsgarten, über dem ein *nymphaeum* (Heiligtum einer Wassernymphe) und das **Teatro Marittimo** thronen, wo Hadrian sich gern zurückzog.

Hadrian, ein begeisterter Reisender und enthusiastischer Architekt, entwarf einen Großteil der Villa höchstpersönlich, wobei er sich von Gebäuden inspirieren ließ, die er auf der ganzen Welt gesehen hatte. Der **Pecile**, ein weitläufiges Areal mit einem Wasserbecken unweit der Mauern, ist die Reproduktion eines Bauwerks in Athen. Ebenso ist der *canopo* die Kopie eines Heiligtums in der ägyptischen Stadt Canopus: ein 120 m langes Wasserbecken, das von Statuen flankiert wird. Am oberen Ende des Beckens befindet sich das **Serapaeum**, ein halbrundes *nymphaeum;* im Sommer wurden dort Bankette abgehalten. Das ans Wasser angrenzende **Antiquarium** wird heute für Wechselausstellungen genutzt (findet gerade eine statt, kostet der Eintritt in die Villa etwas mehr als sonst).

Es besteht die Möglichkeit, an der Ausgrabungsstätte zu parken (3 €).

VILLA D'ESTE HISTORISCHES GEBÄUDE

(☏0774 31 20 70; www.villadestetivoli.info; Piazza Trento; Erw./erm. 8/4 €; ☺Di–So 8.30 Uhr bis 1 Std. vor Sonnenuntergang) Im Stadtzentrum von Tivoli, oben auf dem Hügel, geben die steilen, terrassierten Anlagen der Villa d'Este ein wahres Paradebeispiel für einen Renaissance-Garten ab; mit dazu gehören monumentale Brunnen, elegante von Bäu-men gesäumte Alleen und eine Grottenlandschaft. Die Villa war ursprünglich ein Benediktinerkloster, das dann von Lucrezia Borgias Sohn, dem Kardinal Ippolito d'Este, im ausgehenden 16. Jh. zu einem Lustschloss umgestaltet wurde. Der Komponist Franz Liszt, der von 1865 bis 1886 hier lebte, ließ sich von der Villa Ende 1877 zu seiner Klavierkomposition *Die Brunnen der Villa d'Este* inspirieren, die das Gebäude unsterblich machte.

Die Außenanlagen lassen tipptopp gepflegte Gärten, Wasserspeier, schattige, von Zypressen gesäumte Wege und Brunnen sehen. Ausschau halten sollte man vor allem nach dem **Orgelbrunnen**, einem Entwurf von Bernini; mithilfe des Wasserdrucks wird eine versteckte Orgel zum Klingen gebracht. Und auch die 130 m lange **Allee der 100 Brunnen** sollte man sich nicht entgehen lassen.

✗ ESSEN

TRATTORIA DEL FALCONE TRATTORIA €€

(☏0774 31 23 58; Via del Trevio 34; Gerichte 30 €; ☺12–16 & 18.30–23 Uhr) In der Nähe der Villa d'Este serviert diese fröhliche Trattoria, ein Familienbetrieb, schon seit 1918 Pizza, klassische Pasta sowie Fleisch und Meeresfrüchte. Das hübsche Lokal mit seinen unverputzten Steinwänden und einem kleinen Innenhof ist bei Touristen ebenso beliebt wie bei den Einheimischen.

SIBILLA RISTORANTE €€€

(☏0774 33 52 81; Via della Sibilla 50; Gerichte 50 €; ☺12.30–15 & 19.30–22.30 Uhr) Das Sibilla mit seiner Terrasse in der Nähe von gleich zwei antiken Tempeln aus der Römerzeit und Wasserfällen, die weiter unten ins grüne Flusstal stürzen, ist ein romantisches Ambiente, um gut zu essen. Hier munden saisonal inspirierte Menüs und Weine der Superlative.

Castelli Romani

....

Die Castelli Romani erkunden

Dies ist eine hübsche Ecke mit grünen Hügeln und Vulkanseen, 20 km südlich von

AB INS WASSER

Wen die Hitze in Rom langsam auszehrt, für den wird es Zeit, an den Strand abzudüsen. Der nächstgelegene befindet sich in Ostia Lido, es warten ein Stück weiter entfernt jedoch noch schönere Badefreuden:

Fregene Ein beliebter Ferienort hinter dem sich ein hoher Pinienwald erstreckt. Prima, um sich ins Nachtleben zu stürzen und sich am Strand so richtig in Positur zu werfen. Es fahren regelmäßig Cotral-Busse (2,20 €, 50 Min.) von der Metrohaltestelle Cornelia hinaus.

Lago di Bracciano Ein wunderschöner Vulkansee mit einem beliebten Strand in Anguillara Sabazia. Von Termini (2,60 €, 55 Min.) verkehren im 30-Minutentakt Züge nach Anguillare.

Santa Severa Hier verlockt ein reizender Sandstrand, über dem eine alte Burg thront. Nicht weit von hier ist **Santa Marinella** ebenfalls ein schöner Fleck. Von Termini (4 €, 1 Std.) fahren stündlich Züge nach Santa Severa.

Anzio Südlich von Rom rühmt sich Anzio seiner Sandstrände und einiger hervorragender Meeresfrüchte-Restaurants. Von Termini (3,60 €, 70 Min.) fahren stündlich Züge (an Sonntagen im Zweistundentakt) hin.

Sabaudia Hier kommt man nicht ganz so einfach hin, dafür werden die Besucher mit sauberem Wasser und einem sagenhaften Sandstrand belohnt, hinter dem sich eine Düne erstreckt. Cotral-Busse fahren von der Metrostation Laurentina (5 €, 2 Std.) nach Sabaudia.

Sperlonga Ein angesagter Strand an einer Bucht mit weißem Sand und einer mittelalterlichen Stadt, in die es steil hinaufgeht. Von Termini nimmt man zuerst den Zug nach Fondi (6,90 €, 1¼ Std., stündl.), dann einen Bus.

TAGESAUSFLÜGE CASTELLI ROMANI

Rom. Die Colli Albani (Albaner Berge) mit ihren 13 Städtchen sind allesamt unter dem Namen „Castelli Romani" bekannt. Seit der frühen Römerzeit fungieren sie schon als grünes Erholungsgebiet fern der Stadt, und bis heute strömen die Einwohner Roms gern an den Sommerwochenenden in diese Gegend.

Am einfachsten lassen sich die Städte Frascati, das für seinen Weißwein berühmt ist, und Castel Gandolfo oben auf dem Berg. Interessant sind auch Grottaferrata, das mit einer wunderschönen mittelalterlichen Abtei aufwarten kann, und der Lago Albano, ein malerischer Vulkansee.

Die besten ...

➜**Attraktionen** Lago Albano
➜**Restaurants** Cacciani (S. 239)
➜**Lokale zum Ausgehen** Frascati (S. 238)

Top-Tipp

In Frascati sollte man sich eine *cantina* (Weinkeller mit Trattoria) suchen und

es sich bei einer einfachen Völlerei mit *porchetta* (Spanferkel mit Kräutern) und frischem Wein aus der Region gemütlich machen.

An- & Weiterreise

➜**Auto** Nach Frascati und Grottaferrata gelangt man auf der Via Tuscolana (SS215); nach Castel Gandolfo und zum Lago Albano nimmt man die Via Appia Nuova (SS7) und folgt dann der Ausschilderung zum Flughafen Ciampino.

➜**Zug** Nach Frascati fahren zwar Busse, doch am einfachsten kommt man mit dem Zug hin, der an der Stazione Termini (2,10 €, 30 Min., Mo–Sa stündl., So Zweistundentakt) abfährt. Es bestehen auch regelmäßig Zugverbindungen nach Castel Gandolfo ab Termini (2,10 €, 45 Min.). Zwischen Frascati und Castel Gandolfo gibt es keine Bahnverbindung.

Unterwegs vor Ort

➜**Bus** Von der Piazza Marconi in Frascati verkehren Cotral-Busse nach Grottaferrata

(1,10 €, 10 Min., 2-Mal stündl.) und Castel Gandolfo (1,10 €, 30 Min.).

Gut zu wissen

➡ **Lage** 20 km südöstlich von Rom
➡ **Touristeninformation Frascati** (✆06 9401 5378; Piazza Marconi 5; ⏰Mo–Fr 8–20, Sa & So 10–20 Uhr)

 SEHENSWERTES

◉ Frascati

SCUDERIE ALDOBRANDINI   MUSEUM
(✆06 941 71 95; Piazza Marconi 6; Erw./erm. 5,50/3 €; ⏰Di–Fr 10–18, Sa & So 10–19 Uhr) Die ehemaligen Stallungen der Villa Aldobrandini, die von dem Architekten Massimiliano Fuksas restauriert wurden, beherbergen das einzig wirklich interessante Museum, das Frascati zu bieten hat, das **Museo Tuscolano**. Es widmet sich der Stadtgeschichte; zur Sammlung gehören Artefakte aus der Römerzeit sowie allerlei sehenswerte Modelle der Villen vor Ort.

PARK DER VILLA ALDOBRANDINI   GARTEN
(Via Cardinal Massai 18; ⏰Mo–Fr 9–17.30 Uhr) GRATIS Über dem Hauptplatz von Frascati ragt die Villa Aldobrandini auf, ein stolzes Anwesen aus dem 16. Jh., das von Giacomo della Porta entworfen und von Carlo Maderno erbaut wurde. Die Villa ist nicht öffentlich zugänglich, allerdings besteht die Möglichkeit, wochentags den beeindruckenden Barockgarten zu besichtigen.

◉ Grottaferrata

MONASTERO ESARCHICO DI SANTA MARIA DI GROTTAFERRATA   KIRCHE
(www.abbaziagreca.it; Viale San Nilo; ⏰Mo–Sa 9–12 & 16–19 Uhr) Das unter dem Namen Abbazia Greca di San Nilo besser bekannte Wehrkloster wurde 1004 gegründet. Die Mauern und Wehranlagen wurden etwa 400 Jahre später ergänzt, um die Chiesa di Santa Maria di Grottaferrata zu sichern. Diese mit Edelsteinen geschmückte und mit Ikonen überladene Kirche lässt diverse Freskenzyklen aus dem 17. Jh. von Domenichino sehen sowie ein hochverehrtes byzantinisches Bild der Jungfrau Maria.

◉ Castel Gandolfo

Eine der hübschesten Ortschaften der Castelli-Städtchen ist Castel Gandolfo, ein wunderschöner *borgo* (mittelalterliche Ortschaft) auf dem Berg. Sehenswürdigkeiten, die man unbedingt gesehen haben muss, gibt es hier eigentlich nicht, doch die **Piazza della Libertà** ist reizend, um ein Eis zu essen, und die Aussicht über den Lago Albano ist einfach herrlich. Direkt an der Piazza steht die Sommerresidenz des Papstes aus dem 17. Jh., der **Palazzo Pontificio** (nicht öffentl. zugänglich); hier gibt der Papst im Juli und August einmal wöchentlich eine Audienz.

BARBERINI-GÄRTEN   GARTEN
(http://biglietteriamusei.vatican.va/musei/tickets/do; Führungen 26 €; ⏰Mo–Sa nach Reservierung) Der Palazzo Pontificio in Castel Gandolfo ist zwar für den Publikumsverkehr gesperrt, es besteht aber die Möglichkeit, im Rahmen einer Führung die Gärten zu besichtigen. Bei diesen 1½-stündigen Führungen, die zuvor online gebucht werden müssen, können die Teilnehmer bei ihrem Rundgang durch die Gärten auf perfekt gepflegten Wegen die römischen Ruinen und herrlichen Ausblicke genießen.

◉ Lago Albano

Der Lago Albano, der größte und touristisch erschlossenste der beiden Vulkanseen der Castelli (der andere heißt Lago di Nemi), liegt an einem steilen, bewaldeten Krater. Vor allem im Frühling und Sommer steht der See bei den Einwohnern von Rom hoch im Kurs; dann strömen sie in Scharen herbei, um ihre Bräune aufzupeppen und in einem der vielen Lokale am Ufer zu essen.

 ESSEN & AUSGEHEN

✗ Frascati

Die Region Frascati ist für ihren Weißwein berühmt; der Ort Frascati ist mit zig *cantine*, bodenständigen Speiselokalen, gesprenkelt, in denen man hiesige *porchetta* und Krüge mit frischem jungem Wein probieren kann. Eine andere Möglichkeit ist, sich ein *panino con porchetta* (Brötchen mit Spanferkel) an einem der Stände an der Piazza del Mercato und Umgebung mitzunehmen.

CANTINA SIMONETTI OSTERIA €

(www.cantinasimonetti. com; Piazza San Rocco 4; Mahlzeiten 20 €; ☺Mi–So 19.45–24 & Sa & So 13–16 Uhr, im Sommer länger) Wer sich ein authentisches Speiseerlebnis wünscht, sollte dieser traditionellen *cantina* einen Besuch abstatten und sich zu einer legeren Mahlzeit mit *porchetta*, kaltem Braten und Käse niederlassen, zu der ein Weißwein aus der Region mundet. Passend zum Essen gibt sich auch das Ambiente rundum rustikal mit Holztischen und Papiertischdecken.

CACCIANI RISTORANTE €€€

(☎06 942 03 78; www.cacciani.it; Via Armando Diaz 13; Mittagsmenü zum Festpreis 25 €, Mahlzeiten ab 45 €; ☺Di–Sa 12.15–15 & 19–23, So 12.15–15 Uhr) Das renommierteste Restaurant in Frascati serviert edle Speisen bei einem fantastischen Blick über Rom von der Terrasse. Auf der Speisekarte stehen moderne kreative Gerichte, exquisit sind Klassiker wie *cannelloni con ragù* (Cannelloni mit Fleischsoße). Die Weinkarte gibt sich ganz schön gewichtig, und ein paar Menüs mit Festpreis, darunter wochentags ein Mittagsmenü zu 25 €, sind auch noch geboten.

✖ Castel Gandolfo

ANTICO RISTORANTE
PAGNANELLI RISTORANTE €€€

(☎06 936 00 04; www.pagnanelli.it; Via Antonio Gramsci 4, Castel Gandolfo; Mahlzeiten 60–70 €; ☺12–15.30 & 18.30–23.45 Uhr) Das hochgelobte Restaurant in einer von Blauregen überwucherten Villa bietet den perfekten Rahmen für ein romantisches Essen. Das Pagnanelli ist keine legere Trattoria, sondern eher förmlich und touristisch, doch die saisonale Speisekarte ist vom Feinsten, die Weinkarte unglaublich umfangreich, und die Aussicht auf den Lago Albano einfach unvergesslich.

Cerveteri

Cerveteri erkunden

Das beschauliche Provinzstädtchen Cerveteri beherbergt einen der größten Schätze der Etruskerzeit in ganz Italien – die ebenso gruselige wie auch großartige Necropoli di Banditaccia. Diese Totenstadt – sie zählt zum Unesco-Weltkulturerbe – befindet sich unweit der modernen Stadt inmitten der grünen Landschaft und ist das einzige erhaltene Relikt dieser einst so mächtigen Etruskerstadt, die ab dem 9. Jh. v. Chr. hier stand.

Es ist ein Erlebnis, einen Vormittag lang in der Nekropole herumzuspazieren, einer Totenstadt fürwahr; hier rechnet man schon fast damit, dass Hobbits aus den mit Gras überwucherten Grabhügeln auftauchen. Anschließend bietet es sich an, im mittelalterlichen Stadtzentrum zu Mittag zu essen, um dann den Tag mit dem Besuch des faszinierenden Archäologischen Museums ausklingen zu lassen.

Die besten ...

➡**Attraktionen** Necropoli di Banditaccia
➡**Restaurants** Antica Locanda le Ginestre (S. 241)

Top-Tipp

Das Etruskermuseum von Cerveteri sollte man keinesfalls verpassen; es erklärt die Gräber nicht nur in ihrem Kontext, sondern erweckt auch die Antike zu neuem Leben.

An- & Weiterreise

➡**Bus** An der Metrohaltestelle Cornelia nimmt man den Cotral-Bus (2,80 €, 55 Min., 30-Minutentakt). Und vom Stadtzentrum Cerveteris verkehrt dann der Bus G am Hauptplatz etwa im Stundentakt zur Nekropole (1,10 €, 5 Min.).
➡**Auto** Man nimmt entweder die Via Aurelia (SS1) oder die Civitavecchia-Autostrada (A12), die man bei der Ausfahrt Cerveteri–Ladispoli verlässt.

Gut zu wissen

➡**Lage** 35 km nordwestlich von Rom
➡**Touristeninformation** (☎06 9955 2637; Piazza Aldo Moro; ☺Winter 9.30–12.30 Uhr, Frühling 9.30–12.30 & 16–18 Uhr, Sommer 9.30–12.30 & 17.30–19.30 Uhr)

◎ SEHENSWERTES

Cerveteri (Kysry auf Etruskisch, Caere auf Lateinisch) war vom 7. Jh. bis zum 5. Jh. v.

TARQUINIA

Wer so richtig in die Kultur der Etrusker abtauchen möchte, sollte unbedingt nach Tarquinia fahren, rund 50 km nördlich von Cerveteri. Diese zweite der beiden großartigen Etruskerstädte in Latium ist für ihre außergewöhnlichen mit Fresken verzierten Grabmäler berühmt. Das **Museo Archeologico Nazionale Tarquiniese** (☎0766 85 00 80; www.tarquinia-cerveteri.it; Via Cavour 1; Erw./erm. 6/3 €, inkl. Nekropole 8/4 €; ⌚Di–So 8.30–19.30 Uhr) präsentiert unzählige Schätze, allen voran ein Terrakotta-Fries mit geflügelten Pferden (die *Cavalli Alati*), sowie mehrere bemalte Gräber. Wer Etruskergräber lieber an Ort und Stelle betrachten möchte, sollte den **Necropoli di Monterozzi** (☎0766 84 00 00; www.tarquinia-cerveteri.it; Via Ripagretta; Erw./erm. 6/3 €, inkl. Museum 8/4 €; ⌚Sommer Di–So 8.30–19.30 Uhr, Winter bis 1 Std. vor Sonenuntergang) einen Besuch abstatten; die Anlage gehört zum Unesco-Weltkulturerbe und befindet sich 1,5 km vom Stadtzentrum entfernt.

Und so kommt man hin: Von Cerveteri nimmt man zuerst einen Cotral-Bus zur Haltestelle Ladispoli und dort dann den Zug nach Tarquinia (3,60 €, 35 Min., stündl.). Für die Rückfahrt nach Rom bieten sich die Direktzüge nach Termini (6,90 €, 1 Std. 20 Min., stündl.) an.

Chr. eines der wichtigsten Handelszentren im Mittelmeerraum.

Da die Stadt überwiegend aus Holz erbaut war, hat sich allerdings nur sehr wenig erhalten. Verblieben ist nur die unterirdische Nekropole, die Besuchern eine Ahnung von der ehemaligen Pracht der Etruskerstadt vermittelt.

Mit dem Anwachsen römischer Macht verlor Cerveteri jedoch an Bedeutung, und 358 v. Chr. eroberte Rom die Stadt. Nach dem Untergang des römischen Imperiums sorgten die Verbreitung der Malaria und wiederholte Invasionen der Sarazenen für den Niedergang. Im 13. Jh. gab es einen Massenexodus in die Nachbarstadt Ceri: Caere wurde zu Caere Vetus (Alt-Caere), woraus der heutige Name entstand.

Im frühen 19. Jh. wurden dann erste provisorische archäologische Ausgrabungen unternommen; die systematische Erforschung des Gebiets begann jedoch erst im Jahr 1911.

★ NECROPOLI DI BANDITACCIA   ARCHÄOLOGISCHE STÄTTE

(☎06 994 06 51; www.tarquinia-cerveteri.it; Via della Necropoli 43/45; Erw./erm. 8/5 €, inkl. Museum 10/6 €; ⌚8.30 Uhr bis 1 Std. vor Sonnenuntergang) Die recht gespenstische, rund 12 ha große Nekropole ist eine richtige Totenstadt mit Straßen, Plätzen und Terrassen mit *tumuli* (Rundgräbern, die in die Erde gehauen und anschließend mit Gras bedeckt wurden).

Einige Grabmäler, beispielsweise die **Tomba dei Rilievi** aus dem 6. Jh. v. Chr., enthalten noch Spuren von bemalten Reliefs; viele davon stellen liebevoll Haushaltsgegenstände, aber auch Figuren aus der Unterwelt dar.

Ein weiteres interessantes und sehenswertes Grabmal ist der **Tumulo Mengarelli** aus dem 7. Jh. v. Chr.; das schlichte Innere verrät, wie die Gräber ursprünglich strukturiert waren.

Wer so richtig in die Geschichte der Ausgrabungsstätte einsteigen möchte, kann sich in der **Sala Mengarelli** diverse Kurzfilme ansehen – sie beginnen jeweils 30 Minuten nach der vollen Stunde. Außerdem besteht die Möglichkeit, an einer Führung teilzunehmen; man bekommt interessante 3D-Installationen von den rekonstruierten Fresken der Grabmäler und Grabbeigaben zu sehen.

MUSEO NAZIONALE CERITE   MUSEUM

(☎06 994 13 54; www.tarquinia-cerveteri.it; Piazza Santa Maria 4; Erw./erm. 8/5 €, inkl. Nekropolis 10/6 €; ⌚Di–So 8.30–19.30 Uhr) Das tolle Museum in einer mittelalterlichen Festung, die einst so etwa der antiken Akropolis von Caere entsprach, erklärt die Geschichte der Etruskerstadt anhand von archäologischen Schätzen, die in der Nekropole ausgraben wurden.

Im Erdgeschoss vermittelt eine Multimedia-Ausstellung die Hintergründe zu einigen der hochkarätigen Exponate dieser Sammlung.

 **ESSEN**

ANTICA LOCANDA LE GINESTRE
REGIONAL ITALIENISCH €€

(☎06 994 33 65; www.anticalocandaleginestre.com; Piazza Santa Maria 5; Menüs zum Festpreis 20–30 €, Mahlzeiten 40–45 €; ☺Di–So 12.30–14.30 & 19.30–22.30 Uhr) Dieses Restaurant – ein Familienbetrieb – an einer reizenden Piazza im *centro storico* gilt zu Recht als Topadresse für qualitativ hochwertige regionale Speisen. Gerichte wie Risotto mit Spargelspitzen und Safran werden mit saisonalen Produkten aus der Umgebung zubereitet und dann im eleganten Speiseraum oder auch im Patio, der mit Unmengen Blumen dekoriert ist, serviert. Unbedingt einen Tisch reservieren.

Orvieto

Orvieto erkunden

Orvieto thront spektakulär oben auf einem Berg, liegt aber auch strategisch günstig an der Hauptbahnlinie von Rom nach Florenz. Die Stadt beherbergt einen der beeindruckendsten Dome Italiens. Und der witzig gestreifte gotische Duomo ist wahrhaftig ein atemberaubender Anblick mit seinen Türmen, die über dem mittelalterlichen Stadtzentrum aufragen. Kein Wunder also, dass er ein Touristenmagnet ist, der die Besucher in Scharen anzieht, und zwar vor allem im Sommer. Doch davon sollte sich niemand abschrecken lassen. Der Dom lohnt sich auf alle Fälle, und die umliegenden Straßen bieten sich für einen hübschen Bummel und ein gemütliches Mittagessen geradezu an.

Die besten …
➜ **Attraktionen** Duomo di Orvieto (s. rechts)
➜ **Restaurants** Trattoria del Moro Aronne (S. 243)
➜ **Lokale zum Ausgehen** Vinosus (S. 243)

Top-Tipp
Am besten übernachtet man gleich hier in der Stadt, denn auf diese Weise kann man die mittelalterliche Atmosphäre der Stadt auf sich wirken lassen, wenn die vielen Tagesgäste am Spätnachmittag alle abgefahren sind.

An- & Weiterreise
➜ **Auto** Die Stadt liegt an der Autostrada A1, die von Norden nach Süden durch Italien führt. An der Piazza Cahen befindet sich ein Parkplatz mit Parkuhren; auch in ausgewiesenen Bereichen außerhalb der Stadtmauer, z. B. Campo della Fiera, kann man seinen Wagen abstellen.
➜ **Zug** Von der Stazione Termini (7,50–17 €, 1¼ Std., stündl.) verkehren Züge nach Orvieto.

Unterwegs vor Ort
➜ **Seilbahn** Am Bahnhof nimmt man die Seilbahn (1,30 €) hinauf zur Piazza Cahen im historischen Zentrum. Im Preis inbegriffen ist die Busfahrt von der Piazza Cahen zur Piazza Duomo hinauf.
➜ **Bus** Der Bus 1 fährt vom Bahnhof in die Altstadt (1,30 €); der Bus A verbindet die Piazza Cahen mit der Piazza Duomo.

Gut zu wissen
➜ **Lage** 120 km nordwestlich von Rom
➜ **Touristeninformation** (☎0763 34 17 72; www.orvieto.regioneumbria.eu; Piazza Duomo 24; ☺Mo–Fr 8.15–13.50 & 16–19, Sa & So 10–13 & 15–18 Uhr)

⊙ SEHENSWERTES

Orvieto erstreckt sich über eine vulkanische Felsklippe oberhalb von Feldern mit Weinstöcken, Olivenbäumen und Zypressen. In seinem malerischen *centro storico* finden sich neben dem herrlichen Dom Relikte aus der Zeit der Etrusker und unterirdische Höhlen.

DUOMO DI ORVIETO
DOM

(☎0763 34 24 77; www. opsm.it; Piazza Duomo 26; Eintritt 3 €; ☺Mo–Sa 9.30–18, So 13–17.30 Uhr, im Winter weniger lang) Nichts vermag einen auf den Augenschmaus vorzubereiten, den der gotische Dom von Orvieto dem aufgewühlten Betrachter bereitet. Er datiert aus dem Jahr 1290 und lässt außen eine schwarz-weiße Schichtung sehen, hinzu kommt so ziemlich die beeindruckendste Fassade, die eine italienische Kirche nur aufweisen kann: eine faszinierende Zurschaustellung von Regenbogenfresken, edelsteinartigen Mosaiken, Basreliefs und kunstvollen Blumen- und Rankengirlanden.

POMPEJI & NEAPEL AN EINEM TAG

Neapel, das mit dem Schnellzug nur gut eine Stunde von Rom entfernt weiter im Süden liegt, ist eine der spannendsten Städte Italiens – eine explosive Mischung aus sagenhaftem Straßenleben, Museen von Weltrang und einem historischen Zentrum, das zum Weltkulturerbe der Unesco zählt. Ein Stück weiter an der Bucht ist Pompeji eine Attraktion, die so schnell niemand vergisst – eine alte Römerstadt, die fast vollständig erhalten ist. Die Stadt mit ihrem Hafen und blühenden Handelszentrum wurde unter der Vulkanasche begraben, als der Vesuv im Jahr 79 ausbrach. Heute gelten die Ruinen als einzigartiges Modell für eine ehemals funktionierende römische Stadt. Es lassen sich beide Orte im Rahmen eines Tagesausflugs von Rom aus besichtigen, allerdings muss man dazu schon einiges an Enthusiasmus und Energie aufbringen.

Wer am Spätvormittag in Pompeji eintreffen möchte, nimmt um 7.35 Uhr (oder 8.45 Uhr) den Frecciarossa-Zug, der von Termini nach Napoli Centrale (ca. 40 € einfache Fahrt) fährt. Bei der Ankunft folgt man der Ausschilderung zur Circumvesuviana (unterhalb vom Hauptbahnhof) und nimmt dann den frühestmöglichen Zug nach Pompeji–Scavi–Villa dei Misteri (3,20 €). **Pompeji** (☑081 857 53 47; www.pompeiisites. org; Zugang an der Porta Marina, Piazza Esedra & Piazza Anfiteatro; Erw./erm. 11/5,50 €, inkl. Herculaneum 20/10 €; ☉Sommer 8.30–19.30 Uhr, Winter bis 17 Uhr) ist riesig; drei Stunden sind erforderlich, um zumindest die Hauptattraktionen zu besichtigen, darunter das Forum, die Lupanare (antikes Bordell), das Amphitheater und die Villa dei Misteri. Beim Kauf der Eintrittskarte sollte man sich auf alle Fälle einen kostenlosen Lageplan mitnehmen.

Zum Mittagessen schnappt man sich am besten ein *panino* in der zur Ausgrabungsstätte gehörigen Cafeteria oder prescht weiter nach Pompeji-Stadt, um dort im **President** (☑081 850 72 45; www.ristorantepresident.it; Piazza Schettini 12; Gerichte 35 €; ☉Okt.–April 12–16 & 19–24 Uhr, Mo geschl.; ⊞FS to Pompei, ⊞Circumvesuviana nach Pompei Scavi-Villa dei Misteri) eine feudalere Mahlzeit einzunehmen.

Zurück in Neapel verbringt man den Nachmittag dann mit der Erkundung des *centro storico*. Wer noch mehr Schätze aus der Antike verkraftet, besucht das **Museo Archeologico Nazionale** (☑081 442 21 49; http://cir.campania.beniculturali. it/museoarcheologiconazionale; Piazza Museo Nazionale 19; Erw./erm. 8/4 €; ☉Mi–Mo 9–19.30 Uhr; ⊞Museo, Piazza Cavour), zu dessen sagenhafter Sammlung klassischer Kunst viele hochkarätige Artefakte aus Pompeji gehören. Einen Blick wert ist auch die **Cappella Sansevero** (☑081 551 84 70; www.museosansevero.it; Via Francesco de Sanctis 19; Erw./erm. 7/5 €; ☉Mo & Mi–Sa 9.30–18.30, So bis 14 Uhr; ⊞Dante).

Das Abendessen sollte man frühzeitig einplanen, da es den Abendzug zu erreichen gilt. Man geht am besten einfach in die **Pizzeria Gino Sorbillo** (☑081 44 66 43; www. accademiadellapizza.it; Via dei Tribunali 32; Pizza ab 3,30 €; ☉Mo–Sa 12–15.30 & 19–13 Uhr; ⊞Dante), um dort eine echte neapolitanische Pizza zu probieren.

Der letzte Schnellzug nach Rom geht um 19.30 Uhr; um 20.31 Uhr fährt aber noch ein langsamerer Intercity und um 20.48 im Schneckentempo auch noch ein *regionale*.

Die Planung des Bauwerks nahm 30 Jahre in Anspruch, drei Jahrhunderte sollte die Vollendung dauern. Die Arbeiten wurden von Fra Bevignate auf den Weg gebracht, später kamen Ergänzungen der Sieneser Meister Lorenzo Maitani, Andrea Pisano (auf den auch das Grundgerüst des Doms von Florenz zurückgeht) und seines Sohns Nino Pisano, Andrea Orcagna sowie Michele Sanmicheli hinzu.

Von den schönen Kunstwerken, die im Kirchenraum zu bewundern sind, ist Luca Signorellis herrliches *Giudizio Universale* („Jüngstes Gericht") der Publikumsmagnet. Der Künstler begann die Arbeit an diesem weitläufigen Fresko 1499; im Lauf der nächsten vier Jahre bedeckte es jeden Millimeter der **Cappella di San Brizio** mit einer wirbelnden und bisweilen fast schon grotesken Darstellung des Jüngsten Gerichts. Es heißt, dass dieses Werk Michelangelo inspiriert haben soll. Und wirklich kommt Michelangelos Meisterwerk nach Signorellis Kreation gleich an zweiter Stelle.

Auf der anderen Seite des Querschiffs beherbergt die **Cappella del Corporale** einen Altar aus dem 13. Jh.; er ist mit Blut befleckt, das auf wundersame Weise aus der Hostie eines Geistlichen geflossen sein soll, der die Verwandlung von Brot und Wein in den Leib und das Blut Christi in Zweifel gezogen hatte.

MUSEO DELL'OPERA DEL DUOMO DI ORVIETO
MUSEUM

(☎0763 34 24 77; www. museomodo.it; Piazza Duomo 26; Eintritt 5 €; ◷9.30–19 Uhr) Das Museum im ehemaligen Papstpalast beherbergt eine edle Sammlung von religiösen Kultobjekten aus dem Dom sowie Relikte aus der Etruskerzeit und Werke von den bekannten Künstlern der Renaissance wie Arnolfo di Cambio und den drei Pisanos (Andrea, Nino und Giovanni).

TORRE DEL MORO
HISTORISCHES GEBÄUDE

(Maurischer Turm; Corso Cavour 87; Erw./erm. 2,80/2 €; ◷10–20 Uhr) Von der Piazza Duomo geht es über die Via del Duomo in Richtung Nordwesten zum Corso Cavour mit der Torre del Moro aus dem 13. Jh. Wer alle 250 Treppenstufen erklimmt, genießt zur Belohnung einen sagenhaften Blick über die Stadt.

ORVIETO UNDERGROUND
HISTORISCHE STÄTTE

(www.orvietounderground.it; Piazza Duomo 24; Erw./erm. 6/5 €; ◷Führungen tgl. 11, 12.15, 16 & 17.15 Uhr) Der im wahrsten Sinn des Wortes „coolste" Ort in Orvieto ist dieses System mit insgesamt 440 Höhlen, die seit Jahrtausenden von den Einheimischen zu verschiedensten Zwecken genutzt wurden: als Luftschutzbunker im Zweiten Weltkrieg, als Kühlschrank oder Brunnen und während so mancher Belagerung durch die Römer oder Barbaren als Taubenschlag, um das Federvieh für das nächste Ein-Gang-Menü am Abend einzusperren: Taube (*palombo)* steht in Orvieto bis zum heutigen Tag auf der Speisekarte.

 ## ESSEN & AUSGEHEN

TRATTORIA DEL MORO ARONNE
TRATTORIA €€

(☎0763 34 27 63; www.trattoriadelmoro.info; Via San Leonardo 7; Mahlzeiten 25–30 €; ◷Mi–Mo 12–14.30 & 19.30–21.30 Uhr) In dieser einladenden Trattoria herrscht eine gesellige Atmosphäre, es gibt echt italienisches Essen,

und die Preise sind auch anständig. Das Hauptaugenmerk liegt auf traditioneller Küche und kräftigen Aromen der Region. Am besten beginnt man sein Gelage mit Ziegenkäse mit Feigenmarmelade, um dann mit einem anständigen Stück Rindfleisch vom Grill so richtig in Schwung zu kommen.

LE GROTTE DEL FUNARO
UMBRISCH €€

(☎0763 34 32 76; wwwgrottedelfunaro.it; Via Ripa Serancia 41; Pizza 4–8.50 €, Gerichte 25–35 €; ◷12–15 & 19–24 Uhr) Was könnte romantischer sein – na ja, zumindest im märchenhaften Sinne –, als in einer richtigen unterirdischen Grotte zu speisen? Für dieses Restaurant spricht jedenfalls mehr als nur die Tatsache, dass es neu eröffnet hat. Alfredo und Sandra geben in der Küche ein Gespann ab, das es in sich hat; sie bereiten neben Gerichten aus Umbrien wie Ravioli mit Trüffel-Ricotta-Füllung und geschmortem Chianina-Rind auch köstliche Holzofen-Pizzas zu.

VINOSUS
WEINBAR

(Piazza Duomo 15; ◷Di–So 11–16 & 19–24 Uhr) Diese Weinbar mit Speiselokal befindet sich in Fotografierweite der Nordwestmauer des Doms. Empfehlenswert ist die Käseplatte mit Honig aus der Region und Birnen als elegantem Happen zum Wein.

🛏 SCHLAFEN

⭐B&B LA MAGNOLIA
B&B €

(☎0763 34 28 08, 349 4620733; www.bblama gnolia.it; Via del Duomo 29; DZ 60–90 €; ✼) In einer Seitenstraße nördlich vom Duomo (Achtung, das Schild lässt sich leicht übersehen) liegt etwas versteckt dieses von Licht durchflutete Renaissance-Anwesen mit reizenden Zimmern und Apartments. Außerdem können die Gäste sich noch über eine große Gemeinschaftsküche und einen Balkon hoch über den Dächern freuen; und die Inhaberin, Serena, spricht auch Englisch und kann einem alles über Orvieto erzählen – einfach mal fragen, egal worum es geht.

 # Schlafen

Rom bietet Unterkünfte für jeden Geschmack – von opulenten 5-Sterne-Palästen bis zu schicken Boutiquehotels, familiengeführten Pensionen, B&Bs, Hostels und Klöstern. Und so gibt es zwar eine reichliche Auswahl, aber die Preise sind allgemein hoch. Wer ein günstiges Angebot sucht, sollte möglichst früh buchen.

Pensionen & Hotels

Ein Großteil der Unterkünfte in Rom sind *pensioni* (Pensionen) und *alberghi* (Hotels). Eine *pensione* ist ein kleines familiengeführtes Hotel, oft in einer umgewandelten Wohnung. Die Zimmer sind schlicht, die meisten haben ein eigenes Bad. Der Standard von Hotels wird durch ein bis fünf Sterne angegeben. Die meisten Hotels im historischen Zentrum haben drei oder mehr Sterne. Normalerweise gibt es in den Zimmern eines 3-Sterne-Hotels einen Föhn, Minibar (oder Kühlschrank), Safe, Klimaanlage und WLAN. Einige haben Satelliten-TV. Die Hotelzimmer sind meist klein, besonders die im *centro storico* und in Trastevere, wo die Hotels oft in jahrhundertealten Palazzi untergebracht sind.

B&Bs & Gästehäuser

Neben traditionellen B&Bs hat Rom viele Gästehäuser im Boutiquestil; sie bieten schicke Unterkünfte von der mittleren bis zur höchsten Preiskategorie.

Hostels

Die römischen Hostels nehmen jeden vom Backpacker bis zur preisbewussten Familie auf. Viele bieten neben traditionellen Schlafsälen auch hotelähnliche Zimmer an. Manche Hostels nehmen keine Reservierungen für Schlafsaalbetten an; die Plätze werden dann in der Reihenfolge des Eintreffens vergeben.

Religiöse Einrichtungen

Viele der religiösen Einrichtungen bieten billige Zimmer an. Es gelten strikte Sperrstunden. Die Einrichtung ist kärglich. Früh buchen.

Ferienwohnungen

Bei längeren Aufenthalten ist es billiger, eine Wohnung zu mieten. Für ein Studio oder eine Ein-Zimmer-Wohnung muss man mit etwa 900 € pro Monat rechnen. Bleibt man längere Zeit, werden Nebenkosten und ein Hausgeld für die Gebäudeverwaltung fällig.

Saison & Preise

Rom kennt keine wirkliche Nebensaison, aber die Preise sind von November bis März (Ausnahme: Weihnachten und Neujahr) und von Mitte Juli bis Ende August am niedrigsten. Im Frühjahr (April–Juni) und Herbst (Sept./Okt.) und rund um die großen Feiertage (Weihnachten, Neujahr und Ostern) gelten Spitzenpreise. Die meisten Hotels der Mittel- und Spitzenkategorie akzeptieren Kreditkarten. Am besten fragt man aber vorher nach.

Unterkunft Websites

➜ **Lonely Planet** (www.lonelyplanet.com/italy/rome/hotels) Eine Liste mit vom Autor geprüften Unterkünften einsehen und online buchen.

➜ **060608** (www.060608.it/en/accoglienza/dormire) Offizielle Website der Comune di Roma mit Unterkunftsliste. Die Angaben sind nicht immer auf dem aktuellen Stand.

➜ **Bed & Breakfast Association of Rome** (www.b-b.rm.it) Listet B&Bs und Ferienwohnungen für Kurzzeitmiete auf.

➜ **Bed & Breakfast Italia** (www.bbitalia.it) Roms ältestes B&B-Netzwerk.

➜ **Rome As You Feel** (www.romeasyoufeel.com) Ferienwohnungen von billigen Ein-Zimmer-Studios bis zu Luxus-Apartments.

Top-Tipps

Palm Gallery Hotel (S. 254)
Künstlerisch gestaltetes Refugium in eleganter Umgebung.

Babuino 181 (S. 249)
Schicker Luxus an einer noblen Einkaufsstraße.

Arco del Lauro (S. 252)
Minimalistischer Komfort im Trastevere-B&B.

Villa Spalletti Trivelli
(S. 252) Edler herrschaftlicher Stil in einer Villa direkt im Stadtzentrum.

Die günstigsten Unterkünfte

€

Arco del Lauro (S. 252) Ein cooles Schlupfloch im angesagten Trastevere.

Althea Inn (S. 253) Echter Designer-Komfort zu Budget-Preisen.

Beehive (S. 251) Stilvolles Hostel nahe Stazione Termini.

€€

Palm Gallery Hotel (S. 254)
Ein angenehmes Villenhotel.

Residenza Maritti (S. 246)
Einladendes Refugium in der Nähe der Foren.

Daphne Inn (S. 248) Boutiquehotel mit herausragendem Service.

€€€

Babuino 181 (S. 249) In unterschwelligem Luxus schwelgen.

Villa Spalletti Trivelli
(S. 252) Leben wie der Landadel.

Die beste Lage

Albergo Abruzzi (S. 248)
Gegenüber dem Pantheon aufwachen.

Casa di Santa Brigida
(S. 248) Ein Kloster mit Blick auf die Piazza Farnese.

Die besten Hotels für Romantiker

Hotel Sant'Anselmo
(S. 253) Sich in diese schöne Jugendstil-Villa zurückziehen und genießen.

Hotel Locarno (S. 249) In diesem Art-Déco-Juwel Star der eigenen Romanze sein.

Die besten B&Bs

Maria-Rosa Guesthouse
(S. 252) Heimat fern der Heimat in Trastevere.

La Piccola Maison (S. 248)
Ruhiger Komfort unweit der Piazza Barberini.

Das beste Preis-Leistungs-Verhältnis

Althea Inn (S. 253) Ein verstecktes Juwel nahe Testaccio.

Le Stanze di Orazio
(S. 250) In diesem Vatikan-B&B bekommt man was für sein Geld.

La Controra (S. 248)
Qualitäts-Hostel in gehobener Wohngegend.

GUT ZU WISSEN

Preiskategorien

Die im Buch genannten Preisspannen gelten für ein Doppelzimmer mit eigenem Bad in der Hochsaison:

€	unter 110 €
€€	110–200 €
€€€	über 200 €

Das Frühstück ist, wenn hier nicht anders angegeben, bereits im Preis enthalten.

Reservierungen

➜ Es ist immer klug, im Voraus zu buchen, besonders für Aufenthalte an wichtigen religiösen Feiertagen.

➜ Wer eine *camera matrimoniale* bucht, bekommt ein Zimmer mit Doppelbett; eine *camera doppia* verfügt über zwei getrennte Betten.

Ein- & Auschecken

➜ Beim Einchecken muss man den Pass oder den Personalausweis vorlegen.

➜ Die Auscheckzeit liegt normalerweise zwischen 10 und 12 Uhr, in Hostels bei 9 Uhr.

➜ Einige Gästehäuser und B&Bs bitten darum, die Ankunftszeit im Vorfeld zu vereinbaren.

SCHLAFEN

Übernachten in den Stadtvierteln

Viertel	Pro	Kontra
Antikes Rom	In der Nähe wichtiger Sehenswürdigkeiten wie Kolosseum, Forum Romanum und Kapitolinische Museen; abends ruhig.	Nicht billig und wenige günstige Unterkünfte; Restaurants sind touristisch.
Centro Storico	Stimmungsvolles Viertel, alles liegt gleich vor der Haustür – Pantheon, Piazza Navona, Restaurants, Bars, Geschäfte.	Der teuerste Teil der Stadt; wenige günstige Unterkünfte; kann lauter werden.
Tridente, Trevi & Quirinal	Günstige Lage für Spanische Treppe, Trevibrunnen und Designerläden; ausgezeichnete Unterkünfte im Mittel- und Spitzenklassesegment; gute Nahverkehrsanbindung.	Hochklassiges Viertel mit entsprechenden Preisen; abends gedämpfte Stimmung.
Monti, Esquilin & San Lorenzo	Jede Menge günstige Unterkünfte rund um Stazione Termini; Spitzenlokale in Monti und anregendes Nachtleben in San Lorenzo; gute Nahverkehrsanbindung.	Einige zwielichtige Straßen in der Termini-Gegend, die nicht zu den besten in Rom zählt.
San Giovanni & Testaccio	Authentische Atmosphäre mit guten Restaurants und Ausgehmöglichkeiten; der Aventin ist eine ruhige, romantische Gegend, Testaccio ein tolles Viertel zum Essen- und Ausgehen.	Wenige Übernachtungsmöglichkeiten; nicht viele bedeutende Sehenswürdigkeiten.
Trastevere & Gianicolo	Hinreißendes Viertel voller Atmosphäre; Hunderte Bars, Cafés und Restaurants sorgen für Partystimmung; einige interessante Sehenswürdigkeiten.	Sehr laut, besonders an Sommerabenden; teuer.
Vatikanstadt, Borgo & Prati	Nah am Petersdom und den Vatikanischen Museen; vernünftige Bandbreite an Unterkünften; einige ausgezeichnete Geschäfte und Restaurants; mit der Metro zu erreichen.	Teuer im Umfeld des Petersdoms; wenig Nachtleben; an religiösen Feiertagen schnell ausgebucht.
Villa Borghese & der Norden von Rom	Überwiegend Wohngebiet; günstige Lage zum Auditorium und einigen Spitzenmuseen; abends im Allgemeinen ruhig.	Außerhalb des Zentrums; wenige günstige Unterkünfte.

🛏 Antikes Rom

⭐ **RESIDENZA MARITTI**   PENSION €€
Karte S. 342 (☎06 678 82 33; www.residenza maritti.com; Via Tor de' Conti 17; EZ 50–120 €, DZ 80–170 €, 3BZ 100–190 €; ❄🛜; Ⓜ Cavour) In diesem wahren Schmuckstück, das zudem mit einem atemberaubenden Blick über die Foren prahlen kann, verteilen sich die Zimmer auf mehrere Etagen. Einige Zimmer sind hell und modern, andere besitzen ein gemütliches Flair mit Antiquitäten und Möbeln aus dem Familienbesitz. Es wird kein Frühstück angeboten, aber die Gäste können die voll ausgestattete Küche des Hauses benutzen.

NERVA BOUTIQUE HOTEL   BOUTIQUEHOTEL €€
Karte S. 342 (☎06 678 18 35; www.hotelnerva. com; Via Tor de' Conti 3; EZ 70–180 €, DZ 90–300 €; ❄🛜; Ⓜ Cavour) Das frisch renovierte, freundliche Hotel liegt etwas versteckt an einer engen Straße hinter den Kaiserforen. Die gemütlichen Zimmer präsentieren sich mit einem modernen Look in Creme, Grau und Schwarz, Polsterbetten mit Lederbezug, Hängelampen und dem ein oder anderen Kunstband.

FORTY SEVEN   BOUTIQUEHOTEL €€€
Karte S. 342 (☎06 678 78 16; www.fortyseven hotel.com; Via Petroselli 47; Zi. 170–300 €; ❄🛜; 🚍 Via Petroselli) Die schlichte graue Fassade des eleganten 4-Sterne-Hotels in der Nähe

der Bocca della Verità öffnet sich hin zu hellen, modernen Innenräumen mit durchdacht gestalteten Gästeterrasse. Auf der Dachterrasse gibt es ein Restaurant, im Untergeschoss einen Fitnessraum und eine Sauna.

HOTEL FORUM   HISTORISCHES HOTEL €€€

Karte S. 342 (06 679 24 46; www.hotelforum. com; Via Tor de' Conti 25-30; Zi 180–350 €; ❄🖥; Ⓜ Cavour) Das herrschaftliche Hotel bietet formelle Eleganz und kann zudem eine faszinierende Aussicht aufweisen. Vom Restaurant auf der Dachterrasse blickt man auf ein Meer von antiken Ruinen. Die Räume des Hotels sind mit Antiquitäten, Holzvertäfelung und Kronleuchtern bestückt. Die Zimmer sind klein und klassisch eingerichtet. Parkplätze stehen für 40 € pro Tag zur Verfügung.

🛏 Centro Storico

HOTEL PENSIONE BARRETT   PENSION €

Karte S. 346 (06 686 84 81; www.pensionebarrett.com; Largo di Torre Argentina 47; EZ 115 €, DZ 125 €, 3BZ 150 €; ❄🖥; 🚌 Largo di Torre Argentina) Die zauberhafte Pension punktet mit ihrer günstigen zentralen Lage und einem üppigen Dekor, das Topfpflanzen mit Statuen, Büsten und Stuck vereint. Die Zimmer sind gemütlich und bieten durchdachte Extras wie Fußmassagegeräte und gut bestückte Kühlschränke.

ALBERGO DEL SOLE   HOTEL €

Karte S. 346 (06 687 94 46; www.solealbiscione.it; Via del Biscione 76; EZ 70–100 €, DZ 100–145 €, 3BZ 120–180 €; ❄🖥; 🚌 Corso Vittorio Emanuele II) Die einfache Unterkunft ohne jeden Schnickschnack ist angeblich das älteste Hotel in Rom – es stammt aus dem Jahr 1462. Die Zimmer sind in erster Linie funktional, aber jede Etage hat ihre eigene Terrasse, und die Lage unweit des Campo de' Fiori ist einfach toll. Es wird kein Frühstück angeboten.

ALBERGO CESÀRI   HISTORISCHES HOTEL €€

Karte S. 346 (06 674 97 01; www.albergocesari. it; Via di Pietra 89/A; EZ 70–150 €, DZ 110–250 €; ❄🖥; 🚌 Via del Corso) Das freundliche 3-Sterne-Haus empfängt seine Gäste bereits seit 1787; Stendhal und Mazzini sollen hier übernachtet haben. Auf die Gäste der Jetztzeit warten traditionelle Zimmer, eine fantastische Dachterrasse und eine wunderbar zentrale Lage.

HOTEL DUE TORRI   HOTEL €€

Karte S. 346 (06 6880 6956; www.hotel duetorriroma.com; Vicolo del Leonetto 23; EZ 70–140 €, DZ 110–220 €, 3BZ 140–240 €; ❄🖥; 🚌 Via di Monte Brianzo) Wenn die Zimmer in diesem kultivierten Hotel reden könnten, hätten sie einige Geschichten zu erzählen. Das Due Torri mag heute ein klassisch eingerichtetes 3-Sterne-Hotel mit Stilmöbeln und 26 gemütlichen Zimmern sein; aber in vergangenen Jahrhunderten diente es als Wohnsitz für Kardinäle und als Bordell.

ARGENTINA RESIDENZA   BOUTIQUEHOTEL €€

Karte S. 346 (06 6819 3267; www.argentina residenza.com; Via di Torre Argentina 47; Zi. 120–200 €; ❄🖥; 🚌 Largo di Torre Argentina) Hier kann man dem Trubel entkommen und im Komfort eines ruhigen Boutiquehotels am Largo di Torre Argentina entspannen. Die sechs Zimmer, alle mit einer vernünftigen Größe, sind in einem zurückhaltend modernen Stil mit Design-Akzenten und eleganten Möbeln eingerichtet.

HOTEL NAVONA   HOTEL €€

Karte S. 346 (06 6821 1392; www.hotelnavona. com; Via dei Sediari 8; EZ 60–170 €, DZ 60–260 €; ❄🖥; 🚌 Corso del Rinascimento) Das kleine Hotel bietet eine Auswahl hübscher moderner Zimmer in einem Palazzo aus dem 15. Jh. in der Nähe der Piazza Navona. Sie sind unterschiedlich groß und verschieden eingerichtet, die schönsten sind in einem auffälligen Design in Grau und Silber gehalten. Das Frühstück kostet 10 € extra.

HOTEL TEATRO DI POMPEO   HOTEL €€

Karte S. 346 (06 6830 0170; www.hotelteatro dipompeo.it; Largo del Pallaro 8; EZ 90–165 €, DZ 110–220 €; ❄@🖥; 🚌 Corso Vittorio Emanuele II) Das bezaubernde Hotel wurde über dem Theater des Pompejus aus dem 1. Jh. v. Chr. erbaut (heute ist dort der Frühstücksraum). Es liegt etwas versteckt hinter dem Campo de' Fiori. Die attraktiven Zimmer sind mit klassischen Holzmöbeln und Terrakottafliesen ausgestattet. Einige haben Dachschrägen mit freiliegenden Holzbalken.

DIMORA DEGLI DEI   BOUTIQUEHOTEL €€

Karte S. 346 (06 6819 3267; www.panthe ondimoradeglidei.com; Via del Seminario 87; Zi. 80–200 €; ❄🖥; 🚌 Largo di Torre Argentina) Die Lage und der zurückhaltende Stil sind die Pluspunkte dieses eleganten Refugiums nur wenige Meter vom Pantheon entfernt. Im ersten Stock des jahrhundertealten Palazzo liegen sechs geschmackvoll eingerichtete Zimmer mit hohen Decken. Auf Wunsch gibt es Frühstück (10 €).

CASA DI SANTA BRIGIDA
RELIGIÖSE UNTERKUNFT €€

Karte S. 346 (📞06 6889 2596; www.brigidine.org; Piazza Farnese 96, Eingang Via di Monserrato 54; EZ/DZ 120/200 €; ❄🅰; 🚇Corso Vittorio Emanuele II) Das ruhige Kloster ist nach der schwedischen Heiligen Brigitta benannt, die hier 1373 starb; es besitzt eine tolle Lage mit Blick auf die Piazza Farnese. Die Zimmer sind einfach, sauber und verzichten konsequent auf Hightech – die Unterhaltung beschränkt sich auf ein Klavier im Gemeinschaftsraum, eine kleine Bibliothek und den Ausblick von der Dachterrasse.

⭐HOTEL CAMPO DE' FIORI
BOUTIQUEHOTEL €€€

Karte S. 346 (📞06 687 48 86; www.hotelcampodefiori.com; Via del Biscione 6; Zi. 90–400 €, Apartment 80–350 €; ❄@🅰; 🚇Corso Vittorio Emanuele II) Das saloppe 4-Sterne-Hotel hat alles, was das Herz begehrt – barockes Boudoir-Dekor, eine beneidenswerte Lage, professionelle Mitarbeiter und eine fabelhafte Dachterrasse mit Panoramablick. Mit ihren Wänden in kräftigen Farben, niedrigen Holzdecken, vergoldeten Spiegeln und restauriertem Nippes verströmen die Innenräume ein herrlich dekadentes Flair. Das Hotel vermietet auch 13 Ferienwohnungen.

ALBERGO ABRUZZI
HOTEL €€€

Karte S. 346 (📞06 679 20 21; www.hotelabruzzi.it; Piazza della Rotonda 69; DZ 120–340 €, 3BZ 150–400 €, 4BZ 180–450 €; ❄🅰; 🚇Largo di Torre Argentina) Was die Lage betrifft, ist das Abbruzzi kaum zu schlagen – es steht direkt gegenüber dem Pantheon. Die kürzlich

---

HOTELSTEUER

Jeder, der in Rom übernachtet, muss zusätzlich zur normalen Rechnung eine sogenannte Bettensteuer zahlen:
➡ 3 € pro Person und Nacht in 1- und 2-Sterne-Hotels,
➡ 3,50 € in B&Bs und Pensionen,
➡ 4/6/7 € in 3-/4-/5-Sterne-Hotels.

Die Steuer wird für höchstens zehn aufeinanderfolgende Nächte erhoben. In den Preisen, die in diesem Kapitel genannt sind, ist sie nicht enthalten.

---

renovierten Zimmer sehen mit vergrößerten Fotodrucken auf den weißen Wänden und den dunklen Holzböden richtig schick aus. Allerdings sind sie klein, und nachts kann es laut werden.

🛏 Tridente, Trevi & Quirinal

⭐LA CONTRORA
HOSTEL €

(📞06 9893 7366; Via Umbria 7; B 20–40 €, DZ 80–110 €; ❄@🅰; 🚇Barberini, 🚇Repubblica) Hochwertige Budget-Unterkünfte sind in der hochpreisigen Gegend nördlich der Piazza Repubblica rar, doch dieses tolle kleine Hostel ist ein Spitzenangebot. Die freundliche, entspannte Atmosphäre, die coolen Mitarbeiter, Doppelzimmer und helle, luftige Schlafsäle (für drei und vier Leute, ohne Geschlechtertrennung) mit Parkettböden, Klimaanlage und eigenen Badezimmern sind einfach überzeugend.

HOTEL PANDA
PENSION €

Karte S. 350 (📞06 678 01 79; www.hotelpanda.it; Via della Croce 35; EZ 65–90 €, DZ 85–130 €, 3BZ 120–150 €, 4BZ 160–190 €; ❄🅰; 🚇Spagna) Unweit der Spanischen Treppe in einem Viertel, in dem eine im Ausverkauf erstandene Bulgari-Uhr als Schnäppchen gilt, ist das Panda eine Ausnahmeerscheinung: eine günstige Unterkunft. Die freundliche Pension verfügt über Zimmer mit hohen Decken und schlichtem, aber geschmackvollem Dekor. Im Sommer ist die Klimaanlage im Preis enthalten, zu anderen Zeiten kostet sie einen Aufschlag von 6 €.

LA PICCOLA MAISON
B&B €€

Karte S. 350 (📞06 4201 6331; www.lapiccolamaison.com; Via dei Cappuccini 30; EZ 50–180 €, DZ 70–270 €; ❄🅰; 🚇Barberini) Das exzellente Piccola Maison liegt in einem Gebäude aus dem 19. Jh. in toller Lage nahe der Piazza Barberini. Es hat angenehm schlichte, neutral eingerichtete Zimmer und aufmerksame Mitarbeiter. Tolles Preis-Leistungs-Verhältnis!

DAPHNE INN
BOUTIQUEHOTEL €€

Karte S. 350 (📞06 8745 0086; www.daphne-rome.com; Via di San Basilio 55; EZ 115–180 €, DZ 130–240 €, Suite 190–290 €, ohne Bad EZ 70–130 €, DZ 90–160 €; ❄🅰; 🚇Barberini)) Ein amerikanisch-italienisches Paar betreibt das Daphne mit seinen hilfsbereiten, englischsprachigen Mitarbeitern. Es gibt schicke, komfortable Zimmer. Diese haben unterschiedliche Formen und Größen, aber alles wirkt schmuck und modern. Es gibt noch einen Ableger, Daphne Trevi, in der Via degli Avignonesi 20.

HOTEL SUISSE PENSION €€
Karte S. 350 (☏06 678 36 49; www.hotelsuisse rome.com; Via Gregoriana 54; EZ 80–100 €, DZ 135–170 €, 3BZ 180–200 €; @☎; ⊠Spagna, ⊠Barberini) Ein Flair von altmodischer Eleganz durchdringt diese angenehme familiengeführte Pension. Ansehnliche Antiquitäten und knarrendes Hochglanzparkett geben in den zwölf geschmackvoll eingerichteten, zurückhaltend dekorierten Zimmern den Ton an.

GREGORIANA HOTEL €€
Karte S. 350 (☏06 679 42 69; www.hotelgrego riana.it; Via Gregoriana 18; EZ 120–168 €, DZ 150–288 €; ❋; ⊠Spagna) Das unaufdringliche, gleichwohl prächtige Hotel im Art-déco-Stil hat eine fantastische Lage hinter der Spanischen Treppe. Die Betten bestechen mit schönen runden Kopfteilen aus Ahornholz, schneeweißem Leinen und viel glänzendem Palisander. Die Mitarbeiter sind freundlich und unkompliziert.

MARGUTTA GLAMOUR STUDIOS APARTMENT €€
Karte S. 350 (☏333 7982702; www.margutta glamourstudios.com; Via Margutta 54-55; Apt. 150–180 €; ⊠Spagna) Die vier zauberhaften Apartments liegen an einer der hübschesten Straßen in Rom, in der trotz der Lage im Dickicht des Tridente eine fast dörfliche Atmosphäre herrscht. Alle Wohnungen sind mit viel Fingerspitzengefühl eingerichtet. Die beiden größeren sind in ehemaligen Künstlerateliers mit ihren doppelt hohen Decken spektakulär; die beiden kleineren sind charmant und haben eine hübsche Aussicht.

HOTEL MOZART HOTEL €€
Karte S. 350 (☏06 3600 1915; www.hotelmozart. com; Via dei Greci 23b; Zi. 140–200 €; ❋@☎; ⊠Spagna) Eine Kreditkartenbreite von der Via del Corso entfernt bietet das Mozart klassische, makellose Zimmer, die in Schattierungen von Taubengrau, zartem Blau, leuchtendem Gelb und rosigem Pink eingerichtet sind. Dazu gibt es bequeme Betten, glänzende Bettwäsche und auf Hochglanz polierte Holzmöbel; die Luxuszimmer haben Whirlpools und kleine Terrassen.

Das Mozart verwaltet auch die Vivaldi Luxury Suites und mehrere Ferienwoh-

nungen in der Nähe. Auf der Website findet man manchmal Sonderangebote; dann bekommt man mitunter Zimmer für erstaunliche 80 €.

HOTEL BAROCCO HOTEL €€
Karte S. 350 (☏06 487 20 01; www.hotelbarocco. com; Piazza Barberini 9; DZ 160–290 €; ❋@☎ ⊠Barberini) Das gut geführte, einladende Hotel mit 41 Zimmern liegt sehr zentral mit Blick auf die Piazza Barberini (die teureren Zimmer bieten diese Aussicht). Die Zimmer verströmen ein klassisches Flair und sind mit Ölgemälden, schöner Bettwäsche, zarten Farbtönen und stoffbespannten Wänden ausgestattet. Das üppige Frühstück wird in einem holzgetäfelten Raum serviert.

HOTEL LOCARNO HOTEL €€
Karte S. 350 (☏06 361 08 41; www.hotellocarno. com; Via della Penna 22; EZ 90–260 €, DZ 120–270 €; ❋@☎ ⊠Flaminio) Mit seinen efeubewachsenen Außenwänden, den schönen Buntglastüren und dem ratternden Aufzug ist das Locarno ein Art-déco-Klassiker – in einem solchen Haus wäre wohl Hercule Poirot bei einem Rombesuch abgestiegen. Viele Zimmer besitzen Seidentapeten und Stilmöbel, die mitunter etwas abgenutzt und pflegebedürftig, aber trotzdem reizvoll wirken. Es gibt einen Dachgarten, ein Restaurant und eine stimmungsvolle Bar.

HOTEL MODIGLIANI HOTEL €€
Karte S. 350 (☏06 4281 5226; www.hotelmodigli ani.com; Via della Purificazione 42; EZ 100–160 €, DZ 100–270 €; ❋☎ ⊠Barberini) Ein Künstlerpaar führt das Modigliani, das sich durch Liebe zum Detail und guten Service auszeichnet. Die 23 in Taubengrau gehaltenen Zimmer sind geräumig und hell, die besten haben Aussicht und Balkons, entweder zur Straße oder zum kleinen Garten im ruhigen Hof.

★ BABUINO 181 BOUTIQUEHOTEL €€€
Karte S. 350 (☏06 3229 5295; www.romeluxu rysuites.com/babuino; Via del Babuino 181; Zi. 240–715 €; ❋☎ ⊠Flaminio) Das Babuino in einem wunderschön renovierten alten Palazzo bietet diskreten Luxus mit viel Liebe zum Detail, eine elegante Dachterrasse und moderne, schicke Zimmer mit Extras wie Nespresso-Maschine und kuschelige Bademäntel. Eine neue Erweiterung auf der anderen Straßenseite hat dem Hotel noch mehr Suiten und Zimmer beschert. Das Thema unaufdringliche Eleganz setzt

sich hier fort. Das selbe Unternehmen betreibt das ebenso eindrucksvolle **Margutta 54** (Karte S. 350; ☎ 06 322 95 295; www.romeluxurysuites.com/margutta/default-en.html; Via Margutta 54; DZ ab 250 €; Ⓜ Spagna) und das Mario de' Fiori 37.

CASA FABBRINI
B&B €€€

Karte S. 350 (☎ 06 324 3706; www.casafabbrini.it; Vicolo delle Orsoline 13; Zi. 280 €; Ⓜ Spagna) Das wunderschön gestaltete Boutique-B&B könnte direkt aus den Seiten der Elle Decoration entsprungen sein. Antike Türen dienen als Betthaupt, dazu kommen Buntglas-Lampen und farbig lackierte Möbel.

CROSSING CONDOTTI
PENSION €€€

Karte S. 350 (☎ 06 6992 0633; www.crossingcondotti.com; Via Mario de' Fiori 28; Zi. 240–470 €; ❄ 🛜; Ⓜ Spagna) Das Fünf-Zimmer-Haus zählt zur Kategorie der hochklassigen Pensionen in Rom. Einrichtung, Wäsche und Komfort sind im Condotti vom Feinsten. Die hübschen, wenn auch nicht besonders großen Zimmer besitzen viel Charakter und sind mit antiken Möbeln ausgestattet. Es gibt außerdem eine gut bestückte Küche mit Getränken und einer Nespresso-Maschine. Die teureren Zimmer, die erst kürzlich hinzugekommen sind, haben begehbare Duschen und eine Kitchenette, das beste Zimmer verfügt außerdem über eine Sauna.

HOTEL DE RUSSIE
HOTEL €€€

Karte S. 350 (☎ 06 32 88 81; www.hotelderussie.it; Via del Babuino 9; DZ 550–850 €; ❄ @ Ⓜ Flaminio) Das historische Hotel de Russie liegt fast an der Piazza del Popolo und besitzt exquisite Terrassengärten. Die Einrichtung in vielen Grauschattierungen ist angenehm luxuriös. Die Zimmer bieten topmoderne Unterhaltungselektronik, riesige Bäder mit Mosaikkacheln und anderen Luxus. Im Innenhof gibt es eine nette Bar.

🛏 Vatikanstadt, Borgo & Prati

HOTEL SAN PIETRINO
HOTEL €

Karte S. 354 (☎ 06 370 01 32; www.sanpietrino.it; Via Bettolo 43; EZ 45–75 €; DZ 55–112 €; ❄ @ 🛜; Ⓜ Ottaviano–San-Pietro) Das familiengeführte San Pietrino in Laufweite des Petersdoms ist eine ausgezeichnete Wahl bei begrenztem Budget. Die elf gemütlichen Zimmer haben Charakter und sind mit Terrakottaböden und der einen oder

anderen Statue hübsch eingerichtet. Kein Frühstück.

COLORS HOTEL
HOTEL €

Karte S. 354 (☎ 06 687 40 30; www.colorshotel.com; Via Boezio 31; EZ 30–90 €, DZ 45–122 €; ❄ 🛜; 🚌 Via Cola di Rienzo) Besonders junge Reisende mögen das einladende Hotel mit seinem frischen, künstlerisch angehauchten Design und den in leuchtenden Farben gestrichenen Zimmern unterschiedlicher Größen. Es gibt auch billigere Zimmer mit Gemeinschaftsbad und, von Juni bis August, Schlafsäle für Gäste unter 38. Das Frühstück – auf Anfrage – kostet 6,50 €.

LE STANZE DI ORAZIO
B&B €€

Karte S. 354 (☎ 06 3265 2474; www.lestanzediorazio.com; Via Orazio 3; Zi. 85–135 €; ❄ @ 🛜; Ⓜ Lepanto) Das kleine Boutique-B&B bietet ein ausgezeichnetes Preis-Leistungs-Verhältnis. Es gibt fünf helle, spielerisch dekorierte Zimmer – man denke an glänzende Tapeten in allen Regenbogenfarben, Akzente in Lila und Designer-Bäder – und einen kleinen Frühstücksbereich.

FABIO MASSIMO DESIGN HOTEL
BOUTIQUEHOTEL €€

Karte S. 354 (☎ 06 321 30 44; www.hotelfabiomassimo.com; Viale Giulio Cesare 71; Zi. 89–229 €; ❄ 🛜; Ⓜ Ottaviano-San Pietro) Das Design-Hotel in Gehweite der Metrostation Ottaviano ist ebenso zweckmäßig wie stylisch. Von der Rezeption und dem Frühstücksbereich im vierten Stock führen Flure zu den neun Zimmern. Jedes ist in aktuellem Rot und Schiefergrau eingerichtet, ergänzt um Blumenmotive und Hängelampen.

HOTEL BRAMANTE
HISTORISCHES HOTEL €€

Karte S. 354 (☎ 06 6880 6426; www.hotelbramante.com; Vicolo delle Palline 24-25; EZ 100–160 €, DZ 140–240 €, 3BZ 175–260 €, 4BZ 190–300 €; ❄ 🛜; 🚌 Borgo Sant'Angelo) Das Bramante schmiegt sich gewissermaßen an die Vatikanischen Mauern. Mit seinem behaglichen Innenhof, den Holzbalkendecken und antiken Möbeln verströmt es eine Art von Landhaus-Flair. Untergebracht ist das Hotel in einem alten Gebäude aus dem 16. Jh., in dem einst der Architekt Domenico Fontana lebte.

★ VILLA LAETITIA
BOUTIQUEHOTEL €€€

(☎ 06 322 67 76; www.villalaetitia.com; Lungotevere delle Armi 22; Zi. 200–280 €, Suite 500 €; ❄ 🛜; 🚌 Lungotevere delle Armi) Das umwerfende Boutiquehotel befindet sich in einer kultivierten Jugendstilvilla am Fluss. Die 20 Zimmer sind alle individuell von Anna Venturini Fendi (von dem berühmten Modehaus) gestaltet. Sie vereinen moderne Design-Akzente mit Antikem und seltenen Fundstücken wie dem Original-Picasso im Garden Room.

🛏 Monti, Esquilin & San Lorenzo

★ BEEHIVE — HOSTEL €

Karte S. 362 (☎ 06 4470 4553; www.the-beehive. com; Via Marghera 8; B 25–35 €, EZ 50–80 €, DZ 90–100 €, ohne Bad EZ 60–70 €, DZ 70–80 €, 3BZ 95–105 €; ✱ 🛜; Ⓜ Termini) 🖉 Das Beehive, das beste Hostel in Rom, erinnert eher an ein Boutiquehotel als an ein Massenlager für Rucksackreisende. Unbedingt weit im Voraus buchen! Es gibt einen blitzsauberen Schlafsaal für acht Personen (nicht nach Geschlechtern getrennt) und sechs Doppelzimmer, einige mit Klimaanlage. Original-Kunstwerke und unkonventionelle Modulmöbel sorgen für Farbe, und es gibt ein Café. Ein paar Zimmer in einem anderen Gebäude, die sich Gemeinschaftsbäder und Küche teilen, sind ebenfalls Schnäppchen (EZ 40–60 €, DZ 60–80 €).

BLUE HOSTEL — HOSTEL €

Karte S. 362 (☎ 340 925 85 03; www.bluehostel. it; Via Carlo Alberto 13, 3. St.; DZ 60–150 €, Apt. 100–180 €; ✱ 🛜; Ⓜ Vittorio Emanuele) Diese Perle ist nur dem Namen nach ein Hostel; die kleinen Zimmer haben Hotelstandard, jedes mit eigenem Bad und geschmackvoll in einem zurückhaltenden Stil eingerichtet – Balkendecken, Holzböden, bodentiefe Fenster, gerahmte Schwarz-Weiß-Fotos. Es gibt auch ein Apartment mit Küche, in dem vier Leute übernachten können. Das Blue Hostel hat keinen Fahrstuhl und serviert kein Frühstück.

WELROME HOTEL — HOTEL €

Karte S. 362 (☎ 06 4782 4343; www.welrome. it; Via Calatafimi 15-19; DZ/3BZ/4BZ 110/148/ 187 €; ✱ 🛜; Ⓜ Termini) Das kleine blitzblanke Hotel liegt in einer ruhigen Seitenstraße nicht weit von Termini. Die Besitzer Mary und Carlo legen großen Wert darauf, sich um ihre Gäste zu kümmern, und geben engagiert Auskunft, wo man gut isst, welche Unternehmungen sich lohnen und wo man nur seine Zeit verschwendet. Die sieben einfach eingerichteten Zimmer sind sauber

und bequem. Es gibt kein Frühstück, aber Wasserkessel und Kühlschränke stehen zur Verfügung, und in der Nähe finden sich zahlreiche Bars für ein *cornetto* (Croissant) und Kaffee.

PAPA GERMANO — HOTEL €

Karte S. 362 (☎ 06 48 69 19; www.hotelpapa germano.it; Via Calatafimi 14a; DZ 50–110 €, ohne Bad B 15–35 €, EZ 30–65 €, DZ 40–85 €; ✱ @ 🛜; Ⓜ Termini) Das lockere und beliebte Papa Germano ist eine feste Größe im günstigen Segment. Fürs Übernachten gibt es verschiedene Optionen zur Auswahl, vom Schlafraum für vier Personen bis zum separaten Zimmer mit oder ohne Bad. Das Haus strahlt das Flair eines Familienbetriebs aus; die Einrichtung ist schlicht, aber ziemlich peppig, und alle Zimmer sind picobello sauber.

ALESSANDRO PALACE HOSTEL — HOSTEL €

Karte S. 362 (☎ 06 446 19 58; www.hostelsales sandro.com; Via Vicenza 42; B 19–35 €, DZ 70– 110 €, 3BZ 85–120 €; ✱ @ 🛜; Ⓜ Castro Pretorio) Das gepflegte und sehr beliebte Hostel bietet supersaubere Doppel- und Dreibettzimmer mit Terrakotta-Böden sowie Schlafräume mit vier bis acht Betten, auf denen fröhlich bunte Bettüberwürfe liegen. Jedes Zimmer hat ein eigenes Bad mit Fön. Im Untergeschoss gibt es eine Bar, die Mitarbeiter bieten Stadtführungen an.

HOTEL ARTORIUS — HOTEL €€

Karte S. 362 (☎ 06 482 11 96; www.hotelartori usrome.com; Via del Boschetto 13; DZ 86–140 €; ✱ @ 🛜; Ⓜ Cavour) Die im Jugendstil gehaltene Lobby sieht vielversprechend aus, auch der Rest des Hotels mit zehn Zimmern und dem Flair eines Familienbetriebs wird diesem Eindruck gerecht. Die Zimmer sind schlicht – nicht groß, aber äußerst komfortabel –, eines (Nr. 109) hat sogar eine Terrasse. Rechtzeitig buchen!

DUCA D'ALBA — HOTEL €€

Karte S. 362 (☎ 06 48 44 71; www.hotelducadal ba.com; Via Leonina 14; Zi. 115–380 €; ✱ 🛜; Ⓜ Cavour) Das attraktive 4-Sterne-Hotel im Monti-Viertel besitzt kleine, aber recht charmante Zimmer: Die meisten haben stoffbespannte oder handbemalte Wände, Holzbalkendecken und große Flachbild-Fernseher.

RESIDENZA CELLINI — GÄSTEHAUS €€

Karte S. 362 (☎ 06 4782 5204; www.residenzacel lini.it; Via Modena 5; EZ 100–135 €, DZ 115–150 €;

❋ @ 🛜 Ⓜ Repubblica) Die Einrichtung des Cellini mit schönen Topfpalmen, poliertem Holz, blassgelben Wänden, Ölgemälden und einem Hauch von Chintz ist altehrwürdig. Das bezaubernde Hotel im Familienbetrieb an einer ruhigen Parallelstraße zur Via Nazionale bietet geräumige, elegante Zimmer. Alle haben Satellitenfernsehen und Whirlpool oder Hydro-Massageduschen. In den Sommermonaten wird das Frühstück auf einer sonnigen, blumenumrandeten Terrasse serviert.

★ VILLA SPALLETTI TRIVELLI HOTEL €€€

Karte S. 362 (📞 06 4890 7934; www.villaspalletti.it; Via Piacenza 4; Zi. 450–620 €; ❋ @ 🛜; Ⓜ Spagna) Das prächtige Herrenhaus in der Stadtmitte, in der das Villa Spalletti Trivelli mit zwölf Zimmern untergebracht ist, ließ Gabriella Rasponi, Witwe des italienischen Senators Graf Venceslao Spalletti Trivelli und Nichte von Carolina Bonaparte (Napoleons Schwester) errichten. Man fühlt sich wie in einem hochherrschaftlichen Wohnhaus: Die Zimmer sind nüchtern-elegant eingerichtet, in den Wohnräumen hängen Wandteppiche aus dem 16. Jh., an den Wänden stehen Regale mit antiquarischen Büchern. Im Untergeschoss gibt es einen Wellnessbereich.

🛏 Trastevere & Gianicolo

MARIA-ROSA GUESTHOUSE B&B €

Karte S. 358 (📞 338 7700067; www.maria-rosa.it; Via dei Vascellari 55; EZ 45–65 €, 65–80 €, 3BZ 80–120 €; @ 🛜; 🚋 Viale di Trastevere, 🚋 Viale di Trastevere) Das entzückende B&B liegt im dritten Stock eines Trastevere-Stadthauses. Es ist ganz schlicht mit zwei Gästezimmern, die sich ein Bad und ein kleines Wohnzimmer teilen, aber die heimelige Einrichtung, Topfpflanzen und Bücher schaffen eine angenehme, warme Atmosphäre.

Die Besitzerin Sylvie hat noch drei weitere Zimmer eine Etage weiter oben in **La Casa di Kaia** (Karte S. 358; 📞 338 7700067; www.kaia-trastevere.it; Via dei Vascellari 55; mit Gemeinschaftsbad EZ 45–55 €, DZ 65–75 €; 🛜; 🚋 Viale di Trastevere, 🚋 Viale di Trastevere). Es gibt keinen Fahrstuhl.

LA FORESTERIA ORSA MAGGIORE HOSTEL €

Karte S. 358 (📞 06 689 37 53; www.casainternazionaledelledonne.org; 2. St., Via San Francesco di Sales 1a; B 26 €, EZ/DZ 75/110 €, ohne Bad 52/72 €; @ 🛜; 🚋 Piazza Trilussa) Die lesben-

freundliche Pension nur für Frauen (Jungen bis zu einem Alter von zwölf Jahren sind willkommen) liegt in einem hübschen Kloster aus dem 16. Jh. nah am Fluss. Betreiberin ist die Casa Internazionale delle Donne (Internationales Haus der Frauen). Sie bietet sichere und preisgünstige Unterkünfte in Trastevere. Die Rezeption ist von 7 Uhr morgens bis 3 Uhr nachts besetzt. Die 13 einfachen Zimmer haben zwei, vier, fünf oder acht Schlafplätze, einige mit Aussicht auf den Innengarten. Das Haus ist barrierefrei.

★ ARCO DEL LAURO B&B €€

Karte S. 358 (📞 346 2443212, 9-14 Uhr, 06 9784 0350; www.arcodellauro.it; Via Arco de' Tolomei 27; EZ 72–132 €, DZ 132–145 €; ❋ 🛜; 🚋 Viale di Trastevere, 🚋 Viale di Trastevere) Das fantastische B&B liegt in einem jahrhundertealten Palazzo an einer engen Gasse mit Kopfsteinpflaster. Die strahlend weißen Zimmer vereinen rustikalen Charme mit einem modernen Look und bequemen Betten. Die Besitzer sind gastfreundlich und jederzeit hilfsbereit.

RELAIS LE CLARISSE HOTEL €€

Karte S. 358 (📞 06 5833 4437; www.leclarisse.com; Via Cardinale Merry del Val 20; Zi. 80–230 €; ❋ 🛜; 🚋 Viale di Trastevere, 🚋 Viale di Trastevere) Nach Art einer Hacienda ist diese entzückende Oase im quirligen Herzen von Trastevere rund um einen hübschen Innenhof mit einem Olivenbaum und mehr als nur ein paar gusseisernen Tischen angeordnet. Im Gegensatz zum urbanen Chaos drum herum ist das Hotel ein Bild von Landhauscharme mit Zimmern, die nach verschiedenen Pflanzen benannt sind. Die Einrichtung des Hotels fällt mit schmiedeeisernen Bettgestellen und Holzbalkendecken rustikal aus.

RESIDENZA ARCO DE' TOLOMEI HOTEL €€

Karte S. 358 (📞 06 5832 0819; www.bbarcodeitolomei.com; Via Arco de' Tolomei 27; DZ 155–205 €; ❋ 🛜; 🚋 Viale di Trastevere, 🚋 Viale di Trastevere) Das traumhafte Hotel ist mit Hochglanz-Antiquitäten und üppigem Chintz eingerichtet, wodurch die Innenräume ein bisschen wie ein Landhaus wirken. Die Besitzer sind freundlich und hilfsbereit, kurz: ein wunderbarer Ort zum Übernachten.

BUONANOTTE GARIBALDI GÄSTEHAUS €€

Karte S. 358 (📞 06 5833 0733; www.buonanottegaribaldi.com; Via Garibaldi 83; Zi. 210–280 €, geschl. 7. Jan.–7. März; ❋ @ 🛜; 🚋 Piazza Sonnino,

Piazza Sonnino) Mit nur drei Zimmern ist dies ein hochklassiges B&B in einer himmlischen, ruhigen Stadtvilla mit Innenhof. Die Zimmer sind wunderschön eingerichtet, überall finden sich Kunstwerke und Skulpturen – es handelt sich schließlich um das Haus der Künstlerin Luisa Longo. Das schönste Zimmer ist das blaue im Obergeschoss, das sich zu einer von Pflanzen beschatteten Terrasse öffnet.

HOTEL SANTA MARIA HOTEL €€

Karte S. 358 (📞06 589 46 26; www.hotelsanta maria.info; Vicolo del Piede 2; EZ 90–225 €, DZ 100–290 €, 3BZ 130–330 €; ❄@🛜; 🚋Viale di Trastevere, 🚋Viale di Trastevere) Hinter dem efeubewachsenen Zugang öffnet sich ein ruhiger Rückzugsort. Rund um einen großzügigen modernen Kreuzgang (früher ein Kloster), der von Orangenbäumen beschattet wird, liegen die kühlen, komfortablen Zimmer. Sie sind in sonnigen Farben dekoriert und haben Terrakottaböden. Es gibt einige deutlich größere Familienzimmer. Die Mitarbeiter sind professionell, und das Haus ist barrierefrei.

Der kleinere Ableger **Residenza Santa Maria** (Karte S. 358; 📞06 5833 5103; www.resi denzasantamaria.com; Via dell'Arco di San Calisto 20; EZ 90–190 €, DZ 100–230 €; @🛜) liegt in der Nähe.

VILLA DELLA FONTE B&B €€

Karte S. 358 (📞06 580 37 97; www.villafonte. com; Via della Fonte dell'Olio 8; Zi. 80–230 €; ❄🛜; 🚋Viale di Trastevere, 🚋Viale di Trastevere) Die Villa della Fonte, ein terrakottafarbenes, mit Efeu bewachsenes Schmuckstück, ist die richtige Unterkunft für Romantiker. Das B&B liegt in einem Gebäude aus dem 17. Jh. an einer Straße in unmittelbarer Nähe der Piazza Santa Maria in Trastevere. Es hat fünf Zimmer, alle sind schlicht eingerichtet und bieten hübsche Aussicht, gute Bäder und bequeme Betten, die mit schöner Wäsche bezogen sind. Die sonnige Gartenterrasse ist ein Pluspunkt.

⭐DONNA CAMILLA SAVELLI HOTEL €€€

Karte S. 358 (📞06 58 88 61; www.hoteldonnaca millasavelli.com; Via Garibaldi 27; DZ 165–250 €; ❄@🛜; 🚋Viale di Trastevere, 🚋Viale di Trastevere) Nur selten hat man eine solch exquisite Gelegenheit in einem umgewandelten Kloster zu übernachten, das von Borromini entworfen wurde. Das Haus ist wunderschön aufgefrischt worden; gedeckte Farben ergänzen die klaren konkaven und konvexen Formen der Architektur, und der Service ist ausgezeichnet. Die teureren unter den 78 Zimmern haben Aussicht auf einen hübschen Garten mit Kreuzgang oder auf Rom und sind mit Antiquitäten eingerichtet – es lohnt sich, dafür etwas mehr auszugeben.

🛏 San Giovanni & Testaccio

⭐ALTHEA INN B&B €

Karte S. 356 (📞339 4353717, 06 9893 2666; www.altheainn.com; Via dei Conciatori 9; DZ 70–125 €; Ⓜ Piramide) Das freundliche B&B in einem ganz normalen Mietshaus bietet ein ausgezeichnetes Preis-Leistungs-Verhältnis und liegt günstig, um die Bars, Clubs und Restaurants in Testaccio zu erreichen. Die großzügigen, lichtdurchfluteten Zimmer präsentieren sich im sauberen, modischen Look mit weißen Wänden und geschmackvollen modernen Möbeln. Jedes hat eine eigene kleine Terrasse.

HOTEL LANCELOT HOTEL €€

Karte S. 356 (📞06 7045 0615; www.lancelo thotel.com; Via Capo d'Africa 47; EZ 100–128 €, DZ 130–196 €; ❄🛜; 🚋Via di San Giovanni in Laterano) Eine tolle Lage unweit des Kolosseums, ein atemberaubender Blick und hilfsbereite, englischsprachige Mitarbeiter – das familiengeführte Lancelot punktet in allen Bereichen. Die Lobby und die Gemeinschaftsbereiche glänzen von Marmor und Kristall; die geräumigen Zimmer sind klassisch eingerichtet.

HOTEL ROMANCE HOTEL €€

Karte S. 356 (📞06 8929 5106; www.hotelro mance.it; Via Marco Aurelio 37a; EZ 70–140 €, DZ 70–200 €; ❄🛜; Ⓜ Colosseo) Ein herzlicher Empfang erwartet die Gäste in diesem familiengeführten 3-Sterne-Hotel unweit des Kolosseums. Es hat ruhige, gemütliche Zimmer, die im traditionellen römischen Stil eingerichtet sind. Das Haus bietet einen Blick auf den üppigen Garten nebenan.

⭐HOTEL SANT'ANSELMO HOTEL €€€

Karte S. 356 (📞06 57 00 57; www.aventinohotels. com; Piazza Sant'Anselmo 2; EZ 90–265 €, DZ 99–290 €; ❄🛜; 🚋Via Marmorata) Das hinreißende, romantische Refugium liegt im eleganten Bezirk Aventin. Die Zimmer sind nicht allzu groß, dafür aber umso stilvoller. Sie kombinieren Himmelbetten, Jugendstilmöbel und Marmorbäder mit modernen Akzenten.

🛏 Villa Borghese & der Norden von Rom

★ PALM GALLERY HOTEL   HOTEL €€

Karte S. 366 (☎06 6478 1859; www.palmgal
leryhotel.com; Via delle Alpi 15d; EZ 100–120 €,
EZ 100–210 €; ❄🛜; 🚌Via Nomentana, 🚌Viale
Regina Margherita) Das prachtvolle Hotel in
einer Villa aus dem frühen 20. Jh. besticht
durch gestalterische Vielfalt, die mühelos
afrikanische und nahöstliche Kunst mit
originalen Art-déco-Möbeln, freiliegendem
Mauerwerk und handbemalten Kacheln
verbindet. Die Zimmer sind individuell
eingerichtet, die besten bieten Aussicht auf
Glyzinien und das dichte Grün in den umgebenden Straßen.

🛏 Der Süden von Rom

HOTEL ABITART   HOTEL €€

Karte S. 368 (☎06 454 31 91; www.abitarthotel.
com; Via Matteucci 12; DZ 130–150 €; Ⓜ Piramide,
🚉Ostiense) Das Abitart im trendigen Bezirk
Ostiense vermittelt mit seiner unkonventio-
nellen Einrichtung Pop-Art-Flair und liegt
nah an guten Restaurants.

Rom verstehen

Rom aktuell

Ereignisse der jüngsten Zeit haben die Bewohner der Hauptstadt verstört und erzürnt. Ende 2014 trafen Enthüllungen über Verstrickungen der Verwaltung ins organisierte Verbrechen die Stadt bis ins Mark. Ein derartiger Blick in den Abgrund nach einem Jahr der Ausgabenkürzungen und wirtschaftlicher Unsicherheit war für die erschöpften Römer nur noch schwer zu verkraften. Auf der Positivseite ist immerhin zu verzeichnen, dass einige hochkarätige Bauten weiterhin saniert werden; und im Vatikan gelingt es Papst Franziskus nach wie vor, die Menschen zu begeistern.

Die besten Filme

La grande bellezza – Die große Schönheit (2013) Paolo Sorrentinos Hommage an die Ewige Stadt erinnert ein wenig an das Werk Fellinis.
Roma, Città Aperta *(Rom, offene Stadt;* 1945) Ein neorealistischer Film über die verzweifelte Lage im Zweiten Weltkrieg.
Liebes Tagebuch (1994) Kult-Regisseur Nanni Moretti präsentiert ein halb verlassenes Rom.
Der talentierte Mr. Ripley (1999) Mörderische Intrigen auf der Piazza di Spagna und an anderen Schauplätzen in Italien.

Die besten Bücher

Die Geheimnisse Roms: Eine andere Geschichte der Ewigen Stadt (Corrado Augias; 2007) Der Journalist Augias präsentiert wenig bekannte Episoden aus der Geschichte.
Römische Erzählungen (Alberto Moravia; 1954) Kurzgeschichten aus den Armenvierteln von Rom.
Rome (Robert Hughes; 2012) Ein sehr persönliches Porträt der italienischen Hauptstadt aus der Feder des australischen Kunstkritikers.
Michelangelo und die Fresken des Papstes (Ross King; 2003) Eine faszinierende Abhandlung über die Gemälde in der Sixtinischen Kapelle.

Skandale erschüttern die Stadt

Streitigkeiten sind in der Hauptstadt nichts Ungewöhnliches, doch reagierten selbst abgebrühte Beobachter schockiert über den Mafia-Skandal, der die Stadt Ende 2014 aufschreckte. Im Zentrum des Skandals stand eine kriminelle Bande, die eng mit dem Rathaus vernetzt war und sich in Millionenhöhe aus einem Haushaltsbudget bediente, das speziell für Einwanderer und Unterkünfte für Roma bestimmt war. 37 Personen wurden festgenommen, und gegen bis zu 100 Politiker und Mitarbeiter der Verwaltung wurde polizeilich ermittelt. Unter den Beschuldigten befand sich sogar der ehemalige Bürgermeister Gianni Alemanno. Die Römer sind zwar an ein bizarres Benehmen ihrer politischen Vertreter gewöhnt, reagierten dieses Mal aber mit echter Empörung und Wut.

Für die Aufräumarbeiten war Bürgermeister Ignazio Marino zuständig. Der ehemalige Chirurg hat von seinem Vorgänger Alemanno eine große Aufgabe geerbt. Er muss sich um die desolate Finanzlage der Stadt kümmern – Rom entging 2014 nur knapp der Insolvenz – und gleichzeitig etwas gegen die wachsende Verzweiflung der Bürger unternehmen, die Verfall und Vernachlässigung beklagen. Viele haben ihm schon den Rücktritt nahegelegt, doch bislang hat Marino sich an der Spitze gehalten. Und er hat sogar eine Bewerbung Roms um die Austragung der Olympischen Spiele 2024 eingereicht, um der Stadt einen neuen Impuls zu geben.

Restaurierungen & Kunst im Straßenbild

Die missliche Finanzlage der Stadt stellt Rom vor große Probleme, was die Instandhaltung seiner historischen Baudenkmäler betrifft. Doch wer sich heute in Rom umsieht, bemerkt eine Reihe bedeutender Bauten, die erst kürzlich saniert wurden. Auch wenn diese Restaurierungsarbeiten von öffentlichem Interesse sind,

wurden viele aus privaten Mitteln finanziert. In den letzten Jahren haben die Verantwortlichen intensiv nach privaten Sponsoren gesucht, um die städtischen Budgets zu schonen. Das Vorgehen hat zwar zu hitzigen Debatten geführt, war im Ergebnis jedoch erfolgreich: Die Sanierung des Kolosseums hat Tod's bezahlt, das Modehaus Fendi hat die Rechnung für die Restaurierung des Trevibrunnens beglichen, und Bulgari hat sich die Generalüberholung der Spanischen Treppe 1,5 Mio. Euro kosten lassen.

Jenseits dieser Highlights sieht es anders aus. In die Vorstädte ist kaum privates Geld geflossen, deshalb mussten die Einwohner die Sache selbst in die Hand nehmen. In jüngster Zeit blüht dort die Straßenkunst, und riesige Wandgemälde verschaffen manchen bislang kaum bekannten Vierteln neue Aufmerksamkeit.

Charmeoffensive des Papstes

Der am Westufer des Tibers gelegene Vatikan sorgt nach wie vor für weltweite Schlagzeilen. Im April 2014 wohnten rund 800 000 Gläubige vor dem Petersdom der Heiligsprechung zweier Päpste – Johannes Pauls II. und Johannes' XXIII. – bei. Geleitet wurde die Zeremonie von Franziskus, dem beliebten Papst aus Argentinien, in dessen Amtszeit sich das öffentliche Bild der Kirche sichtlich aufgehellt hat. Sein bescheidenes Auftreten hat ihm viel Sympathie eingetragen, und sein Versuch, soziale und umweltpolitische Fragen wieder stärker zu einem Anliegen der Kirche zu machen, wurde wohlwollend aufgenommen. Als der Papst kurzfristig ein Heiliges Jahr ausrief, das von Dezember 2015 bis November 2016 dauert, sorgte das für Überraschung und Aufregung. Die Stadtverwaltung freut sich auf die Mehreinnahmen durch den Zustrom von Pilgern, zeigte sich aber irritiert darüber, ein solches Großereignis in äußerst knapper Zeit vorbereiten zu müssen.

Stabiler Trend beim Tourismus

Papst Franziskus vermittelt nicht nur in der katholischen Welt eine freundliche Stimmung, seine Wahl hatte durchaus einen spürbaren Einfluss auf den Tourismus. Der Anstieg der Besucherzahlen aus Argentinien um 28 % im Jahr 2014 dürfte jedenfalls eindeutig auf sein Konto gehen.

Erstaunlicherweise blieben Roms politische Krisen der jüngsten Zeit ohne Rückschläge für den Tourismus; auch die Zahlen von 2014 bestätigen den Aufwärtstrend für die Stadt.

Steigende Besucherzahlen helfen Rom, die Sixtinische Kapelle steht aber mittlerweile vor Problemen. Diese Hauptattraktion der Vatikanischen Museen stößt inzwischen an ihre Kapazitätsgrenzen, sodass der Museumsdirektor im März 2015 eine Limitierung des Zugangs ankündigte für den Fall, dass die Besucherzahlen weiterhin ansteigen.

Wenn in Rom 100 Menschen lebten, würden ...

51 mit dem Auto zur Arbeit fahren
28 öffentliche Verkehrsmittel nutzen
15 auf den Motorroller steigen
6 zu Fuß gehen

Nationalität
(% der Bevölkerung)

88 Italiener

12 Andere

Einwohner pro km²

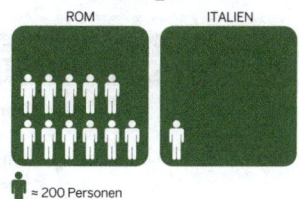

ROM   ITALIEN

≈ 200 Personen

Geschichte

Der Mythos des alten Rom

Das heutige Bild des antiken Rom, das ebenso sehr mythisches Konstrukt wie historische Realität ist, wurde von der Geschichtsschreibung sorgsam aufgebaut. Intellektuelle, Künstler und Architekten haben sich von dieser kunstvoll gewobenen Legende inspirieren lassen, Politiker und religiöse Führer haben sich darauf berufen, um ihre Autorität zu legitimieren und ihre politischen Ziele voranzubringen.

Kaiserliche PR

Ausgrabungen unter dem Lapis Niger auf dem Forum Romanum haben eine Mauer zutage gefördert, die an der Wende des 9. zum 8. Jh. v. Chr. errichtet wurde. Das bedeutet, dass Rom schon im Jahrhundert vor dem legendären Gründungsdatum von 753 v. Chr. existierte.

Schöpfer vom Ursprungsmythos Roms waren vermutlich die Griechen. Viel später, zu Beginn der Kaiserzeit, schrieben Schriftsteller wie Vergil und Ovid Sagen und Erzählungen nieder über die Anfänge und Frühzeit der Stadt. Schließlich verfasste Livius eine offizielle römische Geschichtsschreibung; Kaiser Augustus unterstützte und förderte ihn dabei, denn der Status der Stadt als *caput mundi* (Haupt der Welt) wurde dadurch legitimiert und gefestigt. Jene Autoren waren geübt darin, epische Erzählstränge zu spinnen; mythisch überhöhte Geschichten wurden als Realität angesehen. In seiner *Aeneis* verarbeitete Vergil ältere griechische Sagen und Legenden, um die Geschichte des trojanischen Prinzen Aeneas zu erzählen, der nach Italien kam und der Ahnherr Rom wurde – ein Gründungsmythos. Ebenso macht Livius, der für seine monumentale Geschichte der Römischen Republik gefeiert wird, freizügig von der Mythologie Gebrauch.

Die Herrscher des antiken Rom waren raffinierte Propagandisten; auf ihre Weisung hin wurden Kunst, Architektur und ausgefeilte öffentliche Zeremonien dazu eingesetzt, das Bild von Rom als unbesiegbare und von den Göttern sanktionierte Macht zu befestigen. Monumente wie Ara Pacis, Colonna di Traiano und Arco di Costantino unterstrichen den kaiserlichen Ruhm, während die Gladiatorenkämpfe die physische Überlegenheit Roms hervorhoben. Kolosseum, Forum Romanum und Pantheon waren nicht nur ausgezeichnete Leistungen der Baukunst, sie waren auch Symbole für die ewige Macht Roms.

ZEITACHSE

753 v. Chr.	509 v. Chr.	146 v. Chr.
Der Legende zufolge hat Romulus in diesem Jahr seinen Zwillingsbruder Remus getötet und Rom gegründet. Funde auf dem Palatin beweisen, dass es immerhin im 8. Jh. dort eine Siedlung gab.	Nach der Vertreibung von König Tarquinius Superbus wird die römische Republik gegründet. Damit beginnt Roms Aufstieg zur dominierenden europäischen Großmacht.	Am Ende des 3. Punischen Krieges wird Karthago zerstört. Fast zeitgleich erobern römische Legionen das griechische Festland. Rom ist die unumstrittene Macht im Mittelmeerraum.

ROMULUS & REMUS, DAS LEGENDÄRE ZWILLINGSPAAR

Roms berühmteste Legende handelt von Romulus und Remus, die die Stadt am 21. April des Jahres 753 v. Chr. gegründet haben sollen.

Dem Mythos zufolge waren Romulus und Remus die Kinder der keuschen Vestalin Rhea Silva und des Kriegsgottes Mars. Als Babys wurden sie auf dem Tiber ausgesetzt, um der Todesstrafe zu entgehen, die ihr Großonkel Amulius über sie verhängt hatte, der damals gegen ihren Großvater Numitor Krieg führte. Die Kinder wurden jedenfalls in der Nähe des Palatin von einer Wölfin entdeckt, die sie säugte, bis ein Schäfer namens Faustulus sie fand und aufzog.

Viele Jahre später beschlossen die beiden, an dem Ort ihrer Rettung eine Stadt zu gründen. Da sie nicht genau wussten, wo sich dieser befand, befragten sie ein Omen. Remus erblickte vom Aventino aus sechs Adler, sein Bruder vom Palatino zwölf. Die Bedeutung war klar, und Romulus begann mit dem Bau, was seinen Bruder sehr erzürnte. Da kämpften die beiden miteinander, bis Romulus Remus tötete.

Romulus setzte den Bau fort und bald stand seine Stadt. Um Bewohner anzulocken, errichtete er Fluchtburgen auf den Hügeln Kapitol, Aventin, Caelius und Quirinal, in die schon bald eine bunt gemischte Schar von Kriminellen, Vertriebenen und Flüchtlingen strömte. Noch aber gab es keine Frauen in der Stadt. Da lud Romulus die Städte und Stämme aus den umliegenden Landstrichen zu einem Kampfspiel zu Ehren des Gottes Neptun ein. Während die Zuschauer die Spiele verfolgten, stürzten sich Romulus und seine Männer auf die unverheirateten Frauen und Mädchen – die meisten waren vom Stamm der Sabiner – und entführten sie. Diese Tat ging als „Raub der Sabinerinnen" in die Geschichte ein.

Geschichte als Inspiration

Während der Renaissance, als das antike Rom und Griechenland zum künstlerischen Ideal stilisiert wurden, inspirierten die großen Monumente der Stadt eine ganze Generation von Künstlern und Architekten. Bramante, Michelangelo und Raffael schufen ihre Werke nach klassischen Vorbildern, während die Päpste daran arbeiteten, Rom als Haupt der katholischen Kirche zu festigen.

Doch mehr als jeder andere war es im 20. Jh. Italiens faschistischer Diktator Benito Mussolini, der den Ruhm des glorreichen antiken Rom beschwor. Der „Duce" scheute keinen Aufwand in seinem stetigen Bemühen, sein faschistisches Regime mit dem kaiserlichen Rom zu identifizieren. Er machte den mythischen Geburtstag Roms, den 21. April, zum offiziellen faschistischen Feiertag, er ließ zahlreiche Briefmarken mit Bildern der römischen Kaiser der Antike drucken und vergab Aufträge für umfangreiche archäologische Grabungen, um weitere Funde

Historische Stätten

Palatin

Largo di Torre Argentina

Kapitol

Forum Romanum

Castel Sant'Angelo

Palazzo Venezia

73–71 v. Chr.	49 v. Chr.	15. März 44 v. Chr.	14 n. Chr.
Sklavenaufstand unter dem Gladiator Spartakus. Der Aufstand wird niedergeschlagen, Spartakus fällt. 6000 Rebellen werden gefangen genommen und entlang der Via Appia gekreuzigt.	Julius Caesar führt seine Legionen über den Rubikon gegen Rom und besiegt im daran anschließenden Bürgerkrieg in der Schlacht von Pharsalos (48 v. Chr.) Pompeius.	Kurz nach seiner Ernennung zum Diktator auf Lebenszeit wird Julius Caesar im Teatro di Pompeo am heutigen Largo di Torre Argentina von einer Gruppe Senatoren erstochen.	Nach über 40-jähriger Herrschaft als erster Kaiser Roms stirbt Augustus. Seine Regierungszeit gilt als erfolgreich. Das ändert sich jedoch unter seinen Nachfolgern Tiberius und Caligula.

DAS WHO'S WHO DER RÖMISCHEN KAISER

Von den rund 250 römischen Kaisern waren nur wenige wirklich bemerkenswert. Hier die zehn besten, schlimmsten und verrücktesten.

Augustus (27 v. Chr.– 14 n. Chr.)	Roms erster Kaiser läutet eine Zeit des Friedens und der Stabilität ein. Die Künste blühen auf und viele Bauwerke entstanden, darunter die Ara Pacis sowie das Pantheon.
Caligula (37–41)	Der dritte Kaiser nach Augustus und Tiberius ist populär, bis er nach einer Krankheit zu einem wahnsinnigen Gewaltherrscher wird. Seine Leibwächter ermorden ihn auf dem Palatin.
Claudius (41–54)	Claudius erweitert das römische Imperium und erobert Britannien. Doch am Ende wird er wahrscheinlich auf Betreiben seiner Gattin Agrippina, der Mutter von Nero, vergiftet.
Nero (54–68)	Zunächst regiert Nero gut, wird aber immer verrückter. Er lässt seine Mutter umbringen, verfolgt die Christen und versucht, die halbe Stadt für seinen Goldenen Palast (Domus Aurea) abzureißen. Schließlich wird er zum Selbstmord gezwungen.
Vespasian (69–79)	Der erste Herrscher der flavianischen Dynastie bringt neuen Frieden und saniert die Staatsfinanzen. Vespasians größte architektonische Hinterlassenschaft ist das Kolosseum.
Trajan (98–117)	Trajan gelingen auf dem Zenit des Imperiums Eroberungen im Osten. Unter ihm wird das römische Stadtzentrum umgestaltet, indem er ein neues Forum, einen Marktplatz sowie eine Säule errichten lässt, die alle erhalten blieben.
Hadrian (117–138)	Hadrian beendet die imperiale Expansion und lässt Mauern zum Schutz der Reichsgrenzen bauen. Er lässt das Pantheon umgestalten sowie eine der großartigsten Villen der Antike in Tivoli errichten.
Aurelian (270–275)	Aurelian bringt die Rebellion, die das Kaiserreich gegen Ende des 3. Jhs. erschüttert, unter Kontrolle. Zugleich startet er den Bau der römischen Stadtmauer, die noch immer seinen Namen trägt.
Diokletian (284–305)	285 teilt Diokletian das Kaiserreich in eine westliche und östliche Hälfte. Bei seinem Versuch, die östlichen Provinzen des Imperiums zu befrieden, startet Diokletian auch blutige Christenverfolgungen.
Konstantin I. (306–337)	Konstantin residiert in Byzanz, das später zu seinen Ehren in Konstantinopel umbenannt wird. Er gewährt den Christen Religionsfreiheit und lässt zahlreiche Kirchen in Rom errichten.

der römischen Geschichte ans Tageslicht zu fördern. Seine Idealisierung des Römischen Imperiums war eine der Hauptstützen seiner kolonialistischen Ideologie.

64	67	80	285
Eine Feuersbrunst, die fünfeinhalb Tage anhält, zerstört Rom. Einige halten Nero für den Brandstifter, wenngleich er sich in Anzio aufhielt, als das verherrende Feuer ausbrach.	Der hl. Petrus und der hl. Paulus sollen bei den von Kaiser Nero inszenierten Christenverfolgungen hingerichtet worden sein. Die Verfolgungen sollen Neros Popularität wiederherstellen.	Kaiser Titus weiht das 50 000 Zuschauer fassende Kolosseum ein. Während der 100-tägigen Feierlichkeiten mit Gladiatorenkämpfen und Tierhetzen werden in der Arena etwa 5000 Tiere getötet.	Kaiser Diokletian richtet das Herrschaftssystem der Tetrarchie ein und teilt das Reich auf. Aus dem Oströmischen Reich geht später das Byzantinische Reich hervor.

Das Römische Reich

Größte Ausdehnung des Rö-
mischen Reichs (116 n. Chr.)
Heutige internationale
Grenzen

Heute dient der Mythos Rom weniger als Sammlungsruf denn als Mar-
ketinginstrument – und das mit einigem Erfolg. Kaum jemand wird
sich der Erregung entziehen können, wenn er zum ersten Mal das Kolosseum und das Forum Romanum erblickt oder den Palatin besucht,
jenen Hügel, auf dem Romulus die Stadt gegründet haben soll und die
Ruinen der Kaiserpaläste stehen.

Das Erbe einer Weltmacht

Auf den blutgetränkten Fundamenten der Republik wuchs das Römi-
sche Imperium schnell zur ersten „Supermacht" der westlichen Welt
heran. Auf dem Höhepunkt seiner Macht, unter der Herrschaft von
Kaiser Trajan (reg. 98–117), erlebte das Römische Reich seine größte
Ausdehnung und erstreckte es sich von Britannien im Norden bis nach
Nordafrika im Süden, von Spanien im Westen bis nach Palästina und
Syrien im Osten. Zu diesem Zeitpunkt zählte Rom selbst etwa 1,5 Mio.
Einwohner und erstrahlte im imperialen Glanz. Der Niedergang be-

Das antike Rom auf der Leinwand

Spartacus (1960;
Stanley Kubrick)

Quo Vadis (1951;
Mervyn LeRoy)

Gladiator (2000;
Ridley Scott)

Ich, Claudius –
Kaiser und Gott
(1976; BBC)

Rom (2005–2007;
HBO)

313	476	754	800
Ein Jahr nach der Schlacht an der Milvischen Brücke erlässt Kaiser Konstantin das Toleranzedikt von Mailand, in dem Religionsfreiheit garantiert und die Christenverfolgung beendet wird.	Der Sturz des Romulus Augustulus beendet das Weströmische Reich. Der Niedergang hat sich lange angekündigt: 410 plünderten die Goten Rom, 455 hielten sich die Vandalen schadlos.	Aus einem Pakt zwischen Papst Stephan II. und Pippin, dem Frankenkönig, geht im Jahr 756 der Kirchenstaat hervor, der bis zur Einigung Italiens (1861) über Rom herrscht.	Papst Leo III. krönt Karl den Großen, den Sohn Pippins, am 25. Dezember während der Weihnachtsmesse im alten Petersdom zum Kaiser des Heiligen Römischen Reiches.

gann dann im 3. Jh.; gegen Ende des 5. Jhs. befand sich das weströmische Reich dann bereits im Zustand der Auflösung, Rom wurde von den Westgoten und den Vandalen geplündert.

Geteiltes Europa

Das unmittelbarste Vermächtnis des Imperiums war die Teilung Europas in Ost und West. Im Jahr 285 n. Chr. hatte Kaiser Diokletian wegen der Unruhen in weiten Teilen des Reiches das Römische Imperium in eine östliche und eine westliche Hälfte aufgeteilt – das Zentrum des Westens war Rom, das des Ostens Byzanz (später Konstantinopel genannt). Dieser Schritt sollte fortan weit reichende Folgen haben. Im Westen ebnete der Untergang des Weströmischen Reiches 476 den Weg für das Entstehen des Heiligen Römischen Reiches und des Kirchenstaats; im Osten dauerte die oströmische (später byzantinische) Herrschaft bis ins Jahr 1453, dann wurde das Byzantinische Reich schließlich von den osmanischen Truppen erobert.

Vergils (70–19 v. Chr.) richtiger Name lautete Publius Vergilius Maro. Er stammte aus einer reichen Familie in der norditalienischen Stadt Mantua. Nach Studien in Cremona, Mailand, Rom und Neapel wurde er Roms bekanntester klassischer Dichter. Zu seinen berühmtesten Werken zählen *Eclogae, Georgica* sowie die *Aeneis*.

Demokratie & Rechtsstaat

Für die abendländische Kultur sind die römischen Errungenschaften in Sprache, Gesetzgebung, Regierung, Kunst, Architektur, Technik und öffentlicher Verwaltung von großer Bedeutung.

Einer der eindrucksvollsten Beiträge der Römer zur modernen Gesellschaft ist die demokratische Regierungsform. Demokratie hatte es zuerst ab dem 6. Jh. v. Chr. in Athen gegeben, aber es waren die Römer mit ihrem organisatorischen Geschick, die sie entscheidend weiterentwickelten. Zur Zeit der Römischen Republik (509–47 v. Chr.) war die römische Bevölkerung in zwei Kategorien unterteilt: Senat und Römisches Volk. Beide hatten klar definierte Verantwortungsbereiche. Das Volk stimmte mittels dreier Körperschaften – Comitia Centuriata, Comitia Populi Tributa und Concilium Plebis – über alle neuen Gesetze ab und wählte jährlich zwei Tribune, die ein Vetorecht im Senat hatten. Der Senat seinerseits bestimmte zwei Konsuln für die Dauer eines Jahres, die als politische und militärische Führer fungierten. Der Senat kontrollierte außerdem die Finanzen der Republik und konnte, in Zeiten großer Gefahr, für sechs Monate einen Diktator berufen.

Dieses System funktionierte gut, so lange die Republik Bestand hatte, und blieb auch in der Zeit des Imperiums unter Augustus mehr oder weniger intakt – zumindest auf dem Papier. In der Praxis übernahm der Senat die Verwaltung des Reiches, und der Kaiser sicherte sich eine Art Vetorecht gegenüber dem Senat. Dieser Schachzug trug ihm mehr oder weniger alle Vollmachten ein.

Die Einhaltung der Gesetze war ein wichtiger Bestandteil der römischen Gesellschaft. Bereits Mitte des 5. Jh. v. Chr. besaß die Republik

1084	1300	1309	1347
Rom wird von Normannen unter Robert Guiskard geplündert, die Papst Gregor VII. in die Stadt gelassen hat. Sie sollten ihm eigentlich helfen, die Belagerung durch Heinrich IV. zu beenden.	Papst Bonifatius VIII. verkündet Roms erstes Heiliges Jahr. Jeder, der in die Stadt pilgert, bekommt einen Ablass. Angeblich sollen bis zu 200 000 Menschen diesem Aufruf gefolgt sein.	Streitigkeiten mit dem römischen Adel führen dazu, dass Papst Clemens V. seine Residenz nach Avignon verlegt. Erst im Jahr 1377 kehrt Papst Gregor XI. nach Rom zurück.	Der römische Notar Cola di Rienzo lässt sich zum Tribun ausrufen. Er wird von den Römern begeistert empfangen, von der Aristokratie aber einige Zeit später wieder verjagt.

einen Gesetzeskodex, das sogenannte Zwölftafelgesetz. Diese nachfolgend ergänzte und verbesserte Gesetzessammlung bildete den Grundstein des römischen Rechtssystems, bis der oströmische Kaiser Justinian (reg. 527–565) im Jahr 529 den gewaltigen Corpus Iuris Civilis erstellen ließ. Er kodifizierte nicht nur alle bestehenden Gesetze, sondern enthielt auch eine systematische Abhandlung zur Rechtsphilosophie. Insbesondere führte er eine Unterscheidung zwischen *ius civilis* (Zivilrecht – Recht eines einzelnen Staates), *ius gentium* (Völkerrecht – Gesetze, die mehrere Staaten gemeinsam einführen und beachten) und *ius naturale* (Naturrecht – Gesetze, die die Beziehungen von Mann und Frau und die Ehe betreffen) ein.

Latein

Mehr noch als die Rechtsprechung, war die lateinische Sprache Roms größtes Vermächtnis für Kultur und Wissenschaft. Latein war die *lingua franca* des Römischen Reiches und wurde später von der katholischen Kirche übernommen, ein wichtiger Grund für das Überleben der Sprache. Bis heute ist sie eine der offiziellen Sprachen des Vatikans, und bis zum Zweiten Vatikanischen Konzil (1962–1965) war sie die einzige Sprache, in der die katholische Messe gelesen werden konnte. Latein ist die Basis der modernen romanischen Sprachen, beispielsweise Italienisch, Französisch und Spanisch, und liefert die linguistischen Wurzeln für viele Wörter.

Die Via Appia Antica wurde nach dem römischen Konsul Appius Claudius Caecus benannt, der 312 v. Chr. mit ihrem Bau begann. Der Konsul schuf auch den ersten römischen Aquädukt, die Aqua Appia, die Wasser aus den Sabinischen Hügeln in die Stadt brachte.

DIE KONSTANTINISCHE SCHENKUNG

Die Konstantinische Schenkung ist die berühmteste Dokumentenfälschung des Mittelalters. Darin überträgt der römische Kaiser Konstantin Papst Silvester I. (reg. 314–335) und dessen Nachfolgern angeblich die Herrschaft über Rom und das Weströmische Reich sowie den Vorrang über die Patriarchate von Antiocha, Alexandria, Konstantinopel, Jerusalem und alle Kirchen weltweit.

Niemand weiß genau, wann dieses Dokument geschrieben wurde; Historiker sind sich einig, dass dies Mitte oder Ende des 8. Jhs. geschah. Dies passt zu der weit verbreiteten Theorie, dass der Autor ein römischer Priester war, der möglicherweise mit Wissen des Papstes Stephan II. (reg. 752–757) handelte.

Viele Jahrhunderte lang galt die Schenkung als echt. Die Päpste nutzten sie, um damit ihre Territorialansprüche gegen die Kaiser des Heiligen Römischen Reiches und gegen andere rivalisierende Herrscher zu untermauern. Erst 1440 bewies der italienische Humanist und Philosoph Lorenzo Valla, dass es sich um eine Fälschung handelte. Durch Analysen des im Dokument verwendeten Lateinischen konnte er belegen, dass es nicht mit dem Latein übereinstimmte, das im 4. Jh. verbreitet war.

1378–1417	1506	1508	1527
Streitigkeiten zwischen verschiedenen Fraktionen der katholischen Kirche münden im abendländischen Schisma. Der Papst regiert von Rom aus, sein Gegenpapst sitzt in Avignon.	Papst Julius II. beruft 150 Schweizergardisten zu seinem persönlichen Schutz. Die Schweizergarde gibt es noch heute; Gardisten müssen katholische männliche Schweizer sein.	Michelangelo beginnt mit der Ausmalung der Sixtinischen Kapelle, während Raffael die Privaträume von Papst Julius II. gestaltet, die später Stanze di Raffaello genannt werden.	Papst Clemens VII. sucht Zuflucht in der Engelsburg, nachdem Rom ab dem 6. Mai von den Truppen Kaiser Karls V. eingenommen und drei Tage geplündert wurde (Sacco di Roma).

Römische Straßen

Ebenso wie viele Wörter zum Lateinischen führen, so führen alle Wege nach Rom. Die Römer der Antike waren zu ihrer Zeit meisterhafte Techniker, und ihre Fähigkeit, schnell auch weite Strecken zurückzulegen, war ein wichtiger Faktor für die Sicherung ihrer Herrschaft. Die Königin aller antiken Straßen war die Via Appia Antica, die Rom mit dem südlichen Adriahafen Brindisi verband. Die Via Appia ist in Teilen bis heute erhalten, ebenso wie viele andere Konsularstraßen, darunter Via Aurelia, Via Cassia, Via Flaminia und Via Salaria.

Christentum & Macht des Papstes

Einen erheblichen Teil seiner Geschichte stand Rom unter der Herrschaft der Päpste, und auch heute noch besitzt der Vatikan enormen Einfluss auf die Stadt.

Die Römer der Antike waren bemerkenswert tolerant gegenüber fremden Religionen. Sie selbst verehrten einen kosmopolitischen Pantheon an Göttern, der von Hausgeistern und früheren Herrschern bis zu Gottheiten aus der römischen Mythologie (Jupiter, Juno, Neptun, Minerva usw.) reichte. Religiöse Kulte waren ebenfalls sehr beliebt – die ägyptischen Götter Isis und Serapis besaßen eine massenhafte Gefolgschaft, genauso wie Mithras, ein heldenhafter Rettergott von unbestimmt persischer Herkunft, der in unterirdischen Tempeln von einer rein männlichen Anhängerschaft verehrt wurde.

Das Christentum breitet sich aus

Das Christentum mischte sich im 1. nachchristlichen Jahrhundert in diesen religiösen Cocktail; es kam aus der römischen Provinz Judaea herüber, dem heutigen Israel und Westjordanland. Seine Anfänge waren von Verfolgung überschattet, insbesondere unter Kaiser Nero (reg. 54–68). Allmählich aber fasste die neue Religion dank ihrer populären Botschaft vom himmlischen Lohn und den missionarischen Bemühungen der Apostel Petrus und Paulus Fuß. Doch erst der Glaubenswechsel von Kaiser Konstantin (reg. 306–337) führte dazu, dass das Christentum sich den Weg zur beherrschenden europäischen Religion bahnte. Im Jahr 313 erließ Konstantin das Edikt von Mailand, welches Religionsfreiheit garantierte. Im Jahr 378 erhob Theodosius (reg. 379–395) das Christentum zur römischen Staatsreligion.

In dieser Zeit hatte die Kirche eine ausgeklügelte organisatorische Struktur entwickelt, die auf fünf bedeutenden Bischofssitzen ruhte: Rom, Konstantinopel, Alexandria, Antiochia und Jerusalem. Anfangs besaßen alle Diözesen das gleiche Gewicht, aber in den folgenden Jahren kristallisierte sich mehr und mehr eine Dominanz Roms heraus.

Die Stadtheiligen Petrus und Paulus sollen beide während der Christenverfolgung durch Nero zwischen 64 und 68 hingerichtet worden sein. Paulus wurde geköpft, weil ihm als römischer Bürger ein schneller Tod zustand. Petrus wurde hingegen auf dem vatikanischen Hügel mit dem Kopf nach unten gekreuzigt.

Die römische Inquisition wurde im 16. Jh. eingeführt, um gegen die protestantische Reformation vorzugehen. Viele Menschen wurden wegen Vorwürfen wie Ketzerei, Blasphemie, Unzucht und Hexerei hingerichtet. Es gab aber auch Verurteilungen zu Geldstrafen und dem Aufsagen von Gebeten.

1540	1555	1632	1656–1667
Papst Paul III. erkennt offiziell die Gesellschaft Jesu, also die Jesuiten, an. Der Ordensgründer Ignatius de Loyola verbringt die letzten Tage seines Lebens in der Chiesa del Gesù.	Angesichts der Unruhen zur Zeit der Gegenreformation verbannt Papst Paul IV. die römischen Juden in ein ghetto-ähnliches Stadtviertel – eine Politik, die bis ins 20. Jh. hinein andauert.	Galileo Galilei wird vor die Inquisition zitiert und gezwungen, seine Überzeugung, dass die Erde um die Sonne kreist, zu widerrufen. Er wird unter Hausarrest gestellt.	Gian Lorenzo Bernini legt für Papst Alexander VII. den Petersplatz an. Bernini und sein großer Rivale Francesco Borromini sind die führenden Vertreter des römischen Barock.

Die Gründe für diese Entwicklung waren teils politischer – Rom war die wohlhabende Hauptstadt des Römischen Reiches –, teils religiöser Natur: Die Doktrin der frühen Christen besagte, dass Petrus, der Gründer der römischen Kirche, von Christus beauftragt worden sei, die universelle Kirche zu führen.

Die Herrschaft des Papstes

Doch während Rom die Kontrolle über das Christentum gewann, musste die Kirche Rom erst noch erobern. Dies tat sie in den düsteren Zeiten nach dem Untergang des Römischen Reiches. Auch wenn das Verdienst dafür keiner einzelnen Person zugeschrieben werden kann, so trug doch Papst Gregor der Große (reg. 590–604) mehr als jeder andere dazu bei, den Grundstock zu legen. Als Führer von beachtlicher Weitsicht gewann er viele Anhänger, indem er an Roms hungernde Einwohnerschaft kostenlos Brot verteilen und die Wasserversorgung der Stadt erneuern ließ. Er wehrte außerdem die Langobarden ab, die für die Stadt eine sehr große Gefahr darstellten.

Diese Gefahr trieb das Papsttum in ein Bündnis mit den Frankenkönigen, das seinerseits in die Entstehung der beiden Großmächte des mittelalterlichen Europas mündete: Kirchenstaat und Heiliges Römisches Reich. In Rom manifestierte sich der Kampf zwischen diesen beiden Supermächten in endlosen Fehden zwischen den Adelsfamilien der Stadt und fortgesetzten Versuchen der Franzosen, das Papsttum für sich in Anspruch zu nehmen. Die politischen und militärischen Auseinandersetzungen fanden ihren Höhepunkt darin, dass der Sitz des Papstes von 1309 bis 1377 in die französische Stadt Avignon verlegt wurde. Das führte ins Große Schisma (1378–1417): in dem die römische Kirche von zwei Päpsten geführt wurde, von einem in Rom und einem anderen in Avignon in Frankreich.

Als gleichermaßen religiöse und weltliche Herrscher übten die römischen Päpste ihren Einfluss weit über ihre militärischen Möglichkeiten hinaus aus. Im Mittelalter besaß die Kirche lange Zeit praktisch das Monopol auf alles lesbare Material in Europa (hauptsächlich religiöse Schriften, die in Latein verfasst waren) und war damit die Autorität für sämtliche Aspekte menschlichen Wissens. Alle Neuerungen in Naturwissenschaft, Philosophie und Literatur unterlagen einer scharfen Kontrolle durch die Kirche, die stets und überall Häresie witterte.

Moderne Einflüsse

Fast tausend Jahre später übt die Kirche immer noch einen erheblichen Einfluss auf das Leben der Katholiken aus. Die strikte Haltung der Kirche bei manchen sozialen und ethischen Themen wie Abtreibung, gleichgeschlechtlichen Eheschließungen oder Sterbehilfe sorgt für hef-

Die längsten päpstlichen Amtszeiten

Petrus (ca. 33–67)

Pius IX. (1846–78)

Johannes Paul II. (1978–2005)

Leo XIII. (1878–1903)

Pius VI. (1775–99)

GESCHICHTE CHRISTENTUM & MACHT DES PAPSTES

Die Buchstaben SPQR findet man überall in Rom. Sie stammen aus der Zeit der römischen Republik und stehen für „Senatus Populusque Romanus", übersetzt „der Senat und das Volk von Rom".

1798	1870	1885	1922
Napoleon rückt bis nach Rom vor und zwingt Papst Pius VI. zur Flucht. Eine Republik wird ausgerufen, die aber nicht lange besteht, sodass Papst Pius VII. nach Rom zurückkehren kann.	Neun Jahre nach der Einigung Italiens fällt Rom in die Hände italienischer Truppen. Papst Pius IX. sieht sich gezwungen, Rom zu übergeben. Rom wird Hauptstadt Italiens.	Mit dem Bau von Il Vittoriano, das wie ein Berg die Piazza Venezia beherrscht, soll die italienische Einigung gefeiert und Italiens erster König Vittorio Emanuele II. geehrt werden.	Mussolini marschiert an der Spitze von 40 000 Faschisten nach Rom. König Vittorio Emanuele III betraut den nur 39-jährigen Mussolini daraufhin mit der Regierungsbildung.

Die Dynastie der Borgia war unter Führung ihres Patriarchen Rodrigo (Papst Alexander VI.; reg. 1492–1503), eine der einflussreichsten Familien im Rom der Renaissance. Machiavelli soll seine Figur des *Il Principe (Der Fürst)* nach dem Vorbild von Rodrigos Sohn Cesare angelegt haben. Tochter Lucrezia erarbeitete sich einen Ruf als Femme fatale mit der Neigung, ihre Feinde zu vergiften.

tige öffentliche Debatten, bei denen es kaum Annäherungen zwischen den konträren Positionen gibt. Ein berühmter Fall aus jüngster Vergangenheit war der Streit um das Sterben einer langjährigen Komapatientin: Die Kirche widersprach dabei einer Entscheidung des Obersten Gerichtshofs, der den Ärzten ein Ende der Behandlung gestattet hatte.

Dieses Verhältnis zwischen Kirche und dem modernen politischen Establishment Italiens hat ihre Ursache in der Gründung der Republik Italien im Jahr 1946. Über weite Strecken der Ersten Republik (1946–1994) war der Vatikan eng mit der Christdemokratischen Partei (DC, Democrazia Cristiana) verbunden, der einst mächtigsten Partei Italiens und leidenschaftlichen Gegnerin des Kommunismus. Die Kirche, die den Kommunismus am liebsten von der politischen Landkarte tilgen wollte, trug das Ihre dazu bei, indem sie jeden, der für Italiens Kommunistische Partei (PCI, Partito Comunista Italiano) stimmte, mit Exkommunizierung drohte.

Heute hat keine politische Partei mehr ein Monopol auf die Gunst der Kirche, und Politiker über das gesamte Spektrum umgehen sorgsam die vatikanischen Empfindlichkeiten. Diese Referenz ist nicht auf die rein politische Sphäre begrenzt; sie erstreckt sich auch auf einen Großteil der Presse und auf die Justiz. Im September 2008 drohte die Staatsanwaltschaft von Rom, einen Humoristen wegen seiner gegen den Papst gerichteten Äußerungen zu verfolgen. Sie berief sich dabei auf den Lateranvertrag von 1929, demzufolge es eine Straftat ist, die Ehre des Papstes und des italienischen Präsidenten zu verletzen. Die Anklage, die eine hitzige Debatte über Zensur und das Recht auf freie Rede in Gang setzte, wurde schließlich vom italienischen Justizminister fallen gelassen.

Renaissance als Neuanfang

Die Renaissance (auf Italienisch *Rinascimento*), die Brücke zwischen Mittelalter und Moderne, war eine weit reichende intellektuelle, künstlerische und kulturelle Bewegung. Sie nahm ihren Anfang im 14. Jh. in Florenz, verbreitete sich aber rasch bis nach Rom, wo sie tief greifende Veränderungen in Gang setzte.

Humanismus & Wiederaufbau

Die intellektuelle Basis der Bewegung war der Humanismus. Diese Philosophie stützte sich auf die zentrale Rolle der Menschheit innerhalb des Universums, ein wichtiger Bruch mit der mittelalterlichen Weltsicht, die Gott ins Zentrum gesetzt hatte. Sie war jedoch keineswegs antireligiös: Viele Anhänger des Humanismus waren Geistliche, und die meisten großen Werke der Renaissancekunst in Rom wurden von

1929	1944	1946	1957
Mussolini unterzeichnet den Lateranvertrag und erkennt den Vatikanstaat an. Bulldozer brechen eine Schneise durch das Stadtviertel Borgo, es entsteht die heutige Via della Conciliazione.	Am 24. März werden 335 Römer von deutschen Truppen in einem Steinbruch an der Via Ardeatina erschossen. Das Massaker war eine Vergeltungsaktion für einen Partisanenangriff.	Die Italiener stimmen für die Abschaffung der Monarchie und begründen damit die Italienische Republik. Zwei Jahre später wird am 1. Januar 1948 die Verfassung verabschiedet.	Italien, Frankreich, Belgien, die Bundesrepublik Deutschland, die Niederlande und Luxemburg unterzeichnen die Römischen Verträge und gründen die EWG, den Vorläufer der EU.

der Kirche in Auftrag gegeben. Einer der gefeiertsten humanistischen Gelehrten des 15. Jhs., Papst Nikolaus V. (reg. 1447–1455), gilt vielmehr als Wegbereiter der römischen Renaissance.

Als Nikolaus 1447 Papst wurde, befand sich Rom in keinem guten Zustand. Die über Jahrhunderte andauernden mittelalterlichen Fehden hatten die Stadt zu einem halb entvölkerten Schlachtfeld gemacht, die verwahrlosten Einwohner lebten in dauernder Furcht vor Pest, Hungersnöten und Überschwemmungen (der Tiber trat damals regelmäßig über die Ufer). Auf der politischen Ebene begann sich das Papsttum vom Trauma des Großen Schismas zu erholen und versuchte dem Vordringen der Muslime im Osten Einhalt zu gebieten.

Vor diesem Hintergrund beschloss Nikolaus, Rom als Vorzeigeprojekt der kirchlichen Macht wiederaufzubauen. Um seine Pläne zu finanzieren, rief er 1450 zum Heiligen Jahr aus. Dies war ein erprobter Weg, um sich Einnahmen zu verschaffen, indem man Hunderttausende Pilger in die Stadt lockte (in einem Heiligen Jahr erhält jeder, der nach Rom kommt und beichtet, eine vollständige päpstliche Absolution).

Im Verlauf der nächsten etwa 80 Jahre bekam Rom sozusagen ein neues Aussehen verpasst. Papst Sixtus IV. (reg. 1471–1484) ließ die Sixtinische Kapelle bauen und schenkte dem Volk von Rom 1471 eine Sammlung von Bronzeskulpturen, die zu den ersten Ausstellungsstücken der Kapitolinischen Museen wurden. Julius II. (reg. 1503–1513) ließ die Via del Corso und die Via Giulia anlegen und beauftragte Bramante, den Petersdom wiederaufzubauen. Michelangelo malte die Fresken der Sixtinischen Kapelle und entwarf die Kuppel des Petersdoms, während Raffael mit seiner meisterhaften Handhabung der Perspektive eine ganze Generation von Malern beeinflusste.

Die Plünderung Roms & protestantische Proteste

Doch außerhalb von Rom wehte ein rauer Wind. Das lag vor allem am Dauerkonflikt zwischen dem Heiligen Römischen Reich unter Kaiser Karl V. und den italienischen Stadtstaaten. Die Spannungen entluden sich 1527, als Rom von dem kaiserlichen Söldnerheer eingenommen und geplündert wurde (Sacco di Roma), während sich Papst Clemens VII. (reg. 1523–1534) im Castel Sant'Angelo versteckt hielt. Die Plünderung Roms, die die meisten Historiker als Nagel zum Sarg der römischen Renaissance ansehen, war ein höchst traumatisches Ereignis. Sie brachte das Papsttum ins Wanken und begünstigte die Ansicht, dass die Kirche durch ihre eigenen moralischen Mängel stark geschwächt worden sei. Dass die Kirche korrupt sei, war bekannt, und so erfuhr Martin Luther, als er im Jahr 1517 seine 95 Thesen an die Tür der Schlosskirche zu Wittenberg schlug und damit die Reformation entfachte, erheblichen öffentlichen Zuspruch.

Politische Buchtipps

Good Italy: Bad Italy (Bill Emmott)

Italien – das dunkle Herz des Südens (Tobias Jones)

Modern Italy: A Political History (Denis Mack Smith)

GESCHICHTE RENAISSANCE ALS NEUANFANG

Gladiatorenkämpfe waren Teil der öffentlichen Spiele (*ludi*), die vom Staat im Kolosseum veranstaltet wurden. Gladiatoren waren Kriegsgefangene, verurteilte Kriminelle oder Freiwillige, die in der Arena kämpften. Überraschenderweise endeten solche Kampfspektakel eher selten mit dem Tod.

1960	1968	1978	1992–1993
Rom ist Gastgeber der Olympischen Spiele, während Federico Fellini *La dolce vita* in den Cinecittà-Filmstudios dreht. Drei Jahre später entsteht dort die Hollywood-Produktion *Cleopatra*.	Studentenunruhen greifen auf das Land über und führen zu Massenprotesten. An der Architekturfakultät der Universität La Sapienza in Rom geraten Studenten und Polizei aneinander.	Der ehemalige Ministerpräsident Aldo Moro wird in den *anni di piombo* (bleierne Jahre) von den linksextremen Brigate Rosse (Rote Brigaden) entführt und ermordet.	Die Antikorruptionsbewegung Mani pulite erschüttert Politik und Wirtschaft. Politiker werden festgenommen, der ehemalige Ministerpräsident Bettino Craxi flüchtet aus Italien.

Die Gegenreformation

Die katholische Reaktion auf die Reformation war radikal. Die Gegenreformation war von einer zweiten Welle künstlerischer und architektonischer Aktivität geprägt, da die Kirche sich erneut auf Ziegel und Mörtel besann, um ihre Autorität wiederherzustellen. Doch im Gegensatz zur Renaissance war die Gegenreformation eine Epoche der Verfolgung und der Intoleranz. Mit dem Segen von Papst Paul III. gründete Ignatius Loyola 1540 den Jesuitenorden, zwei Jahre später wurde das Heilige Offizium als letzte Instanz der Kirche bei Inquisitionsprozessen eingesetzt. 1559 veröffentlichte die Kirche den *Index Librorum Prohibitorum* (Index der verbotenen Bücher) und begann Intellektuelle und Freidenker zu verfolgen. Galileo Galilei (1564–1642) wurde gezwungen, seine Zustimmung zum heliozentrischen Weltbild von Kopernikus zu widerrufen. Er wurde 1632 von der Inquisition nach Rom vorgeladen und für den Rest seines Lebens nach Florenz verbannt. Giordano Bruno (1548–1600), ein freidenkerischer Dominikanermönch, erlitt ein schlimmeres Schicksal: Er wurde 1592 in Venedig verhaftet und acht Jahre später auf einem Scheiterhaufen auf dem Campo de' Fiori verbrannt. An dieser Stelle steht heute eine düstere Statue.

Trotz oder vielleicht wegen der kirchlichen Politik der Null-Toleranz gelang es der Gegenreformation, das päpstliche Prestige wieder aufzubauen. In diesem Sinne kann man sie als natürliches Finale der Renaissance betrachten, die Nikolaus V. 1450 angestoßen hatte. Mitte des 15. Jhs. war Rom noch ein unbedeutender Ort mit rund 20 000 Einwohnern gewesen, nun war es zu einer der großen europäischen Städte des 17. Jhs. herangewachsen.

Macht & Korruption

Macht und Korruption gehen oftmals Hand in Hand. Und niemand war jemals mächtiger als die römischen Kaiser der Antike und die Päpste der Renaissance.

Närrische Kaiser & korrupte Päpste

Der berüchtigtste unter allen grausamen und halbverrückten römischen Kaisern war zweifellos die gefürchtete Caligula. Sein Name steht fast sprichwörtlich für Verderbtheit, aber als er im Jahr 37 das Erbe seines Großonkels Tiberius antrat, wurde er zunächst als Retter Roms bejubelt. Aber das erwies sich schnell als ein großer Fehler. Denn nach einer schweren Krankheit zeigte Caligula ernste Anzeichen geistiger Verwirrung. Er ließ sich von den Senatoren als Gott feiern und wollte in seiner geistigen Verwirrtheit sein Lieblingspferd Incitatus allen Ernstes die Konsulwürde übertragen. Schließlich machte im Jahr 41 die

---

Der päpstliche Kirchenstaat entstand im 8. Jh. durch eine Schenkung des fränkischen Königs Pippin. Er hatte die Lombarden aus Norditalien vertrieben und übergab große Gebiete Papst Stephan II. Zur Blütezeit umfasste der Kirchenstaat Rom und einen Großteil Zentralitaliens.

Der romantische Dichter John Keats verbrachte die letzten Monate seines kurzen Lebens in einem Haus an der Spanischen Treppe. Er starb im Februar 1821 und wurde neben seinem Dichterkollegen Percy Bysshe Shelley auf Roms Cimitero Acattolico per gli Stranieri beerdigt.

2000	2001	2005	2008
Pilger aus aller Welt strömen nach Rom, um das Heilige Jahr zu feiern. Höhepunkt ist eine Messe an der Universität Tor Vergata, der mehr als 2 Mio. Menschen beiwohnen.	Silvio Berlusconi wird zum zweiten Mal nach seinem Regierungsintermezzo im Jahr 1994 zum italienischen Ministerpräsidenten gewählt. Dieses Mal bleibt er volle fünf Jahre im Amt.	Nach 27 Jahren auf dem Papstthron stirbt Papst Johannes Paul II. Sein Nachfolger wird der Deutsche Josef Kardinal Ratzinger, der den Namen Benedikt XVI. annimmt.	Das ehemalige Mitglied der neofaschistischen Partei MSI, Gianni Alemanno, erobert das Bürgermeisteramt in Rom. Das Ereignis macht in der ganzen Welt Schlagzeilen.

kaiserliche Prätorianergarde dem unerträglichen Treiben ein Ende, der Anführer der Garde versetzte Caligula den tödlichen Dolchstoß.

Extreme Ausschweifungen wie unter Caligula gab es zwar während der Herrschaft der Renaissancepäpste nicht oder nur selten, aber die Korruption schlich trotzdem auch im Vatikan durch die Korridore der Macht. Die Günstlingswirtschaft blühte, und dass ein Papst Kinder zeugte, war mehr oder weniger die Regel. Der Borgia-Papst Alexander VI. (regierte 1492–1503) z. B. zeugte zwei illegitime Kinder mit einer seiner beiden Mätressen. Die zweite Geliebte, Giulia Farnese, war die Schwester des späteren Papstes Paul III. (1534–1549), der seinerseits irdischen Genüssen ebenfalls sehr zugetan war. Während dieser Papst in gnadenloser Weise die Gegenreformation betrieb, zeugte er zwischendurch immerhin vier Kinder.

Tangentopoli

Korruption spielt auch in die italienische Politik von heute hinein, am krassesten zur Zeit des sog. Tangentopoli-Skandals. Vor dem Hintergrund eines kontinuierlichen Wirtschaftswachstums waren öffentliche Aufträge nach Schmiergeldzahlungen an die „richtigen" Firmen vergeben worden. Was im Jahr 1992 in Mailand als ein ganz „normaler" Bestechungsskandal begonnen hatte, entwickelte sich dann rasend schnell zu einem landesweiten Feldzug gegen die Korruption.

Unter Führung des „Helden wider Willen", des Richters Antonio di Pietro, enthüllte die Kampagne *Mani pulite* („Saubere Hände" – im Sinne von „Weiße Weste") ein von Grund auf korruptes politisches und wirtschaftliches System im ganzen Land. Politiker, Regierungsbeamte und Wirtschaftsleute wurden gnadenlos durchleuchtet, absolut niemand wurde verschont, nicht einmal der ehemalige italienische Premierminister Bettino Craxi (1934–2000), der vor einem drohenden Prozess im Jahr 1993 aus Rom nach Tunesien flüchtete und in Abwesenheit wegen Korruption verurteilt wurde.

Aktuelle Kontroversen

Rechtliche Auseinandersetzungen und schlüpfriger Tratsch waren die beherrschenden Themen der drei Amtszeiten von Silvio Berlusconi als Ministerpräsident (1994, 2000–2006 sowie 2008–2011). 2010 wurde sein Gefolgsmann Guido Bertolaso in polizeiliche Ermittlungen verstrickt. Dabei ging es um die Vergabe von Bauaufträgen für den G8-Gipfel 2009. Berlusconi selbst musste sich mehrmals der Justiz stellen, ihm wurde immer wieder Steuerhinterziehung vorgeworfen. 2012 hatten die Staatsanwälte schließlich Erfolg, als er wegen Steuerhinterziehung zu Sozialstunden verurteilt wurde. Außerdem wurde er für zwei Jahre von der Annahme öffentlicher Ämter ausgeschlossen.

Der schlüpfrigste Skandal der Berlusconi-Zeit war die Rubygate-Affäre. Dabei ging es um Vorwürfe, dass Berlusconi bezahlten Sex mit der minderjährigen Tänzerin Ruby Rubacuore hatte. Nach einem zweijährigen Verfahren wurde Berlusconi schuldiggesprochen. Im Juli 2014 endete der Berufungsprozess mit einem Freispruch.

2011	2012	2013	2013
Regierungschef Silvio Berlusconi tritt zurück, da die Schuldenkrise außer Kontrolle zu geraten droht. Ihm folgt der Wirtschaftswissenschaftler Mario Monti (2011–2013).	Am 31. Oktober feiert die römisch-katholische Kirche in der Sixtinischen Kapelle den 500. „Geburtstag" der weltberühmten Deckenfresken von Michelangelo (1475–1564).	Papst Benedikt XVI. tritt als erster Papst seit Gregor XII. (1415) zurück. Nachfolger wird der argentinische Kardinal Jorge Mario Bergoglio unter dem Papstnamen Franziskus.	Für rund 25 Mio. Euro soll das Kolosseum innerhalb von nur wenigen Jahren renoviert, aber dennoch nicht komplett für die zahlreichen Besucher geschlossen werden.

Ende 2014 wurde das römische Rathaus zur Zielscheibe von umfangreichen Korruptionsermittlungen. Mitgliedern des Stadtrats wurde vorgeworfen, sich gemeinsam mit Kriminellen an öffentlichen Geldern bereichert zu haben.

Die ersten Touristen

Schon seit Jahrhunderten strömen Pilger in die Ewige Stadt. Aber erst die Bildungsreisenden des 18. und 19. Jhs. haben den Ruf Roms als modernes Reiseziel etabliert.

Religiöse Pilger

Als Sitz der katholischen Kirche war Rom schon im Mittelalter eines der wichtigsten Ziele von Pilgerreisen. Im Jahr 1300 rief Papst Bonifatius VIII. das erste Heilige Jahr aus. Er versprach allen Pilgern, welche den Petersdom sowie die Basilica di San Giovanni in Laterano besuchten, vollständige Vergebung aller Sünden. Der Erfolg seines Aufrufs übertraf alle Erwartungen, denn Hunderttausende kamen nach Rom. Die Kirche sonnte sich im öffentlichen Zuspruch.

700 Jahre später ist die Tradition des Heiligen Jahrs noch immer ein Besuchermagnet. Rund 24 Mio. Pilger kamen für das Heilige Jahr 2000 unter Papst Johannes Paul II. in die Ewige Stadt. Der Vatikan hofft, diesen grandiosen Erfolg im Heiligen Jahr 2016 unter Papst Franziskus wiederholen zu können.

Die Grand Tour

Als christliche Pilgerstätte hat Rom schon eine sehr lange Geschichte; ein modernes Touristenziel ist die Stadt im Grunde seit der Mode der „Grand Tour" – ab der Renaissance die obligatorische Reise für die Söhne des europäischen Adels. Im späten 18. Jh. war die Grand Tour eine Bildungsreise und eine Art Pflichtübung für wohlhabende junge Männer aus dem Europa nördlich der Alpen. Im Verlauf des 19. Jhs. galt es auch für wohlhabende junge Damen als „angesagt", in Begleitung ihrer altjüngferlichen Tanten Italien zu bereisen. Bis zum Ende des 18. Jhs. war dies allerdings noch ein männliches Privileg.

Der Reiseweg durch Frankreich und Italien folgte dabei weitgehend der mittelalterlichen Pilgerroute über den Sankt-Bernhard-Pass, verlief dann entlang der italienischen Westküste bis nach Florenz und von dort nach Rom. Nach dem obligatorischen Rom-Aufenthalt ging es dann weiter bis nach Neapel, weil die kurz zuvor entdeckten Ruinen von Pompeji und Herculaneum für Aufregung und Interesse in ganz Europa gesorgt hatten. Zum Abschluss stand dann wieder Venedig auf dem Reiseplan.

In seinem 1818 veröffentlichten Werk *Childe Harold's Pilgrimage* (Childe Harolds Pilgerfahrt) zitierte der englische Dichter Lord Byron den Mönch Bede aus dem 8. Jh.: „Solange das Kolosseum steht, wird Rom leben. Wird das Kolosseum zerstört, wird Rom untergehen! Und wenn Rom untergeht – dann auch die Welt."

2014	2014	2015
Der ehemalige Bürgermeister von Florenz, der 39-jährige Matteo Renzi, drängt den PD-Parteifreund Enrico Letta zum Rücktritt und wird jüngster Ministerpräsident Italiens.	Gegen den ehemaligen Bürgermeister Gianni Alemanno sowie 100 weitere Politiker und öffentliche Angestellte werden im Rahmen des „Mafia-Capitale"-Skandals Ermittlungen eingeleitet.	In den Präsidentenpalast, den Palazzo del Quirinale, zieht mit Sergio Mattarella ein neuer Hausherr ein. Er folgt dem 89-jährigen Giorgio Napolitano als Presidente della Repubblica.

Zu dieser Zeit erlebte Rom ausnahmsweise eine Zeit des Friedens und war bestens vorbereitet auf die touristische „Invasion" aus dem europäischen Ausland. Die Stadt sonnte sich im Glanz der Pracht ihrer barocken Bauwerke und der neu erwachten Begeisterung für die Antike. Hinzu kam, dass die Päpste dringend Geld benötigten, weil die Kassen nach exzessiven Ausgaben nahezu leer waren und die Bevölkerung Roms im Elend lebte.

Abertausende „Touristen" kamen, darunter Goethe, der in seiner berühmten *Italienischen Reise* (1813–1817) von seinem Aufenthalt berichtet, aber auch die bekannten englischen Dichter Byron, Shelley und Keats. In den lebhaften Straßen Roms gingen sie ihren romantischen Träumen nach. Rund um die Piazza di Spagna übernachteten so viele Engländer, dass das Viertel von den Einheimischen spöttisch *er ghetto de l'inglesi* (Ghetto der Engländer) genannt wurde.

Dieser „Hype" gipfelte im römischen Rokoko – und die Touristen zogen begeistert zur Spanischen Treppe und zum Trevibrunnen.

Die Gespenster des Faschismus

Roms faschistische Geschichte ist ein hoch sensibles und belastetes Thema. In den letzten Jahren haben Historiker auf beiden Seiten des politischen Spektrums sich gegenseitig dafür kritisiert, die Vergangenheit der eigenen Sicht entsprechend zu manipulieren: Historiker vom linken Flügel warfen ihren Kollegen vom rechten Flügel vor, die abstoßenden Aspekte von Mussolinis Herrschaft zu kaschieren, während die von der rechten Seite ihre linken Kollegen beschuldigten, sie verdrehten die Tatsachen zugunsten eines sehr vereinfachten Bildes vom Antifaschismus.

Mussolini

Benito Mussolini kam 1883 in Predappio (Provinz Forli) zur Welt, einer Kleinstadt in der Emilia-Romagna. Als junger Mann war er Mitglied der Sozialistischen Partei. Doch sein Dienst in der italienischen Armee während des Ersten Weltkriegs und der anschließende Sturz Italiens in ein Chaos bewirkten bei ihm eine Wende; 1919 gründete er die faschistische Bewegung. Sie trat für die Rechte der Kriegsveteranen, Gesetz und Ordnung und eine starke Nation ein und gewann damit die Herzen der desillusionierten Kriegsveteranen, von denen sich viele in der Folgezeit den Schwarzhemden Mussolinis anschlossen.

Im Jahr 1921 wurde Mussolini in die Abgeordnetenkammer gewählt. Als einfacher Abgeordneter hatte er zwar kaum Einfluss, doch am 28. Oktober 1922 organisierte er mit etwa 40 000 Anhängern den „Marsch auf Rom". Aus Furcht vor einem Bürgerkrieg beauftragte ihn König Vittorio Emanuele III. anschließend mit der Regierungsbildung. Mussolinis erste Regierung bestand aus Faschisten, Nationalisten und Liberalen, aber nach dem Wahlsieg im Jahr 1924 konnte er seine Macht zügig ausbauen, und Ende 1925 hatte er ganz Italien unter Kontrolle. Um die katholische Kirche zu besänftigen, unterzeichnete er im Jahr 1929 den Lateranvertrag, in dem der Katholizismus zur italienischen Staatsreligion erklärt und die staatliche Souveränität der Vatikanstadt festgeschrieben wurde.

In Rom startete Mussolini ein gigantisches Bauprogramm. Die Via dei Fori Imperiali und die Via della Conciliazione wurden angelegt; auf dem Esquilin wurden Parks geschaffen, ebenso bei der Villa Celimontana. Die Kaiserforen und die Tempel am Largo di Torre Argentina wurden ausgegraben, und es entstanden der monumentale Sportkomplex Foro Italico und das neue Stadtviertel EUR. Mussolinis Außenpolitik war expansionistisch angelegt. Im Jahr 1935 ließ er Abessinien beset-

Der ehemalige Comedian Beppe Grillo ist mittlerweile ein etablierter Politiker. Sein großer Durchbruch kam 2013, als er mit seiner Fünf-Sterne-Bewegung ein Viertel der Wählerstimmen einheimste. Als charismatischer Populist profitierte Grillo von der Wut vieler Italiener auf die verwöhnte politische Elite.

zen, das heutige Äthiopien, 1936 traf er mit Hitler zusammen. Im Jahr 1940 verkündete er vom Balkon des Palazzo Venezia aus den Kriegseintritt Italiens an der Seite von Deutschland, und die Menge jubelte ihm zu. Doch diese Jubelstimmung war nicht von langer Dauer – Rom hatte schon bald unter der faschistischen Regierung zu leiden. Nach dem Sturz Mussolinis im Jahr 1943 brach Italien den Pakt mit Deutschland, woraufhin die Wehrmacht versuchte Italien zu besetzen . Die von Süd- nach Norditalien vorrückenden amerikanischen Truppen machten dem Albtraum ein Ende.

Nachkriegszeit

Die Niederlage im Zweiten Weltkrieg bedeutete nicht das Ende des italienischen Faschismus, im Jahr 1946 gründeten Anhänger Mussolinis *Movimento Sociale Italiano* (MSI; Italienische Sozialbewegung). Fast 50 Jahre lang war die offen faschistische Partei ein Teil der etablierten italienischen Politik, während auf der anderen Seite des Spektrums die *Partito Comunista Italiano* (PCI; Italienische Kommunistische Partei) zur größten kommunistischen Partei Westeuropas heranwuchs. Die MSI löste sich schließlich 1994 auf, als Gianfranco Fini sie in die postfaschistische *Alleanza Nazionale* (AN; Nationale Allianz) umwandelte. Die AN blieb ein bedeutender politischer Faktor, bis sie 2009 in Silvio Berlusconis Bündnis *Il Popolo della Libertà* aufging.

Abseits der etablierten Politik war der Faschismus (neben dem Kommunismus) eine Kraft hinter dem Terrorismus, der Rom und Italien während der *anni di piombo* (bleierne Jahre) vom Ende der 1960er- bis in die frühen 1980er-Jahre erschütterte. Damals entstanden auf beiden Seiten des ideologischen Spektrums terroristische Gruppen, die für zahlreiche Aktionen mit politisch motivierter Gewalt verantwortlich waren. Am bekanntesten ist wohl die Entführung und Ermordung des früheren Regierungschefs Aldo Moro durch die *Brigate Rosse* (Rote Brigaden) 1978. Sein von Kugeln durchsiebter Körper wurde im Kofferraum seines Wagens in der Via Michelangelo Caetani aufgefunden.

Kunst & Kultur

Roms stürmische, wechselvolle Geschichte und seine magische Stadtlandschaft haben Maler, Bildhauer, Filmemacher, Schriftsteller und Musiker schon seit Jahrtausenden inspiriert. Die berühmten klassischen Werke der römischen Antike haben die Vorstellungskraft der großen Renaissancekünstler beflügelt; die gnadenlose Verfolgung Andersgläubiger in der Gegenreformation ließ den Barock und die satirische Volksdichtung erblühen; das Trauma Mussolinis und des Zweiten Weltkriegs fand in den Spielfilmen der Neorealisten einen unvergleichlichen Ausdruck. In den vergangenen Jahren standen die bildenden Künste ebenso wie der Film im Zeichen staatlicher Sparpolitik und einer Kürzung von Fördermitteln.

Malerei & Bildhauerkunst

Rom beherbergt einige der bedeutendsten Kunstwerke der westlichen Welt und bereitet seinen Besuchern damit ein visuelles Fest. Alleine in den Kirchen sind mehr Meisterwerke zu sehen als in so manchem kleineren Staat. Und die Galerien und Museen quellen über vor den Arbeiten weltberühmter Künstler.

Etruskische Grundlagen

Ihr Fundament hat die deutlich jüngere römische Kunst den Etruskern zu verdanken. Diese legten besonderen Wert auf die Bestattungsrituale und entwickelten die Grabdekoration zu einer hoch differenzierten Kunst. Die kunstvoll gearbeiteten Steinsarkophage schmückten häufig eine liegende Gestalt oder ein Paar, das sehr oft mit einem eindringlich-rätselhaften Lächeln dargestellt wurde. Beispielhaft hierfür ist der *Sarcofago degli Sposi* (Sarkophag der Eheleute) im Museo Nazionale Etrusco di Villa Giulia. Die unterirdischen, oftmals sehr ausgedehnte Nekropolen (Begräbnisstätten), wie sie beispielsweise in Tarquinia ausgegraben wurden, waren mit leuchtenden Fresken reich ausgemalt. Feste oder Szenen des Alltags stehen hierbei im Vordergrund, und die stilisierten Menschen sind tanzend oder beim Spielen eines Musikinstruments abgebildet. Im Hintergrund sind nicht selten kleine Tiere oder Vögel darstellt.

Bemerkenswert sind auch die Bronzearbeiten der Etrusker sowie ihr filigraner Schmuck. Bronze war im Überfluss vorhanden und diente als Material für nahezu alles, vom Streitwagen bis zum Kandelaber, von der Schale bis zum polierten Spiegel. Eine der symbolträchtigsten Skulpturen des alten Rom, die im 5. Jh. v. Chr. gefertigte *Lupa Capitolina* (Kapitolinische Wölfin), die heute in den Kapitolinischen Museen gezeigt wird, ist tatsächlich eine etruskische Arbeit. Etruskischer Schmuck war im gesamten Mittelmeerraum begehrt. Ihre Goldschmiede formten feinste Schmuckstücke mit Hilfe ausgeklügelter Methoden wie der Filigrantechnik und der Granulation, die erst im 20. Jh. wiederentdeckt wurden.

Italiens beste Sammlung etruskischer Kunst zeigt das Museo Nazionale Etrusco di Villa Giulia; *in situ* sind etruskische Schätze außerhalb Roms in Cerveteri und Tarquinia zu sehen.

Die besten Galerien & Museen

Vatikanische Museen

Museo e Galleria Borghese

Kapitolinische Museen

Museo Nazionale Romano: Palazzo Massimo alle Terme

Die am besten erhaltenen Beispiele etruskischer Fresken befinden sich in Tarquinia, wo bis zu 600 Grabkammern entdeckt wurden. Besonders eindrucksvoll sind die Malereien in der Tomba delle Leonesse (Grab der Löwinnen).

Römische Entwicklungen

In der Bildenden Kunst wie in der Architektur übernahmen die alten Römer sehr viel von den Etruskern und den Griechen. Was das Kunsthandwerk betrifft, leiten sich sowohl die Mosaiken als auch die Wandmalereien der Römer von der etruskischen Grabdekoration ab. Um das 1. Jh. v. Chr. waren Bodenmosaiken als häuslicher Schmuck weit verbreitet. Beliebte Motive waren Landschaften, Stillleben, geometrische Muster und Abbildungen der Götter. Als die Produktionstechniken und die künstlerischen Möglichkeiten weiter ausgereift waren, wurden Mosaiken auch an den Wänden öffentlicher Gebäude eingefügt. Im Palazzo Massimo alle Terme des Museo Nazionale Romano sind einige spektakuläre Mosaiken aus Neros Kaiservilla in Anzio ausgestellt. Außerdem sind wunderschöne Wandfresken aus dem 1. Jh. v. Chr. aus der Villa Livia zu besichtigen. Die Villa war eines der Häuser von Livia Drusilla, der dritten Ehefrau des römischen Kaisers Augustus.

Skulptur

Die Bildhauerei war ein wichtiger Bestandteil der römischen Kunst und stark durch griechische Stilrichtungen beeinflusst. Tatsächlich wurden die frühen römischen Skulpturen häufig von griechischen Bildhauern hergestellt oder sie waren Kopien importierter griechischer Werke. Das beherrschende Thema war der männliche Körper, der grundsätzlich als maskuline Schönheit in einem mythischen Zusammenhang abgebildet wurde – der *Apollo Belvedere* und der *Laokoon* im Museo Pio-Clementino der Vatikanischen Museen sind klassische Beispiele hierfür.

Im Laufe der Zeit lösten sich die römische Bildhauer allmählich von ihrer Besessenheit für die Form und legten dafür mehr Wert auf eine naturgetreue Abbildung, insbesondere im Bereich des Porträts. Es ist sehr beeindruckend, wie lebensnah und vor allem auch wie oft hässliche Gesichter der Marmorbüsten in den Sammlungen der Kapitolinischen Museen oder des Palazzo Massimo alle Terme (Museo Nazionale Romano) zu sehen sind.

Was die Funktion angeht, diente die römische Kunst vor allem propagandistischen Zwecken. Ab der Regierungszeit von Augustus (regierte 27 v. Chr.–14 n. Chr.) wurde Kunst zunehmend dafür genutzt, dem Staat zu dienen. Künstler waren wenig mehr als Staatsbeamte. Diese neue, erzählende Kunstrichtung wurde häufig in Form von Reliefs umgesetzt, die bedeutende militärische Siege illustrierten. Zwei anschauliche Beispiele dieses Stils sind die Colonna di Traiano und die Ara Pacis.

Einer der großen Künstler des Mittelalters war Pietro Cavallini (um 1240–um 1330). Es ist nur wenig über diesen in Rom geborenen Maler bekannt, aber sein berühmtestes Werk ist das Fresko *Giudizio universale* (Das Jüngste Gericht) in der Chiesa di Santa Cecilia in Trastevere.

KUNSTSCHÄTZE IN RÖMISCHEN KIRCHEN

Petersdom	Michelangelos göttliche *Pietà* ist nur eines der zahlreichen Meisterwerke im vatikanischen „Schaukasten".
Basilica di San Pietro in Vincoli	Moses bildet das kraftstrotzende Zentrum von Michelangelos unvollendetem Grabmal für Papst Julius II.
Chiesa di San Luigi dei Francesi	Die Fresken von Domenichino stehen im Schatten dreier Gemälde von Caravaggio, die Leben und Tod des hl. Matthäus darstellen.
Chiesa di Santa Maria del Popolo	Ein richtiges kleines Museum mit Fresken von Pinturicchio, einer von Raffael entworfenen Kapelle und zwei Gemälden von Caravaggio.
Chiesa di Santa Maria della Vittoria	Das unscheinbare Äußere dieser Kirche lässt nicht vermuten, dass sie Berninis außergewöhnliche *Santa Teresa trafitta dall'amore di Dio* (Verzückung der hl. Theresa) birgt.
Chiesa di Santa Prassede	In der Cappella di San Zenone sind einige der herrlichsten byzantinischen Mosaiken zu sehen.

Frühchristliche Kunst

Das älteste Zeugnis christlicher Kunst in Rom sind die Spuren biblischer Fresken in den Catacombe di Priscilla und den Catacombe di San Sebastiano. Diese und andere frühe Arbeiten zeigen religiöse Schlüsselszenen: Lazarus, der von den Toten erweckt wird, Jesus als guter Hirte, die ersten christlichen Heiligen. Auch zahlreiche Symbole sind abgebildet: Die Taube repräsentiert Frieden und Glück, Anker oder Dreizack symbolisieren das Kreuz, und der Fisch steht für das Akronym, das man aus dem altgriechischen Wort Ichthys ableiten kann und das „Jesus Christ, Gottes Sohn, Erlöser" bedeutet.

Mosaiken

Mit der Anerkennung des Christentums als Religion im 4. Jh. tauchen diese Bilder zunehmend als Mosaiken im öffentlichen Raum auf. Mosaikarbeiten waren die beherrschende Kunstform im frühchristlichen Rom, und so sind zahlreiche Kirchen, die in jener Zeit errichtet wurden, mit Mosaiken geschmückt. Zu den Beispielen zählen die Chiesa di Santa Pudenziana, das Mausoleo di Santa Costanza und die Basilica di Santa Maria Maggiore.

Zwischen dem 7. und 9. Jh. nahm der oströmische Einfluss zu: Der byzantinische Stil verlieh den Mosaiken leuchtend-goldene Strahlkraft. Anschauliche Beispiele in Rom sind die Basilica di Santa Maria in Trastevere und die Chiesa di Santa Prassede aus dem 9. Jh.

Die Renaissance

Die Ende des 14. Jhs. in Florenz aufgekommene Renaissance hatte die Toskana und Venedig bereits geprägt, bevor sie in der zweiten Hälfte des 15. Jhs. schließlich Rom erreichte.

In den folgenden Jahrzehnten gewann sie einen großen Einfluss auf die Stadt, denn die besten Künstler jener Zeit waren aufgerufen, die vielen neuen Bauten auszuschmücken, die in Rom errichtet wurden.

Michelangelo & die Sixtinische Kapelle

Das berühmteste Werk der Renaissancekunst in Rom sind Michelangelos Fresken in der Sixtinischen Kapelle: das Deckengemälde, an dem er von 1508 bis 1512 arbeitete, und das *Giudizio universale* (Jüngste Gericht), das zwischen 1536 und 1541 entstand. Diese beiden Werke gelten als Höhepunkt westlich-künstlerischer Errungenschaften und stellen die Fresken an den Wänden der Kapelle völlig in den Schatten. Dabei diese ebenfalls Meisterwerke, geschaffen von Pietro Vannucci (Perugino; 1445/48–1523), Sandro Botticelli (1445–1510), Domenico Ghirlandaio (1449–1494), Cosimo Rosselli (1439–1507), Luca Signorelli (ca. 1450–1523) und Bernadino di Betto (Pinturicchio; ca. 1454–1513).

Der im toskanischen Arezzo geborene Michelangelo Buonarroti (1475–1564) war die Verkörperung des Geistes der Renaissance. Der Maler, Bildhauer, Architekt und gelegentlich Dichter prägte die Ewige Stadt mit seinem unsterblichen Werk mehr als jeder andere Künstler. Die Sixtinische Kapelle, seine *Pietà* im Petersdom, seine Skulpturen in den Kirchen der Stadt – die Meisterwerke aus seiner Hand sind bis heute die künstlerischen Höhepunkte Roms.

Raffael, Meister der perspektivischen Darstellung

Die Kunst der Renaissance war vom Humanismus inspiriert und dachte dem Menschen die zentrale Rolle im von Gott geschaffenen Universum zu. Die Schönheit des Menschen spiegelte eine tiefe, innere Tugend wider, eine Schönheit, die sich stark auf die Form des menschlichen Körpers fokussierte. Dies veranlasste die Künstler dazu, der Perspek-

Top-Werke der Renaissance

Pietà (Petersdom)
La Scuola di Atene (Vatikanische Museen)
Deposizione di Cristo (Galleria e Museo Borghese)
Übergabe der Schlüssel an Petrus (Sixtinische Kapelle)

KUNST & KULTUR MALEREI & BILDHAUERKUNST

Michelangelo und Raffael kamen nicht gut miteinander aus. Dennoch sah sich Raffael veranlasst, dem Älteren seine Reverenz zu erweisen, nachdem er sich in die Sixtinische Kapelle geschlichen und Michelangelos halbfertiges Deckengemälde besichtigt hatte. Er war von dem, was er sah, so beeindruckt, dass er Michelangelo in sein Meisterwerk *La Scuola di Atene* hineinmalte.

tive eine größere Aufmerksamkeit zu schenken. Die Maler der Frührenaissance bemühten sich sehr um die Formulierung von Regeln für die Perspektive. Allerdings erschien es oft schwierig, Figuren harmonisch anzuordnen. Eben dieser Herausforderung stellte sich Raffaello Sanzio (Raffael; 1483–1520) in seinem bedeutenden Meisterwerk *La Scuola di Atene* (Die Schule von Athen; 1510/11), das in den Vatikanischen Museen hängt.

Der aus Urbino stammende Raffael kam im Jahr 1508 in Rom an und entwickelte sich zum einflussreichsten Maler seiner Generation. Als hoch bezahlter Anwalt der Renaissance-Verehrung für die Schönheit malte er zahlreiche Versionen der Madonna mit dem Kind. Sie alle verkörpern die westliche Idee einer „idealen Schönheit", die sich bis zum heutigen Tag erhalten hat.

Gegenreformation & Barock

In einem Wirbelwind emotionaler Energie brach sich der Barock im frühen 17. Jahrhundert seine Bahn auf Roms Bühne der Kunst. Da er den dramatischen Sinn für Dynamik mit hoch aufgeladenen Gefühlen verband, wurde er von der Katholischen Kirche enthusiastisch aufgenommen und als Propagandawerkzeug gegen die Häresien der Gegenreformation genutzt. Die mächtigen Päpste dieser Zeit setzten begierig auf die Talente von Caravaggio, Gian Lorenzo Bernini, Domenichino, Pietro da Cortona und Alessandro Algardi.

So ist es nicht verwunderlich, dass ein Großteil der barocken Kunst aus dieser Zeit religiösen Themen gewidmet ist und Darstellungen von Marter, Ekstase und Wundern vorherrschen.

Caravaggio

Ein Meistermaler dieser Epoche war Caravaggio (1571–1610), das in Mailand geborene *enfant terrible* der römischen Kunstszene. Der sehr widersprüchliche und oft gewalttätige Maler kam um 1590 nach Rom und machte sich sofort daran, alle bisherigen Regeln der Kunst auf den Kopf zu stellen. Während seine Kollegen die katholischen Auftraggeber verherrlichen und überwältigen wollten, malte er seine Modelle so, wie er sie sah. Er hatte keine Zeit für die „ideale Schönheit" und sorgte mit seinen lebensnahen Darstellungen von bislang sakrosankten Motiven regelmäßig für Empörung. Seine barfüßige *Madonna dei Pellegrini* (Madonna der Pilger) in der Chiesa di Sant'Agostino ist typisch für diese radikale Vorgehensweise.

Gian Lorenzo Bernini

Während Caravaggio seine Auftraggeber überraschte und schockierte, bereitete ihnen Gian Lorenzo Bernini (1598–1680) mit seinen fantastischen Skulpturen große Freude. Besser als jeder andere vor oder nach ihm war Bernini in der Lage, einen bestimmten Moment einzufangen, die Gefühle einzufrieren und dem Werk so einen dramatischen Ausdruck zu verleihen. Seine Skulptur *Santa Teresa trafitta dall'amore di Dio* (Verzückung der hl. Theresa) in der Chiesa di Santa Maria della Vittoria ist ein perfektes Beispiel dafür: Realismus, Erotik und theatralische Spiritualität sind in dieser Arbeit, die als eine der bedeutendsten des Barock gilt, kunstvoll miteinander verwoben. Weitere hervorragende Beispiele seiner Genialität sind die Skulpturen, die im Museo e Galleria Borghese gezeigt werden.

Fresken

Freskenmaler waren bis weit ins 17. Jh. gefragt. Zu den wichtigsten Vertretern zählt Domenichino (1581–1641), dessen dekorative Arbeiten die Chiesa di San Luigi dei Francesi und die Chiesa di Sant'Andrea della

---

Große Künstler des Barock

Annibale Carracci
(1560–1609)

Caravaggio
(1571–1610)

Domenichino
(1581–1641)

Pietro da Cortona
(1596–1669)

Gian Lorenzo Bernini
(1598–1680)

Der um 1520 aufkommende Manierismus war eine Art Bindeglied zwischen Renaissance und Barock. Typisch sind künstliche Farben und Figuren mit verlängerten Gliedmaßen vor einer Blumenkulisse.

Valle schmücken. Auch Pietro da Cortona (1596–1669), Urheber des *Trionfo della Divina Provvidenza* (Allegorie der göttlichen Vorsehung) im Palazzo Barberini, und Annibale Carracci (1560–1609), dessem Genie die Fresken im Palazzo Farnese zu verdanken sind, waren bedeutende Künstler dieser Epoche. Carraccis Fresken halten manche für ebenbürtig mit jenen Michelangelos in der Sixtinischen Kapelle.

Futurismus des 20. Jahrhunderts

Der italienische Futurismus wird oft mit dem Faschismus in Verbindung gebracht; er war eine ehrgeizige, weit reichende Bewegung, die nicht nur die Bildende Kunst, sondern auch die Architektur, Musik, Mode und das Theater erfasste. Die Futuristen, die sich erstmals 1906 in einem Studio in der Via Margutta trafen, waren beseelte Anwälte der Moderne, und ihre Werke stellten Dynamik, Schnelligkeit, Maschinen und Technologie in den Mittelpunkt.

Der Maler Giacomo Balla (1871–1958) war einer der Gründerväter der Bewegung und hielt die futuristischen Ideen in Arbeiten wie *Espansione dinamica Velocità,* (Dynamische Ausdehnung und Geschwindigkeit) fest, einem Gemälde aus einer Serie von Bildern, die sich mit der dynamischen Natur von Bewegung auseinandersetzte. *Forme Grido Viva l'Italia* (Der Ruf „Es lebe Italien") ist ein abstraktes Werk, das der Forderung der Futuristen, Italien möge in den Ersten Weltkrieg eintreten, Ausdruck verleiht. Beide sind in der Galleria Nazionale d'Arte Moderna zu besichtigen.

In einigen Kirchen Roms finden sich eindrucksvoll gestaltete Fußböden mit geometrischen Figuren in farbigem Marmor. Diese revolutionäre Stilrichtung wurde im 12. bis 14. Jh. von einer Gruppe von Marmordekorateuren entwickelt, die einer Familie angehörten und die unter dem Namen Cosmati (Kosmaten) berühmt wurden.

KUNST & KULTUR MALEREI & BILDHAUERKUNST

GLOSSAR DER HEILIGEN

Wie es sich für die Hauptstadt des Katholizismus gehört, wimmelt es in Rom von Heiligen. Straßen sind nach ihnen benannt, Kirchen sind ihnen geweiht und Gemälde porträtieren sie in all ihrem rechtschaffenen Ruhm. Hier eine Aufstellung einiger der bekanntesten *santi* (Heiligen), an denen in Rom kein Weg vorbeiführt.

Santa Cecilia (ca. 200–ca. 230, geb. in Rom)	Die hl. Cäcilie ist die Schutzheilige der Musik und der Musiker. Begraben wurde sie in den Catacombe di San Callisto und später in die Basilica di Santa Cecilia in Trastevere umgebettet.
San Giovanni (gest. ca. 101)	Der Autor des Johannes-Evangeliums und des Buches der Offenbarung war ein Reisebegleiter von Jesus und ein Freund des hl. Petrus. Die Basilica di San Giovanni in Laterano ist ihm und Johannes dem Täufer gewidmet.
San Lorenzo (gest. 258, geb. evtl. in Huesca, Spanien)	Der hl. Laurentius wachte im 3. Jh. über das Vermögen der römischen Kirche und half den Kranken, Armen und Krüppeln. Schutzpatron von Küchenchefs und Köchen ist er wegen seines unbeschreiblich schmerzhaften Todes – er wurde auf dem Rost zu Tode gegrillt.
San Marco (1. Jh. n. Chr., geb. in Libyen)	Der hl. Markus soll das zweite Evangelium in Rom geschrieben haben. Die Basilica di San Marco steht über dem Haus, in dem er wohnte, wenn er in der Stadt war.
San Paolo (ca. 5–ca. 64, geb. Tarsus, Türkei)	Der hl. Paulus wurde im Zuge von Neros Christenverfolgung in Rom enthauptet. Zusammen mit dem hl. Petrus ist er der Schutzpatron der Hauptstadt. Ihr gemeinsamer Namenstag, der 29. Juni, ist in Rom ein Feiertag.
San Pietro (ca. 65–67, geb. Galiläa)	Roms zweiter Schutzpatron. Der hl. Petrus soll die römisch-katholische Kirche begründet haben, nachdem ihm Jesus den Schlüssel zum himmlischen Königreich überreicht hatte. Er wurde mit dem Kopf nach unten gekreuzigt und dort begraben, wo heute der Petersdom steht.
San Sebastiano (gest. ca. 288, geb. in Frankreich)	Der hl. Sebastian machte Karriere als Soldat in der Armee des Diokletian, bevor er sich zum Christentum bekannte. Als Strafe ließ Diokletian ihn an einen Baum binden und mit Pfeilen beschießen. Da er überlebte, wurde er zu Tode geprügelt.

KLASSIZISMUS

Der Klassizismus trat im späten 18. und frühen 19. Jahrhundert in Erscheinung und signalisierte die Abkehr vom Überschwang des Barock hin zur klaren, nüchternen Linienführung der antiken Kunst. Ein bedeutender Vertreter dieser Richtung war der Bildhauer Antonio Canova (1757–1822). Seine Darstellung der Paolina Bonaparte Borghese als *Venere Vincitrice* (Siegreiche Venus) im Museo e Galleria Borghese ist typisch für den erotisch angehauchten Stil, für den er so bekannt wurde.

Die zeitgenössische Szene

Roms zeitgenössische Kunstszene konzentriert sich im Wesentlichen auf zwei Galerien: das Museo Nazionale delle Arti del XXI Secolo, besser bekannt als MAXXI, und das Museo d'Arte Contemporanea di Roma, abgekürzt MACRO. Beide haben seit ihrer Eröffnung in den Jahren 2010 und 2011 sehr um Beachtung gerungen, doch seit der chinesische Kunstkritiker und Kurator Hou Hanru 2013 die künstlerische Leitung des MAXXI übernommen hat, scheint der Wettbewerb zwischen den beiden Museen entschieden zu sein: Kürzliche Ausstellungen haben ein großes, sowohl nationales als auch internationales, Interesse hervorgerufen.

Roms zeitgenössische Kunstszene steht mit einer wachsenden Anzahl privater Galerien ebenfalls in voller Blüte.

Auch die Street Art floriert in Rom, vor allem in den Vororten Ostiense, Pigneto, San Basilio, San Lorenzo und Testaccio. Hier sind riesige Wandmalereien auf Häuserblocks, leerstehenden Gebäuden und stillgelegten Fabriken entstanden. Das Out Door Festival, ein nun schon seit einigen Jahren stattfindendes Kunstereignis, verleiht der Kunstszene ebenfalls immer wieder neuen Schwung.

Literatur

Die lange Geschichte autoritärer Herrschaft hat eine reiche literarische Tradition hervorgebracht, die von den antiken Satiren über Dialektlyrik bis hin zu antifaschistischer Prosa reicht. Als Schauplatz hat Rom Dichter und Schriftsteller von Goethe bis Dan Brown inspiriert.

Cicero, Vergil & Co. – die Klassiker

Mit seinen enthusiastischen Reden galt Marcus Tullius Cicero (106–43 v. Chr.) als herausragender Autor der Römischen Republik. Der brillante Rechtsanwalt wurde 63 v. Chr. zum Konsul ernannt und veröffentlichte daraufhin viele seiner philosophischen Betrachtungen und Reden. Als Graue Eminenz nahm er den jungen Oktavian unter seine Fittiche und attackierte Mark Anton mit seinen berühmten *14 philippischen Reden*. Das war ein Fehler, denn Oktavian verbündete sich mit Mark Anton und dieser forderte – und bekam – Ciceros Kopf.

Dichtung & Satire

Eine ganz andere Persönlichkeit war Ciceros Zeitgenosse Catull (um 84–um 54 v. Chr.). Berühmt wurde der leidenschaftliche und durchaus einflussreiche Dichter für seine Epigramme und die erotischen, gelegentlich sogar obszönen Liebesgedichte.

Nachdem Oktavian an die Macht gekommen war und den Ehrennamen Augustus erhielt, förderte der neue Kaiser die Künste. Vergil (70–19 v. Chr.), Ovid, Horaz und Tibullus konnten nach Herzenslust dem Schreiben nachgehen. Ein Highlight aus dieser Periode ist Vergils

Vergil verdanken wir einige der berühmtesten Sinnsprüche: „dem Wagemutigen hilft das Glück", „die Liebe besiegt alles" oder „die Zeit vergeht". Die klassische Warnung *quis custodit ipsos custodes?* („Wer bewacht die Wächter?") stammt allerdings von Juvenal.

Aeneis. In dem Vorläufer eines modernen Abenteuerromans lässt Vergil seinen Protagonisten Aeneas aus Troja fliehen und nach einigen Irrfahrten, gespickt mit göttlichen und irdischen Prüfungen, schließlich in Italien an Land gehen. Dort gründeten seine Nachfahren Romulus und Remus später die Stadt Rom.

Über den Dichter Juvenal ist nur sehr wenig bekannt, seine 16 Satiren jedoch gelten ebenfalls als Klassiker der antiken römischen Literatur. Er schrieb sie im 1./2. Jh. v. Chr. mit wachem Geist und spitzer Feder. Er verachtete in seiner Arbeit das römische Volk, weil es aus seiner Sicht nur an „Brot und Spielen" interessiert sei.

Geschichtsschreibung

Die beiden bedeutendsten Historiker dieser Zeit waren Livius (59 v. Chr.–17 n. Chr.) und Tacitus (um 55–nach 116). Obwohl beide ihre Schriften in den frühen Tagen des Imperiums verfassten, unterscheiden sie sich stark in ihrem Stil. Livius, dessen Geschichte der Römischen Republik wahrscheinlich in den Schulen benutzt wurde, vermengte fröhlich Mythen mit Fakten, um ein etwas verklärtes Bild von Rom in seinem Geschichtswerk zu verfassen. Tacitus dagegen ging sehr viel nüchterner ans Werk. Seine *Annalen* und *Historien,* die die ersten Jahrzehnte des römischen Kaisertums beschreiben, sind bissig und oftmals sehr geistreich geschrieben. Sein Werk – Tacitus war Anhänger der alten Republik und lehnte die Monarchie ab – wird allerdings von einem untergründigen Pessimismus geprägt.

Graffiti & Volksdichtung

„Street Writing", die spezielle römische Tradition der Literatur, reicht zurück bis in die dunklen Tage des 17. Jhs. In dieser Zeit der Gegenreformation, in der die Kirche jedwede Kritik gnadenlos unterdrückte, begannen unzufriedene Römer damit, sogenannte *pasquinades* (anonyme Schmähschriften) an den Statuen in der Stadt anzubringen. Diese Botschaften, meist herbe Kritik an den Behörden, wurden im Schutz der Nacht geschrieben und machten am nächsten Tag in der ganzen Stadt die Runde. Die berühmteste dieser „sprechenden Statuen" steht auf der Piazza Pasquino nahe der Piazza Navona.

Gedichte im Dialekt

Beißenden Spott über die Reichen und Mächtigen der Stadt zu vergießen war vielen ein Bedürfnis. Ein Könner auf diesem Gebiet war Giuseppe Gioacchino Belli (1791–1863), einer von drei damals berühmten römischen Dialektdichtern. In Armut geboren, begann Belli seine Laufbahn mit eher konventionellen Versen, ehe er zu einer groben, aber auch farbigen Sprache überging, die man auf den Straßen Roms hörte.

Carlo Alberto Salustri (1871–1950) war der bekannteste unter diesen drei Literaten. Auch er schrieb soziale und politische Satiren, daneben aber auch melancholische Gedichte, in denen es um das Leben, die Liebe und die Einsamkeit geht. Eines davon, das antifaschistische Gedicht *All'Ombra* (Im Schatten), wurde später auf einer Tafel auf der Piazza Trilussa in Trastevere verewigt.

Die Gedichte von Cesare Pescarella (1858–1940) zeichnen ein lebendiges Bild der Stadt Rom zu Anfang des 20. Jhs. Die realistischen Verse beschreiben das Alltagsleben der ärmeren Schichten.

Rom als Inspiration

Die Stadt mit ihrer faszinierenden Architektur und Roms Bedeutung in der abendländischen Geschichte lockten seit dem 18. Jh. zahllose Schriftsteller in die Ewige Stadt.

Roms wohl bedeutendster Beitrag zur Literatur war die Vulgata-Bibel aus dem 4. Jh. Papst Damasus I. (reg. 366–384) beauftragte seinen Sekretär Eusebius Hieronymus (den hl. Hieronymus), die Bibel in ein verständliches Latein zu übersetzen. Dessen Version ist die Grundlage der Heiligen Schrift, wie sie bis heute in der katholischen Kirche verwendet wird.

1559 veröffentlichte Papst Paul IV. den *Index Librorum Prohibitorum* (Index der verbotenen Bücher), in dem alle von der katholischen Kirche verbotenen Bücher aufgelistet waren. In den folgenden 400 Jahren wurde das Werk oft überarbeitet. Die letzte Ausgabe erschien 1948. Erst 1966 wurde der Index abgeschafft.

KUNST & KULTUR LITERATUR

PIER PAOLO PASOLINI, MEISTER DER WIDERSPRÜCHE

Der Dichter, Autor und Filmemacher Pier Paolo Pasolini (1922–1975) war einer der bedeutendsten und umstrittensten italienischen Intellektuellen des 20. Jhs. Mit seinen vielschichtigen, unsentimentalen und provokativen Arbeiten hat er die sozialen Umwälzungen Italiens nach dem zweiten Weltkrieg mit scharfer Kritik porträtiert.

Sein Erwachsenenleben verbrachte Pasolini fast ausschließlich in Rom, doch seine Kindheit war rastlos. In Bologna geboren, musste er immer wieder umziehen und lebte selten mehr als ein paar Jahre an einem Ort.

Politisch stand er den Kommunisten nahe, spielte aber im linken Establishment Italiens nie eine Rolle. Im Jahr 1949 wurde er nach einem schwulen Sexskandal aus der *Partito Comunista Italiano* (PCI, Italienische Kommunistische Partei) ausgeschlossen und blieb dafür den Rest seiner Karriere ihr schärfster Kritiker. Seine berühmteste Schmähung gegen die Partei formulierte er in dem Gedicht *Il PCI ai giovani:* Er bezeichnet linksgerichtete Studenten als Kleinbürger und lässt Sympathien für die Polizei erkennen, die er als *figli di poveri* (Söhne der Armen) charakterisiert. Im Italien von 1968, das von umfassenden Studentenprotesten geprägt war, war dies eine äußerst explosive Haltung.

Pasolini lag Widersprüchlichkeit nicht fern. Sein erster Roman *Ragazzi di vita* (Ragazzi di Vita), der im Elend der vergessenen römischen Vorstädte angesiedelt ist, brachte ihm Erfolg und einen Prozess wegen Obszönität ein. Auch seine frühen Spielfilme – *Accattone* (Accattone – Wer nie sein Brot mit Tränen aß; 1961) und *Mamma Roma* (1962) – provozierten mit ihrer schonungslos-düsteren Beschreibung des Alltags in Roms sozialen Kloaken selbstgerechte Empörung.

Passend zu seiner skandalträchtigen Form der Kunst wurde Pasolini 1975 ermordet. Zunächst wurde sein Tod mit Ereignissen in der schwulen Subkultur in Verbindung gebracht, doch 2005 tauchten Hinweise auf, die auf eine politisch motivierte Tat schließen lassen. Bis heute ist der Fall nicht geklärt.

Romantische Visionen

Römische Geschichten

....

Römische Erzählungen (Alberto Moravia)

....

Die grässliche Bescherung in der Via Merulana (Carlo Emilio Gadda)

....

Die Geheimnisse Roms. Die andere Geschichte der Ewigen Stadt (Corrado Augias)

Einer der berühmtesten unter all den frühen prominenten Touristen war sicherlich Johann Wolfgang von Goethe, der das von Antike und damaliger Moderne geprägte Rom unnachahmlich in seiner *Italienischen Reise* (1817) beschrieben hat.

Auch auf englische Dichter wirkte Rom wie ein Magnet. John Keats, Lord Byron, Percy Bysshe Shelley, Mary Shelley und andere verbrachten längere Zeit in der Stadt. Keats kam 1821 nach Rom in der Hoffnung, hier wieder gesund zu werden, aber das gelang ihm nicht – er starb in seiner Wohnung am Fuß der Spanischen Treppe an der Tuberkulose.

Rom als Kulisse

Im ersten Jahrzehnt der 2000er-Jahre wählten immer mehr Schriftsteller Rom als Schauplatz ihrer Romane. Allen voran spielt Dan Browns Thriller *Illuminati* (2001) in Rom, aber auch in Jeanne Kalogridis umfangreichem Historienroman *Die Kinder des Papstes* (2006).

Robert Harris gelungene fiktionale Cicero-Biografie *Imperium* (2006) und *Lustrum* (2010) sind nur zwei von vielen Büchern, die im antiken Rom spielen. Andere beliebte Bücher des Genres sind beispielsweise die im antiken Rom angesiedelten Kriminalromane um den Detektiv Falco von Lindsey Davis.

Literatur & Faschismus

Gabriele D'Annunzio (1863–1938) war einer der extravagantesten italienischen Schriftsteller im ersten Drittel des 20. Jhs. und eine bereits zu Lebzeiten ausgesprochen schillernde Persönlichkeit. Der Kampfpilot und glühende Nationalist wurde in Pescara, einer Hafenstadt der Adria in Mittelitalien, geboren und ließ sich 1881 in Rom nieder, wo er sich zum italienischen Faschismus bekannte. Als Lyriker und Romancier war er enorm produktiv.

Die Antifaschisten

Auf der anderen Seite des politisch-literarischen Spektrums standen der in Rom geborene Alberto Moravia (1907–1990) und dessen Frau Elsa Morante (1912–1985), die unter Mussolini Schreibverbot hatten und sogar ein Jahr lang abtauchen mussten. Moravias Hauptthemen waren menschliche Entfremdung und die Leere der bürgerlichen, insbesondere der faschistischen Gesellschaft. Am bekanntesten ist sein Roman *Die Römerin* (1947), in dem es um die zerbrochenen Träume eines Mädchens vom Land namens Adriana geht, das im Sumpf von Prostitution und Diebstahl versinkt.

Die Romane von Elsa Morante sind einfühlsame psychologische Studien ihrer Protagonisten, die an einer immer unmenschlicheren Gesellschaft leiden. Ihr 1974 erschienenes Meisterwerk *La Storia* erzählt die tragische Geschichte einer Halbjüdin im besetzten Rom.

Aus einer ähnlichen antifaschistischen Haltung heraus schrieb Carlo Emilio Gadda (1893–1973) 1957 seinen Klassiker *Die grässliche Bescherung in der Via Merulana* (1957), eine Art Kriminalroman mit schwarzem Humor, in dem es auch um Korruption und um die Gigantomanie der Mussolini-Ära geht.

Literatur heute

Geboren 1966 in Rom, ist Niccolò Ammaniti der angesehenste und bekannteste unter den zeitgenössischen Autoren. Im Jahr 2007 gewann er für seinen Roman *Come Dio comanda* (Wie es Gott gefällt; 2006) den Premio Strega, Italiens renommiertesten Literaturpreis. Am bekanntesten ist aber wohl *Io Non Ho Paura* (Ich habe keine Angst; 2001), eine einfühlsame Geschichte über einen Jungen, der entdeckt, dass sein Vater in eine Kindesentführung verwickelt ist.

Die *Ara Pacis*, die pathetisch in einem von Richard Meier entworfenen Pavillon präsentiert wird, ist ein zentrales Werk der römischen Bildhauerkunst. Der riesige Marmoraltar ist über und über mit detailgenauen Reliefs bedeckt; eines zeigt Kaiser Augustus mit seiner Familie.

KUNST & KULTUR LITERATUR

SERGIO LEONE, MR. ITALO-WESTERN

Berühmt ist er dafür, den Italo-Western quasi im Alleingang erfunden zu haben: Sergio Leone (1929–1989) gilt deshalb vielen als Held. Erstaunlicherweise führte Leone nur in sieben Filmen Regie.

Als Sohn eines Stummfilmregisseurs sammelte Leone seine ersten Erfahrungen als Drehbuchautor einer Reihe von Sandalenfilmen und wurde dann Regieassistent bei *Quo Vadis?* (1951) und *Ben Hur* (1959). Sein Debüt als Regisseur folgte drei Jahre später mit *Il Colosso di Rodi* (Der Koloss von Rhodos; 1961).

Der Durchbruch kam allerdings erst mit seiner berühmten „Dollar"-Trilogie, *Per un pugno di dollari* (Für eine Handvoll Dollar; 1964), *Per qualche dollari in piu* (Für ein paar Dollar mehr; 1965) und *Il buono, il brutto, il cattivo* (Zwei glorreiche Halunken; 1966). Bereits der erste, in Spanien gedrehte Film, der auf dem Samurai-Streifen *Yojimbo* (Yojimbo – Der Leibwächter; 1961; Regie: A. Kurosawa) basierte, legte den Stil für das Genre fest. Die Ära der adretten, moralisch unfehlbaren Helden, die gegen komikartig überzeichnete Bösewichte kämpften, war vorbei. Die Charaktere waren komplex, oft von moralischer Ambiguität und von Eigeninteressen getrieben.

Leone führte eine Vielzahl neuer stilistischer Elemente ein, die später seine Markenzeichen werden sollten. Eines der wichtigsten war die Zuordnung eines musikalischen Themas zu einer Filmfigur. Sein alter Schulfreund Ennio Morricone erwies sich hierbei als brillante Ergänzung. Morricone (geb. 1928) ist einer der kreativsten Komponisten Hollywoods und hat an mehr als 500 Filmen gearbeitet. Zu seinen bekanntesten Werken zählt die Musik zu *C'era una volta il West* (Spiel mir das Lied vom Tod; 1968; Regie: S. Leone) und zu *Il buono, il brutto, il cattivo*.

Beachtenswert ist aber auch Andrea Bajani (geb. 1975), der in seiner kurzen Schriftstellerkarriere schon eine ganze Reihe eindrucksvoller Preise geholt hat. Einige seiner Bücher sind auch bereits ins Deutsche übersetzt worden, darunter z. B. *Ogni promessa* (Liebe und andere Versprechen; 2010), ein bedächtiger und wundervoll geschriebener Roman, der über Beziehungen, Verletzlichkeiten und die Verarbeitung der Vergangenheit handelt.

Seit der Gründung der Festa del Cinema di Roma im Jahre 2006 hat sich dieses Festival zu einer festen Einrichtung auf der europäischen Bühne etabliert. Die harten wirtschaftlichen Bedingungen haben jedoch dazu geführt, dass es seine ambitionierten Ziele zurückschrauben musste und es sich nun für heimische Talente engagiert.

Kino

Rom hat eine lange Kinotradition, von den Werken der Neorealisten der Nachkriegszeit über die verschiedenartigsten Filmemacher wie Federico Fellini, Sergio Leone bis zu Paolo Sorrentino, den oscar-prämierten Regisseur von *La grande belleza* (Die große Schönheit; 2013).

Das Goldene Zeitalter

Das Goldene Zeitalter des römischen Films liegt jedoch schon einige Jahrzehnte zurück. Kurz nach Ende des Zweiten Weltkriegs drehte Roberto Rossellini (1906–1977) einige Meisterwerke des Neorealismus. Das erste und populärste davon, *Roma, città aperta* (Rom, offene Stadt; 1945), zeigt mit erbarmungsloser Ehrlichkeit das Leben im Viertel Prenestina im Osten der Stadt. Auch Vittorio de Sica (1901–1974) schwamm auf der neorealistischen Welle und kam 1948 mit *Ladri di biciclette* (Fahrraddiebe) heraus. Der Film wurde ebenfalls in Roms trostlosen Vorstädten gedreht.

Der nächste in der Staffel der Kreativen war Federico Fellini (1920–1993), einer der wichtigsten Filmemacher Italiens. Er ersetzte realistische Aufnahmen durch ausgetüftelte Einstellungen voller Humor, Pathos und Doppeldeutigkeit. Seine größten internationalen Erfolge

ROM IN KINOFILMEN

Roms Sehenswürdigkeiten, Piazze und malerischen Straßen bildeten die Kulisse für viele Kinofilme, darunter auch einige große Klassiker. .

Roma Città Aperta (Rom, offene Stadt, 1945)	Realitätsnahes Meisterwerk, das in den Straßen von Prenestina gedreht wurde.
Ladri di Biciclette (Fahrraddiebe, 1948)	Klassisches Drama, das von den heruntergekommenen Vororten der Stadt bis zum Markt von Porta Portese spielt.
Roman Holiday (Ein Herz und eine Krone, 1953)	Gregory Peck und Audrey Hepburn fahren mit dem Motorroller an den wichtigsten Sehenswürdigkeiten der Stadt vorbei..
La Dolce Vita (Das süße Leben, 1960)	Der Trevi-Brunnen spielt eine besondere Rolle in Fellinis großem Meisterwerk.
The Talented Mr Ripley (Der talentierte Mr. Ripley, 1999)	Rom liefert die Kulisse für diesen abschreckenden Psychothriller.
Pranzo di Ferragosto (Das Festmahl im August, 2008)	Eine sanfte Komödie, deren Schauplatz Trastevere ist.
Il Divo (2008)	Paolo Sorrentinos stilisiertes Porträt des kontroversen Politikers Giulio Andreotti.
Angels & Demons (Illuminati, 2009)	In dieser glänzenden Dan-Brown-Verfilmung wechseln die Charaktere zwischen den verschiedenen Drehorten hin und her.
To Rome with Love (2012)	In dieser klischeebehafteten Komödie wird Rom auf die für Woody Allen typische Weise ins Bild gesetzt.
La grande belleza – Die große Schönheit (2013)	In Sorrentinos oscar-prämiertem Film wird der Zynismus und die moralische Dekadenz durch die Schönheit der Stadt überdeckt.

feierte Fellini mit *La Strada* (1954) und mit *La Dolce Vita* (Das süße Leben; 1960). Die Szenen in der Via Vittorio Veneto und am Trevibrunnen mit Anita Ekberg und Marcello Mastroianni sind inzwischen Legende.

Ebenso anspruchsvoll sind die Filme von Pier Paolo Pasolini (1922–1975): Der Regisseur und Dichter machte Filme, die nicht nur seine ideologischen und sexuellen Neigungen reflektierten, z. B. *Accattone* (Accattone – Wer nie sein Brot mit Tränen aß; 1961) , sondern auch ein einzigartiges Porträt der städtischen Ödnis Roms bieten.

Zeitgenössische Regisseure

Paolo Sorrentino, der in Neapel geboren wurde, aber nach Adoption in Rom aufgewachsen ist, ist derzeit der heißeste Tipp in der italienischen Kinowelt. Sein Filmhit *La grande bellezza* (Die große Schönheit) wurde 2013 zum Kassenschlager und erlangte weltweit gute Kritiken und wurde damit zum Anwärter auf viele Preise, darunter den Oscar für den besten fremdsprachigen Film. Der Film, der sich um einen lebensmüden Stammgast der römischen *Dolce-vita*-Gesellschaft dreht, präsentiert Italiens antike Hauptstadt als eine komplexe, erstickende Stadt, hinter deren schöner Fassade ein dekadentes, vor allem moralisch bankrottes Herz schlummert.

Im Gegensatz zu Sorrentino, der Neapolitaner ist und durch einen Film über Rom berühmt wurde, ist Matteo Garrone (geb. 1968) ein Römer, der mit seinem Film über Neapel bekannt wurde. *Gomorra* (Gomorrah – Reise in das Reich der Camorra; 2008), ein schonungsloses Exposé über die neapolitanische *camorra* (Mafia), hält sich in der unnachgiebigen und realitätsnahen Beschreibung der düsteren, der kriminellen Schattenseiten Neapels nicht zurück.

Zu den Regisseuren, die in jüngster Zeit viel gelobt wurden, gehört auch Emanuele Crialese (geb. 1965), Regisseur von *Terraferma*, einem nachdenklichen Film über die Auswirkungen der Einwanderung auf eine kleine Insel vor Sizilien. Saverio Costanzo (geb. 1975) traf 2010 mit seiner Adaption des Bestsellers von Paolo Giordano *La solitudine dei numeri primi* (Die Einsamkeit der Primzahlen) ins Schwarze. Gabriele Muccino (geb. 1967), 2001 Regisseur des Riesenerfolgs *L'ultimo bacio* (Ein letzter Kuss), knüpfte 2010 mit *Baciami ancora,* der Fortsetzung von *L'ultimo bacio,* an seinen frühen Erfolg an.

Vor den Erfolgen von Muccino waren in der römischen Filmszene nur Carlo Verdone (geb. 1950) und Nanni Moretti (geb. 1953) von Bedeutung. Als typischer Vertreter des römischen Humors nimmt Verdone mit Vorliebe seine Mitbürger auf die Schippe. Zu seinen bittersüßen Komödien zählt zum Beispiel *Viaggi di nozze* von 1995.

Moretti dagegen schwimmt gegen den Mainstream. Die Filme des politisch engagierten Autors, Schauspielers und Regisseurs sind schrullige, bisweilen überspitzte Selbstdarstellungen. Als sein bester Streifen gilt *Caro diario* (Liebes Tagebuch...; 1994), der 1994 in Cannes für die beste Regie ausgezeichnet wurde. Getoppt hat er diesen Erfolg 2001; da gewann er mit seinem neunten Werk, *La stanza del figlio* (Das Zimmer meines Sohnes), die Goldene Palme.

Rom als Filmkulisse

Vor nicht langer Zeit machte die große Neuigkeit in Kinokreisen die Runde, dass internationale Filmemacher wieder nach Rom zurückkehrten. Im Jahr 2015 brauste Daniel Craig mit einem aufgemotzten Aston Martin für den James-Bond-Film *Spectre* durch die Stadt und Ben Stiller schlug hier sein Lager für *Zoolander 2* auf, den Nachfolgefilm seiner Erfolgskomödie von 2001. Unten in den südlichen Ausläufern der Stadt wurde ein Remake von *Ben Hur* (2016) aufgenommen – und das in den

Die Filmstudios Cinecittà wurden 1937 in Betrieb genommen und sind mittlerweile Kult: *Ben Hur, Cleopatra, La dolce vita* und Martin Scorseses Epos *Gangs of New York* (2002) sind einige der Klassiker, die in den riesigen 40 ha großen Studios gedreht wurden.

In den 1960er- und 1970er-Jahren war Italien einer der weltweit größten Produzenten von Horrorfilmen. Roms Meister des Schreckens war und ist Dario Argento (geb. 1940); von ihm stammt der Kult-Klassiker *Profondo Rosso* (Rosso – Farbe des Todes; 1975) sowie mehr als 20 weitere Kinofilme.

Cinecittà-Filmstudios, genau dort, wo das Oscar-prämierte Werk aus dem Jahr 1959 auch schon gedreht wurde.

Dieses Wiederaufleben der Kinoszene ist weitgehend den Steuererleichterungen zu verdanken, die die Regierung unter Matteo Renzi erlassen hat, um die Filmemacher wieder nach Rom zurückzulocken und der Krise in der Filmindustrie entgegenzuwirken. Jahrelang war Rom eine beliebte Kulisse für Filme: Große amerikanische Regisseure kamen hierher und die Stadt hatte sich zu Recht den Namen „Hollywood am Tiber" verdient. Der Wettbewerb mit den preiswerteren osteuropäischen Ländern und der Niedergang der heimischen Filmproduktion sowie Kürzungen der Finanzmittel seitens der Regierung hatten zu einem ernsthaften Verfall gegen Ende des ersten und beginnenden zweiten Jahrzehnts dieses Jahrhunderts geführt.

Musik

Obwohl auch in diesem Bereich gespart wurde, geht es der Musikszene in Rom gut. Internationale Orchester spielen in ausverkauften Hallen, in überfüllten Clubs wird gejazzt und gejammt und in den Underground-Locations gerappt.

Chöre & geistliche Musik

Angesichts der vielen Kirchen ist es kein Wunder, dass die Chormusik in der Ewigen Stadt auf eine lange Tradition zurückblicken kann. Im 16. und 17. Jahrhundert luden die großen Päpste der Renaissance die damals renommierten Musiker zu sich ein, um die päpstlichen Chöre zu unterstützen. Zwei der bekanntesten waren Giovanni Pierluigi da Palestrina (ca. 1525–1594), einer der führenden italienischen Komponisten der Renaissance, und der aus Neapel stammende Domenico Scarlatti (1685–1757).

Die päpstlichen Chöre waren ursprünglich für Frauen tabu. Die Sopranpartien übernahmen die *castrati,* Jünglinge, die vor Eintritt in die Pubertät entmannt wurden, um ihre hohen Stimmen zu erhalten. Der Einsatz der *castrati* dauerte bis ins frühe 20. Jahrhundert (bis 1913) an, als Alessandro Moreschi (1858–1922), einer der letzten Kastratensänger, sich aus dem Chor der Sixtinischen Kapelle zurückzog.

Als Unterstützung der päpstlichen Musiker rief Papst Sixtus V. im Jahr 1585 die Accademia di Santa Cecilia ins Leben. Anfangs kümmerte sie sich besonders um die Verbreitung der sakralen Musik, übernahm später auch Lehrtätigkeiten. Im Jahr 1839 wurde sie komplett umgestaltet und verfolgte seither ein breites Spektrum kultureller und akademischer Aufgaben. Heutzutage ist sie eines der angesehensten Konservatorien der Welt mit eigenem Orchester und Chor.

Oper

Ernsthafte Opernfreunde rümpfen oft über Rom die Nase und genießen ihren Puccini lieber in Mailand, Venedig oder Neapel. In den letzten Jahren hat jedoch die wichtigste Opernbühne der Stadt, das Teatro dell'Opera, ihre Standards verbessert, und die Vorstellungen finden inzwischen enthusiastischen Beifall. Die Römer sind schon lange eifrige Operngänger. Im 19. Jh. erlebten mehrere bedeutende Opern in Rom ihre Premiere, darunter Rossinis *Il barbiere di Siviglia* (Der Barbier von Sevilla; 1816), Verdis *Il trovatore* (Der Troubadour; 1853) und Giacomo Puccinis *Tosca* (1900).

Tosca wurde nicht nur in Rom uraufgeführt, sondern nutzt die Stadt als Schauplatz. Der erste Akt spielt in der Chiesa di Sant'Andrea della Valle, der zweite im Palazzo Farnese, der letzte im Castel Sant'Angelo: Im Finale stürzt sich Tosca von der Engelsburg in den Tod.

Jazz, Hip Hop & die zeitgenössische Szene

Jazz war lange die Nummer 1 der römischen Musikszene. Die US-Truppen brachten die Musik während des Zweiten Weltkriegs in die Stadt, in der Nachkriegszeit gewann der Jazz an Popularität und hob in den 1960er-Jahren mit der Eröffnung des legendären Folkstudio endgültig ab. Seither folgt ein Höhenflug auf den anderen, die Stadt hat heute einige der besten Jazzclubs Italiens zu bieten, darunter Alexanderplatz, Big Mama und die Casa del Jazz. Für Jazzfans lohnt es sich, nach Namen wie Enrico Pieranunzi, einem in Rom geborenen Komponisten und Pianisten, und nach Doctor 3 Ausschau zu halten, dessen spezieller Sound unverkennbar ist.

Rom besitzt auch eine lebhafte Rap- und Hip-Hop-Szene. Hip-Hop, der Ende der 1980er-Jahre in die Stadt kam und sich über das Netzwerk der *centro sociale* (Nachbarschaftszentren) verbreitete, war ursprünglich hoch politisiert, viele der frühen Vertreter fühlten sich der alternativen linken Szene zugehörig. Seitdem haben die Enthüllungen und die stetig steigende Kommerzialisierung dieses politische Element weitgehend, wenn auch nicht völlig, getilgt. Wichtige Namen sind unter anderem Colle der Formento, Cor Veleno, Jesto und das Gagamuffin-Kollektiv Villa Ada Posse.

In Niccolò Ammanitis fröhlicher Satire auf die bizarren Exzesse der modernen Gesellschaft *Che la festa cominci* (Lasst die Spiele beginnen) von 2009 geht es um Verführung, Gelächter und satanistische Sekten.

KUNST & KULTUR THEATER & TANZ

Theater & Tanz

Überraschend für eine Stadt, in der Kunst immer schon geschätzt wurde, besitzt Rom keine große Theatertradition. Vor diesem Hintergrund haben Theater wie das Teatro Vascello und Teatro India ein breit gefächertes Bühnenprogramm und führen so ziemlich alles auf – vom avantgardistischen Tanz bis zu topmodernem Straßentheater.

Dacia Maraini (geb. 1936) ist zwar keine echte Römerin, hat aber ihre besten Werke in Rom geschrieben. Sie zählt zu den wichtigsten feministischen Autorinnen Italiens und hat bereits über 30 Bühnenstücke verfasst, von denen viele in zahlreiche Sprachen übersetzt und überall auf der Welt aufgeführt werden.

Tanz ist eines der Highlights bei Roms großem Herbstfestival Romaeuropa. Die Aufführungen sind zwar beliebt, bieten aber selten heimische Talente auf; diese bleiben dünn gesät.

Bedeutende Ballettaufführungen finden ihre Bühne vor allem im Teatro dell'Opera, der Heimat von Roms wichtigster Tanztruppe, dem Balletto del Teatro dell'Opera unter der Leitung der sizilianischen Tänzerin Eleonora Abbagnato (geb. 1978).

Architektur

Von Ruinen aus der Antike und Renaissance-Basiliken bis hin zu Barockkirchen und monumentalen faschistischen Palazzi – das architektonische Erbe Roms sucht seinesgleichen. Michelangelo, Bramante, Borromini und Bernini zählen zu den Baumeistern, die diese eindrucksvolle Stadtlandschaft mit ihrem Genie geprägt haben. Doch es dreht sich nicht alles nur um Geschichte. In jüngster Zeit haben hochkarätige Bauvorhaben die besten Architekten der Welt nach Rom gelockt.

Die Menschen der Antike

Oben: Kuppel der
Basilica di Santa Maria
in Trastevere (S. 180)

Architektur war für den Aufstieg Roms von zentraler Bedeutung. Die Römer gehörten zu den ersten, die beim Bau ihrer Hauptstadt Probleme der Infrastruktur, der Stadtverwaltung und der Kommunikation mit Hilfe von Architektur lösten. Zum ersten Mal waren Baumeister und Ingenieure aufgerufen, neben Tempeln, Grabmälern und herrschaftlichen Palästen auch Häuser, Straßen, Aquädukte und Einkaufszentren zu entwerfen. Verfahren, die Etrusker und Griechen erfunden hatten, wurden von den Römern weiterentwickelt. Neue Techniken und neu aufkommende Materialien erlaubten Bauvorhaben von einem gewaltigen und bislang unbekannten Ausmaß.

Etruskische Wurzeln

Um das 7. Jh. v. Chr. waren die Etrusker die beherrschende Macht auf der italienischen Halbinsel. Ihre wichtigsten Zentren befanden sich in Tarquinia, Caere (Cerveteri) und Veji (Veio). Diese Stadtstaaten waren mit Wehrmauern befestigt, und wenngleich wenig davon heute noch erhalten ist – die Etrusker verwendeten Holz und Ziegel als Baumaterial, die nicht sehr beständig waren –, haben Archäologen auch Hinweise auf Aquädukte, Brücken, Kanalisation und aufwendige Sakralbauten gefunden. Auf dem Campidoglio (Kapitol) in Rom sind noch die Fundamente eines etruskischen Tempels zu sehen.

Die meisten Erkenntnisse über die Etrusker sind den interessanten Funden zu verdanken, die bei archäologischen Ausgrabungen in ihren reich ausgestatteten Grabstätten gemacht wurden. Wie viele andere Völker der Antike auch maßen die Etrusker dem Umgang mit ihren Toten eine große Bedeutung bei und errichteten eindrucksvolle Begräbnisstätten (Nekropolen). Diese wurden außerhalb der Stadtmauern angelegt und bestanden aus üppig geschmückten Steingewölben, die mit Erdhügeln zugedeckt wurden. Die schönsten Beispiele finden sich in Cerveteri nördlich von Rom.

Römische Entwicklungen

Als Rom 753 v. Chr. gegründet wurde (vermutlich sogar früher, wenn man jüngsten archäologischen Funden glauben will), standen die Etrusker im Zenit ihrer Macht, und griechische Kolonisten waren dabei, die Kontrolle über Süditalien zu erringen. In den folgenden Jahrhunderten entbrannten mehrere Kriege um die Oberherrschaft in Italien, aus denen die Römer als Sieger hervorgingen. Vor diesem Hintergrund bedienten sich die römischen Baumeister großzügig bei den Etruskern und den Griechen.

Die Architektur im antiken Rom neigte zu monumentalen Formen und diente häufig auch propagandistischen Zwecken. Riesige Amphitheater, Aquädukte und Tempel gruppierten sich um imposante, Ehrfurcht einflößende Basiliken, Triumphbögen und Thermalbäder. Sie feierten die Fähigkeiten und Visionen der ersten Herrscher und Führer sowie die großartigen Architekten, die für sie arbeiteten.

Tempel

Die Tempel der frühen republikanischen Ära basierten auf etruskischen Vorbildern, doch mit der Zeit orientierten sich die Römer mehr an den Griechen. Während griechische Sakralbauten an allen Seiten von

EPOCHEN DER ARCHITEKTUR

ca. 8.–3. Jh. v. Chr.

Die Etrusker in Mittelitalien und die Griechen in ihren süditalienischen Kolonien (Magna Graecia) legen den Grundstein für die Entwicklung Roms. Von besonderem Einfluss ist die griechische Tempelarchitektur.

4. Jh. v. Chr. –5. Jh.

Die alten Römer machen enorme Fortschritte in den Bautechniken; sie errichten monumentale öffentliche Gebäude, Brücken, Aquädukte, Wohnblocks und ein Abwassersystem.

4.–12. Jh.

Im Mittelalter liegt der Schwerpunkt auf der Errichtung von Kirchenbauten.

15.–16. Jh.

Die Renaissance, die auf dem Humanismus basiert und Konzepte der klassischen Antike einer Neueinschätzung unterzieht, erreicht in den ersten beiden Dekaden des 16. Jhs. ihre Blüte – eine Periode, die als Hochrenaissance bezeichnet wird.

17. Jh.

Im Zuge der Gegenreformation erblüht in Rom der Barock, unterstützt von Geldern der Kirche und dem Genie von Gian Lorenzo Bernini und Francesco Borromini.

18. Jh.

Der üppige, überbordende Baustil des Rokoko, der sich aus dem Barock ableitet, beschert Rom einige seiner beliebtesten Sehenswürdigkeiten.

Die Römer verwendeten vielfältige Baumaterialien. Holz und Tuff, ein weiches Vulkangestein, wurden anfangs anstelle von Travertin hergenommen. Dieser poröse Kalkstein („Stein aus Tivoli") avancierte später zum häufig verwendeten Baumaterial. Marmor, der aus dem ganzen Reich herangeschafft wurde, kam überwiegend bei dekorativen Verkleidungen von Ziegel- oder Betonmauern zum Einsatz.

Die antiken Ruinen in Rom sind in vieler Hinsicht eine Offenbarung, doch eines fehlt ihnen ganz gewiss: Farbe. Das alte Rom hätte sich als eine lebendige, bunte Stadt präsentiert mit Gebäuden in farbigem Marmor, farbenprächtig bemalten Tempeln und mehrfarbigen Statuen.

Säulen und Treppen umgeben sind, besaß der klassische römische Tempel ein hohes Podium und eine Treppe, die zu einer tiefen Vorhalle hinaufführte. Schöne Beispiele für diesen Stil sind der Tempio di Portunus nahe der Piazza della Bocca della Verità und die Tempel der Area Sacra di Largo di Torre Argentina, die allerdings nicht so gut erhalten sind. Sie dokumentieren außerdem ein weiteres Merkmal der römischen Architektur: Während griechische Tempel abseits stehen und so gestaltet sind, dass sie von allen Seiten betrachtet werden können, errichteten die Römer ihre Sakralbauten mitten in der Stadt und an viel besuchten Plätzen. Sie wurden so platziert, dass sie auf die Menschen eine große Wirkung ausübten, die sich ihnen von vorne näherten.

Auch die Verwendung von Säulen in der römischen Architektur hat griechische Ursprünge. Die Römer zogen allerdings die feineren ionischen und korinthischen Säulen den schlichten dorischen vor. Anschaulich ist die Säulenordnung am Kolosseum zu studieren, wo alle drei Stile vertreten sind.

Aquädukt & Kanalisation

Eine der höchsten Errungenschaften römischer Architektur war die Entwicklung einer Infrastruktur für die Wasserversorgung durch ein Netzwerk von Aquädukten und unterirdisch verlaufenden Kanälen. In den frühen Jahren versorgte sich Rom mit Wasser aus dem Tiber und aus natürlichen Quellen, doch mit der wachsenden Bevölkerung überstieg die Nachfrage das Angebot. Um den Bedarf zu stillen, wurde Wasser aus den mittelitalienischen Bergregionen mittels eines komplexen Systems von Aquädukten in die Stadt geleitet und verteilt.

Das erste Aquädukt zur Versorgung Roms, die 16,5 km lange Aqua Appia, wurde bereits 312 v. Chr. in Betrieb genommen. In den folgenden rund 700 Jahren entstand in der Stadt ein rund 800 km langes Netz von Wasserwegen, das täglich bis zu 1 Mio. m^3 Wasser verteilte.

Eine wahre Meisterleistung, wenn man bedenkt, dass dieses System ausschließlich auf dem Prinzip der Schwerkraft beruhte. Alle Aquädukte – ganz gleich, ob die am häufigsten vorkommendem unterirdischen Kanäle oder die monumentalen Viadukte – wurden mit leichter Neigung gebaut, damit das Wasser fließen konnte. Da es zu dieser Zeit noch keine Pumpe gab, die das Wasser antreiben konnte, war die Neigung der Schlüssel zu einem konstanten und effektiven Wasserfluss.

Am anderen Ende des Kreislaufs wurden Abwasser und Müll durch ein unterirdisches Kanalisationssystem, die Cloaca Maxima („größter Abwasserkanal"), weggespült und ein Stück flussabwärts in den Tiber geleitet. Der Ausbau der Cloaca wird Roms siebtem und letztem König Tarquinius Superbus (reg. 534–509 v. Chr.) zugeschrieben. Der Abwasserkanal war Teil des Projekts, die Niederung, in dem sich heute das rö-

OBELISKEN

Eigentlich werden Obelisken ja eher mit dem alten Ägypten assoziiert als mit Rom, aber sie stellen dennoch ein charakteristisches Merkmal der römischen Stadtlandschaft dar. Nachdem Augustus im Jahr 31 n. Chr. Ägypten erobert hatte, wurden viele Obelisken von dort nach Rom geschafft, um auf den Rennplätzen die *spina* (lang gestreckte Basis in der Mitte zur Abtrennung der Rennbahn) zu zieren. Später fertigten die Römer dann selbst Obelisken für ihre kunstvollen Mausoleen.

Der höchste Obelisk – und zugleich einer der ältesten, nämlich aus dem 15. Jh. v. Chr. – ragt 31 m über der Piazza San Giovanni in Laterano auf. Das kurioseste Exemplar steht auf dem Rücken von Berninis berühmtem Elefantino, einer Statue vor der Chiesa di Santa Maria Sopra Minerva.

mische Forum befindet, trockenzulegen. Ursprünglich handelte es sich um einen offenen Graben; ab Anfang des 2. Jhs. v. Chr. wurde er nach und nach überbaut.

Wohnhäuser

Während Roms Herrscher und Aristokraten in luxuriösen Palästen auf dem Palatino (Palatin) logierten, wohnten weniger wohlhabende Menschen in großen Häuserblocks, den sogenannten *insulae*. Die riesigen, schäbig gebauten Mietshäuser besaßen sechs bis sieben Stockwerke und beherbergten Hunderte von Menschen, die darin unter düsteren und ungesunden Bedingungen lebten. Von diesen frühen Palazzi ist kaum etwas erhalten. Am Fuß der Aracoeli-Treppe, also der Stufen, die zur Chiesa di Santa Maria in Aracoeli hinaufführen, ist noch ein Teil einer typischen *insula* im Stadtzentrum zu sehen.

Beton- & Monumentalarchitektur

Die meisten Ruinen, die sich heute im gesamten Stadtgebiet verteilen, sind Überreste der großen, atemberaubenden Monumente der antiken Stadt – das Kolosseum, das Pantheon, die Terme di Caracalla, die Foren. Diese grandiosen Bauwerke erinnern nicht nur an die überlegene römische Kultur und die gewaltigen, einschüchternden Dimensionen des alten Rom - ein Effekt, der genauso beabsichtigt war –, sie setzen auch den großen Visionen und der Kunstsinnigkeit der antiken Baumeister ein Denkmal.

Eine der wichtigsten Erfindungen der Römer war die Entwicklung von Beton im 1. Jh. v. Chr., er ermöglichte das Bauen in immer größeren Dimensionen. Die Mischung aus Vulkanasche, Kalk und Gesteinsaggregat, häufig Tuff oder Ziegelschutt, war schnell herzustellen, einfach in der Anwendung und billig. Des Weiteren befreite Beton die Architekten aus ihrer Abhängigkeit von ausgebildeten Steinmetzen, die bei den bisher angewandten Bautechniken die perfekt zugehauenen Steinblöcke lieferten. Erst Beton machte Kuppeldächer möglich, mit denen die Römer das Pantheon und die immensen Gewölbe der Terme di Caracalla überspannten.

Allerdings war Beton nicht besonders dekorativ, und so wurde er sehr häufig mit Travertin oder farbigem Marmor, beispielsweise aus

ARCHITEKTUR DIE MENSCHEN DER ANTIKE

Spätes 18. Jh./19. Jh.

Die Piazza del Popolo erhält ihr heutiges Aussehen und die Villa Torlonia wird verschönert. In beiden Fällen ist der Architekt und Städtebauer Giuseppe Valadier maßgeblich daran beteiligt.

Spätes 19. Jh.

Rom wird im Gefolge der Einigung mit umfangreichen Veränderungen bedacht – es werden Straßen gebaut, Plätze angelegt und Wohnviertel für Beamte errichtet.

Frühes 20. Jh.

Protzig und modern – der italienische Rationalismus entspricht Mussolinis Vision von einem furchtlosen, futuristischen Rom als *caput mundi* (Hauptstadt der Welt).

Ab ca. 1990

Rom bietet einigen der besten zeitgenössischen Architekten der Welt die historische Bühne für ihre Architekturexperimente. Lob und Kritik halten sich dabei so ziemlich die Waage.

ALLE WEGE FÜHREN NACH ROM

Die Römer galten als die besten Straßenbauer der Antike. Das Römische Reich wies rund 80 000 km befestigte Straßen auf – Verbindungen, die für das Militär wie auch für die Kommunikation von Bedeutung waren. Viele der modernen Straßen in Rom tragen noch heute den Namen ihrer alten Vorgänger und verlaufen auch nahezu identisch.

Via Appia	Die „Königin der Straßen" führte bis nach Brindisi an der südlichen Adriaküste.
Via Aurelia	Sie führte von Rom über Pisa und Genua nach Frankreich.
Via Cassia	Sie verlief in Richtung Norden nach Viterbo, Siena und in die Toskana.
Via Flaminia	Sie führte über den Apennin nach Rimini an die Adriaküste.
Via Salaria	Die alte Salzstraße führte zum Hafen Castrum Truentinum (heute Martinsicuro) an der Adria, zwischen Ancona und Pescara gelegen.

Griechenland, aus den Apuanischen Alpen (im Nordwesten der Toskana gelegen) und aus Nordafrika verkleidet, wenn er in Gebäudeteilen verbaut wurde, die große Belastungen auszuhalten hatten. Auch Ziegelsteine waren ein wichtiges Material und wurden sowohl als Verblendung als auch als Baustoff genutzt.

Die frühen Christen

Verfolgung und Märtyrertum sind bestimmend für die Geschichte des frühen Christentums. Durch die Mailänder Vereinbarung (313) wurde die Religionsfreiheit garantiert und das Christentum erlaubt; im Jahr 378 wurde es in Rom zur Staatsreligion erhoben. Besonders eindringliche Zeugnisse vom Leben der frühen Christen sind die Katakomben, eine Reihe unterirdisch errichteter Grabstätten, z. B. unter der Via Appia Antica, die am südlichen Stadtrand von Rom verläuft. Nach damaliger Vorstellung verbot es sich wegen des christlichen Auferstehungsglaubens, Tote zu verbrennen, wie es zu römischer Zeit sonst üblich war, und da ein Begräbnis innerhalb der Stadtmauern nicht gestattet war, musste es außerhalb der Stadt stattfinden.

Kirchenbau

Im 4. Jh. gaben die Christen die Katakomben allmählich auf. Immer mehr von ihnen wollten lieber in einer Kirche bestattet werden, die Kaiser Konstantin in der Stadt bauen ließ. Obwohl Konstantin seine

DIE BEDEUTENDSTEN BAUWERKE ROMS

Die Stadtlandschaft Roms präsentiert sich als magische Mischung aus Ruinen, Monumenten, Palästen, Plätzen und Kirchen. Hier sind nun einige der bedeutendsten Bauwerke der Stadt zusammengestellt:

Kolosseum	Roms Amphitheater, ein Wahrzeichen der Stadt, weist alle typischen Merkmale der römischen Architektur der Antike auf: Bögen, die Verwendung unterschiedlicher Baumaterialien und eine nie dagewesene Dimension.
Pantheon	Die gewaltige Kuppel, eine der wichtigsten architektonischen Neuerungen der Römer, findet ihre Vollendung bei diesem außergewöhnlichen Gebäude.
Basilica di Santa Maria Maggiore	Diese massige Basilika wurde im Lauf der Jahrhunderte zwar mehrfach umgestaltet, ist jedoch beispielhaft für die christlichen Basiliken, wie sie im frühen Mittelalter erbaut wurden.
Tempietto di Bramante	Bramantes Tempel aus dem Jahr 1502 ist ein Meisterwerk an harmonischem Design und verkörpert die Ideale der Hochrenaissance aufs Schönste.
Petersdom	Die Kuppel von Michelangelo und die Fassade von Carlo Maderno sind die beiden bedeutendsten Architekturelemente dieser großartigsten aller Renaissance-Kirchen Roms.
Chiesa del Gesù	Eines der prächtigsten Gotteshäuser der Gegenreformation mit einer oft kopierten Fassade von Giacomo della Porta und einem reich geschmückten barocken Kirchenraum.
Chiesa di San Carlo alle Quattro Fontane	Als hochgelobtes Beispiel für Barockarchitektur lässt die Kirche von Francesco Borromini konvexe und konkave Oberflächenstrukturen sehen, versteckte Fenster sowie einen komplexen elliptischen Grundriss.
Palazzo della Civiltà del Lavoro	Die EUR-Ikone mit dem Spitznamen „Viereckiges Kolosseum" ist ein Meisterwerk des italienischen Rationalismus der 1930er-Jahre.
Auditorium Parco della Musica	Renzo Pianos kühner Kunstkomplex gilt als das einflussreichste zeitgenössische Bauwerk in Rom.
MAXXI	Zaha Hadids preisgekröntes Gebäude (2010) ist das passende, markante Ambiente für das Museum für zeitgenössische Kunst, ein Aushängeschild Roms.

Residenz in Byzanz hatte (das zu seinen Ehren in Konstantinopel umbenannt wurde), finanzierte er gleichwohl in Rom ein recht ehrgeiziges Bauprogramm. Unter den vielen Kirchen, die er in Auftrag gab, verdient die Basilica di San Giovanni in Laterano die größte Beachtung. Sie wurde zwischen 315 und 324 errichtet, erhielt im 5. Jh. durch verschiedene Umbauten ihre heutige Gestalt und wurde so zum Vorbild für viele in der Folgezeit errichtete Basiliken. Weitere Highlights aus dieser Zeit sind die Basilica di Santa Maria in Trastevere und die Basilica di Santa Maria Maggiore.

Zwischen dem 8. und 12. Jh. erlebte Rom eine zweite Welle des Kirchenbaus. Im Überlebenskampf gegen die nach Italien eindringenden Langobarden wandten sich die Vertreter des frühen Papsttums einer regen Bautätigkeit zu, und hinterließen so viele architektonische Zeugnisse. Gute Beispiele sind die Basilica di Santa Sabina, die Chiesa di Santa Prassede sowie die Chiesa di Santa Maria in Cosmedin aus dem 8. Jh., wo die berühmte Bocca della Verità (Mund der Wahrheit) schon seit Jahrhunderten auf „tapfere" Besucher wartet.

Das 13. und 14. Jh. waren für Rom dunkle Zeiten, weil es ständig zu gewalttätigen Auseinandersetzungen zwischen den römischen Adelsfamilien kam. Während im nördlichen Europa jenseits der Alpen und sogar in Italien die ersten gotischen Kathedralen mit ihren hochaufragenden Säulengewölben entstanden, kam die Bautätigkeit in Rom damals weitgehend zum Erliegen. Es gibt nur eine nennenswerte Ausnahme, die Chiesa di Santa Maria Sopra Minerva, die einzige gotische Kirche in ganz Rom.

Bauformen der Basilika

Unter gestalterischen Aspekten wurden frühchristliche Basiliken nach dem Vorbild von Roms großen Basiliken errichtet oder einfach überbaut. In der Antike war eine Basilika eine große, rechteckige Halle, die öffentlichen Zwecken diente. Mit der Ausbreitung des Christentums wurden diese Basiliken zunehmend von den Kirchenbaumeistern übernommen. Der Hauptgrund hierfür war, dass sie perfekt zu den neuen religiösen Zeremonien passten, die die Christen einführten und die ausreichend Raum für die Gläubigen und einen Altar an zentraler Stelle voraussetzten.

Die heidnischen römischen Tempel hingegen waren symbolische Kultzentren, in denen für Gläubige kein Platz war. Die meisten rituellen Zeremonien wurden draußen vor dem Tempel abgehalten und nicht drinnen, wie es der christliche Gottesdienst verlangte.

Im Laufe der Zeit wurde die Architektur der Basiliken zunehmend standardisiert. Der Haupteingang führt in ein Atrium, einen von Arkaden gesäumten Innenhof, der wiederum in die Vorhalle überleitet. Der Innenraum ist rechteckig und durch zwei verlaufende Reihen von Säulen in ein Mittelschiff und zwei kleinere Seitenschiffe unterteilt. Am gegenüberliegenden Ende sind Altar und Bischofsthron (Kathedra) in einer halbrunden Apsis platziert. In einigen Sakralbauten teilt ein Querschiff das Mittelschiff vor der Apsis in zwei Teile und formt so das lateinische Kreuz.

Die Renaissance

Als Italiens bedeutendste Renaissancestadt gilt eher Florenz denn Rom. Tatsächlich stammten viele der ersten Architekten dieser Epoche aus der Toskana, doch ihre Inspiration fanden sie in Rom. Ende des 15. Jhs. mag die ewige Stadt in ziemlich armseligem Zustand gewesen sein, aber sie war Mittelpunkt der klassischen Antike und wurde deshalb von den aufstrebenden Baumeistern tief verehrt. Die Reise zum

---

ARCHITEKTUR DIE RENAISSANCE

Giuseppe Valadier (1762–1839) war im frühen 19. Jh. der Architekt der Wahl des Papstes. Am besten ist er für die Umgestaltung der Piazza del Popolo und des Pincio-Hügels im Stil des Neoklassizismus bekannt, doch er arbeitete auch an wichtigen Restaurierungsprojekten mit wie am Ponte Milvio und dem Arco di Tito.

Bücher zur Architektur

Kunst und Architektur in Rom (Brigitte Hinzen-Bohlen)

Rom – Kunst und Architektur (Marco Bussagli)

Rome (Amanda Claridge)

The Genius in the Design: Bernini, Borromini and the Rivalry that Transformed Rome (Jake Morrissey)

Rome and Environs: An Archaeological Guide (Filippo Coarelli)

STARARCHITEKT BRAMANTE

Donato Bramante (1444–1514) war der Stararchitekt der Renaissance und einer der einflussreichsten Baumeister seiner Zeit. In den Augen seiner Kollegen Michelangelo, Raffael und Leonardo da Vinci war er der Einzige, der es mit den Architekten der Antike aufnehmen konnte.

Der in der Nähe von Urbino geborene Bramante lernte zunächst den Beruf des Malers, bevor er mit Mitte Dreißig begann, in Mailand als Architekt zu arbeiten. Seine größten Erfolge feierte er allerdings in Rom: Bei den Projekten für Papst Julius II. entwickelte er einen monumentalen Stil, der seinen klassischen Ursprung nicht verleugnete und in der Umsetzung von Harmonie und Perspektive reinste Renaissance war. Dessen perfektester Ausdruck ist sein Tempietto, ein kleiner, vielfach kopierter Tempel. Auch Bramantes Ursprungsentwurf für den Petersdom ist von klassisch inspirierter Symmetrie geprägt: Eine Kuppel nach Vorbild des Pantheon schwebt über einem Bau mit dem Grundriss eines griechischen Kreuzes.

Bramante war nicht nur ein wohlhabender und einflussreicher Architekt, er war auch ein geschickter Lobbyist. Gerüchte besagen, er habe Papst Julius II. überredet, den Auftrag für die Sixtinische Kapelle an Michelangelo zu geben, weil er hoffte, sein junger Rivale aus der Toskana würde bei der Umsetzung des Vorhabens scheitern.

Studium des Kolosseums und des Pantheon war Grundbestandteil der Ausbildung eines jeden ambitionierten Architekten.

Einer der wichtigsten Aspekte, die dabei untersucht wurden und der die Renaissancearchitektur nachhaltig prägte, war das Ideal der Harmonie. Es wird durch die Anwendung von Symmetrie, Ordnung und Proportionen angestrebt bzw. erreicht. Deshalb sind viele Renaissancebauten von Architekturelementen geprägt, die aus der Antike übernommen wurden: von Säulen, Pilastern, Bögen und – besonders dramatisch – Kuppeln. Vor allem die Kuppel des Pantheon war ungemein einflussreich und diente als Vorlage für viele spätere Bauten.

Die frühen Jahre

Es lässt sich unmöglich sagen, in welchem Jahr genau die Renaissance Rom erreichte. Viele behaupten, die Wahl von Papst Nikolaus V. 1447 habe die künstlerische Lawine u. a. in der Welt der Architektur ins Rollen gebracht, die damals die Stadt förmlich überrollte. Nikolaus glaubte als Oberhaupt der christlichen Welt, Rom habe die Pflicht, Kunst und Wissenschaft zu fördern – eine Theorie, die seine Nachfolger begeistert übernahmen. So strömten auf Geheiß der großen Papstdynastien – der Barberini, der Farnese und Pamphilj – die besten und renommiertesten Künstler jener Zeit nach Rom.

Der Venezianer Paulus II. (reg. 1464–1471) gab viele Bauwerke in Auftrag, darunter den Palazzo Venezia, Roms ersten großen Renaissancepalast. Sixtus IV. (reg. 1471–1484) ließ die Sixtinische Kapelle bauen und vergrößerte die Chiesa di Santa Maria del Popolo.

Hochrenaissance

Erst unter Julius II. (reg. 1503–1513) erreichte die römische Renaissance ihren Höhepunkt, was vor allem dem klassisch orientierten Architekten Donato Bramante (1444–1514) zu verdanken war.

Als Bramante 1499 nach Rom kam, hatte er sich bereits in Mailand einen Namen gemacht. Erst in Rom aber, wo ihn die antiken Ruinen inspirierten, blühte er richtig auf. Er entwickelte einen raffinierten klassischen Stil, der die Ideale der Renaissance besser verkörperte als alles Vorherige. Sein 1502 entstandener Tempietto im Kreuzgang der

Der Vittoriano, das größte und somit kaum zu verpassende Denkmal Roms, wurde zu Ehren von König Vittorio Emanuele II errichtet, dem ersten König des vereinten Italien. Nach einer Bauzeit von 50 Jahren wurde es 1935 vollendet. Und allein schon die Zahlen beeindrucken wirklich: Das Denkmal bringt es auf eine Höhe von 81 m und ist 135 m breit.

Die Fassade der Chiesa del Gesù (S. 89) stammt aus der Zeit der Gegenreformation

Chiesa di San Pietro in Montorio verrät sein meisterhaftes Gefühl für Proportionen. Ähnlich elegant ist sein Kreuzgang (1504) in der Chiesa di Santa Maria della Pace in der Nähe der Piazza Navona.

1506 wurde Bramante von Papst Julius II. mit dem Projekt beauftragt, das sein unvollendetes Hauptwerk werden sollte: dem Wiederaufbau des Petersdoms (Basilica di San Pietro). Schon über ein halbes Jahrhundert vor ihm (nachdem Konstantinopel in die Hände der Muslime gefallen war) hatte Nikolaus V. eine Renovierung des Doms angeordnet, die aber nie abgeschlossen wurde. Bramante erlebte nicht mehr, wie sein origineller Grundriss in Form eines griechischen Kreuzes umgesetzt wurde, denn er starb 1514. Zu dieser Zeit waren gerade einmal die vier zentralen Pfeiler und die Bögen für die Kuppel fertiggestellt.

Der Petersdom beschäftigte fast alle angesehenen Architekten der Hochrenaissance, so etwa Giuliano da Sangallo (1445–1516), Baldassarre Peruzzi (1481–1536) und Antonio da Sangallo den Jüngeren (1484–1546). Michelangelo (1475–1564) übernahm die Aufgabe schließlich 1547. Er modifizierte den Grundriss und schuf die Kuppel als Krönung der Basilika. Als Vorlage diente ihm hierbei Brunelleschis (1377–1446) Entwurf für die Kuppel des Duomo in Florenz. Die Kuppel des Petersdoms gilt als größte architektonische Leistung Michelangelos und als eines der bedeutendsten Werke der römischen Renaissance.

Manierismus

Während die römischen Architekten darin wetteiferten, ein neues Jerusalem zu errichten, hatten die politischen Führer Roms mit Spannungen außerhalb der Stadtmauern zu kämpfen. Sie erreichten ihren Höhepunkt 1527 mit der Eroberung und den schweren Plünderungen der Stadt durch die Truppen Karls V., Kaiser des Heiligen Römischen Reiches. Das traumatische Geschehen trieb viele in Rom arbeitende Künstler aus der Stadt. Und es legte den Grundstein für einen neuen künstlerischen und architektonischen Ausdruck: Der Manierismus

Schlüsselwerke Berninis

Petersplatz

Chiesa di Sant'Andrea al Quirinale

Fontana dei Quattro Fiumi

Palazzo di Montecitorio

Der Begriff
Scuola romana
(Römische
Schule) wird
verwendet, um
eine Gruppe von
Architekten zu
definieren, die in
den 1920er- und
1930er-Jahren
mit umfangrei-
chen Wohnbau-
projekten betraut
war. Ihre Entwürfe
sollten modernen
Funktionalismus,
Respekt für
Tradition und die
utopische Vision
einer urbanen
Stadtentwicke-
lung vereinen.

war zwar nur eine recht kurzlebige Mode, aber er bereitete mit seinem Hang zu Vielschichtigkeit und Dekor, die im Kontrast zu den harten, klaren Linien der traditionellen Renaissance standen, den Boden für einen weitaus üppigeren Stil, der zu Beginn des 17. Jhs mit dem Barock folgen sollte.

Einer der herausragendsten Vertreter des Manierismus war Baldassarre Peruzzi: Sein Palazzo Massimo alle Colonne (1532–1536) am Corso Vittorio Emanuele II zeigt zahlreiche manieristische Elemente: Die Fassade ist betont, das Fenstergesims geschmückt, und er verwendet auffälliges Stuckdekor.

Barock

Hauptmotor der römischen Renaissance war die katholische Kirche, die im 16. Jh. immer mächtiger wurde. Doch mit der Macht kamen auch die Korruption und der Ruf nach Reformen. Mit Martin Luthers 95 Thesen und der Reformation erreichte diese einschneidende Protestbewegung ihren Höhepunkt. Die schwer getroffene katholische Kirche reagierte mit der Gegenreformation (um 1550–1648), mit der sie den Protestantismus zurückdrängen wollte – bei diesen Maßnahmen wurden auch gewaltsame Mittel miteinbezogen. Mitten in dieser Großoffensive bildeten sich Kunst und Architektur des Barock heraus, eine höchst wirkungsvolle Form der gegenreformatorischen Propaganda. Vom Stil her beruht die Barockkunst auf einem feinen Sinn für Dynamik; in der Architektur verbindet sie komplizierte Raumgliederung mit raffinierter Lichtführung und einem verschwenderischen malerischen und skulpturalen Bauschmuck.

Eine der ersten großen Kirchen aus der Zeit der Gegenreformation ist die Chiesa del Gesu, die der damals führende Architekt Giacomo della Porta (ca. 1533–1602) entwarf. Sie markiert eine Abwendung vom Kirchenbaustil der Frührenaissance, vor allem durch ihre Fassadenform, bei der viel Wert auf den Kontrast zwischen Oberflächengestaltung und dem Spiel mit Licht und Schatten gelegt wurde.

Mit dem Ende des 16. Jhs. und der Amtszeit von Papst Sixtus V. (reg. 1585–1590) begann eine Zeit der umfangreichen Städteplanung. Rom symbolisierte jetzt die wieder auferstandene, gefestigte katholische Kirche. Domenico Fontana (1543–1607) und andere Architekten legten große Verkehrsachsen an, um die einst verstreuten Viertel der weitflächigen, ausgedehnten Stadt miteinander zu verbinden. An verschiedenen Knotenpunkten wurden Obelisken aufgestellt. Ebenfalls

FÜNF FANTASTISCHE BRUNNEN

Fontana di Trevi	Ungestüme Pferde preschen aus dem Stein dieses sagenhaften, extravaganten Rokoko-Brunnens – des größten und meistbewunderten Roms.
Fontana dei Quattro Fiumi	Ein konischer Obelisk krönt Berninis opulente Barockinszenierung an der Piazza Navona.
Fontana delle Naiadi	Die nackten Nymphen, die sich am Brunnen an der Piazza della Repubblica räkeln und dem Platz die Schau stehlen, sorgten im Jahr 1901 bei der Enthüllung für einen Skandal.
Fontana dell'Acqua Paola	Der grandiose Barockbrunnen oben auf dem Gianicolo-Hügel wird von den Römern *il fontanone del Gianicolo genannt*.
Fontana della Barcaccia	Die Spanische Treppe führt hinunter zu diesem barocken Brunnen in der Form eines gesunkenen Schiffs; er wurde angeblich einem Boot nachempfunden, das durch eine Überschwemmung im Jahr 1598 auf der Piazza gestrandet sein soll.

ROKOKO-RAUSCH

Im frühen 18. Jh., die Barockmode begann zu verblassen und der Klassizismus wartete noch auf seinen Auftritt im 19. Jh., erlebte das Rokoko seine theatralische Geburtsstunde. Es bediente sich der ausufernden Formen des Barock und hatte nur eine kurze Verweildauer, aber eine, die nachhaltige Spuren hinterließ.

Die Spanische Treppe wurde zwischen 1723 und 1726 von Francesco de Sanctis erbaut. Sie war Treffpunkt zahlloser Reisender auf ihrer „Grand Tour", bei der sie eifrig Roms klassische Vergangenheit studierten. Die Piazza Sant'Ignazio, ein kurzes Stück nach Südwesten, entwarf 1728 Filippo Raguzzini (1680–1771) als angemessenen melodramatischen Rahmen für die Chiesa di Sant'Ignazio di Loyola, Roms zweite und bedeutendste Jesuitenkirche.

Spektakulärstes Ensemble von allen aber ist der Trevibrunnen. Er zählt zu den auffälligsten und beliebtesten Monumenten. Der Brunnen wurde 1732 von Nicola Salvi (1697–1751) entworfen und 30 Jahre später fertiggestellt.

von Fontana stammt die Hauptfassade des Palazzo del Quirinale, das ist jener riesige Palast, der beinahe 300 Jahre lang als Sommerresidenz der Päpste genutzt wurde. Sein Neffe Carlo Maderno (1556–1629) arbeitete ebenfalls am Palazzo, wenn er nicht gerade damit beschäftigt war, Bramantes Pläne zu überarbeiten.

Bernini kontra Borromini

Kein anderes Paar hat mehr dafür getan, Roms Aussehen zu verschönern, als die beiden Meister des römischen Barock, Gian Lorenzo Bernini (1598–1680) und Francesco Borromini (1599–1667). Obwohl von ganz unterschiedlichem Charakter – der Neapolitaner Bernini war charmant, selbstbewusst und politisch erfahren, während Borromini aus der Lombardei als eigenbrötlerisch und sonderbar galt – bereiteten sie den Weg für den Übergang von der Strenge der Gegenreformation zum Überschwang des Barock.

Berühmt geworden ist Bernini vor allem wegen seiner Arbeiten im Vatikan. Er entwarf die Piazza San Pietro vor dem Petersdom, deren weit ausgreifende Kolonnaden er als „die mütterlichen Arme der Kirche" verstanden wissen wollte. Ab 1629 leitete er die Bauarbeiten am Petersdom. Während dieser Zeit schuf er den Baldachin über dem Hauptaltar, für dessen Bronzearbeiten er das Pantheon plünderte.

Mit dem Rückhalt des Barberini-Papstes Urban VIII. hatte Bernini freie Hand, selbst das Stadtbild umzugestalten; seine Kirchen, Paläste, Plätze und Brunnen gelten bis heute als Wahrzeichen Roms. Doch nach dem Tod Urbans sank sein Stern. Urbans Nachfolger Innozenz X. wollte auch die künstlerische Verbindung zu seinem verhassten Vorgänger kappen und beauftragte deshalb Borromini, Alessandro Algardi (1595–1654) sowie Girolamo und Carlo Rainaldi (1570–1655 und 1611–1691) mit der Fortführung der Arbeiten. Eine ernsthafte Rolle im Wettstreit mit Borromini spielte Bernini erst wieder im Jahr 1651. Da war dieser nämlich verantwortlich für die Gestaltung der Fontana dei Quattro Fiumi im Zentrum der Piazza Navona genau gegenüber von Borrominis Chiesa di Sant'Agnese in Agone.

Borromini war der Sohn eines Architekten und von daher gut vertraut mit Konstruktionstechniken und Steinmetzarbeiten. Er war deshalb in der Lage, sogar komplizierte Bauwerke mit ungewöhnlichen Grundrissen zu planen. Ein wiederkehrender Grundzug seiner Entwürfe war zum Beispiel ein raffiniertes Spiel mit Lichteffekten, die er meist mittels kleiner ovaler Fenster erreichte.

Roms postmoderne Moschee, ein Entwurf von Paolo Portoghesi, zählt zu den größten Europas. Ihr von der Kritik gefeiertes Design beruht auf einem wunderschönen, lichten Raum, über den sich eine Kuppel spannt, die wiederum von 16 Kuppeln umgeben ist.

MODERNE BRÜCKEN

In den letzten Jahren wurden in Rom drei neue Brücken eröffnet. Im Jahr 2011 ging nach dreijähriger Bauzeit der Ponte della Musica in Betrieb, eine Fußgängerbrücke über den Tiber; sie verbindet das Viertel Flaminio mit dem Sportkomplex Foro Italico. Der Brückenbogen aus Stahl ist ein Design des englischen Architekturbüros Happold Engineering und der Architekten Powell-Williams.

Ein Jahr später wurde im Viertel Ostiense der Cavalcaferrovia dell'Ostiense eingeweiht, eine kühn geschwungene Autobrücke aus weißem Stahl; sie führt über die Bahngleise, die Ostiense lange Zeit vom nahen Garbatella getrennt hatten. Die Brücke hat den Spitznamen „Kobra".

Ebenfalls in Ostiense befindet sich eine Fußgänger- und Fahrradbrücke, der Ponte della Scienza. Die Brücke wurde im Mai 2014 eröffnet und spannt sich zwischen der Riva Ostiense und der Riva Portuense über den Tiber.

Zu seinen bedeutendsten Werken zählen die Chiesa di San Carlo alle Quattro Fontane (1638–1677) mit ihrem ovalen Innenraum und die Chiesa di Sant'Ivo alla Sapienza (1642–1664), wo er eine komplizierte Anordnung konvexer und konkaver Oberflächen mit einem spiralförmigen Turm verknüpfte.

Im Verlauf ihrer Karriere gerieten die beiden genialen Rivalen häufig aneinander. Borromini beneidete Bernini heftig für seine frühen Erfolge, und Bernini äußerte sich vernichtend über Borrominis komplexen geometrischen Stil.

Faschismus, Futurismus & das 20. Jahrhundert

Zu Beginn des 20. Jhs. war Rom in guter Verfassung. In den letzten drei Jahrzehnten des 19. Jhs. hatte es wieder einmal eine gründliche Umgestaltung erlebt – diesmal infolge der Erhebung zur Hauptstadt des Königreichs Italien im Jahr 1870.

Es wurden Plätze angelegt – die Piazza Vittorio Emanuele II im Zentrum eines neuen gehobenen Wohnbezirks und die neoklassizistische Piazza della Repubblica über dem Bäderkomplex der Diokletiansthermen – und Straßen gebaut. Dazu zählten die Via Nazionale und die Via Cavour als Verbindung zwischen der Innenstadt und dem neuen Bahnhof Stazione Termini und der Corso Vittorio Emanuele II als Verbindung zwischen der Piazza Venezia und dem Vatikan.

Rationalismus & Wiederaufbau

Der vom deutschen Bauhaus beeinflusste architektonische Rationalismus war in den 1920er Jahren in Europa sehr beliebt. In seiner internationalen Ausprägung legte er großen Wert auf klare, lineare Formen, doch in Italien hatte er ein etwas anderes Gesicht, wofür nicht zuletzt seine Hauptförderer, die Gruppo Sette, und der faschistische Führer des Landes, Benito Mussolini, sorgten. Die Gruppo Sette erkannte an, was die italienische Architektur der Tradition der Antike schuldete, und ließ jene Tradition in ihre modernistischen Entwürfe einfließen. Ästhetisch und politisch passte dies bestens zu Mussolinis Vision des Faschismus als modernem Vollstrecker der imperialistischen Bestrebungen des alten Rom.

Als geschickter Manipulator der Symbolik brachte Mussolini eine Reihe grandioser Bauprojekte auf den Weg, darunter 1928–1931 den Sportstättenkomplex Foro Italico, die Via dei Fori Imperiali und das Wohnviertel Garbatella. Garbatella, heute ein buntes Viertel im Süden

Die Via dei Fori Imperiali, d. h. die Straße, die das Forum Romanum vom Kaiserforum trennt, war eines der umstrittensten Projekte Mussolinis. Die 1932 eröffnete Straße sollte das Kolosseum (antike Macht) mit der Piazza Venezia (faschistische Macht) verbinden; im Zuge der Bauarbeiten wurde jedoch ein Großteil des Forums asphaltiert.

Roms, war ursprünglich als Gartenstadt im englischen Stil für die Arbeiter der Stadt geplant, doch in den 1920er-Jahren bemächtigte sich das faschistische Regime mit seinen eigenen Entwürfen des Projekts. Für diese waren innovative Wohnblöcke, sogenannte *alberghi suburbani* (Vorstadtunterkünfte), von zentraler Bedeutung. In diese sollten einfache Leute aus den übervölkerten Innenstädten des Landes umgesiedelt werden. Den berühmtesten dieser Wohnblöcke, den *Albergo Rosso,* entwarf Innocenzo Sabbatini (1891–1983), die Leitfigur der „Römischen Schule" in der Architektur.

EUR

Mussolinis berühmtestes architektonisches Erbe ist das an George Orwell gemahnende EUR-Viertel ganz im Süden der Stadt. Dieses für die Weltausstellung 1942 errichtete Areal mit breiten Boulevards und riesigen Baukuben hat in seinem Aussehen viel mit der Vision der *razionalisti* (Rationalisten) zu tun. Tatsächlich arbeitete jedoch nur einer aus dieser Gruppe, Adalberto Libera, an dem Projekt mit, denn zu diesem Zeitpunkt hatten die meisten aus der Gruppo Sette bereits mit dem faschistischen Regime gebrochen. Liberas Palazzo dei Congressi ist ein Meisterwerk der rationalistischen Architektur, jedoch als Bauikone von EUR gilt das „rechteckige Kolosseum", der Palazzo della Civiltà del Lavoro, den Giovanni Guerrini, Ernesto Bruno La Padula und Mario Romano entwarfen.

Entwicklungen in der Nachkriegszeit

In der Nachkriegszeit waren Architekten in Rom großenteils auf die Planung billigen Wohnraums für die stetig wachsende Einwohnerschaft der Stadt beschränkt. An den Hauptverkehrsadern der Stadt wurden scheußliche Wohnblocks hochgezogen, und trostlose Vorstädte breiteten sich überall dort aus, wo einst Bauern das Land bewirtschaftet hatten.

Mit den Olympischen Spielen von 1960 setzte eine rege Bautätigkeit im Bereich der Sportstätten ein; das Stadio Flaminio entstand in dieser Zeit, das bereits 1927–1932 errichtete Stadio Olimpico erlebte umfangreiche Umbauten. Der italienische Beton-Fanatiker und höchst einflussreiche Neuerer Pier Luigi Nervi leistete mit dem Palazzetto dello Sport seinen Beitrag.

Moderne Wahrzeichen

....

Palazzo della Civiltà del Lavoro

....

Auditorium Parco della Musica

....

Museo dell'Ara Pacis

....

Museo Nazionale delle Arti del XXI Secolo (MAXXI)

Das moderne Rom

Im 21. Jh. erlebte die italienische Kapitale eine wahre Flut an architektonischen Aktivitäten. Eine ganze Reihe sogenannter Stararchitekten war an diversen Vorzeigeprojekten in der Stadt beteiligt. Darunter waren Italiens bekanntester Architekt Renzo Piano, der angesehene Amerikaner Richard Meier, die Anglo-Irakerin Zaha Hadid und die bekannte französische Architektin Odile Decq.

Kontroverse & Zustimmung

Die Grundlage für diesen Bauboom wurde Anfang der 1990er Jahre gelegt, als der damalige Bürgermeister Francesco Rutelli eine großangelegte Sanierungsaktion im historischen Zentrum auf den Weg brachte. In diesem Zusammenhang beauftragte er auch Richard Meier mit dem Bau eines neuen Pavillons für die Ara Pacis aus dem 1. Jh. n. Chr. Wie nicht anders zu erwarten, wurde Meiers Museo dell'Ara bei der Eröffnung 2006 kontrovers beurteilt. Vittorio Sgarbi, ein Kunstkritiker und Politiker, der kein Blatt vor den Mund nimmt, erklärte, der Entwurf des Amerikaners sei der erste Schritt zu einer Globalisierung von Roms einzigartigem antikem Erbe. Die römische Öffentlichkeit hatte nichts

Der Eataly-Komplex in Rom, ein Meisterwerk in Sachen urbaner Regeneration, erfüllt eine verfallene Eisenbahnstation mit neuem Leben. Vor der Eröffnung des Komplexes im Jahr 2012 war das Air Terminal Ostiense, das ursprünglich als Haltestelle für Flughafen-Zubringerzüge während der Fußballweltmeisterschaften 1990 konzipiert war, ein verlassenes Gebäude.

dagegen, dass auch in der Innenstadt modern gebaut wurde, doch nur wenige waren von Meiers Entwurf restlos überzeugt.

Meier erntete dann für sein zweites Projekt wesentlich größeren Beifall – die markante, im Jahr 2003 eingeweihte Chiesa Dio Padre Misericordioso liegt in Tor Tre Teste, einem trostlosen Stadtviertel östlich des Stadtzentrums. Sie war eine von zahlreichen Kirchen, die das Vikariat von Rom anlässlich der 2000-Jahrfeier in Auftrag gab. Eine weitere, die Chiesa di Santa Maria della Presentazione, ist ein Entwurf des in Rom stationierten Architekturbüros Nemesi; die Kirche weckte Interesse, als sie im etwas weiter außerhalb gelegenen Viertel Quartaccio im Jahr 2002 geweiht wurde.

Weitere bedeutende Bauwerke dieser Epoche sind beispielsweise Renzo Pianos Auditorium Parco della Musica (2002), Zaha Hadids MAXXI (2010) und Odile Decqs Macro-Gebäude aus dem Jahr 2010.

Fuksas & Pläne für die Zukunft

Der im Jahr 1944 in Rom geborene Massimiliano Fuksas ist für seine futuristischen Visionen berühmt. Und auch wenn kein einzelnes Bauwerk als sein Markenzeichen gilt, kommt doch sein Entwurf für das Centro Congressi Italia (Nuvola) als Inbegriff seines Stils am ehesten infrage. Es besteht aus einer rechteckigen, 30 m hohen Glasmuschel mit einer etwa 3500 m^2 großen, über einem riesigen Konferenzsaal schwebenden Wolke aus Stahl und Teflon, gestützt durch Stahlrippen, und ist von einer unerschrockenen Modernität. Und doch nimmt es auf die Vergangenheit Bezug: Sowohl in der Größe als auch in der Gestalt ist es von den Bauwerken im rationalistischen Stil aus den 1930er-Jahren in der Vorstadt EUR inspiriert.

Die Bauarbeiten an der Nuvola begannen im Jahr 2007; allerdings wurden diese durch eine wahre Kostenspirale eingeschränkt (während der Recherchen zu diesem Reiseführer hatte man die Fertigstellung für Mitte 2016 terminiert).

Doch noch während die Arbeiten in EUR sich so dahinschleppen, wurden bereits Pläne für diverse andere hochkarätige Bauprojekte in anderen Ecken der Stadt auf den Weg gebracht. Dazu zählen ein neues Zentrum für zeitgenössische Kunst des preisgekrönten französischen Architekten Jean Nouvel in der Umgebung des Forum Boarium und – ein Stück in Richtung Norden – ein weitläufiger Komplex namens Città della Scienza (Stadt der Wissenschaft), der in den ehemaligen Kasernen des Viertels Flaminio etabliert werden soll. In den südlichen Ausläufern Roms wurde unlängst das Gelände für ein neues, ultramodernes Stadion für die Fußballmannschaft des AS Rom mit einem Fassungsvermögen von 52 500 Zuschauern sondiert; die neue Heimstätte der Giallorossi („die Gelb-Roten"), das Stadio della Roma, soll zum Start der Saison 2016/17 fertig sein.

Architektur-Glossar

Apsis	halbrunde oder polygonale Nische mit einem Kuppeldach über dem Altar einer Kirche
Baldachin	steinerne Überdachung über einem Altar oder Grabmal, die oft von Säulen getragen wird, aber auch frei stehen kann
Barock	Stilrichtung in der europäischen Kunst, Architektur und Musik des 17. und 18. Jhs.
Basilika	längliche Halle mit einer Apsis am Ende des Kirchenschiffs; sie diente im alten Rom für öffentliche Versammlungen und wurde später zum Prototyp von mittelalterlichen Kirchen
Forum	im alten Rom ein öffentlicher Platz, der für Versammlungen, Rechtsgeschäfte und Handel genutzt wurde
Fries	ein horizontal verlaufendes Band, das oft mit gemaltem oder skulptiertem Dekor verziert ist und sich zwischen dem Architrav (Horizontalbalken) und dem Gesims befindet
Futurismus	italienische Kunstbewegung des frühen 20. Jhs., die moderne Technologie mit einbezieht
Hauptschiff	Mittelschiff einer Kirche, das von parallel verlaufenden Nebenschiffen durch Säulen getrennt ist
Kreuzgang	umbauter Hof, der zu einer Kirche oder einem Kloster gehört; er besteht aus einem überdachten Wandelgang, der an einer Freifläche liegt
Krypta	unterirdischer Raum unter einer Kirche, der für Gottesdienste und Beerdigungen genutzt wird
Kuppel	Überwölbung, die Bestandteil der Decke oder des Dachs ist
Loggia	eine Galerie oder ein Raum, der an einer Seite offen ist und häufig auf einen Garten hinausgeht
Klassizismus	dominante Stilrichtung in der Kunst und Architektur des ausgehenden 18. und frühen 19. Jhs.; Rückbesinnung auf Stilmerkmale der römischen Antike
Portikus	Vorhalle mit einem Dach, das von Säulen getragen wird
Rationalismus	internationaler Architekturstil in den 1920er-Jahren; die italienische Ausprägung, die oft mit dem Faschismus in Zusammenhang gebracht wird, beinhaltet eine klare Linienführung und Rückgriffe auf den Klassizismus
Renaissance	Neubelebung der europäischen Kunst und Architektur, die auf klassischen Vorgängerbauten des 14. und 16. Jhs. beruht
Rokoko	verschnörkelter Architekturstil des 18. Jhs.
Stuck	Wandputz zu Dekorationszwecken
Trompe l'Œil	optische Täuschung, die dem Betrachter vorgaukelt, ein gemaltes Objekt dreidimensional zu sehen
Querschiff	die beiden Teile, die in einer Kirche mit kreuzförmigem Grundriss das Kirchenschiff im rechten Winkel schneiden und die kürzeren Arme des Kreuzes ausbilden

So lebt man in Rom

Als Besucher hat man oft Mühe, die moderne Großstadt Rom hinter der spektakulären Fassade zu entdecken, eine Hauptstadt des 21. Jahrhunderts mit fast drei Millionen Einwohnern. Wie organisieren die Römer eigentlich ihre Stadt? Wo arbeiten sie? Mit wem verbringen sie ihr Leben? Und wie verbringen sie ihre Freizeit?

Ein Tag im Leben eines Römers

Ein Durchschnittsrömer, nennen wir ihn Signor Rossi, lebt zusammen mit seiner Frau in einem kleinen Apartment mit zwei Schlafzimmern in einer der Vorstädte von Rom; er arbeitet in einem Ministerium in der Innenstadt. Sein Alltag ist ganz typisch für den Arbeitstag der vielen Römer, die sich zur allmorgendlichen Rushhour in die öffentlichen Verkehrsmittel zwängen.

Seine morgendlichen Verrichtungen unterscheiden sich kaum von denen anderer Großstadtbewohner auf der Welt: ein schnelles Frühstück – in der Regel nur ein süßer, schwarzer Espresso –, dann eine kurze Busfahrt zur nächsten Metrostation. Am Wegesrand kauft er vielleicht an einer *edicola* (Kiosk) die Tageszeitung (*Il Messaggero*) und wechselt einige Worte mit dem Kioskbetreiber. Die Schlagzeilen bringen nicht viel Neues – Matteo Renzi preist seine neuesten Reformen an; die üblichen politischen Spielereien im Rathaus und die Berichte vom Spiel Roma gegen Lazio.

Roms U-Bahn ist in der *l'ora di punta* (Rushhour) nicht gerade der angenehmste Aufenthaltsort, vor allem im Sommer nicht, wenn es dort unerträglich heiß wird; die Pendler haben sich jedoch an diese Bedingungen gewöhnt und ertragen sie gelassen.

Ansonsten geht es ihm wie vielen anderen in der reichlich überbesetzten staatlichen Verwaltung: Sein Job zählt nicht unbedingt zu den interessantesten und ist auch nicht sonderlich gut bezahlt, aber er ist immerhin krisensicher, und mit einem begehrten *contratto a tempo indeterminato*, einem unbefristeten Arbeitsvertrag, muss er sich keine Sorgen um eine drohende Arbeitslosigkeit machen. Viele seiner jüngeren Kollegen haben allerdings nur noch Zeitverträge bekommen und müssen ständig befürchten, dass ihre Arbeitsverträge nach dem Ablauf der Frist nicht wieder verlängert werden.

Das Mittagessen, das der Durchschnittsrömer typischerweise gegen 13.30 Uhr einnimmt, besteht in der Regel aus einem Snack oder einer *pizza al taglio* (als Stück) von einem nahe gelegenen Imbissstand. Vor der Rückkehr ins Büro bleibt noch Zeit für einen schnellen Kaffee in immer der gleichen Bar.

In den meisten Behörden ist ab 17 Uhr normalerweise Dienstschluss und gegen 19 Uhr ist die abendliche Rushhour in vollem Gange. Zu Hause angekommen, lässt sich unser Signor Rossi vor den 20-Uhr-Nachrichten nieder und sitzt dann um 20.30 Uhr bei seinem abendlichen Pastagericht.

Der englische Journalist John Hooper untersucht in seinem unterhaltsamen Buch *The Italians* aus dem Jahre 2015 die Widersprüche und Unsicherheiten, die unter der weichen Oberfläche der italienischen Gesellschaft liegen. Wie Luigi Barzinis gleichnamiger Klassiker aus dem Jahre 1964 ist es eine unterhaltsame und informative Lektüre voller unbekannter Details und skurriler Fakten.

RELIGION IM LEBEN DER RÖMER

Rom ist eine Stadt der Kirchen. Die Stadt ist geradezu übersät mit Gotteshäusern: von den großen Basiliken im historischen Zentrum bis zu den Hunderten von Pfarrkirchen in den Vororten. Und da der Vatikan im Herzen der Stadt liegt, ist die Kirche im Leben der Römer ohnehin allgegenwärtig.

Dennoch ist die Rolle der Religion in der modernen römischen Gesellschaft zwiespältig. Einerseits bekennen sich die meisten Menschen zum katholischen Glauben, andererseits sinkt die Zahl der Gottesdienstbesucher, besonders unter den jungen Leuten, drastisch, und die Zahl der Atheisten wächst.

Obwohl die Römer nicht sehr oft in die Kirche gehen, sind sie insgesamt gesehen recht angepasst, und für viele bietet die Kirche nach wie vor eine wichtige Orientierung. Die Position der Kirche in ethischen und sozialen Fragen entspricht zwar nicht immer den Meinungen der Mehrheit, entsprechende Verlautbarungen werden aber in der Presse des Landes normalerweise wohlwollend kommentiert. Mehr als die Hälfte aller Hochzeiten findet nach wie vor in der Kirche statt, und das Fest der Erstkommunion ist bis heute ein wichtiges soziales Ereignis und eine große Feierlichkeit, bei der die Kinder reich beschenkt werden.

Der Einfluss der Katholischen Kirche auf das römische Lebensgefühl ist also noch immer groß, doch infolge von Einwanderungen ist auch der Islam in der Stadt durchaus wahrzunehmen. Dieses Nebeneinander verläuft normalerweise störungsfrei, gelegentlich treten jedoch durchaus Spannungen auf, so bei Ausschreitungen im November 2014, bei denen die Polizei eingreifen musste, als Menschenmassen ein Aufnahmezentrum im Vorort Tor Sapienza im äußeren Osten der Stadt attackierten.

Die Arbeit

Der Arbeitsmarkt wird in der italienischen Hauptstadt überwiegend von Italiens aufgeblähter Staatsbürokratie bestimmt. Jeden Morgen strömen ganze Heerscharen von Beamten und Angestellten in Anzügen nach Rom hinein und verschwinden in den riesigen Ministerien, um das Räderwerk der Verwaltung in Gang zu halten. Andere wichtige Branchen sind der Tourismussektor, das Banken- und Finanzwesen, die Medienwelt und die Kultur – der staatliche Fernsehsender RAI hat seinen Sitz in Rom, ebenso wie die Filmindustrie des Landes. Außerdem gibt es Hunderte Museen und Galerien in der ganzen Stadt.

Die Zeiten sind jedoch hart, und es ist für junge Leute schwer, einen Fuß auf die Karriereleiter zu setzen – die Jugendarbeitslosigkeit ist in Rom in den letzten Jahren sehr stark gestiegen und steht zurzeit bei 33,3 Prozent. Eigentlich funktioniert es nur, wenn man die richtigen Leute kennt. Amtliche Zahlen gibt es kaum, aber es gilt als ausgemacht, dass persönliche oder politische Kontakte bei der Jobsuche entscheidend sind. Das System der *raccomandazioni* (Empfehlungen) ist weit verbreitet und führt immer wieder zu Skandalen. In den letzten Jahren haben sich die in der Öffentlichkeit diskutierten Kontroversen auf die Vetternwirtschaft an Roms LaSapienza-Universität, auf die städtischen Verkehrsbetriebe und in jüngster Zeit auch auf die Müllentsorgungsfirma der Stadt konzentriert.

Einen Job zu finden, ist das eine Problem, aber die Stelle zu finden, die auch den eigenen Qualifikationen entspricht, ist noch eine ganz andere Sache. Viele junge Römer stehen vor der Alternative Arbeitslosigkeit oder Job, für den sie schlichtweg überqualifiziert sind.

Wie überall in Italien prägen Männer das Bild der Arbeitswelt. Die Arbeitslosigkeit unter den Frauen ist ein ganz dringendes Problem, und italienische Frauen verdienen noch immer weniger als ihre männlichen Kollegen. Vor diesem Hintergrund sind die Anzeichen in der letzten

Im Jahr 2014 lag das jährliche Durchschnittseinkommen in Rom bei 30 279 €. Im restlichen Italien liegt es bei 28 977 €, in Deutschland bei 45 170 € und in Frankreich bei 36 980 €.

MODE & DIE BELLA FIGURA

Für Römer ist es extrem wichtig, einen guten Eindruck zu machen (*fare la bella figura*). Für einen modebewussten Hipster kann das heißen, die neuesten Tattoos, den richtig geschorenen Bart und ein topmodernes Smartphone zu haben. Für einen Angestellten mittleren Alterns bedeutet es, tadellos gekämmt und für jeden Anlass passend gekleidet zu sein. Dieses sklavische Kleben an einem bestimmten Stil ist nicht nur auf Kleidung und Accessoires beschränkt. Es kann sich auf alle Lebensbereiche ausdehnen, und trendbewusste Römer gehen in dieselben Bars und Restaurants, trinken die gleichen *aperitivi* und versammeln sich auf denselben Plätzen.

Zeit recht positiv, zumindest am oberen Ende der Skala. Die Anzahl von Frauen in Aufsichtsräten ist seit 2011 gestiegen, und Frauen machen in der gegenwärtigen Regierungsmannschaft von Matteo Renzi fast schon ein Drittel aus.

Haushalt & Familie

Wie die meisten Italiener leben auch die Römer überwiegend in Familienapartments. Diese Wohnungen sind oft recht klein – typisch sind 75 bis 100 m² – und relativ teuer. Römische Wohnungen zählen zu den teuersten im ganzen Lande; viele jüngere Familien sind daher gezwungen, in die fernen Vorstädte jenseits der Ringstraße GRA (*grande raccordo anulare*) zu ziehen, die den äußeren Rand der Hauptstadt markiert.

Fast alle Apartments befinden sich in selbstverwalteten *condomini* (Wohnblocks mit Eigentumswohnungen), ein Umstand, der oft genug zu endlosen Nachbarschaftsstreitigkeiten führt. Bei den üblichen Eigentümerversammlungen kommt es oft zu hitzigen Diskussionen über alle erdenklichen Themen – von der mangelnden Wartung der städtischen Anschlüsse bis zu störendem Hundegebell und mangelnden Parkplätzen.

Der Anteil an Wohnungseigentümern ist in Rom recht hoch, und die Wohnungen bleiben in der Regel im Familienbesitz und werden von einer Generation auf die nächste vererbt. Natürlich gibt es auch Mietwohnungen, doch dieser Markt richtet sich vor allem an die in Rom zahlreichen Studenten.

Zu Hause bleiben

Die einzige erfolgreiche Institution, der die Römer weiterhin vertrauen, ist die Familie. Es ist noch immer eher die Regel als die Ausnahme, dass junge Leute so lange zu Hause wohnen bleiben, bis sie heiraten, was typischerweise im Alter um die 30 herum der Fall ist. Die Zahlen belegen, dass einer von zwei der 25- bis 34-Jährigen noch immer bei wenigstens einem Elternteil wohnt. Für fremde Beobachter mag dies seltsam erscheinen, aber es gibt Erklärungsansätze dafür: Fast die Hälfte dieser Nesthocker sind arbeitslos und die Preise für eine eigene Wohnung sind hoch. Zudem wollen sich junge Römer in der Regel hinsichtlich der Wohnqualität nicht verschlechtern und in ein preiswerteres Viertel ziehen. Aus einem anderen Blickwinkel gesehen, bedeutet all das vielleicht aber auch einfach nur, dass römische Familien gerne zusammen wohnen.

Doch obwohl das Vertrauen ins Familienleben ungebrochen ist, schrumpfen die Familien. Italienische Frauen gebären so spät wie nie und bekommen immer weniger Kinder – 2014 wurden weniger Babys geboren als in irgendeinem anderen Jahr seit der Gründung des Landes

2014 lag der durchschnittliche Kaufpreis für den Quadratmeter Wohnfläche bei rund 3500 €, im historischen Stadtzentrum sogar bei 8000 €. In den Vororten bewegten sich die Preise pro Quadratmeter zwischen 3000 und 4000 €.

Rom steht nach einem Bericht des Navigationsgeräteherstellers TomTom an dritter Stelle auf der Liste der verstopftesten Städte Europas. Schlimmer ist es nur in Warschau und Marseille. .

im Jahre 1861. Die römischen *nonni* (Großeltern) kritisieren ihre Kinder deswegen; ähnlich argumentiert der Papst, für den „die Entscheidung zur Kinderlosigkeit geradezu selbstsüchtig ist". Die italienischen Politiker fürchten dagegen vor allem, dass eine bedrohlich niedrige Geburtenrate das zukünftige Steuer- und Rentensystem des Landes gefährdet.

Lebensfreude

Trotz der düsteren Aussichten für die Wirtschaft und all der Mühen, die das Leben in der Hauptstadt bereitet – unzuverlässiger öffentlicher Nahverkehr, schlechter Service und gigantisch hohe Preise – würden die allerwenigsten Römer ihre Stadt gegen eine beliebige andere eintauschen. Denn eins ist ihnen klar: Sie wohnen in einer der schönsten Städte der Welt und wissen das zu genießen. Man muss nur einen Blick in die Pizzerias, Trattorien und Restaurants dieser Stadt werfen, um zu erkennen, dass die gemeinsame Mahlzeit zu den Lieblingsbeschäftigungen der Römer zählt. Das mag vielleicht ein Klischee sein, aber es stimmt wirklich: In Rom drehen sich gesellschaftliche Vergnügungen vor allem ums Essen.

Andererseits zählt das Ausgehen zum Zweck des Trinkens nicht zu den traditionellen Aktivitäten eines Römers, jedenfalls nicht in dem Sinne, dass man wegen einiger Glas Bier durch Kneipen zieht. Römern genügt es, einfach lässig irgendwo herumzustehen und cool auszusehen, wie man es von vielen Fotos aus der kaffeesüchtigen *Dolce-vita*-Gesellschaft kennt. Beim abendlichen Besuch einer römischen Bar geht es eher ums Flirten und ums gute Aussehen als um den Alkoholkonsum.

Kleidung zu shoppen ist neben Kino und Fußball ein beliebter Zeitvertreib in Rom. Das Interesse an den beiden Spitzenteams Roma und Lazio ist weiterhin hoch, und ein Sonntagsausflug ins Stadio Olimpico gilt bei vielen Römern noch immer als gelungene Nachmittagsbeschäftigung. Das hängt natürlich vom Ergebnis des Spiels ab.

Römer sind unverbesserliche Autofans, und an heißen Sommerwochenenden fahren sie gern an die Küste oder in die nähere Umgebung der Stadt. Strandliebhaber fahren ins nahe gelegene Ostia oder ins etwas vornehmere Fregene, während Naturfreunde in die Castelli Romani aufbrechen, die grüne Hügellandschaft südlich der Stadt, die bekannt ist für ihre Frascati-Weine und eine gute Küche.

Rom soll nun sein erstes offizielles Rotlichtviertel im Geschäftsviertel EUR bekommen, nachdem Bürgermeister Ignazio Marino im Februar 2015 für die entsprechenden Vorschläge grünes Licht gegeben hat. Es ist nicht verwunderlich, dass er vom rechten Flügel und der Kirche Gegenwind bekam.

Praktische Informationen

Verkehrsmittel & -wege

ANKUNFT IN ROM

Die meisten Reisenden kommen mit dem Flugzeug in Rom an. Entweder sie landen auf dem Flughafen Leonardo da Vinci, besser bekannt als Fiumicino, oder am Ciampino, Verkehrsknotenpunkt für Billigfluglinien wie Ryanair. Direktflüge von Düsseldorf, Frankfurt und Berlin dauern etwa 2 Stunden; von Wien und Zürich 1½ Stunden.

Inlandsflüge verbinden Rom mit anderen Städten ganz Italiens.

Eine sinnvolle Alternative zu Kurzstreckenflügen ist die Eisenbahn, die den Hauptbahnhof von Rom, die Stazione Termini, aus vielen europäischen Städten, darunter Frankfurt am Main (etwa 15–18 Stunden), aber natürlich auch von vielen italienischen Städten aus anfährt.

Fernbusse sowie diverse internationale Buslinien steuern die Autostazione Tiburtina an.

Auch per Schiff kann man nach Rom gelangen. Von vielen Hafenstädten am Mittelmeer gehen Fähren nach Civitavecchia, ca. 80 km nördlich der Stadt.

Flüge und Kraftfahrzeuge sowie Rundreisen können

KLIMAWANDEL & REISEN

Der Klimawandel stellt eine ernste Bedrohung für unsere Ökosysteme dar. Zu diesem Problem tragen Flugreisen immer stärker bei. Lonely Planet sieht im Reisen grundsätzlich einen Gewinn, ist sich aber der Tatsache bewusst, dass jeder seinen Teil dazu beitragen muss, um die globale Erwärmung zu verringern.

Fliegen & Klimawandel

Fast jede Art der motorisierten Fortbewegung erzeugt CO_2 (die Hauptursache für die globale Erwärmung), doch Flugzeuge sind mit Abstand die schlimmsten Klimakiller – nicht nur wegen der großen Entfernungen und der entsprechend großen CO_2-Mengen, sondern auch, weil sie diese Treibhausgase direkt in hohen Schichten der Atmosphäre freisetzen. Die Zahlen sind erschreckend: Zwei Personen, die von Europa in die USA und wieder zurück fliegen, erhöhen den Treibhauseffekt in demselben Maße wie ein durchschnittlicher Haushalt in einem ganzen Jahr.

Emissionsausgleich

Die englische Website www.climatecare.org und die deutsche Internetseite www.atmosfair.de bieten sogenannte CO_2-Rechner. Damit kann jeder ermitteln, wie viel Treibhausgase seine Reise produziert. Das Programm errechnet den zum Ausgleich erforderlichen Betrag, mit dem Reisende nachhaltige Projekte zur Reduzierung der globalen Erwärmung unterstützen können, beispielsweise Projekte in Indien, Honduras, Kasachstan und Uganda.

Lonely Planet unterstützt gemeinsam mit Rough Guides und anderen Partnern aus der Reisebranche das CO_2-Ausgleichsprogramm von climatecare.org.

Alle Reisen von Mitarbeitern und Autoren von Lonely Planet werden ausgeglichen. Weitere Informationen gibt es auf www.lonelyplanet.com.

unter lonelyplanet.com/bookings online gebucht werden.

Flughafen Leonardo da Vinci

Roms wichtigster internationaler Flughafen ist der **Leonardo da Vinci** (Fiumicino; ☎06 6 59 51; www.adr.it/fiumicino); er liegt etwa 30 km westlich der Stadt. Er hat vier Terminals: Terminal 1, 2 und 3 sind sowohl für Inlands- als auch für internationale Flüge; Terminal 5 ist amerikanischen und israelischen Fluglinien vorbehalten, die in die U.S.A. und nach Israel fliegen.

Terminal 1, 2 und 3 liegen im Hauptgebäude des Flughafens und sind fußläufig miteinander verbunden, Terminal 5 erreicht man nur mit dem Shuttlebus von Terminal 3 aus.

Am einfachsten nimmt man zur Weiterfahrt in die Stadt einen Zug. Es gibt jedoch auch Busse und private Shuttledienste.

Zug

Leonardo Express (einfache Fahrt 14 €) Verkehrt ohne Zwischenhalt zur/von der Stazione Termini. Abfahrt vom Flughafen von 6.23 Uhr bis 23.23 Uhr alle 30 Minuten; im gleichen Takt geht es ab Termini von 5.35 bis 22.35 Uhr.

FL1 (einfache Fahrt 8 €) Die Vorort-Eisenbahn fährt zu den Bahnhöfen Trastevere, Ostiense und Tiburtina, aber nicht zum Hauptbahnhof Termini. Abfahrt vom Flughafen von 5.57 bis 22.42 Uhr alle 15 Minuten (an Sonn- und Feiertagen jede halbe Stunde); ab Tiburtina von 5.46 bis 19.31 Uhr alle 15 Minuten, danach bis 22.02 Uhr jede halbe Stunde.

Bus

SIT Bus (☎06 591 68 26; www.sitbusshuttle.it; einfache Fahrt 6 €) Regelmäßige Abfahrten vom Flughafen zur Stazione Termini (Via Marsala) von 8.30 bis 23.50 Uhr; ab Termini von 5 bis 20.30 Uhr. Alle Busse halten unterwegs am Vatikan. Tickets gibt es im Bus. Die Fahrt dauert etwa eine Stunde.

Cotral Bus (www.cotralspa.it; einfache Fahrt 5 €, im Bus 7 €) Fährt ab der Stazione Tiburtina zum Fiumicino via Termini und zurück. Acht Abfahrten sowie Nachtbusse vom Flughafen um 1.15, 2.15, 3.30 und 5 Uhr, und von Tiburtina um 0.30, 1.15, 2.30 und 3.45 Uhr. Die Fahrt dauert eine Stunde.

Terravision Bus (www.terravision.eu; einfache Fahrt 6 €, online 4 €) Von 5.35 bis 23 Uhr regelmäßige Fahrten vom Flughafen zur Stazione Termini (Via Marsala); von 4.40 und 21.50 Uhr ab Termini. Die Fahrtzeit beträgt etwa eine Stunde.

Private Shuttledienste

Airport Connection Services (☎06 2111 6248; www.airportconnection.it) Transfer zum/vom Stadtzentrum ab 35 € pro Person.

Airport Shuttle (www.airportshuttle.it) Transfer zum/vom Hotel für 25 € pro Person und 5 € für jede weitere Person (maximal acht Fahrgäste).

Taxi

Der Festpreis zum/vom Stadtzentrum beträgt 48 € für maximal vier Personen mit Gepäck. Wichtig zu wissen ist, dass Taxis, die in Fiumicino registriert sind, einen höheren Tarif haben. Daher ist es besser, ein Taxi der Comune di Roma zu erwischen, die durch ein weißes Taxischild auf dem Dach und die Aufschrift „Roma Capitale" an den Türen plus Lizenznummer erkennbar sind. Je nach Verkehrsaufkommen kann die Fahrt etwa 45 bis 60 Minuten dauern.

Auto

Autofahrer folgen den Schildern Roma, um aus dem Flughafenbereich auf die *autostrada* herauszukommen. Die Ausfahrt ist in EUR und man folgt den Schildern zum *centro*. Die Straße geht dann in die Via Cristoforo Colombo über und führt direkt ins Zentrum.

Flughafen Ciampino

Ciampino (☎06 6 59 51; www.adr.it/ciampino) liegt 15 km südöstlich des Stadtzentrums und wird von

BUSSE AB TERMINI

Von der Piazza dei Cinquecento vor der Stazione Termini fahren Busse in alle Teile der Stadt ab.

REISEZIEL	BUS
Campo de' Fiori	40/64
Kolosseum	75
Pantheon	40/64
Petersdom	40/64
Piazza Navona	40/64
Piazza Venezia	40/64
Terme di Caracalla	714
Trastevere	H
Trevi-Brunnen	85
Villa Borghese	910

Ryanair angeflogen. Es ist ein eher kleiner Flughafen, aber hier ist dennoch ständig etwas los, und zu Stoßzeiten kann es auch richtig voll werden.

Um in die Innenstadt von Rom zu gelangen, nimmt man am besten eine der zahlreichen Buslinien. Es ist auch möglich, einen Bus zum Bahnhof von Ciampino zu nehmen, um von dort mit dem Zug zur Stazione Termini weiterzu fahren.

Bus

Terravision Bus (www.terravision.eu; einfache Fahrt 6 €, online 4 €) 2-mal pro Stunde Abfahrt zur/von der Via Marsala an der Stazione Termini. Vom Flughafen fahren die Busse von 8.15 bis 0.15 Uhr; von der Via Marsala zwischen 4.30 und 21.20 Uhr. Fahrkarten kann man im Terracafè erstehen, das sich vor der Bushal-

testelle an der Via Marsala befindet. Die Fahrt dauert etwa 40 Minuten.

SIT Bus (☎06 591 68 26; www.sitbusshuttle.com; vom/zum Flughafen 6/4 €) Regelmäßige Abfahrten vom Flughafen zur Via Marsala ab der Stazione Termini von 7.45 und 23.15 Uhr; ab Termini von 4.30 bis 21.30 Uhr. Fahrkarten gibt es im Bus. Die Fahrtzeit beträgt 45 Minuten.

Atral (www.atral-lazio.com) Betreibt Buslinien zur/von der Metrostation Anagnina (1,20 €) und zum/vom Bahnhof Ciampino (1,20 €), von wo aus man dann einen Zug zum Hauptbahnhof Termini nehmen kann (1,30 €).

Private Shuttledienste

Airport Shuttle (www.airportshuttle.it)

Taxi

Der Festpreis zum oder vom Flughafen beträgt 30 €. Je nach Verkehrsaufkommen kann die Fahrt etwa 30 Minuten dauern.

Auto

Über die Via Appia Nuova zum Stadtzentrum.

Bahnhof Termini

Fast alle Züge kommen an der **Stazione Termini** (Piazza dei Cinquecento; M Termini), Roms größtem Bahnhof und wichtigstem Verkehrsknotenpunkt, an und fahren auch von dort aus ab. Es gehen regelmäßig Züge in andere europäische Länder sowie in alle größeren, aber auch in viele kleinere italienische Städte.

Infos zu Zugverbindungen gibt es in der Haupthalle beim Servicecenter links von

WICHTIGE BUS- & STRASSENBAHNLINIEN

SERVICE	ROUTE	ZEITEN	HÄUFIGKEIT
Bus H	Termini, Via Nazionale, Piazza Venezia, Viale Trastevere	5.30 Uhr–Mitternacht	Bis zu 7-mal pro Stunde
Tram 3	Ostiense, Testaccio, Viale Aventino, Circo Massimo, Colosseo, San Giovanni, Porta Maggiore, San Lorenzo, Villa Borghese	5.30–22 Uhr	Bis zu 7-mal pro Stunde
Tram 8	Piazza Venezia, Via Arenula, Trastevere	5.35 Uhr–Mitternacht	Bis zu 7-mal pro Stunde
Bus 23	Piazzale Clodio, Piazza del Risorgimento, Lungotevere, Testaccio, Ostiense, Basilica di San Paolo	5.15 Uhr–Mitternacht	Bis zu 6-mal pro Stunde
Bus 40	Termini, Via Nazionale, Piazza Venezia, Largo di Torre Argentina, Borgo Sant'Angelo	6 Uhr–Mitternacht	Bis zu 12-mal pro Stunde
Bus 64	Eine ähnliche Strecke wie die Nr. 40, aber langsamer und mit mehr Haltestellen	5 Uhr–Mitternacht	Bis zu 12-mal pro Stunde
Bus 170	Termini, Via Nazionale, Piazza Venezia, Via del Teatro Marcello, Piazza Bocca della Verità, Testaccio, EUR	5.30 Uhr–Mitternacht	Bis zu 7-mal pro Stunde
Bus 492	Stazione Tiburtina, San Lorenzo, Termini, Piazza Barberini, Largo di Torre Argentina, Corso del Rinascimento, Piazza del Risorgimento, Cipro–Vatikanische Museen	5.15 Uhr–Mitternacht	Bis zu 6-mal pro Stunde
Bus 660	Largo Colli Albani to Via Appia Antica	7–20.45 Uhr	2-mal pro Stunde
Bus 714	Termini, Piazza Santa Maria Maggiore, Piazza San Giovanni in Laterano, Viale delle Terme di Caracalla, EUR	5.30 Uhr–Mitternacht	Bis zu 7-mal pro Stunde
Bus 910	Termini, Piazza della Repubblica, Villa Borghese, Auditorium Parco della Musica, Piazza Mancini	5.30 Uhr–Mitternacht	Bis zu 6-mal pro Stunde

den Fahrkartenschaltern. Alternativ kann man auch unter www.trenitalia.com nachschauen oder ☎892021 anrufen.

Vom Termini aus kann man mit der Metro weiterfahren oder einen Bus nehmen, der an der Piazza dei Cinquecento vor dem Bahnhof abfährt. Taxis stehen vor dem Haupteingang bzw. -ausgang bereit.

Busbahnhof Tiburtina

Nationale und internationale Fernbusse nutzen die **Autostazione Tiburtina** (Piazzale Tiburtina; Ⓜ Tiburtina).

Vom Busbahnhof aus geht es unter der Unterführung hindurch zum Bahnhof Tiburtina, von wo aus die U-Bahnlinie B zum Termini fährt, um dort Anschlüsse zu den Bussen, den Eisenbahnen und zur U-Bahnlinie A zu bekommen.

Hafen Civitavecchia

Der nächstgelegene Hafen liegt rund 80 km nördlich der Stadt in Civitavecchia. Von dort fahren Fähren zu verschiedenen Mittelmeerhäfen, darunter in Sizilien und Sardinien. Fahrpläne, Preise und Buchungen können online über www.traghettiweb.it abgerufen werden.

Von Civitavecchia fahren alle 30 Minuten Züge zur Stazione Termini (5 bis 15 €, 40 Minuten bis zu 1¼ Stunden). Der Bahnhof von Civitavecchia liegt rund 700 m vom Eingang zum Hafen entfernt.

UNTERWEGS VOR ORT

Rom ist eine sehr großflächige Metropole, aber der historische Stadtkern ist verhältnismäßig kompakt, sodass man dort das meiste gut zu Fuß erreichen kann. Das öffentliche Nahverkehrsnetz umfasst Busse, Straßenbahnen, U-Bahnlinien und Vorortzüge. Die Fahrkarten gelten für alle Verkehrsmittel gleichermaßen.

U-Bahn (Metro)

➡ Es gibt zwei wichtige U-Bahnlinien: A (orange) und B (blau), die sich an der Stazione Termini kreuzen. Eine dritte Linie ist die „B1", die von der B abzweigt und die Vororte im Norden versorgt. Die Linie C fährt durch die Vororte im Südosten.

➡ Die Bahnen fahren von 5.30 bis 23.30 Uhr (freitags und samstags bis 1.30 Uhr).

➡ An allen Stationen der Linie B gibt es rollstuhlgerechte Eingänge, außer an den Haltestellen Circo Massimo, Colosseo und Cavour. An der Linie A sind Ottaviano–San Pietro und Termini mit Aufzügen ausgestattet.

➡ Linie A fährt zum Trevi-Brunnen (Barberini), zur Spanischen Treppe (Spagna) und zum Petersdom (Ottaviano–San Pietro).

➡ Linie B fährt zum Kolosseum (Colosseo).

Bus & Straßenbahn

➡ Roms Busse und Straßenbahn fahren unter der Leitung von **ATAC** (☎06 5 70 03; www.atac.roma.it).

➡ Die wichtigste Bushaltestelle ist diejenige vor dem Hauptbahnhof Stazione Termini an der Piazza dei Cinquecento. Dort befindet sich auch ein **Informationshäuschen** (🕐7.30–20 Uhr). Weitere wichtige Bushaltestellen findet man am Largo di Torre Argentina und an der Piazza Venezia.

➡ Die Busse fahren ab etwa 5.30 Uhr bis Mitternacht, danach ist nur noch eine begrenzte Zahl an Nachtbussen unterwegs.

➡ Roms Nachtbusse fahren auf über 25 Strecken, von denen viele über Termini und/oder die Piazza Venezia führen. Die Nachtbusse sind mit einem „n" vor der Nummer gekennzeichnet, die Nachtbus-Haltestellen mit einer blauen Eule. In der Regel fahren sie zwischen 1 und 4 Uhr im 15- bis 30-Minuten-Takt, die Abstände können aber auch größer sein.

Die wichtigsten Linien:

n1 ist identisch mit der Strecke der Metrolinie A.

n2 ist identisch mit der Metrolinie B.

n7 Piazzale Clodio, Piazza Cavour, Via Zanardelli, Corso del Rinascimento, Corso Vittorio Emanuele II, Largo di Torre Argentina, Piazza Venezia, Via Nazionale und Stazione Termini.

Auto & Motorrad

In Rom Auto zu fahren, ist nicht empfehlenswert. Roller oder Motorräder sind schneller und lassen sich leichter parken, aber als Anfänger sollte man nicht gleich mit Rom beginnen. Ein Auto für einen Tagesausflug außerhalb der Stadt zu leihen, ist dagegen eine gute Idee.

Ein Großteil des historischen Stadtkerns ist montags bis freitags von 6.30 bis 18 Uhr, samstags von 14 bis 18 Uhr (an manchen Stellen von 10 bis 19 Uhr) und freitags und samstags zusätzlich von 23 bis 3 Uhr nachts für normale Verkehrsteilnehmer gesperrt. Auch für Trastevere, San Lorenzo, Monti und Testaccio gelten solche abendlichen Verbote (meist freitags und samstags von 21.30 oder 23 bis 3 Uhr nachts).

Alle Straßen, die in die „verkehrsfreie Zone" (ZTL) hineinführen, werden elektronisch überwacht. Wer sein Hotel in solch einer Zone hat, sollte sich mit diesem vorab in Verbindung setzen; weitere Informationen unter www.agenziamobilita.roma.it.

Führerschein & Verkehrsregeln

Alle nationalen Führerscheine von EU-Bürgern und Schweizern werden in Italien anerkannt. Alle anderen Autofahrer benötigen zusätzlich zu ihrem nationalen Führerschein einen internationalen (IDP). Weitere Auskünfte erteilen die jeweiligen nationalen Automobilclubs.

Um einen Motorroller führen zu dürfen, wird ein eigener Führerschein verlangt – ein Autoführerschein reicht nur für Roller bis zu 125 ccm; für alle Zweiräder über 125 ccm benötigt man einen Motorradführerschein. Weitere Verkehrsregeln:

➡ Es besteht eine generelle Anschnallpflicht, außerhalb geschlossener Ortschaften muss das Abblendlicht eingeschaltet sein. Im Falle einer Panne muss eine Warnweste getragen und ein Warndreieck aufgestellt werden.

➡ Für alle Zweiräder besteht eine Helmpflicht.

➡ Die Alkoholgrenze liegt bei 0,5 ‰; für Fahrer unter 21 Jahren und solche, die ihren Führerschein noch keine drei Jahre haben, gilt ein absolutes Alkoholverbot.

Soweit nicht anders angegeben, gelten folgende Geschwindigkeitsbegrenzungen:

➡ 130 km/h auf Autobahnen

➡ 110 km/h auf allen Hauptstraßen außerhalb geschlossener Ortschaften

➡ 90 km/h auf Nebenstraßen außerhalb geschlossener Ortschaften

➡ 50 km/h innerhalb geschlossener Ortschaften

Detaillierte Informationen gibt der **Automobile Club d'Italia** (ACI; www.aci.it), Italiens Automobilclub.

Verleih

Um ein Auto leihen zu können, benötigt man einen Führerschein (falls nötig, auch einen IDP) und eine Kreditkarte. Die Altersbeschränkungen sind nicht einheitlich geregelt, aber zumeist gilt, dass man 21 Jahre oder älter sein muss. Sowohl an den beiden Flughäfen Roms als auch an der Stazione Termini kann man ein Auto mieten.

Avis (☑199 100 133; www.avisautonoleggio.it)

Europcar (☑199 30 70 30; www.europcar.it)

Hertz (☑02 6943 0019; www.hertz.it)

Maggiore National (☑199 151 120; www.maggiore.it) Man sollte für einen Kleinwagen mindestens 60 € pro Tag veranschlagen. Die meisten italienischen Autos sind Schaltwagen.

Für einen Motorroller rangieren die Preise je nach Größe des Fahrzeugs zwischen etwa 30 und 120 €. Gute Verleihfirmen sind:

Bici & Baci (☑06 482 84 43; www.bicibaci.com; Via del Viminale 5; ☺8–19 Uhr)

Eco Move Rent (☑06 4470 4518; www.ecomoverent.com; Via Varese 48–50; ☺8.30–19.30 Uhr)

Treno e Scooter (☑06 4890 5823; www.trenoescooter.com; Piazza dei Cinquecento; ☺9–14 Uhr & 16–19 Uhr)

On Road (☑06 481 56 69; www.scooterhire.it; Via Cavour 80; ☺9–19 Uhr)

Parken

Blaue Linien zeigen die Parkflächen mit Parkautomaten an – Parkscheine gibt es entweder am Automaten (nur Münzen) oder in den *tabacchi* (Tabakladen).

Von 8 bis 20 Uhr (mancherorts auch bis 23 Uhr) betragen die Gebühren bis zu 1,20 € pro Stunde. Nach 20 Uhr (oder 23 Uhr) ist das Parken bis 8 Uhr am nächsten Tag kostenlos.

Die Politessen verteilen eifrig Knöllchen. Falls das Auto abgeschleppt wurde, ruft man ☑06 6769 2303 an.

Eine umfassende Liste mit Parkplätzen findet man auf der Website www.060608.it – dort zunächst auf „Trasporti", dann auf „Parcheggi" klicken.
Nützliche Parkplätze sind unter anderem diese:

Piazzale dei Partigiani (0,77 € pro Std.; ☺7–23 Uhr)

Stazione Termini (Piazza dei Cinquecento; 2,20/18 € pro Std./Tag; ☺6–1 Uhr)

Villa Borghese (Viale del Galoppatoio 33; 2,20/18 € pro Std./Tag; ☺24 Std.)

Fahrrad

Das Stadtzentrum bietet sich nicht zum Radfahren an: Es gibt steile Hügel, heimtückisches Kopfsteinpflaster und schrecklich viel Verkehr. Wer die Stadt dennoch mit dem Rad erkunden will, sollte sich die nützliche Karte *Andiamo in Bici a Roma* (7 €) besorgen, in der die Hauptradwege Roms verzeichnet sind.

➡ Man kann das Fahrrad in bestimmten Bus- und Straßenbahnlinien mitnehmen sowie in der U-Bahn an Wochenenden und werktags von 5.30 bis 7 Uhr, von 10 bis 12 Uhr und von 20 Uhr bis zum letzten Zug in der Nacht.

➡ Man kann es auch im Zug zum Lido di Ostia mitnehmen, und zwar samstags und sonntags sowie werktags vom ersten Zug bis um 10 Uhr und wiederum von 20 Uhr bis zum letzten Zug. Für das Fahrrad ist ein eigenes Ticket erforderlich.

➡ Weitere Infos unter www.atac.roma.it (Bike Friendly).

➡ In Regionalzügen, bei denen ein Fahrradsymbol auf dem Fahrplan steht, ist die Mitnahme eines Fahrrads gegen einen Aufpreis von 3,50 € möglich.

Verleih

Man muss mit 3 bis 6 € pro Stunde und 11 bis 25 € pro Tag rechnen.

DIE FAHRKARTEN, BITTE!

Fahrkarten für den öffentlichen Nahverkehr gelten in allen Bussen, Straßenbahnen und U-Bahnen Roms, aber nicht für Linien zum Flughafen Fiumicino. Es gibt sie in folgenden Varianten:

➜ **BIT** (*biglietto integrato a tempo*; gilt für 100 Minuten und eine einzige U-Bahnfahrt) 1,50 €

➜ **Roma 24h** (gilt 24 Std.) 7 €.

➜ **Roma 48h** (gilt 48 Std.) 12,50 €

➜ **Roma 72h** (gilt 72 Std.) 18 €

➜ **CIS** (*carta integrata settimanale*; Wochenkarte) 24 €

➜ **Abbonamento mensile** (Monatskarte) Personengebunden, nicht übertragbar, 35 €; nicht personengebunden, übertragbar, 53 €

Fahrkarten kauft man in den *tabacchi*, an Zeitungsständen und Automaten an den großen Bushaltestellen und U-Bahnstationen. Sie müssen vor Antritt der Fahrt gelöst werden und an den Maschinen in den Bussen, an den Eingängen zur Metro oder an Bahnhöfen entwertet werden. Schwarzfahrer riskieren ein Bußgeld von 50 €, das sofort fällig wird. Kinder unter zehn Jahren fahren umsonst.

Den Roma Pass (zwei/drei Tage 28/36 €) gibt es als Zwei- oder Drei-Tage-Ticket, das innerhalb der Stadtgrenzen gültig ist.

Fahrten außerhalb der Stadt

Wer Ausflüge in die umliegende Region Lazio machen möchte, nimmt am besten einen Bus der Busgesellschaft **Cotral** (☎800 174471; www.cotralspa.it), deren Busse von zahllosen Haltestellen in der ganzen Stadt abfahren. Die Gesellschaft ist an das öffentliche Verkehrsnetz Roms angeschlossen, sodass die Karten für die städtischen Busse, Straßenbahnen, U-Bahnen und Züge sowie für Regionalbusse und -züge auch hier gelten.

Unter den vielen Ticketarten ist die Tageskarte BIRG (*biglietto integrato regionale giornaliero*) die beste, denn sie gewährt eine unbeschränkte Nutzung von allen städtischen und regionalen Verkehrsmitteln. Die Preise sind nach Zonen gestaffelt und kosten von 3,30 bis 14 €.

Fahrkarten gibt es in den *tabacchi* und zugelassenen ATAC-Verkaufsstellen.

Top Bike Rental & Tours (☎06 488 28 93; www.topbikerental.com; Via Labicana 49; ◷10–19 Uhr)

Parco Regionale dell'Appia Antica – Informazioni turistiche (☎06 513 53 16; www.parcoappiaantica.it; Via Appia Antica 58–60; 3/15 € pro Std./ Tag)

Eco Move Rent (☎06 4470 4518; www.ecomoverent.com; Via Varese 48–50; ◷8.30–19.30 Uhr)

Villa Borghese (Largo Pablo Picasso)

Taxi

➜ Alle offiziell zugelassenen Taxis sind weiß und tragen eine Identifizierungsnummer und den Schriftzug „Roma Capitale" auf den Türen.

➜ Unbedingt auf eine Fahrt mit eingeschaltetem Taxameter statt einem verhandelten Festpreis bestehen (einzige Ausnahmen sind Fahrten zum und vom Flughafen).

➜ Innerhalb der Stadt (d. h. innerhalb der Ringstraße) wird als Grundpreis 3 € (wochentags 6–22 Uhr) verlangt, an Sonn- und Feiertagen 4,50 € und 6,50 € von 22 bis 6 Uhr früh. Für jeden gefahrenen Kilometer werden 1,10 € pro Kilometer berechnet. Die offizielle Gebührentafel hängt in den Taxis aus und ist auch unter www.agenziamobilita.roma.it nachlesbar.

➜ Man kann ein Taxi herbeiwinken, meistens ist es aber einfacher, sich an einem Taxistand anzustellen oder eins telefonisch zu bestellen. Taxistände befinden sich an den Flughäfen sowie an folgenden Orten der Stadt: Stazione Termini, Piazza della Repubblica, Piazza Barberini, Piazza di Spagna, Pantheon, Kolosseum, Largo di Torre Argentina, Piazza Belli, Piazza Pio XII und Piazza del Risorgimento.

➜ Taxis der Comune di Roma können über eine automatisierte Taxinummer (☎06 06 09) oder direkt bei den einzelnen Taxiunternehmen geordert werden.

➜ Unter www.060608.it finden sich die Nummern zahlreicher Taxiunternehmen – auf das

Symbol „Trasporti", dann „Muoversi in città" und schließlich „In Taxi" klicken.

➡ Achtung, ein wichtiger Hinweis: Bei einem telefonisch gerufenen Taxi läuft der Taxameter sobald der Taxifahrer sich auf den Weg macht. Je nachdem, wo sich das Fahrzeug gerade befindet, kann schon vor Fahrtantritt schnell einmal ein hübsches Sümmchen zusammenkommen.

La Capitale (☏06 49 94)
Pronto Taxi (☏06 66 45)
Radio 3570 (☏06 35 70; www.3570.it)
Samarcanda (☏06 55 51; www.samarcanda.it)
Tevere (☏06 41 57)

Zug

Außer für Fahrten zum Flughafen Fiumicino nutzt man zumeist nur das oberirdische Bahnnetz, wenn man aus der Stadt heraus möchte.

➡ Zuginformationen gibt es im Servicecenter in der Haupthalle. Alternativ kann man sich unter www.trenitalia.com oder ☏89 20 21 informieren.

➡ Karten gibt es an den Kartenautomaten der Bahnhöfe oder in entsprechenden Reisebüros – erkennbar an dem Schild FS oder *biglietti treni* im Fenster.

➡ Roms zweiter wichtiger Bahnhof ist die **Stazione Tiburtina**; sie liegt vier Stationen vom Bahnhof Termini entfernt an der Metrolinie B. Unter den acht weiteren Bahnhöfen sind die wichtigsten die **Stazione Roma-Ostiense** und die **Stazione Trastevere**.

GEFÜHRTE TOUREN

Rundgänge

A Friend in Rome (☏340 501 92 01; www.afriendinrome.

it) Silvia Prosperi organisiert individuell gestaltete Touren (zu Fuß, mit Rad oder Roller) je nach Interesse der Kunden. Es werden Touren zum Vatikan und zu den Hauptsehenswürdigkeiten des historischen Zentrums angeboten, aber auch in die Gegenden außerhalb der Stadt. Die Preise liegen bei 50 € pro Stunde; die meisten Touren dauern mindestens drei Stunden. Silvia kann auch Touren für Kinder arrangieren, aber auch Kochkurse, Rundfahrten mit alten Autos und vieles mehr.

Roman Guy (http://the romanguy.com) Ein US-amerikanischer Anbieter, der verschiedene Gruppen- und Einzelführungen anbietet. Die Touren sind unter englischsprachiger Führung und umfassen z. B. Besuche in den Vatikanischen Museen (84 US$; nur für Frühaufsteher), Touren für Feinschmecker durch Trastevere und ins Jüdische Ghetto (84 US$) sowie einen Bummel durch die Cocktailbars in der historischen Altstadt.

Dark Rome (☏06 8336 0561; www.darkrome.com) Bietet verschiedene Themenrundgänge an, die 25 bis 150 € kosten, darunter Abstecher (ohne Anstehen) ins Kolosseum und in die Vatikanischen Museen sowie Einzelbesichtigungen der Sixtinischen Kapelle. Bei den weiteren Angeboten geht es um eine Tour durch Krypten und Katakomben zu Roms unterirdischen Schätzen und einen Tagesausflug nach Pompeji.

Through Eternity Cultural Association (☏06 700 93 36; www.througheternity. com) Ein zuverlässiger Anbieter von Einzel- und Gruppenrundgängen mit englischsprachiger Führung. Beliebt sind Rundgänge zu den Plätzen und Brunnen der Stadt in der Dämmerung (39 €, 2½ Std.),

in die Vatikanischen Museen (ohne Anstehen) bei Tag/Nacht (56/66 €, 3½ Stunden) und eine Feinschmeckertour ins Testaccio (80 €, 4 Std.).

Roma Cristiana (☏06 69 89 61; www.operaromanapel legrinaggi.org) Verschiedene Rundgänge, darunter Führungen durch die Vatikanischen Museen (Erw./erm. 35/25 €) und eine zweistündige Führung durch den Petersdom (14 €).

Arcult (☏339 650 31 72; www.arcult.it) Arcult wird von Architekten gleitet und bietet hervorragende Gruppenführungen zu Roms zeitgenössischer Architektur. Die Preise variieren je nach Routenverlauf.

Bustouren

Open Bus Cristiana (www.operaromanapelle grinaggi.org; einfache Tour 15, 24 €/48-Stunden-Ticket 20/48 €; ⊙9–18 Uhr) Die Opera Romana Pellegrinaggi wird vom Vatikan unterstützt und betreibt einen Hop-On-Hop-Off-Bus, der an der Via della Conciliazione und am Termini abfährt. Zwischenstopps sind in der Nähe der Hauptsehenswürdigkeiten wie dem Petersdom, der Piazza Navona, dem Trevi-Brunnen und dem Kolosseum. Tickets gibt es an Bord der Busse oder am Sammeltreffpunkt unweit vom Petersplatz.

Fahrrad & Motorroller

Top Bike Rental & Tours (☏06 488 28 93; www.topbike rental.com; Via Labicana 49; ⊙10–19 Uhr) Bietet eine ganze Reihe von Fahrradtouren durch die Stadt an, darunter eine vierstündige Entdeckungstour von 16 km durch das Stadtzentrum (45 €) und eine ganztägige Fahrt von 30 km über die

Via Appia Antica und in die Umgebung (79 €). Touren hinaus aus der Stadt führen unter anderem nach Castel Gandolfo, Civita di Bagnoregio und Orvieto.

Bici & Baci (✆06 482 84 43; www.bicibaci.com; Via del Viminale 5; ⏰8–19 Uhr) Die Firma Bici & Baci bietet täglich Stadtführungen durch die Innenstadt von Rom an; die Fahrten führen ins historische Zentrum, zum Campidoglio und zum Kolosseum. Auch mit alten Vespas und im klassischen Fiat 500 sind Führungen möglich. Die Fahrradtour kostet etwa 49 €, die Tour mit der Vespa 145 € und eine vierstündige Führung 290 €.

Schiffsfahrten

Rome Boat Experience (✆06 8956 7745; www.rome boatexperience.com; Erw./erm. 18/12 €) Von April bis Oktober werden Flusskreuzfahrten (Hop-On-Hop-Off) auf dem Tiber angeboten.

Von Mai bis Oktober gibt es auch an jedem Freitag und Samstag Dinner-Kreuzfahrten (62 €, 2 Std.) und von Montag bis Donnerstag täglich eine Wein-Kreuzfahrt (25 €, 1½ Std.). Anlegestellen sind der Molo Sant'Angelo und die Isola Tiberina.

Allgemeine Informationen

Feiertage

Die meisten Römer nehmen ihren Urlaub im August. Das bedeutet, dass viele Firmen und Geschäfte wenigstens für einen Teil dieses Monats geschlossen sind, besonders um den Feiertag Ferragosto (Feriae Augusti = Festtag des Augustus; Mariä Himmelfahrt) am 15. August herum.

Zu den italienischen Feiertagen gehören:

Capodanno (Neujahr) 1. Januar

Epifania (Dreikönig) 6. Januar

Pasquetta (Ostermontag) März/April

Giorno della Liberazione (Befreiungstag) 25. April

Festa del Lavoro (Tag der Arbeit) 1. Mai

Festa della Repubblica (Tag der Republik) 2. Juni

Festa dei Santi Pietro e Paolo (Peter & Paul) 29. Juni

Ferragosto (Mariä Himmelfahrt) 15. August

Festa di Ognisanti (Allerheiligen) 1. November

Festa dell'Immacolata Concezione (Fest der unbefleckten Empfängnis) 8. Dezember

Natale (1. Weihnachtstag) 25. Dezember

Festa di Santo Stefano (Fest des hl. Stefanus) 26. Dezember

ERMÄSSIGUNGEN

ERMÄSSIGTE KARTEN	PREIS ERW./ ERM.	GÜLTIGKEIT	GELTUNGSBEREICH
Archaeologia Card	27,50/17,50 €	7 Tage	Eintritt: Kolosseum, Palatino, Terme di Caracalla, Museo Nazionale Romano (Palazzo Altemps, Palazzo Massimo alle Terme, Terme di Diocleziano, Crypta Balbi), Mausoleo di Cecilia Metella und Villa dei Quintili.
OMNIA Vatikan & Rom	98/65 €	3 Tage	Expresszugang zu den Vatikanischen Museen, in den Petersdom/die Vatikanischen Gärten plus eine Fahrt mit dem Minibus; zur Basilica di San Giovanni, zum Kolosseum, dem Forum Romanum und Palatino mit Audioguides und zum Carcer Tullianus. Kostenlose Fahrt mit dem Roma Cristiana Open Bus; Eintritt für eine weitere Sehenswürdigkeit und Ermäßigungen für alle Sehenswürdigkeiten, die auch im Roma Pass enthalten sind; unbegrenzte Nutzung der öffentlichen Verkehrsmittel innerhalb der Stadt.
Roma Pass	36 €	3 Tage	Freier Eintritt in zwei Museen oder Sehenswürdigkeiten sowie ermäßigter Eintritt in weitere Sehenswürdigkeiten, unbegrenzte Nutzung der innerstädtischen Verkehrsmittel und ermäßigter Eintritt in Ausstellungen und Veranstaltungen. Der 48 Stunden gültige Roma Pass (28 €) bietet Möglichkeiten in begrenzterem Umfang..

EU-Bürger zwischen 18 und 25 Jahren bekommen in den meisten Museen einen Preisnachlass. Besucher unter 18 und über 65 Jahren kommen oft umsonst hinein. In beiden Fällen ist jedoch ein Altersnachweis in Form eines Passes oder Personalausweises notwendig.

Frauen unterwegs

Sexuelle Belästigungen können durchaus ein Problem in Rom sein; wer begrabscht wird, sollte laut „che schifo!" (wie ekelhaft!) rufen und so Aufmerksamkeit erregen. Ansonsten sollten Frauen die übliche Vorsicht walten lassen, wie sie in allen Großstädten angebracht ist: nicht nachts alleine unterwegs sein, besonders in der Nähe des Bahnhofs Termini.

Geld

Die aktuellen Wechselkurse finden sich unter www. xe.com.

Geldautomaten

Geldautomaten – sie heißen hier *bancomat* – findet man überall in der Hauptstadt, die meisten akzeptieren die Kreditkarten von Visa und MasterCard sowie Karten von Cirrus und Maestro. Der tägliche Maximalbetrag ist auf 250 € begrenzt. Es schadet im Übrigen auch nicht, die eigene Bank vor einer Reise zu informieren – so verhindert man, dass die Bank Abbuchungen aus anderen Ländern aus Sicherheitsgründen blockiert und man dadurch unnötig in Bargeldnot gerät.

Wer Bargeld aus dem Geldautomaten zieht, sollte daran denken, dass die eigene Hausbank dafür eine Transaktionsgebühr von rund 1 % erhebt, außerdem ggf. noch eine Gebühr für den Währungswechsel. Man sollte sich vor der Reise bei der Hausbank erkundigen.

Geldwechsel

Geld kann an Banken, Postämtern und in Wechselstuben (*cambio*) getauscht werden. Wechselschalter gibt es im Bahnhof Termini und an den Flughäfen Fiumicino und Ciampino. In der Stadt finden sich viele Wechselstuben, darunter auch solche von **American Ex-**press (⌑06 6 76 41; Piazza di Spagna 38; ⊙Mo–Fr 9–17.30, Sa 9–12.30 Uhr).

Beim Geldwechseln sollte man immer seinen Personalausweis oder den Reisepass zur Hand haben.

Kreditkarten

Kreditkarten werden vielerorts angenommen, aber es ist trotzdem gut, auch Bargeld dabeizuhaben. So gut wie alle Hotels mittlerer und höherer Kategorie akzeptieren Kreditkarten, so wie auch die meisten Restaurants und größeren Geschäfte. Mit den Karten kann man sich auch Bargeld in Banken auszahlen lassen. In einigen der preiswerteren Pensionen, Trattorien und Pizzerias wird aber nur Barzahlung akzeptiert. Bekannte und weit verbreitete Kreditkarten wie American Express, Visa, MasterCard und Diners Club, außerdem Debitkarten wie die Girocard (EC-Karte) sind allgemein akzeptierte Zahlungsmittel.

Mit der Kreditkarte am Automaten Geld abzuheben, kann teuer werden. Für jede Auszahlung fallen ordentliche Gebühren an, unter Umständen werden auch noch Zinsen berechnet, über deren Höhe der Kreditkartenaussteller im Vorfeld Auskunft geben kann.

Karten, die verloren gegangen sind, gestohlen oder vom Automaten geschluckt wurden, müssen im eigenen Interesse sofort telefonisch gesperrt werden.

Das Amex-Büro kann neue Karten bei Verlust oder Diebstahl normalerweise innerhalb von 24 Stunden neu ausstellen, manchmal sogar sofort.

Gesundheit

Italien hat ein öffentliches Gesundheitssystem, das gesetzlich dazu verpflichtet ist, jedem eine Notfallversorgung zu gewähren. EU-Bürger mit einer European Health Insurance Card (EHIC), die man beim hei-mischen Gesundheitsamt bekommt, sind berechtigt, eine kostenreduzierte oder gar kostenlose medizinische Behandlung in Anspruch zu nehmen. Nicht-EU-Bürger sollten eine Krankenversicherung nachweisen können.

Im medizinischen Notfall wendet man sich an die Abteilung *pronto soccorso* (Notaufnahme) in einem *ospedale* (öffentliches Krankenhaus). Für weniger schwere Fälle ruft man die **Guardia Medica** (⌑06 884 01 13; Via Mantova 44; ⊙24 Std.) an.

Bequemer ist es natürlich, einen Arzt privat ins Haus kommen zu lassen. Das geht dann, wenn man eine entsprechende Krankenversicherung hat und im Voraus zahlen kann bzw. möchte. Hierzu ruft man am besten das **International Medical Centre** (⌑06 488 23 71; Via Firenze 47; Hausbesuche 140 €, 20–9 Uhr & an Wochenenden 200 €; ⊙24 Std.) an. Die Telefonnummer für medizinische Notfälle lautet ⌑118.

Apotheken

Die mit einem grünen Kreuz gekennzeichneten *farmacie* (Apotheken) sind 8.30–13 und 16–19.30 Uhr geöffnet. Welche Apotheken Nacht-(*servizio notturno*) bzw. Wochenenddienst haben, ist an der Tür jeder Apotheke angeschlagen.

Wer in Rom ein verschreibungspflichtiges Medikament benötigt, sollte den Namen des Generikums kennen (wichtiger als der Markenname des Originalpräparats). Nicht verschreibungspflichtige Medikamente wie Antihistamine oder Paracetamol sind in Italien oft relativ teuer.

Internetzugang

Es gibt zahlreiche Internetcafés, vor allem rund um den Bahnhof Termini. Die meisten Hotels verfügen heutzutage über WLAN, allerdings von recht unterschiedlicher

PRAKTISCH & KONKRET

Medien

Radio Vatikan (www.radiovaticana.org; 93.3 FM und 105 FM in Rom) sendet auf Italienisch, Deutsch und in anderen Sprachen.

Rai 1, Rai 2 und Rai 3 (www.rai.it) Nationaler Sender mit staatlichem Fernsehen und Radio.

Radio Città Futura (www.radiocittafutura.it) Gut für alternative Musik und Musik aus aller Welt.

Die wichtigsten kommerziellen Fernsehsender (meist von Silvio Berlusconis Firma Mediaset betrieben): Canale 5 (www.mediaset.it/canale5), Italia 1 (www.mediaset.it/italia1), Rete 4 (www.mediaset.it/rete4) und La 7 (www.la7.it).

Rauchen

Rauchen ist in geschlossenen öffentlichen Räumen wie Restaurants, Bars, Geschäften und öffentlichen Verkehrsmitteln verboten, seit einiger Zeit auch in der Villa Borghese und allen anderen öffentlichen Parks.

Maße & Gewichte

In Italien gilt das metrische System.

Qualität. Normalerweise wird den Gästen mindestens ein Computer zur Verfügung gestellt.

Es gibt zahlreiche WLAN-Hotspots im gesamten Stadtgebiet, die von der **Provincia di Roma** (www.provincia.roma.it) und **Roma Wireless** (www.romawireless.com) bereitgestellt werden, allerdings muss man sich für deren Nutzung online registrieren lassen und dazu eine Kreditkarte oder eine italienische Handynummer haben. Wer einmal registriert ist, bekommt einen Kontrollanruf, ob die Verbindung funktioniert. Wenn man den Anruf erfolgreich annehmen konnte (man muss dabei gar nicht sprechen), kann man sich einloggen und ein Passwort verwenden.

Wesentlich einfacher ist es jedoch, in ein Café oder eine Bar zu gehen, die kostenloses WLAN anbietet. Cafés mit WLAN sind in diesem Reiseführer mit dem Wi-Fi-Symbol (📶) gekennzeichnet.

Notfall

Kranken-wagen	☎118
Feuer	☎115
Polizei	☎112, 113

Öffnungszeiten

Banken Werktags 8.30 bis 13.30 Uhr und 14.45 bis 16.30 Uhr

Bars & Cafés 7.30 bis 20 Uhr, manchmal bis nachts 1 oder 2 Uhr

Geschäfte Montag bis Samstag 9 oder 10 Uhr bis 19.30 oder 20 Uhr, manche haben auch sonntags von 11 bis 19 Uhr geöffnet; kleinere Läden sind zwischen 13 und 15.30 Uhr geschlossen

Clubs 22 bis 4 Uhr früh

Restaurants 12 bis 15 Uhr und 19.30 bis 23 Uhr (im Sommer noch länger)

Post

Die italienische Post **Poste Italiane** (☎80 31 60; www.poste.it) ist ziemlich verlässlich, allerdings gehen Päckchen gelegentlich verloren.

Briefmarken *(francobolli)* gibt es bei der Post und in konzessionierten Tabakläden (zu erkennen an dem offiziellen *Tabacchi*-Zeichen, einem großen „T", gewöhnlich weiß auf schwarzem Grund).

Die Öffnungszeiten variieren, gehen aber normalerweise von Montag bis Freitag von 8.30 bis 18 Uhr und Samstag von 8.30 bis 13 Uhr. Alle Postämter schließen am letzten Werktag des Monats zwei Stunden früher als sonst.

Hauptpost (Karte S. 350; ☎06 6973 7205; Piazza di San Silvestro 19; ⏲Mo–Fr 8.20–19.05 Uhr, Sa 8.20–12.35 Uhr)

Postamt im Vatikan (Karte S. 354; ☎06 6989 0400; Petersplatz; ⏲Mo–Fr 8.30–18.45 Uhr, Sa 8.30–14 Uhr) Briefe können nur dann in die blauen Postkästen des Vatikans geworfen werden, wenn sie mit einer Briefmarke des Vatikans versehen sind.

Porto

Briefe bis 20 g kosten in der Zone 1 (Europa und Mittelmeerstaaten) 0,95 €. Wichtige Dinge sollten als Einschreiben *(raccomandato)* verschickt werden; dafür werden 5,30 € innerhalb der Zone 1 berechnet.

Rechtsfragen

Der häufigste Grund für einen Kontakt mit der Polizei ist die Meldung eines Diebstahls. Wem etwas gestohlen wird, der braucht für die Diebstahlversicherung unbedingt einen Polizeibericht, sonst weigert sich die Versicherung zu zahlen.

In Italien gibt es verschiedene Polizeiorganisationen:

die *polizia di stato* (zivile Staatspolizei), die marineblaue Jacken trägt, und die *carabinieri* (Militärpolizei), die eine schwarze Uniform mit roten Streifen tragen. Dazu kommt noch die grau gekleidete *guardia di finanza* (Finanzpolizei), die für die Eintreibung von Steuern und die Bekämpfung des Drogenschmuggels zuständig ist. Die *vigili urbani* (Verkehrspolizisten) tragen im Winter eine blaue, im Sommer eine weiße Uniform. Wer mit dem Gesetz in Konflikt gerät, trifft in der Regel auf die *polizia di stato* oder die *carabinieri*.

Wer mit einer größeren Menge harter oder weicher Drogen erwischt wird, von der die Polizei annimmt, dass es sich um Dealerware handelt, dem droht eine Gefängnisstrafe zwischen sechs und 20 Jahren. Wer Drogen nur für den persönlichen Gebrauch besitzt, muss ebenfalls mit einer Strafe rechnen.

Reisen mit Behinderung

Rom ist für Reisende mit einer Behinderung kein einfaches Ziel: Kopfsteinpflasterstraßen, verstellte Gehwege und winzige Aufzüge sind für Rollstuhlfahrer ein Problem, während der erbarmungslose Verkehr (nicht nur) Menschen mit Sehbehinderung oder eingeschränkter Hörfähigkeit vor Schwierigkeiten stellen kann.

Mit öffentlichen Verkehrsmitteln zu fahren, ist sehr schwierig. An der U-Bahnlinie B haben alle Stationen außer Circo Massimo, Colosseo, Cavour und EUR Magliana behindertengerechte Zugänge. An der Linie A trifft dies nur auf Cipro–Musei Vaticani und Valle Aurelia zu. Der Bus 590 fährt jedoch dieselbe Route wie die Metro A und ist rollstuhlgerecht zu besteigen. Neuere Busse und Straßenbahnen sind auf Reisende mit Behinderungen eingestellt; ob es so ist, ent-

nimmt man den Hinweisen an den Bushaltestellen.

Wer mit dem Zug fahren möchte, sollte die nationale Hotline ☎199 303060 anrufen und dort um Hilfe bitten. An der Stazione Termini bekommt man im **Sala Blu Assistenza Disabili** (Stazione Termini; ⊙7–21 Uhr) in der Nähe von Gleis 1 Informationen zu rollstuhlgerechten Zügen und Hilfe für die Fortbewegung im Bahnhof selbst. Man sollte das Büro 24 Stunden, bevor man die Hilfe in Anspruch nehmen will, kontaktieren. Ähnliche Büros gibt es an den Bahnhöfen Tiburtina und Ostiense.

Fluggesellschaften arrangieren in der Regel Hilfestellungen am Flughafen, wenn sie im Voraus darüber in Kenntnis gesetzt werden. Alternativ kann man sich an den Flughäfen Fiumicino oder Ciampino auch an die **ADR Assistance** (www. adr-assistance.it) wenden, wenn man Hilfe benötigt.

Einige Taxis sind so ausgestattet, dass sie Fahrgäste mit Rollstühlen transportieren können. Dazu fragt man nach einem Taxi für eine *sedia a rotelle* (Rollstuhl).

Schwule & Lesben

Rom ist wohl kaum das San Francisco am Mittelmeer, hat aber dennoch eine lebendige, wenn auch unauffällige Schwulenszene. In der Nähe des Kolosseums ist die Via San Giovanni in Laterano die Straße, an der entsprechende Bars liegen, darunter das **Coming Out** (Karte S. 356; www.comingout.it; Via di San Giovanni in Laterano 8; ⊙7–2 Uhr nachts; ⊟Via Labicana) und **My Bar** (Karte S. 356; Via di San Giovanni in Laterano 12; ⊙9–2 Uhr nachts; ⊟Via Labicana). Es gibt außerhalb Roms, in Capocotta, auch einen beliebten Strand für Schwule, den Settimo Cielo, der mit dem Bus 61 von Ostia Lido oder Bus 70 von EUR aus erreichbar ist.

Homosexualität ist zwar legal (ab 16 Jahren) und auch weitgehend anerkannt, aber Italien ist ja bekanntlich doch eher konservativ in seinen Ansichten, die weitgehend mit denen des Vatikan identisch sind. Im Jahre 2015 jedoch hat Rom mit Unterstützung durch Bürgermeister Ignazio Marino der Einrichtung eines Registers für nichteheliche Lebensgemeinschaften zugestimmt; auch Ehen, die im Ausland unter Homosexuellen geschlossen wurden, können in dieses Register eingetragen werden.

Die wichtigste kulturelle und politische Organisation für Schwule ist der **Circolo Mario Mieli di Cultura Omosessuale** (Karte S. 368; ☎800 110611; www.mariomieli. org; Via Efeso 2a), der Diskussionsabende und Veranstaltungen, wie etwa die Gay Pride, organisiert.

Die nationale Organisation für Lesben ist der **Coordinamento Lesbiche Italiano** (Karte S. 358; www.clrbp.it; Via San Francesco di Sales 1b), der regelmäßig Konferenzen und Leseabende abhält. Es gibt zudem in Trastevere ein Hostel nur für Frauen, **La Foresteria Orsa Maggiore** (S. 252).

Arcigay Roma (☎06 6450 1102; www.arcigayroma. it; Via Nicola Zabaglia 14) ist die römische Zweigniederlassung der nationalen Organisation Arcigay. Sie bietet Beratung, auch telefonisch, und allgemeine Infos.

Sicher reisen

Rom ist keine gefährliche Stadt, aber die Kleinkriminalität ist ein Problem. Die Sicherheit auf den Straßen ist ebenfalls ein wichtiger Punkt. Die Straßenverkehrsordnung wird nach Gutdünken ausgelegt, sodass man nicht selbstverständlich davon ausgehen kann, dass Autos und Motorroller an Zebrastreifen oder gar an roten Ampeln anhalten.

Steuern & Erstattungen

Eine Mehrwertsteuer (Imposta di Valore Aggiunto) von 22 % wird in Italien auf so gut wie alles aufgeschlagen. Nicht-EU-Bürger, die mehr als 175 € ausgegeben haben, können die Rückerstattung der Mehrwertsteuer beantragen. Das bezieht sich jedoch nur auf Einkäufe in Läden, die das „Tax-Free"-Zeichen kleben haben. Beim Einkauf muss dann der Rückerstattungsvoucher verlangt werden, auf dem das Datum des Einkaufs und der Warenwert eingetragen sind. Beim Verlassen der EU muss dem Voucher vom Zoll gestempelt werden, der nächste Steuerrückzahlungsschalter zahlt dann die Mehrwertsteuer bar oder als Gutschrift auf die Kreditkarte sofort zurück.

Strom

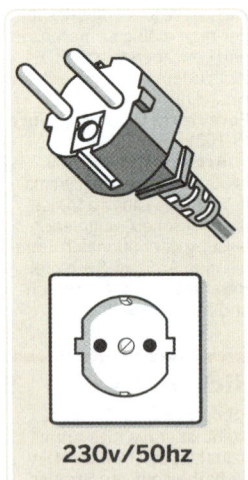

230v/50hz

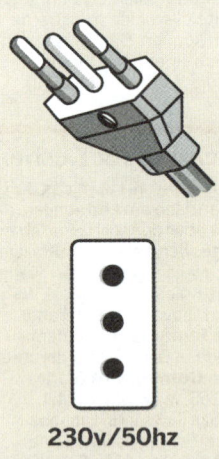

230v/50hz

Telefon

Telefonieren innerhalb Italiens

Roms Vorwahl ist die ☎06. Die Vorwahlen sind fester Bestandteil der italienischen Telefonnummern und müssen auch bei Gesprächen innerhalb der Stadt gewählt werden. Handynummern sind neun oder zehn Ziffern lang und haben eine dreistellige Vorwahl, die mit einer ☎3 beginnt. Gebührenfreie Nummern heißen *numeri verdi* und beginnen gewöhnlich mit ☎800. Einige sechsstellige Nummern für Ferngespräche sind ebenfalls in Gebrauch.

Telefonieren ins Ausland

Um ins Ausland zu telefonieren, wird erst die ☎00 gewählt, danach der Ländercode und die Städtevorwahl und schließlich die Telefonnummer.

Für Auslandsgespräche veranschlagen die Hotels hohe Tarife. Es ist daher preiswerter, aus einem Call-Center oder mit einer internationalen Telefonkarte von einer Telefonzelle aus anzurufen. Man kann diese in Zeitungs- und Tabakläden erstehen, und die meisten haben ein ganz gutes Preis-Leistungs-Verhältnis.

In den meisten Internetcafés ist inzwischen das Telefonieren über **Skype** (www.skype. com) möglich.

Für ein R-Gespräch nach Deutschland wählt man die ☎800 172 490. Die internationale Auskunft erreicht man unter ☎170. Alle Vermittler sprechen auch Englisch.

Mobiltelefone

Italienische Handys nutzen das Netz GSM 900/1800, das mit den anderen verbreiteten europäischen Netzen kompatibel ist.

Es kann sich durchaus lohnen, in Italien für etwa 10 € eine Prepaid-Karte für das Handy zu kaufen. **TIM** (Telecom Italia Mobile; www.tim. it), **Wind** (www.wind.it) und **Vodafone** (www.vodafone. it) bieten SIM-Karten in Tabakläden (*tabacchi*), an Kiosken oder in Telefonläden an, wo man die Karte auch aufladen kann. Das italienische Gesetz verlangt, dass alle SIM-Karten registriert werden. Wer also eine Karte kaufen möchte, sollte seinen Pass oder Personalausweis vorzeigen können.

Öffentliche Telefone

Man findet in Rom noch öffentliche Telefone. Um so einen Fernsprecher nutzen zu können, benötigt man eine Telefonkarte (*scheda telefonica*) der Telecom Italia; manche funktionieren auch noch mit Münzen oder Kreditkarten. Telefonkarten (5, 10 oder 20 €) gibt es in Postämtern, Tabakläden und an Zeitungsständen.

Toiletten

Öffentliche Toiletten gibt es nur wenige, und diese sind oft geschlossen, andere verlangen eine kleine Gebühr. Am besten geht man in eine Bar oder ein Café, denn diese Einrichtungen sind gesetzlich verpflichtet, eine Toilette bereitzuhalten. Toilettenpapier ist aber nicht unbedingt überall vorhanden.

HALTET DEN DIEB!

Die größte Gefahr für Rombesucher geht von Taschendieben und anderen Dieben aus. Man muss nicht gerade in Verfolgungswahn geraten, aber man sollte sich der Tatsache bewusst sein und die eigenen Wertgegenstände entsprechend schützen.

Taschendiebe sind immer da, wo auch Touristen sind. Daher sollte man besonders an den Sehenswürdigkeiten Vorsicht walten lassen, wie etwa am Kolosseum, an der Piazza di Spagna, auf dem Petersplatz und an der Stazione Termini. Diebe haben es besonders auf noch ortsunkundige Reisende an den Bushaltestellen an der Stazione Termini abgesehen, die gerade am Flughafen angekommen sind. Überfüllte Verkehrsmittel sind ein weiterer Gefahrenpunkt – der Vatikanbus 64 ist besonders berüchtigt. In der Metro sollte man bevorzugt in die hinteren Wagen einsteigen, da es dort normalerweise nicht so voll ist.

Ein Bauchgurt mit den wichtigsten Utensilien (Pass, Bargeld, Kreditkarten) ist empfehlenswert. Man sollte jedoch niemals in der Öffentlichkeit darin herumwühlen und stattdessen lieber ein Portemonnaie nutzen, das nur die Summe enthält, die man an einem Tag braucht. Niemals Uhren, Kameras und andere teure Dinge zur Schau stellen. Taschen oder Kameras immer mit dem Gurt quer über die Brust zur von der Straße abgewandten Seite tragen – Rollerfahrer können sonst Taschen von der Schulter reißen und in Sekundenschnelle verschwinden. Vorsicht auch in Straßencafés und -restaurants – niemals eine Tasche über einen leeren Stuhl hängen oder sie dorthin stellen, wo sie außer Sicht ist.

Eine beliebte Methode ist es auch, dass der eine Dieb das Opfer ablenkt, während der andere sich mit dem Portemonnaie davonmacht. Vorsicht auch vor Kindergangs oder anderen, die die Aufmerksamkeit auf sich ziehen wollen. Wer merkt, dass er mögliches Opfer werden soll, sollte entweder ausweichen oder mit lauter, ärgerlicher Stimme „vai via!"' („geh weg!") rufen. Die besten Taschendiebe sind oftmals überraschend gut gekleidet und werden daher nicht als solche wahrgenommen.

Bei Diebstahl oder Verlust sollte man den Fall immer innerhalb von 24 Stunden bei der Polizei melden und einen Bericht anfordern.

Touristen-information

Telefonnummern

Comune Call Centre (☏ 06 06 06; ☺ 24 Std.) Sehr hilfreich bei praktischen Fragen wie zum Beispiel: Wo ist das nächste Krankenhaus? Wo kann man gut parken? Das Personal spricht neben Italienisch auch Englisch.

Tourist Information Line (☏ 06 06 08; ☺ 9–21 Uhr) Ein kostenloser und mehrsprachiger Telefondienst mit detaillierten Informationen über Kultur, Shows, Hotels, Verkehrsmittel etc.

Touristenbüros

Centro Servizi Pellegrini e Turisti (Karte S. 354; ☏ 06 6988 1662; Petersplatz;

☺ Mo–Sa 8.30–18 Uhr) Offizielles Touristenbüro des Vatikan.

Rome Tourist Board (APT; ☏ 06 06 08; www.turismo roma.it; ♿) Die Comune di Roma betreibt in der ganzen Stadt Infostände, darunter diese:

Ciampino Airport (Internationale Ankunftshalle, Gepäckausgabe; ☺ 9–18.30 Uhr)

Fiumicino Airport (Terminal 3, Internationale Ankunftshalle; ☺ 8–19.30 Uhr)

Piazza Navona Tourist Information (Karte S. 346; ☺ 9.30–19.15 Uhr) Genau genommen, auf der Piazza delle Cinque Lune.

Stazione Termini Tourist Information (Karte S. 362; ☺ 8–19.45 Uhr) In der Halle an Gleis 24.

Fori Imperiali Tourist Information (Karte S. 342;

Via dei Fori Imperiali; ☺ 9.30–19 Uhr)

Minghetti Tourist Information (Karte S. 350; Via Marco Minghetti; ☺ 9.30–19.15 Uhr) Liegt zwischen der Via del Corso und dem Trevi-Brunnen.

Via Nazionale Tourist Information (Karte S. 362; Via Nazionale; ☺ 9.30–19.15 Uhr)

Visa

EU-Bürger benötigen kein Visum, um nach Italien einzureisen. Angehörige anderer Nationalitäten (z. B. der Schweiz) benötigen ein Visum, wenn sie länger als 90 Tage im Land bleiben wollen. Italien ist eines der 15 Mitglieder des Schengen-Abkommens und hat daher die Zoll- und Passkontrollen für Bürger der übrigen

Mitgliedstaaten (auch Deutschland und Österreich) an den Grenzen abgeschafft. Dennoch muss man sich sich mit Personalausweis oder Reisepass ausweisen können, Kinder benötigen einen eigenen Ausweis. Wenn man sein Haustier mitnehmen möchte, dann ist der EU-Heimtierausweis Pflicht.

Eigentlich müssen sich alle ausländischen Besucher innerhalb von acht Tagen nach Ankunft bei der örtlichen Polizei anmelden. Hotelgäste müssen sich darum nicht kümmern, da das Hotel dies übernimmt.

Permesso di Soggiorno

Ein *permesso di soggiorno* (Aufenthaltsgenehmigung) benötigen alle Nicht-EU-Bürger, die länger als drei Monate in Italien bleiben wollen. Theoretisch muss sie acht Tage nach Ankunft im Land beantragt werden. EU-Bürger müssen sich beim Einwohnermeldeamt (*ufficio anagrafe*) registrieren lassen, wenn sie länger als drei Monate im Land bleiben.

Da sich die Anforderungen häufig ändern, sollte man sich als Nicht-EU-Bürger erkundigen, bevor man sich in die unvermeidliche Schlange einreiht. Auskunft gibt www.poliziadistato.it (auch auf Englisch).

Am schnellsten bekommt man die Dokumente, wenn man mit den Papieren in das **Ufficio Immigrazione** (http://questure.poliziadistato.it; Via Teofilo Patini; ☺Mo–Fr 8.30–11.30, Di & Do auch 15–17 Uhr) geht; es liegt in den östlichen Vororten.

Zeit

In Italien gilt die Mitteleuropäische Zeit (MEZ), es gehört also zur selben Zeitzone wie Deutschland, Österreich und die Schweiz. Sommerzeit ist von Ende März bis Ende Oktober.

Zoll

Innerhalb der EU sind die Preise für Düfte, Kosmetikartikel und Haupflegeprodukte, Foto- und Elektroartikel, Mode und Accessoires, Geschenkartikel, Schmuck und Souvenirs, wo immer man sie auch erwerben kann, steuerfrei.

EU-Bürger dürfen alle Waren für den persönlichen Gebrauch zollfrei ein- oder ausführen. Als Abgrenzung zur gewerblichen Verwendung gelten hierbei als Richtmengen pro Person: 10 l Spirituosen (über 22 % Alkohol), 90 l Wein oder 110 l Bier, 800 Zigaretten (oder 400 Zigarillos oder 200 Zigarren oder 1000 g Tabak) und 10 kg Kaffee.

Sprache

Die Römer schätzen es sehr, wenn Besucher sich bemühen, Italienisch zu sprechen, egal wie seltsam es vielleicht klingen mag.

Die Aussprache ist nicht so schwierig, da die meisten italienischen Laute auch im Deutschen vorkommen.

Man sollte aber beachten, dass ein „g" mit folgendem Vokal oft dsch (mit weichem „sch") ausgesprochen wird, wie z. B. in dem englischen Namen „John", und dass das r stark gerollt wird.

Wichtig ist auch, dass die italienischen Konsonanten, wenn sie als Doppelkonsonanten vorkommen, etwas kräftiger ausgesprochen werden. Dieser Unterschied in der Aussprache kann sogar bedeutungsunterscheidend sein, z. B. bei *sonno* son·no (Schlaf) oder *sono* so·no (ich bin).

Wer die farbigen Aussprachehilfen in diesem Buch deutsch ausspricht, wird verstanden. Die betonten Silben erscheinen nachfolgend kursiv.

GRUNDLEGENDES

Im Italienischen gibt es wie im Deutschen zwei Wörter zur Anrede – die höfliche Form *Lei* läi wird zur Anrede von Fremden, höherstehenden Personen oder älteren Leuten benutzt. Gegenüber bekannten oder jüngeren Leuten benutzt man die Anrede *tu* tu.

Im Italienischen sind ähnlich wie im Deutschen alle Nomen und Adjektive entweder Maskulinum oder Femininum. Das Gleiche gilt für den dazugehörigen Artikel *il/la* il/la (der/die) und *un/una* un/u·na (ein/eine).

NOCH MEHR ITALIENISCH?

Vertieftes Wissen und nützliche Wendungen finden sich im *Lonely Planet Sprachführer Italienisch*. Man bekommt ihn im **http://shop.lonelyplanet.de** oder man besorgt sich ein Lonely Planet iPhone Phrasebook im Apple App Store.

In diesem Kapitel sind die höflichen/informellen und maskulinen/femininen Formen, wo nötig, mit angegeben und durch einen Schrägstrich abgetrennt. Die Abkürzungen lauten: „höf./inf." und „m/f".

Hallo/Guten Tag.	*Buongiorno.*	buon·dschor·no
Auf Wiedersehen.	*Arrivederci.*	ar·ri·ve·*der*·tschi
Ja./Nein.	*Sì./No.*	si/no
Entschuldigen Sie.	*Mi scusi.* (höf.)	mi *skuu*·si
Entschuldige.	*Scusami.* (inf.)	*sku*·sa·mi
Tut mir Leid.	*Mi dispiace.*	mi dis·*pia*·tsche
Bitte. (In einer Bitte)	*Per favore.*	per fa·*vo*·re
Danke.	*Grazie.*	*gra*·tsje
Bitte. (Beim Geben)	*Prego.*	*pre*·go

Wie geht es Ihnen/Dir?
Come sta/stai? (höf./inf.) ko·me sta/stai

Gut. Und Ihnen/Dir?
Bene. E Lei/tu? (höf./inf.) *be*·ne e läi/tuu

Wie heißen Sie?
Come si chiama? (höf.) *ko*·me si *kia*·ma

Ich heiße ...
Mi chiamo ... mi *kia*·mo ...

Sprechen Sie/Sprichst Du Deutsch?
Parla/Parli tedesco? (höf./inf.)
  par·la/*par*·lite *des* ko

Sprechen Sie/Sprichst Du Englisch?
Parla/Parli *par*·la/*par*·li
inglese? (höf./inf.) in·*glä*·se

Ich verstehe nicht.
Non capisco. non ka·*pi*·sko

ESSEN & TRINKEN

Was würden Sie empfehlen?
Cosa mi consiglia? *ko*·sa mi kon·*si*·lja

Welche Zutaten sind in diesem Gericht?
Quali ingredienti *kwa*·li in·gre·*djen*·ti
ci sono in tschi so·no in
questo piatto? *kwe*·sto *pia*·to

Was ist die Spezialität der Region?
Qual'è la specialità kwa·*le* la spe·tscha·li·*ta*
di questa regione? di *kwe*·sta re·dscho·ne

Das war lecker!
Era squisito! e·ra skwi·*si*·to

Prosit!
Salute! sa·*lu*·te

Die Rechnung bitte.
Mi porta il conto, mi *por*·ta il *kon*·to
per favore? per fa·*vo*·re

Ich möchte gerne	*Vorrei*	vo·*räi*
einen Tisch	*prenotare un*	pre·no·*ta*·re un
reservieren für ...	*tavolo per ...*	ta·*vo*·lo per ...
(zwei)	*(due)*	(*du*·e)
Personen	*persone*	per·*so*·ne
(acht)	*le (otto)*	le (*o*·to)
Uhr		

Ich esse kein/e/en ...	*Non mangio ...*	non
		man·dscho...
Eier	*uova*	*uo*·va
Fisch	*pesce*	*pe*·sche
Nüsse	*noci*	*no*·tschi
(rotes) Fleisch	*carne (rossa)*	*kar*·ne (*ros*·sa)

Wichtige Wörter

Abendessen	*cena*	*tsche*·na
Bar	*locale*	lo·*ka*·le
Café	*bar*	bar
Flasche	*bottiglia*	bot·*ti*·lja
Frühstück	*prima*	*pri*·ma
	colazione	ko·la·*tsio*·ne
Gabel	*forchetta*	for·*ket*·ta
Getränkekarte	*lista delle*	*li*·sta *del*·le
	bevande	be·*van*·de
Glas	*bicchiere*	bi·*kje*·re
heiß	*caldo*	*kal*·do
kalt	*freddo*	*fred*·do
Lebensmittelladen	*alimentari*	a·li·men·*ta*·ri
Löffel	*cucchiaio*	ku·*kia*·jo
Markt	*mercato*	mer·*ka*·to
Messer	*coltello*	kol·*te*·lo
mit	*con*	kon
Mittagessen	*pranzo*	*pran*·dso
ohne	*senza*	*sen*·tsa
Restaurant	*ristorante*	ri·sto·*ran*·te
Speisekarte	*menù*	me·*nu*
Teller	*piatto*	*piat*·to

MINI-SPRACHFÜHRER

Um im Italienischen zurecht zu kommen, sollte man diese einfachen Wendungen mit eigenen Wörtern kombinieren:

Wann geht (der nächste Flug)?
A che ora è a ke o·ra e
(il prossimo volo)? (il *pros*·si mo *vo*·lo)

Wo ist (der Bahnhof)?
Dov'è (la stazione)? *do*·ve (la sta·*tsio*·ne)

Ich suche (ein Hotel).
Sto cercando sto tscher·*kan*·do
(un albergo). (un al·*ber*·go)

Haben Sie (eine Karte)?
Ha (una pianta)? a (*u*·na *pian*·ta)

Gibt es hier (eine Toilette)?
C'è (un gabinetto)? tsche (un ga·bi·*net*·to)

Ich hätte gern (einen Kaffee).
Vorrei (un caffè). vo·*räi* (un ka·*fe*)

Ich möchte gerne (ein Auto mieten).
Vorrei (noleggiare vo·*räi* (no·le·*dscha*·re
una macchina). U na ma·ki·na)

Darf ich (hereinkommen)?
Posso (entrare)? *po*·so (en·*tra*·re)

Könnten Sie mir bitte (helfen)?
Può (aiutarmi), puo (a·ju·*tar*·mi)
per favore? per fa·*vo*·re

Muss ich (einen Sitzplatz reservieren)?
Devo (prenotare *de*·vo (pre·no·*ta*·re
un posto)? un *po*·sto)

(Essen)		
vegetarisches	*vegetariano*	ve·*dsche*
		ta·*ria*·no
würzig	*piccante*	pik·*kan*·te

Fleisch & Fisch

Austern	*ostriche*	o·*stri*·ke
Calamares/Tintenfisch	*calamari*	ka·la·*ma*·ri
Ente	*anatra*	*a*·na·tra
Fisch	*pesce*	*pe*·sche
Fleisch	*carne*	*kar*·ne
Forelle	*trota*	*tro*·ta
Hering	*aringa*	a·*rin*·ga
Hühnchen	*pollo*	*pol*·lo
Hummer	*aragosta*	a·ra·*gos*·ta
Jakobsmuscheln	*capasante*	ka·pa·*san*·te
Kalb	*vitello*	vi·*tel*·lo
Krabbe/Garnele	*gambero*	*gam*·be·ro

Lachs	salmone	sal·mo·ne
Lamm	agnello	a·njel·lo
Meeresfrüchte	frutti di mare	frut·ti di ma·re
Miesmuscheln	cozze	ko·tse
Pute	tacchino	ta·ki·no
Rind	manzo	man·dso
Schwein	maiale	ma·ja·le
Shrimp	gambero	gam·be·ro
Thunfisch	tonno	to·no

Obst & Gemüse

Ananas	ananas	a·na·nas
Apfel	mela	me·la
Blumenkohl	cavolfiore	ka·vol·fio·re
Bohnen	fagioli	fa·dscho·li
Erbsen	piselli	pi·sel·li
Frühlingszwiebeln	lenticchie	len·ti·kje
Gemüse	verdura	ver·du·ra
Gurke	cetriolo	tsche·tri·o·lo
Karotte	carota	ka·ro·ta
Kartoffeln	patate	pa·ta·te
Kohl	cavolo	ka·vo·lo
Nüsse	noci	no·tschi
Obst	frutta	frut·ta
Orange	arancia	a·ran·tscha
Paprikaschote	peperone	pe·pe·ro·ne
Pfirsich	pesca	pe·ska
Pflaume	prugna	pru·nia
Pilze	funghi	fun·gi
Spinat	spinaci	spi·na·tschi
Tomaten	pomodori	po·mo·do·ri
Weintrauben	uva	u·va
Zitrone	limone	li·mo·ne
Zwiebeln	cipolle	tschi·pol·le

Schilder

Entrata/Ingresso	Eingang
Uscita	Ausgang
Aperto	offen
Chiuso	geschlossen
Informazioni	Information
Proibito/Vietato	verboten
Gabinetti/Servizi	Toiletten
Uomini	Herren
Donne	Damen

Andere Nahrungsmittel

Brot	pane	pa·ne
Butter	burro	bur·ro
Eier	uova	uo·va
Eis	ghiaccio	gia·tscho
Essig	aceto	a·tsche·to
Honig	miele	mje·le
Käse	formaggio	for·ma·dscho
Marmelade	marmellata	mar·mel·la·ta
Nudeln	pasta	pas·ta
Öl	olio	o·lio
Pfeffer	pepe	pe·pe
Reis	riso	ri·so
Salz	sale	sa·le
Sojasauce	salsa di soia	sal·sa di so·ja
Suppe	minestra	mi·nes·tra
Zucker	zucchero	tsu·ke·ro

Getränke

Bier	birra	bir·ra
(alkoholfreies) Getränk	bibita	bi·bi·ta
Kaffee	caffè	kaf·fe
Milch	latte	lat·te
Rotwein	vino rosso	vi·no ros·so
(Orangen) Saft	succo (d'arancia)	suk·ko (da·ran·tscha)
Tee	tè	te
(Mineral) Wasser	acqua (minerale)	a·kua (mi·ne·ra·le)
Weißwein	vino bianco	vi·no bian·ko

NOTFÄLLE

Hilfe!
Aiuto! · a·ju·to

Lassen Sie mich in Ruhe!
Lasciami in pace! · la·scha·mi in pa·tsche

Ich habe mich verirrt.
Mi sono perso/a. (m/f) · mi so·no per·so/a

Hier ist ein Unfall passiert.
C'è stato un incidente. · tsche sta·to un in·tschi·den·te

Rufen Sie die Polizei!
Chiami la polizia! · kia·mi la po·li·tsi·a

Rufen Sie einen Arzt!
Chiami un medico! · kia·mi un me·di·ko

Wo sind die Toiletten?
Dove sono i gabinetti? · do·ve so·no i ga·bi·net·ti

Ich fühl mich schlecht.
Mi sento male. mi *sen*·to *ma*·le

Hier tut es weh.
Mi fa male qui. mi fa *ma*·le kui

Ich bin allergisch gegen …
Sono allergico/a a … (m/f) so·no a·*ler*·dschi·ko/a a …

SHOPPEN & DIENSTLEISTUNGEN

Ich möchte gerne … kaufen
Vorrei comprare … vo·*räi* kom·*pra*·re …

Ich schau mich nur um.
Sto solo guardando. sto *so*·lo guar·*dan*·do

Kann ich das mal sehen?
Posso dare un'occhiata? pos·so *da*·re un o·*kia*·ta

Wie viel kostet dies?
Quanto costa questo? *kwan*·to *kos*·ta *kwe*·sto

Das ist zu teuer.
È troppo caro/a (m/f) e *trop*·po *ka*·ro/a

Können Sie etwas vom Preis nachlassen?
Può farmi lo sconto? puo *far*·mi lo *skon*·to

Da ist ein Fehler in der Rechnung.
C'è un errore nel conto. tsche un e·*ro*·re nel *kon*·to

Geldautomat	*Bancomat*	*ban*·ko·mat
Postamt	*ufficio postale*	uf·*fi*·tscho pos·*ta*·le
Touristen-information	*ufficio del turismo*	u·*fi*·tscho del tu·*ris*·mo

UHRZEIT & DATUM

Wie spät ist es?	*Che ora è?*	ke o·ra e
Es ist ein Uhr.	*È l'una.*	e *lu*·na
Es ist (zwei) Uhr.	*Sono le (due).*	*so*·no le (*du*·e)
Halb (zwei).	*(L'una) e mezza.*	(*lu*·na) e *me*·dsa
morgens	*di mattina*	di mat·*ti*·na
nachmittags	*di pomeriggio*	di po·me·*ri*·dscho
abends	*di sera*	di se·ra

Fragewörter

Wann?	*Quando?*	*kwan*·do
Warum?	*Perché?*	per·*ke*
Was?	*Che cosa?*	ke ko·sa
Wer?	*Chi?*	ki
Wie?	*Come?*	*ko*·me
Wo ?	*Dove?*	*do*·ve

gestern	*ieri*	*je*·ri
heute	*oggi*	o·dschi
morgen	*domani*	do·*ma*·ni
Montag	*lunedì*	lu·ne·*di*
Dienstag	*martedì*	mar·te·*di*
Mittwoch	*mercoledì*	mer·ko·le·*di*
Donnerstag	*giovedì*	dscho·ve·*di*
Freitag	*venerdì*	ve·ner·*di*
Samstag	*sabato*	*sa*·ba·to
Sonntag	*domenica*	do·*me*·ni·ka
Januar	*gennaio*	dschen·*na*·jo
Februar	*febbraio*	feb·*bra*·jo
März	*marzo*	*mar*·tso
April	*aprile*	a·*pri*·le
Mai	*maggio*	*ma*·dscho
Juni	*giugno*	*dschu*·nio
Juli	*luglio*	*lu*·lio
August	*agosto*	a·*gos*·to
September	*settembre*	set·*tem*·bre
Oktober	*ottobre*	ot·*to*·bre
November	*novembre*	no·*vem*·bre
Dezember	*dicembre*	di·*tschem*·bre

UNTERKUNFT

Haben Sie ein … Zimmer?	*Avete una camera …?*	a·*ve*·te u·na *ka*·me·ra …
Doppel	*doppia/con letto matri-moniale*	*do*·pia kon *let*·to ma·tri·mo·*nja*·le
Einzel	*singola*	*sin*·go·la
Wie viel kostet es pro …?	*Quanto costa per …?*	*kwan*·to *kos*·ta per …
Nacht	*una notte*	u·na *not*·te
Person	*persona*	per·*so*·na

Ist das Frühstück inbegriffen?
La colazione è compresa? la ko·la·*tsio*·ne e kom·*pre*·sa

Bad	*bagno*	*ba*·njo
Campingplatz	*campeggio*	kam·*pe*·dscho
Fenster	*finestra*	fi·*nes*·tra
Hotel	*albergo*	al·*ber*·go
Jugendherberge	*ostello della gioventù*	os·*tel*·lo de·la dscho·ven·*tu*
Klimaanlage	*aria condizionata*	*a*·ria kon·di·tsio·*na*·ta
Pension	*pensione*	pen·*sio*·ne

VERKEHR

Wann fährt ... ab/ kommt ... an?	*A che ora parte/ arriva ...?*	a ke *o*·ra *par*·te/ a·*ri*·va ...
Bus	*l'autobus*	*lau*·to·bus
Fähre	*il traghetto*	il tra·*get*·to
Flugzeug	*l'aereo*	la·*e*·re·o
Metro	*la metro- politana*	la me·tro· po·li·*ta*·na
Schiff	*la nave*	la *na*·ve
Zug	*il treno*	il *tre*·no
... Ticket	*un biglietto ...*	un bi·*ljet*·to
einfaches	*di sola andata*	di *so*·la an·*da*·ta
Rückfahr-	*di andata e ritorno*	di an·*da*·ta e ri·*tor*·no
Bahnhof	*stazione ferroviaria*	sta·*tsio*·ne fe·ro·*viar*·ja
Bahnsteig	*binario*	bi·*na*·rio
Bushaltestelle	*fermata dell'autobus*	fer·*ma*·ta del *au*·to·bus
Fahrkartenschalter	*biglietteria*	bi·ljet·te·*ri*·a
Fahrplan	*orario*	o·*ra*·rio

Hält er in ...?
Si ferma a ...?   si *fer*·ma a ...

Sagen Sie mir bitte, wenn wir nach ... kommen.
Mi dica per favore   mi *di*·ka per fa·*vo*·re
quando arriviamo a ...   *kwan*·do a·ri·*via*·mo a ...

Ich möchte hier aussteigen.
Voglio scendere qui.   vo·lio *schen*·de·re kwi

Ich möchte gerne ein Fahrrad leihen.
Vorrei noleggiare   vo·*räi* no·le·*dscha*·re
una bicicletta.   *u*·na bi·tschi·*klet*·ta

Ich habe einen Platten.
Ho una gomma bucata.   o *u*·na *gom*·ma bu·*ka*·ta

Ich möchte gerne mein Fahrrad reparieren lassen.
Vorrei fare riparare la   vo·*räi* fa·re ri·pa·*ra*·re la
mia bicicletta.   *mi*·a bi·tschi·*klet*·ta

WEGWEISER

Wo ist ...?
Dov'è ...?   do·*ve* ...

Wie lautet die Adresse?
Qual'è l'indirizzo?   kwa·*le* lin·di·*ri*·tso

Könnten Sie das bitte aufschreiben?
Può scriverlo,   puo *skri*·ver·lo
per favore?   per fa·*vo*·re

Könnten Sie mir das zeigen (auf der Karte)?
Può mostrarmi   puo mos·*trar*·mi
(sulla pianta)?   (sul·la *pian*·ta)

An der Ampel	*al semaforo*	al se·*ma*·fo·ro
An der Ecke	*all'angolo*	al·*lan*·go·lo
gegenüber	*di fronte a*	di *fron*·te a
geradeaus	*sempre diritto*	*sem*·pre di·*ri*·to
hinter	*dietro*	*dje*·tro
links	*a sinistra*	a si·*ni*·stra
nahe	*vicino*	vi·*tschi*·no
neben	*accanto a*	ak·*kan*·to a
rechts	*a destra*	a *de*·stra
vor	*davanti a*	da·*van*·ti a
weit weg	*lontano*	lon·*ta*·no

ZAHLEN

1	*uno*	*u*·no
2	*due*	*du*·e
3	*tre*	tre
4	*quattro*	*kwa*·tro
5	*cinque*	*tschin*·kwe
6	*sei*	säi
7	*sette*	*set*·te
8	*otto*	*ot*·to
9	*nove*	*no*·ve
10	*dieci*	*dje*·tschi
20	*venti*	*ven*·ti
30	*trenta*	*tren*·ta
40	*quaranta*	kwa·*ran*·ta
50	*cinquanta*	tschin·*kwan*·ta
60	*sessanta*	ses·*san*·ta
70	*settanta*	se·*tan*·ta
80	*ottanta*	ot·*tan*·ta
90	*novanta*	no·*van*·ta
100	*cento*	*tschen*·to
1000	*mille*	*mi*·le

GLOSSAR

abbazia – Abtei, Kloster

(pizza) al taglio – (Pizza) in Einzelstücken

albergo – Hotel, Unterkunft

alimentari – Lebensmittella- den; Lebensmittel, Feinkost

anfiteatro – Amphitheater

aperitivo – Vorspeise oder Getränk vor einer Mahlzeit; auch: der abendliche Gang in die Stadt, um einen Aperitif einzunehmen

arco – Bogen

autostrada – Autobahn, Schnellstraße

battistero – Baptisterium, Taufkapelle

biblioteca – Bibliothek

biglietto – Fahrkarte, Ticket

borgo – altertümlicher Name für eine Kleinstadt, ein Dorf oder ein Stadtviertel (oft auf das Mittelalter zurückgehend)

camera – Zimmer

campo – Feld

cappella – Kapelle

Cappella Sistina – Sixtinische Kapelle

carabinieri – Polizeieinheit mit militärischen und zivilen Befugnissen

Carnevale – Karnevalszeit zwischen Epiphanie/Dreikönigstag und Aschermittwoch

casa – Haus

castello – Burg

cattedrale – Kathedrale

catacomba – Katakombe

centro sociale – Sozial- bzw. Kulturzentrum; oft Veranstaltungsort für Konzerte, Clubnächte und verschiedene Kultur-Events

centro storico – historisches Zentrum, Altstadt

chiesa – Kirche

chiostro – Kreuzgang (überdachter, säulengeschmückter Wandelgang um den rechteckigen Innenhof eines Klosters)

città – Stadt

colonna – Säule

comune – Stadt, Gemeinde als Verwaltungseinheit; Stadtrat

corso – Boulevard

duomo – Dom, Kathedrale

enoteca – Weinbar

espresso – ein spezieller schwarzer Kaffee

EUR (Esposizione Universale di Roma) – Viertel im Süden Roms mit Architektur im Stil des Rationalismus

ferrovia – Eisenbahn

festa – Festtag, Feiertag

fontana – Brunnen

foro – Forum

fiume – Fluss

gelateria – Eisdiele

giardino – Garten

grattachecca – kaltes Getränk mit Obst und Sirup

grotta – Höhle, Grotte

isola – Insel

lago – See

largo – kleiner Platz

locanda – Herberge, kleines Hotel

mar, mare – Meer

mausoleo – Mausoleum; Prunksarg

mercato – Markt

museo – Museum

necropoli – Nekropole, Friedhof

nord – Norden

osteria – Gaststätte, die Getränke und einfache Speisen anbietet

palazzo – Palast; Herrenhaus; jedes große Gebäude

palio – Wettkampf

Papa – Papst

parco – Park

passeggiata – traditioneller Abendspaziergang

pasticceria – Konditorei

pensione – Pension, Unterkunft

piazza – Platz

piazzale – großer offener Platz

pietà – wörtlich „Mitleid"; Darstellung des toten Christus in den Armen seiner Mutter

pinacoteca – Kunstgalerie

PIT (Punto Informativo Turistico) – Touristeninformation

ponte – Brücke

porta – Pforte, Tür

porto – Hafen

prenotare – buchen, reservieren

reale – königlich

ristorante – Restaurant

rocca – Festung

sala – Raum, Saal

salumeria – Feinkost

santuario – Heiligtum; 1. Raum um den Altar einer Kirche; 2. besonders heiliger Ort in einem Tempel (Antike)

scalinata – Treppenhaus

scavi – Ausgrabungen

spiaggia – Strand

stadio – Stadion

stazione – Bahnhof

stazione marittima – Fährterminal

strada – Straße

sud – Süden

superstrada – mehrspurige Schnellstraße oder Autobahn

tartufo – Trüffel

tavola calda – fertig vorbereitete Gerichte mit Fleisch, Pasta und Gemüse; oft in Selbstbedienungsrestaurants

teatro – Theater

tempietto – kleiner Tempel

tempio – Tempel

terme – Thermalbäder

tesoro – Schatzkammer

Tevere – Tiber

torre – Turm

trattoria – einfaches Restaurant

Trenitalia – Italiens staatliche Eisenbahn; auch: Ferrovie dello Stato (FS)

via – Straße

Via Appia Antica – Appischer Weg

viale – Allee

vico – Allee; Gasse

villa – Villa; auch: Park um eine Villa

GLOSSAR: ESSEN UND TRINKEN

abbacchio al forno – Lammbraten mit Rosmarin und Knoblauch; in der Regel mit Rosmarinkartoffeln aus dem Backofen

agnello alla cacciatora – Lamm nach „Jägerart" mit Zwiebeln und frischen Tomaten

baccalà – gesalzener Dorsch, nach römisch jüdischer Tradition oft frittiert serviert

bresaola – luftgetrocknetes Rindfleisch, nach römisch-jüdischer Art; dient oft als Ersatz für *prosciutto* (Schinken)

bruschette – gegrilltes Knoblauchbaguette mit Olivenöl und Salz, meist noch mit Tomatenstückchen belegt

bucatini all'amatriciana – dicke Spaghetti mit Tomatensoße, Zwiebeln, *pancetta*, Käse und Chili; ursprünglich aus Amatrice, einer Stadt östlich von Rom, als eine Abwandlung der *spaghetti alla gricia*

cacio e pepe – Pasta mit frisch geriebenem *pecorino romano* (kräftiger, salziger Schafskäse), gemahlenem schwarzen Pfeffer und einem Spritzer Olivenöl

carciofi alla giudia – frittierte Artischocken nach jüdischer Art; die Herzen sind weich und saftig, die Blätter knusprig-lecker

carciofi alla romana – Artischocken, in Öl, Knoblauch und Minze gegart

coda alla vaccinara – Ochsenschwanz mit Knoblauch, Petersilie, Zwiebeln, Möhren, Sellerie und Gewürzen gedünstet; ein Gericht, das entwickelt wurde, als die Arbeiter im Schlachthof die billigsten Fleischstücke für sich bekamen

fiori di zucca – mit Mozzarella und Anchovis gefüllte und dann gebratene Zucchiniblüten

frutti di mare – Meeresfrüchte; in der Regel zu Nudeln in einer Sauce aus Tomaten, Muscheln, Miesmuscheln und vielleicht noch Garnelen und Calamares

gnocchi alla romana – Gnocchi (Minigrießklöße), mit Ragout oder Tomatensoße gebacken; gibt es traditionell immer donnerstags

involtini – dünne Kalb- oder Rindfleischscheiben, die mit Salbei oder manchmal auch Gemüse und Mozzarella aufgerollt werden

minestra di arzilla con pasta e broccoli – Rochensuppe mit Nudeln und Brokkoli; römisch-jüdische Speise, die es nur in Restaurants gibt, die Wert auf Tradition legen

pasta con lenticchie – beliebtes Gericht unter Einheimischen: Pasta mit Frühlingszwiebeln

pasta e ceci – Pasta mit Kichererbsen; erfreut das Herz im Winter

pizza bianca – „weiße Pizza", die es ausschließlich in Rom gibt; eine Pizza nur mit Salz, Olivenöl und oft noch Rosmarin; man kann sie durchschneiden und wie ein Sandwich füllen

pollo alla romana – Hähnchen in Butter, Majoran, Knoblauch, Weißwein und Tomaten oder Paprikaschoten gegart

polpette al sugo – Fleischbällchen mit traditioneller Tomatensoße

porchetta – Wildschwein am Spieß mit Kräutern und ganz viel *finocchio selvatico* (wildem Fenchel); das beste kommt aus Ariccia in den Hügeln südlich von Rom

ragù – klassische italienische Fleischsoße, die traditionell aus gedünsteten Fleischstückchen oder Hackfleisch in dicker Tomatensoße zubereitet wird

rigatoni alla pajata – dicke, geriffelte Rohrnudeln (Rigatoni) mit dem Dünndarm eines milchgesäugten Kalbes oder Lamms; eine Spezialität in Testaccio

saltimbocca alla romana – wörtlich übersetzt heißt diese Leckerei „Spring in den Mund"; ein Kalbsschnitzel mit etwas *prosciutto* und Salbei

spaghetti alla carbonara – die Soße besteht aus Ei, Käse und *guanciale* (gepökelter Schweinsbacke); das Ei wird roh hinzugefügt und in die heißen Nudeln eingerührt

spaghetti alla gricia – Pasta mit Pecorino-Käse, schwarzem Pfeffer und *pancetta*

spaghetti con le vongole – Spaghetti mit Muscheln und einem Spritzer rotem Chili; manchmal mit Tomaten

stracciatella – einfache Hühnersuppe, die mit Parmesan und geschlagenem Ei ein wenig verfeinert wird

sugo – Allzweck-Tomatensoße für viele Gerichte; traditionell wird sie mit *basilico* (Basilikum) abgeschmeckt

supplì – frittierte Reiskroketten; wenn sie mit Mozzarella gefüllt sind, heißen sie *supplì a telefono*, weil der Käse beim Durchbrechen lange weiße Fäden zieht, die an ein Telefonkabel erinnern

trippa alla romana – Kutteln, mit Kartoffeln, Tomaten und Minze gekocht und mit etwas Pecorino-Käse bestreut; ein typisches Samstagsgericht in Rom

Hinter den Kulissen

WIR FREUEN UNS ÜBER EIN FEEDBACK

Post von Reisenden zu bekommen ist für uns ungemein hilfreich – Kritik und Anregungen halten uns auf dem Laufenden und helfen, unsere Bücher zu verbessern. Unser reiseerfahrenes Team liest alle Zuschriften genau durch, um zu erfahren, was an unseren Reiseführern gut und was schlecht ist. Wir können solche Post zwar nicht individuell beantworten, aber jedes Feedback wird garantiert schnurstracks an die jeweiligen Autoren weitergeleitet, rechtzeitig vor der nächsten Nachauflage.

Wer Ideen, Erfahrungen und Korrekturhinweise zum Reiseführer mitteilen möchte, hat die Möglichkeit dazu auf www.lonelyplanet.com/contact/guidebook_feedback/new. Unter www.lonelyplanet.de/kontakt erreichen uns Anmerkungen speziell zur deutschen Ausgabe.

Hinweis: Da wir Beiträge möglicherweise in Lonely Planet-Produkten (Reiseführer, Websites und/oder digitale Medien) veröffentlichen, gegebenenfalls auch in gekürzter Form, bitten wir um Mitteilung, falls ein Kommentar nicht veröffentlicht oder ein Name nicht genannt werden soll. Wer Näheres über unsere Datenschutzpolitik wissen will, erfährt das unter www.lonelyplanet.com/privacy

DANK VON LONELY PLANET

Vielen Dank an alle Traveller, die mit der letzten Ausgabe unterwegs waren und uns nützliche Hinweise, gute Ratschläge und interessante Begebenheiten übermittelt haben:

Ben Smith, Bettina Pickering, Donna Harshman, Elena Sartore, Fiona Whitfield, Gillian Rooney, John Woodhouse, Josefin Nilsson, Lee Warren, Leo Andrews, Lise Larsen, Marc Bilardie, Mardie Noble, Margaret Chappell, Michelle Slattery, Niko Waesche, Pedro Pacheco, Ricardo Blasco, Rocío Balboa, Viktoria Creteil, Yesika Arranz.

QUELLENNACHWEIS

Grafik auf S. 66–67: Javier Zarracina
Abbildung auf dem Umschlag: Straße im Viertel Trastevere, MATTES Rene/Corbis

DANK DER AUTOREN

Abigail Blasi

Molto grazie an Anna Tyler und Duncan Garwood, aber auch an Luca, Anna und Marcello. Dank sagen möchte ich außerdem Barbara Lessona, Marco Messina von Appia Antica und Paola Zaganelli für ihre freundliche Unterstützung.

Duncan Garwood

Ein großes Dankeschön geht an meine Mitautorin Abi Blasi für ihre Anregungen und ihre großartige Arbeit, außerdem an Anna Tyler bei Lonely Planet für ihre großartige Unterstützung. Für viele Tipps und Hilfe bei der Recherche geht ein *grazie* an Silvia Prosperi, Barbara Lessona, Paolo Mazza und das Team von Roman Guy. Wie immer danke ich ganz besonders Lidia und den Jungen, Ben und Nick.

ÜBER DIESES BUCH

Dies ist die 6. deutsche Auflage von *Rom*, basierend auf der mittlerweile 9. englischen Auflage. Verfasst wurde das Buch gemeinsam von Duncan Garwood und Abigail Blasi, die auch schon für die vorhergehende Auflage verantwortlich waren. Der aktuelle Band wurde betreut von:

Redaktionsleitung Anna Tyler
Projektredaktion Briohny Hooper, Catherine Naghten
Leitung der Kartografie Anthony Phelan
Layout Virginia Moreno, Wibowo Rusli
Redaktionsassistenz Andrea Dobbin, Victoria Harrison
Kartografie Julie Dodkins

Bildredaktion für den Umschlag Naomi Parker
Dank an Shahara Ahmed, Imogen Bannister, Sasha Baskett, Ryan Evans, Larissa Frost, Andi Jones, Claire Murphy, Wayne Murphy, Rosie Nicholson, Karyn Noble, Samantha Russell-Tulip, Dianne Schallmeiner, Angela Tinson, Lauren Wellicome, Tracy Whitmey

Siehe auch Teilregister:

✕ **ESSEN S. 335**

🍷 **AUSGEHEN & NACHTLEBEN S. 336**

☆ **UNTERHALTUNG S. 337**

🔒 **SHOPPEN S. 337**

🛏 **UNTERKUNFT S. 338**

Register

AUSGEHEN & NACHTLEBEN

0,75 77

🛏 **UNTERKUNFT**

Cityatlas Rom

Sehenswertes

- Strand
- Vogelschutzgebiet
- Buddhistisch
- Burg/Schloss/Palast
- Christlich
- Konfuzianisch
- Hinduistisch
- Islamisch
- Jainistisch
- Jüdisch
- Denkmal
- Museum/Galerie/Hist. Gebäude
- Ruine
- Sento-Bad/Onsen
- Shintoistisch
- Sikhismus
- Taoistisch
- Weingut/Weinberg
- Zoo/Naturschutzgebiet
- andere Sehenswürdigkeit

Aktivitäten, Kurse & Touren

- Bodysurfing
- Tauchen
- Kanu/Kajak
- Kurse/Touren
- Ski fahren
- Schnorcheln
- Surfen
- Schwimmbad/Pool
- Wandern
- Windsurfen
- andere Aktivität

Schlafen

- Schlafen
- Camping

Essen

- Essen

Ausgehen & Nachtleben

- Ausgehen & Nachtleben
- Café

Unterhaltung

- Unterhaltung

Shopping

- Shoppen

Information

- Bank
- Botschaft/Konsulat
- Krankenhaus/Arzt
- Internet
- Polizei
- Post
- Telefon
- Toilette
- Touristeninformation
- andere Information

Landschaft

- Strand
- Hütte
- Leuchtturm
- Aussichtsturm
- Berg/Vulkan
- Oase
- Park
- Pass
- Picknickplatz
- Wasserfall

Bevölkerung

- Hauptstadt (National)
- Hauptstadt (Staat/Provinz)
- Stadt/Großstadt
- Ort/Dorf

Verkehrsmittel

- Flughafen
- Grenzübergang
- Bus
- Cable Car/Seilbahn
- Radfahren
- Fähre
- MRT-Station/Metro-St.
- Monorail
- Parkplatz
- Tankstelle
- Skytrain/S-Bahn-Station
- Taxi
- Bahnhof/Zugstrecke
- Tram/Straßenbahn
- U-Bahn-Station
- andere Verkehrsmittel

Hinweis: Nicht alle hier aufgeführten Symbole sind auf den Karten dieses Buches zu finden.

Verkehrswege

- Mautstraße
- Autobahn/Freeway
- Hauptstraße
- Nebenstraße
- Landstraße
- Verbindungsstraße
- unbefestigte Straße
- Straße in Bau
- Platz/Mall/Fußgängerzone
- Treppe
- Tunnel
- Fußgängerübergang
- Spaziergang
- Wanderung mit Abstecher
- Pfad/Wanderweg

Grenzen

- Internationale Grenze
- Bundesstaat/Provinz
- umstrittene Grenze
- Regional/Vorort
- Seepark
- Klippen
- Mauer

Gewässer

- Fluss, Bach
- periodischer Fluss
- Kanal
- Wasser
- Trocken-/Salz-/period. See
- Riff

Flächen

- Flughafen/Flugpiste
- Strand/Wüste
- Friedhof (christlich)
- Friedhof (andere Religion)
- Gletscher
- Watt
- Park/Wald
- Sehenswertes (Gebäude)
- Sportanlage
- Sumpf/Mangrove

340

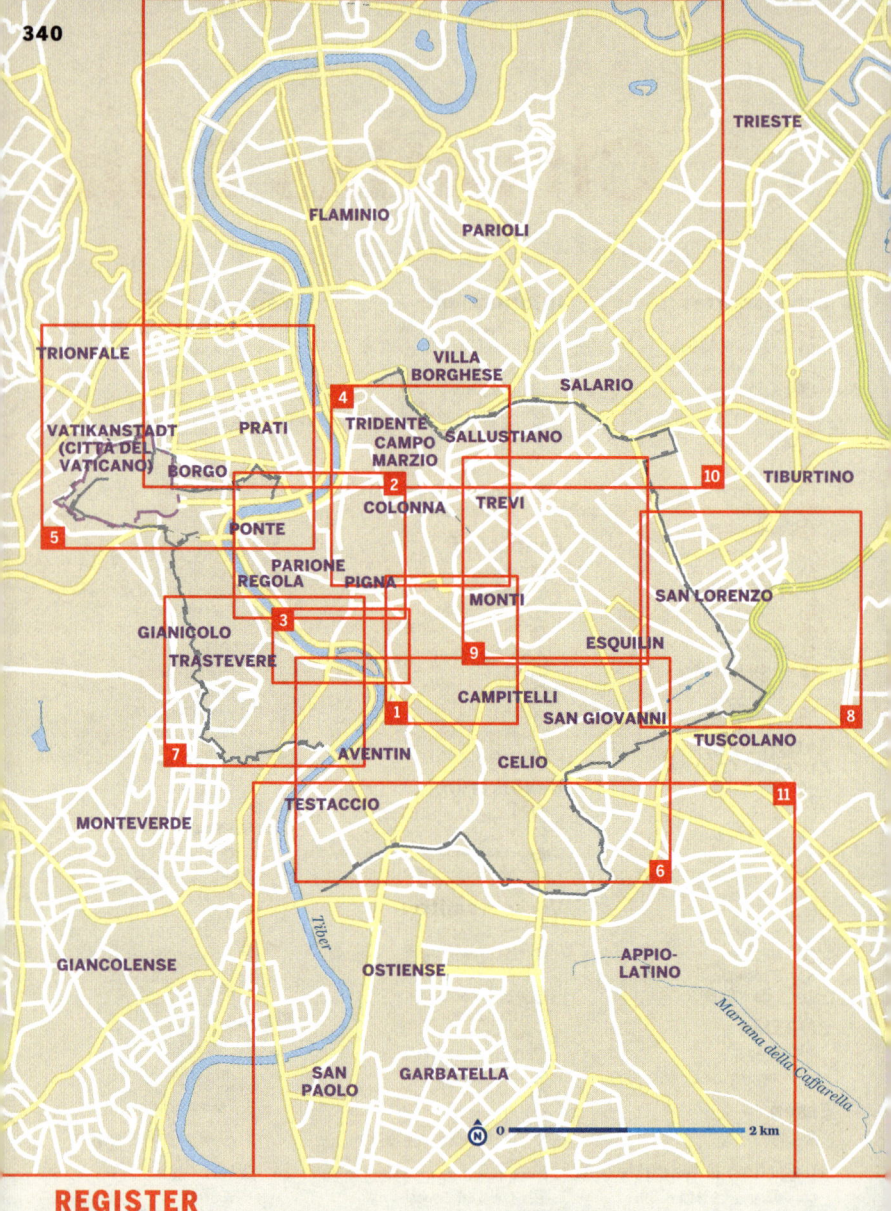

REGISTER

ANTIKES ROM *Karte s. S. 342*

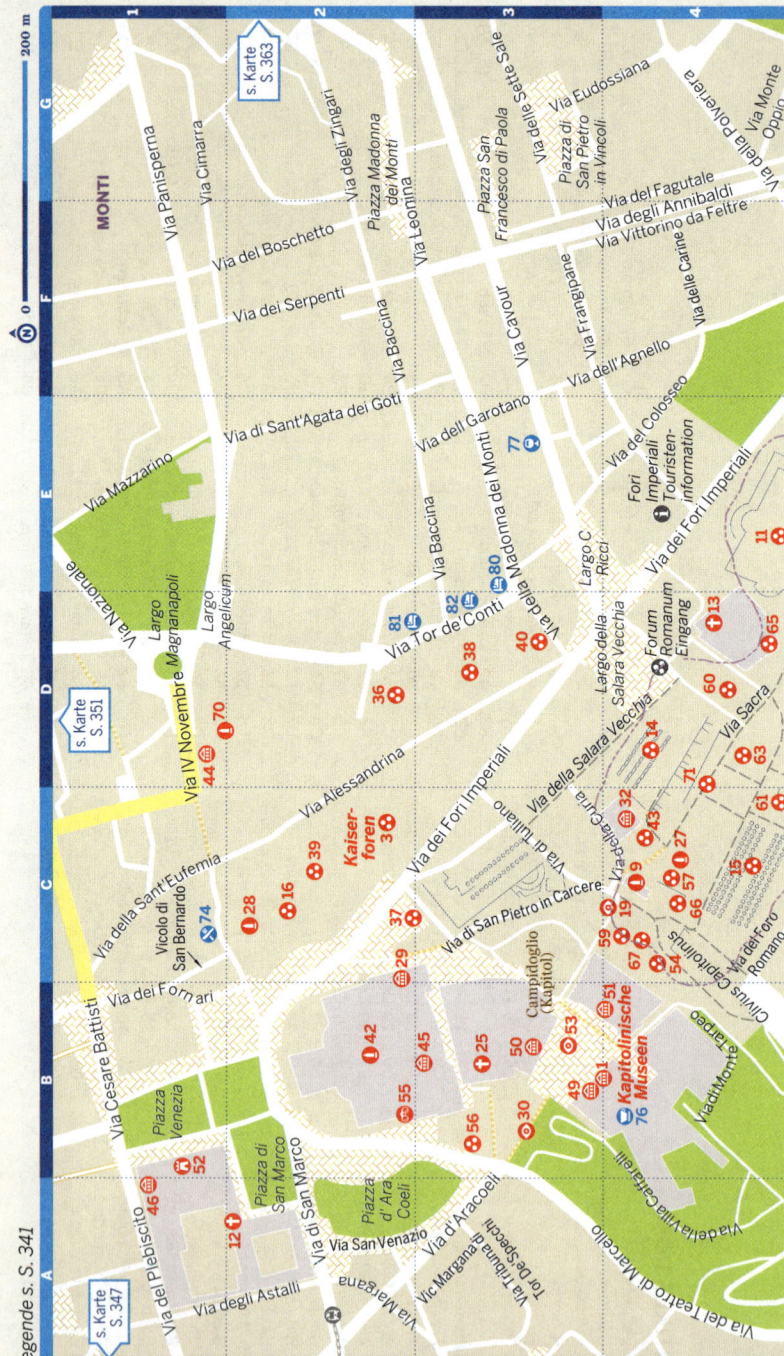

ANTIKES ROM

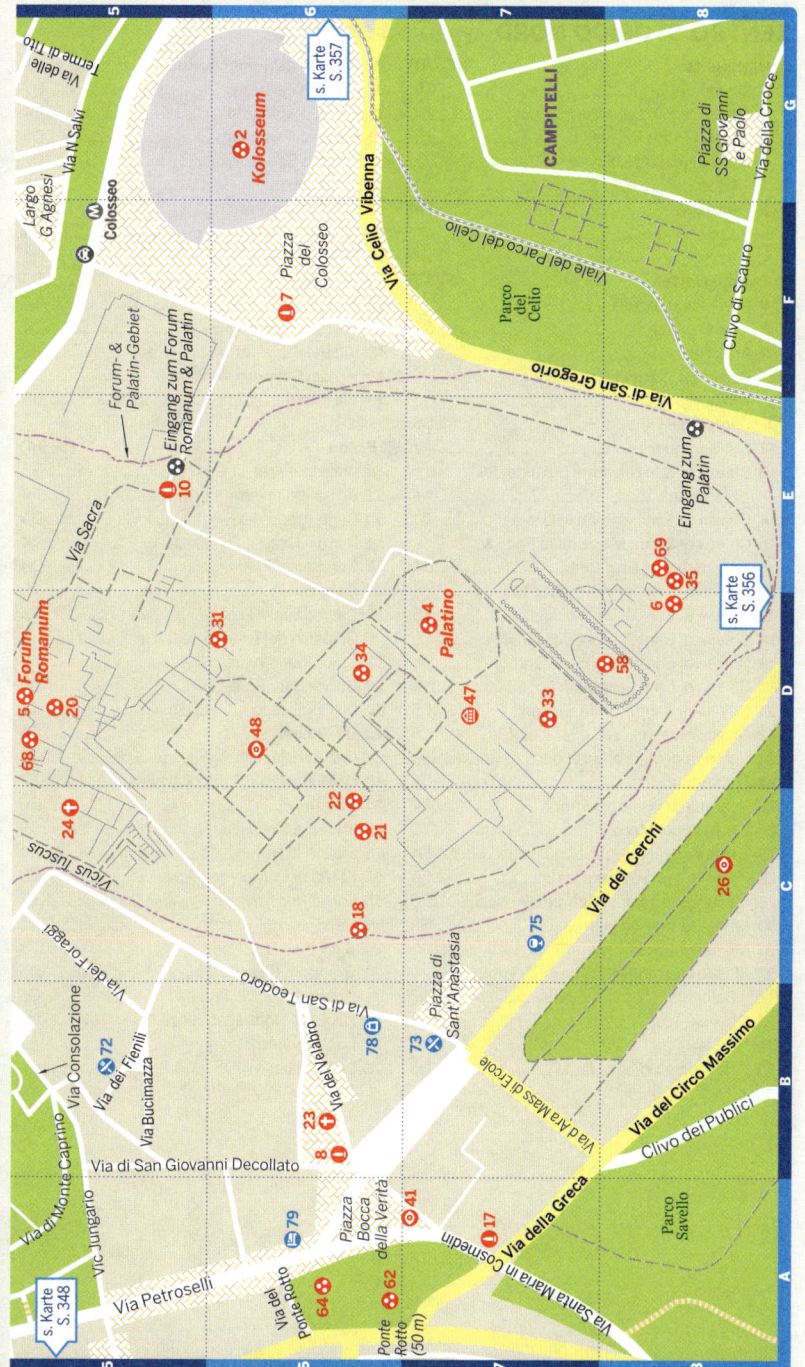

CENTRO STORICO NORD *Karte s. S. 346*

CENTRO STORICO NORD

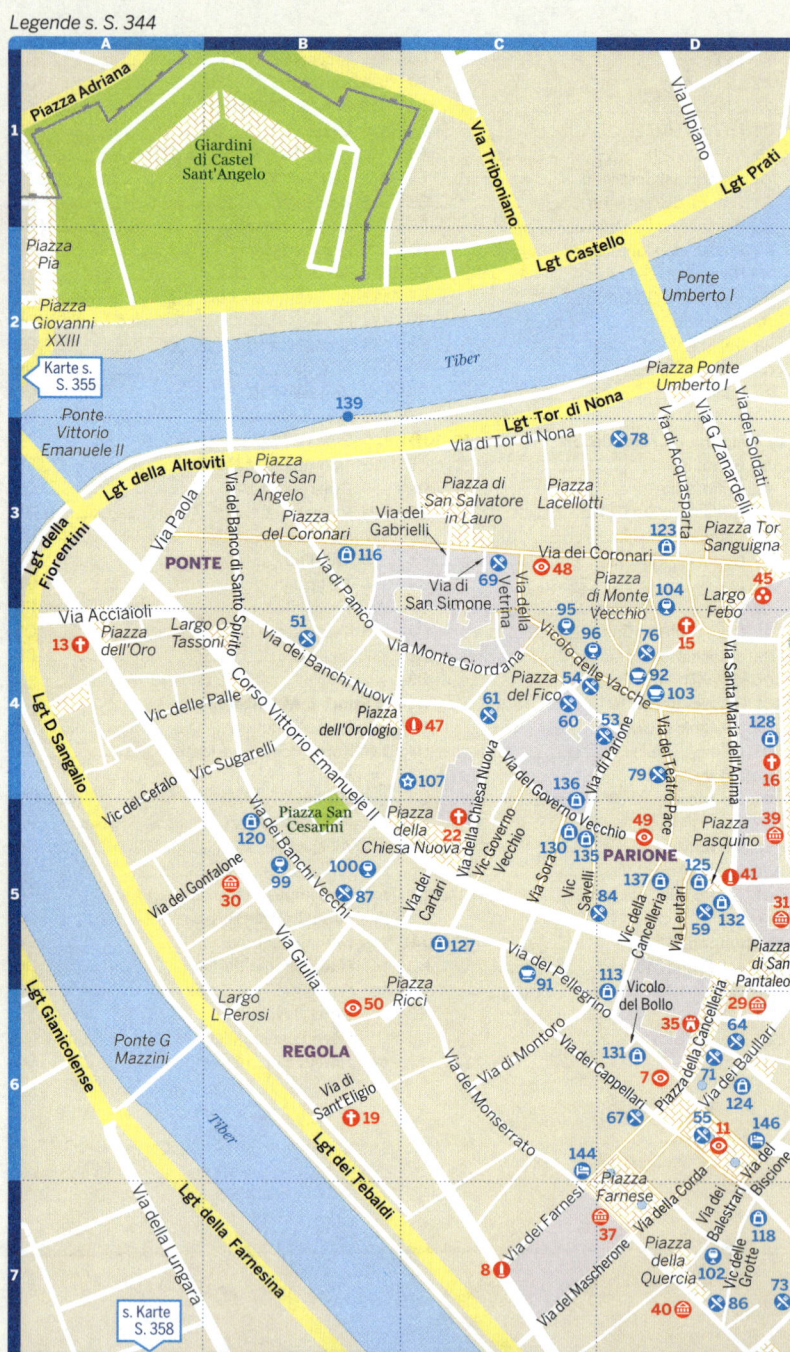

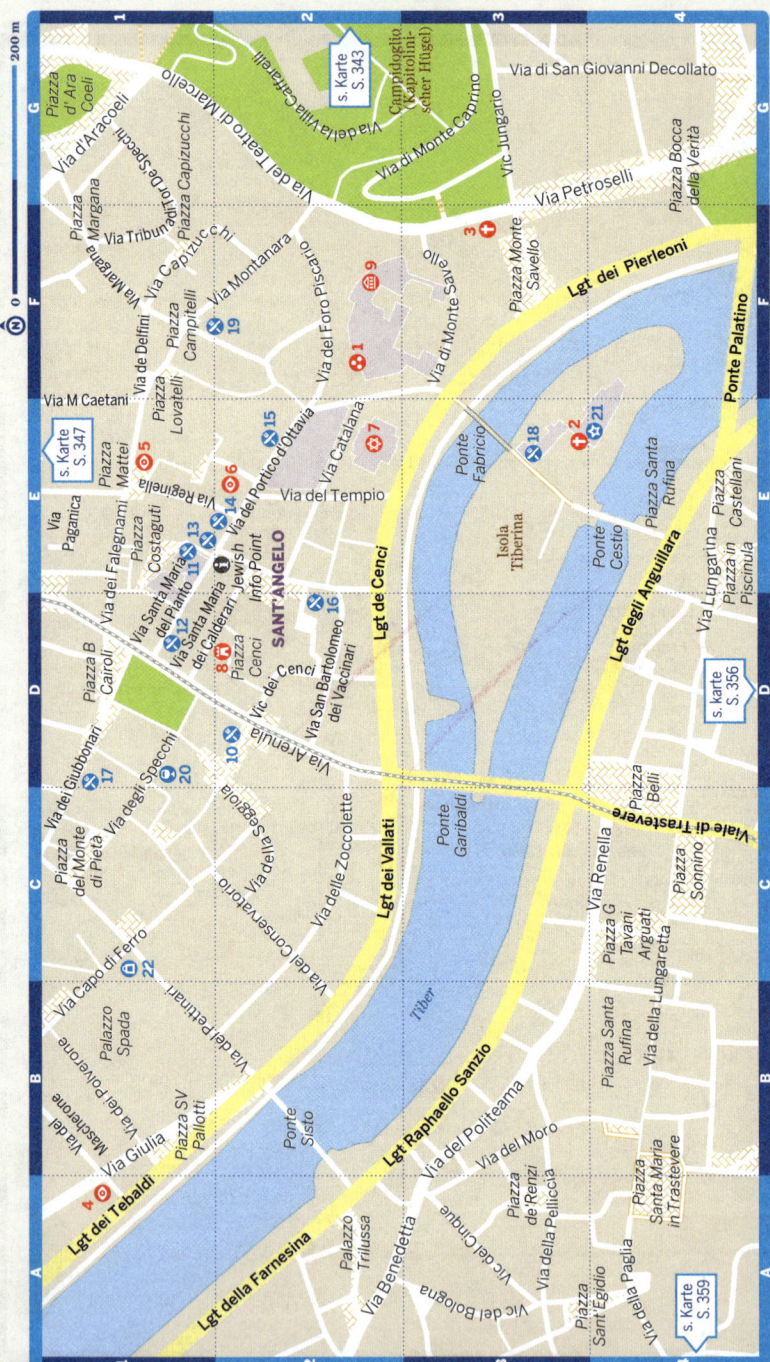

CENTRO STORICO SÜD

CENTRO STORICO SÜD

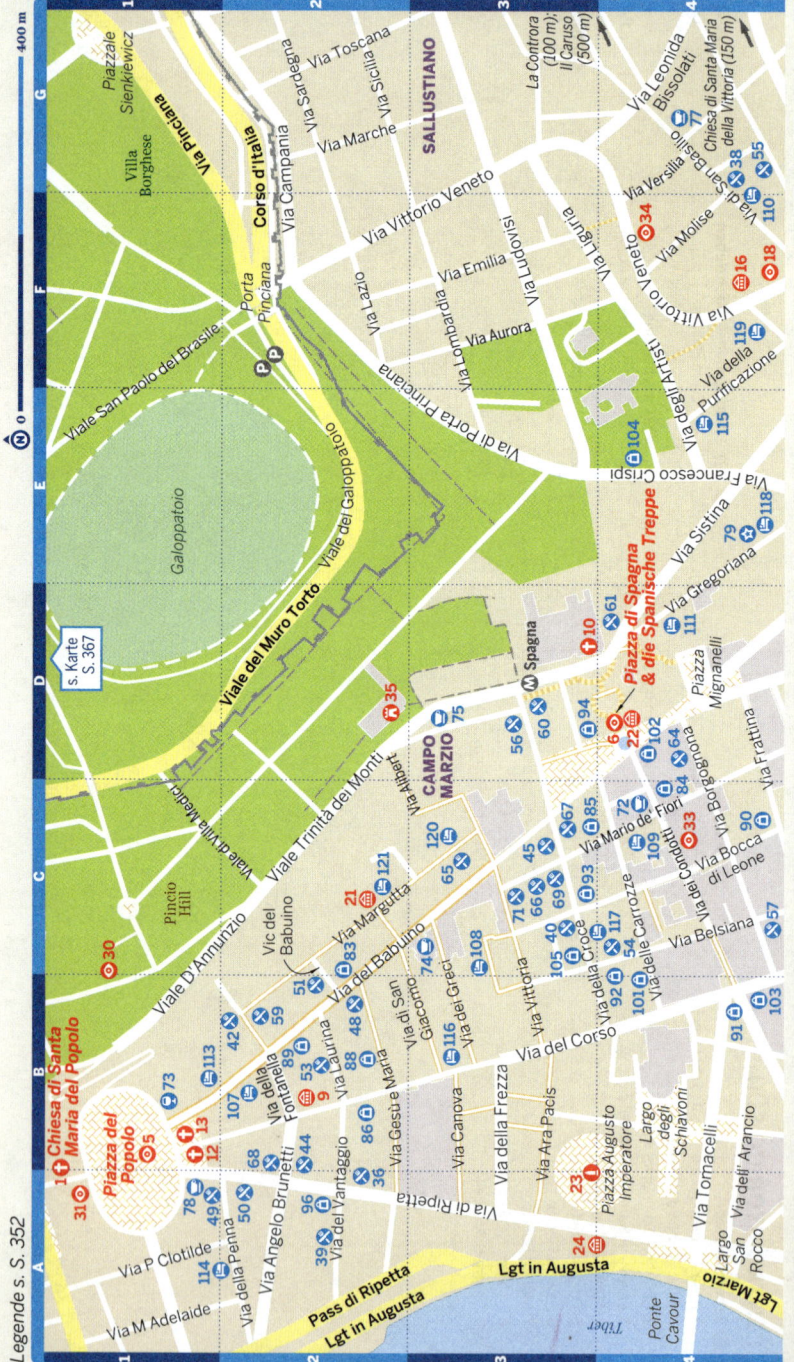

Legende s. S. 352

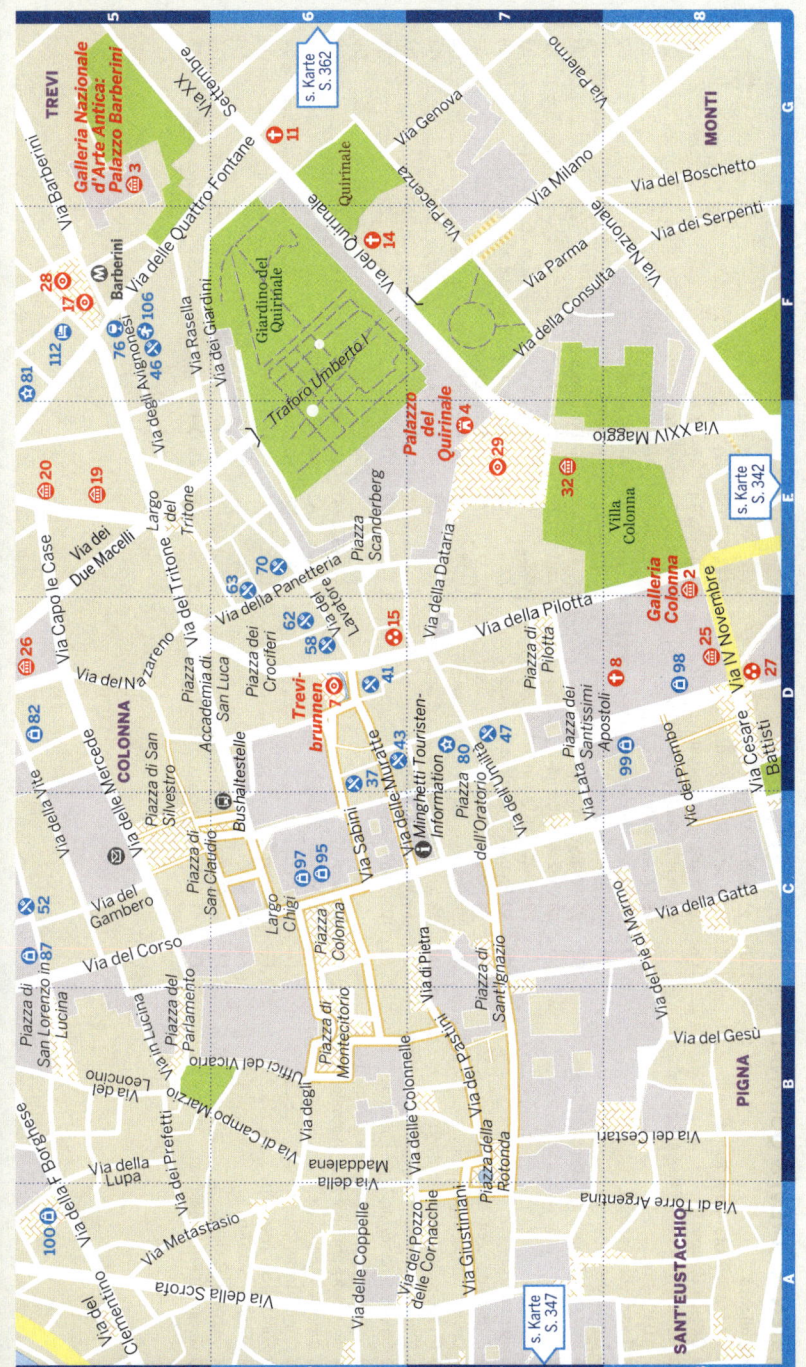

TREVI

Galleria Nazionale
d'Arte Antica:
Palazzo Barberini 3

MONTI

s. Karte
S. 362

Via del Boschetto

Via dei Serpenti

Quirinale

Via delle Quattro Fontane

Via Barberini

Via Barberini

Via XX Settembre

Via Genova

Via Milano

Via Parma

Via della Consulta

Barberini

28

17

106

112

76

46

81

Via degli Avignonesi

Via Rasella

Via dei Giardini

Giardino del
Quirinale

Via del Quirinale

Via Piacenza

Traforo Umberto I

Via Nazionale

20

19

Via Capo le Case

Via dei
Due Macelli

Largo
del
Tritone

Via del Tritone

Palazzo
del
Quirinale

Via XXIV Maggio

s. Karte
S. 342

Piazza
Scanderberg

29

32

Villa
Colonna

26

Via del Nazareno

Via della Panetteria

63

70

Via della Dataria

Via della Pilotta

Galleria
Colonna 2

82

COLONNA

Piazza dei
Crociferi

Piazza di
Accademia di
San Luca

62

58

Via delle
Lavatore

15

Via della Pilotta

Piazza di
Pilotta

25

98

27

Via IV Novembre

Via della Mercede

Via della Vite

Piazza di San
Silvestro

Bushaltestelle

Trevi-
brunnen

7

41

Minghetti Touristen-
Information

43

Via delle Murate

Piazza dei
Apostoli
Santissimi

8

Piazza dei
Lata Santissimi

99

Via del Piombo

Via Cesare
Battisti

52

Via del
Gambero

97

95

37

Via Sabini

80

Via dell'Umiltà

47

Via della Gatta

Via del Corso

100

Piazza di
San Lorenzo in
Lucina

87

Via del
Parlamento

Via in Lucina

Uffici del Vicario

Piazza di
Montecitorio

Piazza
Colonna

Largo
Chigi

Piazza di
San Claudio

Via di Pietra

Piazza di
Sant'Ignazio

Via del Piè di Marmo

Via del Gesù

Via della
Lupa

Via del
Leoncino

Via dei Prefetti

Via di Campo Marzio

Via degli

Via della
Maddalena

Via delle Colonnelle

Via dei Pastini

Via del Pozzo
delle Cornacchie

Piazza della
Rotonda

PIGNA

Via del Cestari

Via di Torre Argentina

Via del
Clementino

Via della Scrofa

Via Metastasio

Via Giustiniani

Via delle Coppelle

SANT'EUSTACHIO

s. Karte
S. 347

TRIDENTE, TREVI & QUIRINAL *Karte s. S. 350*

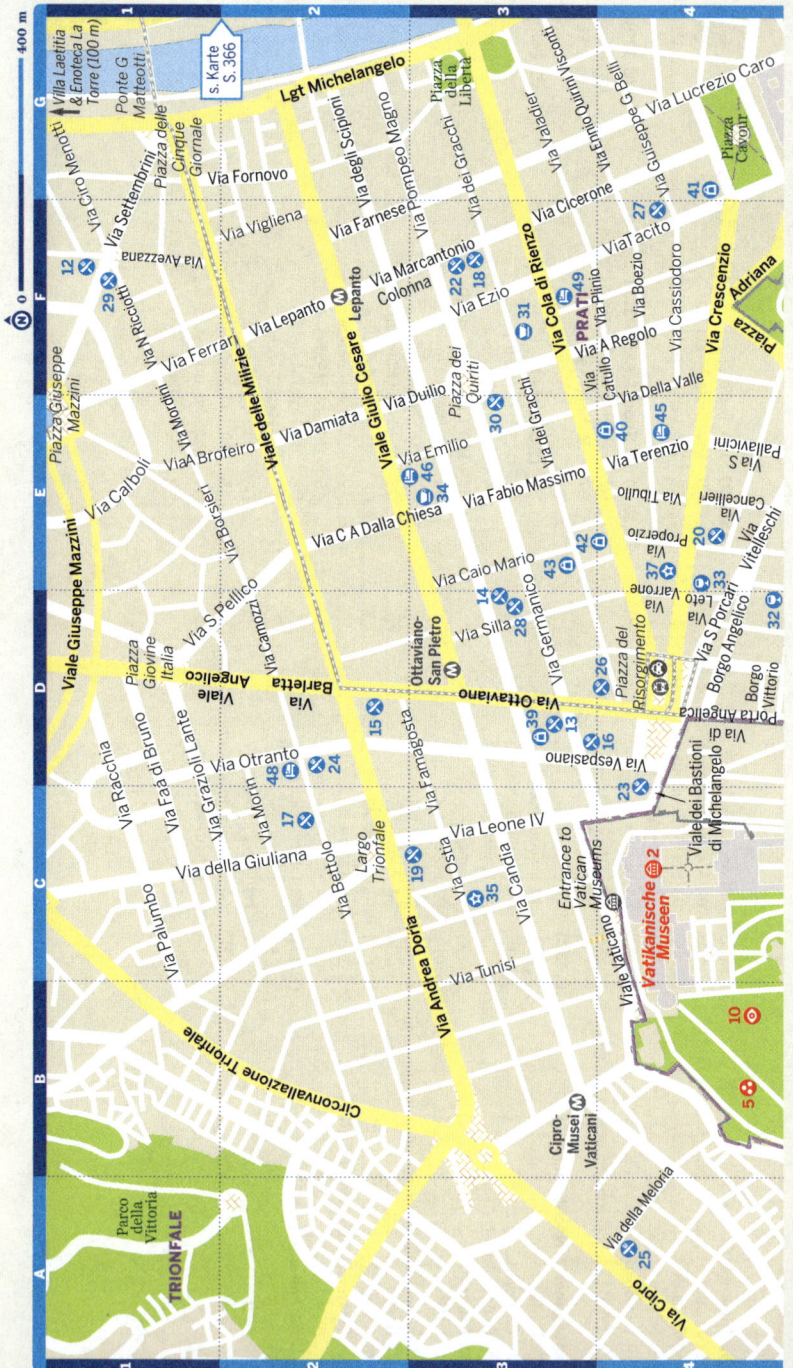

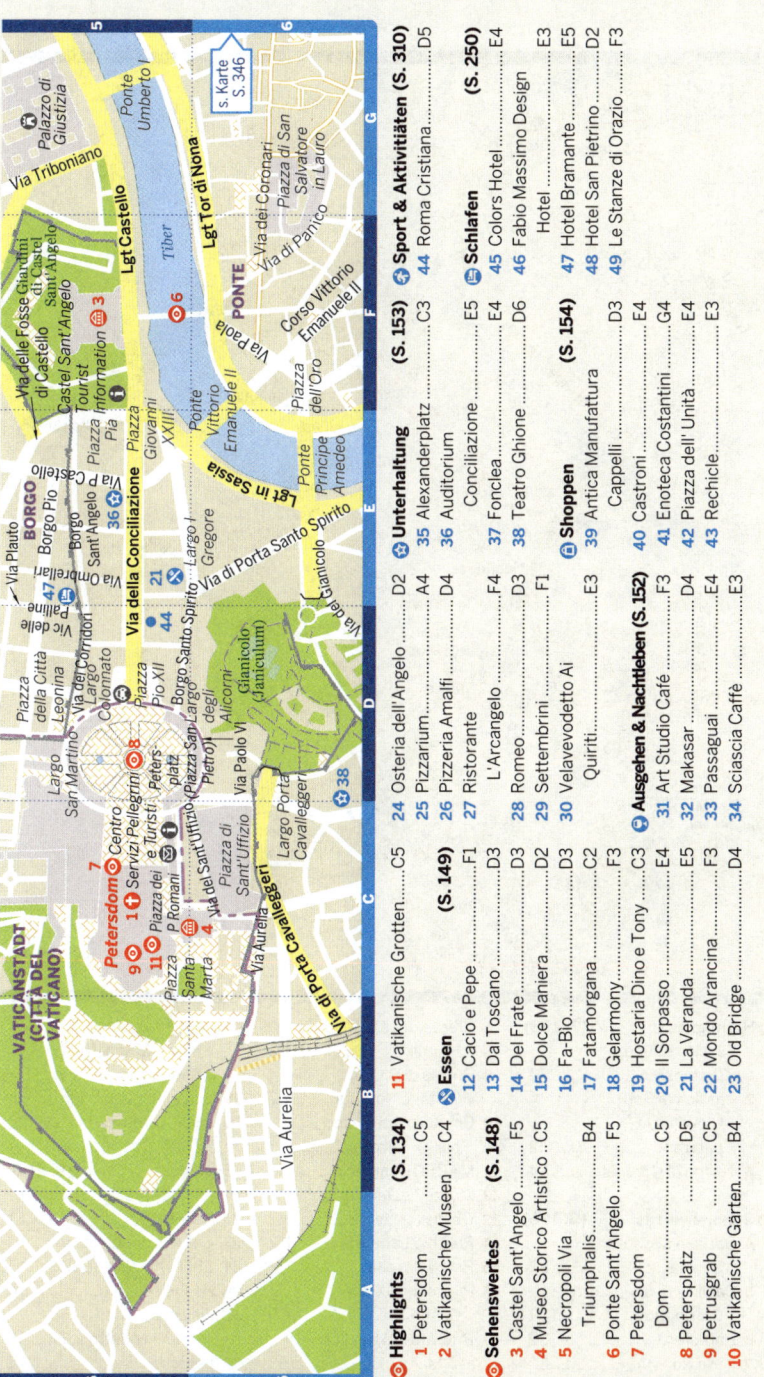

◉ Highlights (S. 134)

1 Petersdom C5
2 Vatikanische Museen C4

◉ Sehenswertes (S. 148)

3 Castel Sant'Angelo F5
4 Museo Storico Artistico .. C5
5 Necropoli Via
   Triumphalis B4
6 Ponte Sant'Angelo F5
7 Petersdom
8 Petersplatz D5
9 Petrusgrab C5
10 Vatikanische Gärten B4
11 Vatikanische Grotten C5

◉ Essen (S. 149)

12 Cacio e Pepe F1
13 Dal Toscano D3
14 Del Frate D3
15 Dolce Maniera D2
16 Fa-Bio D3
17 Fatamorgana C2
18 Gelarmony F3
19 Hostaria Dino e Tony C3
20 Il Sorpasso E4
21 La Veranda E5
22 Mondo Arancina F3
23 Old Bridge D4
24 Osteria dell'Angelo D2
25 Pizzarium A4
26 Pizzeria Amalfi D4
27 Ristorante
   L'Arcangelo F4
28 Romeo D3
29 Settembrini F1
30 Velavevodetto Ai
   Quiriti E3

◉ Ausgehen & Nachtleben (S. 152)

31 Art Studio Café F3
32 Makasar D4
33 Passaguai E4
34 Sciascia Caffè E3

◉ Unterhaltung (S. 153)

35 Alexanderplatz C3
36 Auditorium
   Conciliazione E5
37 Fonclea E4
38 Teatro Ghione D6

◉ Shoppen (S. 154)

39 Antica Manufattura
   Cappelli D3
40 Castroni E4
41 Enoteca Costantini G4
42 Piazza dell' Unità E4
43 Rechicle E3

◉ Sport & Aktivitäten (S. 310)

44 Roma Cristiana D5

◉ Schlafen (S. 250)

45 Colors Hotel E4
46 Fabio Massimo Design
   Hotel E3
47 Hotel Bramante E5
48 Hotel San Pietrino D2
49 Le Stanze di Orazio F3

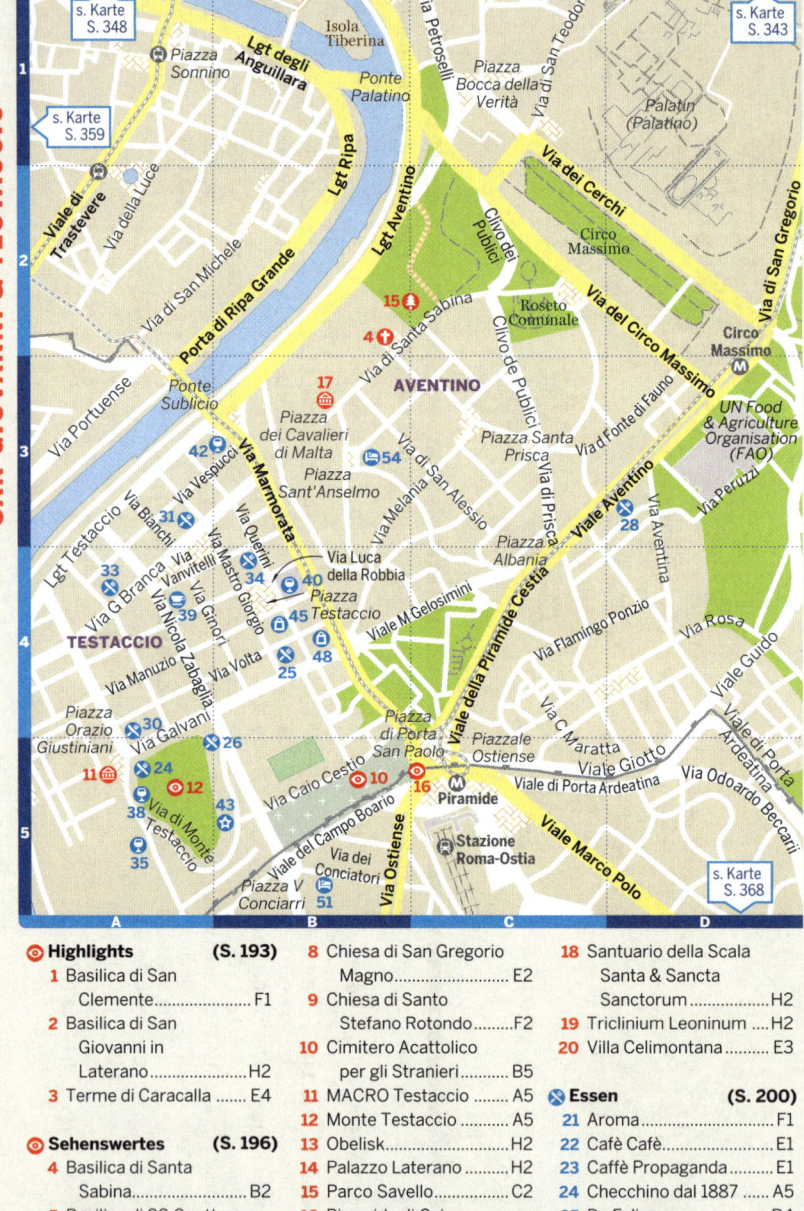

Legende s. S. 360

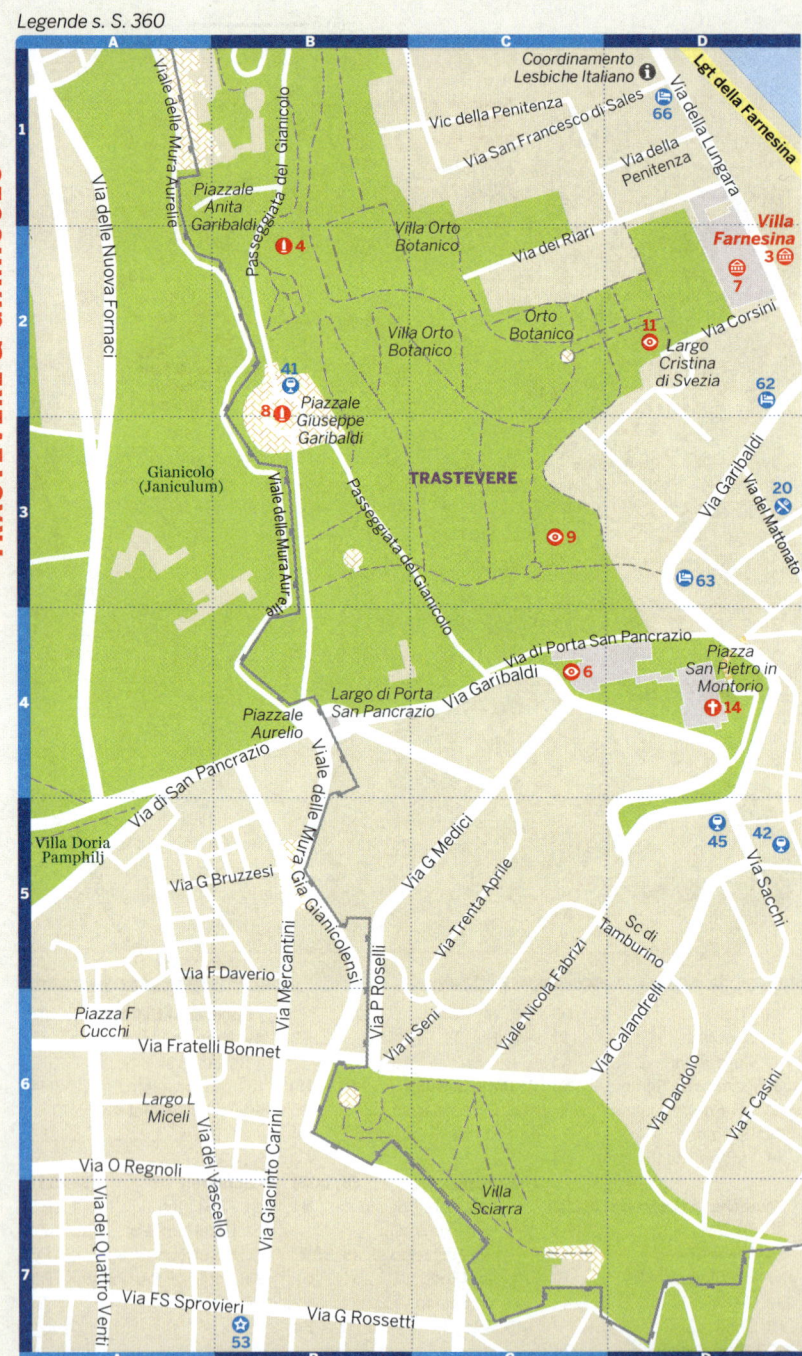

TRASTEVERE & GIANICOLO

Coordinamento
Lesbiche Italiano

Vic della Penitenza

Via San Francesco di Sales

Via della Lungara

Lgt della Farnesina

66

Piazzale
Anita
Garibaldi

Passeggiata del Gianicolo

4

Villa Orto
Botanico

Via dei Riari

Via della
Penitenza

Villa
Farnesina

3

7

Villa Orto
Botanico

Orto
Botanico

11

Largo
Cristina
di Svezia

Via Corsini

62

41

8

Piazzale
Giuseppe
Garibaldi

Via Garibaldi

20

Gianicolo
(Janiculum)

Viale delle Mura Aurelie

Passeggiata del Gianicolo

TRASTEVERE

Via del Mattonato

9

63

Via di Porta San Pancrazio

Piazza
San Pietro in
Montorio

6

Via Garibaldi

14

Largo di Porta
San Pancrazio

Piazzale
Aurelio

Via di San Pancrazio

Viale delle Mura Gia Gianicolensi

Via G Medici

Via Medici

Via Trenta Aprile

45

42

Via Sacchi

Villa Doria
Pamphilj

Via G Bruzzesi

Via Mercantini

Via P Roselli

Via Il Seni

Viale Nicola Fabrizi

Sc di
Tamburino

Via Calandrelli

Via F Daverio

Piazza F
Cucchi

Via Fratelli Bonnet

Via Dandolo

Via F Casini

Largo L
Miceli

Via del Vascello

Via Giacinto Carini

Villa
Sciarra

Via O Regnoli

Via dei Quattro Venti

Via FS Sproveri

Via G Rossetti

53

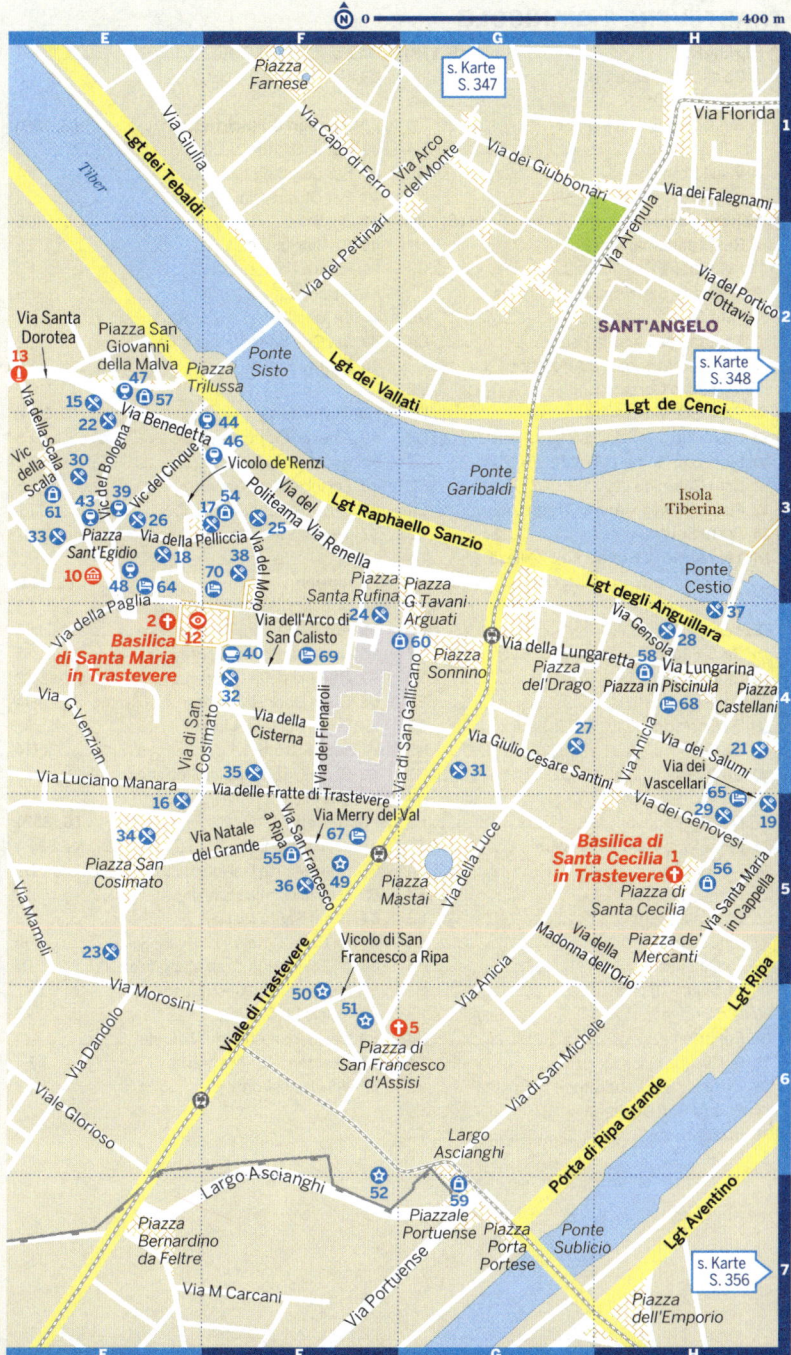

s. Karte S. 347

s. Karte S. 348

s. Karte S. 356

TRASTEVERE & GIANICOLO

0   400 m

Tiber

Piazza Farnese

Via Giulia

Via Capo di Ferro

Via Arco del Monte

Via dei Giubbonari

Via Florida

Via dei Falegnami

Via Arenula

Via del Portico d'Ottavia

Lgt dei Tebaldi

Via del Pettinari

SANT'ANGELO

Via Santa Dorotea

Piazza San Giovanni della Malva

Piazza Trilussa

Ponte Sisto

Lgt dei Vallati

Lgt de Cenci

Via della Scala

15   57

22

47

Via Benedetta

44

46

Vicolo de'Renzi

Vic della Scala

30

Vic di Bologna

43   39

61

26

Vic di San Cinque

17   54

Via del Politeama

Via Renella

Lgt Raphaello Sanzio

Ponte Garibaldi

Isola Tiberina

Ponte Cestio

33

Piazza Sant'Egidio

18

Via della Pelliccia

25

38

Via del Moro

Lgt degli Anguillara

Via Gensola

28

37

Ponte

10

48   64

70

Via della Paglia

Santa Rufina

Piazza G Tavani Arguati

Via della Lungaretta

58

Via Lungarina

2

12

Basilica di Santa Maria in Trastevere

40

Via dell'Arco di San Calisto

24

69

60

Piazza Sonnino

Piazza del Drago

Piazza in Piscinula

68

Piazza Castellani

Via G Venzian

32

Via della Cisterna

Via dei Fienaroli

Via di San Gallicano

Via Giulio Cesare Santini

27

Via Anicia

Via dei Salumi

21

65

Via dei Vascelli

19

Via Luciano Manara

16

Via di San Cosimato

35

Via delle Fratte di Trastevere

Via Merry del Val

67

31

Via dei Genovesi

29

34

Via Natale del Grande

55

49

36

Piazza Mastai

Basilica di Santa Cecilia in Trastevere

1

56

Piazza San Cosimato

Via Mameli

Via Luciano Manara

Viale di Trastevere

Via San Francesco a Ripa

Piazza di Santa Cecilia

Via Santa Maria in Cappella

23

Via Morosini

50

51

Vicolo di San Francesco a Ripa

Via Anicia

Piazza de' Mercanti

Via della Madonna dell'Orto

Via di San Michele

Lgt Ripa

Via Dandolo

5

Piazza di San Francesco d'Assisi

Porta di Ripa Grande

Viale Glorioso

Largo Ascianghi

52

59

Ponte Sublicio

Lgt Aventino

Piazza Bernardino da Feltre

Largo Ascianghi

Piazzale Portuense

Piazza Porta Portese

Via M Carcani

Via Portuense

Piazza dell'Emporio

13

TRASTEVERE & GIANICOLO *Karte s. S. 358*

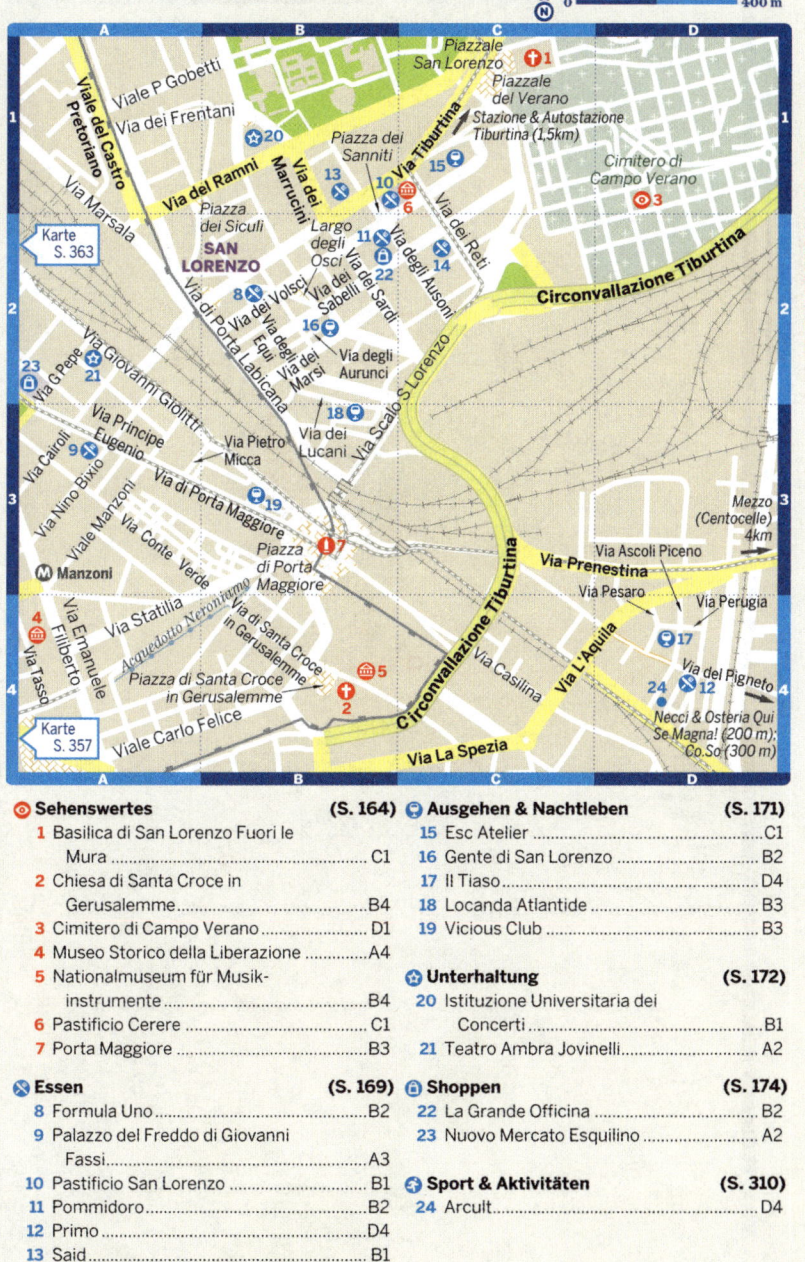

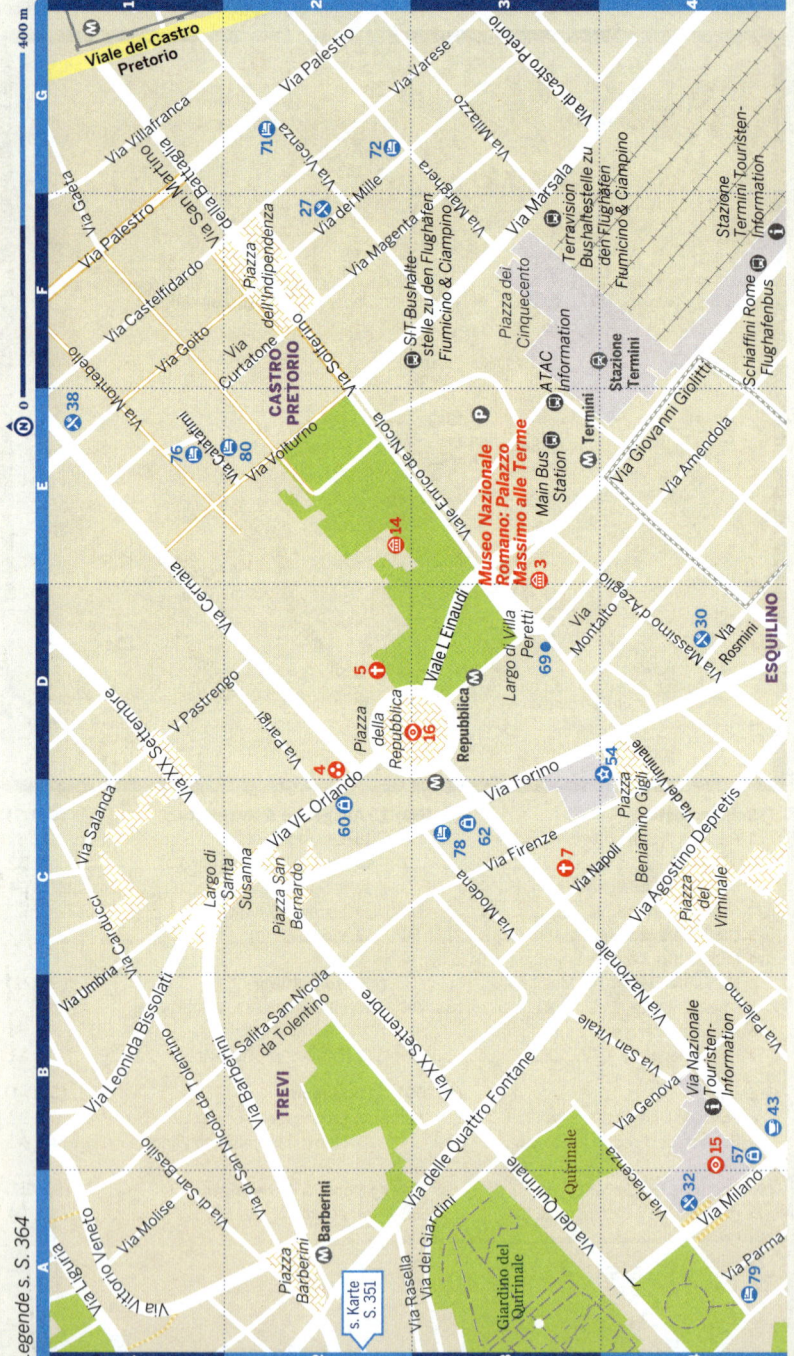

MONTI & ESQUILIN

Legende s. S. 364

Viale del Castro Pretorio

Via Palestro

Via Villafranca

Via San Martino della Battaglia

Via Gaeta

Via Palestro

Via Montebello

Via Castelfidardo

Via Goito

Via Curtatone

CASTRO PRETORIO

Piazza dell'Indipendenza

Via Solferino

Via Volturno

Via dei Mille

Via Vicenza

Via Varese

Via Magenta

Via Marghera

Via Milazzo

Via Marsala

Stazione Termini Touristen-Information

Terravision Bushaltestelle zu den Flughäfen Fiumicino & Ciampino

Piazza dei Cinquecento

SIT Bushaltestelle zu den Flughäfen Fiumicino & Ciampino

Stazione Termini

ATAC Information

Schiaffini Rome Flughafenbus

Via Giovanni Giolitti

Via Amendola

ESQUILINO

Viale Enrico de Nicola

Viale L. Einaudi

Largo di Villa Peretti

Via Montalto

Via Massimo d'Azeglio

Via Rosmini

Via Cernaia

V Pastrengo

Via Parigi

Piazza della Repubblica

Main Bus Station

Museo Nazionale Romano: Palazzo Massimo alle Terme

Via XX Settembre

Via Salandra

Largo di Santa Susanna

Piazza San Bernardo

Via VE Orlando

Via Firenze

Via Torino

Via Napoli

Via Nazionale

Via del Viminale

Piazza Beniamino Gigli

Via Agostino Depretis

Piazza del Viminale

Via Umbria

Via Leonida Bissolati

Via di San Basilio

Via Barberini

Salita San Nicola da Tolentino

Via XX Settembre

Via San Vitale

Via Nazionale

Via Genova

Via Nazionale Touristen-Information

Via Palermo

TREVI

Via delle Quattro Fontane

Via dei Giardini

Via del Quirinale

Quirinale

Via Piacenza

Via Milano

Via Parma

Via Liguria

Via Vittorio Veneto

Via Molise

Via di San Basilio

Piazza Barberini

Barberini

Via Rasella

Giardino del Quirinale

s. Karte S. 351

s. Karte S. 364

400 m
0

VILLA BORGHESE & DER NORDEN VON ROM *Karte s. S. 366*

Legende s. s. 365

VILLA BORGHESE & DER NORDEN VON ROM

s. Karte S. 354

s. Karte S. 347

N 0 — 1 km

E F G H

Via del Foro Italico

Ponte
Salario

Via della Moschea

Via Ponte Salario

Via Salaria

TRIESTE

30

Villa
Ada

† 8

20

Via Romania

46

Via Nemorense

Via Antonio Bertolini

PARIOLI

Viale dei Parioli

Largo Bellini

29

Via Giovanni Antonelli

Piazza
Ungheria

Via Panama

Villa
Grazioli

Viale Bruno Buozzi

Viale Liegi

Via Salaria

Via Tagliamento

Via Chiana

Via Aterno

Via G Rossini

Via G Paisiello

Piazza
G Verdi

36
Via
Dora

19

Basilica di Sant'Agnese
Fuori le Mura & Mausoleo
di Santa Costanza (500 m)

33

4

Via Salaria

Viale Regina Margherita

Piazza
Trento

48

Corso Trieste

40

Museo
e Galleria
Borghese

16

1

Via Novara

6 Villa
Torlonia 5

7

VILLA
BORGHESE

Viale del Cavalli Marini

21

Eingang
zur Villa
Borghese

Via Savoia

14

23

38

34

Via Nizza

SALARIO

47 Via Reggio
Emilia

37 27

Galoppatoio

Via Pinciana

Via Campania

Corso d'Italia

Via Nomentana

P

Eingang zur
Villa Borghese

Via Vittorio
Veneto

Via Plave

Porta
Pia

18

Policlinico

M

SALLUSTIANO

Castro
Pretorio

M

s. Karte
S. 362

CASTRO
PRETORIO

M

E F G H

DER SÜDEN VON ROM

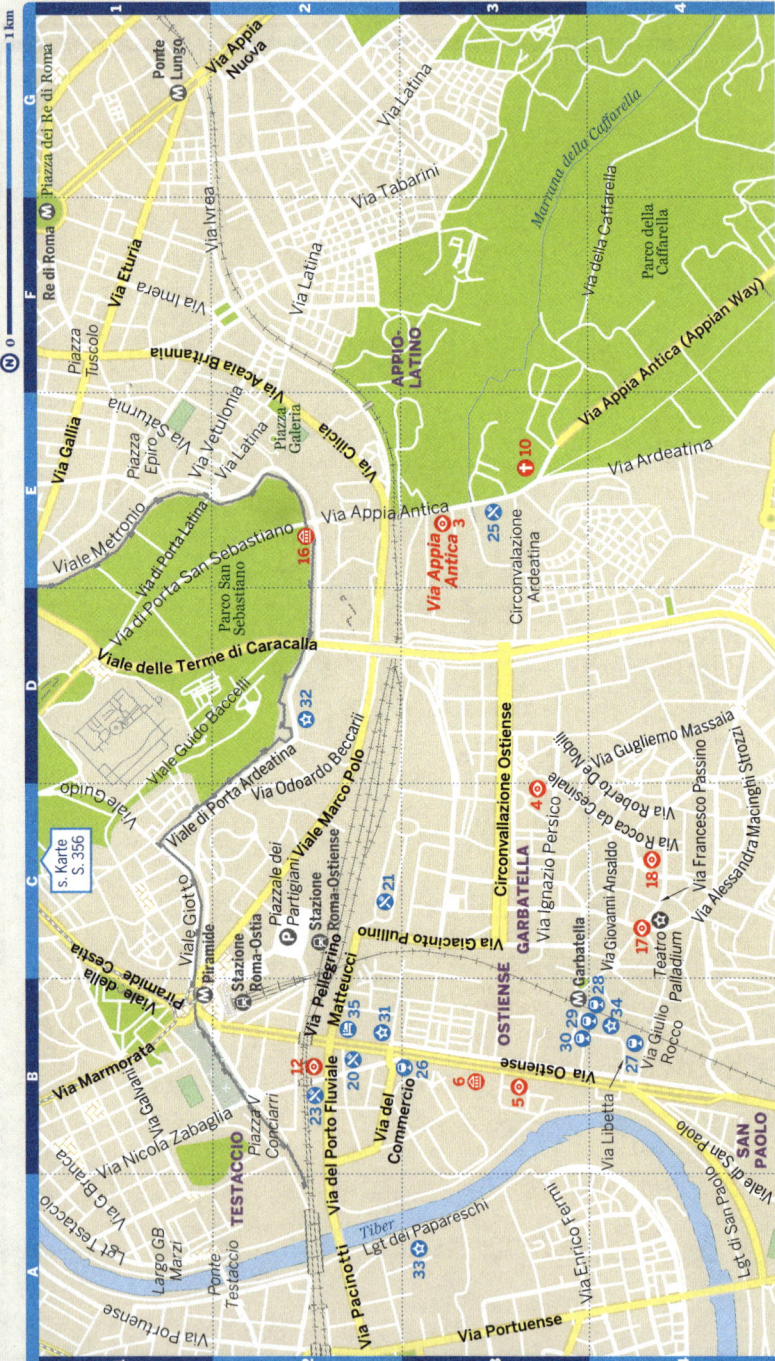

DER SÜDEN VON ROM

Unsere Autoren

Abigail Blasi

Tridente, Trevi & Quirinal, Monti, Esquilin & San Lorenzo, Trastevere & Gianicolo, Der Süden von Rom Abigail zog 2003 nach Rom und hat drei Jahre dort gelebt. Sie hat am Ufer des Lago Bracciano geheiratet, und ihr erster Sohn wurde in Rom geboren. Heute pendelt sie zwischen Rom, Apulien und London. Sie hat an insgesamt vier Auflagen der Lonely Planet Bände über Rom und Italien mitgearbeitet, außerdem war sie an weiteren Italien-Titeln beteiligt. Zudem erscheinen ihre Beiträge über Italien in verschiedensten Publikationen, darunter der *Independent*, der *Guardian* und der Lonely Planet *Traveller*.

Duncan Garwood

Antikes Rom, Centro Storico, Vatikanstadt, Borgo & Prati, San Giovanni & Testaccio, Villa Borghese & Der Norden von Rom, Tagesausflüge Der britische Reisejournalist lebt nicht weit von Rom in den Castelli Romani. Schon zur Jahrtausendwende ist er in die italienische Hauptstadt gezogen und konnte die Feierlichkeiten zum Jahreswechsel am Kolosseum miterleben. Seither hat er unzählige Kilometer als Wanderer zurückgelegt – rund um seine Wahlheimat, aber auch in den entlegeneren Gebieten von Latium. Beim Lonely Planet *Rom* war er bereits an den letzten sechs Auflagen beteiligt; außerdem hat er an vielen weiteren Lonely Planets über Italien mitgearbeitet. Auch er veröffentlicht Beiträge über das Land in Zeitungen und Zeitschriften.

Mehr über Duncan unter:
http://auth.lonelyplanet.com/profiles/duncangarwood

Die Lonely Planet Story

Ein uraltes Auto, ein paar Dollar in den Hosentaschen und Abenteuerlust, mehr brauchten Tony und Maureen Wheeler nicht, als sie 1972 zu der Reise ihres Lebens aufbrachen. Diese führte sie quer durch Europa und Asien bis nach Australien. Nach mehreren Monaten kehrten sie zurück – pleite, aber glücklich –, setzten sich an ihren Küchentisch und verfassten ihren ersten Reiseführer *Across Asia on the Cheap*. Binnen einer Woche verkauften sie 1500 Bücher und Lonely Planet war geboren. Heute unterhält der Verlag Büros in Melbourne (Australien), London und Oakland (USA) mit über 600 Mitarbeitern und Autoren. Sie alle teilen Tonys Überzeugung, dass ein guter Reiseführer drei Dinge tun sollte: informieren, bilden und unterhalten.

Lonely Planet Publications,
Locked Bag 1, Footscray,
Melbourne, Victoria 3011,
Australia

Verlag der deutschen Ausgabe:
MAIRDUMONT, Marco-Polo-Str. 1, 73760 Ostfildern,
www.lonelyplanet.de, www.mairdumont.com
info@lonelyplanet.de
Chefredakteurin deutsche Ausgabe: Birgit Borowski

Übersetzung: Dr. Dagmar Ahrens, Matthias Eickhoff, Beatrix Gehlhoff, Christiane Gsänger, Waltraud Horbas, Dr. Annegret Pago, Dr. Thomas Pago, Christiane Radünz, Jutta Ressel M.A., Daniela Schetar, Manuela Schomann

An früheren Auflagen haben außerdem mitgewirkt: Marion Gieseke, Nadja Köthe, Sigrid Weber-Krafft, Linde Wiesner; Petra Dubilski, Waltraud Horbas, Raphaela Moczynski, Dr. Heinz Vestner, Teresa Zuhl; Brigitte Beier, Petra Frese, Ingrid Reuter; Karen Gerwig, Dr. Martin Goch, Monika Grabow, Dr. Ulrike Jamin, Dorothea Raspe, Katja Weber; Dagmar Klotz, Nicole Stange

Redaktion und technischer Support: CLP Carlo Lauer & Partner, Riemerling

Rom
6. deutsche Auflage Mai 2016, übersetzt von *Rome 9th edition*,
Januar 2016 Lonely Planet Publications Pty
Deutsche Ausgabe © Lonely Planet Publications Pty, Mai 2016
Fotos © wie angegeben 2016
Printed in Poland

MIX
Papier aus verantwortungsvollen Quellen
FSC® C018236
www.fsc.org